Adolf Erik Nordenskiöld

Grönland seine Eiswüsten im Innern und seine Ostküste

Schilderung der zweiten Dickson'schen Expedition ausgeführt im Jahre 1883

Adolf Erik Nordenskiöld

Grönland seine Eiswüsten im Innern und seine Ostküste
Schilderung der zweiten Dickson'schen Expedition ausgeführt im Jahre 1883

ISBN/EAN: 9783742863614

Hergestellt in Europa, USA, Kanada, Australien, Japan

Cover: Foto ©Andreas Hilbeck / pixelio.de

Manufactured and distributed by brebook publishing software
(www.brebook.com)

Adolf Erik Nordenskiöld

Grönland seine Eiswüsten im Innern und seine Ostküste

Grönland.

Seine Eiswüsten im Innern und seine Ostküste.

Schilderung der zweiten Dickson'schen Expedition

ausgeführt im Jahre 1883

von

Adolf Erik Freiherrn von Nordenskiöld.

Autorisirte deutsche Ausgabe.

Mit über 200 Abbildungen und 6 Karten.

Leipzig:

F. A. Brockhaus.

1886.

Vorwort.

Das Land, welches Erich der Rothe vor ungefähr tausend Jahren entdeckt und Grönland (Grünland) genannt hat, weil er meinte, daß ein guter Name die Leute verlocken würde, dahin zu ziehen, ist das am frühesten bekannt gewesene, das pittoreskeste und für den Historiker, den Naturforscher und Ethnographen interessanteste aller Polarländer. Hierher wanderten zu Anfang unsers Jahrtausends die Skandinavier, welche mit den Gesetzen oder den Großen im Heimatlande in Conflict gerathen waren. Hier war es, von wo die Seereisen ausgingen, auf denen der neue Welttheil entdeckt wurde, der heute den Namen Amerigo's trägt. Hier war der Schauplatz gar mancher in den isländischen Sagen geschilderten Heldenthat oder Schandthat. Hier begegnet der Forschungsreisende auf dem Meere Eisschlössern, die größer und wunderbarer geformt sind, als in irgendeinem andern Theile der Polarmeere der nördlichen Hemisphäre, und im Innern des Landes zeigt sich seinem Auge die gefährliche, großartige und öde Wüste des Inlandeises, ein getreues Bild von den in frühern Zeiten in unserm eigenen Lande herrschend gewesenen Naturverhältnissen. An der Küste wiederum findet er in den zersplitterten Felsen Urkunde um Urkunde aus einer Zeit, wo das wirkliche Paradies der Erde vielleicht hier zu finden gewesen ist. Schließlich treffen wir hier eine eingeborene Bevölkerung, deren kindlich naive Sitten, Lebensweise und Gemüthsart alle gefesselt hat, welche mit ihr in eine längere Berührung gekommen sind.

Eine Schilderung meiner zweiten, durch die großartige Mäcenat-schaft des Freiherrn von Dickson ermöglichte Expedition nach diesem Lande bildet den Gegenstand für dieses Werk, das ich mit dem-selben Wohlwollen wie meine Schilderung der Umsegelung Asiens und Europas auf der „Vega" aufnehmen zu wollen bitte.

Dalbyö, 30. September 1885.

A. E. Nordenskiöld.

Inhalt.

Erstes Kapitel.

Zweites Kapitel.

Drittes Kapitel.

Viertes Kapitel.

Fünftes Kapitel.

Sechstes Kapitel.

Siebentes Kapitel.

Verzeichniß der Abbildungen.

1. In den Text gedruckte Holzschnitte.

2. Separatbilder.

3. Karten.

Einleitung.

Während der Ueberwinterung und der Heimreise der Vega-Expedition drehte sich die Unterhaltung oft um neue Entdeckungsreisen in den Polargegenden. Alle waren darüber einig, daß der Zeitpunkt für den Abschluß der schwedischen Forschungsfahrten noch nicht gekommen wäre, in Bezug auf die Frage aber, wo gegen die Eisfesten der Polarländer das nächste mal Sturm zu laufen sei, machten sich sehr voneinander abweichende Ansichten geltend. Abgesehen von dem mit den heutigen Hülfsmitteln unerreichbaren Hauptproblem aller Nordpolfahrer, dem Vordringen an den Nordpol, gibt es in den Polarländern noch so viele wichtige Fragen zu lösen und zu beantworten, daß die Wahl des meistversprechenden Reiseplans eine ziemlich schwierige ist, wenigstens für diejenigen, deren Ziel in etwas anderm als der Aufsuchung von Gefahren und Abenteuern besteht. Von allen den Vorschlägen, welche hierüber gemacht wurden, waren es eigentlich nur zwei, die eine besondere Beachtung erfuhren, und für welche ziemlich ausführliche Reisepläne entworfen wurden — nämlich, und zwar in erster Reihe, eine umfassende, mit den nöthigen wissenschaftlichen Hülfsmitteln reichlich ausgerüstete Expedition nach dem Festlande oder den Inseln in der Nähe des Südpols, zweitens

die Fortsetzung der Untersuchungen der „Vega" im Nördlichen Eismeer, welche die Lena zum Ausgangspunkte und den schwer zugänglichen Polararchipel Sibiriens zur Operationsbasis haben sollten.
Keiner dieser Vorschläge ist zur Ausführung gekommen. Die schwedische Südpolarfahrt scheiterte an der Schwierigkeit, die sehr bedeutenden Summen zu beschaffen, welche für ein derartiges Unternehmen erforderlich sind, sofern dasselbe etwas anderes werden soll
als eine bloße Recognoscirung. Das Deltaland der Lena und die
vorher nur zweimal von gebildeten Europäern besuchten Neu-Sibiri-
schen Inseln dagegen waren in den ersten Jahren nach der Rückkehr
der „Vega" der Schauplatz des de Long'schen Dramas, durch welches
neue wichtige, wenn auch theuer erkaufte Aufschlüsse über die Geographie und Naturverhältnisse dieser Inselgruppe erlangt wurden.
Außerdem sandte die Russische Geographische Gesellschaft im Jahre
1882 eine Abtheilung der internationalen Polarexpeditionen nach
dem Mündungsdelta der Lena, und auch die dänische Expedition
unter Lieutenant Hovgaard hatte das Sibirische Eismeer zum Ziel.
Bevor daher die Ausrüstung einer neuen Expedition in Frage kommen konnte, hatte man selbstverständlich erst den vollständigen Bericht über de Long's Reise abzuwarten und zu sehen, was die russische Expedition unter Lieutenant Jürgens und die dänische unter
Lieutenant Hovgaard habe ausrichten können.

Als Dr. Oskar Dickson kurz nach der Rückkehr der Vega-Expedition mir wieder reichliche Mittel zur Fortsetzung der Forschungsfahrten im hohen Norden zur Verfügung stellte, beschloß ich daher
eine Frage wiederaufzunehmen, die sowol Dr. Dickson wie auch mich
früher lebhaft interessirt hatte, nämlich die Untersuchung des Innern
von Grönland.

Wenn man absieht von dem kurzen aber interessanten Ausflug des
dänischen Kaufmanns oder, wie man heute sagen würde, Colonial-
inspectors Lars Dalager auf das grönländische Binneneis im Jahre
1751, sowie von einigen spätern, für die Kenntniß von dem Innern
Grönlands bedeutungslosen, nur ein paar hundert Meter über das
Eis sich erstreckenden Wanderungen, so hatte bis zum Jahre 1870 ein
unerklärliches Vorurtheil Europäer wie Eingeborene am Rande des
Eises zurückgehalten, und ein ganzes Jahrtausend hindurch war das
Innere dieses großen Landes daher eine vollständige terra incognita

geblieben. Es war Dr. Sven Berggren und mir vorbehalten, dieses Vorurtheil zu brechen, und wir thaten es, indem wir, entgegen den Warnungen aller der erfahrenen Männer, deren Rath eingeholt worden, im Juli 1870 die erste Expedition in das Innere der so gefürchteten Eiswüste unternahmen. Alles ging glücklich. Wol hinderte mich der Mangel an einer zweckmäßigen Ausrüstung, weiter als ungefähr 50 km auf dem Eise vorzubringen, aber das Vorurtheil war jetzt gebrochen, und seitdem sind von dänischer Seite mehrere ernstliche Versuche gemacht worden, das Innere des Landes zu erforschen. Die wichtigste der dänischen Binneneis-Expeditionen wählte jedoch eine für ein weites Vordringen auf dem Eise äußerst ungünstige Gegend, nämlich das südgrönländische Alpenland, das von einem verhältnißmäßig warmen Meere umrahmt ist und somit einen starken Schneefall und sehr zerklüftete Eisfelder haben muß, sodaß die Aussicht, dort anderes schneefreies Land als die aus dem Schnee hervorragenden Berggipfel anzutreffen, nur sehr gering sein kann. Es war deshalb unmöglich, von dem in andern Hinsichten wichtigen Ergebniß dieser Expedition mit voller Sicherheit auf die Beschaffenheit der Natur im Innern des ganzen übrigen Continents zu schließen. Die Frage von der Beschaffenheit der Natur im Innern dieses Landes ist aber von einer so unermeßlichen, sowol theoretischen wie praktischen Bedeutung, und zwar nicht nur für die Geographie, sondern in noch höherm Grade für die Geologie, vor allem Skandinaviens, daß sie unbedingt eine auf wirkliche Beobachtungen gegründete Lösung fordert. Ja, ich trage kein Bedenken, sie als eins der in geographischer sowol wie in geologischer und geophysischer Hinsicht wichtigsten der gegenwärtig ihrer Lösung harrenden Polarprobleme zu bezeichnen, d. h. derjenigen Probleme, die mit den uns heute zu Gebote stehenden Mitteln zu lösen sind. Hierzu kommen noch einige andere für die Wissenschaft bedeutungsvolle Fragen, welche ich durch meine Grönlandsreise im Jahre 1870 angeregt hatte, und in Betreff deren ich mich von vielen meiner Collegen diesseit wie jenseit des Sundes theilweise geschieden habe und noch scheide. Auch bezüglich dieser Fragen wünschte ich durch eine neue, reich ausgerüstete und hervorragende Specialisten zählende Forschungs-Expedition neue Daten für die Beantwortung der streitigen Punkte zu beschaffen.

Nach genauer Prüfung alles in der alten Literatur über die

1*

Lage der frühern grönländischen Colonien Gesagten, sowie der vielen für die Annahme angeführten Gründe, daß die Osterbygd auf der Süd: westküste Grönlands gelegen, war ich schließlich zu einer Ueberzeugung gekommen, die den Lehren gerade entgegengesetzt ist, welche durch Eggers' und anderer Studien der alten Schriften, besonders nach Graah's Reise im Umiak längs eines Theils der Ostküste, in der ge: lehrten Welt Geltung gewonnen haben. Um nun für meine ab: weichende Ansicht eine Stütze zu gewinnen, wünschte ich das so ge: fürchtete Eisband längs der Südostküste Grönlands persönlich zu studiren und mir über die Naturverhältnisse der Küste eine eigene Erfahrung zu erwerben — ich wollte selbst prüfen, ob es nicht doch vielleicht eine Möglichkeit gäbe, zu Schiff an die Küste zu gelangen.

Diese Betrachtungen lagen dem hier folgenden Reiseplan zu Grunde, welcher Herrn Dr. O. Dickson überreicht wurde.

Reiseplan für die Grönland-Expedition im Jahre 1883.

Bald sind neun Jahrhunderte verflossen, seit der Norweger Erich der Rothe Grönland entdeckte und daselbst skandinavische Colonien anlegte, von wo aus einige Jahrzehnte später nordische Seefahrer gegen Süden nach „Weinland dem guten", d. h. nach der Küste des heutigen Canada und der Vereinigten Staaten segelten — den nordischen Völkern dadurch die Ehre erwerbend, die wirklichen Entdecker der „Neuen Welt" zu sein. Man weiß nicht mit Gewißheit, ob diese Fahrten die Veranlassung zu einer dauern: den Ansiedelung auf dem amerikanischen Festland geworden, doch ist uns durch zahlreiche isländische Urkunden bekannt, daß die Colonien auf Grönland bald zu großer Blüte gelangten; man zählte dort nahe an dreihundert Wohn: sitze, von denen ungefähr zweihundert, in zwölf Kirchgemeinden getheilt, in der „Osterbygd", und gegen hundert, in zwei oder drei Kirchgemeinden ge: theilt, in der „Westerbygd" lagen; auch bildete das Land vier Jahrhunderte lang eine Diöcese, in der man sogar Beiträge zu den Kreuzzügen gesammelt haben soll.

Leider hörte nach einigen Jahrhunderten die Verbindung zwischen diesen Colonien und dem Mutterlande auf. Die skandinavische Bevölkerung wurde entweder durch Seuchen und durch Einfälle der aus dem Norden heranziehenden Eskimos (Skrälinger) ausgerottet oder — was wahrscheinlicher sein dürfte — sie verlor ihre Nationalität, d. h. sie wurde bei der Berührung mit dem zahlreichern amerikanischen Polarvolke, dessen Lebensweise dem Klima und den

Hilfsmitteln des Landes angemessener war als diejenige der Skandinavier, eskimoisirt. Wie es sich nun hiermit auch verhalten mag, sicher ist doch, daß eine der kräftigsten und reichstbegabten Rassen der Erde hier von einer der in physischer und intellectueller Hinsicht am dürftigsten ausgerüsteten vernichtet oder absorbirt wurde. Das alte, der Krone Norwegen zugehörige Land wurde sogar so vollständig vergessen, daß es der großen Entdeckung des Columbus im Süden Amerikas bedurfte, um die Nordländer daran zu erinnern, daß sie einmal ein Land in dem Welttheile besiedelt, der nun als neuentdeckt durch päpstliche Bullen an die Völker des Südens vertheilt wurde.

An der Hand alter Traditionen und Segelordnungen versuchte man nun wiederholt, von Island aus die frühern, lange vergessen gewesenen Colonien zu erreichen, aber alle diese Versuche scheiterten an der Unmöglichkeit, durch die Massen von Treibeis zu dringen, welche an der grönländischen Ostküste, die früher wahrscheinlich eisfreier gewesen, sich angehäuft hatten. Schließlich fand John Davis, als er nach einer nordwestlichen Durchfahrt vom Atlantischen zum Stillen Meere suchte, daß die Westküste Grönlands verhältnißmäßig leicht zugänglich war, sowie daß das dortige Meer gute Gelegenheit zu dem damals so gewinnbringenden Walfischfang bot. Dies sowol als auch die Vermuthung, auf Grönland Gold finden zu können, gab Veranlassung zu verschiedenen dänischen Handelsreisen, die aber alle nur geringen Erfolg hatten, bis der Norweger Hans Egede, in seinem Eifer den Nachkommen der alten Colonisten die Wohlthaten der Religion zutheil werden zu lassen, endlich die Errichtung von Handels- und Missionsstationen auf der Westküste des Landes veranlaßte, und zwar der ersten bei Godthaab (Gute Hoffnung), im Jahre 1721. Diese Stationen haben seitdem bedeutend an Zahl und Umfang zugenommen und werden gegenwärtig für Rechnung des dänischen Staates vom „Grönländischen Handel" verwaltet.

Grönland ist also von 983 bis ins 15. Jahrhundert von Skandinaviern bewohnt gewesen, und in den letzten 160 Jahren hat seine Westküste den Aufenthaltsort einer Menge von einsichtsvollen dänischen Colonialinspectoren und Religionslehrern gebildet. Außerdem haben sich beinahe alle Polarexpeditionen, welche das amerikanische Eismeer zum Ziel gehabt, längere oder kürzere Zeit an dieser Küste aufgehalten; auch ist sie das Ziel mehrerer sorgfältig ausgerüsteter Forschungsexpeditionen gewesen. Dieser Theil von Grönland ist daher eins der in naturhistorischer und ethnographischer Hinsicht am besten gekannten Polarländer. Dessenungeachtet finden sich hier in der Kenntniß unserer Erdkugel mehrere Lücken, deren Ausfüllung gegenwärtig besonders wichtig ist. Ueber einige derselben werde ich mich hier etwas näher äußern.

Die Ostküste Grönlands ist von den Engländern William Scoresby jun. 1822, sowie von Sabine und Clavering 1823, von dem Dänen W. A. Graah 1829—30, von der zweiten deutschen Nordpolarfahrt unter

Kolbewey 1868—69, sowie von verschiedenen Walfischfängern besucht worden. Gleichwol ist der größte Theil dieser Küste noch fast vollständig unbekannt — ein Umstand, der gewiß nachtheilig einwirken muß auf eine richtige Auffassung der Geschichte der ersten skandinavischen Niederlassung auf Grönland und der von Grönland nach dem Festlande von Amerika ausgesandten Entdeckungs- oder Raubzüge. Bevor der südliche Theil der Ostküste Grönlands nicht vollständig untersucht ist, kann man nämlich nicht anders, als die in Bezug auf die Lage der ehemaligen norwegischen Colonien gegenwärtig in der Wissenschaft geltende höchst gezwungene Erklärung bezweifeln. Auch ist es der geographischen Forschung des 19. Jahrhunderts wenig würdig, daß eine Küstenstrecke, die bis nahezu an den Breitengrad von Stockholm herabreicht, so unvollständig gekannt sein soll, wie es die Südostküste von Grönland ist.

Das Innere Grönlands ist noch vollständiger eine terra incognita als seine Ostküste. Hier haben wir es jedoch mit einem rein wissenschaftlichen Problem zu thun, dessen große Bedeutung daraus erhellt, daß die unbewiesene Annahme einer das Innere Grönlands einnehmenden ununterbrochenen Eiswüste einen der Grundpfeiler der Lehren der Glacialisten von der Eiszeit bildet, welche Lehren viele der gegenwärtig in der Geologie geltenden wichtigsten Grundprincipien auf das innigste berühren. Abgesehen von einer Wanderung auf dem grönländischen Binneneis, welche der dänische Kaufmann Lars Dalager im Jahre 1751 bei 62° 31' nördl. Br. unternahm und die ihn ungefähr 13 km über eine ziemlich ebene Eisfläche geführt hat, sowie von Whymper's mislungenem Versuch, im Jahre 1867 bei 69° 30' nördl. Br. über das Binneneis vorzudringen, wo er infolge der äußerst ungünstigen Beschaffenheit des Eises nur einen Bruchtheil von einer englischen Meile vorwärts kommen konnte, so sind bisher nur drei ernstliche Versuche zur Erforschung des Innern von Grönland gemacht worden.

Der erste Versuch wurde von mir und Dr. Berggren vom 19.—26. Juli 1870 bei 68° 30' nördl. Br. gemacht. Begünstigt von dem herrlichsten Wetter drangen wir eine Strecke von ungefähr 50 km über ein anfangs schwieriges und von bodenlosen Abgründen durchzogenes, weiter in das Land hinein aber immer besser werdendes Terrain vor. Wir hatten zwei Eskimos zu Begleitern, doch verließen uns dieselben schon nach den ersten zwei Tagen. Da uns Kenner der Küstengletscher Grönlands abgerathen hatten, Zeit und Geld an ein solch aussichtsloses Unternehmen zu verschwenden, war unsere Ausrüstung eine sehr mangelhafte; uns fehlten z. B. nöthige Taue, Zelte und zweckmäßige Schlitten, und nachdem die Eskimos sich von uns getrennt, mußten wir sogar alles Kochgeschirr zurücklassen. Ich konnte daher diesmal nicht sehr weit vordringen; aber ich gewann hier die Ueberzeugung, daß ich mit einer ordentlichen Ausrüstung und einigen tüchtigen Matrosen oder Polarjägern als Begleitung ohne allzu große Schwierigkeiten wenigstens 2—300 km

hätte in das Innere des Landes vordringen können. Ich will hier gelegent-
lich erwähnen, daß ich im Juni 1873 mit Kapitän Palander und 9 Mann
eine ungefähr 190 km weite Wanderung über das Binneneis des Nordostlandes auf Spitzbergen unternommen habe — eine Wanderung, die für mich
von besonderm Interesse ist, indem ich durch sie die Naturbeschaffenheit des
Binneneises vor dem Eintritt des Schneeschmelzens und die eigenthümlichen
Schwierigkeiten habe kennen lernen, welche zu dieser Zeit mit Wanderungen
auf den Gletschern der Polarländer verbunden sind. Die hierbei gewonnenen
Erfahrungen dürften mir bei der in Aussicht genommenen Reise wohl zu statten
kommen, falls ich mich nämlich gezwungen sehen sollte, Theile des Binneneises
zu passiren, die so hoch gelegen sind, daß bis zur Zeit meines Besuches
der Schnee auf denselben nicht hat abschmelzen können.

Im Jahre 1871 wurde wieder ein Versuch gemacht auf dem Binneneise
vorzubringen. Einige Meilen nördlich von der Stelle, von wo ich meine
Wanderung begonnen, unternahm der Handelsgehülfe A. Möldrup eine
Fahrt in Hundeschlitten über das Eis, kehrte aber schon nach 6 Tagen um,
nachdem er sich nur wenige Meilen von der Küste entfernt gehabt hatte.[1]

Die dritte Forschungsfahrt wurde ausgeführt in der Zeit vom 14. Juli
bis 4. August 1878 bei 62° 40' nördl. Breite von den Dänen J. A. D.
Jensen und A. Kornerup. Die Expedition war diesmal sorgfältig ausgerüstet worden, das Terrain war aber sehr zerrissen und das Wetter ziemlich ungünstig, sodaß die Expedition kaum weiter in das Innere des Landes
vorzudringen vermochte, als es die schwedische Expedition im Jahre 1870
gethan.

Keine dieser Expeditionen konnte von ihrem Wendepunkte aus eine
Grenze der Eiswüste gegen Osten entdecken, doch scheint es mir nicht berechtigt zu sein, hieraus den Schluß zu ziehen, daß die Eisdecke sich über
das ganze Innere Grönlands ausbreitet. Im Gegentheil, die folgenden
Betrachtungen scheinen dafür zu sprechen, daß es in den meisten Fällen eine
physische Unmöglichkeit ist, daß das Innere eines ausgedehnten Continents unter klimatischen Verhältnissen, wie sie auf unserer Erdkugel südlich
vom 80.° nördl. Br. herrschen, ganz und gar unter Eis begraben sein kann.

Die Eismassen der Gletscher werden gemeiniglich „Ewiges Eis" genannt,
und diese Benennung ist früher so ernst genommen worden, daß mehrere
Forscher sogar behauptet haben, das Eis könne sich im Laufe der Zeit in
die wasserhellen Bergkrystalle verwandeln, die man in reicher Zahl in den
Schluchten auf den Schneegipfeln der Alpen antrifft. Heute wissen wir,
daß diese Benennung durchaus falsch ist. Die Eismasse, welche Jahrhundert
um Jahrhundert ein und dasselbe Thalbecken einzunehmen scheint, befindet

---

[1] Nach dem, was ich in Grönland gehört habe, ist Herr Möldrup nur bis an
eine bedeutendere Berghöhe an der Grenze des Binneneises vorgedrungen.

sich nämlich nicht nur in einer fortwährenden, wenn auch kaum merklichen Bewegung, indem sie sich in der Form eines Eisstromes langsam thalabwärts bewegt, sondern sie ist auch einer stetigen Umbildung insofern unterworfen, als sie an ihrem untern Theile, an der Berührungsfläche mit den sie tragenden Felsschichten allmählich abschmilzt und an ihrer Oberfläche einerseits durch das Abthauen in der warmen Jahreszeit und durch Verdunstung während des Winters abnimmt, andererseits dagegen durch den niederfallenden Schnee wächst, welcher, wenn er nicht wegschmilzt, nach einiger Zeit aus Schneestaub zuerst iu körnigen Schnee, sodann in ein Aggregat von lose zusammenhängenden Krystallkörnern von Eis und schließlich in eine fest zusammenhängende Eismasse verwandelt wird. Steht dieser Eisstrom mit einer durch reichliche Schneefälle unterhaltenen, etwas höher gelegenen Eisansammlung, oder, wie man es nennen könnte, einem Eissee in Verbindung, so kann er weit über die Schneegrenze hinab in Gegenden eindringen, wo die Schneefälle bei weitem nicht hinreichend sind, den Verlust zu ersetzen, den der Gletscher durch Abschmelzen und Verdunstung erleidet. Dagegen ist es selbstverständlich, daß Gletscher oder andere beständige Eisformationen nicht entstehen können in Gegenden, wohin nicht Eis von höher gelegenen Stellen herabströmen kann, und in denen der Schneeniederschlag geringer ist als die Schneemenge, welche im Laufe des Jahres abschmilzt und verdunstet — ein Umstand, welcher unter anderm erklärt, weßhalb Gletscher weder in der Nähe des Kältepols der Alten noch der Neuen Welt vorkommen.

Was das Innere Grönlands anbelangt, so läßt es sich leicht zeigen, daß die für die Gletscherbildung oben angeführten Bedingungen daselbst nicht existiren können, es sei denn, daß die Oberfläche des Landes sich von der Ost- und der Westküste langsam nach der Mitte hin erhebe und sein über dem Meere gelegener Theil somit eine nach allen Seiten hin allmählich und regelmäßig gegen das Meer abfallende Erhebung bilde. Eine solche Höhenvertheilung finden wir jedoch auf keinem der in geographischer Hinsicht gekannten Continente unserer Erdkugel, und man kann daher mit größter Wahrscheinlichkeit annehmen, daß sie auch Grönland nicht aufzuweisen hat. Im Gegentheil, Grönlands geologische Beschaffenheit, welche mit der Skandinaviens in vielem übereinstimmt, deutet auf einen orographischen Bau, ähnlich demjenigen unseres Landes, d. h. sie deutet an, daß das Land aus Bergrücken und Berggipfeln besteht, welche mit tiefen Thälern und Ebenen abwechseln. Es läßt sich sogar annehmen, daß der Landrücken auf Grönland sich, wie in Skandinavien, in England, in Nord- und Südamerika ungefähr in der Längenausdehnung des Landes längs der Westküste hinzieht.

Die Winde, welche im Innern des Landes Schneeniederschläge herbeizuführen hätten, müssen also, wenn sie vom Atlantischen Meere kommen, über den breiten, beinahe ständigen Eisgürtel an der grönländischen Ostküste, sodann über größere oder kleinere und, wie wir wissen, ziemlich bedeutende an dieser Küste gelegene Berghöhen gegangen sein; kommen sie dagegen von der Davis-Straße, so müssen sie den Landrücken passirt haben. In beiden Fällen müssen die Winde die Eigenschaften des Föhn erhalten, d. h. sie müssen nach dem Ueberschreiten der Berghöhen trocken und relativ warm sein. Die Gesetze für die Föhnwinde beruhen bekanntlich auf folgenden Verhältnissen:

A—B bezeichne eine Berghöhe und man nehme an, daß ein Wind von A über C nach B Luft führt, die so trocken ist, daß ein Niederschlag aus ihr auf dem Berggipfel nicht stattfindet, so wird dieselbe auf dem Wege zu C infolge der Verminderung des Barometerdrucks und ihrer hierauf beruhenden Ausdehnung zwar abgekühlt, aber dieselbe Ursache, welche die Abkühlung beim Aufsteigen veranlaßt, bedingt auch, daß auf dem Wege der Luft von C zu B Wärme frei wird und die Luft sich erwärmt. Die

Zusammenpressung und Erwärmung ist in letzterm Falle gerade ebenso groß wie die Ausdehnung und Abkühlung im erstern, und die trockene Luft, welche über den Berg gegangen, hat bei ihrer Ankunft bei B daher weder in ihrer Temperatur noch in ihrem Wassergehalt eine Veränderung erlitten.

Ganz anders gestaltet sich das Verhältniß, wenn die bei A aufsteigende Luft mit Feuchtigkeit beinahe gesättigt ist, wie z. B. dann, wenn sie über eine ausgedehnte Wasserfläche gegangen ist. In diesem Falle dehnt sie sich auf dem Wege von der Meeresfläche nach dem Berggipfel zwar aus und kühlt sich ab, außerdem wird aber auf der Berghöhe ein Theil ihres Wassergehaltes condensirt, wobei die latente Wärme des Wassergases frei wird und eine Erwärmung der Luft stattfindet, welche die durch ihre Ausdehnung entstandene Abkühlung etwas verringert. Diese solchergestalt freigewordene Wärmemenge behält die Luft noch, selbst nachdem sie trocken an der andern Seite des Berges bei B angekommen ist. Die ursprünglich feuchte Luft hat aber nach Uebersteigung des Berges einen höhern Wärmegrad, jedoch einen geringern Wassergehalt als beim Aufsteigen. Sie ist trocken und erwärmt.

Hierin liegt nicht nur die Ursache der warmen Föhnwinde in der Schweiz und des für den ersten Anblick befremdlichen Umstandes, daß es die von den schneebedeckten Bergen kommenden Winde sind, welche im schwedischen Lappland den Schnee schmelzen, sondern diese Verhältnisse spielen eine in klimatischer Hinsicht äußerst wichtige Rolle nahezu überall auf der Erde. So bedingen sie z. B. die Verschiedenheit im Klima und im Wachsthum zu beiden Seiten der Andenkette, auf der Ost- und Westküste des Feuerlandes und auf der östlichen und westlichen Seite Australiens. Sie sind die Hauptursache der trockenen Wüsten im Innern von Asien und Australien, im nördlichen Afrika und in gewissen Theilen von Nordamerika. In Schweden verursachen sie im Frühjahr die im mittlern Theile des Landes den anbauenden westlichen Winden folgende Trockenheit. Dieselben Gesetze für die Temperatur und den Wassergehalt der Luft müssen sich auch auf Grönland geltend machen. Auch hier müssen die Meereswinde feucht sein, aber ihr Wassergehalt setzt sich gewöhnlich in der Form von Schnee auf den Berghöhen an der Küste ab; dagegen müssen alle Winde, welche in das Innere des Landes kommen, sei es nun von Osten, Westen, Süden oder Norden, trocken oder relativ warm sein, vorausgesetzt natürlich, daß der orographische Bau des Landes nicht von ganz anderer Beschaffenheit ist als der aller übrigen Länder der Erde. Im Innern von Grönland kann der Niederschlag daher kaum zur Unterhaltung eines ständigen Binneneises ausreichend sein.

Man kann im voraus nicht einmal mit Sicherheit annehmen, daß das Land hier eine vollkommen waldlose öde Tundra bildet. Wenigstens trifft man in Sibirien Wälder mit Bäumen von riesenhaftem Wuchse unter viel ungünstigern klimatischen Verhältnissen, als man sie im Innern von Grönland zu erwarten hat. Daß Grönland in seinem Innern zeigen wird, daß es den Namen Grönland oder Grünland mit Recht führt, ist auf Grund von pflanzengeographischen Studien über die Flora Grönlands übrigens schon von dem berühmten Botaniker Hooker behauptet worden, und sogar die Bewohner der grönländischen Westküste vermuthen dies wegen der zahlreichen Scharen von Rennthieren, welche sie zuweilen über das Binneneis nach der Westküste heranziehen sehen. Es ist jedoch keineswegs unwahrscheinlich, daß das Innere des Landes, wenn auch eisfrei, eine hochnordische Wüste bildet, deren Pflanzenwuchs wenig reicher ist als derjenige seiner Küsten. Wie es sich aber auch hiermit verhält, mag das Innere von Grönland ebenso waldreich sein wie die Länder am Kältepol Sibiriens, oder mag es eine waldlose, eisfreie Tundra oder eine mit ewigem Eise bedeckte Wüste bilden, sicher ist doch, daß die Erforschung seiner wirklichen Beschaffenheit eine in wissenschaftlicher Hinsicht so große und durchgreifende Bedeutung hat, daß man gegenwärtig kaum ein wichtigeres Ziel für eine Polarexpedition aufstellen kann, als gerade die Erforschung der Naturverhältnisse im Innern dieses Landes.

Im Zusammenhang mit dem Vordringen in das Innere von Grönland kann die Expedition für ihre Forschung außerdem verschiedene andere, nicht unwichtige Ziele aufstellen, von denen ich hier die folgenden hervorheben will:

Die Bestimmung der Grenze des Treibeises zwischen Island und dem Cap Farewell; Lothungen und Dreggen im dortigen Fahrwasser.

Dieser Theil des Atlantischen Meeres ist bisher kaum der Gegenstand einer andern systematischen Untersuchung gewesen als derjenigen, welche dort im Zusammenhang mit den Untersuchungen für das Legen des ersten Kabels im Atlantischen Ocean angestellt worden ist.[1] Die Kenntniß dieses Meerestheils ist jedoch von großem Gewicht, nicht nur für Ausfüllung der großen Lücke, welche sich in unserer Kenntniß von dem Ocean, dessen Wogen Europas und Amerikas Küsten bespülen, gegenwärtig noch vorfindet, sondern auch für die Erforschung der Ursachen, welche möglicherweise die Veränderungen bedingt haben, die seit der ersten Entdeckung von Grönland in Bezug auf die Eisverhältnisse an seiner Ostküste stattgefunden zu haben scheinen. Die Expedition kann sich diesen Untersuchungen ohne besonders großen Zeitverlust auf der Fahrt von Island nach der Südspitze von Grönland widmen, welche zu einer Zeit des Jahres gemacht wird, wo auf diesen Fahrwassern gutes Wetter zu erwarten ist. Möglicherweise können derartige Untersuchungen auch auf der Rückreise angestellt werden, doch hat es wenig Wahrscheinlichkeit für sich, daß das Wetter dann ein für die Lothungsarbeiten und das Dreggen günstiges ist.

Sammlung neuer Beiträge zur Schnee- und Eisflora.

Professor Wittrock ist gegenwärtig beschäftigt mit Abfassung einer höchst wichtigen und interessanten Arbeit[2] über die größtentheils mikroskopische, aber ziemlich artenreiche Flora, welche ihre richtige Heimat auf den Schnee- und Eisfeldern der Alpen und Polarländer hat, und dazu ist das Hauptmaterial nicht von den durch Hunderte von Forschern besuchten Schneefeldern der Alpen, sondern aus den von den schwedischen arktischen Expeditionen besuchten Polarländern zusammengebracht worden. Die Expedition dürfte beim Besuch der eisbedeckten Küsten Grönlands mehrfach Gelegenheit finden, neues Material für diese Untersuchungen zu sammeln, die uns bereits die unerwartete Aufklärung gegeben haben, daß sogar Schnee und Eis einen beständigen, mannichfaltige Formen zeigenden Pflanzenwuchs haben können.

---

[1] Bei einem Kreuzen an der Ostküste von Grönland im Jahre 1879 besuchte der dänische Flottenkapitän A. Mourier nur nördlich von Reykjavik gelegene Theile der hierhergehörigen Meere.

[2] Siehe: V. B. Wittrock, „Ueber die Schnee- und Eisflora, besonders in den arktischen Gegenden", in: A. E. Nordenskiöld, Studien und Forschungen veranlaßt durch meine Reisen im hohen Norden, S. 65—119.

Neue systematische Untersuchungen der Pflanzenversteinerungen führenden Schichten auf Grönland.

Durch die Werke, welche über unsere frühern arktischen Expeditionen herausgegeben worden sind, sowie durch zahlreiche, besonders in den Schriften der königl. schwedischen Akademie der Wissenschaften zumeist von Professor Oswald Heer in Zürich veröffentlichte Aufsätze wissen wir, daß man während der letzten Jahrzehnte aus den Sand- und Schieferlagerungen des hohen Nordens ein sehr reiches Material für die Ermittelung der ehemaligen klimatischen Verhältnisse auf der Erde und für die Kenntniß der zwar sehr verschiebenartigen, aber bis zum letzten geologischen Zeitabschnitt stets sehr üppigen Floren in den heute eisbedeckten Polarländern erhalten hat. Es ist bekannt, daß von englischen, dänischen und schwedischen Expeditionen auch auf Grönland ein reiches Material für die Forschung auf diesem Gebiete gesammelt worden ist. Bisher ist das zur Untersuchung heimgeführte Material aber unter zumeist sehr ungünstigen Verhältnissen und zwar stets von Sammlern zusammengebracht worden, welche in dem hier in Frage kommenden speciellen Zweige der Paläontologie wenig bewandert waren. Ich hoffe, für die in Aussicht zu nehmende Expedition einen der hervorragendsten Specialisten auf diesem Forschungsgebiet gewinnen zu können, und in diesem Falle dürfte die Expedition auch hier neue und sehr umfassende Beiträge zu diesen wichtigen Kapiteln in der Geschichte der Erde und der Pflanzenwelt liefern können. Diese Aufgabe ist mit der Expedition um so leichter zu vereinigen, als die reichsten Fundorte für fossile Pflanzen in Grönland gerade in der Nähe der Stelle liegen, von wo aus ich mich auf das Binneneis zu begeben gedenke. Die Zeit, während welcher ich mich auf der Eiswanderung befinde, kann daher füglich für den oben angegebenen Zweck benutzt werden.

Sammlung neuer Thatsachen für die Bestimmung des kosmischen Niederschlags.

Durch den Fund metallischer, kobalthaltiger Eisenpartikel in frisch-gefallenem Schnee in Europa, sowie eines kohlenhaltigen, Eisen enthaltenden Staubes auf den Eisfeldern nördlich von Spitzbergen, auch durch das Vorkommen geringer Mengen metallischen Eisens in dem eigenthümlichen Staube (Kryokonit, den ich von dem Binneneise Grönlands heimgeführt habe, und durch andere derartige Untersuchungen, welche in den letzten Jahren in mehrern europäischen Ländern angestellt worden sind, ist der Beweis erbracht, daß ein beständiger oder periodischer geringer kosmischer Niederschlag auf wahrscheinlich alle Theile unserer Erde stattfindet; und daß bezüglich der Beschaffenheit dieses Niederschlags eine viel größere Abwechselung herrscht, als man gewöhnlich geneigt ist anzunehmen, wird durch den leider allzu wenig untersuchten Fund von gelben Krystallen dargethan, den die Vega-Expedition im Schnee eines Eisfeldes auf der Taimyr-Halbinsel gemacht hat. Neue Untersuchungen sind deshalb auf diesem Gebiete nöthig, um Fragen von einer für die Geologie und Kosmologie so durchgreifenden Bedeutung zu entscheiden. Infolge der geringen Quantität kosmischer Stoffe, welche an einer einzelnen Stelle jährlich niederfällt, ist es aber mit großen Schwierig-keiten verbunden, derartige Untersuchungen in Gegenden anzustellen, die dicht bevölkert, mit Hütten und Fabriken aller Art übersät und nur eine kurze Zeit des Jahres mit Schnee bedeckt sind, wogegen die Polarländer sich hierzu besonders gut eignen, und zwar sowol infolge ihrer reinen und von terrestri-schem Staub freien Luft, wie auch wegen der Leichtigkeit, mit welcher man auf der weißen Fläche des Schnees die niedergefallenen dunkeln Staubkörner zu entdecken vermag. Die Expedition dürfte also auf ihrem Wege längs der Eisfelder zwischen Island und Grönland und während der Wanderung auf dem Binneneise dieser fesselnden Frage ihre Aufmerksamkeit ohne besonders großen Zeitverlust zuwenden können.

Für den Fall, daß die Eisverhältnisse in der Baffins-Bai günstig sind und das Schiff der Expedition, wenn es in der Nähe der Disko-Insel an-langt, noch die für eine Fortsetzung der Reise weiter gegen Norden erforder-lichen Kohlen hat oder sich dieselben in einem der Kohlenlager dieser Gegenden brechen kann, wäre es sehr erwünscht, wenn der auf dem Schiffe zurückbleibende Theil der Expedition während der Zeit, die ich auf der Eiswanderung ab-wesend bin, an der Westküste entlang einen Ausflug nach Cap York machen könnte. Hier finden sich nämlich, nach Mittheilungen, welche Eskimos im Jahre 1818 den englischen Polarfahrern Roß und Sabine gemacht haben, auf einem 76° 10' nördl. Br. belegenen, den Namen Savilik (Eisenberg) führenden Berg ein paar große, runde und lose Eisenblöcke, von denen die Eingeborenen sich mit dem wenigen Eisen versehen, das sie für ihre Jagd- und Hausgeräthe gebrauchen. Das Metall dieser Blöcke soll nach der Unter-suchung eines von hier nach Hause geführten Eisengeräthes außer Eisen auch einige Procent Nickel enthalten, und nach den Erzählungen der Eskimos zu urtheilen, scheinen diese Blöcke von derselben Beschaffenheit zu sein, wie die von mir im Jahre 1870 bei Ovifak auf der Disko-Insel angetroffenen Eisenblöcke. Merkwürdigerweise ist dieser von Roß und Sabine gemachten Angabe von keinem der vielen Polarfahrer, welche seitdem an diesen Gegen-den vorübergesegelt sind, die gebührende Beachtung zutheil geworden. Es bietet sich also hier eine Gelegenheit dar, neue Beiträge zur Kenntniß der so viel umstrittenen grönländischen Eisenfunde zu sammeln, wozu kommt, daß ein Aufenthalt von einigen Tagen an diesem so wenig gekannten Theil der West-küste auch in diesen andern Hinsichten von großem wissenschaftlichen Interesse sein muß, zumal hier Formationen vorkommen, die den pflanzenführenden Schichten auf der Disko-Insel sehr ähnlich sein sollen.

Gleichwie den frühern von Schweden ausgegangenen arktischen Expeditionen wird auch dieser ein wissenschaftlicher Stab beigegeben, dessen Mitglieder, ein jedes an seinem Platze, danach streben, sie ihren Vorgängerinnen würdig zur Seite zu stellen, indem sie mit Eifer und Umsicht jede Gelegenheit benutzen, die sich darbietet zur Erweiterung unserer Kenntniß von den Naturverhältnissen der Polarländer und zur Beantwortung der vielen wissenschaftlichen Fragen, welche im hohen Norden ihrer Lösung harren. Es dürfte jedoch hier um so weniger am Platze sein, über die hiernach möglicherweise in Frage kommenden Arbeiten ausführlich zu berichten, als sie in wesentlichem Grade von den Specialstudien bedingt werden, denen die Mitglieder des wissenschaftlichen Stabes sich gewidmet haben.

Ein Ziel für die Forschung muß ich jedoch noch erwähnen, indem es eine jede der aus dem skandinavischen Norden Europas nach Grönland abgehenden Expeditionen von der Art der hier fraglichen für sich aufstellen sollte, nämlich die Sammlung neuer Beiträge zur Beantwortung der Frage: Wo lagen auf Grönland die frühern Colonien der Norweger — der Erichsfjord, Brattalid, die Domkirche von Gardar, Herjolfsnäs u. a.? Zwar betrachten die hervorragendsten Forscher in der Geschichte der grönländischen Alterthümer diese Frage als bereits durch die Annahme beantwortet, daß die Österbygd der Alten westlich von der Südspitze Grönlands, zwischen dem Cap Farewell und dem 61.° nördl. Br., und die Westerbygd auf der Westküste weiter nördlich gelegen habe. Wenn man jedoch ohne vorgefaßte Meinung und vorurtheilsfrei die diese Frage berührenden alten isländischen Sagen untersucht — die von den dänischen Gelehrten mit so großer Sorgfalt gesammelt worden sind — so scheint es mir schwer zu sein, den Gedanken zurückzudrängen, daß die Forschung hier vollständig auf Irrwege gerathen und der richtige Erichsfjord mit seiner Domkirche und seinen vielen Ansiedelungen noch nicht entdeckt, sondern irgendwo an der jetzt so unzugänglichen Ostküste nördlich vom Cap Farewell zu suchen ist. Auf Grund der Erfahrung, welche man bezüglich der Eisverhältnisse in andern Theilen der Polarmeere gemacht hat, glaube ich, daß man diese Küste ohne Schwierigkeit zu erreichen vermag, wenn man im Herbste vom Süden her in der eisfreien Rinne hinaufsegelt, welche sich aller Wahrscheinlichkeit nach auch hier längs der Küste bildet. Eine solche Fahrt darf jedoch nicht vor September unternommen werden; infolge dessen würde es für die Expedition ausgezeichnet passen, nach ihrer Rückkehr von dem Binneneise den Versuch zu machen, vom Cap Farewell an der Ostküste entlang gegen Norden vorzubringen und die dortigen Fjorde zu untersuchen.

Auf Grund des vorstehend Angeführten schlage ich für die Expedition folgenden Reiseplan vor:

Die Expedition geht kommendes Jahr in der letzten Hälfte des Mai auf einem zweckmäßigen, nicht allzu großen, womöglich aus schwedischem

Eisen gebauten und mittels sicherer Scheidewände in mehrere wasserdichte Zellen getheilten Schiff von Schweden ab. Obgleich die Expedition nicht länger als während der Sommermonate fort sein soll, ist sie doch für ein ganzes Jahr zu verproviantiren und mit voller Winterausrüstung zu versehen. Ebenso ist sie mit den erforderlichen wissenschaftlichen Instrumenten und einem aus-erwählten zweckmäßigen Fahrzeug für die Eiswanderung auszurüsten. Die Führung des Dampfers ist einem mit dem Eise vertrauten Kapitän anzu-vertrauen; außerdem ist ein tüchtiger Walfänger als Eismeister anzustellen. Der wissenschaftliche Stab der Expedition besteht, außer ihrem Chef, aus vier Personen, einschließlich des Arztes.

Von Schweden wird der Kurs nach einem Hafen des nördlichen Schott-land genommen, wo die Expedition ihren Kohlenvorrath verstärkt, worauf sie sich nach Reykjavik auf Island begibt. Hier hält sie sich einige Tage auf, um wieder Kohlen einzunehmen, die Maschine nachzusehen u. s. w., worauf sie gegen Westen dem Eise entgegendampft, an dessen Rande entlang sie dann gegen Süden steuert, jedoch ohne daß sie sich zwischen das Treibeis wagt und das Schiff dadurch einem unnützen Risico aussetzt. Nur dann, wenn sich gegen alles Vermuthen an der Ostküste irgendwo vollkommen offenes Wasser finden sollte, wird dieselbe auf der Hinreise angelaufen. Die Wahr-scheinlichkeit hierfür ist bekanntermaßen aber sehr gering. Nachdem Cap Farewell passirt worden, läuft das Fahrzeug Ivigtut an, wo von dem rei-chen, der Expedition infolge ihrer Anordnungen von der Kryolith-Gesellschaft zur Verfügung gestellten Kohlenvorrath wieder Kohlen eingenommen werden. Hierauf fährt die Expedition, vielleicht Egedesminde anlaufend, längs der Westküste Grönlands nach dem Aulaitsivik-Fjord, von dessen innerstem Theile aus die Eiswanderung unternommen wird. Dieselbe dürfte 30—40 Tage in Anspruch nehmen und also Mitte August beendet sein. Während dieser Zeit dampft das Schiff durch das Waigat nach Omenal, wobei die vielen in diesen Gegenden befindlichen Fundorte von Pflanzenversteinerungen besucht werden. Wenn die Eisverhältnisse und der Kohlenvorrath es gestatten, so geht das Schiff mit einem Theile des wissenschaftlichen Stabes noch weiter gegen Norden, vielleicht bis zum Cap York, wo eine günstige Gelegenheit zu geologischen, mineralogischen, botanischen und zoologischen Studien sich dar-bieten dürfte.

Gegen Mitte August findet sich das Fahrzeug wieder im Aulaitsivik-Fjord ein, nimmt dort die zurückgekehrten Eiswanderer an Bord und dampft dann in südlicher Richtung nach Ivigtut, wo ein mehrtägiger Aufenthalt zum Zwecke des Einnehmens von Kohlen u. s. w. stattfindet. Von hier dampft die Expedition um Cap Farewell herum und längs der Ostküste in die offene Rinne, welche, wie ich vermuthe, um diese Zeit an der Küste entlang vor-handen sein wird, und widmet nun unter erforderlicher Berücksichtigung der alten geographischen Beschreibungen in den isländischen Sagen, der Untersuchung der erreichbaren Fjorde eine besondere Aufmerksamkeit. Gegen Ende September tritt die Expedition den Rückweg rund um das Treibeisfeld nach Reykjavik und von dort nach der Heimat an.

Die Entfernungen, welche die Expedition zurückzulegen hat, sind in runden Zahlen folgende:

Von Gothenburg nach Thurso	500 Seemeilen ob. Minuten		
„ Thurso nach Reykjavik	700	„ „ „
„ Reykjavik längs des Treibeisrandes nach Jvigtut	870	„ „ „
„ Jvigtut nach dem Aulaitsivik-Fjord .	540	„ „ „
„ dem Aulaitsivik-Fjord durch den Waigat-Sund nach Omenak	330	„ „ „
„ Omenak nach Cap York	100	„ „ „

Stockholm, 30. December 1882.

A. E. Nordenskiöld.

Dieser Reiseplan wurde von Dr. Dickson gutgeheißen, welcher sich erbot, die Kosten dieser neuen Expedition allein zu bestreiten, unter der ausdrücklichen Bedingung, daß der Ausrüstung alle mögliche Sorgfalt gewidmet würde, sodaß in dieser Beziehung nichts betreffs der Sicherheit der Theilnehmer versäumt würde. Dies war die siebente arktische Expedition, welche Dr. Dickson entweder allein bestritten, oder zu welcher er sehr bedeutende Beiträge geliefert hat.

Zunächst galt es, ein für die Expedition passendes Fahrzeug zu wählen. Ein Fahrzeug wie die „Vega" war für die diesmal beabsichtigte Fahrt weniger zweckentsprechend. Seine Dampfkraft war nämlich zu gering und das Fahrzeug selbst zu groß für eine Seefahrt in einem wenig bekannten und an vielen zu berührenden Stellen noch nie befahrenen Gewässer, innerhalb ununterbrochener, von Granitklippen angefüllter Scheren, welche noch auf keiner Seekarte verzeichnet oder durch Seezeichen angedeutet sind. Ein kleinerer Dampfer würde dagegen schwerlich genügend Kohlen für eine Reise mitnehmen können, auf der man mit Einschluß der nöthigen Umwege eine Strecke von 8—10000 Seemeilen zurücklegen würde. — Diese Schwierigkeit wurde jedoch dadurch beseitigt, daß Dr. Dickson bei den Behörden in Dänemark, der Vereinigten Dampfschiffahrt-Gesellschaft und der „Kryolith-Bergwerks- und Handelsgesellschaft" auswirkte, daß Kohlen für die Expedition in Reykjavik (in unbeschränkter Menge), in Jvigtut im Südwesten von Grönland (200 Tons) und in einer der nord-

westlichen Colonien Grönlands (wenigstens 40 Tons) zur Verfügung
gehalten werden sollten. Unter solchen Verhältnissen wurde es möglich,
für die Expedition einen Dampfer zu verwenden, der stark genug
war, um den Ocean zu befahren, jedoch nicht zu groß für Fahrten
zwischen den Scheren, mit einer kräftigen Maschine, sowie stark
gebaut und für Ueberwinterung eingerichtet, wenn eine solche Eventualität in Frage kommen sollte. Das Fahrzeug mit Verstärkungen
gegen das Eis zu sehr zu beschweren, erachtete ich nicht für nothwendig,
da ich aus einer langen Erfahrung gelernt hatte, wie zwecklos in
den meisten Fällen ein Forciren des Eises ist, und weil ich gefunden
hatte, daß sich selbst das stärkste Fahrzeug schwerlich vor dem Zer-
brücken schützen läßt, wenn dasselbe zwischen zwei zusammenstoßende
Eisfelder gerathen sollte.

Eins der Fahrzeuge, welches meinen Anforderungen sehr wohl
entsprach, war der Dampfer „Sofia", aus schwedischem Eisen auf der
mechanischen Werkstatt in Motala unter Leitung des Kapitäns Carl-
sund erbaut und für den Winterpostverkehr auf der Ostsee bestimmt.
Die „Sofia" hatte unter anderm an der schwedischen Polarexpedition
des Jahres 1868 theilgenommen, wobei sie unter dem Befehl des
Freiherrn F. W. von Otter bis zu einem höhern nördlichen Breitengrade vordrang, als irgendein anderes Fahrzeug in der alten
Hemisphäre erreicht hat. Seit jener Zeit war sie einmal im Jahre
1876 während eines schweren Schneesturms auf einem Steingrund
vor Oskarshamn gestrandet und als Wrack von dem Kapitän und
der Mannschaft verlassen worden, sodann aber wider alles Erwarten ganz allein durch Wogen und Sturm über den Steingrund
ans Land getrieben und gerettet worden. Seitdem war sie sorgfältig reparirt worden und befand sich jetzt in einem vollkommen
seetüchtigen Zustande. Da sie während des Sommers nicht für Rechnung der Regierung zur Verwendung kommen sollte, so wandte ich
mich an Se. Majestät den König mit dem Gesuch, die „Sofia" für
die neue Grönland-Expedition leihen zu wollen, ohne irgendwelche
Verbindlichkeit das Fahrzeug zu versichern oder zu ersetzen,
wenn es verloren gehen sollte, insofern der Verlust desselben nicht durch grobe Nachlässigkeit oder Versäumniß
meinerseits bedingt würde. Nach Einforderung des Gutachtens
des General-Postdirectors W. Roos, verwies Se. Majestät die Frage

in einer Vorlage vom 7. Februar 1883 an die Kammern, welche den Vorschlag Sr. Majestät über Bewilligung meines Gesuches einstimmig annahmen.

Nach geschlossenem Winterpostverkehr wurde die „Sofia" auf die Helling gebracht und die Maschine auf der Werkstatt von Lindholmen in Gothenburg untersucht. Die Expedition wurde für 14 Monate mit Proviant versehen, wobei eine Besatzung von 24 Mann in Berechnung gezogen war. Ferner wurden eine vollständige Winterausrüstung, eine reichhaltige und sorgfältig ausgewählte Einrichtung wissenschaftlicher Instrumente, sowie alles Nöthige für Eiswanderungen u. s. w. mitgenommen und mit einem Wort nichts versäumt, um die Ausrüstung so vollständig und sorgfältig wie möglich zu machen. Außerdem wurde die „Sofia" mit einer notbdürftigen Takelage versehen, um nicht hülflos zu sein, wenn irgendein Unglück seine Dampfmaschine treffen sollte; in die Barkasse des Fahrzeuges wurde eine kleinere Maschine eingesetzt, und eines seiner Boote wurde durch ein Walfisch-boot ersetzt, während außerdem noch ein kleineres norwegisches Boot (Snipa) und zwei Berton'sche Segeltuchboote mitgenommen wurden.

Am 21. und 22. Mai 1883 fand die Einmusterung der Mann-schaft statt. Theilnehmer an der Expedition waren folgende:

A. E. Nordenskiöld, Professor, Befehlshaber der Expedition, geboren 18. Nov. 1832.

A. G. Nathorst, Dr. phil., jetzt Professor und Intendant am Reichs-museum, geb. 7. Nov. 1850.

J. A. Berlin, Licent. med., Arzt der Expedition, geb. 7. Aug. 1851.

E. W. Forsstrand, Cand. phil., Amanuensis an der Universität zu Upsala, Zoolog, geb. 4. Juli 1854.

G. J. Kolthoff, Conservator am Zoologischen Museum in Upsala, geb. 14. Dec. 1845.

A. Hamberg, Student an der Universität Stockholm, Hydrograph, geb. 17. Jan. 1863.

E. J. O. Kjellström, Bataillons-Adjutant beim Regiment Söderman-land, Kartograph und Photograph, geb. 10. Dec. 1855.

E. Nilsson, Befehlshaber der „Sofia", geb. 29. März 1850.

P. A. Hörnfeldt, erster Steuermann, geb. 13. Juni 1857.

S. A. Johannesen, zweiter Steuermann, geb. 24. Juni 1851.

J. P. Johnson, erster Maschinist, geb. 16. März 1820.

P. C. Lonbergren, zweiter Maschinist, geb. 4. April 1839.

J. E. Erikson Hult, Heizer, geb. 16. Mai 1846.

C. Th. Svenson, Heizer, geb. 13. Juli 1839.

S. Krämer, Walfischfänger, geb. 2. Oct. 1847.

N. Sevaldsen, Walfischfänger, geb. 9. Mai 1844.

A. F. Erikson, Matrose, geb. 29. Jan. 1839.

C. J. Andersson, Matrose, geb. 20. Nov. 1837.

A. Jonsson, Matrose, geb. 31. Mai 1852.

G. Andersson, Kohlenträger, geb. 3. Juni 1860.

A. F. Th. Oesterman, Koch, geb. 25. Nov. 1850.

C. O. G. Zetterberg, Aufwärter, geb. 10. Mai 1863.

Anders Pavasson Rossa, Lappländer, geb. 24. Sept. 1844.

Pava Lars Nilsson Tuorda, Lappländer, geb. 25. Dec. 1847.

Außer diesen Personen, welche an der ganzen Expedition theilnehmen sollten, begleiteten uns noch als Passagiere nach Island:

R. Arpi, Cand. phil., geb. 29. Juni 1853.

Graf H. F. G. Strömfelt, Cand. phil., geb. 9. März 1861.

G. Flink, Student der Universität Stockholm, geb. 18. Jan. 1849.

Herr Flink sollte auf Dr. Dickson's Kosten mineralogische und
geologische Untersuchungen anstellen; Graf Strömfelt und Candidat
Arpi wollten für eigene Rechnung die Insel besuchen, der erstere zum
Zwecke botanischer, besonders algologischer, und der letztere wegen
philologischer Studien.

Während der Reise vermehrte sich die Besatzung der „Sofia" —
ungerechnet die Personen, welche aus einem oder dem andern Anlaß
uns nur kürzere Zeit begleiteten — noch außerdem durch einen in
Ivigtut an Bord genommenen Norweger, welcher, angeblich wegen
Mishandlung, dort von einem amerikanischen Fahrzeug entlaufen war
und der nun auf der „Sofia" sich anwerben ließ, um nach Hause zu
kommen, und ferner durch den wegen seiner Entdeckungen nordischer
Ruinen auf dem südlichsten Theil der Ostküste Grönlands bekannten
Missionar Pastor J. Brobbeck, welcher von der Missionsstation Friedrichsthal die Expedition auf ihrer Rückreise längs der Ostküste begleitete, um erforderlichenfalls uns als Dolmetscher zur Seite zu
stehen.

Vor unserer Abreise aus Schweden fehlte es diesmal nicht an
Unglückspropheten. Einer der frühern Subalternofficiere der „Sofia"

wollte die Grönlandfahrt wegen der völlig unbegründeten Furcht nicht mitmachen, daß das Fahrzeug keinen Sturm auf dem Ocean aushalten könne; mehrere hervorragende Kenner der grönländischen Fahrwasser sandten mir warnenden Rath, mich nicht mit der für den Postverkehr auf der Ostsee gebauten „Sofia" in das gefährliche Fahrwasser an der Ostküste Grönlands hineinzuwagen, und zwei der hervorragendsten und gerade in diesen Fahrwassern erfahrensten Polarfahrer Englands erklärten Dr. Dickson, daß ein Fahrzeug wie die „Sofia" wenig Aussicht hätte, einem sichern Untergang entgehen zu können. Diese Warnungen schreckten mich jedoch nicht ab. Nachdem sie dieses übel berüchtigte Fahrwasser in größerer Ausdehnung befahren hatte als irgendeiner ihrer Vorgänger, und nachdem sie als das erste aller Fahrzeuge während der letzten Jahrhunderte einen Weg hin und zurück durch den Eisgürtel der Südostküste aufgefunden hatte, führte die „Sofia", selbst unbeschädigt, sowol ihre Offiziere wie ihre Besatzung wohlbehalten und in guter Gesundheit nach Europa zurück. Das Unglück kam jedoch nach, obgleich in einer andern Weise als irgendjemand hätte voraussehen können. Als Pastor Brobbeck im Frühjahr 1884 mit einem der Fahrzeuge der Kryolith-Gesellschaft, einem stark gebauten Barkschiff „Alba", unter dem Befehl des vielerfahrenen Grönlandkapitäns Toxwærd, nach Grönland zurückkehren sollte, kam er mit dem Kapitän und der Mehrzahl der Besatzung der „Alba" bei dem totalen Schiffbruch des Fahrzeuges in der Nacht vom 1/2. April 1884 an der Ostküste der Schetland-Inseln um.

Erstes Kapitel.

Am 23. Mai war die ganze Ausrüstung der Expedition, Kohlen, Proviant, Instrumente u. s. w. an Bord gebracht, die Mannschaft eingemustert und alle Theilnehmer reisefertig. Zwar war es noch nöthig, einen großen Theil unserer theilweise viel Raum einnehmenden Habseligkeiten ordentlich in dem engen Lastraum des Fahrzeuges aufzustauen; da aber wenig Aussicht vorhanden war, in dem Hafen von Gothenburg, wo die „Sofia" von früh bis spät das Ziel eines ununterbrochenen Stromes von Besuchern bildete, diese Arbeit ungestört verrichten zu können, so lichtete ich auf alle Fälle um 7 Uhr abends den Anker, um das Stauen in einem friedlichern Hafen abschließen zu lassen. Nach einem mehrstündigen Aufenthalt bei Kalfsund ankerten wir am folgenden Morgen bei Marstrand, uns Schweden als der vornehmste Badeort der Westküste, den Dänen und Norwegern durch Tordenskiold's Heldenthat vom 23. Juli 1719, und den Seeleuten aller Nationen als derjenige Hafen wohlbekannt, an dessen Einlauf die Paternosterscheren gelegen sind, wo schon so mancher kühne Seefahrer sein Grab gefunden hat. Die umstehende Karte über diesen District aus einer Zeit, wo der aus einem reichlichen

Häringsfang erwachsende Reichthum Marstrand zu der „gottlosesten Stadt"[1] des Nordens gemacht haben soll, dürfte vielleicht den Leser als eine Probe der ältesten Art der Zeichnung von Seekarten interessiren. Dieselbe ist aus der ersten im Druck veröffentlichten Sammlung von Seekarten, nämlich aus Lucas Aurigarii oder Waghenaer's Speculum nauticum copirt, dessen erste Auflage 1584 in Leiden gedruckt wurde.

Das Fahrzeug wurde nun vollständig segelfertig gemacht, wobei es sich zeigte, daß, nachdem alles gehörig an seinem Platz gestaut war, die Ausrüstung der Expedition, nebst Kohlen für 11 Tage eines ununterbrochenen Ganges, ganz gut in unserm kleinen Dampfer Platz fand, ohne daß derselbe dadurch zu sehr niedergedrückt wurde, oder daß eine Beschränkung des reichlichen Raums für die Theilnehmer der Expedition und die Mannschaft nothwendig geworden wäre.

Am 25. Mai um 9 Uhr morgens lichtete ich wieder den Anker, um die Fahrt ernstlich anzutreten. Es blies eine frische, westliche Brise mit nebeliger Luft. Der Wind legte sich jedoch bald und die Luft klärte sich auf. Am 27. um 9 Uhr abends wurde in Thurso Anker geworfen. Die „Sofia" hatte also ohne Anstrengung der Maschine die 525 Seemeilen, welche Marstrand von Thurso entfernt ist, in 60 Stunden zurückgelegt, eine Fahrt, mit der ich mich vollständig befriedigt fühlte. Auch der Verbrauch an Kohlen entsprach ungefähr den erhaltenen Angaben, nämlich 1,65 Kubikfuß per Seemeile.

Für diejenigen meiner Leser, welche mit der Geographie Schottlands nicht näher bekannt sind, will ich hier erwähnen, daß Thurso auf der Nordküste des Landes, an der westlichen Einfahrt zum Pentland-Firth belegen ist. Mehrere der gewöhnlichen Leute, die wir auf unsern Streifzügen in der Umgebung des Hafens trafen, erklärten mit einem gewissen Stolz, daß sie „Skandinavier" wären, und sie können wol recht darin haben, da in frühern Zeiten diese Gegend ein Zufluchtsort nordischer Wikinge war, welche hier manchen harten und blutigen Strauß mit der keltischen Urbevölkerung des Landes auskämpften und sich schließlich eines Theiles des Küstenlandes bemächtigten.

---

[1] Axel Emanuel Holmberg, Bohusläns beskrifning (2. Aufl., Örebro 1867), III, 194.

Seekarte der Zuiders von Maekraud.

Aus: Waghenaer's Speculum nauticum, Amsterdam 1591.

Ich hielt mich bis zum 30. Mai in Thurso auf und lichtete dann um ¼,3 Uhr nachmittags wieder den Anker. Der Kurs wurde auf Rödefjord an der Ostküste Islands gestellt. Das Wetter war schön mit einem mäßigen wechselnden Wind. Am 31. vormittags bekamen wir die Färöer in Sicht und am Nachmittag desselben Tags dampften wir durch den Sund zwischen Groß- und Klein-Dimon.

Groß-Dimon soll der größte Vogelberg der Welt und also wahrscheinlich die von warmblütigen Thieren am dichtesten bewohnte Gegend der Erdoberfläche sein. Einen Nebenbuhler in dieser Beziehung hat es wenigstens nicht in den gemäßigten und tropischen Ländern. Dagegen könnte es wol möglich sein, daß ein Theil der Vogelberge auf der Ostseite der Baffinsbai, im nördlichsten Norwegen, auf der Bären-Insel oder auf der West- und Nordküste Spitzbergens sich Dimon an Einwohnerzahl nähern. Mit Ausnahme der nicht unbedeutenden Alken-Colonie, welche auf der Preobraschenie-Insel vor der Mündung des Chatanga nistet (vgl. „Die Umsegelung Asiens und Europas auf der Vega", I, S. 317), und möglicherweise eines oder des andern Vogelberges auf der amerikanischen Seite der Berings-Straße, trifft man keine bedeutendern derartige Vogelberge an den Nordküsten Asiens und Amerikas oder an den Küsten des amerikanischen Polararchipel. Dies beruht wahrscheinlich theils auf der Beschaffenheit der Küstenklippen und theils darauf, daß die Eismeere Asiens und Amerikas während eines zu großen Theils des Jahres mit Eis bedeckt sind, um während des Sommers passende Nahrungsplätze für solche Seevögel zu bilden, welche ihre Nahrung aus dem Meere holen. Wenn diese Annahme richtig ist, so würde die Alken-Colonie auf der Preobraschenie-Insel darauf hindeuten, daß das Meer außerhalb derselben während eines verhältnißmäßig bedeutenden Theils des Jahres eisfrei ist. Obgleich wir, infolge einer unrichtigen Schätzung der Entfernung, während der Fahrt längs der Dimon-Küste ganz nahe dem Lande dahin zu dampfen schienen, sahen wir von der „Sofia" aus nur wenige vereinzelte Vögel. Nichts deutete darauf hin, daß wir in der Nachbarschaft reicher Vogelcolonien waren, was mir um so eigenthümlicher vorkam, als man auf Spitzbergen vor den Alken- und Teistenbergen große Scharen dieser Vögel zwischen dem Treibeis weit im Meer hinaus antrifft.

Vor 10 Jahren hatte Herr Kollhoff Groß-Dimon besucht. Nur durch Klettern auf einem äußerst gefährlichen Steig die steilen Strand-klippen hinauf kann man zu den grasbekleideten Ebenen gelangen, welche das Innere der Insel einnehmen. Jede Kluft und Kante und jeder Vorsprung an diesen Klippen bildet Brütestellen für zahl-lose Vogelscharen, hauptsächlich Alken, und wenn man endlich bis zur Spitze gelangt ist, findet man den Boden längs der Meeresküste durch Gänge unterminirt, welche der Papagaitaucher (Mormon arcti-cus) für seine Nester gegraben hat. Wenn man während der Brüte-zeit unterhalb der steilen Bergabhänge entlang geht, so hageln Eier und junge Vögel, geschweige noch weniger angenehme Niederschläge von oben herab, oben auf der Spitze dagegen stürzt man in die Löcher der Papagaitaucher.

Vom Deck aus konnte man auf der schönen grünen Hochebene, welche einen großen Theil der Insel einnimmt, verschiedene Häuser und eine Menge weidendes Rindvieh sehen. Der Wohnplatz ist jetzt im Besitz eines Pächters, welcher für einige hundert Kronen jährlich von der dänischen Regierung das Jagd- und Weiderecht der Insel gepachtet hat und ein gutes Einkommen daraus ziehen soll. Bei Kollhoff's Besuch hatte dieser Pächter 10 Knechte und 20 Mägde im Dienst, hauptsächlich als Beistand beim Vogelfang und zum Einlegen und Bearbeiten der hierbei erhaltenen Producte.

Nach Herrn Kollhoff liefert den Hauptfang sowol auf Dimon wie auf den übrigen Vogelbergen der Färöer die Trottellumme (Uria troile) und der Seepapagai (Mormon arcticus). Auf Dimon nisten auch die dreizehige Möve (Larus tridactylus), der Tordalk (Alca torda) und der Eissturmvogel (Procellaria glacialis), und in gerin-gerer Anzahl zwei Arten von Raubmöven, Lestris parasitica und L. catarractes, sowie eine Becassine (Scolopax gallinago), welche drei letztgenannten Arten die üppigen Grasplätze oben auf der Insel bewohnen, wo auch einige wenige Tringa maritima, Numenius pheopus, Anthus rupestris, Anth. pratensis, Saxicola oenanthe, Emberiza nivalis und Troglodytes europaeus (borealis) vorkom-men. Diese Arten bilden die ganze so individuenreiche Vogelfauna auf Dimon. Auf den übrigen Bergen kommen genau dieselben Arten vor, außer auf Myggenäs, wo sich eine große Colonie von Sula alba, weißer Tölpel, niedergelassen hat.

Ueber den Vogelfang auf den Färöer theilt Debes[1] Folgendes mit:

Man kann nicht beschreiben, mit welcher Mühe und Gefahr die Einwohner diese Vögel (lomvian) auf den hohen und steilen Bergen suchen, von denen viele mehr als zweihundert Klafter hoch sind. Deshalb sind auch nicht alle Färinsulaner dazu passend, sondern es sind nur gewisse Personen, welche eine natürliche Anlage hierfür haben, und diese nennt man dann „Vogelmänner". Sie führen diese gefährliche Arbeit auf zwei verschiedene Arten aus, indem sie entweder diese hohen, steil wie eine Mauer aufsteigenden Berge von unten aus besteigen oder sich von oben herunter mit einem Tau zwischen den Klippen herabgleiten lassen. Wenn sie von unten hinaufsteigen, haben sie eine Stange, welche 11—12 Ellen lang und an dem einen Ende mit einem eisernen Haken versehen ist. Diese Stange wird von denen, die sich unten, sei es in einem Boot oder auf der Klippe befinden, entweder an dem Leibgurt des Vogelfängers oder an einer um den Leib gewundenen Leine festgemacht, und in dieser Weise helfen sie ihm zunächst auf den höchsten Absatz, den sie erreichen können und auf dem er Fuß fassen kann. Hierauf helfen sie auch einem zweiten Vogelfänger hinaufzukommen. Wenn beide Männer oben sind, hat jeder von ihnen seine Vogelstange in der Hand und ein langes Tau bei sich; von diesem nimmt jeder sein Ende und bindet es sich um den Leib und so steigen sie nun so hoch hinauf als sie kommen können. Oft treffen sie schwierige Stellen, bei denen dann einer dem andern helfen muß, wobei es so zugeht, daß der eine seine Stange unter das Hintertheil des andern setzt und ihn so hoch hinaufschiebt wie er kann, bis er einen höhern Absatz erreicht. Dieser zieht dann seinen Kameraden mit dem um seinen Leib befestigten Tau zu sich hinauf, und hiermit fahren sie fort bis sie die Höhe erreicht haben, wo die Vögel ihre Nester haben, und wo sie dann mit den Vögeln nach Belieben verfahren können. Da es aber zwischen den Klippen, in denen sie herumklettern müssen, viele gefährliche Stellen gibt, so sucht einer von ihnen einen sichern und bequemen Platz auf, wo er sich festhalten kann, bis auch der andere über den gefährlichen Punkt hinweggekommen ist. Geschieht es indessen, daß er dessenungeachtet ausgleitet und fällt, so hält ihn der andere mit dem um den Leib befestigten Tau fest und hilft ihm wieder auf. Wenn er an dem schwierigen Punkte vorbeigekommen ist, so bindet er sich seinerseits an einem Stein fest, bis auch der andere die Gefahr überwunden hat. In dieser Weise klettern sie weiter und weiter und suchen die Vögel auf,

---

[1] Lucas Jacobsön Debes, Færoœ et Færoa reserata, det er: Færöernis oc Færoeske Indbyggeris Beskrivelse (Kiobenhafn 1673), S. 140.

solange und soweit es ihnen paſſend ſcheint. Leider geſchieht es jedoch häufig, daß einer von ihnen nicht feſtſteht oder nicht ſtark genug iſt, um den andern beim Fallen zu halten, ſobaß beide herabſtürzen und ſich auf den Klippen zerſchlagen. In dieſer Weiſe kommen jedes Jahr einige um.

Einige Klippen können jedoch nicht von unten oder von der See aus erreicht werden, weßhalb ſie ſich einen Weg über die Berge und von oben hinunter ſuchen, was ſie „at ſic" (ſinken) nennen. Dies iſt die andere Art, die Vögel aufzuſuchen und geſchieht folgendermaßen. Man nimmt eine 80 bis 100 Klafter lange und 3 Zoll dicke Leine; das eine Ende derſelben windet der Vogelfänger um ſeinen Leib und legt es ſich zwiſchen den Beinen hindurch, ſobaß er darauf ſitzen kann; in dieſer Weiſe läßt er ſich hinab mit ſeiner Vogelſtange in der Hand. Sechs Mann halten oben die Leine und laſſen ſie von Zeit zu Zeit weiter gleiten. Der Sicherheit halber legen ſie auf den Bergrand ein Stück Holz, über welches die Leine läuft, damit ſie ſich nicht an den harten und ſcharfen Steinen reibt und zerreißt. Außerdem haben ſie eine dünne Leine in der Hand, die gleichfalls um den Leib des Vogel-fängers befeſtigt iſt, und an welcher er zieht und dadurch gewiſſe Zeichen gibt, womit er denen, die ihn halten, mittheilt, ob er hinuntergelaſſen oder heraufgezogen werden oder ob er bleiben will, wo er iſt. Bei einem ſolchen Hinabhiſſen iſt der Vogelfänger einer großen Gefahr ausgeſetzt, da ihm die Steine, welche durch die Bewegungen der Leine abgelöſt werden, auf den Kopf fallen können, ohne daß er ihnen ausweichen kann. Aus dieſem Grunde hat er gewöhnlich einen ſehr dicken und wohl ausgefütterten See-mannshut auf dem Kopfe, welcher bis zu einem gewiſſen Grade die Schläge der Steine mildern kann, wenn dieſelben nicht zu groß ſind, da es ſonſt ſein Leben koſtet. Indeſſen unterziehen ſich die Färinſulaner beſtändig dieſer Gefahr, um einen Unterhalt für ihr mühevolles Leben zu gewinnen. Auch hoffen ſie, daß der barmherzige Gott ſie beſchützen werde, und die meiſten vertrauen ſich ihm mit größter Andacht an, ehe ſie dieſe gefährliche Fahrten antreten. Uebrigens ſagen ſie, daß die Gefahr bei dieſen Unternehmungen nicht beſonders groß, daß es aber eine mühevolle und ſchwere Arbeit ſei, da derjenige, der nicht gehörig gelernt hat, wie er ſich dabei benehmen muß oder der nicht daran gewöhnt iſt, ſtets mit der Leine im Kreiſe herum-ſchwingt, ſobaß er ganz ſchwindelig wird und nichts ausrichten kann. Der-jenige aber, welcher ſeine Sache wohl gelernt hat, ſieht das Ganze nur als ein Spiel an. Er verſteht es, ſich in eigenthümlicher Weiſe mit der Leine vor- und rückwärts oder von einem Platze zum andern zu ſchwingen, und dies geſchieht mit Hülfe der Füße, welche er gegen die Klippe ſetzt, wodurch er ſich an die Stelle ſchwingt, wo die Vögel ſich aufhalten. Er verſteht es auch, auf ſeiner Leine freiſchwebend in der Luft zu ſitzen und die heim-kehrenden oder ausfliegenden Vögel mit der Stange zu fangen. Trifft er ein Loch im Berge, das durch ein überhängendes Felſendach geſchützt iſt, in

welchen Löchern die Vögel sich gern aufhalten, so versteht er es auch (und
dies ist die größte Kunst) sich mit den Füßen einige Klafter weit von der
Klippe wegzustoßen und sich mit der größten Behendigkeit unter ein solches
Gewölbe hineinzuschwingen und dort festen Fuß zu fassen.

Es ist natürlich, daß ein derartiger Vogelfang etwas sehr Anziehendes für die Jugend gehabt haben muß, wobei wol auch alljähr-
lich einer oder der andere bei dem Streben, die höchsten Felsenab-
hänge zu erklettern oder das kühnste Heruntersteigen auszuführen,
sein Leben zusetzen mußte. Um diesen Uebermuth einigermaßen zu
zügeln, soll früher ein Gesetz erlassen worden sein, welches jeden
Vogelfänger, der beim Klettern in den Vogelbergen heruntergestürzt
und dabei umgekommen war, für einen Selbstmörder und eines ehrlichen Begräbnisses unwürdig erklärte, wenn nicht einer seiner
Angehörigen oder Freunde es wagte, auf demselben Wege
zu gehen und dadurch praktisch zu beweisen, daß das
Wagestück ausführbar war.

Im Sunde trafen wir ein Boot mit Bewohnern der Färöer, welche
uns für eine geringe Summe eine Menge besonders leckern Dorsch
verkauften. Als sie hörten, daß wir aus Schweden seien, fingen sie
sogleich an von der Vega-Reise und von der diesjährigen Expedition
der „Sofia" zu reden, worüber ihre Zeitung mancherlei zu berichten
gehabt hatte. Sie schienen von unserer Fahrt nichts Geringeres als
die Wiederentdeckung der „verloren gegangenen" Colonien der
Skandinavier auf Grönland zu erwarten.

Während die „Sofia" bei herrlichem Wetter über die zwischen
den hohen Klippenufern der Färöer völlig stille See dahindampfte,
leerten einige von uns auf Deck eine Flasche eines ausgezeichneten
Madeira, den Herr William Schönlank in Berlin der Expedition
verehrt hatte. Wie es in ähnlichen Fällen oft zu geschehen pflegt,
wurde die geleerte Flasche über Bord geworfen, nachdem sie wieder
verkorkt und mit einigen eingelegten Visitenkarten mit Grüßen u. s. w.
versehen war. Dieses mal trat der weniger gewöhnliche Glücksfall
ein, daß die Flasche unbeschädigt ans Land trieb. Unsere Grüße
wurden zuerst von der Thorshavner Zeitung veröffentlicht und
machten dann, mehr oder weniger ausgeschmückt, ihre Runde durch
die Presse.

Am 1. Juni erhob sich ein Sturm von Nordost mit regnerischer

Nebelluft und zeitweiligem Schneetreiben, was einen hohen Seegang erzeugte, der sich über das Fahrzeug brach und uns zwang, bis
zur Nacht zum 2. Juni, wo der Wind sich wieder legte, die Maschine
mit halber Kraft arbeiten zu lassen. Unsere Berglappen, welche jetzt nicht
nur ihre erste Reise auf offenem Meere machten, sondern deren Vorväter wahrscheinlich schon seit der Fahrt in der Arche Noah's nie an
einer wirklichen Seefahrt theilgenommen hatten, waren während des
Sturmes beinahe todtkrank von der Seekrankheit und äußerst niedergedrückt, sowie völlig überzeugt, daß ihr letztes Stündlein geschlagen habe. Anders antwortete noch am nächsten Tage auf die
Frage, wie er und Lars sich befänden: „Noch halte ich ein wenig
am Leben fest, aber knapp ist es." Erst nachdem der Anker im
Röbefjord gefallen war und sie Erlaubniß erhalten hatten, sich bis
zum Abgang des Fahrzeuges auf dem Lande zwischen den Weidengebüschen aufzuhalten, stieg ihr Muth wieder, und vor dem Absegeln
erklärten sie auch, „daß ihnen jetzt das Leben wiedergekommen wäre."
Auf Island gefiel es den Lappen besonders gut. Sowol Natur und
Volk, wie auch die unansehnlichen Erdhütten der Einwohner impo-
nirten ihnen offenbar sehr.

Früh am Morgen des 2. Juni kam Land in Sicht, da man
aber infolge des Sturmes vom vorhergehenden Tage sich nicht sicher
auf die Seekarte verlassen konnte und da der bedeckte Himmel keine
Sonnenobservationen gestattete, so waren wir anfangs im Zweifel,
welche von den vielen Oeffnungen zwischen den Felsen, die vom
Fahrzeuge aus sichtbar waren, die Mündung des von uns gesuchten
Fjords bildete. Leuchtfeuer oder bedeutendere Seezeichen gibt es
hier nicht. Erst nachdem wir mehrere Stunden an der Küste entlang
hin- und hergefahren waren, glückte es uns, mit Hülfe des Kurses
einiger französischer Segler und den Nachweisen in Löwenörn's
Kartenbeschreibung uns vollständig zu orientiren.

Am 2. Juni kurz vor Mittag liefen wir endlich die rechte Mündung an und 2½ Stunden später warfen wir im Eskifjord, einer
Abzweigung des Röbefjord (Reydarfjördr), Anker.

Am Eskifjord ist eine der vornehmsten Handelsstationen an der
Ostküste Islands belegen. Hier ist unter anderm auch ein schwedisch-
norwegischer Konsul Tulinius, welcher allerdings zur Zeit abwesend
war, dessen Sohn uns aber mit großer Freundlichkeit empfing.

Mein Ankern hier war durch Graf Strömfelt und Herrn Flink veranlaßt worden, da dieselben von dieser Gegend aus ihre For= schungen auf Island zu beginnen wünschten. Außerdem wünschte ich selbst einen kleinen, am Eskifjord belegenen Bruch zu besuchen, wo man vor zwei Jahrhunderten „Island=Spat" (Doppelspat) ge= brochen hatte, eine Steinart, welche nicht nur eins der schönsten Erzeugnisse des Mineralreiches bildet, sondern welche auch den Phy= sikern eins der kräftigsten und erfolgreichsten Mittel für das Stu= dium der Eigenschaften des Lichtes, sowie den Mikroskopikern und Astronomen oder Astrophysikern ein unschätzbares Hülfsmittel zur Erforschung einerseits der Geheimnisse der Zellenwelt und anderer= seits der unermeßlichen Räume des Weltalls geliefert hat. Es ist übrigens dasselbe Mineral, welches in einer weniger edeln Form das beliebteste Rohmaterial für die großen Werke der Architektur und für die Meisterwerke der Bildhauerkunst abgegeben hat. Der Doppelspat ist nämlich nichts anderes als eine offenbar krystalli= sirte, wasserhelle Varietät des gewöhnlichen Kalksteins, der Kreide oder des Marmors, deren Bedeutung für die Wissenschaft darauf beruht, daß die großen, klaren, durch ebene Splitterungsflächen be= grenzten Stücke, in denen man dieses Mineral erhält, dem For= scher ein bequemes Mittel liefern, polarisirtes Licht herzustellen und die Gesetze der Kraft einiger Stoffe zur Zweitheilung durchgehender Lichtstrahlen zu studiren.

Innerhalb der Gelehrtenwelt wurde der Doppelspat zuerst bekannt durch das Werk eines dänischen Gelehrten aus einem Ge= schlecht aus Schonen, Erasmus Bartholinus, welches Werk zum ersten mal im Jahre 1669 unter dem Titel: „Experimenta crystalli Islan= dici dis-diaclastici" in Kopenhagen gedruckt wurde. Ein Auszug aus dieser Abhandlung erschien im darauf folgenden Jahre im 5. Bande der „Philosophical Transactions, giving some account of the present undertakings, studies, and labours of the ingenious in many considerable parts of the World". Späterhin sind die doppelstrahlenbrechenden Eigenschaften des Island=Spats von Huy= ghens sehr ausführlich behandelt worden in seinem für das ganze Lehrgebäude der Physik epochemachenden Werk: „Traité de la lumière où sont expliquées les causes de ce qui luy arrive dans la réflexion et dans la réfraction et particulièrement dans l'étrange réfraction du Cristal d'Islande" (Leiden 1690). Huyghens zeigt hierin unter anderm, daß nicht allein der Doppelspat, sondern auch krystallisirter Kalkspat von andern Fundstätten sowie Bergkrystall Doppelstrahlenbrecher sind, und daß man es also hier nicht mit einer zufälligen Eigenschaft eines seltenen Minerals, sondern mit einer Eigenschaft zu thun hat, welche den meisten krystallisirten Stoffen eigen ist, obgleich sie bei dem isländischen Mineral ausgeprägter hervortritt als bei andern natürlichen oder künstlich hervorgebrachten Krystallen. Gerade dies ist es, worauf das große wissenschaftliche Gewicht der Frage beruht und deshalb ist auch der isländische Doppelspat während der letztverflossenen zwei Jahrhunderte der

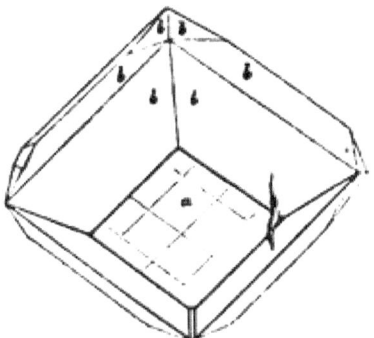

Isländischer Doppelspat.

Gegenstand wiederholter Untersuchungen seitens der ersten Größen der Wissenschaft gewesen. Eine vollständige Geschichte dieser Unter= suchungen würde einen ganzen Abschnitt in der Geschichte der Physik umfassen, einen Abschnitt, dessen reichen Inhalt hier mitzutheilen nicht einmal andeutungsweise in Frage kommen kann. Die Literatur über die Geologie des isländischen Doppelspats ist dagegen so karg, daß das Wesentlichste derselben in wenigen Zeilen zusammengefaßt werden kann. Ueber seine Fundstellen theilt zunächst Bartholinus mit, „daß die Bewohner von Island und die dänischen Handelsleute berichten, daß diese Art von Krystallen an vielen Stellen ange= troffen, hauptsächlich aber auf einem hohen Berge nicht weit vom Roerfjord (Röbefjord) gegraben wird. Der Stein findet sich auf

der Oberfläche des ganzen Berges, sodaß man nicht tief zu graben
braucht, um Stücke von einem Kubikfuß Größe und mehr zu erhalten.
Aus den Ecken der Doppelspat-Krystalle tritt manchmal ein härterer
Stoff hervor, welcher nicht unpassend zum Glasschneiden ist und
dessen von dem Hauptmineral verschiedene Form dem Diamanten
ähnlich ist." Irgendeinen Zusatz oder eine Berichtigung zu dieser
sehr unklaren Erzählung über das Vorkommen dieses Minerals hat
weder der gelehrte Hamburger Bürgermeister Johan Anderson
(1746) oder sein gründlicher Recensent Niels Horrebow (1752)
mitzutheilen, und ebenso vergeblich sucht man Aufklärungen über das
Vorkommen dieses merkwürdigen Minerals in Olassen's und Povelsen's „Reise igiennom Island foranstaltet af Videnskabernes
Selskab", gedruckt in Sorö 1772, oder in Uno von Troil's
Briefen über seine Beobachtungen auf Island im Jahre 1772, oder
in W. J. Hooker's Reise von 1809. Der erste, welcher eine wirklich
mineralogische Beschreibung der Fundstelle geliefert hat, ist C. Krug
von Nidda. Er bereicherte sogar die Plutomuthe der Geologen
mit einer neuen Sage, um die Bildung des schönen Kalkspats zu
erklären. Von einem darunter liegenden hypothetischen Kalkstein-
lager wäre bei dem Ausbruch des glühenden geschmolzenen Dolerits
ein Stück Kalkstein losgebrochen, an die Erdoberfläche geführt und
von der Hitze in isländischen Doppelspat verwandelt worden! Der
isländische Spat sollte in einer ähnlichen Weise gebildet worden
sein, wie gewisse Geologen über die Entstehungsweise des Eisenblockes
bei Ovifak sich aussprechen, und doch sagt von Nidda ausdrücklich,
daß der isländische Spat nicht in einem abgerundeten Klumpen,
sondern auf einem langen und schmalen Riß in dem umgebenden,
feinkörnigen, augitreichen Dolerit vorkommt. Später wurde die
Stelle auch von C. W. Paykull besucht. Dieser gibt richtig an,
daß der Kalkspat auf feuchtem Wege, wahrscheinlich durch Verwitterung des umgebenden Trappsteins[1] entstanden sei.

Die Stelle, wo man den isländischen Spat, den Doppelspat
oder „Crystallus Islandicus disdiaclasticus" bricht oder vielmehr
gebrochen hat, ist auf dem nördlichen Strand des Rödefjord, ungefähr

---

[1] Karsten's Archiv für Grognosie, Bd. VII, 1834, S. 510. - Paykull, En
sommar på Island (Stockholm 1866), S. 183.

eine Stunde Ritt in östlicher Richtung von der Handelsstation am Eskifjord belegen. Die Grube liegt auf einer Höhe von 100 m, einen ziemlich steilen, kahlen und nur spärlich mit Gewächsen bedeckten Strandabhang aufwärts, welcher sich weiter ab vom Strande noch einige hundert Meter höher erhebt. Die schönen, innen klaren Kalkspatstücke werden in den Hohlräumen eines mit halb-

Isländischer Spatbruch am Eskifjord.
(Nach einer Aufnahme des Photographen der Expedition.)

klarem, grobkrystallinischem Kalk, Thon und Basaltstücken gefüllten Ganges angetroffen, welcher sich offenbar so gebildet hat, daß eine Spalte in dem Basalt — lange nachdem dieses Gestein hart geworden — von oben herab mit Thon und herabgefallenem Kies sowie mit Kalkspat gefüllt worden ist, der sich aus kalkhaltigem Oberwasser abkrystallisirt hatte. Der Gang zieht sich mit einem beinahe verticalen Fall von Norden nach Süden. Zum Theil bekleiden die

klaren Krystalle die Wände des Hohlraumes und zum Theil liegen
sie ganz lose in der Thonerde, welche denselben anfüllt. Wahrschein=
lich wurde das Mineral anfangs in großer Menge und in großen
Klumpen ganz nahe der Erdoberfläche angetroffen; später war man
genöthigt, sich behufs Gewinnung desselben tiefer in den Berg hinein=
zuarbeiten, sodaß eine kleine, bei meinem Besuch leider mit Wasser
gefüllte Schürfung entstanden ist. Ebenso wenig sind die Stufen
klaren Spates, die man jetzt findet, so groß wie früher. Ein natür=
licher Klumpen oder Krystall von Doppelspat, wie man ihn in der
Grube antrifft, hat übrigens ein wenig edles Aussehen. Derselbe
ist zunächst ganz und gar schmuzig von einer braungrauen Thonerde,
welche den Flächen des Krystalls hartnäckig anklebt, und erst nach=
dem man diese Erde abgewaschen hat, zeigen sich die eigentlichen
Krystallflächen, welche stets gleichsam mattgeschliffen und undurch=
sichtig sind, sodaß das klare Innere des Krystalls unerfahrenen
Blicken verborgen bleibt. Ein einziger Hammerschlag aber – und
der schmuzigfarbige Klumpen scheint in Hunderte von wasserklaren,
geschliffenen Edelsteine zu zerfallen. Das Mineral hat nämlich drei
sehr deutliche rhombische Durchgangsflächen und läßt sich nur selten
in andere Richtungen als diesen stets ebenen und spiegelblanken
Bruchflächen nach spalten. Mitunter sind die natürlichen Krystall=
flächen des Minerals und solche Bruchflächen, welche sich gebildet
hatten, während die Krystalle in der Thonerde eingebettet lagen, mit
einer dicken Schicht Zeolith (Stilbit und Heulandit) bedeckt. In dem
Basalt oder Basalttuff, welcher den Gang umgibt, befinden sich kleine
Luftblasenräume, deren Wände mit unansehnlichen Quarzkrystallen
bedeckt sind, welche vermuthlich Bartholin's glasschneidendes, diamant=
artiges Gestein bildeten. Der grobkrystallinische, milchfarbige,
weniger durchsichtige Kalk, welcher die Hauptmasse des Ganges aus=
macht, kann nicht für optische Zwecke verwendet werden, ist aber doch
nach Europa exportirt worden, um bei der Bereitung von Kohlen=
säure in Anwendung zu kommen. Ein nicht unbedeutender Haufen
dieses Kalks lag noch auf dem Strandabhange, woraus man schließen
kann, daß der Export nicht besonders lohnend gewesen sein mag.
Klare, für optische Zwecke verwendbare Stücke werden dagegen
sehr hoch bezahlt. Der isländische Spat ist selbst in größern
Stücken ebenso farblos wie das klarste Quellwasser. Einige Chemiker

haben hieraus ohne genaue chemische Untersuchungen den Schluß
gezogen, daß der Islandspat eine vollkommen reine chemische
Verbindung von Kohlensäure und Kalk sei, welche zur Bestimmung
des Atomgewichts von Calcium verwendbar wäre. Dafür erhielt
man bei der Analyse des Minerals eine Zahl, welche das sogenannte
Proust'sche Gesetz zu bestätigen schien, nach welchem die Atomgewichte
der einfachen Stoffe Vielfache des Atomgewichts des Wasserstoffs sein
sollten, ein Gesetz, aus welchem man den wichtigen Schluß ziehen
zu können glaubte, daß alle unsere sogenannten „einfachen Stoffe"
doch schließlich aus einem einzigen Urstoff beständen. Es ist jedoch
nunmehr bewiesen, daß dies nur eine Fiction, oder daß wenigstens
das Proust'sche Gesetz nicht streng gültig ist; aber noch vor einigen
Jahrzehnten nahmen die meisten Chemiker dasselbe als eine voll
wissenschaftlich bewiesene Thatsache an. Nur Berzelius vertheidigte
eifrig eine entgegengesetzte Ansicht und zwar oft mit einer scharfen,
aber berechtigten Kritik der Untersuchungen seiner Gegner. Während
dieser Kämpfe zeigte er unter anderm, daß der scheinbar so reine
Islandspat eine nicht unbedeutende Menge Verunreinigungen —
Wasser, Eisen, Phosphorsäure, Fluor u. s. w. — enthalte, welche
jedoch die Farbe und Krystallisation des Minerals nicht beeinflußt hätten. Auf die Ehre, auch auf dem rein chemischen Gebiete
zu der Begründung eines Naturgesetzes beigetragen zu haben,
muß deshalb der Islandspat Verzicht leisten, aber doch hat er
hier an dem Kampfe theilgenommen. Wenn man dagegen „das
Mineral Eis", welches bekanntlich so leicht in großen, klaren,
azurblauen Klumpen zu haben ist, und den nach der Ansicht alter
Forscher durch Verhärtung des Eises entstandenen krystallisirten
Quarz oder Bergkrystall ausnimmt, so gibt es auf der Erdoberfläche
kein anderes Mineral in so großen, klaren und reinen Stücken wie
dasjenige, welchem Gardar's Land seinen Namen gegeben hat und
mit dessen mineralogischer Geschichte ich den Leser vielleicht schon zu
lange ermüdet habe.

Der Ausflug nach dem Kalkspat-Bruch war in jeder Beziehung
ein geglückter, interessanter und angenehmer, sowie angemessen ge-
würzt durch kleinere Abenteuer und Ereignisse bei dem Ritt auf
den kleinen isländischen Pferden, welcher oft, mit Dr. Arpi an
der Spitze, in vollem Galop über Berge und Hügel, und über

Bäche und Steinhaufen ging. Ich würde hieraus ungesucht Anlaß nehmen können, von der Mineralgeschichte des Isländspats auf die nicht weniger interessante Geschichte des isländischen Pferdes überzugehen; da ich aber mit der Hippologie wenig vertraut bin, so verweise ich hinsichtlich dieses Kapitels auf das beigefügte natur-getreue Bild, sowie auf die Schilderungen früherer Islandfahrer und auf folgendes Urtheil des als Reiter auf den isländischen Pfer-den vielerfahrenen Dr. Arpi, welcher sagt: Obgleich klein und unan-sehnlich sucht das isländische Pferd doch seinesgleichen in der Aus-dauer. Sei es als Reitpferd oder als Packpferd — im Schritt, Trab, Paßgang oder Galop — es ist sicher auf den Füßen, ebenso

Isländische Pferde.
Nach John Coles, Summer travelling in Iceland, London 1882.

wohl über steinigen Boden und steile Felsabhänge, über sumpfige Moore und reißende Furte, wie auch auf ebenem Boden und über Eis. Ueber die tiefern, oft breiten und reißenden Ströme schwimmt es kräftig und gut. Tag ein Tag aus, in Regen, Sturm und Kälte kann es seinen Reiter tragen, dem es nicht selten auch die einzige Gesellschaft ist, und dessen Leben es vielleicht schon mehr als einmal gerettet hat.

Am 4. Juni lichtete ich wieder die Anker, dampfte aus dem Rödefjord hinaus und dann längs der Küste südlich um die Insel

herum nach Reykjavik. Wir hatten anfangs klare Luft, sodaß man
vom Fahrzeuge aus eine gute Aussicht über die plateauförmigen,
hier und da noch mit Schneefeldern bedeckten Berge der Insel und
über die im südlichen Theil des Landes befindlichen gewaltigen
Gletscher hatte. Am nächsten Tage wurde die ganze Nachbarschaft
des Fahrzeuges von einem dichten Nebel umschlossen, welcher uns
zwang, eine langsamere Fahrt anzunehmen und mit großer Vorsicht
vorzugehen, besonders da wir, nachdem wir am 5. des Vormittags
Reykjanäs, das Rock oder Rockneß[1] der alten Karten, passiert hatten,
in die mit Inseln und Sandbänken überstreute Bucht kamen, an
welcher die Hauptstadt von Island gelegen ist. In der Nacht zum
6. lagen wir sogar einige Stunden vor Anker in dem zur Zeit
völlig spiegelglatten Fjord. Als der Tag anbrach, wurden wir
einige Boote gewahr, welche auf der Sandbank fischten, bei der wir
Anker geworfen hatten. Sie wurden angerufen mit dem Ansuchen,
uns nach Reykjavik hineinzulootsen; anstatt aber dies bei dem
starken Nebel übernehmen zu können, verlangten sie ihrerseits von
uns Aufklärung über die Richtung, in welcher die Stadt läge — sie
hatten nämlich keinen Kompaß bei sich. Wir dampften des=
halb auf eigene Hand langsam weiter. Die Luft wurde klarer, je
weiter wir in den Fjord hineinkamen, und im Innern des Hafens
selbst war es vollständig klar. Am 6. Juni um 12¹/₂ Uhr nachmittags
wurde hier der Anker geworfen. Es war ein Glück für uns, daß wir
noch an diesem Tage anlangten, da am 7. Juni ein äußerst heftiger
Sturm aus Südwest losbrach, während dessen es für die „Sofia“ sehr
schwer gewesen wäre, sich zwischen den seichten Bänken des Faxafjord
zu halten. Sogar in dem Hafen von Reykjavik, der nebenbei gesagt
ziemlich schlecht ist, war es für die „Sofia“ schwer, sich zu halten, da der
Seegang im Hafen selbst so heftig war, daß die Verbindung zwischen
dem Fahrzeuge und dem Lande für einige Stunden beinahe unmöglich war.

Dieses ungünstige Wetter hinderte einen Ausflug, welchen die
Mitglieder der Expedition mit der Dampfschaluppe zu machen beab=
sichtigt hatten nach dem nördlich von Reykjavik gelegenen Borgerfjord,
in dessen Umgebung mehrere Fundorte von Pflanzenversteinerungen
vorkommen.

---

[1] Der Name Rock kommt zum ersten mal auf Zeno's Karte von 1558 vor.

Island ist das erste hochnordische Land, in welchem man Pflan=
zenversteinerungen angetroffen hat, welche beweisen, daß die Polar=
gegenden während einer in geologischer Hinsicht noch nabeliegenden
Zeitperiode ein Klima gehabt haben, das dem des jetzigen Italien
ähnlich ist. Der „Surturbrand" oder die in den Basalttuff einge=
betteten Holzstämme werden nämlich schon 1747 unter dem Namen
„verschlemmtes Holz" in der von dem Hamburger Bürgermeister
J. Anderson auf Grund der Berichte von Schiffern und Handels=
leuten zusammengestellten Beschreibung von Grönland und Island,
sowie unter dem Namen „Sorte Brand" (schwarzer Brand) in der
von N. Horrebow kurz darauf gedruckten ausführlichen Kritik über
Anderson's Werk erwähnt. Horrebow bemerkt richtig und mit be=
rechtigtem Erstaunen, daß der „Surturbrand" in die Bergmasse
selbst eingebettet vorkomme.[1]

Das Vorkommen wirklich fossiler Blätterabdrücke wird unter
dem Namen „Lithophyllen" zum ersten mal auch erwähnt in
der Beschreibung der von den isländischen Studenten Olassen
und Povelsen in den Jahren 1752—57 auf Veranstaltung der
wissenschaftlichen Gesellschaft in Kopenhagen unternommenen Reise
nach Island, durch welche man überhaupt in Europa zum ersten
mal einen richtigen Begriff über die Naturverhältnisse des Landes
erhielt.[2] Die erste bedeutende Sammlung dieser Pflanzenversteine=
rungen wurde 1840 von J. Steenstrup mitgebracht und zusammen
mit den von Winkler im Jahre 1858 heimgeführten Pflanzenver=
steinerungen in dem ersten Theil von Oswald Heer's „Flora fossilis arctica" beschrieben. Die unvergleichbar größte Sammlung
dieser Jahrtausende hindurch in dem vulkanischen Tuff Islands
gegen Verwitterung geschützten Pflanzenüberreste ist auf der Sofia=
Expedition durch Herrn Flink zusammengebracht worden. Professor
Nathorst ist gegenwärtig mit ihrer wissenschaftlichen Untersuchung
beschäftigt, und eine Uebersicht der für die klimatische Geschichte

---

[1] Anderson, Nachrichten von Island, Grönland und der Straße Davis (Hamburg 1746), S. 27. — Horrebow, Tilforladelige Efterretninger om Island (Kjöbenhavn 1752), S. 80.

[2] Diese Reisebeschreibung wurde zuerst 1772 in Sorö gedruckt unter dem Titel:
Vice Lavmand Eggert Olafsens og Land Physici Biarne Povelsens Reise
igiennem Island etc.

Neuhauli, von Nordosten gesehen.
Nach einer Aufnahme des Photographen der Expedition.

unserer Erdkugel interessanten Resultate, zu denen er gekommen,
wird wahrscheinlich bald erscheinen.

Da der Sturm alle längern geologischen Ausflüge hinderte, so
streiften wir statt dessen in der kleinen Stadt umher, in deren Hafen
die „Sofia" vor Anker lag. Irgendwelche besondere Merkwürdigkeiten
hat die Stadt selbst mit ihren kleinen, nicht eben nach den Forderungen der Architektur gebauten Häusern, mit ihren graden, breiten
Straßen und ihren kahlen Umgebungen, nicht zu bieten. Um so
interessanter, besonders für Skandinavier, sind dagegen die Einwohner, von denen wir mit einer seit undenklichen Zeiten in Island
althergebrachten Freundlichkeit und Gastfreiheit aufgenommen wurden.
Unter den öffentlichen Sammlungen verdient Erwähnung ein Museum
für isländische Alterthümer, welches jedoch viel weniger reich ist,
als man es in einem Lande mit einer so alten Geschichte wie
Island erwarten sollte. Stein- und Bronzesachen findet man hier
nicht, da das Land in der Stein- und Bronzeperiode noch völlig
unbewohnt war.[1] Aber selbst solch prachtvolle Gold- und Silber-
schmucksachen aus dem Eisenalter, wie man sie so oft in Skandinavien antrifft, sind hier selten. Merkwürdig und wichtig für die
Beurtheilung der Frage über die wirkliche Lage der Österbygd
von Grönland ist auch der Umstand, daß man so selten Ueberbleibsel der Wohnsitze der großen Männer antrifft, deren Lebensweise, Thaten und innere Kämpfe in den isländischen Sagen
ausführlich beschrieben werden, und daß, wenn mitunter derartige
Ueberbleibsel gefunden werden, dieselben gewöhnlich so unansehnlich
sind, daß die Nachgrabungen erfahrener Alterthumsforscher erforderlich sind, um zu constatiren, ob man wirklich einen alten Wohnplatz
vor sich hat oder nicht.

In dem kleinen, von einer wenig zahlreichen Bevölkerung bewohnten, unfruchtbaren Lande entwickelte sich indessen zu Anfang dieses
Jahrtausends ein geistiges Leben, zu dem in jener Zeit kein anderes

---

[1] Eugène Robert, Theilnehmer an der französischen Expedition mit dem Schiff
„La Recherche" behauptet zwar, Steingeräthe von Achat und Chalcedon auf Island
gefunden zu haben („Les Mondes", 8. Mai 1873). Da indessen diese Angabe weder
durch irgendeine wissenschaftliche Beschreibung noch durch irgendeine Zeichnung bestätigt ist, so dürfte sie wol keine Berücksichtigung verdienen.

Land nördlich von den Alpen ein Gegenstück aufweisen konnte, und welches eine für alle Länder des nördlichen Europa unberechenbar wichtige Literatur erzeugte. Diese Literatur ist bekanntlich in einer Menge von Handschriften, den Isländischen Membranen, aufbewahrt. Gegenwärtig findet man dieselben jedoch gar nicht oder nur ausnahmsweise noch auf Island; so fand sich beispielsweise in der Oeffentlichen Bibliothek in Reykjavik nicht eine einzige wichtigere alte Originalhandschrift. Man muß dieselben in europäischen Bibliotheken, und zwar besonders in Kopenhagen, Stockholm und Upsala suchen. Ueber die Entstehung der schwedischen Sammlungen berichtet Uno von Troil Folgendes:[1]

Schweden kann sich die Ehre zurechnen, den ersten Schritt zu ihrer (der isländischen Membranen) Sammlung gethan zu haben. Der Anfang dazu wurde von Jonas Rugman gemacht, welcher 1661 auf schwedische Kosten nach Island hinüberreiste und von dort eine hübsche Anzahl von Manuscripten mit zurückbrachte, welche den Grund zu der Sammlung isländischer Urkunden legten, die unser schwedisches Alterthums-Archiv jetzt aufweisen kann. Durch dieses Beispiel angereizt begab sich auch Thormodr Thorfeson nach Island, versehen mit einem Befehl des Königs Fredrik III., vom 27. Mai 1662, an die Bischöfe Brynjolf Svensou und Gisle Thorlafson, ihm bei der Einsammlung isländischer Urkunden behilflich zu sein.

Nachdem in Schweden ein Antiquitäten-Collegium eingerichtet war, dachte man daran, Peter Salan hinüberzusenden, was jedoch nicht zur Ausführung kam. Anfangs der achtziger Jahre aber errichte man den Zweck durch Gudmundr Olson, welcher seinen Bruder Helge Olson in die Sache hineinzog, und dieser brachte eine ziemliche Menge von Manuscripten mit, wozu später Arngrim Jonsen, Jonas Wigfusen, Lopt Josephsen, Gudmund Gudmundsen und Thorvaldr Brockman, welche beim Antiquitäten-Collegium als Uebersetzer thätig waren, nicht wenig beitrugen, ebenso wie Jonas Eghardsen, Magnus Benedictsen, Isleif Thorleiffen, Ejnar Ejnarsen, Aruas Hålansen, Frauts Jacobsen und Thorb Thorlatsen bei der Beschaffung dieser Urkunden mit hülfreicher Hand Beistand leisteten, sowol während des Bestehens des Antiquitäten-Collegiums in Upsala wie auch nach dessen Uebersiedelung nach Stockholm.

Dies machte auch in Dänemark so viel Aufsehen, daß Christian V. am 4. April 1685 außer dem Befehl an den Landvogt Heideman auf Island, den Thomas Bartholin bei seiner Einsammlung isländischer Alter-

[1] Briefe über eine Reise nach Island 1772, S. 192.

thümer behülflich zu sein, zugleich aufs strengste verbot, von dort irgendwelche Handschriften oder Abhandlungen über das Land an Ausländer zu verkaufen oder auszuführen.

Stockholm sowol wie Kopenhagen hatten also schon einen großen Theil der alten isländischen Urkunden in Verwahrung genommen, als Arnas Magnaeus mit Paul Vedalin 1712 von Island nach Kopenhagen fuhr; sie hatten aber alles aufgeschnappt, was etwa noch davon übrig war, sodaß jetzt wol kaum noch irgendeine Handschrift von Sagas im Lande zu finden ist, weshalb auch ich, ungeachtet aller Bemühungen, nichts weiter als ein unvollständiges Exemplar der Sturlunga-Saga kaufen konnte."[1]

Wol mag es hart für ein Land sein, auf diese Weise die Urkunden seiner Literatur zu verlieren, für ihre Verwahrung gegen Vergessenheit aber ist es sicherlich von Nutzen gewesen. Das Interesse für die alten Handschriften scheint nämlich nach der Einführung der Buchdruckerkunst in Island bedeutend abgenommen zu haben. Eine Menge alter Pergamenthandschriften sollen, nach dem was mir ein gelehrter Isländer erzählte, in der Weise auf dem Altar der Eitelkeit geopfert worden sein, daß sie als Gestelle für den eigenthümlichen Kopfputz, welcher zu der Nationaltracht der isländischen Frauen gehört, benutzt worden sind.

Die Buchdruckerkunst wurde frühzeitig in Island eingeführt, und zwar zunächst auf Veranlassung des schließlich enthaupteten

---

[1] Die Isländer sind jetzt ein ziemlich stilles und bedächtiges Volk, das selten etwas mit dem Gesetz zu schaffen hat. Mord soll jetzt in Island beinahe gar nicht vorkommen. Daß aber der trotzige und zügellose Geist, welcher die ersten Colonisten auszeichnete, noch gegen Ende des 17. Jahrhunderts nicht verschwunden war, zeigen folgende Auszüge aus den Biographien, welche von Troil über die oben erwähnten, in Schweden als Uebersetzer angestellten Isländer gibt:

Rugman war wegen Halsstarrigkeit von der Schule in Holum relegirt worden, begab sich auf einem Handelsschiff nach Kopenhagen, um eine Aenderung des Urtheils nachzusuchen, wurde von einem schwedischen Kaperschiff gefangen genommen, „mit besonderer Fürsorge" behandelt und von Per Brahe erzogen; Gudmundr Olsen „trank sich beinahe täglich einen Rausch in Branntwein an"; Helge Olsen war Prediger gewesen, hatte aber den Talar durch sein unkeusches Leben verloren; Lopt Josephien war auch Priester gewesen, als des Aberglaubens verdächtig aber abgesetzt worden; Thorvaldr Brockman „hatte das Unglück, bei seiner Ankunft in Schweden wegen Schmuggelei angehalten zu werden"; Jonas Eggardsen, ein Prozessirer, saß lange Zeit in Arrest im Blauen Thurm in Kopenhagen, und Magnus Benedictsen wurde wegen Todschlags zu Festungsarbeit verurtheilt.

katholischen Bischofs in Holum, Jon Areson, welcher, selbst unge-
bildet und wenig mit dem Latein vertraut, womit er seine Gegner
ercomunicirte, sich zur Beihülfe einen Mann Namens Johan Mathieson, einen Schweden von Geburt, verschaffte, der gleichzeitig
der lateinischen Sprache mächtig und der Buchdruckerkunst kundig
war. Mathieson, druckte 1531 das erste Buch auf Island. Eine
vollständige Bibel wurde 1584, und hundert Jahre später, 1688, die
erste Ausgabe der isländischen Sagen (Landnámabók, Schedae Ara
Prests Fróda, Christendoms saga und Greenlands saga) in Skalholt gedruckt. Diese Sagas enthalten verschiedene sehr merkwürdige Holzschnitte, wozu die Blöcke noch in dem Antiquitäten-
Museum zu Reykjavik aufbewahrt werden. Die Bilder sind theilweise
in Holz (z. B. das Bild des Walrosses am Schluß der Grönlandsaga)
und theilweise in eine auf Holz befestigte Platte von weichem
Blei oder von einer härtern Metallegirung, vermuthlich Typen-
masse, geschnitten. In den Blöcken finden sich außerdem hier und
da Löcher zum Einsetzen der Typen eingebohrt, mit denen die Inschriften gedruckt sind.

Isländischer Kopfputz.
Nach Clallen's und Bevellen's Reise.

Zweites Kapitel.

Am 10. Juni um 3 Uhr nachmittags war der Dampfer geheizt und alles zur Abreise fertig. Aber gerade als der Anker gelichtet werden sollte, merkte ich, daß die Feder eines meiner Taschenchronometer gesprungen war. Ich ging sofort ans Land, um zu hören, ob irgendein isländischer Uhrmacher im Stande wäre, den Schaden zu repariren. In zwei Stunden und für zwei Kronen setzte der „ursmidur" (Uhrenschmied) Evólfur Thorkelsson eine neue Feder ein. Während ich hierauf wartete, hörte ich, daß der Landvogt Arni Thorsteinsson eine sehr alte Karte über Island und das umliegende Meer besäße. Ich besuchte ihn sofort. Als er sah, daß ich mich für die Karte interessirte, verehrte er sie mir mit der Erklärung, daß sie als Umschlag für einige alte isländische Urkunden gedient hätte. Es war eine arg mitgenommene Seekarte über das nördliche Atlantische Meer, auf der ich sofort verschiedene aus den Reisen der Zenier entlehnte Namen unterscheiden konnte. Vorausgesetzt, daß es eine Originalkarte aus der Zeit vor 1558 gewesen wäre, würde sie hiernach einen sehr großen Werth für die Lösung einiger der am schwersten zu erklärenden Räthsel der Geographie gehabt haben. Als dieselbe aber nach der Heimkehr gereinigt und näher untersucht worden war, zeigte es sich, daß man es hier nur

mit einer auf Pergament gedruckten holländischen Seekarte zu thun
hatte, welche an und für sich wol alt und interessant, für die Lösung
der Zeno-Frage aber ohne Bedeutung war.

Nachdem mein Chronometer reparirt und die vermuthete Karten-
Seltenheit eingepackt und nach Stockholm abgesandt war, wurde der
Anker um 7 Uhr 30 Min. nachmittags (am 10. Juni) gelichtet und
wir dampften aus dem Hafen hinaus. Der Kurs wurde nach der
Ostküste Grönlands in der Richtung N. 81° W., d. h. ungefähr nach
der Stelle der Küste gestellt, wohin man kommen sollte, wenn man
der einfachen und doch so viel umstrittenen Vorschrift von Ivar
Baardsön folgt:

„Ittem fraan Sneffelznis aff Islaundt som er stackusth thiill
Grönnlandt ij dage og ij netters seigliing Reetth ij wester att seglee
och thaa liiger Gundbyerguersker retth paa mytt wegenn i mel-
leme Grönnlanndt och Islanndt."[1] Dies war, wie Ivar Baardsön
hinzufügt, der alte Segelweg; seitdem ist aber Eis von Nordost (aff
Lanndtnordenbottne) gekommen, sodaß man jetzt nicht ohne Lebens-
gefahr auf diesem alten Wege segeln kann.

Die Schwierigkeit bei der Auslegung dieser Kursvorschrift liegt
darin, daß es während der letzten Jahrhunderte niemals geglückt
ist, des Eises wegen auf diesem Wege nach der Ostküste Grönlands
vorzubringen, und daß eine Gunbjörn-Schere zwischen Island und
Grönland nicht zu finden ist. Die erstere Schwierigkeit scheint sich
durch eine einfache wörtliche Auslegung des letzten Theils von
Baardsön's Kursvorschrift vollständig zu heben. Was dagegen die
in den grönländischen Sagen oft erwähnte Gunbjörn-Schere betrifft,
so ist es schwer zu begreifen, was aus derselben geworden ist; denn
es ist gewiß, daß irgendeine größere oder kleinere Insel oder eine Klippe
sich jetzt nicht zwischen Grönland und Island findet, und Kapitän
Graah's, von vielen Geographen angenommene Erklärung, daß die
Gunbjörn-Schere der Alten in einigen kleinen, etwas südlich von Cap
Dan belegenen Inseln bestehen sollte, kann höchstens als ein Beispiel
der Ungereimtheiten angesehen werden, zu denen eine zu weit ge-

---

[1] Nach einer im Schwedischen Reichsarchive befindlichen, 1641 datirten Abschrift
von Ivar Baardsön's Bericht. — „Item von Snefellsnes auf Island, was Grönland
am nächsten liegt, hat man zwei Tage und zwei Nächte westwärts zu segeln; da
liegt die Gunbjörn-Schere gerade mittwegs zwischen Grönland und Island."

triebene Dogmatifirung die Gelehrten manchmal treiben kann. An-
nehmbarer ist dann noch, daß die ganze Gunbjörn-Schere entweder
niemals existirt hat, oder daß dieselbe versunken oder von Eis und
Wogenschwall zerstört worden ist. Für diese letztere Annahme spricht
auch die merkwürdige Karte von Ruysch, welche 1508[1] in einer
Ausgabe von Ptolemäus veröffentlicht wurde, und welche umstehend
in Facsimile wiedergegeben ist. Wie man sieht, findet sich auf dieser
Karte mitten zwischen Island und Grönland, gerade da wo die Gunbjörn-Schere gelegen haben sollte, eine Insel eingezeichnet mit
der Inschrift: „Insula hec in anno dñi 1456 fuit totaliter com-
busta" (d. h. „diese Insel wurde im Jahre 1456 durch Feuer
vollständig zerstört"). Die Geologie bestätigt allerdings, daß Land
und Meer unzählige mal gewechselt haben, und daß die höchsten
Alpen oft den jüngsten Bergbildungen unserer Erde angehören.
Man hat mehrere mal, selbst während des letzten Jahrhunderts,
beobachtet, wie neue vulkanische Inseln an den Küsten Siciliens,
der Aleuten und bei Island entstanden und verschwunden sind.
Man weiß, daß Helgoland seit dem Anfange unsers Jahrtausends
in seinem frühern Areal ganz bedeutend verringert worden ist.
Dessenungeachtet hat man nicht geglaubt, irgendwelche Rücksicht auf
den auf der Karte von Ruysch angeführten Umstand nehmen zu müssen,
wozu als nächste Veranlassung wol gelten kann, daß man keinen
andern Gewährsmann für die gewaltsame Katastrophe, die hier stattgefunden haben sollte, anführen kann als die fragliche Karte eines
im übrigen völlig unbekannten Geographen. Die isländischen
Annalen, welche sonst mit großer Genauigkeit alle vulkanischen Aus-
brüche auf der Insel verzeichnet haben, erwähnen z. B. nichts von
einer solchen Begebenheit, noch von irgendeiner bedeutendern Thätigkeit der isländischen Vulkane im genannten Jahre. Daß indessen
der alten Kartenlegende eine wirkliche Begebenheit zu Grunde liegt,
dafür sprechen theils die bestimmt angegebene Jahreszahl, und theils

---

[1] Mein Exemplar ist in die Ptolemäus-Ausgabe von 1507 eingebunden, welche
mit der Ausgabe von 1508 bis auf ein neues Titelblatt und einige der Auflage von
1508 beigefügte Zusätze in Bezug auf die Entdeckung der Neuen Welt identisch ist.
Ruysch's Weltkarte findet sich übrigens auch in andern Exemplaren des Ptolemäus
von 1507, als das hier erwähnte, eingebunden, und dürfte deshalb ebenso wol als
zu dieser Ausgabe wie zu der von 1508 gehörig angesehen werden können.

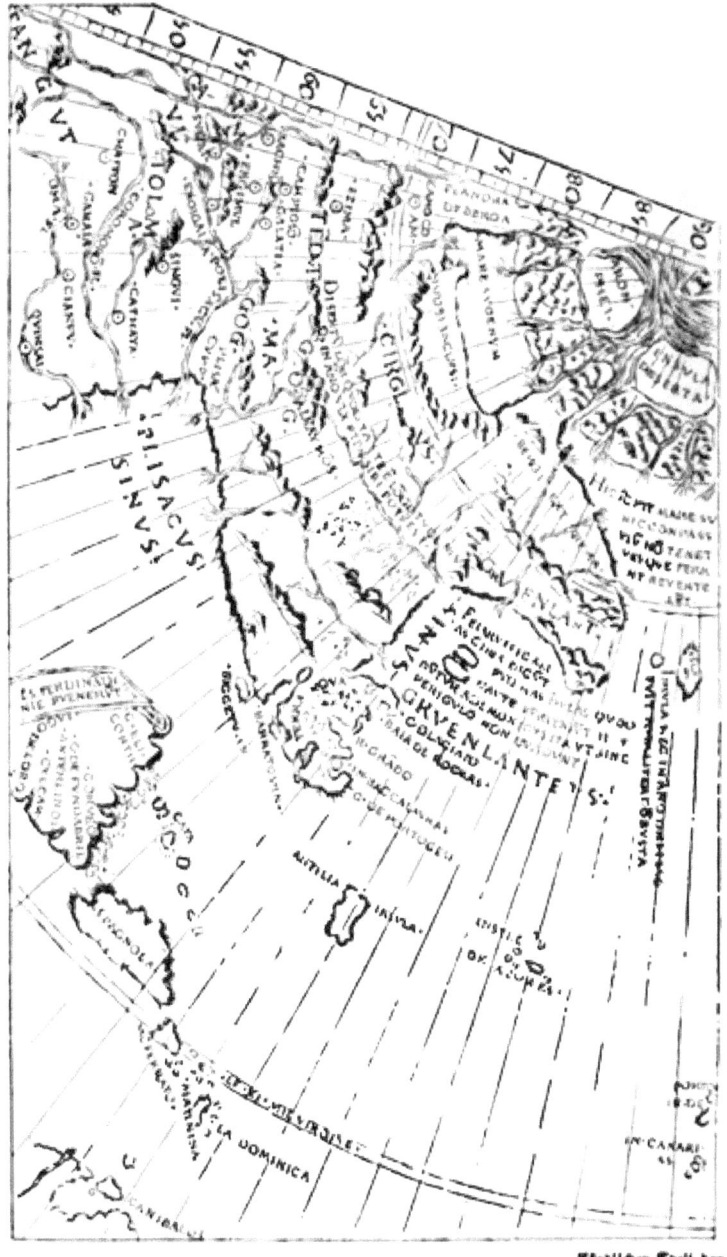

Nördlicher Theil der
(Größe des

Carte von Ruysch (1507).
(Originale.)

der Umstand, daß die vulkanische Natur Islands im Jahre 1507
wol kaum irgendjemandem in Europa bekannt war, sowie daß weniger Menschen zu jener Zeit eine Ahnung davon hatten, daß eine
Insel durch vulkanische Kräfte vollständig zerstört werden könnte.
Für eine buchstäbliche Auslegung der Legende sprechen schließlich auch
die einstimmigen Berichte der alten isländischen Urkunden über eine
mitten zwischen Island und Grönland in einer Gegend des Oceans
gelegene Insel, wo gegenwärtig kein über die Meeresfläche empor-
ragendes Land vorhanden ist.

Um einigermaßen zur Lösung dieser merkwürdigen Frage beitragen zu können, wollte ich einige Untersuchungen mit dem Senkblei an der Stelle anstellen lassen, wo die 1456 vollständig zerstörte
Insel gelegen haben sollte. Ich stellte deshalb, nach Lichtung des
Ankers in Reykjavik, den Kurs nach der Kuysch-Insel, die wir
natürlich ebenso wenig wie irgendein anderer der vielen, diesen
Theil des Dänemark-Sundes jährlich passirenden Segler zu Gesicht
bekommen konnten. Infolge des schweren Seeganges konnten auch
keine Untersuchungen mit dem Senkblei eher als nahe an der Ostküste
Grönlands angestellt werden.

Die Gunbjörn-Schere und die Kuysch-Insel sind übrigens nicht
die einzigen in diesen Theil des Atlantischen Oceans verlegten Länder, welche eine bedeutende Rolle in der Sage, in der geographischen
Literatur oder in den Ueberlieferungen der Seeleute gespielt haben
und doch vergeblich in dem jetzigen Meere oder auf den Karten
unserer Zeit gesucht werden. Nur selten dürfte nämlich eine Ueberfahrt nach Grönland oder eine Walfischfängerfahrt in diesen Meeren
stattfinden, ohne daß eine unerwartete Ruhe mit „Meeresstille“,
ein weit draußen im Meer angetroffener Schwarm von Seevögeln,
ein plötzlicher Wogenschlag gegen den Vordersteven oder ein Sturm
mit hohem Seegang im Matrosen- oder Offiziersraum das Gespräch
auf „the sunken land of Busse“, ein großes, reiches Land lenkt,
welches am Ende des 16. Jahrhunderts in die Tiefe des Meeres
verschwunden sein soll. Die Ueberlieferungen hierüber sind folgendermaßen entstanden:

Frobisher's dritte Reise 1578 hatte den Zweck, von einigen
von ihm auf der ersten Reise entdeckten und auf der zweiten Reise
näher untersuchten, auf der westlichen Seite der Davis-Straße

belegenen anscheinend goldhaltigen Strecken, Golderz nach England überzuführen. Die Macht des Goldes ist wunderbar, selbst wenn sie uns nur als eine Luftspiegelung aus der Welt der Möglichkeiten entgegentritt. Obgleich die Untersuchung der von der Reise mitgebrachten Erze keineswegs ein entschieden vortheilhaftes Resultat ergab, so hatte doch diese Fata-Morgana selbst für die bedächtige Königin Elisabeth und ihre staatsklugen Rathgeber eine unwiderstehliche Kraft. Für das Abholen des Erzes wurde die größte arktische Expedition ausgerüstet, welche jemals aus irgendeinem europäischen Hafen ausgelaufen ist. Dieselbe bestand aus 15 Fahrzeugen mit einer zahlreichen Besatzung von Seeleuten, Bergleuten, Steigern und Erzprobirern und war reichlich versehen mit Lebensmitteln, Baumaterial, den nöthigen Geräthschaften für Grubenarbeiten u. s. w. Die Expedition wurde von allerlei Widerwärtigkeiten betroffen, aber beinahe alle Fahrzeuge kamen doch schließlich mit Ladungen des glitzernden „Erzes" nach England zurück. Leider aber fand es sich bei wiederholter Untersuchung, daß das Erz keine erwähnenswerthen Mengen von edlen Metallen enthielt. Ebenso wenig glückte es der Expedition in irgendwie hervorragenderer Weise die geographische Kenntniß jener Zeit zu erweitern oder die Frage der nordwestlichen Durchfahrt nach China ihrer Lösung näher zu bringen. Die Reise war also vollständig verfehlt, abgesehen von der Erfahrung und der Zuversicht, welche eine große Anzahl englischer Seeleute hier in einem beständigen, mit bewundernswerthem Muth und größter Ausdauer geführten Kampf mit Sturm und Eis und Schwierigkeiten aller Art gewannen, — eine Erfahrung und Einsicht, welche bald genug auf eine in den Gang der Weltgeschichte tief eingreifende Art während des gefährlichen Angriffs der spanischen „Armada" auf die zukünftige Herrscherin des Meeres erprobt werden sollte. Unter den englischen Befehlshabern in diesem Kampf finden wir viele Namen von Frobisher's Leuten. — Auf dieser Grönlandsreise ist Busse's Land zum ersten und letzten mal gesehen worden. Die Mannschaft des Fahrzeuges „Emanuel", oder wie es in den Schriften jener Zeit gewöhnlich genannt wird, the Busse of Bridgewater, erzählte nach der Ankunft in England, daß sie auf der Rückreise Südost zu Süd von Frobisher's Friesland (= Südgrönland) zwischen 57° und 58° nördl. Br. eine große, von Eis umgebene, aber mit etlichen guten Häfen versehene Insel angetroffen hätten, an deren Küste sie einen ganzen Tag entlang gesegelt wären.[1] Wahr- scheinlich waren Frobisher's kühne, aber ebenso wie der Admiral selbst in dem Bestecke merkwürdig unsichere Seeleute, als sie glaubten irgendwo südlich von Island zu sein, durch Strom und Sturm nach Neu-Fundland hinuntergetrieben worden. Die große Insel ist näm- lich seit jener Zeit vergeblich gesucht worden, jedoch spielt sie noch immer unter dem Namen the sunken land of Busse eine Rolle in der Sagenwelt der Grönlandfahrer. Noch im Jahre 1818 erwähnt Barrow (A chronological History etc., London 1818, S. 94) im Zu- sammenhang mit dieser Erzählung, daß man neuerdings beim Lothen auf eine Bank gekommen sei, welche wieder den Gedanken wachgerufen habe, daß Zeno's Friesland und Busse's Land während eines Erd- bebens vom Meere verschlungen worden seien. Roß dagegen fand an der angegebenen Stelle bei 180 Faden Leine keinen Grund, und nach Prüfungen der Erzählungen der Seeleute erklärte er sich zu der Annahme geneigt, daß die Erzählung des Aufstoßens auf die vermeintliche Bank nur darauf beruht habe, daß eine schwere See gegen den Vordersteven des Schiffes geschlagen habe.

Am 12. Juni um 5 Uhr vormittags zeigte sich Land gerade vor uns. Es schien nicht besonders entfernt zu sein und unser Wäch- ter im Mastkorbe rief nach genauer Untersuchung des Ufers mit dem Fernglase, „kein Eis zu sehen, klares Wasser bis zum Strande!" Einen Augenblick glaubte ich, daß es der „Sofia" ver- gönnt sein würde, sofort an die Küste zu gelangen, nach der schon so manche speciell für diesen Zweck ausgerüstete Expedition vergebens gestrebt hatte. Wir dampften frisch weiter, aber das Land wollte nicht näher kommen — „das ist ein Zauberland", sagte einer der Lappen, „es kommt nicht näher, obgleich wir direct und in schneller Fahrt darauf lossegeln." Er machte hier eine Bemerkung, welche die vielbesprochene Erzählung aus Mogens Heinesen's Reise beleuch- tet, nach welcher das Fahrzeug desselben an der grönländischen Ost- küste durch einen Magnet im Meere verhindert worden wäre, vor- wärts zu kommen. Hierüber singt Lyschander in „Den Gron-

---

[1] Hakluyt. 1. Aufl., S. 625.

landske Chronica … alle Danske oc Nordbagger til Ere och
Aminalle, prentet udi Kiöbenhavn 1608:

> Und als er (König Fredrik II.) alles so wohl bestellt,
> Daß das Land hatte Ruh und Fried in der Welt
> So wollte er Grönland besuchen.
> Er fand einen „Bagge" (Norweger), einen nord'schen Mann,
> Erfahren zur See und in fremdem Land
> Mogens Heinningsjön[1] war er geheißen;
> Der war so freudig und frisch zu Muth,
> Ein tapferer Hahn und Steuermann gut
> Der ließ es sich wohl befleißen.

Der „tapfere Hahn" segelte nun nach der grönländischen Ostküste,' wo er

> War oft in der härtesten Klemme,
> Hatte Land von sich gar deutlich in Sicht;
> Es wurde ihm weiter noch mehr schwierig
> Den Hafen sich zu erzwingen.

[1] Mogens Heinesen war auf den Färöer geboren und wird als der zweite
der Helden genannt, welche diese kleine Inselgruppe hervorgebracht hat; der erste ist
Siegmund Brestesen, und nach Debes' Angabe können sich die Inseln weiterer
Helden nicht rühmen. Der Vater Heinesen's war ein als Jüngling vom Sturme
in einem offenen Boote nach den Färöer verschlagener Norweger. Er selbst war
zuerst im Kauffahrteidienst, trat dann in holländische Dienste, um gegen Kaper und
andere Freibeuter zu kämpfen, und ging später in den dänischen Dienst über. In
Dänemark erwarb er sich großes Ansehen. Er wurde immerwährend von König
Fredrik II. gebraucht, um die Fahrwasser bei Island, den Färöer und den Küsten
Norwegens von Seeräubern freizuhalten. Debes erzählt von vielen Thaten, bei
denen er in ungewöhnlichem Grade Muth mit Geistesgegenwart und List vereinigte.
Am Lande scheint er, wenn sich die Gelegenheit dazu erbot, sich gern einen Rausch
verschafft zu haben, was einmal seine Gefangennahme durch Seeräuber zur Folge
hatte; es glückte ihm jedoch im guten wieder freizukommen. Die verunglückte
Grönlandfahrt wurde 1581 unternommen. In Kopenhagen hatte er sich viele Feinde
geschaffen, welche ihn schließlich der Seeräuberei anklagten. Er wurde zum Tode
verurtheilt und am 8. Februar 1589 geköpft und in der Stille begraben. Hiermit
endigten aber noch nicht seine irdischen Abenteuer. Zwei Jahre später wurde die
Angelegenheit auf Veranlassung von Hans Lindenov von neuem aufgenommen und dabei
erwiesen, daß die vermeintliche Seeräuberei „berechtigte Kaperei" unter dem Schutze
eines spanischen Kaperbriefes gewesen war. Der Hingerichtete wurde nun freige-
sprochen, die Leiche wieder ausgegraben und mit großem Pomp von neuem begraben,
und den Erben wurde ein Schadenersatz von 3000 Reichsthalern zuerkannt.

4 *

Eis hatte belegt sowol Schere wie Land
Man konnte nicht nahen der Klippen Rand
Vor dem Wogen- und Wassertreiben.

Je weiter man kam nach der Ostseite hin
Je schärfer strömte die See dahin
Und gab ihnen viel Beschwerde.
Sie kamen auch auf so seltsame Flut,
Wo der Segelstein tief am Boden ruht,
Daß die Fahrt nur ging mit Gefährde.

Man kann es dem kühnen „Seehahn“ wol kaum verdenken, daß es ihm wunderlich zu Muthe war, als er Stunde auf Stunde auf hohe Berge zusteuerte, ohne ihnen näher zu kommen. Sogar für uns, als Kinder des neunzehnten Jahrhunderts, war dies eine höchst auffällige, wenn auch leicht erklärliche Erscheinung. Infolge einer Luftspiegelung waren die hohen Küstenberge des Landes schon während sie noch unter dem Horizont des Fahrzeuges lagen, klar und deutlich sichtbar; das dazwischenliegende Eis war dagegen unsichtbar, sodaß das Meer bis zum Strande eisfrei zu sein schien. Als wir näher kamen, nahm die Luftspiegelung ab, statt dessen aber erhoben sich die Berge über den Horizont zu einer Winkelhöhe, welche vielleicht geringer war als diejenige, welche das Luftspiegelungsbild früher gehabt hatte, und gleichzeitig fing auch das Eisband an sich zu zeigen, welches beinahe beständig die Küste absperrt.

Allmählich näherten wir uns jedoch dem Lande; die Berge wurden höher und deutlicher sichtbar, und der Ausguck berichtete, daß die Bergspitzen von einem völlig schneebedeckten Unterland umgeben wären, und gleich darauf (um 1 Uhr) hieß es: „undurch=bringliches Eis dicht an Steuerbord“. Ich ließ nun die „Sofia“ einen mehr südlichen Kurs nehmen und näherte mich dem Lande etwas, traf aber wiederum auf undurchdringliche Eis=massen. An dem äußern Rande des Eisgürtels war das Eis stark gebröckelt, ein Stück weiter hinein aber fingen große Eisschollen an. Eisberge waren nicht sichtbar. Ich ließ lothen und dreggen. Der Grund wurde schon auf eine Tiefe von 300 m erreicht, war aber völlig mit großen Rollsteinen bedeckt, welche die Dreggnetze zerrissen. Das Dreggen zeigte also, daß der Meeresboden hier mit erra=

tischen Blöcken bedeckt ist, welche erst von den Küstengletschern in das Meer hinabgeführt und später von dem Treibeis und den Eisbergen weit nach Süden hin im Atlantischen Ocean zerstreut worden waren. In der Tiefe hatte das Wasser eine Temperatur von + 3°, an der Oberfläche näher der Küste war es weniger salzhaltig und kälter. Ehe wir an den Rand des Eises kamen, erblickten wir einige Walfische, als wir aber zwischen das Eis eingesegelt waren, sahen wir keine. Von Vögeln waren nur einige Mövenarten (Larus tridactylus und glaucus), Alken, Sturmvögel und eine Schwimmschnepfe zu sehen. Im ganzen war das Vogelleben hier ärmer als zwischen den Treibeisfeldern an den Küsten Spitzbergens. Obgleich ich so weit hineingesegelt war, daß das Fahrzeug überall von Brucheis umgeben war, so war der Seegang doch ganz bedeutend. Derselbe hinderte jedoch nicht, daß sich auf der Wasserfläche eine schwache Eisdecke, höchst wahrscheinlich durch Condensation der Feuchtigkeit der Luft gegen das unter Null abgekühlte salzige Seewasser bildete.

Wir sahen hier ein paar Walfischfänger, von denen der eine angerufen wurde. Der Kapitän wurde an Bord eingeladen. Er war von St. Johns auf Neu-Fundland, war auf dem Robbenfang gewesen und hatte 35000 Seehunde gefangen. Jetzt war er auf seiner zweiten Reise, hatte aber keinen Walfisch noch irgendeinen Narwal, sowie nur wenige Seehunde gefangen. Seiner Aussage nach war Cap Farewell eisfrei, bis dorthin aber die Küste ganz und gar durch ein ununterbrochenes Eisband abgesperrt.

Es lag nicht in dem Plane der Expedition, die Forcirung des Eisbandes zu versuchen, um sofort das Land zu erreichen, was übrigens unter den obwaltenden Eisverhältnissen auch gewiß unmöglich gewesen wäre. Statt dessen wurde der Kurs an dem Eisbande entlang nach Süden oder vielmehr nach Südsüdwest gestellt. Am 13. hatten wir herrliches Wetter und völlig ruhige See; während der Nacht war es kalt, sodaß sich neues Eis zwischen den Eisstücken bildete. Am Nachmittag fing es an stark zu wehen, aber vom Eise her, sodaß die See noch fortwährend ruhig blieb. Einige male wurden auch Versuche mit Dreggen gemacht.

In der Nacht zum 14. Juni bekamen wir wieder Land so deutlich in Sicht, daß wir glaubten der Küste ganz nahe zu sein. Kein Eis in der Nähe des Fahrzeuges. Ich richtete deshalb noch einmal den Kurs nach dem Lande. Obgleich gewarnt durch die Erfahrung des vorhergehenden Tages, glaubten wir doch alle an Bord eine Zeit lang, daß wir wirklich die Küste erreichen würden. Wiederum wurde von dem Mastkorbe gerufen, zuerst: „klar bis ans Land"; darauf: „langes, eisbedecktes Unterland", und schließlich: „ununterbrochenes Eisband längs der Küste!" Das ununterbrochene Eisband war zwar nur dicht gepacktes Treibeis, aber „undurchdringlich" war es auf alle Fälle. Wir dampften deshalb von neuem nach Süden weiter. Am Vormittag des 14. wurden mehrere hydrographische Untersuchungen und ein infolge der steinbedeckten Beschaffenheit des Meeresbodens mißglückter Versuch im Dreggen gemacht. Ein Boot wurde ausgesetzt zur Jagd und in der Absicht, um zu ermitteln, ob auf der Oberfläche des Eises ein ähnlicher Staub sich fände, wie ich ihn früher auf den Eisfeldern nördlich von Spitzbergen und im Karischen Meere angetroffen hatte. Hier waren jedoch alle Eisfelder an dem Rande des Eisbandes durch den Wogenschwall reingespült worden. Die Jäger erlangten Proben der dortigen Vögel — Larus leucopterus, glaucus, tridactylus, Lestris, Alken, Alkenkönig, Sturmvogel. Auch einige Seehunde und Walfische waren sichtbar.

Am Nachmittage (bei 62° 15' nördl. Br.) hatten wir eine herrliche Aussicht über das Alpenland an der Küste. Dasselbe wurde von wilden Bergketten mit eisgefüllten Thälern und schneebedeckten Bergspitzen gebildet, welche sicherlich eine Höhe von einigen tausend Metern erreichten. Das Treibeis glich demjenigen, welches man bei Spitzbergen antrifft und das die Fangmänner „Großeis" nennen. Nur einzelne und wenig merkwürdige Eisberge waren sichtbar.

Als wir am 15. in die Nähe des Cap Farewell kamen, begann ein voller Sturm mit schwerem Seegang und dicker Regenluft, sodaß wir gezwungen waren, einige Stunden beizulegen. Aber schon gegen Abend legte sich der Wind und wir konnten unsere Fahrt wieder fortsetzen. Wir hatten nun schon Cap Farewell, die für den Seefahrer so übel berüchtigte Südspitze Grönlands, passirt. Auf dem Rückwege kamen wir so nahe und bei so klarem und stillem Wetter an dieser Landspitze vorüber, daß von dem Fahrzeuge aus Photographien von den haifischzahnartigen Bergspitzen genommen werden konnten, welche Grönland nach Süden hin abschließen.

Am 16. hatten wir herrliches, stilles Wetter und dank dem uns umgebenden zerstreuten Treibeis auch eine ruhige See. Der Kurs wurde nach Julianehaab gestellt. Gegen Mittag bekamen wir Land in Sicht. Während der ganzen Fahrt längs der Ostküste hatten wir nur wenige wirkliche Eisberge gesehen; jetzt aber war das Meer voll von großen, prachtvoll geformten Eisbergen, von denen einige vom Fahrzeuge aus photographirt wurden. Bald trafen wir auch auf Treibeis, das im Verein mit dicker Luft unsere Weiterfahrt

Cap Farewell.
Nach einer Aufnahme des Photographen der Expedition vom 3. August 1883.

hinderte. Als ich sah, daß wir an diesem Tage nicht das Land erreichen konnten, und da ich während der Nacht nicht zwischen das näher am Lande ganz dichte Treibeis hineinsegeln wollte, so ließ ich lothen und dreggen. Die Ausbeute erwies sich als sehr reich sowol in zoologischer wie in hydrographischer Hinsicht. An höhern Thieren war hier indeß ein vollkommener Mangel. Hier, wo wahrscheinlich früher ein außerordentlicher Reichthum an Seevögeln und Seehunden vorhanden gewesen war, sah man jetzt nicht einen einzigen Vogel oder Seehund, sicherlich eine Folge der jetzt von den

Eingeborenen mit Schießwaffen betriebenen unsinnigen Jagd auf alles Lebende, was ihnen in den Weg kommt.

Am 17. Juni in der Frühe wurden wir einen kleinen Schoner gewahr, der bei unserer Annäherung sich als eines der Küstenfahrzeuge der grönländischen Handelsgesellschaft erwies, welche den Zweck haben, die Verbindung zwischen den kleinern Handelsplätzen und den Hauptcolonien zu vermitteln. Das Fahrzeug wurde von einem dänischen Kapitän geführt, war aber im übrigen zum größten Theil mit Eskimos

Eisberg an der Einfahrt von Julianehaab.
Nach einer Momentaufnahme des Photographen der Expedition vom 17. Juni 1883.

bemannt. Der Kapitän erbot sich, uns nach Julianehaab hineinzulootsen unter der Bedingung, daß wir den Schoner ins Schlepptau nähmen, eine Bedingung, auf die ich mit Freuden einging, besonders da der Kapitän sich bereit erklärte, wenn es gewünscht würde und er von der Colonie die Erlaubniß dazu erhalten könnte, die „Sofia" auch noch weiter innerhalb der Scheren, wo man keine Eishinderniße zu befürchten brauchte, von Julianehaab nach Ivigtut zu lootsen. Bald trafen wir zwischen dem Treibeis eine Menge Kajakleute, die zum Robbenfang ausgefahren waren und jetzt mit ihren kleinen, leichten

Booten unter Geschwätz und Scherzen dem Fahrzeug lange Strecken folgten, indem sie beständig die zu den Kajaks gehörenden Harpunen und Vogelpfeile auswarfen. Dann und wann ruderten sie, um ihre Kühnheit zu zeigen — denn selbst der sonst so zaghafte Eskimo scheint diese Tugend hochzuschätzen —, über den unter der Wasserfläche sich hinziehenden Fuß der Eisberge oder unter irgendeinem ihrer prachtvollen aber zerbrechlichen Bogengewölbe hindurch. Diese Vorstellung wurde von uns durch Vertheilung von Apfelsinen

Kajakruderer, der „Sofie" vor Julianehaab begegnend.
Nach einer Momentaufnahme des Photographen der Expedition vom 17. Juni 1883.

und Cigarren belohnt: die Cigarre wurde sogleich angezündet, während die Apfelsine vorsichtig auf die vor dem Ruderer zusammengerollte Harpunenleine gelegt wurde, wahrscheinlich um mit dieser seltenen Südfrucht den Familiengliedern zu Hause eine frohe Ueberraschung zu bereiten.

Der Kajak ist sicherlich das eleganteste Fahrzeug aller, sowol wilder wie civilisirter Völker, und kein anderes Einmannsboot kann mit demselben an Schnelligkeit wetteifern. In diesem Boot trotzt ein geübter Kajakruderer Sturm und Wogenschwall mit unglaub-

licher Sicherheit. Alle die kleinsten Einzelheiten eines voll ausgerüsteten Kajak, seine Form, Bauart, Riemen, Lanzen, Harpunen,
Leinen, seine unzähligen, aus Knochen angefertigten, zweckmäßigen
Knöpfe und Schnallen, die eigenartige wasserdichte Kajaktracht u. s. w.
haben durch die ununterbrochenen Bemühungen von Generationen
eine Vollendung erhalten, welche in der That bewundernswerth ist
und zu welcher die Europäer mit all ihrem Erfindungsreichthum
nichts haben hinzufügen können. Es ist offenbar eine wirkliche
Eskimo-Erfindung, die in der Bauart wie im Baumaterial von den
kleinern Fahrzeugen anderer wilder Völker entschieden abweicht. Die
Kajaks, welche ich bei den Tschuktschen gesehen habe, waren nur
schlechte, plump gemachte Nachbildungen. Die für die Fluß- und
Binnenseefahrt gebauten Canoes der amerikanischen Indianer sind
ebenfalls Fahrzeuge ganz anderer Art und wenig geeignet, den
Wogen des Meeres zu trotzen.

Nebenstehende Illustration gibt dem Leser ein Bild des Aussehens dieses merkwürdigen Fahrzeuges. Ueber seine Bauart will
ich hier nur noch erwähnen, daß es aus Fellen besteht, welche über
ein leichtes, mit Riemen zusammengefügtes Gestell von Holz oder
Knochen gespannt sind. Das Boot ist, wie bereits Zeno erwähnt,
spulenförmig. Sein oberer Theil ist nicht offen, sondern durch eine
Lederdecke gegen das Eindringen von Wasser geschützt. Dieses „Deck“
umschließt wasserdicht die Mitte des mit ausgestreckten Beinen mitten
im Boote sitzenden Ruderers. Die unter den Eskimos im nordwestlichen Amerika gebräuchlichen Zweimannskajaks habe ich in Grönland nicht gesehen. Das „Deck“ auf diesen letztern hat zwei Löcher
für je einen Ruderer, oder ein Loch, das groß genug ist, daß zwei
Personen mit dem Rücken gegeneinander darin sitzen können. Der
Kajak wird mit einem Doppelblatt-Riemen von Holz gerudert. Auch
dieser ist der Stärke oder Eleganz wegen oft mit Knochen beschlagen.
Die Leinen sind aus Seehunds- oder Walroßhäuten und die Knöpfe
aus Knochen oder Seehunds- und Walroßzähnen u. s. w. gemacht.
Hierzu kommt eine wasserdichte, an dem Deck des Kajak befestigte
eigenthümliche Kajaktracht, die jedoch nur bei gefährlichen Jagden
oder bei längern Fahrten gebraucht wird, bei denen man hohen Seegang oder schlechtes Wetter befürchtet.

Der Europäer wird selten ein guter Kajakruderer werden. Es

gehört nämlich eine große Uebung dazu, ehe man das Gleichgewicht so halten kann, daß das Boot nicht kentert, und bei den Versuchen des Ruderns mit Kajaks, welche europäische Seeleute fast immer machen, wenn sie in grönländische Häfen kommen, sind oft schon unglücklich ablaufende Unfälle eingetreten. Sie kentern nämlich gewöhnlich nach einigen Ruderschlägen und sind verloren, wenn kein größeres Boot zur Hand ist, um ihnen aufzuhelfen. Ein geschickter Kajakruderer dagegen kann sich mit dem Kajak herumdrehen und in demselben verschiedene andere gymnastische

Grönländischer Kajak.

Uebungen ausführen. Frauen rudern nicht in Kajaks, Liebhaber sollen aber manchmal ihre Angebetete in der Weise über kleinere Sunde führen, daß diese hinter dem Ruderer kniend mit den Armen dessen Hals umfaßt. Dies ist jedoch eine gefährliche Fahrt, da bei der kleinsten Unvorsichtigkeit ihrerseits das leichte Fahrzeug kentert. Wenn zwei Kajaks seitwärts aneinander befestigt sind, so geht eine solche Fahrt sicherer. Auch ich habe 1870 in dieser Weise, d. h. hinter den Ruderern in zwei aneinander befestigten Kajaks kniend einen nicht unbedeutenden Binnensee auf der Landzunge zwischen Tasiusarssoak und dem Meere passirt. Bei Port-

Clarence (im nordwestlichen Amerika), wo die Eskimos oft Kajaks
gebrauchen, welche etwas größer als die der Grönländer sind, führte
ein Kajakruderer einen Paffagier in der Weise mit sich, daß dieser lang-
gestreckt auf dem Boden des Kajak hinter dem Rücken des Ruderers
liegen mußte, natürlich auf die Gefahr hin, in der luftdichten, nicht
eben mit angenehmen Dünsten gefüllten Lederspule zu ersticken.
Für uns, die wir keine Ahnung von diesem Beförderungsmittel
hatten, erschien es wie eine Art Zauberei, als wir vier Personen
vom Lande abgehen sahen, während es acht waren als sie an Bord
kamen.

Der grönländische Kajak ist nicht im Stande, besondere Lasten
zu tragen. Für größere Transporte längs der Küsten gebrauchen
die Eskimos deshalb eine andere Art Fellboot, den Umiak oder
Frauenboot. Dies wird auch von den Tschuktschen gebraucht, welche
offenbar den Bau dieser Art Fahrzeuge von den Eskimos gelernt
haben und die in seiner Anfertigung größere Geschicklichkeit gewonnen haben als in dem Bau von Kajaks. Der Umiak ist ein
großes, aber ganz leichtes, geräumiges, offenes Boot mit flachem
Boden, welches aus Fellen angefertigt ist, die über ein mit Riemen
zusammengebundenes Holzgestell gespannt sind. Es hat die Form
eines flachen Troges und zeichnet sich eben nicht durch Eleganz
aus, ist aber leicht zu rudern und geräumig und verträgt eine bedeutende Ladung. Deshalb wird es auch vorzugsweise von Europäern bei ihren Seefahrten längs der Küste benutzt und sogar
von Vielen seiner Tragfähigkeit wegen den Walfischbooten vorge-
zogen. Das Boot hat seinen Namen daher, daß es gewöhnlich von
Frauen gerudert wird. Bei längern Ruderfahrten in einem Umiak
folgen gewöhnlich ein paar Kajakruderer mit, welche bei Seegang
und schwerem Wetter sich an den Umiak legen und dessen nicht besonders stark gebaute Seiten stützen.

Nicht einmal alle Eskimos erwerben sich die Geschicklichkeit und
das Gleichgewicht des Körpers, welche für das sichere Rudern eines
Kajak erforderlich sind. Dieses hübsche Fahrzeug reizt außerdem
den Jäger oft zur Unvorsichtigkeit, und seine dünne Fellbekleidung
ist leicht der Gefahr ausgesetzt, vom Eise zerschnitten zu werden.
Unglücksfälle treten ziemlich häufig ein, besonders unter den jungen
Leuten, welche hier wie überall in der Welt nur wenig zur Vor-

nicht geneigt sind. Manche Mutter wagt deshalb niemals, ihren Sohn mit dieser gefährlichen Beschäftigung beginnen zu lassen. Ein solcher Jüngling bleibt dann, wenn er herangewachsen ist, untauglich zur Seehundsjagd und muß für den Unverstand seiner Mutter theuer büßen, indem er sein ganzes Leben hindurch gezwungen ist, sich für seinen Lebensunterhalt auf andere zu verlassen. Der Kajak wird oft für die Stafettenpost längs der Küste von einer Colonie zur andern benutzt, und geübte Kajakruderer können in ihrem kleinen, wenig von Wind und Wetter abhängigen Fahrzeug in ganz kurzer Zeit ohne Ueberanstrengung unglaublich weite Entfernungen zurücklegen — ja nach den Erzählungen, die ich in Grönland gehört habe, bin ich vollkommen überzeugt, daß bei einem Wettrudern auf lange Entfernungen tüchtige Kajakruderer ebenso unerwartete Thaten würden ausführen können, wie die Lappen beim Wettlauf auf Schneeschuhen.[1]

Die Kajaks der Grönländer haben die meisten Seefahrer und Reisenden[2], welche das Land besucht haben, in Erstaunen gesetzt und interessirt; in den Berichten über ihre Reisen findet man daher dieses Fahrzeug oft erwähnt, zuerst von Hall und Baffin in ihren Berichten über Cunningham's, Lindenow's und Hall's Reisen 1605 bis 1612[3], dann von La Peyrère in seinem nach in Dänemark gesammelten Notizen verfaßten Werk „Relation du Groenland"

---

[1] Man hat sogar den Vorschlag gemacht, diese Art von Beförderungsmittel auch in Europa einzuführen. Vgl.: Forslag til et Kajakroercorps Oprettelse til Nytte for Krigerne i Almindelighed, for Søkrigerne i Serdeleshed og maaskee ogsaa for Postvæsenet, af Henric Christopher Glahn, Kiöbenhavn 1801 (Vorschlag zur Errichtung eines Kajakruderer-Corps zum Nutzen der Krieger im allgemeinen, und besonders für die Seesoldaten sowie auch vielleicht für das Postwesen). Als Waffe sollten die Mannschaften am Land einen Vogelpfeil in der Hand, und die Offiziere einen Degen an der Seite tragen, welcher jedoch während des Dienstes unzugänglich und hinten in dem Kajak verborgen sein sollte.

[2] Mehr oder weniger deutlich werden die merkwürdigen Fahrzeuge der Grönländer schon erwähnt von Ziegler (1532), Claus Magnus (1539) und N. Zeno (1558 nach Angabe eines Manuskripts vom Ende des 14. Jahrhunderts). Olaus Magnus sah 1505 zwei Kajaks (naviculae coriariae) über dem westlichen Eingang zu der Kathedrale von Oslo aufgehängt. Die vollständigste dieser alten Mittheilungen über Kajaks ist dasjenige, was sich in Marcolini's 1558 gedruckter Beschreibung von Zeno's Reisen findet.

[3] Purchas (1625), III, S. 818 und 835.

(Paris 1647), und später ganz ausführlich von Cranz und Rink.[1] In den an Einzelheiten und Schilderungen von Natur und Volk für ihre Zeit sehr reichen Erzählungen, die man noch in Martin Frobisher's drei Reisen (1576, 1577 und 1578) benützt, werden ebenfalls die Eigenschaften des Kajak als Ruderboot gepriesen, wobei auch das große Boot oder Umiak der Grönländer erwähnt wird. Außerdem brachte Frobisher einige Kajaks mit nach England, von denen eins im Hause von Sir Thomas Smith aufgestellt wurde.[2]

Nur äußerst selten ist dieser Theil der Südwestküste Grönlands, wo wir uns jetzt befanden, schon im Frühsommer direct vom Meere aus zugänglich. Derselbe ist nämlich während dieser Jahreszeit meistens durch ein Eisband abgesperrt, welches eine nordwestliche Fortsetzung des Eisbandes an der Ostküste Grönlands bildet und das erst weit nach Norden hin verschwindet, weshalb auch die Fahrzeuge, welche die Colonien an der Südwestküste Grönlands anzulaufen wünschen, einen bedeutenden Umweg nach Norden machen müssen, ehe sie die offene Wasserrinne längs der Küste erreichen können, in welcher sie dann nach Süden segeln. Ich mochte mich nur ungern zu einem derartigen Umwege entschließen, ließ deshalb direct aufs Land zusteuern und konnte wirklich ohne erwähnenswerthe Schwierigkeiten am 17. Juni vormittags in Julianehaab Anker werfen. Ueber unsere eigene Eisfahrt habe ich deshalb wenig Merkwürdiges zu berichten, da es sich aber in dieser Reisebeschreibung zum ersten mal um eine Fahrt zwischen dem Treibeis Grönlands handelt, so dürfte es den Leser vielleicht interessiren, den Eindruck kennen zu lernen, den dieses Fahrwasser auf einen der ersten Europäer machte, welcher nach der Entdeckung Amerikas den Gefahren desselben ausgesetzt war. Der lecke Kapitän der „Judith", eines der Fahrzeuge von Frobisher's dritter Reise nach der Meta incognita, der „General-Lieutenant" Fenton, wurde auf der Hinreise von seinen Kameraden getrennt und vom Eise festgesetzt.

---

[1] Cranz, Historie von Grönland (Barby 1765), I, 199. — Rink, Danish Greenland (London 1877), S. 113.

[2] Der reiche Handelsfürst Sir Thomas Smith war lange Zeit Director der Ostindischen Gesellschaft und ein eifriges Mitglied der „Muscovy Company". Er ist als ein unermüdlicher Förderer der Polarreisen, sowol nach Norden, wie auch nach Nordost und Nordwest bekannt.

wahrscheinlich an der Südostküste Grönlands. Ueber die ihnen völlig neuen Gefahren, denen sie hierbei ausgesetzt waren, wird Folgendes erzählt:

Sie (Fenton und seine Leute) berichteten, daß es vom 1. Juli bis zum 16. desselben Monats keinen Tag oder keine Stunde gab, während deren sie nicht einer beständigen Gefahr und Todesfurcht ausgesetzt gewesen wären und 20 Tage lang wären sie beinahe ununterbrochen vom Eise eingeschlossen gewesen. Der Tahlbord des Schiffes wurde an beiden Seiten eingedrückt und der falsche Kiel am Vordertheil vollständig abgebrochen. Sie konnten von dem Fahrzeuge aus nach manchen Richtungen viele Meilen weit gehen und hätten leicht von der einen Eisinsel auf die andere gelangen und sogar den Strand erreichen können. Wenn aber Gott nicht wunderbar für sie und ihre Nothdurft gesorgt und die Zeit sie nicht erfahrener und kundiger gemacht hätte, neue Rettungsmittel für neue Arten von Gefahren ausfindig zu machen, so würde es keinem von ihnen möglich geworden sein, sich zu retten. Einer dieser Nothgriffe war, daß, wenn immer sie eine Eisinsel von größerm Umfange fanden — es gab einige solche, die mehr als eine halbe Meile im Umkreis und nahe an 40 Klaftern hoch waren — sie dieselbe zu erreichen und sich aus derselben ein Bollwerk zu ihrer Vertheidigung zu machen suchten. Nachdem sie sich mit dem Anker am Eise vertaut hatten, lagen sie einige Zeit leewärts davon, wodurch sie gegen die Gefahren geschützt waren, die ihnen von den kleinern Treibeisinseln drohten. Wenn sie aber diesen neugefundenen Schutz verlassen mußten, weil anderes Eis schließlich sie zu unterminiren und zu umzingeln anfing, und weil sie hierbei Gefahr liefen, während des Seegangs zerdrückt zu werden, pflegten sie das Schiff an dem stärksten und größten Eisstücke, das sie finden konnten, festzumachen und dann, nachdem sie den Vordersteven fest daran vertaut hatten, alle Segel zu setzen und so das Fahrzeug mit Hülfe des Windes vorwärts zu zwingen, indem sie das Treibeis vor sich hertrieben, bis sie schließlich offenes Wasser erreichten. Nachdem sie durch diese Mittel schließlich ihre Feinde in die Flucht geschlagen hatten, befanden sie sich in einem freien Raum einige Zeit mitten zwischen Massen von Eisbergen und Alpen von Eis. Ein Eisberg wurde von einer Höhe von 65 Klaftern über der Wasserfläche befunden. Nun erinnere ich mich aber, daß ich sehr wunderbare Dinge sah, nämlich Leute, die auf der offenen See gingen, liefen, hüpften und schossen und zwar 40 Meilen von jedem Lande entfernt und ohne irgend ein Schiff oder Fahrzeug unter sich. Ich sah auch Ströme süßen Wassers mitten im Salzmeer, etwa hundert Meilen vom Lande fließen, und wenn jemand dies nicht glauben will, so mag er wissen, daß viele unserer Leute von ihren Schiffen auf Eisinseln hinausgingen und dort hin- und herliefen, sich im Schießen übten und mit ihren Gewehren große Seehunde erlegten, welche auf dem Eise zu liegen und zu schlafen pflegen, und daß dieses Eis, welches von der Sonne an der Spitze geschmolzen wird, sich in verschiedene Ströme auflöst, welche vereint ganze nette Wasserfälle bilden, die stark genug sind, eine Mühle zu treiben.[1]

Unsere Durchbrechung des Eisbandes ging, wie erwähnt, ohne Schwierigkeit von statten, und am 17. Juni vormittags warf die „Sofia" im Hafen von Julianehaab Anker. Hier wurden wir von dem in grönländischen Verhältnissen vielerfahrenen Leiter der Colonie Carl Lützen mit außerordentlichem Wohlwollen und liebenswürdiger Gastfreiheit empfangen, indem uns derselbe mit Rath und That während der vier Tage zur Hand ging, während welcher die Expedition durch die Nothwendigkeit, den Kessel zu reinigen, die Maschine nachzusehen u. s. w. hier aufgehalten wurde.

Julianehaab liegt etwas südlich von den Kryolithgruben bei Jvigtut, von wo aus eine Seeverbindung mit Europa und Amerika unterhalten wird. Für den Fall, daß gerade in diesen Tagen ein Fahrzeug dahin abgehen sollte, schickte ich sofort nach Fällung des Ankers einen Kajak-Expreß dahin ab mit Briefen und Nachrichten über die glückliche Ankunft der „Sofia" in Grönland. Wie ich jedoch später erfuhr, kam der Expreßbote fünf Stunden zu spät dort an. Die Flotille, welche die Verbindung zwischen Jvigtut und Europa oder Amerika besorgt, hatte in diesem Jahre viel Unglück gehabt. Alle Fahrzeuge waren lange durch Eis aufgehalten und mehrere waren beschädigt worden; zwei davon lagen noch im Hafen von Jvigtut, um die bedeutenden Lecke auszubessern, welche sie bei dem Versuch zum Durchbrechen des Eises an der Südostküste Grönlands erhalten hatten, das die „Sofia" soeben durchsegelt hatte. Eine dieser Schiffbruchsgeschichten ist zu komisch, um sie nicht hier näher zu beschreiben.

Ein amerikanisches Segelschiff, nach Jvigtut bestimmt, um dort eine Ladung Kryolith einzunehmen, wurde bei der Annäherung an die Küste vom Eise festgesetzt. Während eines heftigen Windes wurde das Eis um das Fahrzeug herum so stark zusammengepreßt, daß dasselbe

---

[1] Hakluyt. The principal navigations etc. (2. Aufl., London 1600), III, S. 84. — Man vergleiche auch: The three voyages of Martin Frobisher, ed. by Richard Collinson (London, printed for the Hakluyt Society 1867), S. 253.

Die Colonie Julianehaab.

Nach einer Aufnahme des Photographen der Expedition vom 19. Juni 1893.

S. 64.

stark leck wurde. Es hatte einen Ballast von 200 Tons Steinen. Nachdem der Kapitän eine Zeit lang vergebens versucht hatte, das Fahrzeug durch Pumpen trocken zu halten, das Wasser aber ungeachtet aller Anstrengungen unaufhörlich stieg, so hielt er es für das Klügste, das Fahrzeug zu verlassen, da er annahm, daß es sofort sinken würde, wenn das Eis, von dem das Schiff eingeschraubt war, sich wieder zertheilen würde. Die Boote wurden über einige Eisfelder bis an offenes Wasser gezogen, worauf die ganze Mannschaft nach der Colonie Friedrichsthal ruderte. Kurz nachdem der Kapitän das Fahrzeug verlassen hatte, erschienen 16 mit Robbenfang beschäftigte Eskimos in der Nähe. Sie ruderten sofort an die Eisfelder heran und gingen über dieselben an Bord, erfreut über die Aussicht auf einige zeitweilige Plaudereien und Scherze sowie auf einige Schnäpse, einige Tassen Kaffee, und andere europäische Delikatessen, ganz nach althergebrachter Sitte, wenn Kajakruderer einem Fahrzeug an den Küsten Grönlands begegnen. Zu ihrem Erstaunen fanden sie keinen Menschen an Bord, dagegen aber reichlich umherliegende Vorräthe aller Art. Ohne Ahnung von der Gefahr, die ihnen drohte, wenn das mit Steinen beladene und jetzt mit Wasser gefüllte Fahrzeug plötzlich loskam von den zusammengepreßten Eisfeldern, die es jetzt noch flott erhielten, richteten sie sich dort sofort häuslich ein. Nachdem sie ihre erste Neugierde befriedigt hatten, fingen sie an zu berathen, wie sie ihre herrliche Beute nach der Colonie bringen sollten. Die Kajakleute zogen sich hierbei besser aus der Sache als man hätte erwarten können. Die Kühnsten kletterten auf die Masten, um die eingezogenen Segel beizusetzen, und dieselben wurden auch sämmtlich gehißt außer dem Toppsegel, zu dessen Höhe sich keiner der improvisirten Matrosen hinaufwagte. Als der Druck des Eises nachließ, schloß sich der Leck von selbst, und als das Eis sich endlich ganz zertheilte, hatten sie schon so viel Wasser ausgepumpt, daß das Fahrzeug flott wurde. Mit einem guten Winde segelten sie hierauf nach Friedrichsthal hinein. In dieser Colonie war kurz vorher auch der Kapitän und die Mannschaft des verlassenen Schiffes nach verschiedenen Irrfahrten in ihren Booten zwischen den nebelumhüllten Scheren von Felsen und Eis angelangt. Man war dort kaum dazu gekommen, dieses Unglück, sowie die Lage des Eises während des Jahres u. s. w. durchzusprechen, als von dem

Hafen aus ein Fahrzeug bemerkt wurde, eine wichtige Begebenheit in jeder grönländischen Colonie, besonders wenn der Segler der erste während der kurzen Dauer ihrer Schiffahrt ist. Wie gewöhnlich bei solchen Gelegenheiten versammelten sich die Bewohner der Colonie am Strande, und unter ihnen natürlich auch der amerikanische Kapitän und seine Matrosen. Die scharfsichtigen Eskimos erklärten bald, daß das Fahrzeug keiner der gewöhnlichen Sommergäste der Colonie sei. Man rieth und rieth deshalb hin und her, bis der Kapitän endlich unter dem Ausruf: „Goddam, ich glaube gar, das ist mein eignes Schiff", nach den auf dem Strande liegenden Booten stürzte und hinausruderte, um zu sehen, welche Zauberkraft das verlassene Fahrzeug unter vollen Segeln direct in den Hafen geführt hatte. Er fand die Grönländer in voller Thätigkeit. Einer saß in der Kabuse und überwachte mit großem Interesse das Kochen eines großen Topfes Erbsen. Ein anderer vertheilte Kaffee mit freigebiger Hand, ein dritter untersuchte die Werkzeuge des Zimmermanns u. s. w. Diese angenehmen Beschäftigungen wurden jedoch schnell dadurch unterbrochen, daß die alte Besatzung wieder von ihrem frühern Fahrzeug Besitz ergriff, und zwar ohne irgendwelchen Widerstand seitens der Eskimos, welche sich anfangs mit einer geringen Entschädigung für ihre Mühe beim Pumpen zufriedengeben mußten. Es wurde ihnen jedoch bald klar gemacht, daß sie nach europäischen Gesetzen auf eine Entschädigung ganz anderer Art Anspruch hatten. Hierdurch entstand eine ganz interessante Rechtsfrage über den Bergelohn, den die Eskimos bekommen sollten. Es ist zu hoffen, daß die dänischen Behörden das Interesse ihrer Schützlinge so gut wahrgenommen haben, daß einige der kecken Kajakleute sich plötzlich im Besitz eines Kapitals finden werden, das größer ist, als irgendeiner ihrer Landsleute je vorher besessen hat. Aber „was sollen sie mit dem Gelde machen?" war die Bemerkung, mit der meine Gewährsleute immer ihre Erzählung schlossen, und hierauf konnte niemand Bescheid geben.

Während unserer Fahrt nach Ivigtut passirten wir das Fahrzeug, dem dieses Abenteuer begegnet war, wovon wir damals aber noch keine Kenntniß hatten. Wir bemerkten mit Erstaunen, daß es den Gruß der „Sofia" nicht nach dem gewöhnlichen Seebrauch erwiderte. Die Ursache hierfür war jedoch einfach genug. Die Grönländer hatten nach Besitzergreifung des Fahrzeuges das stolze Sternenbanner zerschnitten und die Stückchen als Halstücher unter sich vertheilt. In Iviglut traf ich den amerikanischen Kapitän. Er schien über sein Abenteuer etwas beschämt zu sein. Zu seiner Ehre muß jedoch erwähnt werden, daß sein Seeprotest durchaus loyal gewesen sein soll, obgleich es vermutlich einen ganz bedeutenden Bergelohn galt und ungeachtet die Berger mit Seehundsfellen bekleidete Halbwilde waren. Wahrscheinlich war es irgendeine Versicherungsgesellschaft, die schließlich den ganzen Spaß zu bezahlen hatte.

Von Julianehaab machte ich mit Dr. Rathorst und Herrn Koltboff in der Dampfschaluppe einen Ausflug nach einem gleich nördlich von der Colonie gelegenen Fjord mit dem einer Menge von Buchten an den Küsten Grönlands gemeinsamen Namen Kangerdluarsut, was den „innersten Fjordarm" bedeutet. Der hier fragliche Kangerdluarsut bildet einen der merkwürdigsten Mineralfundorte der Welt. Giesecke ist der Entdecker desselben. Dies war ein merkwürdiger Mann; er war der erste, welcher auf Grönland mineralogische und geognostische Untersuchungen ausführte, und er that dies mit dem Erfolg, daß er für alle Zeiten seinen Namen in die erste Reihe derjenigen eingeschrieben hat, welche zur Kenntniß der Natur und Völker der Polargegenden beigetragen haben. Kaum dürfte irgendein anderer Europäer so ausgedehnte Reisen, meistens im Umiak und während des Winters im Hundeschlitten, längs der Küsten Grönlands, von Aluk auf der östlichen Seite von Cap Farewell bis nach den nördlichsten unter dänischer Oberhoheit stehenden Handelsstationen gemacht haben. Einige biographische Daten seines wechselvollen Lebens mögen deshalb hier auf Grund der ausführlichen Lebensbeschreibung mitgetheilt werden, welche Prof. F. Johnstrup in der Einleitung zu: „Giesekes mineralogiske Reise i Grönland" (Kopenhagen 1878) gegeben hat.

Karl Ludwig Giesecke ward 1761 (nach andern Angaben 1775) in Augsburg geboren als Sohn eines wohlhabenden Schneiders Namens Metzler. Nach beendigtem Schulunterricht studirte er anfangs die Rechte an der bairischen Universität zu Altdorff. Bald wurde er jedoch dieses Studiums überdrüssig und widmete sich statt dessen der Poesie und dem Theater, nahm den Namen Giesecke an, trat 1790 in Wien als Schauspieler auf und erhielt, nachdem er verschiedene Theaterstücke verfaßt hatte, den Titel „Theaterdichter". Unter an-

5*

dem soll er den Haupttheil des Textes zu der Oper „Die Zau-
berflöte" verfaßt haben, obgleich der Direktor Schikaneder sich diese
Ehre zueignete. Er soll mit Glück chargirte Charaktere, besonders
Parodien seiner zukünftigen Landsleute, der Engländer, gegeben haben.
Auch diese Lebensbahn sagte ihm auf die Länge nicht zu, wahrschein-

Carl Ludwig Giesecke.
Nach einem Porträt von Sir Henry Raeburn in Dublin.

lich weil es ihm auf dieser Bahn nicht gelungen war, sich mehr als
eine untergeordnete Stellung zu erkämpfen, oder vielleicht auch infolge veränderter ökonomischer Verhältnisse. Er scheint nämlich während des weitern Restes seines Lebens nie mit ökonomischen Sorgen
zu kämpfen gehabt zu haben, denn im „Hamburger Correspondent"
vom 31. März 1819 wird er als ein sehr vermögender Mann bezeichnet. Im Jahre 1804 verließ er Wien und von dieser Zeit ab

widmete er sich ausschließlich der Naturforschung, besonders dem Studium der Mineralogie. Auf diesem Felde erlangte er bald Berühmtheit, jedoch nicht durch irgendwelche Schriften — denn als Naturforscher veröffentlichte er vor seiner Rückkehr von Grönland wenig oder gar nichts — sondern durch sein scharfes Auge und durch sein Geschick als Sammler, sowie vielleicht auch durch sein angenehmes Wesen im persönlichen Umgange mit den Herren der Wissenschaft während der vielen Reisen, welche er nach verschiedenen Gegenden Europas unternahm. Nach den Etiketten einiger im schwedischen Reichsmuseum verwahrten Mineralstufen scheint er während der ersten Jahre dieses Jahrhunderts unter anderm auch Schweden besucht zu haben. Zu Anfang des Jahres 1805 war er in Kopenhagen, wurde, ob mit Recht oder Unrecht ist nicht sicher, „preußischer Bergrath" genannt und erhielt von der Färöischen Handelskommission den Auftrag, die Färöer zu untersuchen. Dort hielt er sich vom 4. August bis zum 14. September des genannten Jahres auf, besuchte die meisten der vielen Inseln dieser Inselgruppe und brachte reiche Sammlungen nach Kopenhagen zurück.

Im folgenden Jahre reiste er nach Grönland, gewissermaßen auf eigene Kosten, aber doch mit kräftiger Unterstützung des Grönländischen Handelsverbandes, wie aus dem diese Gesellschaft ehrenden Empfehlungsbrief hervorgeht, den er erhielt. In diesem Brief heißt es unter anderm:

Da wir Grund haben zu hoffen, daß seine Beobachtungen auf dieser Reise sowol dem Lande wie dem Handel nützlich sein werden, so wünschen wir um so mehr, ihm alle mögliche Erleichterung und allen Beistand zur Erreichung der Ziele seiner Reise zu verschaffen. Und wir rechnen darauf, daß die Beamten der Handelsgesellschaft nicht nur unserer Empfehlung und unserm Wunsche gemäß, sondern auch mit Rücksicht auf die persönlichen Eigenschaften des Reisenden ein jeder sich ein besonderes Vergnügen daraus machen werde, ihm in jeder erdenklichen Weise mit Rath und That behülflich zu sein und ihm durch guten Umgang seinen Aufenthalt im Lande so angenehm zu machen, wie es die Umstände zulassen.

Die Vorsteher der Etablissements, wo der Bergrath sich aufhält, wollen wir noch besonders ersucht haben:

ihm so bequeme Wohnung einzuräumen, als es die Lokalitäten irgendwie gestatten;

ihm auf Kosten der Gesellschaft gute und sichere Fahrzeuge und passende Leute für seine Seereisen zu verschaffen;

ihm auf Verlangen und gegen seine Quittung die Waaren zu liefern, mit denen er aus den Vorräthen der Handelsgesellschaft sich zu versehen wünschen könnte, und endlich:

daß Sie bei seiner Verpflegung, welche nach allgemeinem Offiziersdeputat auf Rechnung der Gesellschaft zu leisten ist, ihn, soweit es sich thun läßt, von der Beschwerde befreit halten wollen, eine eigene besondere Haushaltung zu führen, sowie daß Sie, was wir besonders wünschen, ihn in jeder Beziehung als Ihren Gast behandeln möchten, indem die verauslagten Kosten seitens der Handelsgesellschaft ersetzt werden sollen. [1]

Ursprünglich war die Reise auf eine Dauer von 2½ Jahren bestimmt. Als er aber erfuhr, daß das Fahrzeug, mit dem die werthvollen Sammlungen der ersten zwei Jahre nach Europa geschickt wurden, von englischen Kreuzern genommen worden war, beschloß er den Verlust durch neue Sammlungen an den vorher besuchten Orten zu ersetzen und deshalb seinen Aufenthalt im Lande um ein Jahr zu verlängern. Noch länger wurde seine Rückkehr durch die Kriegsbegebenheiten verzögert, welche zu jener Zeit Europa erschütterten und eine directe Verbindung zwischen Grönland und Dänemark unmöglich machten. Hierzu kam, daß der frühere Theaterdichter und Schauspieler, der angenehme Gesellschafter in den Salons der europäischen Gelehrten, sich auch besonders wohl gefühlt zu haben scheint unter den Beamten der dänischen Handelsgesellschaft und den pelzbekleideten und ungebildeten, aber, wenn die Noth nicht gar zu drückend, stets heitern und sorglosen Bewohnern des Landes. Nach Giesecke's Tagebuch zu urtheilen, scheint jedoch die unstete und kindisch launenhafte Gemüthsart derselben den Gleichmuth des energischen Europäers auf schwere Proben gestellt zu haben. An manchen Orten in Grönland lebte er noch lange in werthem Andenken bei den Eingeborenen, jedoch mit dem charakteristischen Zusatz, daß er, ebenso wie der Kapitän Graah, ein zu großer „Nalegak", d. h. ein zu gebieterischer, befehlender Herr gewesen wäre. Mehr oder weniger freiwillig verlängerte sich sein Aufenthalt bis zu acht Sommern und sieben Wintern. Während desselben machte er folgende längere Reisen:

Im Sommer 1806 in den Districten von Frederikshaab und Julianehaab. Er besuchte die Sunde an der Südspitze Grönlands,

---

entdeckte den Eudialyt-Fundort bei Kangerbluarfuk und überwinterte in Godthaab.

Im Sommer 1807: Reise in einem Umiak von Godthaab nach Disko, von dort mit einem Fahrzeug der Handelsgesellschaft nach Upernivik, von dort im Boot weiter nördlich nach Tasiusak und später mit Schiff zurück nach Godhavn; darauf machte er im Herbst Ausflüge auf Disko, nach Ritenbenk, Jakobshavn, Christianshaab und Egedesminde und brachte den Winter 1807—8 in Godhavn zu.

Im Sommer 1808: Bootreise von Godhavn nach Godthaab, Untersuchung der in geologischer und historischer Hinsicht interessanten Umgebungen von Godthaab.

Im Sommer 1809: Reise von Godthaab nach Julianehaab, Untersuchung des Kryolith-Lagers bei Ivigtut; Rückkehr zum Winter nach Godthaab.

Im Sommer 1810: Weitere Untersuchungen der Gegend von Godthaab; Rückreise nach Godhavn.

1811: Reise mit Hunden von Godhavn nach Umanak; Untersuchung der interessanten Formationen, welche Umanak umgeben; hierbei häufig sehr abenteuerliche Schlittenfahrten mit Hunden auf dem von Sprüngen durchkreuzten Eis, welches bis zum 12. Juni den Fjord bedeckte; Entdeckung von Pflanzenabdrücken, die zu der Kreideformation auf der Halbinsel Nuarjoak gehören; gefährliche Rückreise im Umiak nach Godhavn, wo der Winter zugebracht wurde.

1812: Neue Winterreise in Hundeschlitten nach Umanak; Reise während des Sommers im Umiak rund um den Diskofjord; Winterquartier wieder in Godhavn.

1813: Fortgesetzte Untersuchung der Umgebungen des Diskofjord; Rückkehr nach Europa.

Ein Blick auf die Karte gibt einen Begriff von den Entfernungen, welche Giesecke meistens in von Grönländerinnen geruderten Fellbooten, und zwar bis spät in den Oktober hinein, oder während des bitterkalten Winters im Hundeschlitten zurücklegte.

Hierzu kommt, daß der Aufenthalt in Grönland gerade während dieser Jahre mit ungewöhnlich schweren Entbehrungen verbunden war, weil der Krieg zwischen England und Dänemark alle Zufuhr aus Europa erschwerte. Die Europäer litten daher oft Mangel an dem Nothwendigsten und waren manchen Winter gezwungen, für ihren

Lebensunterhalt zu den eigenen Produkten des Landes ihre Zuflucht zu nehmen. Glücklicherweise war zu jener Zeit, als Giesecke sich in Godhavn aufhielt, der Walfischfang reichlich, und er scheint selbst mit großem Interesse an diesem Sport theilgenommen zu haben, ebenso wie überhaupt an den eigenthümlichen Vergnügungen und Zerstreuungen, welche das Land zu bieten hat. Die Schlußworte in seinem Tagebuch zeugen davon, daß er ebenso wie die meisten, welche längere Zeit in Grönland zugebracht haben, sich mit Wehmuth und Bedauern von dem Lande trennte, als er am 16. August 1813 mit der Brigg „Hvalfisken" nach Europa zurückkehrte, demselben Fahrzeug, auf dem ich 1870 meine erste Fahrt nach Grönland unternahm.

Am 19. September ankerte er in Leith. Heimatlos, wie er nach einer Abwesenheit von 7½ Jahren in Europa war, stieg er ans Land, um nachzuforschen, was aus seinen 1807 heimgeschickten, von Kreuzern gekaperten und darauf in Edinburg durch Auction verkauften Sammlungen geworden war. Sie waren für 40 Pfd. Sterl. von einem Mineraliensammler gekauft und größtentheils von dem Mineralogen Allan und dem Chemiker W. Thomson untersucht und beschrieben worden. Dies veranlaßte eine nähere Berührung zwischen Giesecke und verschiedenen Gelehrten Großbritanniens, was schließlich zur Folge hatte, daß er 1814 zum Professor der Mineralogie und Chemie an der Universität zu Dublin ernannt wurde. Hier beschloß er seine Tage am 5. März 1833, nachdem er vielfache Beweise der Anerkennung, sowol von den Regierungen verschiedener Länder, wie auch von der Gelehrtenwelt erhalten hatte. Daß er sogar, wie einige Biographen angegeben haben, irländischer Baron geworden sei, scheint jedoch unrichtig zu sein.

Einer der interessantesten Mineralfundorte, welche Giesecke in Grönland entdeckte, war die Stelle in dem Innern von Kangerdluarsuk, wohin wir jetzt unsern Kurs nahmen. Der Ort enthält das natronreichste Silicatgestein, das wir kennen. Die meisten Geologen dürften annehmen, daß dasselbe in glühender geschmolzener Form aus dem Innern der Erde hervorgebrochen sei. Ich für

meinen Theil glaube, daß man hier stark veränderte Ueberreste
sehr alten vulkanischen Tuffsteins vor sich habe, der sich in einem
stark salzhaltigen (chlornatriumhaltigen) oder möglicherweise auch soda-
haltigen Binnensee angesammelt hat. Wie dies sich nun auch verhalten möge, so ist es sicher, daß das fragliche Gestein eine Menge
seltener, von den Mineraliensammlern hochgeschätzter und für die
Wissenschaft wichtiger Mineralien enthält. Das eigenthümlichste
derselben ist der Eudialyt, ein rothbraunes oder kirschfarbiges Silicat,
welches schön rhomboedrisch krustallisirt und ungefähr 15 Procent
einer Erdart, Zirkonerde, enthält, welche übrigens beinahe nur in
einem ganz seltenen Mineral, Zirkon oder Jargon, vorkommt, dessen
edle Varietäten in alten Zeiten als Edelsteine hoch geschätzt waren.
Noch findet diese Erdart keine andere praktische Verwendung als
zum Beschlagen der Kalkcylinder bei der Darstellung des Drum-
mond'schen Kalklichtes, und die Industrie kann deshalb nur einige
wenige Gramm per Jahr davon verbrauchen, wozu genügendes Rohmaterial von Brevig in Norwegen, von Ceylon, vom Ilmengebirge im
Ural und verschiedenen Stellen in Amerika bezogen werden kann.
Wenn aber dieser Stoff einmal eine umfassendere Anwendung findet,
und wenn keine neuen Fundorte eines reichlich zirkonhaltigen Minerals entdeckt werden, so wird Kangerdluarsuk ein für die Industrie
nicht unwichtiger Mineralfundort werden. Der Eudialyt kommt
nämlich hier, besonders auf der kleinen Insel am äußersten Ende des
Fjord, in bedeutenden Massen vor. Ferner findet man hier Arfved-
sonit — so benannt nach dem Entdecker des Lithium, dem schwedischen Bergwerksbesitzer Arfvedson — sowie Sodalith, Steenstrupin,
Rinkit, Asterofyllit u. s. w.

Die Reise in der Dampfschaluppe von Julianehaab nach Kangerdluarsuk war besonders interessant. Anfangs dampften wir um
die Halbinsel herum, auf welcher Julianehaab belegen ist, zwischen
unzähligen Eisbergen hindurch, die mit ihren großartigen, marmor-
weißen oder himmelblauen, oft palast- oder festungsähnlichen Formen
die umgebende, im übrigen nur aus Meer und kahlen Klippen gebildete
Landschaft in das prachtvollste arktische Festgewand kleideten. Sie
dämpfen jede Spur von Seegang und bilden eine eigenthümliche Art
von Seezeichen, indem alle Untiefen in einem mit Eisbergen be-
streuten Meer schon von weitem durch größere oder kleinere darauf

gestrandete Eisblöcke angedeutet werden. Eine andere Gefahr aber
bedroht hier sowol den kleinen Kajak des Eskimos wie das stolzeste
Fahrzeug. Denn wehe dem Fahrzeug, das bei dem Kentern eines
Eisberges in dessen Nähe ist, wobei seine Eismasse zerfällt oder
„kalbt", d. h. wobei größere oder kleinere Eisblöcke von demselben
herabstürzen. Daß die Gefahr derartiger Eisbergkatastrophen gerade
jetzt nicht gering war, daran erinnerte uns von Zeit zu Zeit das
dumpfe, kanonenschußartige Getöse, welches dann und wann gehört
wurde, und die hohe vereinzelte Woge, die sich ganz unvermutet über
die sonst beinahe spiegelglatte Meeresfläche ihren Weg brach und die
Thürme und Zinnen der nicht zu fest gestrandeten Eisschlösser zu
einem langsamen, majestätischen Gruß zwang.

Die Jagd lieferte dem begleitenden Zoologen eine sehr reiche
Ausbeute an Vögeln und, als wir gelandet waren, auch reichlich an
Schneehühnern für den Koch. Unsere Eskimolootsen waren außer
sich vor Verwunderung über die Sicherheit, mit der Koltthoff Vögel
im Fluge erlegte, besonders wenn durch einen wohlgezielten Schuß
eine große Möve todt mitten unter uns in das Boot herabfiel.

Im Innern des Fjord legten wir für einige Augenblicke an
einer Stelle an, wo eine Menge Eskimofamilien ihre Sommerzelte für
Jagd und Fischfang aufgeschlagen hatten. Sie erwarteten keine Gäste
und waren ungewöhnlich unsauber gekleidet, und zwar sowol Männer,
wie Frauen und Kinder. Daß aber das schöne Geschlecht auch hierher Mittel zum Putz mitgebracht hatte, zeigte sich bald. Einige Stunden, nachdem wir unsere Zelte am nördlichen Strande des Fjord,
gegenüber der kleinen Eudialyt-Insel am äußersten Ende des Fjord,
aufgeschlagen hatten, kam nämlich ein hauptsächlich mit Frauen be-
ladener Umiak zu uns, welche sich in unserer Nachbarschaft niederließen.
Dieselben waren sorgfältig gekleidet, und etliche Halbblut-Mädchen
mit ihren braunen Augen und gesunden, vollen, beinahe europäischen
Zügen waren ziemlich hübsch. Der reine Eskimotypus ist jedoch äußerst
häßlich und zwar nicht allein in den Augen der Europäer, sondern
jetzt, wie man behauptet, auch in den Augen der Eingeborenen selbst.
Meine beiden Lappländer begleiteten uns auf diesem Ausfluge. Merkwürdigerweise merkten die Eskimos sofort, daß diese einer andern
Rasse angehörten als wir und sahen dieselben ohne weiteres als
Landsleute an. Hierüber fühlte der jüngere Lappländer sich anfangs

Grönländische Frauen und Kinder aus Jullianehaab.

Nach einer Aufnahme des Photographen der Expedition vom 20. Juni 1881.

S. 74.

wenig geschmeichelt, bald aber, vielleicht infolge der Zaubermacht von einem Paar brauner, nicht gerade blitzender, aber sicherlich herzens= guter Augen, fand er sich in die „Vetterschaft" und wurde später ein artiger und ritterlicher Cavalier für alle die in Seehundsfell gekleideten Schönen, mit denen wir während des übrigen Theils der Reise in Berührung kamen.

Der Vorrath an Fischen war hier so reich, daß man erst den Topf auf das Feuer setzen und dann das Boot aussenden konnte, um den Dorsch zu fangen, der gekocht werden sollte. Vor „Angmaset" gab es große Haufen, die der Wogenschwall an den Strand geworfen hatte, und im Innern des Fjord war die ganze Bucht mit einer dicken Schicht von „Angmaset=Laich" bedeckt, sodaß dies in einiger Ent= fernung wie ein richtiges Lager von feinem, grauweißen Sand aussah.

Nach unserer Ankunft im Innern des Fjord wurde das Wetter infolge des beständigen Regens sehr unangenehm. Dies hatte jedoch das Gute, daß wir weniger von der gefährlichen Mückenpest geplagt wurden, welche das Leben in Grönland verbittert und manchen Tag alle Arbeit im Freien, wenigstens für den Neuling, unmöglich macht. Diese kleinen Thiere sind geradezu giftig, was wahrscheinlich darauf beruht, daß sie, wenn ihnen nicht Gelegenheit geboten wird in Menschenblut zu schwelgen, sich auf die Abfallhaufen in der Nach= barschaft der Colonien, wo stets ein reichlicher Vorrath von verfaulten animalischen Stoffen vorhanden ist, und auf Bacterienherde mannich= facher Art niederlassen. Nachdem man einmal gründlich von den Mücken zerstochen worden ist, scheint man beinahe völlig gegen das Gift geschützt zu sein. Das Bestreichen des Mückenstichs mit starkem Essig vermindert das Anschwellen, das Jucken und den Schmerz. Wer einmal den Mückenschwärmen Grönlands ausgesetzt gewesen ist, kann die Erzählung sehr wohl begreifen, daß die Mücken eine der Hauptursachen des Aufgebens des schwedischen Colonisationsunter= nehmens in dem jetzigen Pennsylvanien gewesen seien, indem sie die schwedische Besatzung zwangen, eine von dem Gouverneur Johan Prinz an der Mündung des Delaware angelegte, für die Ver= theidigung der Colonie nothwendige Feste zu verlassen, welche von der geplagten Besatzung den Namen „Mückenburg" erhalten hatte.

Am 20. Juni kehrten wir reichbeladen mit prachtvollen Mineralien, von denen bereits ein Theil die Sammlungen des schwedischen Reichs=

museums schmückt, nach der Colonie zurück. Einige Kajakleute folgten uns eine lange Strecke den Fjord hinab mit ihren leichten, hübschen Booten, ruderten von Zeit zu Zeit prahlend um unser kleines, nicht gerade schnell fahrendes Dampfboot herum, zeigten Proben ihrer Fertigkeit im Werfen verschiedenartiger Harpunen u. s. w. Statt dessen bewirtheten wir sie mit Butter und Schiffszwieback und andern Leckerbissen, einen Schnaps dann und wann nicht zu vergessen. Hierbei überließ ich einmal unvorsichtigerweise die ganze Flasche, in welcher noch beinahe die Hälfte übrig war, einem der geschicktesten der Kajakleute mit dem Zeichen, den Inhalt mit den andern zu theilen. Er lachte, ruderte etwas abseits und trank darauf das Ganze auf einmal aus. Ich erschrak sehr, weil ich fürchtete, daß der Mann vollständig berauscht werden und dadurch die Fähigkeit verlieren würde, seine Bewegungen genau abzumessen und zu berechnen, was eine unumgängliche Bedingung des Ruderns im Kajak zu sein scheint. Es zeigte sich jedoch bald, daß keine Gefahr vorhanden war. Der Kajak= mann wurde sehr laut und eifriger bemüht als vorher, seine Geschicklich= keit als Harpunwerfer zu zeigen, aber er ruderte fortwährend mit voller Sicherheit in seinem Boot, obgleich er auf dem Lande wol nicht hätte auf den Beinen stehen können. Etwas Aehnliches habe ich von den Steppen Hochasiens erzählen hören: ein völlig betrunkener Kirgise wird auf ein Pferd gesetzt, und wenn er einmal erst im Sattel, so hat es keine Gefahr, daß er etwa herunterfällt.

Das Innere des Kangerdluarsuk=Fjord wird von drei hohen Bergen umgeben, nämlich: Iviangusak (2817'), Nunasarnausak (2400') und Kitdlavat (4031')[1], von denen der letzte von den Dänen wegen seiner in viele freistehende Spitzen zersplitterten Krone „der Kamm" genannt wird. Karl Giesecke bestieg mit dem dänischen Handlungscommis Sören Graae am 16. August 1806 eine der süd= lichsten Spitzen des Kammes und erbaute sich auf seiner Spitze eine Ruhebank, auf der er als Andenken und zum Zeichen seiner gefährlichen Bergersteigung ein C einmeißelte. Dieselbe schwer zugängliche Stelle wurde 70 Jahre später, am 27. August 1876, von Steenstrup und

<hr />

[1] Nach Messungen während der sorgfältigen Untersuchung, welche von dieser Gegend zuletzt von K. J. V. Steenstrup und A. Kornerup ausgeführt wurde. (Mehrere Abhandlungen in „Meddelelser om Grönland", Kopenhagen 1881, II.)

Kornerup besucht, welche Giesecke's noch wohlerhaltenem C ein K und
ein S beifügten, und die „Ruhebank" in eine Steinwarte umbauten.
Alle waren von der großartigen Aussicht überrascht, die man hier
hatte. Als Probe von Giesecke's Stil will ich hier die Einzeich-
nungen seines Tagebuchs über die Stelle anführen:

Als ich auf der Spitze war, fing es mit Westwind an zu schneien,
da es im Thale regnete. Das Treiben der Nebel vor die Sonne, Schnee
und Sonnenschein im nämlichen Augenblicke läßt sich so wenig beschreiben,
als die schauerlich schöne Aussicht nach dem fernen inneren Eislande, nach
den schwimmenden Eisinseln der offenen See, deren Silberglanz das Auge
blendet, nach Kangerdluarfuls düstern, senkrechten Abgründen, nach Kirkefjelds
gegenüberstehender, weißer, kahler Granitmauer, in deren Thale die milch-
blauen Schneewasser sich sammeln und mit dem fürchterlichsten Gebrause
durch zertrümmerte Riesenmassen bald senkrecht, bald in Schlangenkrümmungen
sich in die große Bucht stürzen. Der weiße Hase, der blaue Fuchs, das
Schneehuhn und die große weiße Eule sind die einzigen Geschöpfe, welche
diese öden Klippen beleben. Mit vieler Mühe kletterte ich auf der Südseite des Nebekammen durch Klüfte und Schluchten hinab, und kam, durch den
Wasserfall mich durcharbeitend, milde und naß um 10 Uhr abends nach
meinem Zelte. Meine Grönländerinnen speisten soeben ein Gericht roher
und ungewaschener Hasenkalbaunen, mit Kröckebeeren und Thran gemengt,
mit vielem Appetit und gönnten mir gern den Hasen! De gustibus non
est disputandum, dachte ich mir.[1]

---

[1] Giesekes mineralogiske Reise i Grönland (Kjöbenhavn 1878), S. 29.

Drittes Kapitel.

Am 21. Juni frühmorgens kamen wir nach der Colonie zurück. Nach einem frohen Abschiedsmittag bei dem gastfreundlichen Leiter der Colonie lichtete ich um 7 Uhr abends den Anker. Der Weg wurde innerhalb der Scheren nach der ungefähr 100 Seemeilen von Julianehaab belegenen Grubencolonie Iwigtut der Kryolith-Gesellschaft genommen, wo, wie ich bereits erwähnt habe, Kohlen und verschiedene mit den Fahrzeugen der Kryolith-Gesellschaft voraus-gesandte Bedürfnisse zur Verfügung der Sofia-Expedition standen. Während der Nacht dampften wir zwischen Eisbergen hindurch, der eine immer prachtvoller als der andere, auf einer vollkommen glatten See, bei herrlichem, stillem Wetter und einer Lufttemperatur, die ebenso warm wie bei uns in einer Juninacht. An einer am innern Fahr-wasser belegenen Stelle, etwa 30' von Julianehaab, sahen wir vom Fahrzeuge aus das Inlandeis. Dasselbe schien nach Osten hin zwischen den Bergen einen Riesenhaufen, einen blauen, wagerechten Wall ohne irgendeine Spur von Klüften und Spalten zu bilden. „Es wird nicht schwer sein, dahin zu kommen", sagte einer der Seeleute. „Das wirst du sehen, wenn du da hinaufkommst", sagte der Lappe Lars, welcher mehr Erfahrung in der Beurtheilung des Abstandes und in der Schätzung des Einflusses der Entfernung auf das scheinbare Bild

hatte. Man kann übrigens beim Segeln längs der Westküste Grönlands nur von wenigen Stellen aus das Inlandeis sehen, und mancher Europäer, welcher Jahrzehnte hindurch im Lande gewohnt hat,
kennt deshalb das Binneneis Grönlands nur vom Hörensagen.

Das innere Fahrwasser zwischen den Colonien ist für den Geologen von Interesse wegen der Aehnlichkeit, welche die Landcontouren
hier mit den Landcontouren in den Scheren Norwegens haben. Die
gleichen kahlen, nach oben rauhen und zersplitterten, weiter unten
vom Eise abgerundeten Gneisberge, durch enge Thäler und tief in
das Land einschneidende Fjorde unterbrochen, treten uns in beiden
Ländern entgegen. Nur Wald fehlt hier gänzlich. Wenn man in
den Scheren des südwestlichen Grönlands in einer so herrlichen Nacht
wie wir sie hatten, gefahren ist, und wenn man manche kalte Sommernacht an den an vielen Stellen sehr waldreichen Küsten des nördlichen Norwegens zugebracht hat, so kommt man leicht auf den Gedanken, daß die Waldlosigkeit hier hauptsächlich darauf beruht, daß
die abgehärteten Baumarten des Nordens noch nicht dazu gekommen
sind, sich auch über diesen Theil des Erdballs zu verbreiten. Zwar
erinnern die zahllosen Eisberge daran, daß in Grönland eine geologische Periode vorherrscht, welche auf der skandinavischen Halbinsel
längst abgeschlossen ist, und warnen vor Schlußfolgerungen, welche sich
nur auf den Eindruck eines einzigen, von dem Wetter begünstigten
Sommertages oder einer Sommernacht stützen. Auf alle Fälle ist es
jedoch schwer, irgendeinen Grund anzugeben, warum diejenigen Baumarten, welche längs der Flußthäler der Lena und Chatanga in dem
kalten Luftstrich Sibiriens sich bis über den 70. und 71.° nördl.
Breite verbreitet haben — d. h. bis zu einem nördlichen Breitengrad,
der viel höher ist als derjenige der Noursoak-Halbinsel — nicht auch,
ebenso wie in Sibirien, in den geschützten Thälern an den Küsten
des südwestlichen Grönlands fortkommen und zu großen Wäldern
heranwachsen könnten.

An einer Stelle des Weges durch die Scheren zwischen Julianehaab und Jvigtut hatte ein großer Eisberg vollständig einen schmalen
Sund versperrt, durch welchen, dem „Lootsen" zufolge, das gewöhnliche Fahrwasser geht. Wo es aber keine ordentlichen Seekarten
gibt, bedenkt man sich nicht, wenn es nöthig ist, mit dem Senkblei
in der Hand und mit fleißigem Ausguck sich einen neuen Weg

zwischen den Klippen und Scheren zu suchen, und bei der nöthigen Umsicht geht dies leichter und besser von statten, als der Seemann aus den gehörig vermessenen und mit Baken bezeichneten Fahrwassern vermuthen dürfte.

Am 2. Juni um 11 Uhr vormittags ankerte die „Sofia" in dem Hafen von Ivigtut mit dem Backbordanker und 90 Klaftern Kette. Man sieht hieraus, daß der Hafen manches zu wünschen übrig läßt, was sonst an den an vortrefflichen Häfen so reichen Küsten Grönlands etwas ungewöhnlich ist. Die Wahl des Ankerplatzes ist aber hier durch das Bergwerk bedingt worden, welches seit einigen Jahrzehnten an dieser Stelle betrieben wird, und welches den Anlaß zu einer wirklichen Grubencolonie in Grönland gegeben hat.

Mehrere der ältern Expeditionen wurden durch vermeintliche Funde edler Metalle veranlaßt[1], und man besitzt noch, besonders nach Frobisher's Reisen (1576—78), officielle, in culturhistorischer Hinsicht höchst interessante Documente, die darthun, welch große Hoffnungen sogar die Königin Elisabeth von England und ihre Staatsmänner auf Frobisher's vermeintliche Erzfunde[2] setzten, wie vollständig diese Hoffnungen getäuscht wurden, mit welchen Schwierigkeiten und mit welcher Unsicherheit die damalige Untersuchung von Erzen verknüpft war, und welch bunte Mischung von Hüttenleuten, Goldschmieden, Apothekern und reinen Charlatanen man zu Hülfe zog, um zu irgendeiner Gewißheit oder Wahrscheinlichkeit des Werthes der Erze zu kommen.

Auch die Expeditionen von Lindenov und Hall, 1605, 1606, 1607 und 1612, scheinen die Entdeckung edler Metalle zum Ziele gehabt zu haben, und in den Erzählungen über die Reisen derselben wird mehrere mal von der „Silbergrube" gesprochen. Irgendwelche Aus-

---

[1] Die hier mitgetheilte kurze Geschichte des Aufsuchens von Erzen und des Grubenbetriebs auf Grönland, ist theils mit Benutzung einer ganz zerstreuten und schwer zugänglichen Literatur, theils auf Grund einzelner Mittheilungen des Controleurs Rosing in Kopenhagen zusammengestellt worden.

[2] Frobisher's Goldgrube war auf der westlichen Seite der Davis-Straße belegen, ungefähr unter 62½° nördl. Breite. Die Stelle wurde von dem amerikanischen Polarfahrer Charles F. Hall im September 1861 und im Juli 1862 aufs neue besucht.

Die Colonie Ivigtut.

Nach einer Aufnahme des Photographen der Expedition vom 22. Juni 1883.

S. 98.

beute an edeln Metallen gab jedoch diese ebenso wenig wie Frobisher's Goldgruben.[1]

Nach Hall's Zeit wurden, soviel ich weiß, bis zur Mitte dieses Jahrhunderts keine weitern Versuche zu einem wirklichen Gruben= betrieb auf Grönland gemacht. Hans Egede wurde bei seinem schließ= lich so erfolgreichen Colonisationsunternehmen von keiner Gewinn= sucht geleitet. Jedoch auch er wünschte Gold zu erwerben, und zwar viel Gold für seine Mission, und er stellte deshalb in Grönland selbst, nach Anleitung einer alchimistischen Bibliothek der Werke von über 60 Verfassern, welche er „mit größtem Fleiß und Bedacht durch= las und sie miteinander conserierte", alchimistische Experimente an, die seiner eigenen Vermuthung nach nur deshalb misglückten, weil er zu seinem eigenen Schaden zu früh (nach 50 Tagen) die Retorte öffnete, wo die Verwandlung stattfinden sollte, „und gar nicht der Philosophorum ihrer Erinnerung eingedenk war."[2] Giesecke wiederum befaßte sich in Grönland mit rein wissenschaftlichen Unter=

---

[1] Baffin, welcher schon an Hall's letzter Reise theilnahm, sagt von diesem Erz: „it was a kinde of shining stone, which ... was found of no value, but was like unto Muscovie Gluddo" (Glimmer oder russisches Glas). Purchas, (1625), III, 833.

[2] Hans Egede, Ausführliche und wahrhafte Nachricht (Hamburg 1740), S. 157. — Bei seinen alchimistischen Arbeiten wurde Egede offenbar von dem Wunsche geleitet, unserm Herrgott auch einmal eine Gelegenheit zu geben, alle ökono= mischen Sorgen der grönländischen Mission zu entfernen. Die Goldmacherei des frommen Mannes kann ihm übrigens um so weniger zur Last gelegt werden, als er damit nur einem Vorurtheil huldigte, welches während des Jahrtausends nach Geber von Gelehrten und Laien, von Hoch und Niedrig getheilt und nur von solchen Männern mit „gesundem, praktischem Temperament" bezweifelt wurde, wie diejenigen sind, welche in unsern Tagen die Möglichkeit des Telegraphirens über den Ocean, den Suez= und Panama=Canal, das Binnenmeer Afrikas, die Seeverbindung mit dem Jenissei u. s. w. bezweifelt haben oder noch bezweifeln. Merkwürdigerweise nahmen zwei im praktischen Sinne bedeutungslose, rein mathematische Probleme, nämlich die „Quadratur des Kreises" und die „Dreitheilung des Winkels", beinahe denselben Platz in dem Volksbewußtsein der vergangenen Jahr= hunderte ein wie das Suchen nach dem Stein der Weisen. Sogar aus meinen ark= tischen Forschungsreisen kann ich einen Beitrag zur Geschichte dieser Grübeleien liefern. Im Jahre 1875 traf ich in einem der entlegensten Theile der sibirischen Tundra mit einem Sibirier zusammen, der sich erbot, gegen einen Antheil an der erwarteten großen Belohnung, mir eine von ihm entdeckte Lösung des Problems der „Quadratur des Kreises" mitzutheilen, und einige Wochen später, bei meiner Ankunft in Jenisseisk, zeigte mir ein dort wohnhafter Bootsbauer eine vermeintliche Lösung der Dreitheilung des Winkels.

suchungen und nicht mit irgendeinem eigentlichen Aufsuchen von Erzen.

Ernstliche Versuche, einen wirklichen Grubenbetrieb im Lande zu Stande zu bringen, wurden dagegen von dem Commerzienrath Jacob H. Lundt gemacht. Derselbe ging 1850 mit seinem Fahrzeug „Fortuna" nach Grönland ab. Nach einer glücklichen Reise kam er mit einer Menge von Erzproben aus der Umgegend von Julianehaab in Südgrönland und mit einer Ladung von ungefähr fünf Tonnen Graphit von einem auf der Halbinsel Noursoak einige Zeit vorher von H. Rink entdeckten Graphitlager nach Europa zurück. Dieser in geologischer Hinsicht sehr merkwürdige Graphit hatte ein vielversprechendes Aussehen, wurde aber bei der Untersuchung in England zu hart befunden, um den dafür erwarteten hohen Preis zu erzielen. Dieses erste Misgeschick der „Fortuna" dämpfte jedoch nicht Lundt's und seiner Mitinteressenten Hoffnungen. Er unternahm im nächsten Jahre, 1851, eine neue Grubenexpedition nach dem Lande mit dem Schoner „Fiirklsveren". Die Theilnehmer waren, außer der Besatzung, Lundt selbst, der Fabrikant Ibsen, der Juwelier Prahl, der Candidat Friis, sowie sechs Grubenarbeiter aus Norwegen. Diesmal wollte man eine Kupferader in der Nähe von Julianehaab bearbeiten, welche am 19. October 1851 feierlich eröffnet und „König Friedrich VII. Grube" benannt wurde. Aber auch diese Schürfung wurde nicht lohnbringend, ebenso wenig wie das von dem Grönländer Josua in der Nähe von Cap Desolation zwischen Julianehaab und Frederikshaab entdeckte Kupferflöz, in welchem der Candidat Friis während der Jahre 1853—1854 Schurfarbeiten vornahm. Im Jahre 1854 kam einer der Theilnehmer an Lundt's erster Reise, der Engländer Tayler, mit einigen norwegischen Arbeitern nach Grönland, um seitwärts von dem jetzigen Kryolithbruch nach Zinnerz und silberhaltigem Bleiglanz zu suchen. Seine Reise wurde in mineralogischer Hinsicht wichtig durch die Entdeckung verschiedener interessanter, aber in technischer Beziehung werthloser Minerale. Die Ausbeute an Erz fiel dagegen sehr unbedeutend aus, und das Wenige, was man erhielt, ging noch dadurch verloren, daß die beiden Fahrzeuge „Fiirklsveren" und „Aarhus," welche das Erz nach Europa führen sollten, schon an der Küste Grönlands Schiffbruch litten. Alle Hoffnungen, von dort einige lohnende

Gold-, Silber-, Kupfer-, Zinn- oder Bleierze zu erhalten, waren vollständig getäuscht worden. Gerade zu jener Zeit war es jedoch,
wo ein wirklicher Grubenbetrieb auf Grönland entstand, aber allerdings nicht auf irgendeins der gewöhnlichen Erze, sondern auf eine
Gesteinsart, deren Werth die Erzsucher bisher vollständig übersehen
hatten.

Dieses Gestein hatte bereits vor langer Zeit die Aufmerksamkeit
sowol der Eingeborenen wie der Gelehrten auf sich gezogen und war
innerhalb des wissenschaftlichen Systems, auf Grund des eisartigen
Aussehens, unter dem für ein Mineral aus dem Lande des Inlandeises ganz passenden Namen Kryolith oder „Eisstein" eingetragen
worden. Der Eisstein oder Kryolith ist, oder war wenigstens bis vor
einigen Jahren, ein grönländisches Mineral κατ' ἐξοχήν. Derselbe
hat, wie bereits erwähnt wurde, zu dem einzigen wirklichen Grubenbetrieb und zu der einzigen rein europäischen Colonie im Lande
Anlaß gegeben. Er ist ferner für die Wissenschaft von großem
Interesse durch seine eigenthümliche Zusammensetzung, durch seine
verwickelte Krystallform, und vor allem durch die vielen noch unge-
lösten Fragen, welche mit der Frage des Entstehens der Kryolithformation selbst im Zusammenhange stehen. Schließlich kann man
ihn vielleicht auch unter die Steinarten zählen, welche die alten
Grönländer zur Anfertigung ihrer wenigen, aber sorgfältig gear-
beiteten und sinnreich ausgedachten Hausgeräthe gebrauchten. Eine
kurze Geschichte und Beschreibung des Minerals dürfte deshalb für
den Leser von Interesse sein.

Bei seiner Darstellung der Mineralien, welche in Grönland gefunden worden sind, sagt David Cranz in seinem bekannten Werke
Folgendes: „Aus Süden haben uns die Grönländer als was Rares
große Stücken von einem weißen, halb durchsichtigen Stein mitgebracht, der sich wie Spath bricht und dabei so weich ist, daß
er mit dem Messer geschnitten und mit den Zähnen ohne Verletzung
zermalmt werden kann." Diese Worte beziehen sich offenbar auf
den Kryolith und zeigen, daß die weiße, schöne Steinart schon die
Aufmerksamkeit der wilden Eskimos auf sich gezogen hatte, was auch
von Giesecke bestätigt wird, der in seinem Tagebuch sagt, daß die
Grönländer dieses ihrer Meinung nach speckartige Mineral Orsuk-
sitsiät (von Orsok = Speck) nennen und als Gewicht an ihren Fisch-

geräthen verwenden. In neuerer Zeit haben die Eingeborenen noch eine andere Art der Verwendung ausfindig gemacht; sie zerstoßen nämlich den Kryolith zu feinem Pulver und mischen dasselbe in den Schnupftaback. Dies soll die Stärke des Schnupftabacks vermehren, was vermuthlich darauf beruht, daß das Pulver infolge der deutlichen Cuergänge des Minerals aus kantigen Bruchstücken besteht, welche die Schleimhaut der Nase reizen.

Innerhalb der Gelehrtenwelt wurde das Mineral erst 1799 durch den portugiesisch-brasilianischen Mineralogen d'Andrada und durch den dänischen Forscher Peter Christian Abildgaard bekannt. Der erstere theilte eine genaue Beschreibung desselben mit und gab ihm den passenden Namen Kryolith; der letztere untersuchte es chemisch mit dem nicht völlig richtigen Resultat, daß das Mineral Flußspatsäure, Thonerde und vegetabilisches Alkali (Kali) enthalten sollte. Kurz darauf zeigte Klaproth, daß das Mineral Natron und nicht Kali enthalte; eine vollständig richtige Analyse aber wurde erst von Berzelius im Jahre 1823 gegeben.

Als der Kryolith zuerst nach Europa gebracht wurde, kannte man nichts Näheres über den Fundort, als daß das Mineral unter Steinproben aus Grönland gekommen war. Erst durch Giesecke, welcher 1809 die Fundstelle besuchte, erhielt man einige Kenntniß über die Art des Vorkommens des Minerals. Er beschrieb die Kryolithmasse als ein mächtiges, in Gneis eingeflößtes Lager von verwittertem, rauhen Ansehen, mehr oder weniger zu Tage liegend in einer Länge von 100 Klaftern von Südost nach Nordwest und in einer Breite von 50 Klaftern. Der Kryolith, früher eine von Sammlern mit Gold aufgewogene mineralogische Seltenheit, war von jener Zeit ab in größern Mengen zu haben. Weitere neuere Untersuchungen zur Darlegung der geologischen Verhältnisse wurden jedoch nicht gemacht, bis H. Rink 1852 den Fundort des Minerals besuchte, über welchen er später eine kurze Beschreibung gab. Noch hatte es sich jedoch nicht darum gehandelt, den Kryolith selbst in technischer Beziehung zu verwenden. Die Frage wurde jedoch mit Eifer aufgenommen infolge der von der ganzen gebildeten Welt mit großem Interesse verfolgten Versuche, welche der französische Chemiker Sainte-Claire Deville in den Jahren 1855—60 machte, um das schon 1828 von Oersted und Wöhler entdeckte Thonerde-Metall Aluminium für technische Zwecke im großen darzustellen. Der Kryolith ist nämlich das einzige bekannte, auf dem Erdball in größerer Menge vorkommende Mineral, aus dem man direct mittels Natrium metallisches Aluminium reduciren kann. Nicht ohne Berechtigung glaubte man deshalb auf Grund dieses Umstandes, in dem Eisstein Grönlands ein kostbares Erz zu erhalten. Diese Hoffnungen verwirklichten sich jedoch nicht. Es zeigte sich, daß die Eigenschaften dieses neuen silber-

Der Kryolithbruch bei Ivigtut.
Nach einer Aufnahme des Photographen der Expedition vom 23. Juni 1883.

ähnlichen und durch geringe Schwere sich auszeichnenden Metalls es unmöglich machten, für dasselbe eine so umfassende Verwendung zu finden, wie man gehofft, und trotz all der von Deville und seinen Gehülfen an den Tag gelegten Erfindungsgabe und des von ihnen bethätigten großen technischen Genies, sowie all der pecuniären Unterstützung, welche Napoleon III., Frankreichs damaliger Herrscher, ihnen zutheil werden ließ, war man, selbst als der Kryolith als Erz zur Verwendung kam, nicht im Stande, die Herstellungskosten so weit zu vermindern, daß das neue Metall in umfassenderer Weise hätte verwendet werden können.

Größern Erfolg hatten dagegen die von dem später so berühmt gewordenen dänischen Chemiker Julius Thomsen schon im Jahre 1849 begonnenen Versuche, aus dem Kryolith Soda und verschiedene in den Färbereien als Beizmittel verwendbare Thonerdepräparate darzustellen. Unter der energischen Leitung der Herren Tietgen und Thbb. Weber & Comp. wurde unter dem Namen „Kryolith Mine og Handels Selskab" in Kopenhagen eine Gesellschaft gegründet, welche gegen eine gewisse „Royalty" oder Abgabe per Tonne des gebrochenen Steines vom „Dänischen Handel" das Recht zur Anlage und Bearbeitung von Gruben pachtete. Diese Gesellschaft hat nun während einer Reihe von Jahren bedeutende Massen des Steins gebrochen und hauptsächlich nach Amerika ausgeführt, wobei sie, wie man sagt, nicht nur selbst reichen Gewinn gehabt, sondern auch bedeutende Summen an den „Handel" gezahlt hat.

Nachdem bei Jvigtut ein wirklicher Bergbau in Gang gesetzt worden war, hat man daselbst auch eine Menge anderer eigenthümlicher, technisch werthloser, für die Wissenschaft aber höchst interessanter Mineralien, wie die Fluorverbindungen Arksutit, Thomsenolith, Gearksutit, Pachnolith, Ralstonit u. a. angetroffen. Nicht weniger interessant und lehrreich ist die Kryolithformation für das noch in so tiefes Dunkel gehüllte Kapitel der Geologie, das die Lehre vom Entstehen unserer krystallinischen Mineralien behandelt. Diese Formation ist in dieser Hinsicht genau und sorgfältig von Professor Johnstrup untersucht worden, und zwar ist derselbe zu dem Ergebnisse gelangt, daß das ganze ursprüngliche Kryolithbett plutonischen Ursprungs, d. h. in geschmolzener Form aus dem Innern der Erde hervorgebrochen ist, eine Ansicht, die mir mit den bekannten chemischen und physikalischen Gesetzen in allzu großem Widerspruch zu stehen scheint, um einige Wahrscheinlichkeit für sich zu haben. Meiner Ansicht nach scheint die Kryolithformation eine unter Mitwirkung von warmen Quellen und fluorhaltigen Gasen entstandene hydrogene Bildung zu sein. Hiermit aber sind wir bei einem Kapitel der Geschichte unserer Erdkugel angelangt, wo die Deutung, welche ich dem Textbuche der Natur gebe, Vers für Vers von dem officiellen Bekenntniß abweicht.

Schließlich will ich noch erwähnen, daß man vor ungefähr 40 Jahren geringe Mengen eines mit dem Mineral von Jvigtut nahe verwandten Fluorminerals im Ilmengebirge im Ural, sowie neuerdings bei Pike's Peak in Colorado gefunden hat, an beiden Stellen unter geognostischen Verhältnissen, die denjenigen bei Jvigtut ähneln.

In Jvigtut wurde die Expedition auf die zuvorkommendste Weise empfangen. Noch ehe der Anker gefallen, kam ein Boot mit

Der Cunak Felsen (4400 Fuß hoch) am Arsuk-Fjord, westlich von Jvigtut.
Nach einer Aufnahme des Photographen der Expedition vom 23. Juni 1883.

zwei dänischen Schiffskapitänen an Bord, um uns die nöthigen Anweisungen für die Verankerung und Vertauung an der Landungsbrücke zu geben. Später waren wir beständige Gäste bei dem Disponenten der Grube, dem Norweger Haureberg, welcher nebst dem dänischen Controleur und andern Beamten des Platzes uns mit Rath und That zur Seite stand.

Im Gegensatz zu dem sonst in den dänischen Colonien herrschenden Brauche sind die meisten der hier wohnhaften Europäer, Standespersonen sowol wie Arbeiter, unverheirathet, und diejenigen, welche dies doch sind, haben ihre Familien nicht bei sich. Ebenso wenig findet man Eskimofamilien in unmittelbarer Nähe der Colonie. Das weibliche Geschlecht fehlt hier also vollständig und die Colonie besteht aus lauter Junggesellen. Hierdurch, wie auch durch die zahlreichen Schiffe, welche im Sommer die Stelle besuchen, und durch das rastlose Mühen, das von modernen industriellen Anlagen unzertrennbar ist und zu dem gewöhnlich sorglosen, gemüthlichen und beschaulichen Leben in Grönland in so grellem Widerspruch steht, erhält diese Colonie ein ganz anderes Gepräge, als es den eigentlichen Handelsstationen eigen ist. Nur eine unbegrenzte Gastfreundschaft ist beiden gemeinsam.

Ungeduldig, meine Eiswanderung so bald als möglich anzutreten, hielt ich mich in Ivigtut nicht länger auf als nothwendig war, um von dem reichen, durch Dr. Dickson's Anordnung der Expedition zur Verfügung gestellten Proviant- und Kohlendepot unsern Proviantvorrath etwas zu ergänzen und soviel Kohlen wie möglich einzunehmen. Ferner nahm ich hier zwei mit Kajaks versehene Eskimos an Bord, welche bereit waren, in den Scheren uns als Wegweiser zu dienen; ebenso heuerte ich — theils um die während der Expedition auf dem Lande allzu schwache Bemannung des Schiffs zu verstärken, theils um einem Landsmann zu helfen — einen norwegischen Matrosen, der von einem amerikanischen Schiffe angeblich wegen Mishandlung entwichen war.

Am 23. Juni vormittags war alles klar zur Abreise. Diese wurde jedoch noch um einige Stunden verschoben, da die Wetterpropheten des Platzes erklärten, daß man binnen kurzem einen der Südoststürme zu erwarten habe, welche dann und wann mit größter Heftigkeit von dem Landeise heranbrausen und welche sogar den Schiffen gefährlich werden können, die in dem, wie bereits erwähnt, keineswegs sichern Hafen vor Anker liegen. Der Sturm kam aber nicht, und ich lichtete desshalb um 7 Uhr 30 Minuten abends die Anker und segelte innerhalb der Scheren gegen Norden. In der Nacht trafen wir viel Treibeis, durch das wir uns bisweilen mit Gewalt einen Weg brechen mußten. Unzählige schwächere Stöße abgerechnet, stieß die „Sofia" um Mitternacht mit solcher Heftigkeit gegen ein größeres Eisstück, daß die Platte an der Steuerbordseite des Proviantkellers im Wassergange eine sehr tiefe Beule erhielt.

Der Schaden wurde sofort genau untersucht und alles zum Pumpen klar gemacht. Es zeigte sich jedoch bald, daß trotz der Heftigkeit des Stoßes auch nicht der geringste Leck entstanden war. Das schwedische Eisen hatte seinen Ruf der Zähigkeit gewahrt.

Bis auf die Höhe von Frederikshaab war das Meer dicht mit Treibeis bedeckt, sodaß wir nur langsam vorwärts kommen konnten. Hier stiegen die Eskimolootsen in ihre Kajaks hinab und verließen uns. Wir setzten unsere Fahrt in ziemlich eisfreiem Wasser längs

Eisberge im Meere bei Godhavn.
Nach einer Aufnahme des Photographen der Expedition vom 27. Juni 1883.

der Küste fort. Das Treibeis hatte jetzt noch mehr abgenommen, sodaß es uns keine Ungelegenheiten mehr verursachte, dafür aber hatte sich alles um uns her in einen dichten Nebel gehüllt, der uns in dem nur unvollständig kartirten Fahrwasser zu großer Vorsicht zwang. Am 26. Juni kamen wir in die ausgedehnten Scheren, welche die Küste südlich von Egedesminde umschließen und die bis in alle Einzelheiten den waldlosen Scheren an den Küsten Skandinaviens gleichen, natürlich mit dem Unterschied, daß Eisberge in unserm heimischen Fahrwasser nicht mehr umhertreiben. Leider waren die Umgebungen hier in so

dichten Nebel gehüllt, daß man nur die zunächst gelegenen Landcontouren unterscheiden konnte, was um so mehr zu beklagen ist, als
es über diesen Theil der Küste Grönlands keine zuverläsigen Seekarten gibt. Auf alle Fälle wurden verschiedene Versuche gemacht,
die Einfahrt zur Colonie zu gewinnen, doch ohne Erfolg, und ebenso
fruchtlos blieben alle Bemühungen, vermittelst der Dampfpfeife und
Schüssen aus unsern kleinen Kanonen einen Kajakmann zu uns
heranzulocken, welcher uns zwischen den Klippen hätte hindurch-
lootsen können. Später erfuhren wir, daß uns wirklich einige Eskimos gesehen, es aber nicht gewagt hätten an Bord zu kommen,
da das Schiff sich in seiner Form durch geringe Höhe, unbedeutende
Takelung und schnellen Lauf gegen den Wind bedeutend von den
gewöhnlichen Handelsschiffen unterschied. Da es mir allzu gewagt
erschien, in einem uns gänzlich fremden und mit unzähligen Klippen
angefüllten Fahrwasser aufs gerathewohl vorwärts zu gehen, beorderte
ich schließlich den Kapitän, aus den Scheren hinaus zu dampfen und den
Curs nach Godhavn zu richten, einer ungefähr 40 Seemeilen nördlich
von Egedesminde auf der Südküste der großen, für den Geologen in
mehr als einer Hinsicht interessanten und selbst von den Eingeborenen
in einen gewissen sagenhaften Schimmer gehüllten Insel Disko gelegenen andern dänischen Colonie. Es war meine Absicht, Dr. Nathorst mit den nöthigen Gehülfen irgendwo in diesen Gegenden ans
Land zu setzen, um mich dann in Egedesminde in guter Ruhe und
ohne Zeitverlust für die Eiswanderung und denjenigen Theil der
Expedition zu rüsten, dessen Aufgabe es war, geologische und zoologische Untersuchungen im nordwestlichen Theile von Grönland anzustellen.

Auch an der Südküste der Disko-Insel geriethen wir in Nebel oder
richtiger in ein Schneegestöber, das mich zwang, vor dem Einlaufen
nach Godhavn bei der alten, jetzt gänzlich unbewohnten Walfisch-
fängerstation Fortunebay für ein paar Stunden vor Anker zu geben.

Godhavn ist der Sitz für das nördliche Inspectorat und somit
der Hauptort des nordwestlichen Grönlands. Als Handelsstation
ist dieser Ort gegenwärtig von geringer Bedeutung, da der früher so
gewinnbringende Walfischfang aufgegeben ist. Nahezu ein ganzes Jahrhundert, ehe der dänische Handel hier anfing, war der Hafen unter
dem Namen von Port Lively ein Sammelplatz für holländische und

englische Walfischfänger.[1] Die Eskimos waren hier lange Heiden und,
nach Hans Egede's „Nachrichten" zu urtheilen, wilder und schwieriger
zu behandeln als anderswo auf der grönländischen Westküste. Vor
allem scheinen sie eifrige „Angekoks" oder Zauberer gewesen zu sein,
was nicht gar zu sehr wundernehmen kann, liegt doch ein Zauber-
schimmer über die ganze Insel ausgebreitet. Dieselbe ist nämlich,
einer Innuit-Sage zufolge, von einem mächtigen Angekok, Tornarsuk,
aus dem Lande im Süden hieraufbugsiert worden. Als Beweis
dafür wurde unter anderm angeführt, daß die Angelica-Pflanze auf

Strandpartie am Skarvefjeld auf der Disko-Insel.
Nach einer Zeichnung von Th. Nordström, 1870.

der Insel Disko, nicht aber auf dem gegenüberliegenden Festlande
vorkam — ein für ein wildes Volk gut erfundener Versuch, die

[1] Die Namen Disko, Waigat und Fortunabay sind, wie aus der mir zugänglichen Literatur hervorgeht, zum ersten mal angeführt auf einer in Kupfer ge-
stochenen Karte (Nieuwe kaart van Oud en Nieuw Groenland) in C. G. Zorgdrager's Bloeyende Opkomst der aloude en hedendaagsche Groenlandsche
Visschery, Amsterdam 1720. Zorgdrager († 1690) war ein erfahrener Walfisch-
fängerkapitän, dessen sachliche, auf seine eigenen und Anderer Erfahrungen gegründete
Aufzeichnungen über den Walfischfang von Abraham Moubach für den Druck geordnet
wurden. Deutsche Ausgaben dieses Werkes erschienen 1723 und 1750. Darin findet
sich auch ein nach einem Werk des Franzosen Deuys bearbeiteter Beitrag über die
Fischereien bei Neufundland.

Pflanzengeographie in Anwendung zu bringen. Schade, daß die Sagendichter keine Ahnung davon hatten, daß unter den schwarzen Felsen der Disko-Insel herrliche zu Stein gewordene Südfrüchte vielerlei Art eingebettet liegen. Man zeigt noch an vielen Stellen der Insel die Löcher in den Strandfelsen, in denen die Bugsirtaue befestigt wurden. Sogar auf das ungebildete Gemüth dieses Naturvolks haben also die großartig wilden Naturscenerien, denen das Auge hier an unzähligen Stellen begegnet, einen mächtigen Einfluß ausgeübt. Die eigentliche Colonie ist auf einem vom Hochwasser umflossenen Vorsprung von niedrigen Gneisfelsen angelegt, welche eine Fortsetzung der Gneisformation bilden, auf der die wagerechten, mehrere tausend Fuß mächtigen schwarzen Basaltbetten der Disko-Insel ruhen. Ihre allernächste Umgebung besteht also, gleich den Umgebungen der meisten grönländischen Handelsplätze, aus mächtigen, mit Fangabfällen und allerlei Ueberbleibseln von Menschen und Thieren bedeckten Felsplateaus und Klippen. Aber von den die Colonie umgebenden Höhen sieht man nach drei Seiten das offene Meer mit seinen unzähligen, oft wunderbar prachtvollen Eisbergen; gegen Norden bemerkt man die in tausenderlei phantastische Formen zersplitterten schwarzen Basaltfelsen der Disko-Insel mit ihren Pfeilern, Grotten und ungeheuern, steil abfallenden Abhängen, hoch oben bedeckt mit einem Dache von ewigem Schnee und Eis, von dem während des kurzen Sommers zahlreiche Ströme herabstürzen, bald in krystallklarem Bogen von hohen, senkrechten Felsen, bald durch enge, tiefe Schluchten, auf deren Grunde das Silberband des schäumenden Wassers zu den umgebenden dunkeln Felsenmassen einen eigenthümlichen Contrast bildet. In geschützten Thälern zwischen Basaltfelsen, z. B. in der in der Nähe der Colonie belegenen „Lyngmark,“ trifft der Botaniker während der kurzen Sommerzeit der Polarländer eine üppige und blütenreiche Vegetation. Der Mineralog findet hübsch krystallisirte Mineralien (Chabasit, Levyn, Stilbit, Heulandit u. a.), und will er zu Boot einen Weg durch die Brandung weiter gegen Westen suchen, so gelangt er zu dem 19 Seemeilen von Godhavn am Meeresstrande gelegenen Ovifak oder Uifak, wo ich 1870 die grönländischen Eisenblöcke fand, über die so viel geschrieben und gesprochen worden ist. Gegen Osten trifft man am Ufer des Meeres

Basaltfelsen bei Godhaun.

Nach einer Aufnahme des Photographen der Expedition vom 28. Juni 1883.

S. 112.

den Skarvefjeld, Grönlands Staffa, mit seinem reichen Vogelleben, seinen Basaltpfeilern, seinen unzähligen Grotten und Gewölbebogen. Die Art und Weise, wie die Basaltfelsen bei Godhavn gegen das Meer zu abschließen, zeigt, daß sie sich früher weit gegen Süden, vielleicht bis zu den zwischen Godhavn und Egedesminde gelegenen Kronprinz-Inseln ausgebreitet haben. Falls man aus der großen Zahl der Felsblöcke, welche jetzt von den Basaltfelsen jährlich herabfallen, und aus dem Schutt, welchen die Schneebäche jährlich in das Meer hinabspülen, die Zeit berechnen wollte, welche erforderlich wäre, um den ganzen verschwundenen Theil der Basaltberge in Schutt und Schlamm zu verwandeln, so würde man Zahlen erhalten, die sich auf viele Millionen von Jahren belaufen. Der Geologe kann jedoch mit voller Sicherheit beweisen, daß die Veränderung nach der Tertiärperiode stattgefunden haben muß, d. h. in einer, geologisch gesprochen, uns sehr nahen Zeitperiode — am gestrigen Tage oder im letztverflossenen Jahre der Geologie. Dies ist nur einer der vielen Beweise, daß alle Versuche, mit unsern gewöhnlichen Zeiteinheiten — sie mögen nun Jahre oder Jahrtausende heißen — die Dauer eines geologischen Zeitalters zu messen, zu Zahlen führen, die ebenso groß sind wie diejenigen, welche man erhält, wenn man den Abstand von einem Firstern mit irdischen Längenmaßen ausdrückt.

Nachdem ich in Godhavn Kohlen von dem Vorrath eingenommen hatte, den die Grönländische Handelsgesellschaft hier zu meiner Verfügung gestellt, lichtete ich am 28. Juni nachmittags wieder die Anker und dampfte in östlicher Richtung an der Südküste von Disko entlang nach dem großen Sunde, welcher die Insel vom Festlande trennt und der von den holländischen Walfischfahrern den Namen Waigat (Windloch) erhalten hat, den er noch heute führt. Im Jahre 1870 bin ich selbst in einem Walfischboot sowol wie in einem Umiak und mit Eskimos als Bootleuten, einige Wochen im Sunde hin und her gesegelt und gerudert; ich war dabei von dem schönsten Wetter begünstigt, woraus ich den vielleicht vorschnellen Schluß gezogen habe, daß der abschreckende Name des Sundes wenig Berechtigung für sich hat. Infolge seiner Lage zwischen den ungeheuern Eisströmen von Jakobshavn und Torsukatak im Süden und denjenigen von Karajak, Ingnerit und Kangerdlugsuak im Norden, d. h. inmitten des größten Herdes für die Bildung von Eisbergen, könnte das Waigat füglich

„Eisbergsund" genannt werden. Eisberge treiben sich hier das ganze Jahr hindurch umher, und deshalb vermeiden es auch die Fahrzeuge der Grönländischen Handelsgesellschaft am liebsten, von Godhavn nach Umanak diesen Weg zu segeln. Für den Forscher hingegen sind die mit Eis übersäete Fläche und der ein reiches Thier=leben aufweisende Boden, vor allem aber die großartigen, in geolo=gischer Hinsicht äußerst interessanten Umgebungen des Waigat ver=lockend genug, um das Fahrzeug gerade diesen Weg nehmen zu lassen.

Das Wetter war herrlich und die uns umgebende Natur von einer seltenen Großartigkeit. Fern im Osten zeigte sich die blauweise wagerechte Fläche des Landeises, dessen Geheimnisse zu entschleiern wir schon nach einigen Tagen versuchen sollten. Gab es jenseit des blauweißen Eiswalles Eis, nur Eis bis an die Küstenberge der Oesterbygd, oder verbarg der Eiswall eisfreie, mehr oder weniger mit Grün bedeckte Oasen? — dies war je eine der Fragen, welche zu lösen unsere Expedition ausgezogen war. Im Norden erhoben sich die hohen schwarzen Basaltklippen der Disko=Insel, welche auch dem Forscher mehr als ein ungelöstes Räthsel darbieten und in ihrem Innern Andenken an eine vergangene Zeit verwahren, im Vergleich zu denen die Pyramiden Aegyptens nur Kinder von gestern sind. Um uns her breitete sich ein spiegelglattes Meer aus, besäet mit Hunderten von riesigen Eisbergen, deren prachtvolle, oft architekto=nische Formen noch mehr durch eine Luftspiegelung verschönert wur=den, wie ich sie in solcher Deutlichkeit und Stärke in den nordischen Meeren noch niemals gesehen hatte. Inseln, unter dem Horizont gelegen, waren deutlich und oft sogar in zwei Bildern sichtbar, von denen das eine sich nach unten gekehrt zeigte. Die Eisberge sahen wir doppelt und dreifach, und ihre Bilder waren in verticaler Rich=tung so lang gezogen, daß sogar unbedeutende Eisstücke in der Ferne wie reich mit Thürmen gezierte Kirchen aussahen. Dieselben veränder=ten ununterbrochen ihre Formen, ihre Thürme hoben und senkten sich auf die launenhafteste Weise, und wenn sie am größten und schönsten waren, so entstand oft ein neues Bild, dem vorigen bis auf die geringsten Einzelheiten gleich, aber nach unten gekehrt und mit der Spitze seines längsten Thurmes auf der höchsten Thurmspitze des ersten Bildes ruhend. Dann fuhr ein kalter Wind über die Meeres=fläche und der ganze herrliche Doppelpalast stürzte zusammen und ver=

wandelte sich in einen fern am Horizont schwimmenden unbedeutenden Eisberg, der schon in der nächsten Minute wieder zu wachsen
anfing und sich mit Zinnen und Thürmen schmückte, um bald darauf
wieder seine frühere unscheinbare Form anzunehmen.

Als wir auf der Höhe von Skandsen, einem auf der Südküste
der Disko-Insel unweit der Mündung des Waigat gelegenen
Handelsplatzes angelangt waren, begegnete uns ein kleines Küsten-
fahrzeug. Dasselbe wurde von dem in der Geschichte der Polarforschung als Theilnehmer an Elisha Kent Kane's und Charles
F. Hall's abenteuerlichen Expeditionen nach dem Smith-Sund berühmten Eskimo Hans Hendrik[1] geführt. Unter anderm hatte sich derselbe auch, verlockt durch den Zauber einer Innuit-Schönheit, neun
aufeinanderfolgende Winter bei Cap York aufgehalten. Ich wollte
diesen merkwürdigen Mann gern sehen und wünschte auch für
Ratborst's geplante Fahrt nach dem Cap York von ihm Aufklärungen
über die dortigen Eisverhältnisse sowie in einer oder der andern
Form Empfehlungen an die Bewohner dieser Gegend zu erhalten.
Vielleicht war es sogar möglich, ihn für diesen kurzen Ausflug als
Lootsen zu gewinnen. Ich rief deshalb das Fahrzeug an und lud Hans
ein, an Bord der „Sofia" zu kommen, welcher Einladung er sofort
und, wie ich vermuthe, mit Freuden Folge leistete. Hans Hendrik
war nun alt geworden, und nichts in seinem Aeußern verrieth den
in Jugend und Eskimoschönheit strahlenden Jüngling, wie er in
Elisha Kent Kane's „Arctic Explorations" (Philadelphia und London 1856, I, S. 21) abgebildet ist. Aber so hatte er auch, seit er
am 10. Juli 1853 sein stilles Heim bei der Colonie „Fiskernäs"
verließ, um Kane nach Norden zu folgen, alle Gefahren und Abenteuer, Mühen und Entbehrungen des gebildeten Polarfahrers und
des sorglosen und unbedachten Innuitjägers durchlebt. Das Be-
wußtsein hiervon schien ihm das Gepräge einer gewissen Würde und
Zurückhaltung zu verleihen. Trotz aller Freundlichkeit und reichen
Bewirthung war es daher schwer, Leben in die Unterhaltung
zu bringen, wozu noch die Schwierigkeit beitrug, welche es Hans
bereitete, sich in einer europäischen Sprache verständlich auszudrücken.
Allmählich löste aber der Dampf des Mokka und der Saft der

---

[1] Kane nennt ihn unrichtig Hans Christian.

Rebe seine Junge, sodaß das Gespräch lebhafter und offenherziger wurde. Die Jugenderinnerungen vom Cap York machten sich mit unwiderstehlicher Macht geltend, sodaß sein Auge sich belebte, als sich für ihn die Aussicht eröffnete, diese Stelle wieder besuchen zu können, „aber“, fügte er vorsichtig hinzu, „nur für den Sommer.“ Die Wintererinnerungen an das „Eden der Eskimos“, wie es Kane nennt, waren wahrscheinlich nicht ausschließlich angenehmer Art. Hans hatte dort neun Jahre gewohnt und war dort auch verheirathet gewesen. Er glaubte, daß man im Juli daselbst landen könne und gab an, daß dieser Platz bewohnt sei und daß die Eingeborenen dort reichliche, besonders aus Vögeln bestehende Nahrung haben. Ferner berichtete er, daß sie Geräthe aus Stein benutzen, aber auch etwas Eisen erhalten von zwei auf dem Sarvalik- oder Savilik-Berge eine Strecke vom Strande abliegenden Steinen, von denen der eine so groß ist „wie ein Zelt“, der andere „wie ein großer Hund.“ Von diesen Steinen brechen sie mit großer Mühe kleine Stückchen und platten sie dann zwischen zwei Steinen ab. Also genau dieselbe Erzählung, welche schon Roß und Sabine mitgetheilt haben.

Nachdem wir uns eine Stunde miteinander unterhalten hatten und übereingekommen waren, daß Hans in einigen Tagen von der „Sofia“ in Godhavn abgeholt werden sollte, um auf ihrer Fahrt weiter gegen Norden mitzufolgen, trennten wir uns für diesmal. Ich dampfte weiter dem Waigat zu und dann in demselben ein Stück hinauf bis nach Ujaragsugsuk, einem Handelsplatze am Ufer des Waigat auf der östlichen Küste der Disko-Insel. Hier wurden die Herren Nathorst und Hamberg nebst zwei in Godhavn angeworbenen Eskimos und einem Walfischfahrerboot, Zelt und Proviant für 14 Tage ans Land gesetzt, worauf ich wieder aus dem Waigat hinaus und nach Egedesminde dampfte. Um nicht noch einmal durch den dichten Nebel aufgehalten zu werden, welcher sich so oft über die Umgebungen dieser Colonie zu lagern scheint, hatte ich außer den zwei Eingeborenen, die mit Dr. Nathorst ans Land gingen, noch zwei Eskimos gemiethet, die uns nach Egedesminde lootsen sollten. Hier gingen wir am 29. Juni nachmittags vor Anker und wurden von dem Director der Grönländischen Handelsgesellschaft, H. Hörring, und dem Inspector für Nordgrönland, Andersen, aufs freundlichste empfangen.

Mein Aufenthalt in Egedesminde war nicht von langer Dauer.

Schon am 30. Juni dampfte ich nach dem Aulaitsivik-Fjord, in Begleitung des Director Hörring, welcher die sich hier darbietende Gelegenheit, die Bekanntschaft des Binneneises zu machen, nicht unbenutzt
vorübergehen lassen wollte. Wir hielten uns eine Weile in Kan-
gaitsial auf, einem an der nördlichen Seite der Mündung des Aulaitsivik gelegenen kleinen dänischen Handelsplatz, um uns bei den dortigen Händlern über die Eisverhältnisse im Fjord zu befragen und
einen mit dem Fahrwasser vertrauten Eingebornen an Bord zu nehmen.

Die Colonie Egedesminde.
Nach einer Aufnahme des Photographen der Expedition vom 21. August 1883.

Der Aulaitsivik ist ein 130 km langer und in seinem mittlern Laufe sehr schmaler, beinahe flußähnlicher Fjord, der sich
im Innern wieder zu einer bedeutenden Meeresbucht, Tasiusarsuak
(„der große Binnensee"), erweitert, wohin ein Arm des Binneneises hinausschießt. Die Form dieses Fjord und die Ebbe und Flut
der Davis-Straße bringen in der schmalen Einfahrt zum Tasiusarsuak
sehr starke und in ihrer Richtung wechselnde Strömungen hervor.
Glücklicherweise ist das Fahrwasser hier, wie in den meisten Fjorden

Grönlands, tief und ziemlich frei von Untiefen. Die Strömungen
der Hochflutwelle würden daher für einen Dampfer von der Dampfkraft
der „Sofia" nicht gefährlich sein, wenn nicht große, vom Landeise
heruntergefallene und in das Wasser hinausgeschobene Eisblöcke mit dem
Strome im Sunde hin= und herschwämmen und ihn oft für kürzere
Zeit ganz und gar zudämmten, bei welcher Gelegenheit das Wasser
im innern Fjord schnell um 10 Fuß und mehr steigt. Die Es=
kimos rudern daher nur im äußersten Nothfall durch die Strom=

Der Auleitsivik=Fjord.
Nach einer Zeichnung von Th. Nordström 1870.

stellen und suchen auch andern davon abzurathen, indem sie mit leb=
haften Farben schildern, wie hier vor mehrern Jahren ein grön=
ländisches Weiberboot mit Männern und Frauen, Kindern und
„Hunden" von einem Stromwirbel in die Tiefe gezogen worden ist.
Ich hörte übrigens dieselbe Geschichte mit ungefähr denselben Worten
und denselben Gesten erzählen, als ich im Jahre 1870 zum ersten mal
den Fjord besuchte und zum ersten mal auch mit den Schwierigkeiten
Bekanntschaft machte, mit denen man dort zu kämpfen hat. Die
Beobachtungen, welche ich 1870 gemacht, zeigten, daß der Saum des
Binneneises in der letzten Hälfte dieses Jahrhunderts in dieser Gegend

bedeutend vorgerückt ist. Bei der Ausarbeitung des Reiseplans für die Expedition des Jahres 1883 befürchtete ich deshalb, daß infolge der oft eintretenden Veränderungen in der Lage und der Mächtigkeit der von dem Binneneise hervorschießenden Eisströme die Schwierigkeit, den Fjord zu befahren, in den letzten 13 Jahren gewachsen sein dürfte. Ich versuchte es deshalb, mir in Kopenhagen Aufschlüsse über die gegenwärtig im Fjord herrschenden Eisverhältnisse zu verschaffen. Man antwortete mir, daß der Fjord, seit ich ihn das vorige mal besucht, von keinem Europäer wieder befahren worden sei. Diese Antwort war nicht besonders beruhigend, die Gewißheit aber, daß diese Stelle eine Möglichkeit bietet, auf dem Landeise wenigstens eine kleine Strecke vorzudringen, bewog mich, das Innere des Tasiusarsoak zum Ausgangspunkt für die Eiswanderung zu wählen.

Der Lootse, den wir in Kangaitsiak erhielten, hatte es ohne Vorbehalt übernommen, das Schiff an sein Ziel zu führen; als wir aber an enge Stellen gelangten, wo das Wasser in eisreichen Wirbelströmen daherbrauste, wurde er zaghaft und suchte sich aller Verantwortlichkeit zu entziehen, indem er erklärte, daß er diesen Theil des Fjord vorher nie besucht habe, eine Erklärung, die, wie es sich später zeigte, nicht vollkommen wahrheitsgemäß war.

Alles ging jedoch glücklich, und ohne einen schwerern Unfall ankerten wir am Morgen des 1. Juli in einem gleich nördlich von dem vom Landeise in den Tasiusarsoak hinabfallenden Eisstrome gelegenen kleinen, vortrefflichen und von allen Seiten geschützten Hafen, den ich nach dem ersten und einzigen Schiffe, das dort vor Anker gegangen, Sofiahafen benannt habe. Am Ankerplatz hatten wir eine Tiefe von 7 Faden und guten Lehmgrund, an der Einfahrt zum Hafen aber nur eine Tiefe von 12 Fuß. Der Hafen ist von 600—1000 Fuß hohen, nackten und häßlichen Gneisfelsen umrahmt, deren Seiten an einzelnen Stellen mit dichtem aber niedrigem Gesträuch bewachsen oder mit einem Teppich von Rauschbeeren (Empetrum nigrum), verschiedenen Weidenarten, Mosen und Flechten bedeckt sind, der bei unserer Ankunft reich mit prächtigen Blumen geschmückt war. Von einem der steilen Felsenhänge stürzte ein schöner Wasserfall herab, dessen Wasser eine Temperatur von + 12,3° C. hatte.

Neben dem Director Hörring, dem Händler Olsen und der zahlreichen Schar der sogenannten Lootsen, die ich an verschiedenen

Stellen angenommen, war uns ein Haufe echter oder Halbblut=
Eskimos bis an den Saum des Binneneises gefolgt. Unter den
letztern befand sich auch ein Zeitungscorrespondent, nämlich der
Redacteur der in Godthaab erscheinenden illustrirten Eskimozeitung
„Atuagagliutit" (= Lecture), der Buchdrucker und Eskimopoet
L. Möller. Derselbe war ein intelligenter und belesener
Mann, der auch recht hübsch zeichnete. Er hatte die Absicht, seiner
Zeitung illustrirte Berichte über unsere Reise zu liefern, und ich
betrachte es als schuldige Dankbarkeit, hier das Bild des einzigen

L. Möller, Redacteur des „Atuagagliutit".
Nach einer Aufnahme des Photographen der Expedition.

Zeitungscorrespondenten ex professo mitzutheilen, der mich auf
einer meiner Polarreisen begleitet hat; vielleicht dürfte es meine
Leser überhaupt interessiren, zu sehen, wie ein Eskimo=Schriftsteller
aussieht. Im weitern Verlauf meines Werks werde ich auch Proben
seiner Zeichnungen von der Eiswanderung mittheilen. Wenn die
Schilderungen mit der Feder ebenso naturgetreu sind wie diejenigen
mit dem Zeichenstifte, so bedaure ich es aufrichtig, nicht in der Lage
gewesen zu sein, von dem Inhalt seiner Correspondenzen Kenntniß
zu nehmen.

Viertes Kapitel.

Das Inlandeis. — Die Eiszeit in Skandinavien. — Aeltere Versuche, die glacialen Phänomene zu erklären. — Meine Auffassung von der Glacialtheorie. — Frühere Wanderungen auf dem Inlandeise. — Claus Enevold Paars 1728. — Lars Dalager 1751. — J. J. Hayes 1860. — E. Whymper und R. Brown 1867. — Nordenstiöld und Berggren 1870. — Nordenstiöld und Palander 1873. — Jensen, Kornerup und Groth 1878.

———

Bevor ich mit der Schilderung meiner Reisen und der meiner Vorgänger in der Sahara des Nordens beginne, will ich eine kurze Darstellung von der Art und Weise geben, wie die Gelehrten zu der Einsicht gekommen sind, daß Eismassen, welche Tausende von Fuß mächtig gewesen, einst Länder bedeckt haben, die heute mit ihrem Ackerbau Millionen von Menschen ernähren, oder, was dasselbe ist, daß das heutige Grönland uns ein treues Bild von der ehemaligen Naturbeschaffenheit in England, Skandinavien und andern Ländern gibt — ein Gegenstand, der in der wissenschaftlichen Bedeutung der Forschungsreisen nach den Ländern des Inlandeises selbstredend gerade das Hauptmoment bildet.

Emanuel Swedenborg, der später so berühmt gewordene Theosoph, war der erste, welcher auf die eigenthümliche Beschaffenheit der losen Erdschichten in Schweden aufmerksam machte. In einem Jugendwerk, „Om watnens högd och förra werldens starcka ebb och flod, bewis utur Sverige," im Jahre 1719 gleichzeitig gedruckt in Upsala und in Stockholm, und in einem spätern Werke, „Miscellanea observata circa res naturales"(Lipsiae 1722), beschreibt er unsere Sandrücken (Åsar), Rollsteinlager und Schneckenbänke bei Uddevalla u. s. w.

und sucht ihr Entstehen mit der Annahme zu erklären, daß heftige Wasserströme einst über die Standinavische Halbinsel gegangen sind. Beurtheilt man diese Schriften von dem Standpunkt, den die Wissenschaft heute einnimmt, so erscheint in ihnen gewiß vieles wunderlich und kindlich; beurtheilt man sie aber von dem unentwickelten Standpunkt, den die Lehre von unserm Erdball vor nahezu zwei Jahrhunderten einnahm, so zeigen sie, daß der Verfasser eine scharfe Beobachtungsgabe und den rechten Forscherblick besessen hat. In Schweden gaben diese kleinen Schriften Veranlassung zu verschiedenen andern gleichartigen Beobachtungen und Speculationen, in der gelehrten Welt des Auslandes aber legte man diesem neuen, von Swedenborg zuerst aufgeschlagenen Kapitel in der Geschichte unserer Erdkugel wenig Gewicht bei, was in erster Reihe seinen Grund wol darin gehabt haben mag, daß die geologische Wissenschaft damals noch zu wenig entwickelt war, um sich mit der Frage von dem Entstehen und der Beschaffenheit der losen Erdschichten zu befassen. Ganz ebenso wurde eine hierhergehörige Beobachtung vergessen, welche 70 Jahre später von M. de Lasteyrie gemacht wurde. Auf einer Reise in Standinavien in den Jahren 1799 und 1800 bemerkte derselbe nämlich, daß die Felsen an der westlichen Küste des Landes abgeschliffen waren und zwar besonders an ihrer nördlichen Seite (der „Prellseite"), während die Südseite (die „Leeseite") sich gewöhnlich rauh und uneben zeigte, sowie auch, daß die Schleifung besonders deutlich an solchen Stellen hervortrat, wo die Felsenfläche mit losen Erdschichten bedeckt war, die sie am Verwittern gehindert hatten. Lasteyrie's Beobachtungen scheinen erst im Jahre 1827 veröffentlicht worden zu sein.[1] Ohne sie gekannt zu haben, sprach es J. Esmark im Jahre 1824 mit Bestimmtheit aus, daß die erratischen Blöcke in Standinavien von Gletschern[2], welche heute völlig eisfreie Landstrecken bedeckten,

---

[1] Im Journal des connaissances usuelles, Bd. V. 1827, S. 6. Ich habe vergeblich diese Zeitschrift mir zu beschaffen gesucht; ich citire hier nach Auszügen von Alex. Brongniart.

[2] J. Esmark, Bidrag til vor Jordklodes Historie. Magazin for Naturvidenskaberne. 2. Jahrg., 1. Bd. (Christiania 1824), S. 28.

Schon 1740 hatte Daniel Tilas gezeigt, daß erratische Blöcke, welche in der Gegend von Åbo angetroffen wurden, von 70—80 km weiter nordöstlich in der Gegend von Ruolab gelegenen Bergen gekommen waren. Er fügte seiner Ab-

transportirt worden ſeien und daß ſie dabei die darunterliegenden Felſen erodirt und abgeſchliffen haben. Der norwegiſche Gelehrte fand jedoch für ſeine kühne, neue, gegenwärtig von der Wiſſenſchaft allgemein angenommene Lehre kein Gehör. — Beinahe völlig unbeachtet verblieben einige Jahre hindurch auch die Beobachtungen in Betreff der erratiſchen Phänomene, welche der berühmte Forſcher Alexander Brongniart im Jahre 1824 auf einer Reiſe in Schweden in Geſellſchaft mit Berzelius machte. Er beſchrieb in einer beſondern Abhandlung[1] unſere merkwürdigen Sandrücken, die Schleifung der unterliegenden Felſen, die Polirung und Schrammung derſelben; auch wies er darauf hin, daß die Schrammen wie die Sandrücken in der Richtung von Nordoſt nach Südweſt gehen u. ſ. w.

Es waren deshalb erſt N. G. Sefſtröm's im Jahre 1836 in den Abhandlungen der königl. Wiſſenſchaftlichen Akademie veröffentlichten umfaſſenden, anfangs aber unrichtig gedeuteten Unterſuchungen, welche die Geologen zu der Einſicht führten, daß hier deutliche Spuren eines großen geologiſchen Ereigniſſes vorlagen, oder, wenn man ſo will, einer Revolution, die in einer Zeitperiode eingetreten iſt, welche, geologiſch gerechnet, nicht gar fern von der Zeit liegt, in der wir leben. Nach ſehr gründlichen Detailſtudien unſerer geſchrammten Felſen und der ſie bedeckenden loſen Erdſchichten gab Sefſtröm folgende Erklärung der gemachten Beobachtungen. Eine allgemeine, gewaltſame, Schutt und Steine mit ſich führende Flut von wenigſtens 800 Fuß Tiefe hat Skandinavien in der Richtung von Nordweſt nach Südoſt überzogen. Dieſelbe hat durch ihre Heftigkeit eine Menge loſere Felſen älterer und neuerer Formationen zerſchlagen und fortgeführt, ſowie die nördliche Seite der zurückgebliebenen Felſen geſchrammt oder gefurcht, wodurch dieſe eine oben abgerundete Form erhalten haben. Der Anprall des Waſſers iſt ſo heftig geweſen, daß dieſe Steine, nach dem Referat von Berzelius über die Lehren Sefſtröm's, in einem Bogen über die Felſen hinweg an deren ſüdliche Seite ge-

handlung hierüber in „Svenska Vetenskaps-Akademiens Handlingar", 1740, S. 198, eine Karte bei, die erſte, welche angefertigt wurde, um erratiſche Phänomene zu verdeutlichen.

[1] Notices sur les blocs de roches des terrains de transport en Suède, in: Annales des sciences naturelles, 1828, Bd. 14.

worfen wurden, welche Seite sie also nicht haben berüh=
ren und daher nicht abnutzen und schrammen können, so=
daß diese ihre scharfen Kanten und Ecken behalten hat. Die
Sandbrücken wiederum haben sich in der Leeseite gebildet, die südlich
von hohen Gegenständen, welche die Kraft des Stromes gebrochen
hatten, entstanden war. Auch unsere zahlreichen Riesenkessel (Strudel=
löcher) haben dem gewaltsamen Rollsteinstrom ihr Entstehen zu ver=
danken, und aus der Zeit, welche zu deren Ausdehnung erforderlich
gewesen, zieht Sefström den Schluß, daß der Rollsteinstrom eine
ziemlich lange Dauer gehabt hat.

Jetzt erst wurde die Aufmerksamkeit der Gelehrten ernstlich auf
hierhergehörige Phänomene gelenkt, wozu die tief im allgemeinen
Volksbewußtsein wurzelnde Tradition von Noah's Flut in nicht ge=
ringem Grade beigetragen haben dürfte, in ganz gleicher Weise,
wie die alte Gehenna=Lehre den Boden für die Ultra=Plutonisten be=
reitet hat. Ein ruhiges Nachdenken hätte jedoch sofort zeigen sollen,
daß die neue Rollsteintheorie wenig mit den auf der Erdkugel herr=
schenden physikalischen Gesetzen übereinstimmt. Wie war es wohl
möglich, sich einen Wasserstrom zu denken, so gewaltig, daß er
Steine von der Größe eines Hauses fortführen konnte, und so mäch=
tig, daß er in einer Höhe von 800 Fuß nicht nur die Skandinavische
Halbinsel, sondern auch andere, weit entfernte Länder bedeckte!
Hatte doch kurz nach der Veröffentlichung von Sefström's Aufsatz
N. Nordenskiöld mitgetheilt, daß man ähnliche Phänomene auch an
den meisten Felsen in Finland beobachten könne, wonach also die
Breite des vermeintlichen Rollsteinstromes verdoppelt worden sein
würde. Außerdem wurden vollkommen gleichartige geologische Er=
scheinungen wie diejenigen, welche Sefström durch eine „Rollstein=
flut" erklären wollte, von W. Boehtlingk in Lappland und auf der
Kola=Halbinsel, von Agassiz, Buckland und W. Kemp in Schott=
land, und von Hitchcock in den Vereinigten Staaten und in Canada
beobachtet.

Gleichzeitig mit diesen Untersuchungen in Schweden und andern
Ländern studirte man in der Schweiz mit vielem Fleiß und großer
Sorgfalt alle mit den dortigen Gletschern in Zusammenhang stehen=
den Phänomene. Man fand hier, daß jeder Gletscher oder Eisstrom auf
dem unterliegenden Felsen eine Schleifung und Schrammung hervor=

bringt, derjenigen täuschend ähnlich, welche vermeintlich die Rollsteinflut in Skandinavien verursacht hatte, sowie auch, daß die Gletscher bei ihrem Fortschreiten ungeheure Felsblöcke umplaciren und an gewissen Stellen Sand und Steine auf solche Art und Weise anhäufen, wie es bei uns die Rollsteinflut gethan haben sollte. [1]

Hiermit hatte die im ersten Augenblick mit so großem Entzücken aufgenommene Rollsteintheorie einen schweren Stoß erhalten. An ihrer Statt bildete sich durch umfassende und gründliche Untersuchungen von Charpentier, Agassiz u. A. die sogenannte Glacialtheorie aus, der zufolge die äußere Form der Felsen und ein großer Theil der losen Erdschichten, und zwar nicht nur in der Nähe der heutigen Gletscher, sondern auch in ganz Skandinavien, im nördlichen Deutsch= land, in gewissen Theilen von England und Nordamerika und an andern Stellen, glacialen Ursprungs sein, d. h. gebildet worden sein

---

[1] Die größere Ausbreitung der schweizer Gletscher in früheru Tagen, die durch sie hervorgebrachte Schrammung, Schleifung und Politur der unterliegenden Felsen ist so in die Augen fallend, daß es schwer ist, zu verstehen, wie es möglich sein konnte, daß diese Phänomene so lange der Aufmerksamkeit der ausgezeichneten Forscher entgingen, welche die Gletscher zum Gegenstand für Specialstudien gemacht hatten. Daß dies aber der Fall gewesen, zeigt der Umstand, daß G. S. Gruner in seiner in den Jahren 1760—62 in drei Bänden herausgegebenen ausführlichen Be= schreibung der schweizer Gletscher, soweit ich aus der 1770 in Paris gedruckten fran= zösischen Uebersetzung Kéralio's zu schließen vermag, nicht die geringste Hindeutung auf hierher gehörige Phänomene macht, trotzdem J. J. Scheuchzer schon lange vorher wenigstens auf die fortschreitende Bewegung des Gletschereises aufmerksam gemacht hatte. Erst im Jahre 1778 wurde Saussure von einem Bernhardinermönch, Murrith, auf die Politur der Felsen und von Dr. Butini auf die Schrammung derselben in der Nähe von Gletschern aufmerksam gemacht, welche Phänomene der Aufmerksamkeit des sonst so scharfsichtigen Forschers bis dahin entgangen zu sein scheinen und für welche er eine von Butini erhaltene unbegründete Erklärung annahm. Saussure constatirte jedoch die fortschreitende Bewegung der Gletscher und gab eine richtige Erklärung für die Bildung der Moränen. 1802 erklärte Playfair gelegent= lich, daß auf dem Jura große erratische Blöcke von frühern Gletschern an die Stellen transportirt worden seien, an denen sie jetzt angetroffen wurden. 1821 zeigte Veneh, daß die Gletscher bei ihrem Fortschreiten die unterliegenden Felsen schleifen und poliren. 1834 entwickelte Charpentier die Ansichten von Playfair und Veneh weiter und lieferte sichere Beweise für die Richtigkeit derselben. 1840 zeigte Agassiz, daß die Gletscher auf den unterliegenden Felsen auch eine Schrammung erzeugen, sowie daß geschrammte Felsen weit außerhalb des Gebietes der heutigen Gletscher vorkommen; auch behauptete er mit Bestimmtheit, daß eine lange, durch strenge Kälte ausgezeich= nete Zeitperiode, „eine Eiszeit", zwischen der Jetztzeit und der Tertiärzeit existirt habe.

soll unter Einwirkung einer ungeheuern Eisdecke, welche diese Länder ehemals bedeckt hat.

Mit außergewöhnlichem Eifer widmeten sich unzählige Forscher und Liebhaber den für die Ausbildung dieser Lehre erforderlichen Detailuntersuchungen. Eine Aufzählung der hierher gehörigen Schriften dürfte allein ein ganzes Buch füllen. Unter den Gelehrten,

Otto Torell.
Geboren in Warberg 5. Juni 1828.

welche diese Lehre mit neuen Daten über die Naturverhältnisse des Nordens bereichert, und zu ihrer Verbreitung und Anwendung im Norden beigetragen haben, mögen hier die Skandinavier Sven Lovén, H. v. Post, E. Erdmann, Otto Torell, J. G. Forchhammer, H. Rink, J. Steenstrup, J. F. Johnstrup, B. M. Keilhau, Th. Kierulf, und die Ausländer Forbes, Daubrée, Desor u. A. genannt werben.[1] Besonders mag hervorgehoben werden, daß Torell 1857 eine Reise nach Island, 1858 eine Expedition nach Spitzbergen, 1859 eine solche nach Grönland und 1860 eine weitere nach Spitzbergen unternahm, um durch das Studium der Gletscher und glacialen Bildungen dieser hochnordischen Länder ein sicheres Vergleichungsmaterial für die Beurtheilung der Formationen bei uns zu erhalten,

Henrik Rink.
Geboren in Kopenhagen 1819.

denen man einen glacialen Ursprung zugeschrieben hatte. Die Lehre von der Eiszeit Skandinaviens hat hierdurch wie auch durch Rink's meisterhafte Untersuchungen der grönlandischen Gletscher und Eis-

[1] Eine ausführliche historische Uebersicht über hierher gehörige Forschungen im Norden gibt Otto Torell in Undersökningar öfver istiden, (Öfversigt af K. Vet.-Akad. Forhandl. 1872—1873).

fjorde (d. h. von Fjorden, durch welche Eisberge in das Meer hinausgetrieben werden) eine feste Unterlage erhalten.

Wie es gewöhnlich zu geschehen pflegt, trat die neue Theorie anfangs mit großen Uebertreibungen auf. Trotzdem Murchison, Lyell u. A. davor warnten, nahmen viele an, daß die ganze Erdkugel einst mit Eis bedeckt gewesen sei. Man glaubte Merkmale von ehemaligen Gletschern hinab bis zum Niveau des Meeres sogar in den Aequatorialländern, z. B. an der Mündung des Amazonenstromes, zu entdecken und erklärte nahezu alle alten Schuttansammlungen in den frühern Glacialländern für Moränenbildungen u. dgl. Aber wenn auch besonnene Forscher sich gezwungen gesehen, einen Theil der Uebertreibungen zurückzuweisen, so kann es gegenwärtig doch als erwiesen betrachtet werden, daß Naturverhältnisse, wie die jetzt in Grönland herrschenden, ehemals auch im nördlichen Europa und im nördlichen Amerika geherrscht haben, daß ein großer Theil der losen Erdschichten in diesen Ländern in jener Zeit gebildet oder umgestaltet, die erratischen Blöcke umhergestreut und die Felsen abgeschliffen worden sind.

Bei vielen Schriften in dieser wichtigen Frage läßt sich jedoch die Anmerkung machen, daß ihre Verfasser nie die Länder besucht haben, welche in unserer Zeit vom Landeise bedeckt sind, daß sie nie die Eiswüste gesehen, über deren Wirkungen sie soviel geschrieben, und daß ihre Speculationen in mehr als einer der hierhergehörigen Fragen auf mehr oder weniger lebhafte, der Wirklichkeit kaum entsprechende Phantasiebilder gegründet sind. Gerade dieserhalb müßte eine Fahrt auf das Inlandeis Grönlands für den Geologen ein noch größeres Interesse haben, als sie aus rein geographischem Gesichtspunkt finden kann; eine derartige Fahrt muß für ihn das sein, was dem Alterthumsforscher eine Wanderung durch einen heutigen, von aller Berührung mit der Civilisation abgeschnittenen Pfahlbau oder ein Besuch in einer altgriechischen Stadt sein würde, falls solche noch existirten.

Es ist selbstverständlich hier nicht am Platze, eine detaillirte Darstellung der Lehren der Glacialtheorie zu geben, doch kann ich es nicht unterlaßen, in einigen der wichtigsten der hierher gehörigen Fragen meine eigenen Ansichten in Kürze mitzutheilen. Daß ich es wage, sie darzulegen, obschon sie in vielen Punkten von den gegenwärtig geltenden Lehren abweichen, möge man damit entschuldigen, daß meine Auffassung sich auf Beobachtungen gründet, die ich während meines Aufenthalts von zwölf Sommern und einigen Wintern zwischen dem Eis und Schnee der Polarländer, während drei längerer Ausflüge auf das Binneneis Spitzbergens und Grönlands, sowie während unzähliger Besuche der Gletscher dieser Länder gemacht habe. Wenigstens von dem Inlandeise habe ich hierbei mehr gesehen und geprüft, als irgendein Anderer, gleichviel ob Gelehrter oder Nichtgelehrter.

Die größere Zahl der Phänomene, welche von den Geologen Europas und Amerikas als glaciale bezeichnet werden, rührt wirklich aus einer Zeit her, wo die Länder, die heute mit herrlichen Wäldern, Wiesen und Feldern geschmückt sind, von Tausende von Fuß mächtigen Eismassen bedeckt waren. Diese Eiszeit hat nicht die ganze Erdoberfläche umfaßt, auch bildet sie keine besondere, schon abgeschlossene Periode, indem, abgesehen von den Ländern an den Polen, gleichartige Verhältnisse fortdauernd nicht nur auf Grönland und in den dasselbe umgebenden Meeren, sondern, wenigstens in gewissem Grade, auch in denjenigen Theilen des Atlantischen Meeres herrschen, in welche Eisberge in größerer Zahl herabtreiben. Wie ein Blick auf das umstehende Kärtchen zeigt, werden selbst heute noch glaciale Geschiebe in viel südlichere Gegenden als die Länder geführt, in denen skandinavische Geschiebe oder andere Ueberreste aus der Eiszeit Skandinaviens angetroffen worden sind.

Die Eiszeit dürfte so aufzufassen sein, daß in derselben erst das nordwestliche Europa, sodann das nordöstliche Amerika und zuletzt das heutige Grönland mit Eis bedeckt worden ist — falls die Eisdecke des heutigen Grönland nicht etwa den letzten Rest des Eisgewandes bildet, das ehemals das ganze östliche Canada und den nordöstlichen Theil der Vereinigten Staaten bekleidet hat. Zusammenhängendes Landeis war niemals über die Tundren Sibiriens oder des nordöstlichen Europa ausgebreitet.

Ein allzu kaltes Klima ist der Bildung von Inlandeis hinderlich, was unter anderm daraus hervorgeht, daß solches in der Nähe der Kältepole Sibiriens und Amerikas nicht vorkommt. Für die Bil-

dung von Gletschern in größerm Umfang ist feuchte Luft und eine
Temperatur erforderlich, die an der Meeresfläche während eines
großen Theils der kältern Jahreszeit selten weit unter Null fällt.
Inlandeis kann deshalb nicht im Innern großer Continente entstehen,
und wahrscheinlich bildet es sich auch nicht in den Ländern an den Polen,
sofern dieselben nicht von zuweilen offenen Meeren umgeben sind.

Die Schrammen in den Felsen Skandinaviens rühren zwar zum
großen Theil direct von Gletschern her; ein nicht unbedeutender Theil
dieser Schrammen ist jedoch durch die längs der Küste und in den Fjorden
umhertreibenden Eisberge wie auch durch das Treibeis hervorgebracht

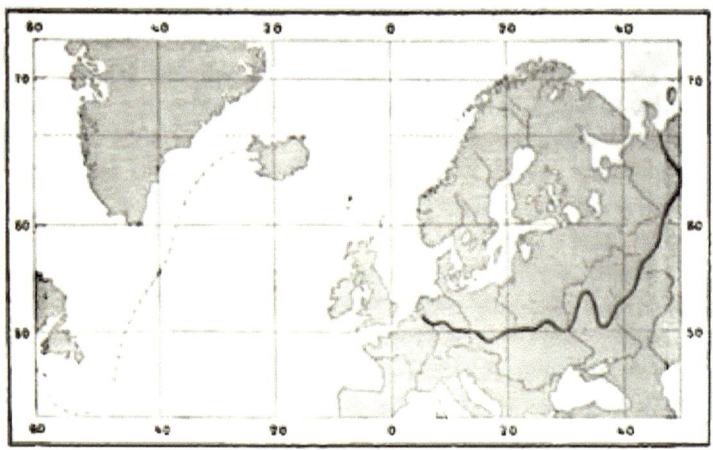

Ausbreitung der glacialen Geschiebe in der Eis- und in der Jetztzeit.

———— südliche Grenze des Verbreitungsgebietes glacialer Geschiebeblöcke in Europa, nach einer
       Mittheilung von O. Torell.
— · — · — südliche Grenze des heutigen Verbreitungsgebietes der Eisberge im Atlantischen Meere
       während der Monate Mai und Juni, nach A. K. Johnston.

worden; auch dürften Schrammen auf andere Weise, z. B. durch ein
infolge Temperaturwechsels entstandenes Hin- und Hergleiten des
unterliegenden Felsens und des denselben bedeckenden Thonlagers,
d. h. auf ganz dieselbe Weise entstanden sein wie die geschrammte
Gleitfläche (Slickensides), welche man so oft an der Grenze zwischen
zwei Felsarten antrifft. Geschrammter Felsen allein ist daher
kein hinreichender Beweis dafür, daß eine Gegend früher

von Gletschern oder einem mit Eisbergen angefüllten
Meere bedeckt gewesen ist.

Für das Entstehen der Sandrücken hat man noch keine annehm-
bare Erklärung finden können. Spuren derartiger Bildungen finden
sich weder auf dem Küstenland Grönlands noch Spitzbergens, und
ich zweifle daher stark an deren glacialem Ursprung. Wahrscheinlich ist das Material zu denselben durch einen ähnlichen Ver-
witterungs- oder Zersetzungsproceß entstanden, wie wir ihn mehren-
orts in den Tropen finden, und in den meisten Fällen dürfte dieses
Material nicht weit von dem Felsen weggeführt worden sein, von
dem es sich bildete.

Eine große Menge kantiger „Wanderblöcke“ liegt nicht gar
fern von der Stelle, an der das Muttergestein gelegen ist; es sind
nur eine geringe Strecke weit transportirte Stücke von einem unterliegenden zersplitterten Felsen[1], was uns oft genug schon eine
flüchtige geologische Untersuchung sagen kann. Andere wiederum
sind wirklich weite Strecken fortgeführt worden, theils nur von
Gletschern, und in diesem Falle selten mehr als ein paar Dutzend
Kilometer, theils zuerst von Gletschern und dann Hunderte von
Kilometern von Eisbergen, theils schließlich von gewöhnlichem Strand-
eis. Auch in unserer Zeit findet ein solcher Transport von erratischen Blöcken in großem Maßstabe an der Ostküste von Grönland
statt. Der Meeresboden ist aus diesem Grunde hier mit großen

---

[1] Als ein eigenthümliches Beispiel, daß auch scharfsichtige Forscher zuweilen
naheliegende Facta übersehen, welche gegen angenommene wissenschaftliche Dogmen
streiten, kann Folgendes angeführt werden. In der Nachbarschaft der Kupfergrube
von Falun liegt ein weites Gebiet, das in der Mineralgeschichte berühmte Brobbba,
welches durch die Einwirkung des Rauches von einer Menge nahegelegener Hohöfen
aller Vegetation beraubt ist. Das ganze Gebiet bildet einen ungeheuern Rollstein-
haufen. Dadurch, daß den Steinen auch die Flechtenbekleidung fehlt, ist man im
Stande, in wenigen Augenblicken eine Uebersicht über die Gesteinarten zu erhalten,
von denen die „Rollsteine“ gebildet sind. Der überwiegende Theil dieser Steine
gehört einer eigenthümlichen Gesteinart an, die eine Menge charakteristischer, nur in dem
Pegmatit-Granit von Falun vorkommender Mineralien enthält, woraus unzweifelhaft
hervorgeht, daß diese Steine hier in situ liegen oder wenigstens nicht weit fortgeführt sind. Und doch ist, soviel mir bekannt, keiner der vielen Mineralogen und
Geologen, welche diese Stelle besucht, im geringsten in seinem Glauben an die Lehren
wankelmüthig geworden, die hinsichtlich des fernen Ursprungs der erratischen Blöcke
einmal Geltung gewonnen haben.

Steinen bestreut, die alles Dreggen und alles Arbeiten mit dem Schlepp=
netz unmöglich machen. An der Westküste Grönlands, wo die Eisberge
allgemeiner sind, das Treibeis aber weniger dicht ist, finden sich solche
Felsblöcke nur in geringer Zahl auf dem Meeresboden. Es scheint aber,
als ob das Treibeis beim Transport der Felsblöcke eine
größere Rolle spielte als die eigentlichen Eisberge. Das
Treibeis holt die Steine, welche es fortführt, natürlicherweise vom
Strande, wo alle Steine vom Wogenschwall in kurzer Zeit abge=
schliffen und abgerundet, d. h. in Rollsteine verwandelt werden. Der
größere Theil der wirklichen erratischen Blöcke, welche weite Strecken
transportirt worden sind, besteht daher aus Rollsteinen.

Geschiebeboden, d. h. Lehm mit Grus, untermischt mit kantigen
Steinfragmenten, habe ich auf Spitzbergen und Grönland nicht nur
zwischen rein glacialen Bildungen, sondern auch auf dem tiefen
Unterlande nahe an den Seiten der Berge angetroffen. Derselbe
bildet dort eine eigenthümliche, mit Wasser getränkte, ersichtlicherweise
von der Frühlingsflut herabgeführte, im übrigen aber von Wasser=
strömen nicht bearbeitete Ablagerung. Im Gegensatz zu dem, was die
skandinavischen Geologen hervorgehoben, hat diese geologische Bildung
also in keinerlei Weise einen ausschließlich glacialen Ursprung.

Unsere Sandrücken, und überhaupt das allermeiste von dem,
was in Skandinavien von allzu enthusiastischen Glacialisten für
frühere Moränen erklärt worden ist, hat nichts mit wirklichen
Moränenbildungen zu schaffen. Dies ist auch ganz natürlich, denn
in den Gebieten, welche von dem Inlandeise jüngst verlassen worden
sind, findet man die Felder und die Felsenhügel übersäet mit unzähli=
gen erratischen Blöcken (die meisten jedoch, nach der Gesteinart zu ur=
theilen, nur sehr kurze Strecken transportirt), von wirklichen Moränen,
d. h. von zusammenhängenden Stein= oder Schuttwällen aber keine
Spur. Ebensowenig sieht man auf der Oberfläche des Inlandeises
Moränen anderwärts als in der Nähe von Land oder Inseln im
Eisfelde. Die Moränen sind mehr kennzeichnend für kleinere
Eisströme als für das eigentliche Inlandeis. Eine kleine
Strecke innerhalb seines Randes sucht man selbst nach einem Steine
von der Größe einer Erbse vergebens.

Daß Gletscherbäche hin und wieder einen Riesenkessel ausgedreht
haben, ist nicht zu bezweifeln; oft fehlt diesen hübschen Bildungen

aber jeder Zusammenhang mit Gletschern. Sie entstehen zumeist an solchen Stellen, wo mit Grus untermischtes Wasser auf die eine oder andere Weise an ein und derselben Stelle eine längere Zeit hindurch in rotirender Bewegung ist, so z. B. durch Wirbel in Wasser-fällen, durch den Wogenschwall am Strande, ja sogar durch die rotirende Bewegung, in welche der Wind das Wasser in den Ver-tiefungen auf einem Granitfelsen versetzt.[1] Die rundgeschliffenen Steine, die man öfters in den Riesenkesseln angetroffen hat, haben bei der Bildung der Kessel keine andere Rolle gespielt, als daß sie, sich zufällig in der Vertiefung befindend, die der Anfang zum Kessel gewesen, durch die rotirende Bewegung im Wasser, durch welche der Kessel ausgedreht worden, ihre runde Schleifung erhalten haben. Mit einem Stock, ein wenig Sand und genügender Geduld kann man ein Loch in einen Granitfelsen bohren, mit Hülfe eines großen Stücks Granit gelingt es kaum. Wassergetränkter Sand und nicht große Steine haben das Schleifmaterial gebildet.

Aus der langen Abschweifung, welche ich mir hier erlaubt, ersieht der Leser, daß ich, soviel ich auch mit Binneneis, mit Gletschern und glacialen Bildungen aller Art zu thun gehabt, doch kein Ultra-glacialist bin. Ich glaube, daß in diesem Falle, ebenso wie in vielen andern, das Richtigste ein Mittelweg zwischen zwei Extremen ist. Aber in meinem Eifer, die allzu abenteuerlichen Vorschlagsmeinungen und Uebertreibungen der Glacialisten zu bekämpfen, ging ich in der entgegengesetzten Richtung ebenfalls zu weit.[2] Aus den in dem Reiseprogramm angegebenen Gründen fing ich an zu zweifeln, daß

---

[1] Ich habe selbst auf Spitzbergen „Riesenkessel" von der Größe, daß sie mehrere Liter zu fassen vermochten, in dem obern Theil von Felsblöcken ausgedreht ge-funden, welche auf dem Gipfel des 500 m hohen Grytbergs auf der westlichen Spitze des Nordostlandes zerstreut umherlagen. Dieselben waren augenscheinlich auf die zuletzt angegebene Weise entstanden.

[2] Dies wurde kurz nach meiner Rückkehr von der Grönland-Expedition des Jahres 1883 geschrieben. Ich glaubte damals bewiesen zu haben, daß das Innere Grönlands wirklich eisbedeckt sei. Später habe ich aus Gründen, die ich weiterhin erklären werde, wieder angefangen zu zweifeln und sehe es wenigstens als möglich an, daß wir 1883 nur auf einem breiten Eisbande vorwärts gegangen sind, das sich unter 63 und 70° nördl. Breite quer durch das Land hinzieht.

die Entstehung eines eisbedeckten Continents unter solchen atmo-
sphärischen Verhältnissen, wie sie jetzt auf dem Erdball vorhanden
sind, möglich sei. Dies wurde die Hauptveranlassung zu der Grönland-Expedition von 1883 und besonders zu der Fahrt, die ich jetzt
beschreiben werde.

Ehe ich jedoch die Schilderung meiner eigenen Eiswanderung
beginne, halte ich es für meine Schuldigkeit, mit einigen Worten
die Versuche zu erwähnen, welche früher gemacht worden sind, um
den Schleier der Geheimnisse dieser Eiswüste zu lüften.

Schon ein Jahr[1] nachdem die dänische Regierung genötbigt
wurde, den Handel auf Grönland zu übernehmen, machte dieselbe
ernstliche und kostspielige Anstalten, um von Godthaab an der Westküste Grönlands nach der Ostküste vorzudringen, wo, wie man überzeugt war, die Oesterbygd (der Ostbau) gelegen hätte, und bis
wohin man so vielemal vergebens versucht hatte mit Schiff vorzudringen.

Zu diesem Zwecke wurden (1728) elf Pferde aus Europa nach
Godthaab übergeführt. Mit diesen sollte Grönlands erster und
letzter Gouverneur, Major Claus Enevold Paars, quer über das
Inlandeis nach der Ostküste des Landes reiten; und daß es sich hierbei nicht allein um eine geographische Fahrt, sondern um einen kleinen
Eroberungszug, vielleicht sogar um die Anlage einer Militärcolonie
handelte, um die „abtrünnigen" Nordländer, welche man so sicher
in der Oesterbygd zu finden glaubte, zum Gehorsam zu bringen, dafür
spricht die imposante, aus einem Lieutenant, verschiedenen Unter-
offizieren, Feuerwerkern, Constablern und 25 Soldaten — zumeist mit Frauen und Kindern — bestehende Kriegsmacht, welche
gleichzeitig mit den Pferden den Gouverneur nach seiner Provinz
begleiteten. Aus einem Versuche, über das Inlandeis die Ostküste
zu erreichen, wurde jedoch nichts, soviel man weiß. Von den Pferden starben fünf während der Ueberfahrt, und die übrigen kamen

---

[1] Während der ersten Jahre wurde der dänische Handel auf Grönland von
der durch Hans Egede's Kraft und aufopfernde Ergebenheit im Jahre 1721 gestif-
teten Grönländischen Compagnie in Bergen betrieben. Nach schweren Verlusten löste
sich diese Gesellschaft 1726 auf, wodurch die dänische Regierung gezwungen wurde,
den Handel selbst zu übernehmen, um nicht die ganze Colonisations- und Missions-
wirksamkeit verfallen zu lassen.

durch Nachlässigkeit in Grönland um, ehe man nur dazu kam, den Ritt anzutreten. Sie erregten großes Erstaunen bei den Grönländern, besonders als diese sahen, daß die Pferde wie Hunde zum Fahren gebraucht werden konnten. Ein Eskimo, welcher in Kopenhagen gewesen war, derselbe Pok, dessen Reisebeschreibung ich weiterhin mittheilen werde, setzte seine Landsleute in Erstaunen durch die Kühnheit, mit der er sich den großen Thieren näherte; er wagte sogar sie zu besteigen und darauf zu reiten. Die Soldaten und besonders verschiedene mit Paars hinübergesandte männliche und weibliche Verbrecher führten sich übrigens unter der frommgesinnten Bevölkerung Grönlands in einer so Aergerniß erregenden Weise auf[1], daß die meisten nach Hause geschickt werden mußten.

So endete also die erste Expedition, welche zum Zweck des Vordringens in das Innere Grönlands ausgerüstet worden war. Sie war in einem viel größern Maßstabe angelegt worden als alle, welche später dieselbe Aufgabe verfolgten, sie machte aber, soviel man weiß, keinen wirklichen Versuch, über das Küstenland hinaus vorzudringen. 150 Jahre sollten vergehen, ehe die Frage von der dänischen Regierung wieder aufgenommen wurde. Während dieser Zeit bemühten sich jedoch einige Privatleute, die Geheimnisse zu entschleiern, welche die grönländische Eiswüste in ihrem Innern barg.

Der erste dieser Männer war der dänisch-grönländische Kaufmann Lars Dalager, ein um die europäische Colonisation in Grönland höchst verdienter Mann, der lange in dem Lande gewohnt und seine Erfahrungen in einem Werke niedergelegt hat, das gleichzeitig originell und für die Kenntniß der Lebensweise des Innuit-Volkes, ehe dasselbe mit europäischer Religion und europäischen Sitten und Genußmitteln in nähere Berührung kam, von großer Wichtigkeit ist. Das Werk ist in Kopenhagen gedruckt ohne Angabe des Jahres unter dem Titel: Grönlandske Relationer: Indeholdende Grönlendernes Liv og Levnet. Deres Skikke og Vedtægter, samt Tem-

---

[1] Besonders waren die Eskimos darüber erstaunt, daß eine Frau wegen eines Disciplinarvergehens kurz vor dem Landen Prügel bekam. Die Heiden fragten die Missionare oft, wie es käme, daß die europäischen Frauen so frech und aller Höflichkeit und jedes weiblichen Anstandes bar wären.

8*

perament og Superstitioner, . . . sammenskrevet ved Friderich-
haabs Colonie i Grönland Anno 1752 af Lars Dalager, Kjobmand.

Am Schluße des Werkes gibt Dalager, wie er selbst angibt
„um den letzten halben Bogen des Buches zu füllen",
folgende Beschreibung des ersten, von Europäern auf dem Inlandeise Grönlands gemachten Ausflugs.

Im Jahre 1751 am 28. August schickte ich das große Boot nördlich
von dem Eisabhang, um Treibholz aufzusuchen, und in meinem eigenen
Boote folgte ich ihnen bis diesseit des genannten Eises. Meine Absicht
war nur, mich etwas durch die Jagd zu zerstreuen, um genügende Bewegung
zu erhalten, was, wie ich hoffte, meine schwache Gesundheit beffern sollte.
Auf Grund der Erzählung eines Grönländers, der während einer Jagd so
hoch gekommen war, daß er behauptete, die alten Kablunakischen Felsen auf
der Ostseite deutlich gesehen zu haben, entschloß ich mich schnell, eine Reise
über das Eisgebirge nach der Oesterbygd (dem Ostlande) zu unternehmen.

Da ich, wie ehedem Moses, Lust hatte das Land wenigstens zu sehen,
nahm ich den genannten Mann mit seiner Tochter sowie drei junge Grönländer mit mir. Wir traten hierauf unsere Reise südlich von dem Eisrande
von dem Fjord aus an, in welchen wir bereits hineingekommen waren.

Am 2. September früh am Morgen packten wir unsere Eßlober mit
einer leichten Ausrüstung für die Nacht zusammen; dies alles, eine ziemlich
schwere Last, nahm das Mädchen auf den Rücken. Wir andern nahmen ein
jeder seinen Kajak auf den Kopf, unsere Gewehre über die Schultern und einen
Stab in die Hand, worauf der Marsch mit gutem Muth angetreten wurde.
Der Mann ging als Anführer und Wegweiser voran, ich dagegen als Ser-
geant im letzten Gliede. Der Weg war während der ersten halben Meile
eben und gut durch ein Thal längs eines Flusses, und wurde deshalb sehr
schnell zurückgelegt. Hierauf sollten wir aber einen Felsen übersteigen, der
nicht nur hoch, sondern auch sehr uneben war. Dort fielen wir, mit den
Booten auf dem Kopf, mehrere Male um.

Schließlich kamen wir bei Sonnenuntergang auf die andere Seite des
Felsens hinab. Diese Tagereise konnte meiner Ueberzeugung nach nicht mehr
als knappe 1½ Meilen sein, obgleich ich, wenn ich auf seeländische Weise
hätte dafür Bezahlung fordern sollen, mich sicher mit gutem Gewissen für zehn
Meilen hätte bezahlen lassen. Bei diesem Lagerplatz trafen wir einen großen
Fjord, bis an dessen Ende für einen guten Kajakruderer eine volle Tagereise
war. Früher hatten die Grönländer von der See aus in diesen Fjord kommen können, der Gletscher ist aber an der Mündung im Laufe der Zeiten
auf einer Strecke von einer halben Meile zusammengewachsen, und über
diesen müssen die Grönländer jetzt gehen, wenn sie dort hinein auf die Jagd
wollen.

Am Abend legten wir uns zum Schlafen nieder, und am 3. September frühmorgens ruderten wir in unsern Kajals ⅔ Meile quer über den Fjord nach der nördlichen Seite des Landes, wo wir unsere Fahrzeuge mit Steinen bedeckt am Strande zurückließen. Hierauf nahmen wir unsere Ränzel auf den Rücken und begannen unsere Wanderung über den Felsen nach Nordost. Am Abend erreichten wir das feste Eis.

Am 4. September begaben wir uns auf das feste Eis hinaus, um den ersten Berggipfel zu erreichen, der mitten im Gletscher liegt und bis wohin wir etwa eine Meile Weges hatten. Der Weg dorthin war so flach und eben wie die Straßen Kopenhagens. Der einzige Unterschied schien mir nur darin zu liegen, daß es hier etwas glätter war, dagegen brauchte man hier nicht im Rinnsteinschmutz zu waden aus Furcht, von den Pferden und Wagen des Postmeisters überfahren zu werden. Eine Stunde nach Sonnenaufgang erreichten wir die Bergspitze. Dort liefen wir den ganzen Tag auf und ab nach Renthieren, jedoch schossen wir nur eins, woran die Grönländer genügend zu essen bekamen. Da sich aber weder Büsche, Heidekraut oder Gras vorfanden, womit man hätte ein Feuer anmachen können, um mir etwas zu kochen, mußte ich meinen kleinen Eßkober öffnen, in welchem ich etwas Käse und einige Zwiebacke hatte, die ich mit Wasser hinunterspülte.

Am 5. September morgens wanderten wir wieder aus, um den höchsten Felsen auf dem Landeise, Omertlok genannt, zu erreichen. Dahin hatten wir ebenfalls etwa eine Meile, brauchten aber sieben Stunden, um diesen Weg zurückzulegen, infolge der Unebenheit des Eises und einer Menge Spalten, die umgangen werden mußten.

Um 11 Uhr erreichten wir den Felsen, und nachdem wir eine Stunde geruht hatten begannen wir die Besteigung der Spitze, wohin wir mit viel Schweiß und Mühe endlich gegen 4 Uhr gelangten.

Hier geriethen wir in Erstaunen über die ausgedehnte Aussicht nach allen Richtungen hin, besonders nach dem unermeßlichen Eisgebirge längs der Küste und hinüber nach der Oesterbngd, deren Felsen ebenso wie ersteres mit Schnee bedeckt waren. Anfangs schien es mir, als ob es nicht mehr als vier bis sechs Meilen nach dort hinüber sein könnte. Da ich aber die Felsen bei der Godthaab-Colonie, welche sehr groß erschienen, deutlich sehen konnte, und da ich die Entfernung bis zu diesen in Betracht zog, mußte ich natürlich auf andere Gedanken kommen. Auf der Spitze des Berges blieben wir bis 7 Uhr abends. Während dieser Zeit brauchte ich meine Augen in bester Weise sowol mit als ohne Fernglas und schloß mit einer Rede an die Grönländer, welche von den frühern Bewohnern der Oesterbngd und von ihrem zeitlichen und geistigen Wohlergehen handelte. Inzwischen ging die Sonne unter, weshalb wir etwas bergabwärts stiegen und uns zur Ruhe legten. Ich meinerseits schlief diese Nacht nicht viel, theils infolge von mancherlei Gedanken, die mir durch den Kopf zogen, und theils wegen der strengen Kälte.

Am 6. September früh bei Aufgang der Sonne wurde ich dicht bei unserm Lagerplatz ein Renthier gewahr, das ich schoß, und da ich fünf Tage lang nichts Warmes genossen hatte, trank ich eine gute Portion des noch warmen Blutes des Thieres, was mir durchaus nicht schlecht bekam. Die Grönländer bekamen auch ein gutes Frühstück davon und nahmen ein Vordertheil mit; den Rest überließen wir den Vögeln des Himmels, da wir infolge der beschwerlichen Wege nicht viel fortbringen konnten.

Obgleich ich gewünscht hätte, noch eine Tagereise weiter auf dem Eisgebirge vorzugehen, um die Entfernungen annähernd berechnen zu können, mußte ich doch aus vielen Gründen, und darunter aus einem sehr wichtigen Grunde, an die Rückreise denken. Wir gingen nämlich so gut wie barfuß. Obgleich ein jeder von uns beim Anfang der Reise mit zwei Paar guten Stiefeln versehen gewesen war, waren diese durch das rauhe Eis und die scharfen Steine schon vollständig abgetragen, und da das uns begleitende Mädchen zu allem Unglück ihre Nähnadeln verloren hatte, konnten wir nichts ausgebessert bekommen, worüber wir sehr bekümmert waren. Jedoch trösteten wir einander unter Lachen, wenn wir unsere nackten Zehen aus den Stiefeln hervorgucken sahen.

Beinahe hätte ich jedoch vergessen, denjenigen Theil der Oesterbygd zu beschreiben, den ich von diesem Berge aus übersehen konnte. Vorab muß ich jedoch bemerken, daß ich keinen Kompaß bei mir hatte und deshalb nicht zuverlässiges Peilen anstellen konnte.

Der Platz, auf dem wir standen, liegt unter 62° 17' nördl. Br. und von dort, ungefähr nach Nordost oder Ostnordost, schien es mir, als ob die nächsten Felsen an der Ostseite belegen wären, obgleich sie viel niedriger waren als diejenigen, welche nach Südwest lagen, was ich daraus schloß, daß sie viel weniger mit Schnee bedeckt waren. In der Richtung, wo man die Lage der Frobisher-Straße vermuthet, erschien alles gleich einer Ebene von ewigem Eis, und ich kann kaum sagen, daß ich zwei oder drei kleine Hügel sah, welche Land andeuten konnten. Nach Nordost dagegen, oder vielleicht etwas weiter nach Nordwest, wie ich schon bemerkte, hoben sich die Berge vollständig aus dem Eise empor und einige Spitzen waren völlig schneefrei, besonders zeigte eine langgezogene Höhe zwischen zwei mächtigen Eisbergen längs ihres ganzen Rückens eine gewöhnliche natürliche Landfarbe. Dies sind also die wichtigsten Aufklärungen, welche meine schwache Feder zu geben vermag.

Um meine Ansicht über das große Eisfeld zu äußern, welches uns an aller Verbindung mit der Oesterbygd hindert, so glaube ich, daß es passirbar ist; denn mir kommt es vor, als ob es bei weitem nicht so gefährlich sei, wie man glaubt, noch sind die Spalten so tief, wie man vorgibt, da man in einigen Spalten wie in einem Thale gehen kann, und ich habe sie im allgemeinen nicht tiefer als 4 – 5 Klaftern gefunden. Viele der erwähnten Spalten kann man auch überspringen, was wir mit Hülfe unserer Gewehre thaten. Zwar ist es wahr, daß man hier und da Risse findet, welche bodenlos aussehen, diese aber erstrecken sich nicht weiter, als daß man sie umgehen kann. Nichtsdestoweniger aber wird es unmöglich, eine solche Reise auszuführen, und zwar aus dem Grunde, daß man nicht soviel Proviant mit sich führen kann, als man für eine derartige Fahrt voraussichtlich nöthig hat. Hierzu kommt eine unerträgliche Kälte, bei der ich es beinahe für unmöglich halte, daß irgendein lebendes Wesen die vielen Nächte hindurch athmen kann, die man auf dem Eisfelde zubringen muß. Denn obgleich wir stets unser Lager auf Land aufschlugen und keiner von uns für Kälte besonders empfindlich war, schrumpften unsere Glieder fast zusammen, wenn wir uns eine Stunde lang setzten oder niederlegten. Ich meinerseits hatte zwei dicke Jacken und darüber einen Renthierpelz, und in der Nacht hüllte ich mich noch in einen warmen, doppeltgefütterten Mantel und steckte meine Füße in einen Fußsack von Bärenfell, dessenungeachtet aber war ich nicht im Stande, mich warm zu erhalten. Ich kann wol sagen, daß keiner der strengen Winter, die ich in Grönland im Freien zugebracht habe, so hart war wie diese Nächte zu Anfang des Monats September.

Am 7. September abends gelangten wir an den Fjord zurück, wo wir unsere Kajaks gelassen hatten.

Am 8. September kamen wir an die andere Seite des Fjord und erreichten unsere Zelte am Abend, und ich kann nicht unterlassen zu erwähnen, mit welch besonderm Wohlbehagen ich an diesem Abend eine ganze Flasche Portwein leerte, worauf ich bis Mittag des nächsten Tages schlief.

Am 10. September kam ich nach der Colonie zurück, wo mein Bootsmann bereits früher mit einer Ladung Brennholz angekommen war.

Nach Dalager's im ganzen wenig beachteter Fahrt ruhte die Frage des Vordringens in das Innere Grönlands wieder eine lange Zeit vollständig. Die meisten Europäer, welche Grönland besucht haben, hatten wahrscheinlich das wirkliche Inlandeis entweder niemals oder nur vom Meere aus wie einen, einer Luftspiegelung gleichenden hohen, wagerechten Eiswall gesehen. Sehr wenige waren bis an seinen Rand vorgedrungen, und bis 1860 kenne ich keinen weitern Versuch, über den Rand hinaus vorzudringen. Manchmal

sollen jedoch Eskimos im Eifer der Verfolgung flüchtender Ren-
thiere¹ sich ein Stück auf das Inlandeis gewagt haben. Eine solche
Fahrt betrachteten sie jedoch als ein sehr kühnes Jagdunternehmen,
dessen Gefahren sie sich nicht gern aussetzen wollten.

Die Ehre, der Erste gewesen zu sein, welcher nach Dalager versuchte, auf der Eiswüste Grönlands vorzudringen, gebührt dem bekannten amerikanischen Polarfahrer J. J. Hayes.² Er bestieg nämlich zusammen mit fünf Begleitern, worunter auch der Däne
C. Petersen, einen von dem Inlandeis bei Port Foulke (78° 18'
nördl. Br. und 72° 31' westl. L. von Greenwich) auslaufenden
Gletscher, welchen Kane „Brother John's Glacier" benannt hat. Die
Fahrt wurde am 22. October 1860 und die Eiswanderung selbst,
nach der ersten Nachtruhe am Rande des Gletschers, am 23. October
angetreten. Am ersten Tage drang er 5, am zweiten 30 und am
dritten 25 englische Meilen oder im ganzen 60 englische Meilen vor.
Darauf wurde er durch einen schweren Sturm zur Rückkehr gezwungen. Die Höhe des Wendepunktes über dem Meere war 5000 Fuß.³
Anfangs war das Eis sehr gebrochen — Hayes wäre beinahe in
einer Kluft umgekommen — später wurde es aber ebener. Die Temperatur an der Stelle der Umkehr war — 36,4°. In demselben Jahre
wollte Dr. John Rae in der Gegend von Julianehaab einen Ausflug nach dem Inlandeise machen, wurde aber durch einen Schneefall gehindert, auch nur bis an seinen Rand zu gelangen. Die Fahrt
findet sich lustig beschrieben in Zeilau, Fox-Expeditionen i Aaret

---

¹ Die einzige mir bekannte Beschreibung einer derartigen Renthierjagd (auf
dem Eisfelde, welches das Innere der Disko-Insel bedeckt) findet sich in Paul
Egede's „Nachrichten von Grönland aus einem Tagebuche geführt von 1721—1788"
(Kopenhagen 1790), S. 171. Die Jagd wurde 1738 in Gesellschaft eines Grön-
landers unternommen, der mit Bogen und Pfeil bewaffnet war.

² Zu den Fahrten auf dem Inlandeis wird zwar manchmal auch die Reise
des Walfischfänger-Assistenten C. B. Rieffen 1850 von der Colonie Holstenborg
nach dem Rande des Inlandeises gezählt. Seine Reise ist insofern von Interesse,
als er constatirte, daß man auch an dieser Stelle, nahe 67° nördl. Br., in einer
Entfernung von 150 km von der Außenküste Inlandeis antrifft; leider aber machte
er keinen Versuch, über dessen Rand hinaus vorzudringen. — Vgl. Rink, Grönland (Kopenhagen 1857), II, 97.

³ Hayes, J. J., The open Polar Sea (London 1867), S. 130—136. —
Daß die zuerst angegebenen Distanzen etwas überschätzt waren, erhellt aus einem spätern
Bericht in den Proceedings of the American Philosophical Society. Dec. 1861.

1860) over Færoerne, Island og Grønland etc. (Kopenhagen 1861), S. 155.

Im Jahre 1867 wurde Grönland von dem berühmten englischen Alpensteiger Edward Whymper und Dr. Robert Brown zum Theil mit Unterstützung der Royal Geographical Society besucht.[1] Auch er wünschte zu ergründen, ob nicht eisfreie Stellen im Innern des Landes zu finden wären. Er verließ Europa mit einem der Fahrzeuge des Grönländischen Handels am 27. April 1867, kam nach einer Segelfahrt von sechs Wochen nach Egedesminde, wurde dort gezwungen acht Tage zu bleiben, segelte dann nach Jakobshavn — der Colonie, welche als Ausgangspunkt für die Eisfahrt gewählt worden war — und gelangte am 17. Juni dort an. Von hier machte er drei Ausflüge nach dem Inlandeis. Der erste nach einem Fjord Illartlek, 20 englische Meilen nördlich von Jakobshavn, und der zweite nach einer Stelle an dem Eisfjord von Jakobshavn, der auf der Karte über die Reise des Jahres 1870 mit dem Namen Kaja bezeichnet ist, waren Recognoscirungsausflüge. Das Inlandeis bei Kaja erwies sich als zu stark zerklüftet, um eine Möglichkeit des Vordringens über dasselbe zu bieten. Bei Illartlek dagegen war zwar das Eis schneefrei und nahe dem Rande stark zersplittert, weiter hinein aber waren die Klüfte mit einer Schneeschicht bedeckt, welche ein weiteres Vordringen möglich zu machen schien. Whymper beschloß deshalb, diese Stelle zum Ausgangspunkt für die Hauptfahrt zu nehmen. Dafür beabsichtigte er Hunde zu verwenden. Die Ausrüstung erfolgte in Jakobshavn, doch hatte Herr Whymper dabei mit großen Schwierigkeiten zu kämpfen. Die grönländische Hundepest hatte vor kurzem die Gegend heimgesucht, und es war deshalb mit großem Zeitverlust verbunden, die nöthige Anzahl Zugthiere

---

[1] Der einzige ausführlichere Bericht von Whymper selbst, den ich über diese Fahrt kenne, wurde zuerst 1881 in einer Zeitschrift gedruckt, die wol weniger oft in wissenschaftlichen Bibliotheken angetroffen wird, nämlich in «Good Words», edited by Donald Macleod, 1881, S. 38—43 und 96—103. Der Aufsatz enthält mehrere gut ausgeführte naturgetreue Holzschnitte. Später ist derselbe auch in andere Zeitschriften, z. B. in „Das Ausland", 1881, aufgenommen worden. Dagegen hat der ausgezeichnete Kenner grönländischer Verhältnisse, Dr. Brown, schon 1871 in Petermann's Mittheilungen eine Schilderung der betreffenden Reise nebst einer Zusammenstellung der frühern Versuche, auf dem Inlandeis Grönlands vorzudringen, gegeben.

zujammenzubringen. Der aus England mitgebrachte Hudjonbai-
Pemmikan wurde von den grönländischen Hunden verschmäht, weshalb
inländisches Hundefutter angeschafft werden mußte. Bauholz war von
Europa mitgenommen worden, um in Grönland zur Anfertigung
von Schlitten benutzt zu werden; bei der Ankunft in Jakobshavn
aber herrschte dort eine bösartige Brustepidemie, während welcher
so viele Personen gestorben oder krank geworden waren, daß alle mit
Tischlerarbeit vertraute Leute der Colonie mit der Anfertigung von
Särgen voll beschäftigt waren. Man war deshalb gezwungen, die
gewöhnlichen, für eine Fahrt auf dem Inlandeise wenig passenden
Hundeschlitten zu benutzen. Erst am 20. Juli konnten alle Vorbereitungen abgeschlossen werden. Drei Tage gingen überdies noch
verloren durch das Warten auf günstiges Wetter. Inzwischen war
aber aller Schnee von der Oberfläche des Eises weggeschmolzen und
dieses lag entblößt und war von Millionen Spalten aller denkbaren
Formen und Dimensionen durchfurcht. Die größern Senkungen im
Schnee waren zu großen Seen geworden, und die kleinern Unebenheiten glichen den Spitzen gefrorener Wellen. Gewöhnlich waren
jedoch die Klüfte klein und die Eishügel (hummocks) zwischen denselben nur einige Fuß hoch, und im ganzen glich das Eis dem
Aletschgletscher oder dem Mer de Glace bei Chamounix gegen Ende des
Sommers. Es war vollständig unmöglich, mit Zugthieren durchzu-
kommen, für einen Fußwanderer war es aber nicht unmöglich.[1]
Whymper machte auf alle Fälle einen Versuch vorzubringen, nachdem er aber ein paar englische Meilen zurückgelegt hatte und nachdem zwei Schlitten zerbrochen waren, war er zur Umkehr gezwungen.
Die Eiswanderung selbst wird von Brown mit folgenden Worten
beschrieben:[2]

Am 26. Juli beschlossen wir, trotz des anhaltenden starken Windes,
einen Versuch zu machen, um auszuführen, was uns allmählich mehr und
mehr wie eine verlorene Hoffnung vorkam. Wir waren also gegen

---

[1] Die Beschreibung scheint bis in die kleinsten Details auf das Eis zu passen,
über welches Berggren und ich 1870 vordrangen. Auch zu Anfang der Eisfahrt
des Jahres 1883 zogen wir unsere Schlitten über ein ungefähr ähnliches Terrain,
weiter von der Küste fort aber wurde das Eis besser.

[2] Dr. Robert Brown, Das Innere von Grönland, in: Petermann's Mittheilungen 1871, S. 385.

8 Uhr auf und machten alles zur Abreise fertig. Unsere Schlitten waren schon auf dem Eise und zum Theil beladen, die Hunde waren angespannt und heulten kläglich, als ob sie eine Ahnung von dem hätten was ihnen bevorstand. Niemand fühlte sich in besonders gehobener Stimmung, als wir etwa mittags 1 Uhr mit einem sehr schwachen Hurrah! aufbrachen. Wir brauchten nicht weit zu gehen, um einzusehen, was wahrscheinlich das Ende vom Lied sein würde. Das Eis war sehr rauh, aufgeworfen und voller Spalten; es wurde desto schlimmer, je mehr man nach dem Innern kam. . . . Noch vor einigen Wochen war es mit Schnee bedeckt gewesen, auf welchem wir so leicht wie auf einem gepflasterten Wege hätten fortkommen können; in dieser vorgerückten Jahreszeit aber und bei der ungewöhnlichen Sommerhitze war der Schnee auf dem harten Gletscher geschmolzen und floß zwischen den seracs desselben in Strömen oder stürzte mit dumpfem Geräusch in die Spalten, die überall seinen Pfad kreuzten.

Whymper und ich gingen immer ein wenig voraus, um den sichersten Weg zu suchen, und dann wieder zurück, um den Schlitten über eine schwierige Stelle wegzuhelfen, bis, nachdem wir ein paar Meilen zurückgelegt hatten, die Kufen des einen Schlittens der Länge nach auseinander brachen und nothwendigerweise Halt gemacht werden mußte. Unsere Sache stand sehr schief. Die Grönländer schüttelten ihre Köpfe und erklärten, es sei unmöglich, weiter zu kommen. In dieser fatalen Lage banden wir, Fleischer, Amac und ich, uns zusammen, um eine Recognoscirungstour zu machen. Nach etwa einer Viertelmeile Wegs wurde das Eis etwas besser, bald darauf aber schlechter als jemals. Endlich verloren wir unsere Gesellschaft aus den Augen, und je weiter wir gingen, desto häufiger wurden die Eishöcker und desto mehr verschlechterte sich das Eis. Das Marschiren ging noch ziemlich gut und obgleich das Land hinter uns verschwand, wie die Küste schwindet, wenn wir sie mit dem Schiff verlassen, und wir vor uns nichts sahen als den trüben Horizont, so mochte ich doch meine Hoffnung nicht aufgeben und bemühte mich, meinen zwei Gefährten einzureden, daß die Sache noch gar nicht so schlimm stände, wie es aussähe. Aber sie schüttelten nur ihre Köpfe in der in jenen nordischen Gegenden gebräuchlichen feierlichen Weise und sagten „aiopol!" schlecht! „Aiopol! aiopol"! waren die einzigen Worte, die ich aus ihnen herausbringen konnte, und sie fingen an, alle zwei bis drei Schritt stehen zu bleiben. Wir gingen noch etwa eine Meile weiter, bis Nunatak, eine jetzt völlig von Eis umgebene Insel, obwol sie noch in diesem Jahrhundert mit Kajaks angefahren und bewohnt wurde, vor uns lag und große Eishöcker sich rings um den Eisfjord erhoben, dann kehrten wir um. Vergebens bemühte ich mich, sie zu bereden, sie sollten bis zum Eisfjord von Jakobshavn mitgehen, um zu sehen, wie die Sache dort stände; aber Amac, der keineswegs ein Feigling war, sah mich an und sagte mehrmals: „Namik, namik — aiopol selo", „nein, nein —

schlechtes Eis", und seine Gefährten sprachen diese Worte mit Nachdruck nach. Das Ende war, daß wir umkehrten, um zu berathschlagen, was nun zu thun sei. Es war nur zu augenscheinlich, daß, wenn selbst die ganze Gesellschaft von demselben Eifer getrieben worden wäre als wir, was durchaus nicht der Fall war, doch fast nichts zu thun sei. Unsere Schlitten, ganz gewöhnliche Eskimo-Schlitten von Fichtenholz, waren zu solchen schwierigen Reisen gänzlich untauglich, noch dazu, da einer entzwei gebrochen war und hier nicht ordentlich reparirt werden konnte. Schließlich mußten wir uns leider gestehen, daß wir wenigstens für dieses Jahr jeden Gedanken an eine Weiterreise in dieser Richtung aufzugeben gezwungen waren. So bereiteten wir uns, in einigen Herzen die „bereitelte Hoffnung, welche das Herz bitter macht", zur Rückkehr vor und gingen mit allem Fleiß an die Weiterverfolgung der Arbeiten, welche wir dieser Landexpedition halber unterbrochen hatten.

Einige Tage vor dem Antritt der hier beschriebenen Eiswanderung waren die Eingeborenen dadurch erschreckt worden, daß einer von ihnen drei Männer auf dem Eise gesehen zu haben glaubte, welche von einigen für Geister der alten Nordmänner und von andern wieder für etliche von Berggeistern entführte Kameraden gehalten wurden. Während des übrigen Theils dieser Reise und während einer Reise nach Grönland im Jahre 1872 begnügte sich Mr. Whymper damit, die Bergspitzen am Eisrande zu besteigen, um von dort einen Ueberblick des eisbedeckten Innern des Landes zu erhalten. Unter anderm bestieg er eine Bergspitze im Umenak-fjord, den Kelertinguit, 6800 Fuß hoch. Er hatte von hier, von klarer Luft begünstigt, einen deutlichen Ueberblick über das Inlandeis im Osten, Süden und Norden. Im Osten bildete dasselbe einen ebenen Eiswall, welcher etwas unter dem Horizont der Bergspitze lag. Die Entfernung des Walles schätzte er auf 100 englische Meilen und die Höhe auf über 10000 Fuß. Die Schätzung ist jedoch durchaus unsicher, weil erstens kein Anhaltspunkt für die Beurtheilung der Entfernung vorhanden war, und zweitens weil die stets sehr bedeutende Luftspiegelung über dem Eise während eines warmen Sommertages nicht mit in Berechnung gezogen ist.[1] Whymper's eigen-

---

[1] Infolge der Luftspiegelung glaubt man stets an einem warmen Tage im Innern der Eiswüste Grönlands, daß man sich auf dem Boden einer schalenförmigen Vertiefung befinde.

thümliche Betrachtungen in dieſer Beziehung über meine Fahrten von
1870 und 1883 bedürfen keiner Widerlegung. Die Muthmaßungen
ſelbſt des geſchickteſten Alpenſteigers bilden für die Wiſſenſchaft
kein Wiſſen, und es müſſen noch viele neue Expeditionen nach dem
Innern Grönlands gemacht werden, ehe alle die Probleme beantwortet ſein werden, welche dort ihrer Löſung harren. Schon gleich
hinter unſerm neunten Ruheplatz verloren ſich 1883 die Küſtenberge
unter dem Horizont. Einen weitern Blick über das Land hatte man
alſo auch nicht von den Spitzen der Küſtenberge, von denen aus
das Eisfeld natürlich auch von uns genau recognoscirt wurde, ehe
wir 1870 und 1883 uns auf daſſelbe hinausbegaben.

Die nächſte Fahrt nach dem Inlandeiſe Grönlands und zugleich
die erſte, während welcher irgendein Menſch eine längere Strecke
auf demſelben vorgedrungen iſt, ſowie auf demſelben mehrere Tage
hintereinander zugebracht und die Natur des Inlandeiſes zum Gegen-
ſtand wirklicher wiſſenſchaftlicher Studien gemacht hat, war die Fahrt
von Profeſſor Berggren und mir auf dem Inlandeiſe im Jahre 1870.
Ich reiſte in dieſem Jahre hauptſächlich in der Abſicht nach Grönland, um mich zu überzeugen, inwiefern Hunde mit Vortheil zu
einem Verſuch verwendet werden könnten, den ich zu machen gedachte, um von der Nordſpitze Islands auf dem Polareiſe nach
dem Pol vorzudringen. Beiläufig möge hier erwähnt werden, daß
ich, nachdem ich in mehrern däniſchen Colonien alle erlangbare
Auskunft über die Möglichkeit der Verwendung von Hunden bei
Polarforſchungen eingeſammelt hatte, zu dem Reſultate kam, daß
Hunde in ſolchen Gegenden, wo es nothwendig iſt, für
den ganzen Weg das für dieſelben erforderliche Futter mit-
zuſchleppen, für längere Schlittenfahrten nicht verwendbar ſind. Außerdem aber wollte ich die Gelegenheit benutzen, um
verſchiedene wiſſenſchaftliche Unterſuchungen in dieſem mir noch gänzlich unbekannten Polarlande anzuſtellen. Meine Reiſe nach Grönland
war alſo eine anſpruchsloſe, auf Dr. Dickſon's Koſten ausgerüſtete
wiſſenſchaftliche Expedition, an welcher außer mir als Botaniker der
jetzige Profeſſor der Botanik an der Univerſität zu Lund Sv. Berg-

gren, als Mineralog und Geolog Dr. Th. Nordström und als Zoolog
Dr. P. Oeberg theilnahmen.

Besonders hatte ich große Lust, in vollstem Ernste Whymper's
mißglückten Versuch, nach dem Innern Grönlands vorzudringen,
wieder aufzunehmen. Unter „in vollstem Ernste" verstehe ich hier:
mit einer sorgfältigen Ausrüstung und mit ganz zuverlässigen und
unerschrockenen Begleitern. Als ich aber behufs Einsammlung von
Aufklärungen vor der Abreise über die beabsichtigte Fahrt mit den
früheren Inspectoren in Nordgrönland, den Herren Rink und Olrik,
sowie mit meinem in den bezüglichen Fragen wohlerfahrenen Freunde
Otto Torell und mit verschiedenen anderen Personen mich besprach,
welche Grönland besucht hatten und das Landeis zu kennen glaubten —
unter denen sich auch Carl Petersen, der Theilnehmer an Penny's,
Kane's und M'Clintock's Franklinfahrten befand — waren alle diese
Herren so einstimmig in dem Glauben, ein längeres Vordringen auf
dem Inlandeise Grönlands für eine Unmöglichkeit anzusehen, daß
ich nicht wagte, die ganze von meiner Fahrt erwartete Ausbeute für
ein derartiges, von Allen von vornherein verworfenes Unternehmen
aufs Spiel zu setzen. Es konnte mir übrigens auch nicht einfallen,
mit dem berühmten Alpensteiger Whymper in Großthaten des Berge-
steigens und Gletscherkletterns zu wetteifern zu suchen. Gänzlich auf
meinen Plan verzichten wollte ich aber auch nicht, und ich beschloß
deshalb wenigstens einen kleinen Eiswanderungsversuch zu wagen.
Die Hauptzüge der Reise und besonders der Eisfahrt waren
folgende.[1]

Ich segelte mit dem Veteranen der Fahrzeuge des Grönländischen
Handels, der Brigg „Hvalfisken", Kapitän Seistrup, am 15. Mai von
Kopenhagen ab und kam nach Uebersteigung eines schweren Sturmes
bei Cap Farewell erst am 2. Juli in Godhavn an. Es war meine
Absicht, mir hier zwei Walfischboote und die nöthige Mannschaft zu
verschaffen, um im Laufe des Sommers Bootreisen nach verschiedenen
Gegenden der Küsten Nordwest-Grönlands zu unternehmen. Dies
gelang jedoch nicht, weil ein Theil der besten Fangmänner der
Colonie, wie es auch bei den Eskimos gebräuchlich ist, für den

---

[1] Vergl.: Redogörelse for en expedition till Grönland år 1870 af
A. E. Nordenskiöld. Öfversigt af Kongl. Vet.-Akad. Forh., 1870, S. 973.

Sommer ihre ſchwülen Torfhäuſer bei der Colonie verlaſſen und ſich mit Frauen und Kindern „aufs Land", d. h. nach irgendeinem entlegenen Platz begeben hatten, wo ſich die ganze Familie in einem aus Renthierhäuten verfertigten Zelt niederläßt, um ſich eine Zeit lang mit Jagd und Fiſchfang zu zerſtreuen und das Grün, die Wärme und das Sonnenlicht des Sommers zu genießen.

Nach vergeblichen Unterhandlungen von mehr als einer Woche war ich deßhalb froh, mit einer der Handelsjachten eine Gelegenheit zu einer Expedition nach Egedesminde zu finden, wo beſſere Ausſicht vorhanden war die erforderliche Mannſchaft zuſammenzubringen.

Die genannte Colonie erreichten wir nach einer kaum halbtägigen Fahrt, welche uns noch verkürzt wurde durch die fröhlichen Lieder (Eskimotext zu europäiſchen Melodien) eines nicht ungeſchickten Quartetts von Eingeborenen, die uns auf der Ueberfahrt begleiteten. Oft waren die Worte der Gelegenheit angepaßt. Sie galten offenbar den Fremdlingen und waren, wie ich hoffe, ſchmeichelhaft für uns in Anbetracht der reichlichen Bewirthung mit Kaffee, Conſerven und andern Waaren weniger unſchuldiger Natur, womit wir die pelzbekleideten Künſtler traktirten. Dank dem Beiſtande, welcher uns in Egedesminde ſeitens des gaſtfreundlichen Leiters des Platzes, des Herrn Bollbroe, zutheil wurde, ſahen wir uns in den Stand geſetzt, ſchon wenige Stunden nach unſerer Ankunft unſere Sommerarbeit ernſtlich zu beginnen. Ein Walfiſchboot wurde gekauft, ein zweites bekamen wir von Herrn Bollbroe geliehen, welcher auch zugleich die zur Bemannung der Boote erforderliche Mannſchaft ſtellte.

Oeberg blieb mit dem einen Boote in der Gegend von Egedesminde zurück, um dort zu breggen und andere zoologiſche Arbeiten vorzunehmen. Berggren, Nordſtröm und ich reiſten am 12. Juli nachmittags mit dem andern Boot nach Süden an Manermiut und Kangaitſiak vorüber nach dem nördlichſten der langen, ſchmalen, beinahe flußähnlichen Fiorde, welche zwiſchen Egedesminde und Holſtenborg tief in das Land einſchneiden.

Am 12. Juli wurde Nachtquartier genommen in Manermiut, am 13. bei Kangaitſiak, am 14., 15. und 16. Juli auf den Inſeln bei Aulaitſivik. Am 17. erreichten wir endlich das nächſte Ziel unſerer Fahrt, die nördliche Seite des von dem Inlandseie ausfallenden Gletſchers, welcher das Innere des nördlichen Armes des Aulaitſivik-fjord einnimmt, d. h. die Stelle, welche zum Ausgangspunkt unserer Eisfahrt gewählt worden war.

Nachdem der 18. zu Vorbereitungen und einigen unbedeutenden Recognoscirungen benutzt worden war, traten wir am 19. unsere Wanderung in das Innere an. Wir brachen früh am Morgen auf und ruderten zuerst nach einer kleinen, in der Nähe unsers Zeltlagers gelegenen Bucht, in welche mehrere, von dem Inlandeise kommende, mit Thonerde gemischte Flüsse mündeten. Hier fing ein ziemlich coupirtes Terrain an, welches weiter in das Land hinein von einem theils senkrechten, theils rundlichen, mit einer dünnen Schicht von Erde und Steinen bedeckten Eiswall begrenzt wurde, der, dem Strande zunächst, nur ein paar hundert Fuß hoch war, welcher aber dann aufsteigend, erst schnell und nachher langsam sich zu einer Höhe von mehrern hundert Fuß erhob. An den meisten Stellen war es unmöglich diesen Wall zu ersteigen. Es glückte uns jedoch bald eine Stelle zu finden, wo derselbe von einer schmalen Kluft durchschnitten war, die genügend tief war, um eine Möglichkeit des Hinaufkletterns mit den Mitteln zu bieten, welche zu unserer Verfügung standen, nämlich ein Schlitten, der im Nothfall auch als Leiter dienen konnte, und eine ursprünglich 100 Klafter lange Leine, die aber ihrer Schwere wegen schon bei der ersten Rast auf die Hälfte verkürzt worden war. Alle Mann außer unserm alten, lahmen Bootsführer, halfen bei der keineswegs leichten Arbeit, die Ausrüstung der Eisexpedition über Thäler, Berge und Hügel an diese Stelle, und nach abgehaltener Mittagsruhe noch ein Stück weiter den Eiswall hinauf zu bringen.

Hier verließen uns unsere Begleiter. Nur Berggren, ich und zwei Grönländer (Isak und Zisarniak) sollten noch weiter vordringen. Wir traten unsere Wanderung sofort an, kamen aber an diesem Tage nicht besonders weit.

Der an das Land stoßende Rand des Inlandeises selbst war hier geschwärzt, aber kaum mit Erde bedeckt und dünn mit sandigen kleinern Steinen bestreut. Uebrigens war die Oberfläche ziemlich eben, aber von tiefen, gegen die Kante winkelrecht laufenden Spalten durchschnitten, von denen wir eine zum Aufklettern benutzt hatten. Um nicht sofort die Grönländer dadurch in Schrecken zu setzen, daß wir den Weg über die unheimlichen und gefährlichen Klüfte wählten, beschloß ich dieses verhältnißmäßig ebene Terrain zu verlassen und anfangs in südlicher Richtung, parallel mit den Klüften vorzugehen, um mich erst später nach Osten zu wenden. Wir erreichten unsere Absicht, die Spalten zu vermeiden, trafen aber statt dessen ein äußerst unebenes Eis. Wir verstanden jetzt, was die Grönländer meinten, als sie versuchten uns von der Eiswanderung dadurch abzurathen, daß sie während eines eifrigen, für uns unverständlichen Geplappers bald die Hände hoch über den Kopf erhoben und bald dieselben wieder tief auf den Boden senkten. Sie wollten hierdurch den Wirrwarr dicht aneinander gehäufter Pyramiden und Eiskämme bezeichnen, welche den Spitzen des sogenannten Tiltennergels ähnlich sind, und über welche wir jetzt wandern mußten. Die Unebenheiten des Eises waren zwar selten höher als 40 Fuß mit einer Neigung von 25—30°. Man kommt aber nicht weit, wenn man einen schwer beladenen Schlitten fortwährend einen so unebenen Abhang hinaufziehen muß, um gleich darauf ihn auf der andern Seite unbeschädigt wieder hinabzubringen zu versuchen.

Schon am folgenden Tag sah ich deshalb auch die Unmöglichkeit ein, unter diesen Verhältnissen unsere für 30 Tage berechnete Ausrüstung mitzuschleppen, besonders da es klar war, daß wir, wenn wir weiter zu kommen wünschten, uns aus Zugpferden in Packpferde verwandeln mußten. Ich beschloß deshalb, den Schlitten und ebenso einen Theil des Proviants zurückzulassen und das Uebrige auf unsere Schultern zu nehmen, um zu Fuß weiter zu gehen. Es ging nun schneller vorwärts, obgleich noch lange genug über ein ebenso rauhes Terrain wie vorher. Das Eis wurde schließlich ebener, dagegen aber von großen, bodenlosen Klüften durchschnitten, welche man entweder mit einer schweren Bürde auf dem Rücken überspringen — und wehe demjenigen, der einen Fehltritt dabei macht — oder auf großen Umwegen umgehen mußte. Nach zweistündiger Wanderung hörte auch diese Kluftregion auf. Ein gleichartiges Terrain, obgleich nicht von besonderer Ausdehnung, trafen wir gleichwol ziemlich oft auf unserer weitern Wanderung. Wir waren jetzt auf einer Höhe von über 800 Fuß über dem Meere. Weiter hinein ward das Eis, bis auf die von Zeit zu Zeit wiederkehrenden Kluftgegenden, der Oberfläche eines vom Sturme erregten, plötzlich in die Fesseln der Kälte geschlagenen Meeres ähnlich. Die Steigung in das Land hinein war fortwährend sehr merklich, obgleich oft unterbrochen durch seichte, schalenförmige Vertiefungen, deren Mitte von einem oder mehrern Seen oder Teichen ohne sichtbaren Ablauf eingenommen war, obgleich dieselben ihr Wasser von unzähligen, längs der Seiten der Vertiefung herabfließenden Flüssen erhalten. Diese Flüsse bilden an manchen Stellen ein zwar nicht gefährliches, aber oft doch ebenso zeitraubendes Hinderniß für unser Fortkommen wie die Klüfte — jedoch mit dem Unterschied, daß sie nicht so oft wiederkehrten, wogegen die Umwege, um sie zu passiren, so viel länger bemessen werden mußten.

Während der ganzen Eiswanderung hatten wir ununterbrochen klares Wetter; oft konnten wir nicht einmal das geringste Wölkchen am Himmel entdecken. Die Wärme war für die Kleidung, die wir trugen, ganz fühlbar: im Schatten nahe dem Eise natürlich wenig über Null, etwas höher oben im Schatten aber + 7 bis 8°, in der Sonne sogar + 25 bis 30° C. Nach Sonnenuntergang froren dagegen die Wassertümpel zu und die Nacht wurde deshalb ziemlich kalt. Ein Zelt hatten wir nicht mit, und obgleich unsere Gesellschaft aus vier Personen bestand, hatten wir nur zwei gewöhnliche Schlafsäcke. Diese waren an beiden Enden offen, sodaß zwei Personen, obgleich

Auslauf des Inlandeises, von einer bedeutenden Höhe gesehen.
Nach einer Zeichnung von Sv. Berggren, 18. Juli 1870.

Mündung eines unter dem Inlandeise auslaufenden Gletscherflusses.
Nach einer Zeichnung von Sv. Berggren, 25. Juli 1870.

Infeln (Roches moutonnées) im Aulatfivikfjord, mit dem Inlandeife im Hintergrunde.
Nach einer Zeichnung von Eb. Berggren.

Kluft im Inlandeife, ungefähr 20 km von der Küste.
Nach einer Zeichnung von Eb. Berggren. 23. Juli 1870.

9 *

mit einiger Schwierigkeit, sich mit den Füßen gegeneinander hineinzwängen konnten. Bei dem unebenen Eise als Unterlage wurde dieses Lager jedoch so unbequem, daß man schon nach wenigen Stunden Schlaf mit Schmerzen in den von dem engen Schlafsack zusammengepreßten Gliedern wieder erwachte, und da nur ein dünnes Stück gefirnißtes Segeltuch oder Presenning zwischen dem Eise und dem Schlafsack lag, wurde das Lager auch sehr kalt für die auf dem Eise liegende Seite, was die vor uns zurückgekehrten Grönländer Nordström gegenüber durch ein Zittern am ganzen Körper beschrieben. Die Nachtruhen wurden deshalb selten lang, dagegen wurde die Mittagsruhe, während welcher man sich in einem herrlichen warmen Sonnenbad gütlich thun konnte, um so länger ausgedehnt. Hierdurch bekam ich Gelegenheit, täglich sowol Höhen- wie Längenbeobachtungen zur Bestimmung der zurückgelegten Entfernungen vorzunehmen.

Weiter als eine Kabellänge vom Rande trifft man keine Steine auf der Oberfläche des Inlandeises, statt dessen aber sieht man überall verticale, cylindrische Löcher von 1—2 Fuß Tiefe und einem Durchmesser von einigen Linien bis zu 2 Fuß, so dicht aneinander liegend, daß man vergeblich suchen würde, zwischen denselben einen Platz für den Fuß, geschweige für den Schlafsack zu finden. Wir hatten stets, wenn wir Rast hielten, ein derartiges löchriges Eis als Unterlage, und manchmal war am Morgen durch die Körperwärme so viel von dem Eise abgeschmolzen, daß der Schlafsack das Wasser berührte, womit dann die Löcher fast immer ganz gefüllt waren. Infolge dessen brauchte man beim Rasten nur die Hand auszustrecken, um das herrlichste Trinkwasser zu erhalten.

Diese wassergefüllten Löcher stehen in keinem Zusammenhang miteinander und auf ihrem Boden sieht man stets, sowol in den entlegensten von uns besuchten Gegenden des Inlandeises wie auch an seinem Rand, eine mehrere Millimeter dicke Schicht eines grauen Pulvers, das in mehr als einer Beziehung merkwürdig und räthselhaft ist, und welches später in der wissenschaftlichen Literatur mit dem Namen Kryokonit (von χρυος == Eis, und χονις == Staub) bezeichnet worden ist.

Bei der Mittagsrast am 21. Juli hatten wir die Breite von 68° 21′ und 36′ westlich vom Zeltplatz sowie eine Höhe von 1400 Fuß über dem Meere erreicht. Bei der Nachmittagsrast später am Tage fingen die Grönländer an, ihr Schuhzeug auszuziehen und ihre kleinen dünnen Füße zu untersuchen, ein höchst bedenkliches Zeichen, wie wir sofort erkannten. Bald verdolmetschte uns auch Isak in gebrochenem Dänisch, daß er und sein Kamerad es jetzt für an der Zeit hielten umzukehren. Alle Versuche sie zu überreden, uns noch ein Stück weiter zu begleiten, mißglückten, und wir hatten deshalb keine andere Wahl, als sie umkehren zu lassen und die Fahrt allein fortzusetzen.

Wir nahmen hier unser Nachtquartier. Der Proviant wurde getheilt;

die Grönländer erhielten für den Fall, daß sie unser erstes Depot nicht
auffinden sollten, soviel als erforderlich war, um den Zeltplatz erreichen zu
können. Wir nahmen kalten Proviant für fünf Tage heraus. Der Rest
nebst dem vortrefflichen Petroleumkocher, den wir bisher mitgeführt hatten,
wurde in ein Depot niedergelegt, in dessen Nähe ein Stück Presenning über
einige Stöcke ausgespannt wurde, damit wir bei der Rückkehr die Stelle
wiederfinden könnten, was jedoch nicht glückte, obgleich wir ganz in der
Nähe vorbeipassirt zu sein schienen.

Nachdem diese Vorbereitungen für unsere Trennung gemacht waren,
wanderten Berggren und ich allein weiter landeinwärts; die Grönländer
waren wirklich umgekehrt.

Anfangs passirten wir eine der früher erwähnten, ausgedehnten, schalenförmigen Vertiefungen in dem Eisfelde, welches hier von unzähligen Flüssen
durchschnitten war, die uns zu bedeutenden Umwegen zwangen, und als wir,
um dieselben zu vermeiden, unsern Weg längs der höher gelegenen Kante
der Einsenkung suchten, stießen wir statt dessen auf eine Gegend, wo das
Eisfeld von langen, tiefen und breiten, parallel mit einander in gerader Richtung von Nordnordost nach Südsüdwest laufenden Spalten durchschnitten
war, die ebenso schwer wie die Flüsse oder noch gefährlicher zu passiren
waren. Es ging deshalb nur langsam vorwärts. Am 22. Juli um 12 Uhr
machten wir Rast bei einem herrlichen, warmen Sonnenschein, um eine
Ortsbestimmung vorzunehmen. Wir waren jetzt in einer Höhe von 2000 Fuß
über dem Meere und unter einer Breite von 68° 22', sowie einer Länge
von 56 Bogenminuten östlich von unserm Zeltplatz am Fjord.

Während der ganzen Wanderung auf dem Eise hatten wir keine andern
Thiere als zwei Raben gesehen, welche am 22. des Morgens im Augenblick der Trennung über unsere und der Grönländer Köpfe flogen. Anfangs
sahen wir jedoch an mehrern Stellen auf dem Eise Ueberbleibsel von Schneehühnern, was anzudeuten scheint, daß diese Vögel zu gewissen Zeiten in nicht
so geringen Schaaren nach diesen öden Gegenden ziehen. Im übrigen war
alles todt rings um uns her, doch herrschte keineswegs Schweigen hier.
Neigte man das Ohr gegen das Eis, so hörte man von allen Seiten ein
eigenthümliches unterirdisches Brausen, das von den im Eise dahin-
strömenden Flüssen herrührte, und ein starkes, isolirtes, kanonenschußähnliches
Gekrach gab dann und wann das Entstehen einer neuen Gletscherkluft zu
erkennen.

Nachdem die Observationen genommen waren, gingen wir über ein
verhältnißmäßig gutes Terrain weiter. Später gegen Abend sahen wir eine
Strecke von uns weg eine starke Nebelsäule, welche, als wir uns näherten,
sich als aus einem bodenlosen Abgrund aufsteigend erwies, in den ein mäch-
tiger Gletscherfluß hinabstürzte. Die gewaltige, brausende Wassermasse hatte
sich ein senkrechtes Loch, wahrscheinlich bis zu dem sicher über 1000 Fuß

tiefer unten belegenen Felsen gebohrt, auf welchem der Gletscher ruhte. Wenn man von dem Rande hinabschaute, verlor sich alles in ein, durch den Wider schein der umgebenden, wunderbar klaren himmelblauen Klippen blauschwarz schimmerndes Dunkel.

Am folgenden Tage (23. Juli) rasteten wir bei 68° 22′ Breite und 76 Bogenminuten Länge östlich vom Zeltplatz in einer Höhe von 1900 Fuß, also auf einem Rastplatz, der zufällig in einem niedriger belegenen Theil des Eisfeldes, in geringerer Höhe über dem Meere als am vorhergehenden Tage, gewählt war. Das Eis stieg jedoch von hier land-einwärts fortdauernd ganz merklich an.

Unser mitgenommener Proviant war nun so erschöpft, daß wir an die Umkehr denken mußten. Vorher wollten wir jedoch noch versuchen, eine nach Osten hin auf dem Eisfelde sichtbare Eishöhe zu erreichen, von wo aus wir eine ausgedehnte Aussicht zu erhalten hofften, und um so schnell wie mög-lich dorthin zu kommen, ließen wir unsern unbedeutenden noch übrigen Proviant und unsere Schlafsäcke an der Stelle zurück, an der wir die Nacht über gelegen hatten, nahmen genaue Merkzeichen an den uns umgebenden Eisklippen und gingen so unbeschwert in forcirtem Marsch weiter.

Die Höhe war bedeutender und weiter entfernt als wir glaubten. Die Wanderung wurde jedoch reichlich belohnt durch eine außerordentlich weit-gestreckte Aussicht, welche zeigte, daß das Inlandeis sich noch fortwährend land-einwärts ohne Unterbrechung irgendwelcher Bergpartien hob, sodaß der Hori-zont nach Osten, Norden und Süden nur durch einen Eisrand begrenzt wurde, der beinahe ebenso eben wie der Rand des Meeres war. Eine weitere Wanderung, wenn man nicht Wochen darauf zu verwenden Gelegen-heit gehabt hätte, was Mangel an Zeit und Proviant für uns zu einer Un-möglichkeit machte, hätte offenbar keine weiteren Aufklärungen über die Be-schaffenheit des Eises als die bereits erhaltenen herbeiführen können, und selbst wenn Mangel an Proviant nicht bestimmend für uns gewesen wäre, würden wir es kaum der Mühe werth erachtet haben, noch einige Tage-märsche weiter vorzudringen. Unser Wendepunkt war auf einer Höhe von 2200 Fuß über dem Meere und ungefähr 83 Längenminuten oder 56 km östlich von dem Ende des nördlichen Armes des Anlaitsivik-Fjord belegen.

Als wir von der Stelle fortgingen, wo wir den Proviant und die Schlafsäcke zurückgelassen hatten, glaubten wir genaue Merkzeichen von der Lage genommen zu haben, dessenungeachtet waren wir nahe daran, die-selbe nicht wiederzufinden, was als Beispiel dienen mag von den Schwierig-keiten, die man hat, ohne hohe Signalzeichen Gegenstände wiederzufinden auf einer so schwach wellenförmigen, überall gleichartigen Oberfläche, wie sie das Inlandeis darbietet.

Nachdem wir nach einem zeitweiligen ängstlichen Suchen nach verschiedenen Richtungen hin endlich unsern Rastplatz wiedergefunden hatten,
nahmen wir unser Mittagsmahl mit vortrefflichem Appetit ein, machten
einige weitere Reductionen in unserer Bepackung und wanderten dann in
Eilmärschen zu unserm Boote zurück, wo wir in der Nacht zum 26. Juli
ankamen.

In einiger Entfernung von dem Wendepunkte trafen wir auf einen
wasserreichen, tiefen, breiten, und zwischen den blauen, diesmal von keinem
Schutt geschwärzten Eiswänden gewaltsam dahineilenden Fluß, der ohne
Brücke unpassirbar war. Da derselbe unsern Rückweg abschnitt, waren wir
anfangs etwas bestürzt, sagten uns aber doch, daß derselbe, da wir bei der
Hinreise keinen so großen Fluß passirt hatten, unzweifelhaft bald irgendwo
unter dem Eise würde verschwinden müssen. Wir gingen deshalb am Strande
entlang in der Richtung des reißend strömenden Wassers, und bald gab
ein entferntes Brausen zu erkennen, daß unsere Annahme richtig war. Die
ganze ungeheuere Wassermasse stürzte sich hier mit senkrechtem Fall in die
Tiefe hinab. Einen andern weniger starken, aber ebenfalls höchst merkwürdigen Wasserfall entdeckten wir am folgenden Tage, als wir während
der Mittagsrast mit den Ferngläsern unsere Umgebungen musterten. Wir
sahen nämlich etwas entfernt von unserm Rastplatz eine Wasserdampfsäule
vom Eise aufsteigen, und da die Stelle nicht weit von unserm Wege ablag,
nahmen wir unsere Richtung dorthin, in der Hoffnung einen neuen, nach
der Höhe der noch bedeutend höhern Nebelsäule als der vorhergesehenen zu
urtheilen, größern Wasserfall aufzufinden. Wir irrten uns jedoch: ein
kleinerer, obgleich ziemlich wasserreicher Fluß stürzte sich hier durch himmel-
blaue Klüfte hinunter in eine Tiefe, aus der kein spritzender Schaum wieder
zur Mündung des Falles heraufstieg. Statt dessen aber sprang in der Nähe
aus einem andern kleinern Loch im Eise zeitweilig ein mit Luft untermischter Wasserstrahl hervor, welcher, vom Winde hin und her gepeitscht,
mit seinem Spritzen die umgebenden Eisklippen befeuchtete. Wir hatten
hier mitten in der Wüste des Inlandeises einen Springbrunnen, welcher,
der Beschreibung nach zu urtheilen, dem von der Vulkanwärme erzeugten
Geysir auf Island ähnlich sein muß.

Um wenn möglich das Eisklippenterrain zu vermeiden, welches auf dem
Hermarsch unsere Geduld und unsere Kräfte in so hohem Grade in Anspruch
genommen hatte, hatte ich für den Rückweg eine etwas nördlichere Richtung
gewählt, in der Absicht einen Versuch zu machen, von dem Eisrand etwas
weiter oben auf die eisfreie Landstrecke hinabzukommen, welche das Inlandeis von der Disko-Bai trennt. Das Eis war hier, bis auf einige ellenhohe
Eishöcker, meistentheils so eben wie ein Zimmerboden, obgleich oft von sehr
großen, gefährlichen Klüften durchkreuzt, und wir waren außerdem so glücklich, sehr bald eine Stelle zu treffen, wo der Eisabhang nach dem Lande

Fluß und Wasserfall auf dem Inlandeise.
Nach einer Zeichnung von Ev. Bergaren, 23. Juli 1870.

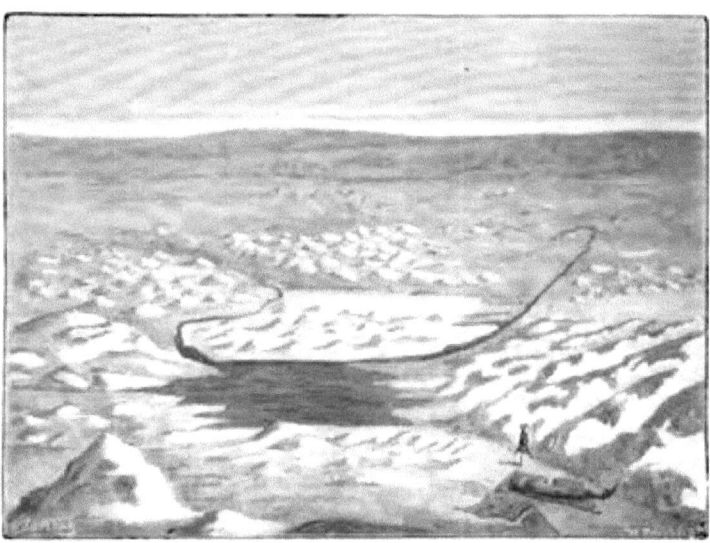

Nachtruhe bei einem See auf dem Inlandeise.
Nach einer Zeichnung von Ev. Bergaren, 27. Juli 1870.

Intermittirender Springbrunnen, ungefähr 45 km von der Küste.
Nach einer Zeichnung von Ev. Berggren, 27. Juli 1870.

Das Inlandeis, ungefähr 50 km von der Küste.
Nach einer Zeichnung von Ev. Berggren, 23. Juli 1870.

hin so leicht und gering abfallend war, daß man hier mit einem Vier-
gespann hätte hinauffahren können.

Beschwerlicher wurde die übrige Landwanderung theils wegen der
äußerst couvirten Bodenbeschaffenheit und theils infolge der vielen Gletscherflüsse, die wir hier, mit dem Wasser hoch über den Stiefelschäften, durchwaten mußten. Schließlich trafen wir, kurz ehe wir das Zelt erreichten,
einen so großen, mit Lehmwasser gefüllten Gletscherfluß, daß wir nach vielen
mißglückten Versuchen die Hoffnung aufgeben mußten, irgendeine Furt über
denselben zu finden. Wir waren daher gezwungen wieder hoch hinauf auf
den Eisrand zu klettern, um etwas weiterhin nach Ueberschreiten des Flusses
uns wieder einen Weg abwärts zu suchen, und diesmal wurde das Hinabsteigen viel schwieriger als vorher.

Nach unserer Rückkehr von diesem interessanten Ausfluge in die
früher beinahe als unzugänglich angesehene Eiswüste Grönlands
drang ich noch einmal während der Expedition des Jahres 1870 bis
an den Rand des Inlandeises vor an einer der Stellen, wo Tausende
von Eisbergen unter einem erschreckenden Krachen und Getöse in
das Meer hinabschießen — nämlich in dem Innern des „Eisfjord"
von Jakobshavn. Nach Rink ist die größte Eisbergwerkstätte an der
Westküste Grönlands, und also wahrscheinlich auch im ganzen nördlichen Polarmeer, an dieser Stelle belegen, und hier ist es auch,
wo Helland (1875) und Hammer (1879—80) ihre wichtigen Messungen ausführten über die Bewegung des von dem Inlandeise herrührenden Eisstromes, dessen Schnelligkeit als bis 50 Fuß täglich
betragend ermittelt wurde. Alles Eis, das von hier ausgeht und
welches Rink auf 144 Milliarden Kubikfuß berechnet, entspricht
jedoch nur der Wassermasse, welche ein kleiner Fluß von 200 Fuß
Breite, 10 Fuß Tiefe und 1 Knoten Stromgeschwindigkeit jährlich
liefert.

Hierauf theilte ich die Expedition in zwei Abtheilungen: Berggren
und Oberg gingen zusammen nach der Disko-Bai, um von deren
Boden und bergigen Ufern Material über Fauna und Flora von
Nordwestgrönland zu sammeln; Nordström und ich eilten dagegen
nach der Basaltregion, um aus den dortigen Kohlen-, Sand- und
Thonlagern einige neue Urkunden für die klimatische Geschichte des
hohen Nordens aufzusuchen. Unerwartet reich waren die Ernten,
welche wir hier gewannen, ein ausführlicher Bericht hierüber
würde mich aber hier zu weit aus dem Rahmen dieser Arbeit

herausführen. Sie finden sich übrigens zum Theil beschrieben im
3. Band von Oswald Heer's Flora fossilis arctica (Zürich 1875).[1]

Nach Angabe des frühern Directors des Grönländischen Handels
H. Rink[2] sollte schon ein Jahr nach meiner ersten Eiswanderung
eine dänische Expedition, unter dem Befehl des Handelsassistenten
A. Möldrup, von einer an der Südost-Bucht, wenig nördlich von
dem Ausgangspunkt der Eiswanderung von 1870 belegenen Stelle
ein Stück in das Innere des Inlandeisfeldes vorgedrungen sein. Die
Angabe beruht jedoch auf einem Irrthum. Zwar wurde in dem
genannten Jahre eine ganz kostspielige Inlandeisexpedition von dem
energischen und intelligenten Inspector von Nordwestgrönland, Herrn
Krarup Smitt, ausgerüstet, aber nach den Nachrichten, welche ich in
den Colonien in Grönland selbst erhalten habe, kam diese Expedition
vollständig unverrichteter Sache zurück. Herr Möldrup scheint sich gar
nicht auf das Inlandeis gewagt, sondern nur eine Uebersicht über
dasselbe von einem Berge auf einer in dem Eise auslaufenden Halbinsel genommen zu haben. Sowol Inseln im Eise wie derartige
Halbinseln werden von den Grönländern mit dem Namen „Nunatak"
bezeichnet. Hieraus entstand die unrichtige Annahme, daß die Expedition wirklich auf dem Eise selbst ein Stück vorgedrungen sein
sollte.

Der Inlandeisfahrt vom Jahre 1870 zunächst kommt also die
von Palander und mir während der Spitzbergen-Expedition von
1872—73 unternommene Fahrt quer über die Eiswüste des Nordostlandes. Diese gefährliche Wanderung über ein ausgedehntes
Inlandeis unter 80° nördl. Br. bildete nur eine Episode einer

---

[1] Eine populäre Darstellung der gewonnenen Resultate ist von Heer in verschiedenen, in deutscher, französischer, englischer und schwedischer Sprache veröffentlichten
Broschüren und Aufsätzen in Zeitschriften gegeben worden.

[2] Petermann's Mittheilungen 1883, S. 131.

längern Schlittenfahrt von unserm Winterquartier in der Mosselbai, bei deren Beginn unsere Kräfte stark mitgenommen waren nach einer Ueberwinterung mit knapper Nahrung und unter einem Breitengrad, wo die Sonne vier Monate des Jahres stets unter dem Horizont ist.

Die Hauptaufgabe der Polarexpedition von 1872—73 war, von irgendeiner Stelle an der Nordküste Spitzbergens, womöglich von den in der Nähe des 81° gelegenen Siebeninseln (Sjuöarna) zu versuchen, mit Renthieren soweit wie möglich über das Eis nach Norden vorzudringen. Die Expedition wurde jedoch schon im Herbste 1872 von vielen Widerwärtigkeiten und Unglücksfällen betroffen. Die Eisverhältnisse waren in diesem Jahre besonders ungünstig, so daß wir die Siebeninseln nicht erreichen konnten, sondern gezwungen waren, unser Winterquartier bei der bedeutend südlicher, unter 79° 53' nördl. Br. belegenen Mosselbai zu nehmen. Alle 40, mit großen Kosten nach Spitzbergen transportirten Renthiere entflohen einige Tage nach ihrer Landung. Drei Transportfahrzeuge wurden mit der Haupterpedition zusammen eingeschlossen, wodurch der mitgenommene, für die eigentliche Expedition reichlich bemessene Proviant unzureichend wurde, u. s. w. Die Schlittenexpedition, welche nach Norden abgehen sollte, mußte deshalb ohne Hülfe von Renthieren und unter unsäglich schwierigen Verhältnissen unternommen werden, über die ich jedoch hier nicht näher berichten kann.[1] Dieselbe ging trotz alledem am 24. April 1873 von dem Winterquartier ab und drang mit vieler Mühe bis nach den Siebeninseln vor, wurde aber infolge der Unebenheit des Eises zur Umkehr gezwungen. Der Rückweg wurde längs der Nordküste des Ostlandes nach der Gegend seiner nordöstlichen Spitze und von dort quer über das Binneneis nach der Wahlenberg-Bai in der Hinlopen-Straße gewonnen. Nur über diesen letztern Theil der Schlittenfahrt kann hier ein näherer Bericht in Frage kommen.

Die Reisegesellschaft bestand aus Palander, mir selbst und neun Mann mit zwei langen, ziemlich schwer beladenen Schlitten. Wie beigefügte Karten-

[1] Man vgl. hierüber: A. E. Nordenskiöld, Redogörelse for den svenska polarexpeditionen 1872—73. Bihang till Kongl. Sv. Vet.-Akad. Handl., Bd. 2, Nr. 18, und F. R. Kjellman, Svenska polar-expeditionen 1872—73 (Stockholm 1875).

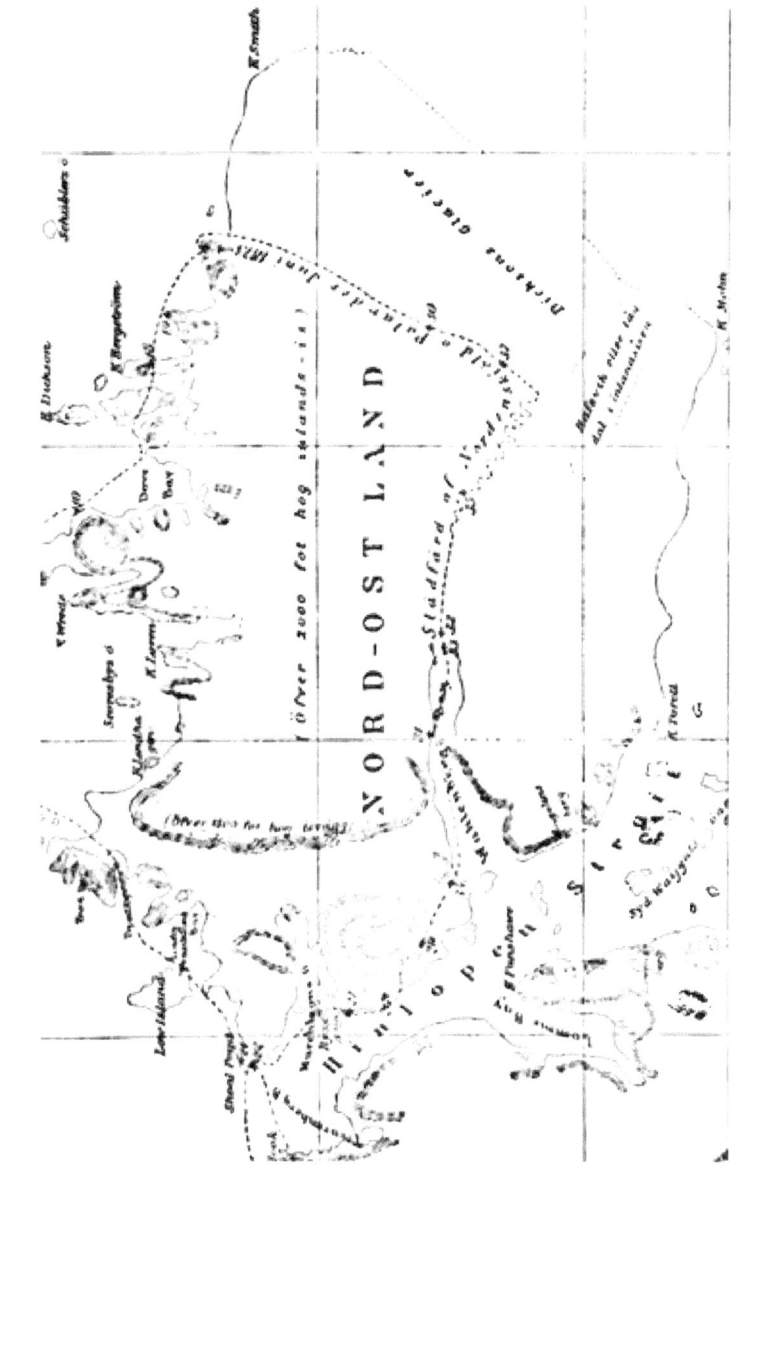

skizze zeigt, begann die Eiswanderung am nördlichen Theile des Nordost
landes an einer Stelle, wo das Inlandeis nach dem Meere zu mit einem
weniger steilen Abhang aufhört. Das Hinaufschaffen unserer schwer beladenen Schlitten ging schneller und weniger schwierig als wir erwartet hatten,
die Fahrt wurde aber sehr bald auf eine kurze Zeit durch ein gefährliches
Abenteuer unterbrochen, welches uns zeigte, daß wir jetzt einen Boden betreten hatten, der voller, zwar nicht unerwarteter aber doch weit schwierigerer
Gefahren war, als ich vermuthet hatte. Wir waren nämlich kaum gegen
tausend Schritt vorgegangen, als einer von der Mannschaft unter dem an dieser
Stelle vollständig ebenen Eise verschwand, und zwar so plötzlich, daß er nicht
einmal Zeit hatte einen Hilferuf auszustoßen. Als wir erschreckt in das
Loch hinabblickten, das sich bei seinem Fall in dem dicht gepackten, die Kluft
bedeckenden Schnee gebildet hatte, fanden wir ihn an der Zugleine über einem
tiefen, vorher durch eine dünne Schneedecke vollständig verborgenen Abgrund
hängen. Einige Augenblicke darauf war er wieder heraufgezogen, unbeschädigt und unverzagt, aber etwas erstaunt über sein Abenteuer; eine Ahnung
von dem Vorhandensein derartiger Fallgruben hatte er früher nicht gehabt.
Wenn das Seil vom Arm abgeglitten wäre, so wäre er verloren gewesen.
Mehrere von uns waren vorher unangebunden über die zerbrechliche Schnee-
brücke gegangen, ohne daß dieselbe gebrochen war.

Der Sicherheit wegen wurden jetzt die Zugleinen so abgeändert, daß ein
Herausgleiten aus den Riemen nicht zu befürchten war, wenn man etwa in
denselben hängen geblieben wäre; der vorderste Mann wurde mit einem Boots-
haken versehen, womit er soviel als möglich verdächtige Stellen untersuchen sollte;
und so gingen wir weiter. Während der übrigen Fahrt passirten wir noch
unzählige Klüfte, von denen ein großer Theil erst dadurch entdeckt wurde, daß
das Schneegewölbe vor unsern Füßen zusammenbrach, oder daß einer von
uns mit den Füßen oder dem halben Körper hineinfiel. (Gewöhnlich gelang
es jedoch, den andern Fuß auf sichern Boden zu bringen oder mit den
Händen einen der Schlitten oder die Leine eines Kameraden zu erfassen und
dadurch ein vollständiges Hinabstürzen zu vermeiden. Aber selbst dies geschah
oft, ohne jedoch, dank der Stärke der Zugleinen, irgendwelchen Unglücksfall zur Folge zu haben. Ich kann die von unsern Seeleuten gezeigte Un-
verzagtheit und die muntere scherzhafte Art nicht genug loben, in der sie
diese ihnen selbst und ihrem Berufe neuen und unvorhergesehenen Abenteuer
aufnahmen. Einmal verlor jedoch einer der Mannschaft seine Geduld. Er fiel
ziemlich tief in eine enge Spalte hinein, in welcher er so fest eingezwängt
war, daß es eine ziemliche Zeit erforderte, ehe er durch die vereinigte
Hülfe Aller wieder hinaufgefördert werden konnte. Die Mütze war ihm ent-
fallen und während er im Eise festgeklemmt saß, tröpfelte ihm eiskaltes
Wasser auf das entblößte Haupt.

Die Luft war während des ersten Tages unserer Wanderung ziemlich

klar, sobaß wir eine gute Aussicht hatten, welche zeigte, daß sich das Inlandeis ohne Unterbrechung durch Bergstrecken oder sogenannte Gletscherinseln
nach Süden und Westen ausdehnte, indem es sich gleichmäßig und dem Auge
unbemerkbar zu einer unübersehbaren, 2—3000 Fuß über dem Meere gelegenen Ebene erhob, längs deren ebener Oberfläche jeder Windhauch eine
Masse feinen Schneestaubes aufwirbelte, welcher durch die Leichtigkeit, mit
der er überall eindrang, für uns ebenso beschwerlich wurde wie der feine
Wüstensand für die Reisenden in der Sahara. Durch diesen feinen, vom
Winde stets weitergetriebenen Schneestaub wurde die oberste Schicht des

Fall in eine Schneekluft auf der Fahrt über das Inlandeis des Nordostlandes.

Gletschers, die nicht aus Eis, sondern aus hart gepacktem, blendend weißem
Schnee bestand, geglättet und polirt, sodaß man auf einem unübersehbaren
fehler- und fleckenfreien Fußboden von weißem Marmor, oder vielleicht eher
über einen weißen Sammetteppich entlang zu gehen glaubte. Bei den Rast-
plätzen wurde beinahe immer für den Koch eine tiefe Grube in dem Gletscher
ausgehauen, wodurch ich Gelegenheit erhielt, die Bildung des Gletschereises
aus dem Schnee genauer zu untersuchen.

In einer Tiefe von 2—3 Ellen ging der Schnee zu Eis über, indem
derselbe zuerst zu einem Lager von lauter großen, für die Augen des

Krystallographen prachtvollen Eiskrystallen, dann zu einer körnigen Eismasse und schließlich zu einem harten, zusammenhängenden Gletschereis überging, in welchem man jedoch noch fortwährend zahlreiche mit durch den Druck des darüberliegenden Eises verdichteter Luft gefüllte Blasen bemerken konnte. Wenn bei dem Schmelzen des Eises die Eisumhüllung für den Druck zu schwach wird, so platzen diese Blasen mit einem eigenthümlichen knisternden Laut, den man im Sommer stets Gelegenheit hat von den in den Fjorden umhertreibenden Gletschereisstücken zu hören.

Während der ganzen übrigen Zeit unserer Wanderung auf dem Inlandeise (1.—15. Juni) herrschte entweder Schneesturm, der, wenn der Wind stark und uns entgegen war, uns zwang, dicht aneinander gedrängt in einem dünnen Zelt von Baumwollenzeug mehrere Tage in vollständiger Unthätigkeit zuzubringen, oder es herrschte ein so dichter Schneenebel, daß man nur wenige Schritte vor sich sehen konnte. Anfangs, als das Eis, abgesehen von den erwähnten, immer durch Schnee verborgenen Klüften, vollständig eben war, beeinflußte dieser Nebel unsern Fortgang nicht besonders schädlich, da die Richtung durch den Kompaß bestimmt wurde; als aber das Inlandeis weiterhin von breiten Kanälen (die nicht mit jenen Klüften verwechselt werden dürfen) durchschnitten war, welche an den meisten Stellen zu breit und tief waren und zu steile Wände hatten, um mit Schlitten passirt werden zu können, wurde dieser Eisnebel äußerst beschwerlich. Derselbe hinderte uns nicht nur, das von solchen Kanälen am wenigsten unterbrochene Terrain zu wählen, sondern er erzeugte auch eine so eigenthümliche Beleuchtung, daß es unmöglich war mit den Augen zu unterscheiden, ob man eine tiefe, unpassirbare Rinne oder nur eine ellentiefe Versenkung vor sich hatte. Es wurde deshalb nothwendig, an zweifelhaften Stellen einen Mann hinabzulassen, um die Tiefe zu ermitteln. Oftmals mußte derselbe wieder heraufgezogen werden, ohne den Boden erreicht zu haben, es geschah aber auch, daß der Boden der Versenkung schon in einer Tiefe von einigen Fuß erreicht wurde, oft genug, nachdem wir einer so unbedeutenden Vertiefung wegen einen, wie wir zu spät einsahen, völlig unnöthigen Umweg von mehrern Stunden gemacht hatten.

In vielen Beziehungen war ein sehr wesentlicher Unterschied zwischen dem Inlandeisfeld, das wir hier passirten, und dem Binneneise, das ich im Monat Juli 1870 in Grönland besucht hatte. Der Unterschied dürfte in der Hauptsache wol darauf beruhen, daß wir auf dem Nordostlande über eine Art von Schneeregion, d. h. über einen Theil des Gletschers wanderten, dessen Oberfläche von einem Schneelager eingenommen ist, das im Sommer nicht wegschmilzt, während dagegen in Grönland schon zu Anfang des Monats Juli der Schnee auf der Oberfläche des Gletschers nächst der Küste vollständig geschmolzen ist. Eine Spur der Gletscherseen, der schönen und wasserreichen Gletscherflüsse, der prachtvollen Wasserfälle und

Springbrunnen u. s. w., welche uns überall während der Wanderung auf dem grönländischen Inlandeise entgegentreten, konnte hier nicht bemerkt werden, und die Terrainverhältnisse zeigten an, daß derartige Bildungen auch später im Sommer entweder gar nicht oder nur sehr wenig vorkommen. Das Schmelzen des Schnees geht auf Spitzbergen offenbar in einem zu unbedeutenden Maßstabe vor sich, als daß derartige Bildungen entstehen könnten.

Wie zu erwarten, waren die Klüfte auf dem Inlandeise Grönlands größer als diejenigen auf dem Nordostlande, aber sie waren auch, wenigstens bei unserm Besuch, viel weniger gefährlich, weil sie offen und nicht schneebedeckt waren. Auf dem Nordostlande hingegen waren beinahe alle Klüfte von einer dünnen Wölbung theils losen theils hartgefrorenen Schnees vollständig überbrückt. Hier mußte man deshalb jeden Augenblick darauf gefaßt sein, einen Abgrund vor den Füßen sich öffnen zu sehen. Ueber das Inlandeis Grönlands konnten Berggren und ich gehen, ohne aneinander angebunden zu sein, ja wir hatten nicht einmal nöthig, ein Seil mit uns zu führen; bei der Wanderung auf dem Nordostland dagegen gebot uns die Vorsicht, darauf zu sehen, daß alle an die Schlitten gebunden waren, die Stelle, wo das Zelt aufgeschlagen werden sollte, erst genau zu untersuchen, sowie für die Nacht das Gebiet abzustecken, welches die Mannschaft ohne besondere Erlaubniß und ohne angebunden zu sein betreten durfte.

Die Klüfte laufen im allgemeinen parallel und in gerader Richtung, doch machen sie zuweilen auch eine Biegung, und an gewissen Stellen kommen sogar zwei verschiedene Spaltsysteme vor, welche einander kreuzen. Hier ist die Gefahr vervielfacht. Blickt man durch eine Oeffnung im Schneegewölbe hinab, so scheint die Kluft sich unten gleichsam in eine blauschwarze Finsterniß zu verlieren. Oben flimmern ihre Wände von unzähligen, lose ansitzenden tafelförmigen Eiskrystallen, ähnlich denjenigen, welche man an den Seiten der Eisblöcke sieht, die auf dem Meere die sogenannten Torosse bilden.[1] Die eigentliche Oberfläche des Schnees war, wie bereits erwähnt, ganz eben und oft von Stürmen festgedrückt, sowie vollkommen geglättet und polirt von einem Schneestrom, den selbst der leiseste Wind am Boden hintrieb. Dieser Strom von Schnee, oder richtiger, schneegemengter Luft, hatte aber, wenn nicht gerade ein Schneefall eintrat und der Wind nicht allzu heftig war, nur eine Höhe von einigen Fuß. Derselbe schlug gebrechliche Schneebrücken über die Spalten, füllte sie aber nicht aus, bildete an großen und steilen Abhängen wirkliche Schneecascaden und ebnete in einigen Minuten alle sichtbaren Löcher und Senkungen aus. Wenn wir z. B. des Morgens aus unserm Zelte traten, waren oft alle Spuren davon, daß der Schnee

---

[1] Vergl.: „Die Umsegelung Asiens und Europas auf der Vega", I, 385, 425.

um dasselbe am Abend vorher niedergetreten worden, verweht und die Schlitten
in einer großen Schneewehe vergraben. Solche cylindrische, 1—2 Fuß tiefe
und mit Wasser gefüllte Löcher, wie sie auf dem Inlandeise Grönlands überall
angetroffen wurden, gab es hier also nicht, wenigstens nicht zu dieser Jahreszeit, und selbstverständlich konnte man infolgedessen weder den merkwürdigen,
in seinem Ursprung räthselhaften Staub (Kryokonit), den ich früher in Grönland beobachtet, oder die mikroskopischen Algen sehen, welche Berggren dort
entdeckt hatte.

Zeltplatz in einem Gletscherkanal.
Nach einer Zeichnung des Verfassers.

In einiger Entfernung von der Küste traf man auf dem Inlandeise Grönlands seichte schalenförmige Vertiefungen, deren Mitte von einem oder mehrern
kleinen Seen eingenommen war, denen jeder sichtbare Abfluß fehlte, obgleich
sie ihr Wasser von unzähligen an ihren Seiten hinabfließenden Flüßchen
erhielten. Hier dagegen kamen, wie schon bemerkt, solche Vertiefungen nicht
vor, statt ihrer oder trafen wir am 10. Juni, wo wir uns dem Cap Mohn
genähert, ein Terrain an, das von Kanälen durchschnitten war, die meistentheils parallel und an gewissen Stellen nur 300 Fuß voneinander entfernt
liefen. Die Tiefe derselben betrug 40, die Breite 30—100 Fuß. War es
schon eine Unmöglichkeit für uns, unsere Schlitten ohne Umladung einen
steilen Abhang von nur einigen Fuß hinaufzubringen, so würde dieses Terrain

für uns ganz unpassirbar gewesen sein, hätten wir nicht stets, nachdem wir eine Strecke am Ufer des Gletscherkanals entlang gegangen waren, eine Stelle angetroffen, wo der Kanal beinahe ganz mit Schnee gefüllt und daher für unsere Schlitten passirbar war. Diese passirbaren Stellen lagen jedoch stets in einem launischen Zickzack, sodaß wir uns genöthigt sahen, lange Umwege zu machen. Ueberdies war der Uebergang stets gefahrvoll und gewagt, da der Kanal an den Seiten von schneebedeckten und in seiner Richtung laufenden tiefen Gletscherklüften von zuweilen bedeutender Größe begrenzt war. Auch konnte man niemals vollkommen sicher sein, daß die Schneewehe, welche passirt werden sollte, nicht blos eine gebrechliche Schneewölbung war. Eine derartige Wölbung über einen Kanal, der groß genug war, um uns sammt unsern Schlitten für immer zu verschlingen, brach z. B. einmal vor unsern Füßen

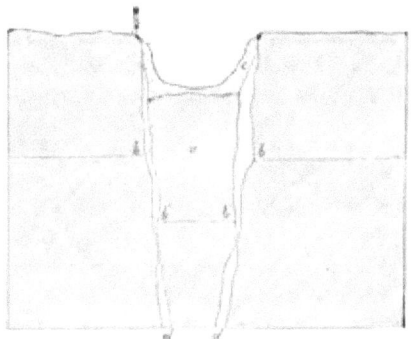

Querdurchschnitt eines Gletscherkanals.
a Hinabgefallene Schneemasse; b—b' verticale Höhe der Verwerfung; c Schnee; d Seitenklüfte.

gerade in dem Augenblick zusammen, wo wir sie als Brücke benutzen wollten. Ebenso gab es gefährliche Querspalten, die oben ebenfalls oft mit Schnee überdeckt waren, an der Wand des Kanals aber mit einem offenen dunkeln Schlund mündeten. Oftmals benutzten wir, um Schutz vor dem Wind zu erhalten, den Boden eines Kanals als Zeltplatz, wie nebenstehende Abbildung zeigt. Hin und wieder traf man auch auf andere von steilen Abhängen begrenzte Senkungen, welche eine größere Tiefe als die Gletscherkanäle, aber eine nur geringe Ausdehnung hatten; diese dürften am passendsten mit dem Namen „Docken" oder „Gletscherdocken", den sie von den Seeleuten erhalten, bezeichnet werden. Einen Querdurchschnitt von den Gletscherkanälen gibt obenstehende Zeichnung. Das Inlandeis des Nordostlandes war bei unserm Besuch so hoch mit

Schnee bedeckt, daß ich die Entstehungsweise der Gletscherkanäle nicht mit voller Sicherheit zu bestimmen vermochte. Daß es keine Flußthäler waren, ist unzweifelhaft. Sie hatten nämlich eine viel größere Tiefe als die Flußthäler auf dem Inlandeise auf Grönland, wo das Abschmelzen des Schnees doch in einem viel größern Maßstab stattfinden muß als auf Spitzbergen, und während sie an gewissen Stellen ganz fehlten, kamen sie an anderen wieder in zu dichten Mengen vor, um Abflußbetten von gewiß ziemlich unbedeutenden Bächen sein zu können, welche im Hochsommer hier sich bilden. Höchst wahrscheinlich rühren sie dagegen von Verwerfungen im Eise her, ähnlich denjenigen, welche in den festen Erblagern beobachtet werden, und wie jene dort ihr Entstehen von der durch Temperaturvariationen verursachten wechselsweisen Ausdehnung und Zusammenziehung der Erdlager herleiten, so haben sie hier in der durch dieselbe Ursache hervorgerufenen gleichen Ausdehnung und Zusammenziehung des Eises ihren Grund.

Von der Stelle auf dem Inlandeise, wo wir gegen Westen abbogen, konnten wir, wenn der Nebel für einige Augenblicke schwand, deutlich sehen, daß gegen Süden das Eis bedeutendere Umgestaltungen erlitten hatte als dort, wo wir über dasselbe hinzogen. Von unserm Wendepunkt gegen Westen, in einer Höhe von 407 m über dem Meeresspiegel gelegen, senkte sich das Eis nämlich allmählich zu einer viel tiefer liegenden Eisebene, an deren südlicher Seite es sich in steilen Absätzen plötzlich wieder hob, und hier konnte man nun mit unbewaffnetem Auge mächtige kantige Eisblöcke unterscheiden, welche zerstreut auf der Eisebene am Fuße der terrassenförmigen Absätze umherlagen, von denen sie herabgestürzt waren. Es ist auch nicht unmöglich, daß die Eisebene in nur geringer Höhe über dem Meeresspiegel lag, und daß wir hier einen an der Ostküste des Nordostlandes mündenden, von einem zusammenhängenden Eisfelde überdeckten Meeresarm vor uns hatten.

Dieses unebene, schwierige Eisterrain veranlaßte uns, vom Plane abzuweichen und uns nicht zum Cap Mohn hinab und dann längs der Küste nach dem Cap Torell und über die Hinlopen-Straße und das Binneneis Westspitzbergens, vorüber am Chydenius-Berge, an die Mosselbai zu begeben. Anstatt diesen Weg zu nehmen, wendeten wir uns nun gegen Westen, nach der Wahlenberg-Bai. Auch hier trafen wir ein äußerst schwieriges, 1500—2000 Fuß über dem Meere gelegenes Terrain, das uns bis zum 15. Juli aufhielt, wo wir ganz unvermuthet am östlichsten Theil der Wahlenberg-Bai, welche sich viel weiter gegen Osten erstreckt, als ältere Karten angeben, anlangten. Das Hinabsteigen aus einer Höhe von 2000 Fuß geschah so unmerklich, daß wir uns erst durch den salzigen Geschmack des Wassers davon überzeugen konnten, daß wir wirklich wieder das Niveau des Meeres erreicht hatten.

Für die Wissenschaft ist die hier skizzirte Eiswanderung von
Interesse als die nördlichste, welche jemals unternommen worden,
und als die einzige, welche quer über die ganze Eiswüste geführt
hat — doch nicht auf Grönland, sondern auf einem Theile von
Spitzbergen. Wie das Inlandeis hier war, so dürfte es auch auf
den nördlich vom 80.° belegenen Continenten oder größern Inseln
sein, welche für ein Vordringen an den Pol in Frage kommen können,
z. B. auf Franz-Joseph-Land.

———

Eine von dem dänischen Staate ausgerüstete Inlandeisfahrt,
besonders reich an interessanten wissenschaftlichen Ergebnissen, wurde
im Jahre 1878 von dem Premierlieutenant der dänischen Marine
J. A. D. Jensen, dem Candidaten A. Kornerup und dem Archi-
tekten Groth unternommen. Nach einem kurzen Bericht über die
Ausrüstung der Expedition[1] und über einige vorbereitende Re-
cognoscirungsfahrten theilt Premierlieutenant Jensen über die Eiswanderung Folgendes mit:

Nach beendigten Vorbereitungen brachten wir am 13. Juli das ganze
Gepäck auf das Eis, beluden die Schlitten und schlugen das Zelt auf,
worauf wir uns, Zelt und Gepäck für die Nacht auf dem Eise zurücklassend,
wieder nach unserm größern Zelte zurückbegaben, da der Tag schon zu
weit vorgeschritten war, um die Wanderung antreten zu können. Ueberdies
fiel an diesem Tage ein starker Nebelregen, und es konnte schon deshalb
nicht in Frage kommen, sich auf den Weg zu machen. Sonntag 14. Juli
regnete es vormittags stark, als es aber gegen Mittag anfing sich aufzu-
hellen, beschlossen wir aufzubrechen. Außer unserm grönländischen Begleiter

---

[1] Meddelelser om Grönland (Kopenhagen 1879), I, 51 fg. Die Ausrüstung umfaßte: drei Schlitten, ein jeder 5 Fuß lang, 2¼ Fuß breit, 20 Pfd. schwer
und mit Riemen zusammengebunden (nicht genagelt); Proviant für drei Wochen;
einen Petroleumkochapparat, der sich später als untauglich erwies, weshalb auf einer
Reservespirituslampe gekocht werden mußte; ein Zelt für vier Mann mit einem Boden
aus gefirnißtem Segeltuch (19 Pfd. schwer); eine Kautschukmatte, 1 Linie dick, unter
die Schlafsäcke zu legen; gewöhnliche Kleider nebst kurzen grönländischen Pelzen
aus Eiderhaut, grönländische Schuhe mit lose angebundenen Sohlen aus Kabelgarn, Instrumente, etwas Medicin, eine Flinte, eine Axt u. s. w. Die ganze
Ausrüstung wog 400 Pfd.

Habakuk, welcher auf der ganzen Wanderung bei uns bleiben sollte, hatten wir noch drei andere Grönländer im Gefolge. Wir hatten mit ihnen vereinbart, daß sie uns ein Stück begleiten sollten, um unser Gepäck die erste Steigung hinaufzubringen zu helfen; da sie sich aber nicht einfanden, nahmen wir einen Grönländer und zwei Grönländerinnen von der Besatzung unsers Weiber-bootes mit. Zu deren Benutzung wurde noch ein Zelt und etwas Proviant mitgenommen. Nachmittags 2 Uhr hatten wir das Zelt abgebrochen, das Gepäck auf die Schlitten gepackt und der Zug setzte sich in Bewegung. Auf der beigegebenen Karte ist der Weg über das Inlandeis durch eine punktirte Linie bezeichnet, und an den Stellen, wo wir des Abends unser Zelt auf-schlugen, ist das Datum angegeben.

Wir gingen erst ein kleines Stück gegen Süden, um eine Strecke un-ebenen Eises zu umgehen, worauf wir gegen Westen abbogen. Schon an diesem Nachmittag erfuhren wir, welch anstrengende Wanderung uns bevor-stand, denn obschon das Eis, über welches wir gingen, dem Fortkommen nicht allzugroße Schwierigkeiten barbot, und obschon wir doppelt so viele waren, als wir später sein sollten, so mußten wir doch bisweilen etwas ausruhen. Dazu kam, daß wir in dem Bepacken der Schlitten noch ungeübt waren; Verzögerungen wurden deshalb unaufhörlich dadurch verursacht, daß bei der heftigen Bewegung der Schlitten die eine oder andere Kleinigkeit herabfiel, sodaß die Schlitten wieder umgepackt werden mußten; außerdem machten wir die traurige Entdeckung, daß unsere Sohlen aus Kabelgarn ihrem Zweck nicht entsprachen, denn sie waren schon nach einer Wanderung von nur einigen Stunden so abgenutzt, daß wir sie nachher an beinahe jeder Raststelle ausbessern mußten. Wir hatten die Hoffnung gehegt, daß wir den ersten Nunatak *) noch vor hereinbrechendem Abend erreichen würden, in welchem Falle wir nicht nöthig gehabt hätten, die vier Grönländer, welche uns nicht auf der ganzen Wanderung folgen sollten und daher auch nicht gehörig ausgerüstet waren, auf dem Eise schlafen zu lassen. Wir waren jedoch schon um 8 Uhr abends so ermüdet, daß die Grönländer es vor-zogen, die Nacht dort zuzubringen, wo wir uns gerade befanden, was übrigens schon darum nothwendig wurde, weil ein dichter, kalter Nebel die Umgebung unsern Blicken allmählich entzog.

In unserm Zelte hatten wir es warm und angenehm, während die Grönländer in dem ihrigen, das mit keinem Fußboden versehen war, von der Kälte zu leiden hatten. Es währte ziemlich lange, bevor wir am nächsten Morgen marschfertig waren, und als wir endlich zum Aufbruch gerüstet stan-den, hüllte uns wieder ein dichter Nebel ein. Wir konnten also nur nach dem Kompaß marschiren, aber auf einem Terrain wie dieses, voll von un-zähligen Hindernissen, war uns derselbe nur ein mittelmäßiger Wegweiser. Es dauerte auch nicht lange, als wir unsern Weg von einem Bache gesperrt sahen, zu breit, um überspringen, und zu tief und reißend, um durchwatet

werden zu können. Geleitet durch die von Nordenskiöld auf seiner Eiswanderung gemachten Erfahrungen bogen wir sofort seitwärts ab, und, dem
Laufe des Baches folgend, gelangten wir auch bald an eine Stelle, wo
der Bach sich in ein senkrechtes Loch hinabstürzte, einen prächtigen, brausen-
den Wasserfall bildend. Gegen Mittag wurde der Nebel so dicht, daß wir
nur 20 Schritt weit sehen konnten, dazu waren wir auf ein sehr schlechtes
Eis gerathen und sahen keine Möglichkeit, von demselben fortkommen zu

Premierlieutenant J. A. D. Jensen.
Geb. 24. Juli 1849.

können. Da ich befürchtete, daß uns ein fortgesetzter Marsch leicht auf diesem
unwegsamen Terrain so weit führen könnte, daß es lange dauern dürfte, ehe
wir wieder auf besseres gelangten, und da unsere Mühe somit verschwendet
sein würde, schlugen wir unser Zelt auf, um besseres Wetter abzuwarten.
Dieses blieb aber aus, und damit die Grönländer nicht auch diese Nacht
auf dem Eise zu schlafen brauchten, brachen wir am Nachmittag auf und
zogen weiter, bis wir an der Südseite des vorerwähnten Nunatal anlangten.
Hier schlugen wir unsere Zelte für die Nacht auf, und die Grönländer waren
außer sich vor Freude, den festen Felsen unter ihren Füßen zu fühlen. Am

16. Juli zogen wir wieder auf das Eis hinaus und an der südlichen Seite des Nunatak *a* entlang. Das Terrain hatte hier eine ziemlich starke Steigung und war infolge dessen sehr uneben und voller Spalten. Gegen Mittag ließ ich die Grönländer, welche uns nun nicht weiter folgen sollten, nach dem Hauptzelte zurückkehren, während ich Habakuk bei mir behielt. Obschon der Weg der Grönländer nicht länger war, als daß sie ihn noch an demselben Tage zurücklegen konnten, gab ich ihnen doch der Sicherheit wegen das eine Zelt und Proviant für einen Tag mit. Kurz nachdem sie uns verlassen, lagerte sich aber wieder ein dichter Nebel über das Eis, und obschon derselbe bald wieder verschwand, war ihr Marsch dadurch doch so verzögert worden, daß sie ihren Bestimmungsort erst am folgenden Tage erreichten.

Um einen Ueberblick über das Terrain zu erlangen, welches unmittelbar vor uns lag, bestiegen Kornerup und ich einen kleinen Berg an der Außenkante des Landes, und nach unserer Rückkehr setzten wir unsere Wanderung nach Osten über ein Terrain mit starker Steigung und voll von Spalten fort. Um 7 Uhr nachmittags waren wir auf einem ebenen Plateau angekommen und schlugen unser Zelt auch in dieser Nacht auf dem Nunatak *a* auf, wo wir in der letzten Nacht gerastet hatten. Da wir dicht bei unserm Zeltplatz ein Renthiergeweih auf dem Eise fanden, erwarteten wir möglicherweise ein Renthier anzutreffen, das eine werthvolle Vermehrung unsers Proviants abgegeben hätte, wenn es uns geglückt wäre, dasselbe zu erlegen; das Glück war uns aber in dieser Beziehung nicht günstig. In der Nähe des Zeltes zeigten sich nur einige Schneehühner, die aber so scheu waren, daß wir ihnen nicht auf Schußweite nahekommen konnten. Wir ließen an dieser ungefähr 1690 Fuß über dem Meeresspiegel liegenden Stelle Proviant für ein paar Tage zurück und bezeichneten den Ort durch einen Steinhausen. Am 17. Juli setzten wir unsere Reise fort und von diesem Tage an kamen wir nicht mehr it eisfreiem Lande in Berührung, bis wir unser Ziel erreicht hatten; denn ein Versuch, den wir machten, nach dem nächsten Nunatak *b* zu kommen, um auch dort ein Depot zu errichten, mißglückte infolge der Unebenheit des Eises in der Nähe des Berges.

Ich will versuchen, ein Bild von dem Terrain zu geben, das wir passirten. Im großen gesehen war die Oberfläche des Eises wellenförmig, meistens terrassenartig sich erhebend, und obgleich das Eis, wie bereits erwähnt, von der Ferne aus ziemlich eben aussah, ist es doch in Wirklichkeit an den meisten Stellen durchaus nicht eben. Wo die Steigung am stärksten war, war auch das Eis gewöhnlich am unebensten und voll von Spalten, und diese waren sehr ungleich, viele nur wenige Fuß breit, doch sahen wir auch einige von funfzig Fuß Breite. Ihre Länge konnte viele hundert Fuß betragen, oft aber waren sie viel kürzer; an mehrern Stellen kamen sie in so großer Menge vor, daß die Zwischenräume zwischen denselben, auf denen wir unsere Schlitten fortziehen sollten, schmaler als die Risse selbst waren.

Eishügel von einer Höhe bis zu zehn Fuß machten den Weg noch beschwerlicher, und infolge der Krümmungen des Weges und der zahlreichen Hindernisse konnten wir das Tau nicht anwenden, das wir unter andern Verhältnissen zwischen uns ausgespannt führten. Der Schlitten mußte oft auf
schmalen Eisrücken, welche zu beiden Seiten von bodenlosen Abgründen begrenzt waren, entlanggezogen werden; wenn derselbe hierbei nach der einen
Kante hin ausglitt, mußten wir uns schnell auf das Eis niederwerfen, um

Docent Andreas Kornerup.
Geb. 7. Februar 1857, gest. 5. September 1881.

nicht mit in den Abgrund gerissen zu werden. Wo die Spalten nicht breiter
waren, als daß man sie überspringen konnte, gelang es meistens, auch die
Schlitten in der Weise hinüberzuschaffen, daß einer von uns zuerst über die
Kluft sprang, während ein Anderer den Schlitten auf der andern Seite hielt,
worauf der erste ihn schnell zu sich hinüberzog. Dies war jedoch häufig mit
einiger Gefahr verbunden, da es mitunter geschah, daß der Schlitten nicht
rasch genug gezogen ward, sondern in der Kluft hängen blieb, oder daß er
zu schnell fuhr und in die nächste Spalte hinabglitt; in beiden Fällen

mußten wir an unsere eigene Sicherheit denken und gleichzeitig das Tau festhalten, um den Schlitten nicht zu verlieren. Nachstehendes Bild veranschau-
licht das Aussehen und die Beschaffenheit der Oberfläche in den hier berührten
Theilen des Inlandeises.

An andern Stellen, wo die Steigung geringer war, liefen die Spalten
in gleicher Richtung und waren sehr lang und breit, während auch die
Zwischenräume hier oft ziemlich breit waren. Es hatte etwas Verlockendes, in

Zusammengeschraubtes Inlandeis.
Nach einer Zeichnung von A. Kornerup.

die tiefen Klüfte hinabzuschauen, da die eigenthümlichen Formen der Eiswände sich durch einen himmelblauen Schimmer abhoben, dessen Reinheit keine
Nachbildung wiedergeben kann. Aber nicht überall waren die Klüfte die auszeichnenden Charakterzüge des Eises; denn oft fehlten sie gänzlich, und das
durch das Schmelzen des Eises entstandene Wasser konnte dann nicht sofort
Abfluß in die Tiefe finden, sondern blieb in der Form kleiner Seen stehen
oder sammelte sich durch unzählige Wasserrinnen zu großen Flüssen an.

Diese suchten sich einen Weg nach den Thälern gleichen Vertiefungen im Eise und verschwanden erst in weiter Ferne in senkrecht abfallenden Löchern im Eise. Diese Flüsse zwangen uns oft, große Umwege zu machen. Bei kleineren Gewässern quälten wir uns jedoch nicht mit Umgehung derselben, sondern wateten quer durch dieselben hindurch, wobei es jedoch nicht vermieden werden konnte, daß sowol wir wie die Ladung naß wurden. Was die Oberfläche des Eises betrifft, so war dieselbe sehr rauh und mit scharfen Nadeln besetzt, welche unsere Fußbekleidung zerstörten und schmerzhafte Wunden an unsern Händen erzeugten, wenn wir so unglücklich waren zu stolpern, was häufig genug vorkam.

Von einer ungefähren Höhe von 2000 Fuß an waren die Unebenheiten des Eises zum Theil mit einem tiefen Schneelager bedeckt und hier stießen wir auf neue Schwierigkeiten. Es war nämlich sehr beschwerlich, die Schlitten durch den weichen Schnee zu ziehen, worin dieselben, ebenso wie wir selbst, bei jedem Schritt tief einsanken. Ueber den Klüften lag dieses Schneelager wie Brücken, welche wir zur Vermeidung von Umwegen auch als Uebergänge benutzten. An manchen Stellen konnten diese Brücken uns tragen, ebenso oft aber brachen sie zusammen, wenn wir versuchten sie zu überschreiten. Unter diesen Umständen ergriffen wir stets die Vorsichtsmaßregel, ein Tau zwischen uns vier Personen und den Schlitten zu befestigen, und unsere Zeltstangen mußten hierbei als Alpenstöcke dienen. Einer von der Gesellschaft ging voran ohne einen Schlitten zu ziehen, und in Zwischenräumen von 4—5 Klaftern kamen die andern, indem jeder von uns seine Zeltstange dazu benutzte, den Boden zu untersuchen. Fiel irgendeiner durch den Schnee, so verursachte dies natürlich einen Aufenthalt, da die andern nicht weitergehen konnten, bis der Gefallene wieder auf den Beinen war; und fiel er tief hinein, so mußten die andern ihm zu Hülfe kommen und ihn wieder heraufziehen. An manchen Stellen war das Eis so von Rissen durchfurcht, die in allen Richtungen durcheinander liefen, daß wir keinen festen Fuß auf dem Schnee fassen konnten, welcher eine verrätherische, über das Ganze ausgebreitete Decke bildete, und auf wasserreichem Eis waren so große Pfützen wässerigen Schnees entstanden, daß er uns oft bis an die Knie hinaufreichte. An der Außenkante und in der Nähe von Bergen hatte das Eis ein dunkles Aussehen, was von den Sand- und Lehmtheilen herrührte, welche hier überall die Vertiefungen ausfüllten. Es ist jedoch unmöglich, eine erschöpfende Beschreibung des Aussehens des Eises zu geben, das unaufhörlich seinen Charakter veränderte und uns durch neue, bisher ungekannte Formen überraschte.

Ueber ein solches Terrain ging also unser Weg. Es galt immer ein fahrbares Eis zu finden, doch wir machten lieber lange Umwege als über eine kluftreiche und unebene Strecke zu gehen, aber es war sehr schwer, das beste Eis zu finden, da wir aus Mangel an Höhen nur ein sehr begrenztes Gebiet überblicken konnten. Wenn wir auf schlechtes Eis kamen, ließen wir die Schlitten stehen und zerstreuten uns in verschiedene Richtungen, um ausfindig zu machen, wie wir am leichtesten von demselben fortkommen konnten. Am 18. Juli, dem fünften Tage unserer Wanderung, hatte Habakuk das Unglück, eine Zeltstange in eine Kluft fallen zu lassen. Er selbst legte anfangs kein Gewicht darauf, der Verlust war aber dennoch recht bedeutend, besonders da schon eine der Zeltstangen zerbrochen war. Als er sah, welche Mühe wir uns gaben, um sie wieder zu bekommen, indem einer von uns sich am Seil in die Rinne hinabließ, wurde er sehr muthlos, ja fing sogar an zu weinen und wollte zurückkehren, weil er fürchtete, uns zur Last zu sein. Wir beruhigten ihn aber wieder und setzten unsern Weg fort, ohne daß es uns geglückt war, die Zeltstange wiederzuerlangen, und als wir am Abend das Zelt aufschlugen, mußten wir aus unsern Schneeschuhen eine Stange machen. Weder diese noch die Schneeschuhplatten waren von irgendeinem Nutzen für uns, da wir nicht im Stande waren die Schlitten zu ziehen, wenn wir die-selben an den Füßen hatten. Ein Versuch, die Schneeschuhe unter die Schlittenkufen zu spannen, um dieselben an dem zu tiefen Einsinken in den Schnee zu hindern, fiel ebenfalls unglücklich aus. Später aber, als unser Spiritus zu Ende war, thaten sie uns als Brennmaterial gute Dienste.

Am 21. Juli morgens war Habakuk ernstlich des Reisens müde ge-worden. Wir hatten an diesem Morgen zum ersten mal während unserer Wanderung den Berg in Sicht bekommen, den wir als Ziel unserer Reise bestimmt hatten, und er sah nun vollkommen ein, daß die Reise diesen Bergen galt, was ihn so muthlos machte, daß er sich ohne weiteres auf den Rück-weg begab. Wir waren indeß so weit auf das Inlandeis hineingekommen, daß ich ihn unter keiner Bedingung allein gehen lassen durfte, da er bei einem Sturm oder anhaltendem Eisnebel umgekommen sein würde; wir riefen ihn daher zurück und nach langen Ueberredungen und durch viele Versprechungen brachten wir ihn schließlich auch dahin, seinen Vorsatz aufzugeben; wenn er aber vorher schon verstimmt gewesen war, so wurde er es jetzt noch mehr. Ein Grund hierfür war auch der, daß er von uns allen derjenige war, welcher am meisten von der Schneeblindheit geplagt wurde. Obschon wir beständig Schnee-brillen gebraucht hatten, fing die Krankheit schon am 20. Juli, also am siebenten Tage an sich zu äußern. Was die Ursache war, daß wir in höherm Grade von diesem Leiden heimgesucht waren, als Nordpolfahrer im allge-meinen es zu sein pflegen, kann ich nicht bestimmt sagen, aber ein dazu beitragender Grund war wol der, daß die Sonne hier bei $62^{3}/_{4}°$ nördl. Br. höher am Himmel stand, und daß infolge dessen das Licht intensiver war, als wenn der Polarfahrer im Frühjahr seine Schlittenexpeditionen in $70—80°$ nördl. Breite unternimmt. Die Krankheit kann zu vollständiger Blindheit ausarten, was jedoch bei uns glücklicherweise nicht eintrat, denn in diesem Falle wäre unser Schicksal leicht vorauszusehen gewesen. Wir waren alle stark angegriffen, und die Krankheit äußerte sich in einem Gefühl,

als wenn man einen Splitter im Auge hätte. Sie war außerdem von
stechenden Schmerzen begleitet, welche besonders in der Nacht und bei den
Rastzeiten sehr peinigend waren, und es war eine große Anstrengung für
uns, die Augen zu gebrauchen. Sobald wir die Krankheit bemerkten, legten
wir sofort Eisumschläge über die Augen, alles dies trug aber nicht gerade
dazu bei, unsere schon an sich höchst mühevolle Wanderung zu erleichtern,
und die Schneeblindheit verließ uns nicht eher, als einige Tage nach unserer
Rückkehr nach dem Küstenlande. Das Wetter war während der ersten Tage
unserer Wanderung schön, mit der einzigen Ausnahme, daß oft ein Nebel
herrschte, der recht unbehaglich sein konnte, da die Temperatur sich beständig
nahe am Gefrierpunkt, manchmal einige Grade darüber, manchmal, und
zwar besonders des Nachts, darunter hielt. Wir sahen es am liebsten, wenn
es fror, denn dann bildete die Schneeschicht eine gute und feste Schlittenbahn,
die Schneebrücken über die Klüfte trugen uns und der weiche Schnee war
gefroren. Bei solchem Frost machten wir uns sehr früh, manchmal sogar schon
um 3 Uhr morgens auf den Weg, um aus den Morgenstunden Nutzen zu
ziehen, da die Sonne am Tage eine zu starke Wirkung hatte und die Schlittenbahn schlecht wurde.

Als wir am Morgen des zehnten Tages (23. Juli) von unserm, etwa
3960 Fuß über dem Meere liegenden Lagerplatz aufbrachen, war das Wetter
schön und die Schlittenbahn vortrefflich, aber schon gegen Mittag wurde der
Himmel wolkig und es dauerte nicht lange, so hatten wir einen Schneesturm
aus Südsüdost; wir versuchten trotzdem vorwärts zu kommen, aber ein breiter
Fluß, dessen Ende wir nicht sehen konnten, hinderte bald unser Vordringen.
Die Ufer des Flusses bestanden aus einem Gewebe dünner Eiswände, die
überall von Wasser durchzogen waren, sodaß man nicht genau das feste Eis
vom Flusse unterscheiden konnte. Ein Mitglied der Expedition war beim
Wasserschöpfen aus dem Fluß so unglücklich, hineinzufallen und durch und durch
naß zu werden, sodaß uns unter diesen Umständen nichts übrigblieb, als
das Zelt aufzuschlagen. Der Schneesturm raste die ganze Nacht hindurch,
aber unser kleines Zelt, das wir so sicher wie möglich befestigt hatten, hielt
sich sehr gut. Am nächsten Morgen, 24. Juli, hatte der Sturm aufgehört, das Wetter sah aber noch sehr drohend aus. Wir strengten deshalb
unsere Kräfte auf das äußerste an, um womöglich noch an diesem Tage unser
Ziel zu erreichen. Wir hatten bisher unsern Kurs nach dem nördlichsten
(g) der fernen Nunatals genommen, die wir zu erreichen wünschten, als wir
aber näher kamen, sahen wir, daß das Eis in dessen Nähe mehr und mehr
unfahrbar wurde. Da es unter den drohenden Wetterverhältnissen wichtig
war, so schnell wie möglich zu einem festen Berge zu kommen, gingen wir
nach dem Nunatal i, der uns am nächsten lag, aber etwas niedriger war.

Wir befanden uns auf einem sehr schwierigen Eisterrain. Zuerst hatten
wir eine lange Strecke zu passiren, wo das Eis aus cylindrischen, senkrechten,

durch dünne Eiswände getrennten Zellen bestand. Auf dem Boden derselben lag Lehm und Sand, welche durch Einsaugung der Wärme die Bildung dieser cylindrischen Löcher verursacht hatten, die übrigens voll Wasser waren. Sie hatten eine Tiefe bis zu 2 Fuß und oft einen Durchmesser von 1 bis 1½ Fuß, und da das Eis hier mit einer dünnen Schneeschicht bedeckt war, sodaß man sich vor den Löchern nicht sicher in Acht nehmen konnte, waren sie im höchsten Grade beschwerlich. Später kamen wir auf Eis, wo ein Hügel von 5 bis 10 Fuß Höhe neben dem andern sich erhob und Bäche zwischen denselben dahinströmten. Ermuthigt durch den Gedanken, möglicherweise noch an demselben Tage das ersehnte Ziel erreichen zu können, überwanden wir

Parallele Klüfte auf dem Inlandeise.
Nach einer Zeichnung von K. Rørdam.

gleichwol alle Schwierigkeiten. Das Terrain, dessen Steigung während der letzten Tage sehr unbedeutend gewesen war, wurde allmählich horizontal und fing dann etwa ¼ Meile vom Berge an nach Osten sich zu senken, was unsere Wanderung bedeutend erleichterte. Mit jeder Viertelstunde unsers Marsches sahen wir, daß wir uns dem Ziele näherten. Die steilen Seiten des Felsens hallten schon von dem Geräusch wider, welches die von den hohen Eishügeln herabfallenden Schlitten verursachten, und da die Senkung des Eises allmählich immer stärker wurde, steigerte sich auch die Geschwindig-keit unsers Marsches. Schließlich entstand ein wilder Wettlauf nach dem Felsen, da jeder von uns der erste sein wollte, das bisher noch von keinem Menschenfuß betretene Land zu erreichen, und endlich um 5 Uhr nachmittags am 24. Juli und am elften Tage unferer Eiswanderung ftanden wir am Fuße des Nunatak.

Dies war ein Feſttag für uns, wie aber ſollten wir ihn feiern? Von dem Proviant durften wir nicht mehr als gewöhnlich verbrauchen. Indeſſen waren wir mit der Gewißheit zufrieden, nach ſo vielen Schwierigkeiten unſer Ziel erreicht zu haben, und die kahle Klippe kam uns vor wie ein Paradies im Vergleich zu dem, was wir während der letzten Zeit geſehen hatten. Wir freuten uns über die Gewächſe, die wir dort fanden, und für unſere Augen war es ein Genuß, Ruhe zu finden, indem wir auf die dunkeln Felsabhänge blickten. Obgleich wir etwa 4000 Fuß über dem Meere waren, trafen wir

Floße auf dem Inlandeiſe.
Im Hintergrunde die Nunataks g, h und i.
Nach einer Zeichnung von A. Kornerup.

dort Pflanzen; Buſchwerk und Reiſer aber gab es nicht und unſer Vorrath an Brennmaterial konnte deshalb nicht vermehrt werden. Die zu Anfang unſerer Wanderung genährte Hoffnung, daß wir etwas Wild hier antreffen würden, wurde ebenfalls getäuſcht, und wenn wir gewußt hätten, daß die Felſen 4—5000 Fuß über der Meeresfläche lagen, ſo hätten wir uns allerdings vorherſagen können, daß weder Renthiere noch Haſen hier gedeihen konnten.

An demſelben Nachmittag, an welchem wir den Nunatak erreichten, waren wir nach einem ſo anſtrengenden Tagemarſch nicht im Stande, noch die Spitze des Berges zu beſteigen, welche 1000 Fuß höher als ſein Fuß lag, bei dem wir unſer Zelt aufgeſchlagen hatten, und es wäre auch nutzlos geweſen, da das Wetter nicht klar war. Wir beſchloſſen deshalb, den Berg

am nächsten Tage zu besteigen und dann zu versuchen, noch einen der andern
Nunatals zu erreichen, die etwas höher waren, und wenn es dann noch
thunlich wäre, etwas weiter nach Osten vorzudringen. Wir wurden aber
außer Stand gesetzt, diese Absicht auszuführen. Am nächsten Tage hatten
wir nämlich einen südlichen Sturm mit heftigem Schneetreiben, welcher uns
zwang im Zelte zu bleiben, da es jetzt unmöglich war, den Berg zu besteigen.
Unsere Lage war also nichts weniger als behaglich. Da die Reise hierher
unter ziemlich günstigen Witterungsverhältnissen zehn Tage gedauert hatte, so
mußten wir etwa ebensoviel Zeit für die Rückreise berechnen und dieselbe womöglich schon am nächsten Tage antreten. Andererseits wollten wir aber
auch nur im äußersten Nothfall die gewonnenen Vortheile unbenutzt lassen,
indem wir umkehrten, ohne von der Spitze des Berges die Gegend nach
Osten hin überschaut zu haben. Wir beschlossen deshalb zu warten, waren
aber infolgedessen genöthigt, unsere Rationen auf das allernothwendigste herab-
zusetzen. Während der sieben Tage, die wir uns hier aufhielten, begnügten
wir uns mit drei Schiffszwiebäcken pro Mann täglich und nahmen außerdem,
wenn der Hunger uns dazu zwang, etwas Fleisch und Grütze, was bei
einem Stearinlicht halb gekocht wurde. Da unsere Butter zu Ende gegangen
war, legten wir etwas Liebig'schen Fleischextract auf das Brot. Unsere
tägliche Ration war also etwa ³⁄₄ Pfd., während sie sonst auf Expeditionen
ungefähr 3¹⁄₂ Pfund zu sein pflegt. Der Branntwein und, was noch
schlimmer war, auch der Spiritus, mit dem wir kochten, waren ausgegangen.
Thee und Kaffee, womit wir reichlich versehen waren, konnten wir deshalb
nur ein paar mal bereiten, wenn das Wetter soweit stille war, daß wir mit
unsern Schneeschuhen in freier Luft Feuer anmachen konnten. Ein Tag
nach dem andern ging dahin, ohne daß das Unwetter aufhören zu wollen
schien, und wir beobachteten mit größter Aufmerksamkeit das Barometer, dessen
Steigen oder Fallen uns entweder Hoffnung oder Furcht einflößte. Jedes
geringe Nachlassen des Sturms oder Schneefalls gab uns bessern Muth, wir
wurden aber doch um so ängstlicher, wenn das Unwetter wieder losbrach.

Der unaufhörliche Schneefall beunruhigte uns sehr, da wir fürchten
mußten, es würden sich so bedeutende Schneemassen auf das Eis legen, daß
uns die Rückkehr unmöglich werden könnte, oder daß wir gezwungen
würden, die Schlitten zurückzulassen und zu versuchen, auf Schneeschuhen
zurückzukehren, was wahrscheinlich bei diesen Wetterverhältnissen nicht gut
ablaufen würde. Die Unbehaglichkeit des Aufenthalts hier wurde noch
dadurch vermehrt, daß Ströme von Regenwasser und aufgelöstem Schnee
unaufhörlich unter dem Zelte durchflossen. Wir versuchten jedoch so gut es
ging, unsern Muth aufrecht zu erhalten, und fertigten uns, um die Zeit zu
vertreiben, aus Papier ein Schachspiel und Karten zum Spielen. So oft
es das Wetter gestattete, machten wir Ausflüge auf den Felsen, dessen Spitze
wir mehrmals erstiegen; dort errichteten wir eine Warte, in welche wir

eine in eine versiegelte Flasche eingeschlossene Beschreibung unserer Wanderung einlegten. Auf diesen Ausflügen sammelten wir etwas Bergsauerampfer ein, doch war dies eine knappe und wenig nährende Kost. Unser Zelt hielt sich recht gut; wir hatten es möglichst gut gestützt und es war ein Glück, daß wir auf der Leeseite des Felsens lagen, da der Sturm mehrmals zum Orkan überging, weshalb es, um die Schlitten und das Gepäck festzuhalten, nothwendig wurde, dieselben mit Steinen zu belasten.

Wir hatten unsern Lagerplatz auf der Klippe i, unmittelbar am Rande des Eises in einem Thal, dessen östlicher Theil von dem Felsen gebildet wurde, während das Eis nach Westen hin sich mit einer Steigung von ungefähr 17° erhob, welche Steigung jedoch abnahm je höher man kam. Endlich am Nachmittag des siebenten Tages schien das Wetter besser zu werden, und wir begaben uns hinauf nach der Warte; die Luft war jedoch noch immer so dick, daß wir nicht besonders weit sehen konnten. Wir beschlossen indeß, wenn das Wetter es nicht hinderte, am nächsten Tage die Rückfahrt anzutreten, selbst wenn es uns nicht glücken sollte, eine ausgedehntere Aussicht über das Inlandeis zu bekommen; denn unser Proviant war jetzt so stark mitgenommen, und unsere Kräfte durch die lange Hungerkur so geschwächt, daß wir die Heimreise nicht länger aufschieben durften. Am nächsten Morgen war das Wetter glücklicherweise klar, und ich stieg sogleich zur Warte hinauf, von der ich jetzt eine ausgezeichnete Aussicht über das Land hatte. Das Inlandeis lag mit seiner unermeßlichen Fläche vor mir ausgestreckt, und nach Osten hin stieg es, soweit das Auge reichen konnte, immer höher und höher, bis es mit dem Himmel an einem Horizont zusammenschmolz, der bedeutend höher lag als mein Standpunkt, dessen Höhe 4960 Fuß über dem Meere betrug. Mit Ausnahme der Bergspitzen, welche derselben Gruppe wie der Felsen angehörten, auf dem wir uns befanden, war kein weiteres eisfreies Land nach Osten hin sichtbar. Unsere Vermuthung, daß die von Dalager gesehenen Berge, von denen er annahm, daß sie auf der Ostküste Grönlands lägen, dieselben wären, auf denen wir uns befanden, wurde also hierdurch bestätigt. Nach Osten hin war das Eis an mehreren Stellen äußerst zersplittert und hatte das Aussehen, als wenn unter dem Eise Berge bis beinahe an die Oberfläche desselben sich erhöben und im Begriffe wären als Nunatals hervorzubrechen. Einen großartigen Anblick boten die nächsten uns umgebenden Nunatals. Ernst erhoben sich aus dem Eise in einem Bogen eine Reihe großer, dunkler Felsspitzen (g, h, i, k, l und m auf der Karte, welche seine vorwärtsschreitende Bewegung nach Westen hin hemmten. Wie gewaltig die Naturkraft war, gegen welche diese Felsen hindernd in den Weg traten, darüber gab mir die umgebende Landschaft ein anschauliches Bild. Nach Osten hin war das Inlandeis so mächtig aufgethürmt, daß es beinahe bis an die Spitze des Nunatak k hinaufreichte, während es, einem ungeheuern gefrorenen Wasserfall ähnlich, zwischen diesen Felsen nach dem viel niedriger liegenden Eise im Westen derselben steil abfiel, und am Fuße dieses Abhangs lag ein großer See, welcher theilweise mit von dem höher liegenden Eise herabgestürzten Eisbergen angefüllt war. Der Nunatak, auf dessen Spitze ich stand, hatte einen Umkreis von ungefähr einer Meile. Nachdem ich die nöthigen Beobachtungen angestellt hatte, stieg ich wieder zu unserm Lagerplatz hinab, wo meine Begleiter inzwischen Vorbereitungen zum Aufbruch getroffen hatten, und am 31. Juli um 10 Uhr vormittags verließen wir diese Stelle, die wir mit so großer Freude begrüßt hatten, jetzt aber fast mit Abscheu betrachteten, nachdem wir dort eine ganze Woche festgekettet gewesen waren.

Da wir von der Spitze des Berges einen Ueberblick über das Terrain gehabt hatten, das wir zuerst passiren sollten, so konnten wir jetzt das sehr unebene Eis vermeiden, das uns während der letzten Tage unserer Herreise so viel Mühe gekostet hatte. Nachdem wir zuerst einen Fluß passirt hatten, über den wir das Gepäck mit Hülfe von Stangen und Tauen hinüberschafften, folgten wir einer breiten Moräne, die sich von dem Nunatak etwas über eine Viertelmeile nach Südwest erstreckte, und in deren Nähe das Eis sehr eben war. Am Nachmittag trat Schneewetter mit Nebel ein; dies hielt auch einen Theil des nächsten Tages an, dessenungeachtet aber gingen wir schnell vorwärts, denn wie unbedeutend auch das Eis nach Westen hin abfiel, so war es doch eine fühlbare Erleichterung, die Schlitten im ganzen abwärts anstatt aufwärts zu ziehen. An Stellen, wo die Neigung steiler war, gingen die Schlitten beinahe von selbst, und wir mußten dann sehr achtsam sein, daß sie nicht — was aber dennoch eintrat — zu stark in Lauf kamen und uns mit in die Risse hinabzogen. Im Laufe des Tages hüllten sich die Bergspitzen in dichte Schneemäntel, ein sicheres Zeichen, daß wieder Unruhe in der Luft lag, und am 2. August brach auch ein so heftiger Südsüdoststurm mit Schneetreiben los, daß wir gezwungen waren, den ganzen Tag im Zelte zu bleiben. Wir hatten dasselbe am Abend vorher, wo ein dichter Nebel herrschte, auf einem Eisfeld aufgeschlagen, das nach allen Richtungen hin von Klüften durchkreuzt war, die mitunter mit Schnee bedeckt waren, weshalb wir eine Art Demarkationslinie abstecken mußten, innerhalb welcher das Terrain untersucht war und außerhalb welcher niemand gehen durfte. Um 8 Uhr abends wurde es plötzlich ruhig und die Luft klar, kurz darauf aber entwickelte sich von neuem ein Sturm aus Ostsüdost mit heftigen Windstößen und allen Kennzeichen der in Grönland bekannten Südoststürme, deren Entstehung Kapitän Hoffmeyer in einer befriedigendern Art zu erklären versucht hat, als bisher geschehen war. Das Eigenthümliche bei diesem Sturm war, daß er nicht, wie an der Küste, von höherer Temperatur begleitet war, denn das Thermometer zeigte nur — 2° C.; da wir uns aber in einer Höhe von 3520 Fuß über dem Meere befanden, so stimmte dies ja auch mit Hoffmeyer's Theorie überein. Solange der Sturm raste, hörte man einen eigen thümlichen pfeifenden Laut, welcher dadurch entstand, daß der Wind bei seinem Laufe über die unermeßliche Eisfläche Schnee und Eistheile vor sich her-fegte. Diese Nacht war die einzige auf unserer Reise, in der wir in unsern Schlafsäcken einige Kälte empfanden. Am 2. August um 2 Uhr morgens hatte der Sturm ausgetobt, weshalb wir sofort aufbrachen und weiterzogen.

Am folgenden Tage war das Wetter schön und es ging schnell vor-wärts, besonders am 4. August, an welchem wir 2³⁄₄ Meilen in gerader Linie zurücklegten, die längste Tagereise auf der ganzen Wanderung. Unsere Stimmung wurde jetzt allmählich besser, je mehr wir uns der Küste näherten, und selbst der Grönländer, der bisjetzt stets sehr niedergeschlagen gegangen war ohne ein Wort zu sagen, fing an, unsere Lage in helleren Farben anzuschauen. Am Nachmittage nahmen wir den Proviant mit, den wir am 17. Juli in Depot gelegt hatten; wir hofften noch am selben Abend das Hauptzelt zu erreichen, um 8 Uhr 30 Min. aber mußten wir diesen Versuch aufgeben, da wir wieder von einem undurchdringlichen Nebel eingehüllt wurden. Der Nebel hielt auch noch am nächsten Tage an, wir beschlossen aber doch einen Versuch zu machen, unser Frauenboot zu erreichen, da der Proviant nicht mehr viele Tage reichen konnte. Hierzu kam, daß ich zu fürchten an-fing, daß die Besatzung desselben, des Wartens müde, die Stelle, wo wir auf das Eis gegangen waren, verlassen haben könnte in dem Glauben, daß wir umgekommen seien. Zwar hatte ich sie absichtlich in Unkenntniß darüber gelassen, wie lange die Reise dauern würde; wer aber den Grön-länder kennt und weiß, wie wenig Geduld er besitzt und was er thun kann, nur um der Eingebung des Augenblicks zu folgen, dem muß ein solcher Ge-danke wol nahe liegen. Mit dieser Eventualität vor Augen hatte ich zwar, ehe wir die Wanderung antraten, Habakuk sein Kajak auf die Seite des Wassers hinüberführen lassen, wo wir auf das Eis gingen, um es dort zu lassen, damit wir, wenn die Grönländer bei unserer Rückkehr fortgegangen sein sollten, doch Nachricht nach der nächsten Colonie schicken könnten; anderer-seits war es aber durchaus nicht sicher, daß die Grönländer das Boot hatten liegen lassen, und dies erwies sich auch als ganz richtig, da sie es fortge-nommen hatten, um es bei ihrem Fischfang zu benutzen. Ich nehme jedoch an, daß sie es wieder zurückgebracht haben würden, wenn sie den Zeltplatz verlassen hätten.

Es galt nun, im Nebel, der so dicht war, daß man nur zwanzig Schritt vor sich sehen konnte, den Weg hinunter nach dem Zeltplatz zu finden, und hierbei mehrten sich die Schwierigkeiten noch dadurch, daß wir eine von Klüften durchschnittene Strecke umgehen mußten, anstatt in gerader Richtung auf unser Ziel losgehen zu können. Wir hatten außerdem seit dem vorher-gehenden Nachmittag die Berge aus Sicht verloren, sodaß wir nicht genau wußten, wo wir waren; um die Zelte wiederzufinden, mußten wir uns deshalb hauptsächlich auf den Instinkt verlassen.

Dieser letzte Tag unserer Wanderung wäre uns beinahe verhängnißvoll geworden. Das Terrain, auf dem wir gingen, war zwar voll von Rissen, da sie aber von keinem Schnee bedeckt waren, so erachteten wir es nicht für nothwendig, ein Tau zwischen uns zu befestigen, um so weniger, da dies den Marsch bedeutend hinderte. Ich erschrak deshalb sehr, als ich bei einem zufälligen Umwenden nicht Habakuk, sondern nur seine am Rande einer breiten Spalte liegende Mütze sah. Wir eilten an die Stelle und unsere Freude war groß, als wir sahen, wie sich die Sache verhielt. An der Stelle, wo er hinuntergefallen war, wurde die Spalte nach unten soviel schmäler, daß er zehn Fuß unterhalb der Eisfläche mit dem Schlitten eingeklemmt worden war; er sah aber mehr todt als lebendig aus. Wir warfen ein Tau, das immer wie bei Schiffen oben auf dem Schlitten zur Verwendung als Rettungs= seil bereit lag, zu ihm hinab, er war aber nicht im Stande es sich selbst umzubinden, sobaß sich einer von uns hinabhissen lassen mußte, um ihm zu helfen. Mit einiger Mühe bekamen wir ihn und den Schlitten wieder auf das Eis herauf, und jetzt erst fing er an Lebenszeichen zu geben. Nach einer kurzen Ruhe konnte er uns wieder folgen und einige Stunden später waren die Folgen seines Abenteuers vollständig verschwunden.

Am Nachmittage kamen wir, noch immer in einem dichten Nebel, auf ein von Rissen sehr stark durchschnittenes Eis, jedenfalls das schlimmste, das wir auf der ganzen Wanderung angetroffen hatten, und unsere Anstrengung, um uns durch diesen Wirrwarr von Klüften und Eispyramiden hindurch= zuarbeiten, wobei der Kompaß uns von gar keinem Nutzen war, bildeten einen würdigen Abschluß der Anstrengungen der letzten drei Wochen.

Nach einigen Stunden veränderte sich plötzlich der Charakter des Eises, indem seine Oberfläche ganz eben und frei von Spalten wurde, und schloßen wir aus seiner starken Abschüssigkeit und dunkeln Farbe, daß wir seinem äußern Rande nahe sein müßten. Hier ließen wir die Schlitten stehen, um zu untersuchen, ob wir auf dem rechten Wege wären, ehe wir weitergingen, da es im höchsten Grad beschwerlich gewesen sein würde, sie wieder herauf zuziehen, wenn es sich gezeigt hätte, daß wir auf falschem Wege wären. Zwei von uns zogen zur Untersuchung des Terrains aus, und um die Schlitten wiederzufinden unterhielten wir die Verbindung zwischen uns durch Pfeifen aufrecht, was auf eine staunenswerthe Entfernung gehört werden konnte.

Die ausgesandten Boten kehrten zurück mit der Nachricht, daß wir auf ein völlig unbekanntes Terrain gekommen seien, eine wenig angenehme Nach= richt für uns, da wir gehofft hatten, noch am selben Tage unser warmes geräumiges Zelt und unsern reichlichen Proviantvorrat zu erreichen, dessen wir so sehr bedurften. Nach welcher Richtung wir gehen sollten, um zu unserm Frauenboot zu gelangen, konnten wir nicht bestimmt entscheiden, nach der Höhe der vor uns liegenden Berge aber, sowie nach der Richtung, in der wir am letzten Tage gegangen zu sein glaubten, schloßen wir, daß

wir uns westlich vom Frauenboote befänden und also zu weit gegangen
wären.

Nach einer kurzen Berathung gingen wir nach dem Vorlande hinunter,
wo Kornerup und Groth bei den Schlitten blieben, während ich in nordöst-
licher Richtung längs der Eiskante hinging. Ich nahm Habakuk mit, welcher
in diesen bekanntern Umgebungen die scharfen Sinne der Grönländer wieder-
bekommen hatte, unter denen der Ortssinn einer der am meisten entwickelten
ist. Die Wanderung war mühevoll, denn auf dem Eise konnte man meistens
nicht gehen, da dasselbe an vielen Stellen eine Neigung bis zu 50° hatte,
und darunter lagen Moränen von weichem Lehm und Sand, wo viele Flüsse
zu durchwaten waren. Nach ungefähr zwei Stunden hatten wir unsere Zelte
noch nicht in Sicht bekommen, und ich war nahe daran, zu den Schlitten
zurückzukehren, da ich glaubte, daß wir auf dem unrichtigen Wege wären,
als ich plötzlich hörte, daß Habakuk, der auf der Reise so still und ver-
schlossen gewesen war, ein Freudengeschrei ausstieß. Von einem kleinen Felsen,
den wir bestiegen hatten, entdeckte sein scharfer Blick durch den Nebel unsere
Zelte, und unsere Rufe setzten bald das Lager in Bewegung. Das Frauenboot wurde ins Wasser gesetzt, um uns zu holen, worauf die Grönländer
uns mit unendlichem Jubel empfingen und wiederholt unsere Hände drückten,
da sie schon lange geglaubt hatten, wir wären in der gefürchteten Eiswüste
umgekommen. Einige Grönländerinnen begleiteten sogleich Habakuk, um
Kornerup und Groth zu holen und um 10 Uhr abends kamen auch diese
bei den Zelten an, wo ihnen derselbe herzliche Empfang wurde, der uns
zutheil geworden war.

Wir waren also wohlbehalten zurückgekommen und unsere Freude war
groß darüber, daß wir ohne Unglücksfall die Gefahren bestanden hatten, an
denen unsere Reise so reich gewesen war.

An den Stellen des Binneneises, wo ich vorgedrungen bin, gab
es keine einzelnen von Eis umgebenen Bergspitzen oder sogenannte
Nunataks.[1] Es möge mir deshalb gestattet sein, hier Kornerup's
Beschreibung des Thier- und Pflanzenlebens auf einer derartigen
Oase in der Eiswüste wiederzugeben.

---

[1] Dieses grönländische Wort bezeichnet nicht nur isolirte, vom Binneneise umgebene Bergspitzen, sondern auch Halbinseln, die mit dem eisfreien Küstenlande zu-
sammenhängen und nur theilweise von Eis umgeben sind.

Das organische Leben auf den östlichsten Nunataks.

Wenn man vom Eise aus auf die Nunataks mit ihrem dunkeln Schiefergestein und ihren zahlreichen, hier und da über den Felsen zerstreuten Schneeflecken sieht, so erhält man einen im höchsten Grad düstern Eindruck von der Landschaft. Eis, Schnee, lose Steine und nackte Klippen ist alles was man sieht, doch wer kann auf einer Höhe von mehr als 4000 Fuß über dem Meeresspiegel und ungefähr zehn Meilen in das Inlandeis Grönlands hinein wol noch etwas anderes hier erwarten. Wie erstaunt man aber nicht, wenn man etwa hundert Fuß den Felsen hinaufkommt und entdeckt, daß diese ungastliche Stelle keineswegs von aller Vegetation entblößt ist, ja daß es hier in der Eiswüste sogar noch lebende Wesen gibt. Bei den Gewässern, in den Felsenrissen und auf den feuchten Schuttansammlungen auf der Leeseite vorstehender Theile der Felsen sieht man eine Menge kleiner Pflanzen, welche sich mit dicken, grasgrünen Mooshöckern dicht zusammengeschlossen haben, gleichsam wie um gemeinsamen Schutz gegen das rauhe Klima zu suchen, da ja hier mitten im Sommer eiskalte Winde und Schneestürme auftreten. Wenn man diese kleinen Oasen näher untersucht, so findet man, daß Luzula hyperborea und Carex nardina in größter Menge vorkommen. Die letztgenannte Pflanze ist sporadisch und selten, besonders in Südgrönland. Sehr allgemein ist an den Flüssen Oxyria digyna. Von dieser Sauerampferart sammelten wir eine Menge Blätter, welche ein kräftiges Mittel gegen den Skorbut sind; dieselben waren uns auf der Heimreise über das Eis von großem Nutzen, als wir in der einen Nacht an großem Durst litten. In zerstreuten Gruppen findet sich auch Trisetum subspicatum, sowie hier und da Poa trichopoda. Ferner sahen wir verschiedene farbige Blumen, welche hier und da zwischen dem Moos und den Steinen hervorschauten, häufig halb unter dem frischgefallenen Schnee verborgen. Die meisten derselben waren weiß wie ihre Wiege (mehrere Saxifraga-Arten und Cerastium alpinum), eine einzige war dunkelblau, nämlich die kleine Campanula uniflora, und ein paar Arten zeichneten sich durch ihre frischen, gelben Kronenblätter aus (nämlich Potentilla nivea und Ranunculus pygmaeus).

Sogar ganz kleine Gewächse, wie Silene acaulis, Saxifraga oppositifolia und Cassiope hypnoides, machten durch ihre Menge, ihre lebhaften Farben und niedlichen Formen einen recht guten Effect. An feuchten Stellen am Fuße des Berges gab es Armeria sibirica, und selbst auf der höchsten Spitze des Nunatal öffnete die kleine grönländische Mohnblume, Papaver nudicaule, ihre blaßgelben Kronenblätter, um einige der spärlichen Sonnenstrahlen aufzufangen. Einjährige Pflanzen gab es nicht.

Die Wahrscheinlichkeit, Thiere anzutreffen, welche wirklich ihre Heimat auf den Nunataks haben, ist noch bedeutend geringer als die Aussicht, Gewächse vorzufinden, bei denen dies der Fall ist. Wir waren deshalb sehr erstaunt, als wir einen kleinen Vogel, eine Schmetterlingsraupe und zwei Spinnen fanden.

Der Vogel war, soweit wir es unterscheiden konnten, eine Saxicola (oenanthe) oder etwas Derartiges. Er sah sehr ängstlich und verkommen aus und war sicher durch den gewaltigen Schneesturm hierher verschlagen worden. An der Küste nistet die Saxicola und ist dort ziemlich allgemein.

Die Schmetterlingsraupe gehört nach Professor Schiödte zu dem Geschlechte Noctua, wovon sich zahlreiche Arten an der Küste finden. Das Mutterthier ist möglicherweise, wie der Vogel, ganz unfreiwillig auf den Nunatak gekommen.

Die zwei Arachniden scheinen von größerm Interesse zu sein. Es waren sehr lebhafte Thiere, welche, als wir sie fangen wollten, zwischen den Steinen Schutz suchten. Nach den Untersuchungen des Cand. Mag. W. Sörensen sind es eine ausgewachsene und eine junge Mutterspinne, welche noch einige Zeit bis zur nächsten Häutung hatten. Sie gehören wahrscheinlich beide zu derselben Art und zu dem Geschlecht der Lycosa (sensu stricto. Thorell.), und scheinen nicht unter den bisher beschriebenen Arten vorzukommen. Wenn sie ihr Heim auf dem Nunatak haben, müssen sie natürlich dort auch ihre Nahrung finden, wir sahen aber weder Milden, Podnren, noch ähnliche Insekten. Ich muß jedoch erwähnen, daß das äußerst schlechte Wetter genaue Untersuchungen unmöglich machte und dazu beitragen mußte, daß die Thiere sich verborgen hielten, wenn sie wirklich existirten.

Die Flora, welche Herr Kornerup hier beschreibt, ist nicht zu verwechseln mit der Eisflora, welche mein Begleiter auf der Expedition des Jahres 1870, Dr. Berggren, zuerst entdeckte und über welche Professor Wittrock eine interessante Beschreibung gegeben hat.[1]

---

[1] Vgl.: A. E. Nordenskiöld. Studien und Forschungen veranlaßt durch meine Reisen im hohen Norden (Leipzig 1885), S. 65—119.

Fünftes Kapitel.

Der Sofiahafen. — Flora und Fauna daselbst. — Vorbereitungen zur Eiswanderung. — Das Eis wird bestiegen. — Die Eiswanderung beginnt in großer Gesellschaft. — Ausrüstung der eigentlichen Expedition. — Beschaffenheit des Eises. — Schwierigkeit Zeltplätze zu finden. — Die Lappen recognosciren. — Rother Schnee. — Knochen von Renthieren ꝛc. auf dem Eise. — Das Land wird aus dem Gesicht verloren. — Bestimmung der Weglänge und der Höhe. — Der Gesundheitszustand während der Eiswanderung. — Berghöhen im Osten vermuthet. — Der Kryokonit. — Unannehmlichkeiten und Vortheile der Kryokonitlöcher. — Schneebrei hindert die Fortsetzung der Eiswanderung. — Die Lappen gehen auf Schneeschuhen weiter. — Zurückkunft und Bericht der Lappen über ihre Fahrt. — Rückkehr an den Saum des Binneneises. — Ankunft am Sofiahafen. — Wettlauf auf Schneeschuhen in Jostmøll.

Im vorigen Kapitel habe ich ziemlich ausführlich berichtet über alle bekannten Versuche, in das Innere der Eiswüste von Grönland vorzudringen. Der Vollständigkeit halber sollte ich auch eine Uebersicht über verschiedene, für eine richtige Auffassung der Natur des Inlandeises besonders wichtige, am Saume desselben von den Herren Rink, Helland, Steenstrup, Hammer u. A. angestellte Untersuchungen geben. Durch eine derartige Darstellung würde aber die Abschweifung, welche ich von dem Hauptgegenstand dieser Reiseschilderung bereits gemacht habe, doppelt so lang werden. Ich sehe mich daher genöthigt, alle, welche von dem Ergebniß der Arbeiten obengenannter Forscher Kenntniß nehmen wollen, auf die Originalabhandlungen[1] zu verweisen und hier zur Schilderung der Fahrt zurückzugehen.

---

[1] H. Rink, mehrere Aufsätze in verschiedenen Werken und Zeitschriften.

A. Helland, Om de isfyldte Fjorde og de glaciale Dannelser i Nord-

SOFIA - HAFEN

an der

WESTKÜSTE GRÖNLANDS.

chwedischen Expedition im Jahre 1883 von

C. J. O. Kjellström .

Wie bereits früher bemerkt, ging die „Sofia" am Vor=
mittag des 1. Juli, nachdem sie die verrufenen und, wie auch
wir noch erfahren sollten, wirklich sehr gefährlichen Stromschnellen
im Aulaitsivikfjord passirt hatte, in dem kleinen, am Rande des
Inlandeises gelegenen hübschen Hafen vor Anker, den ich Sofia=
hafen benannt habe. Derselbe schien uns so ruhig und sicher zu
sein, daß ich die ganze Besatzung, eine einzige Schiffswache ausge=
nommen, an das Land geben und in den ersten Tagen der Eis=
wanderung an dem Transport der Ausrüstung der Expedition die

Der Sofiahafen, von dem Zeltplatz der Grönländer gesehen.
Nach einer Zeichnung von L. Möller.

Höhen hinan theilnehmen ließ. Alles ging glücklich. In meiner
Abwesenheit trat aber, worüber ich später berichten werde, ein Un=
glücksfall ein, welcher zeigt, wie gefährlich es ist, Fahrzeuge in dem
scheinbar sichersten Hafen zu verankern, wenn derselbe einem großen,

Grönland. Archiv for Mathematik og Naturvidenskab, Bd. I (Christiania
1876), S. 58.

R. R. J. Hammer, Undersögel-er ved Jakobshavns Isfjord og narmeste
Omegn i Vinteren 1879–80. Meddelel-er om Grönland. IV. 1.

K. J. V. Steenstrup, Bidrag til Kjendskab til Bræerne og Bræ-Isen i
Nord-Grönland. Ebendas. IV. 69.

in das Meer hinausreichenden Arm des grönländischen Inlandeises
zu nahe gelegen ist.

Als die „Sofia" unter beständigem Lothen durch die seichte Einfahrt in den Hafen hineindampfte, kamen wir an einigen kleinen
Felseninseln vorüber, welche unzähligen Eiderenten zum Nistplatz dien-
ten. Bisher waren diese Inseln infolge ihrer entlegenen Lage von
Plünderung verschont geblieben, jetzt aber hatte die Stunde geschlagen,
wo das Unglück auch über sie hereinbrechen sollte. Schon als wir
an den mit Scharen von Eiderenten bedeckten Inseln vorüberfuhren,
glänzten die Augen unserer sonst so sanftmüthig blickenden Eskimos
vor Raubbegierde, und kaum waren die Anker gefallen, so eilten sie
auch schon, begleitet von allen Mannschaften der „Sofia", denen es
geglückt war Urlaub zu erhalten, zu einem Plünderungsfest. In
kurzer Zeit hatten die Friedensstörer laut der bei der Vertheilung
vorgenommenen Zählung, 1447 zum Theil verlegene Eier und
einen ansehnlichen Haufen Dunen eingesammelt. Unser Entomologe
machte hier durch Sieben der Dunen eine ziemliche Insektenernte.
Die Eiderente legt nämlich ihre Eier in große, aus „lebendigen Dunen",
wie die Bezeichnung der Polarjäger lautet, gebaute Nester. Und
lebendig sind die Dunen auch, wennschon in einer andern Meinung
als derjenigen der Polarjäger; ein jedes Nest bildet nämlich einen
Mikrokosmos für sich. Es ist die Wohnstätte unzähliger Parasiten,
welche die Ruhe der Eiderente in diesem weichen und warmen Dunen-
bett während der Brutzeit auf eine ziemlich unangenehme Weise stören
dürften.

Gleich nach unserer Ankunft im Hafen begannen wir uns zur
Eiswanderung zu rüsten; auch machten wir Ausflüge nach verschiedenen Richtungen, um die für den Geologen so lehrreichen Umgebungen des Hafens zu untersuchen. Dieselben bestehen zum größten
Theil aus kahlen, durch das Binneneis abgerundeten und bis zu
400 m hohen Gneisbergen, die dünn mit größern und kleinern
kantigen Felsblöcken bestreut sind, welche das Binneneis in oft sehr
gewagten Gleichgewichtslagen zurückgelassen hat. Alle, oder doch beinahe alle Felsblöcke bestehen aus derselben Gneisart wie die Kluft, auf
der sie ruhen, sind also wahrscheinlich nicht besonders weit transportirt worden, woraus hervorzugehen scheint, daß im Gegensatz zu
der bisherigen Annahme der Forscher in den untersten Schichten des

Erratische Blöcke am Rande des Inlandeises.
Nach einer Aufnahme des Photographen der Expedition am 6. August 1883.

Erratische Blöcke am Rande des im Hintergrunde sichtbaren Inlandeises.
Nach einer Aufnahme des Photographen der Expedition am 6. August 1883.

Inlandeises in einiger Entfernung von seiner Rante ebenso wenig eine Bewegung stattfindet, wie in den größten Tiefen im Meere.

Die Schrammen waren auf den höher gelegenen Stellen meistentheils durch die Einwirkung des Frostes, der Atmosphärilien und der üppigen Flechtendecke der Felsen zerstört, sodaß man nur in der Tiefe der Thäler an Stellen, welche erst neuerdings von dem ursprünglichen Gletscherschlamm befreit worden, geschrammte Felsen entdecken konnte. Größere dauernde Moränenbildungen gab es hier nicht, ebenso fehlte von den Sandbrücken jede Spur. Dagegen waren die am Fjord weiter nach außen gelegenen Thäler mit mächtigen Lagern eines feinen Lehmschlammes angefüllt, welche Concretionen enthielten, die oft recht eigenthümliche Salzwasserversteinerungen umschlossen.[1]

Erratischer Block am Rande des Inlandeises.
Nach einer Zeichnung von Sv. Berggren 1870.

Es ist nicht unwahrscheinlich, daß ein Theil dieser eigenthümlichen Thonbetten unter einer von dem Inlandeise in das Meer hinaus-schießenden schwimmenden Eisdecke abgesetzt worden ist.

In der Nähe des Hafens waren die Felsen von tiefen Thälern durchschnitten, deren Gründe von unzähligen kleinen und seichten

---

[1] Diese und andere Versteinerungen hatten schon die Aufmerksamkeit des heidnischen Innuitvolkes erregt, welches in ihnen einen Beweis für die Richtigkeit der Erzählung der Missionare von der Sündfluth erblickte. (Vgl. z. B. P. Egede's „Nachrichten". S. 92, 157 und 230.) Die subfossilen Versteinerungen, welche ich 1870 in den hier fraglichen Lehmlagern auf der Landzunge zwischen dem Aulaitsivik und der Südostbucht einsammelte, finden sich aufgezählt in: Geologiska för en expedition till Grönland 1870, S. 49. Ein Verzeichniß über gleichartige Versteinerungen von verschiedenen Stellen auf Nordwest-Grönland, gesammelt von K. J. V. Steenstrup, Dr. Pfaff u. A., findet sich in: Meddelelser om Grönland, IV, 1883, S. 235.

Der Abschluß des Inlandeises gegen das Land, mit lehmbedecktem Saum und unbedeutender Moräne.

Nach Aufnahmen des Photographen der Expedition am 4. August 1883.

Wasserbassins oder Seen eingenommen waren. Die Vege=
tation bestand in diesen Thälern zumeist aus einem weichen und
dichten, für Fußgänger äußerst beschwerlichen Teppich aus großen,
üppigen Moosen und Flechten, durch ein wirkliches, von den am
Boden hinkriechenden Zwergbirken und Weiden gebildetes Flechtwerk
zusammengebunden. Aus diesem Teppich schossen unzählige, oft
sehr hübsche Blumenpflanzen hervor. Ueber diese habe ich von
Dr. Berlin nachstehendes Verzeichniß erhalten, dessen wenig syste=
matische Ordnungsfolge gewählt wurde, um dem Leser von diesem
Theile der Westküste Grönlands ein Vegetationsbild zu geben, deut=
licher als dasjenige, welches die gewöhnlichen Pflanzenkataloge liefern.

I. Sträucher.

Salix glauca *L.*, schillernde Weide, bildet auf Abhängen, am liebsten
an Bächen entlang, Dickichte von kaum einer Elle Höhe.

Betula nana *L.*, bedeckte große Flächen auf tiefer liegenden Abhängen
und in Thalgründen mit ausgetrocknetem Sumpfboden.

Empetrum nigrum *L.*, schwarze Rauschbeere, wuchs gern mit obigen
beiden Pflanzen zusammen.

Ledum palustre *L.*, Sumpfporst, war hauptsächlich auf austrocknende
Sumpfmoore beschränkt.

Eine niedrige und kleinblättrige Form der Sumpfheidelbeere, Vaccinium
uliginosum *L. v. microphyllum Lge.*, war häufig auf solchen Abhängen,
wo die Feuchtigkeit etwas größer war.

Eine kleine Form der Preißelbeere, Vaccinium vitis idaea *L. v. pumi-
lium Horn.*

Der Zwergporst, Azalea procumbens *L.*, die viereckige Andromeda,
Andromeda tetragona *L.*, und die einschläfernde Andromeda, Andromeda
hypnoides *L.*, fanden sich meist auf trockenen, mit Moosflechten bekleideten
Plateaus.

Juniperus communis *L. v. nana (Willd.)*, Zwergwachholder, war
selten; derselbe erreicht hier seine Nordgrenze in Grönland.

Tiefer in den Bergen und am liebsten an den Ufern der Seen bildete
die kaum zollhohe Krautweide, Salix herbacea *L.*, an gewissen Stellen aus=
gedehnte Teppiche von dunkelgrüner Farbe; meistentheils kam sie aber mehr
zerstreut vor, trug jedoch trotz ihrer geringen Höhe in wesentlichem Grade
zur grünen Farbe der Pflanzendecke bei, besonders an steinigen, etwas
feuchten und an der Nordseite der Berge liegenden Stellen, wo der Gras=
wuchs sonst sehr dürftig war.

2. Gräser.

Am Meeresstrande:

Glyceria vaginata *Lge* in kleinen Blüten, G. arctica *Hook.* und G. vilfoidea (*Ant.*) *Th. Fr.* mehr zerstreut.

Carex glareosa *Wng.* und C. capitata bildeten keine Blüten.

Auf Sumpfmooren:

Carex rigida *Good.*, welche übrigens an beinahe allen Standorten angetroffen wurde; das verbreitetste Gras. C. Goodenowii *Gay* v. groenlandica *Lge.*, C. aquatilis *Wng.* (doch selten), C. rariflora *Sm.* und C. pulla *Good.*

Eriophorum angustifolium *Roth*, E. Scheuchzeri *Hoppe.*

Auf den Abhängen:

Hierochloa alpina (*Liljebl.*) *R. & S.*, in einzelnen Exemplaren.

Calamagrostis phragmitoides *Hn.*, gruppenweise, C. purpurascens *R. Br.*, C. lapponica *Hn.*

Agrostis rubra *L.*, besonders allgemein und Grassteppiche bildend, welche aber sehr untermischt sind, theils mit anderen, vorzugsweise den folgenden Gräsern, theils mit Blumen.

Trisetum subspicatum (*L.*) *Beauv.*

Festuca rubra *L.*, F. ovina *L.*, letztere zur Bildung von Grassteppichen beitragend.

Poa pratensis *L.*, P. alpina *L.*, P. flexuosa *Wng.*, P. glauca *Vahl* (gruppenweise), P. laxiuscula (*Bl.*) *Lge.*

Carex scirpoidea *Mich.* an trockenen Stellen, C. alpina *Sw.*, C. holostoma *Drej.*, beide an feuchtern Plätzen, C. lagopina *Wng.* und Kobresia scirpina zerstreut.

Luzula spicata (*L.*) *DC.*, L. confusa *Lindeb.*

An den lehmigen Gletscherströmen:

Juncus arcticus, J. castaneus *Sm.*

3. Wasserpflanzen (nur im Süßwasser).

Batrachium confervoides *Fr.*

Hippuris vulgaris *L.* v. maritima (*Hell.*), blühend.

Myriophyllum spicatum *L.*

Utricularia minor *L.*

Menyanthes trifoliata *L.*, blühend.

Potamogeton pusillus *L.*

Sparganium hyperboreum *Last.*

Isoëtes echinospora *Dur.*, sporentragend.

4. Blumen:

weiße:

Arabis Holboellii *Horn.*, A. alpina *L.*
Cochlearia groenlandica *L.*
Draba hirta *L.*
Cerastium alpinum *L.*
Stellaria longipes *Gold.*, S. humifusa *Rottb.*, bildete kleine Teppiche
am Meeresstrande.
Alsine biflora *Wng.*
Potentilla tridentata *Sol.*
Saxifraga caespitosa *L.*, S. cernua *L.*, S. nivalis *L.*, S. tricuspi-
data *Rottb.* mit purpurfleckigen Blumen.
Vaccinium uliginosum *L.* v. microphyllum *Lge.*
Andromeda tetragona *L.*, A. hypnoides *L.*
Ledum palustre *L.* v. decumbens *Ait.*
Diapensia lapponica *L.*
Euphrasia officinalis *L.*
Pedicularis lapponica *L.*
Tofieldia borealis *Wng.*

röthliche:

Wahlbergella affinis *(Vahl)* Fr., W. triflora *(R. Br.)* Fr.
Menyanthes trifoliata *L.*
Pyrola grandiflora *Rad.*, die Blumen hatten einen angenehmen Duft.

rothe:

Viscaria alpina *(L.)* Don.
Silene acaulis *L.*
Sedum villosum *L.*
Saxifraga oppositifolia *L.*
Artemisia borealis *Pall.* (braun).
Vaccinium vitis idaea *L.* v. pumilum *Horn.*
Azalea procumbens *L.*
Pedicularis hirsuta *L.*
Armeria sibirica *Turcz.*

gelbe:

Ranunculus reptans *L.*, R. lapponicus *L.*
Papaver nudicaule *L.*
Draba aurea *Vahl.*
Potentilla nivea *L.*
Rhodiola rosea *L.*
Arnica alpina *Olin.*
Pedicularis euphrasioides *Steph.*, P. flammea *L.*

Lagerplatz der Expedition am Rand des Inlandeises.
Nach einer Zeichnung von v. Müller.

S. 187.

blaue:
Campanula rotundifolia *L.*
violette:
Chamaenerium latifolium (*L.*) *Sp.*
Pinguicula vulgaris *L.*

Zu den Binnenseen wurden auch einige Süßwasserschnecken (eine Limnaea und eine Planorbis) sowie etliche Süßwassercrustaceen und Käfer angetroffen. Mücken gab es, wie gewöhnlich an der grönländischen Westküste, in einer erschreckenden Menge; im übrigen aber war die Insektenwelt arm an Arten wie auch an Individuen. Von den Vögeln war die Individuenzahl, wenn ich die bereits erwähnten Eidercolonien an der Einfahrt zum Hafen ausnehme, merkwürdig gering für ein arktisches Land.

Koltohoff zählt hiervon folgende Arten auf:

Falco candicans *Gmel.*, F. peregrinus *L.*, F. aesalon *Cuc.*
Saxicola oenanthe *L.*
Linota linaria *L.*
Emberiza lapponica *L.*, E. nivalis *L.*
Phalaropus angustirostris *Schinz* (hyperb.)
Larus glaucus *Brünn.*
Anser albifrons *Bechst.*
Fuligula glacialis *L.*
Somateria mollissima *L.*
Uria grylle *L.*
Colymbus septentrionalis *L.*
und weiter im Fjord hinaus:
Corvus corax *L.*, und
Larus tridactylus *L.*

Säugethiere wurden nicht gesehen, nicht einmal ein Seehund, wol aber Spuren von Hasen, Füchsen und Renthieren.

Am 2. Juli waren wir fortwährend mit den Vorbereitungen zur Eiswanderung beschäftigt. An beiden Tagen wehte ein trockener Föhn aus Südost. Derselbe kam geradewegs von dem Inlandseise und hatte das Gute mit sich, daß er der Mannschaft als ein sicherer Beweis für das Vorhandensein eines Eldorados hinter dem kalten Saume des Inlandeises galt. Ich fühlte mich nicht verpflichtet, durch eine Vorlesung über die Ursache dieser eigenthümlichen Winde auf die Mängel dieses sichern „Beweises" aufmerksam zu machen und

dadurch den Eifer der Mannschaft für das Unternehmen zu dämpfen.
Daß der Uneingeweihte aber Ursache hatte, sich zu verwundern, zeigt
folgende Tabelle über die Temperatur des direct von dem hohen,
weißen Eiswall herabkommenden Windes:

Trockenes Therm. Ausflußtherm.

1. Juli 9 Uhr nachm. . . . . + 9,5 . . . . + 5,9° C. Brise vom Inlandeis.
2. „ 12 Uhr nachts . . . . + 6,6 . . . + 5,0° C. Brise von Westen.
2. „   2 Uhr 30 Min. nachm. . . + 14,3 . . . + 7,9° C. Frischer Wind vom In-
                                                                      landeis.

Nachdem im Laufe des folgenden Tages die Vorbereitungen zur
Eiswanderung beendet und die für den Landtransport bestimmten
Karren, Zelte u. s. w. ans Land gebracht waren, brachen wir um
6 Uhr nachmittags nach der Stelle auf, welche am vorhergegangenen
Tage zum Ausgangspunkt für die eigentliche Expedition ausersehen
worden war. Der Abstand zwischen dem Strande und dieser Stelle
betrug, mit Hinzurechnung der Umwege, nur 3—4 km, die schwer
beladenen Karren aber bergan und bergab über unebenen steinigen
Boden und über einen tiefen und weichen Moosteppich zu schleppen,
war so beschwerlich, daß wir erst am folgenden Tage, 4. Juli, das
Ziel erreichten. Die Stelle war unterhalb eines kleinen Binneniees
belegen, dessen Ufer an einer Seite durch einen steilen Abhang des Inlandeises gebildet wurde. Das Wasser von einer großen Zahl größerer
und kleinerer Gletscherflüsse vereinigte sich in diesem Binnensee zu
einem bedeutenden Flusse, welcher bei dem Verlassen des Sees einen
kleinen Wasserfall bildete. Wir passirten den Fluß oberhalb dieses
Falles theils in einem kleinen Berton-Boot, theils ihn durchwatend.
Als bezeichnend für das zwischen den Eingeborenen und der Mannschaft der „Sofia" herrschende gute Einvernehmen mag hier erwähnt
werden, daß die Eskimos, aus Furcht, ihre Kamiks (Pelzstiefeln) zu
durchnässen, sich von den Matrosen übersetzen ließen, was diese, welche
den Fluß bei dem Transport der Sachen selbst mehrere male durch-
wateten, unter Gesang und Hurrarufen thaten. Ich selbst hatte das
Unglück, gleich das erste mal, als ich über den Fluß fahren wollte,
mit dem kleinen Boote unmittelbar oberhalb des Wasserfalls zu kentern, was mir ein kaltes Bad einbrachte. Infolge dessen wurde
der Uebergang an einer andern Stelle bewerkstelligt, wo die Strömung weniger reißend war.

Auf der andern Seite des Flusses nahm die äußerst unbedeutende Randmoräne des Binneneises ihren Anfang. An dieser Stelle
das Eis zu besteigen, machte keine Schwierigkeiten. Die für den
Landtransport mitgenommenen Karren wurden am Eisrande zurückgelassen, und das Gepäck auf die Schlitten geladen, worauf wir noch
ein paar Kilometer auf einem infolge der Unebenheit des Eises sehr
schwierigen Terrain zurücklegten. Ermüdet schlugen wir endlich für
die Nacht vom 4. zum 5. Juli zum ersten mal während der Expedition
des Jahres 1883 unser Zelt auf dem Eise auf.

Auf der eigentlichen Expedition folgten mir neun Mann, nämlich:

Dr. Berlin,[1]

Herr Kjellström,

der zweite Steuermann Johannesen,

der Matrose Andersson,

der Matrose Jonsson,

der Polarjäger Sevaldsen,

der Polarjäger Kraemer,

der Lappe Lars Tuorda und

der Lappe Anders Rossa.

In den ersten Tagen begleiteten mich außerdem noch der Director Hörring, der Händler Olsen, der Zeitungscorrespondent Lars
Möller, die meisten der Officiere und der größere Theil der Mannschaft der „Sofia“, sowie auch die Eskimos, welche uns von Egedesminde als Lootsen oder als Bemannung der Schaluppe des Directors
gefolgt waren. Diese waren uns nun behülflich, unsere Ausrüstung
über den an das Land grenzenden, schwer zugänglichen Theil des
Inlandeises zu transportiren.

––––––––

[1] Ursprünglich hatte Dr. Berlin die Absicht, mir nur in den ersten Tagen der
Eiswanderung zu folgen, an der zweiten Raststelle aber erbot er sich, mich auf der
ganzen Wanderung zu begleiten. Da ich sein Anerbieten mit Dank entgegennahm,
ging er in der Nacht allein nach dem Schiffe zurück, um die erforderlichen Reservekleider, sein chirurgisches Besteck und die Verstärkung für den Arzneivorrath zu
holen, den die Anwesenheit eines Arztes nothwendig machen konnte, und am folgenden Morgen schloß er sich der Expedition allen Ernstes an. Die Ruhe und schnelle
Entschlossenheit, welche er stets zeigte, wie auch die Sicherheit, welche die Gegenwart
eines Arztes unserer kleinen Expedition verlieh, waren wesentliche Bedingungen für
den glücklichen Verlauf derselben.

Bei einer Recognoscirung am Morgen des 5. Juli zeigte es sich, daß es ganz unmöglich war, den Weg in gerader östlicher Richtung fortzusetzen. Es erwies sich sogar als nothwendig, den Weg, den wir gekommen, wieder bis in die Nähe des Eisrandes zurück und dann am Eisabhange entlang gegen Norden oder Nordosten zu gehen, bis wir einen einigermaßen gangbaren Weg in das Innere antrafen. Auch auf diesem Wege war das Eis von tiefen Spalten und Schluchten durchschnitten, welche wir aber, so kräftig wie wir damals noch waren, mit Leichtigkeit passirten. Wir kamen deshalb im Laufe des Tages ein gutes Stück vorwärts und schlugen unser Zelt schließlich in der Nähe einer in das Eis einschneidenden Landzunge in einer Höhe[1] von 290 m über dem Meere auf. Die Eskimos wollten jetzt nicht weiter mitfolgen. Sie waren der Gefahren und Beschwerlichkeiten der Eiswanderung schon überdrüssig geworden, trotzdem dieselbe bisher mehr einer fröhlichen Jagdpartie als einer ernsten und gefahrvollen geographischen Expedition glich. Es wurde aber anders, als unsere Begleiter mit den wenigen nothwendigen Luxusgegenständen und Leckereien, welche sie mitgeführt, zurückgekehrt waren und wir uns auf das angewiesen sahen, was wir selbst mitnehmen konnten.

Am Morgen des 6. Juli wurde der Lappe Lars Tuorda ausgeschickt, um zu recognosciren. Er kam mit dem Bescheid zurück, daß es immer noch unmöglich sei, gerade gegen Osten zu gehen, daß wir aber, wenn wir noch einen Tag einen nördlichern Kurs hielten, einen einigermaßen gangbaren Weg in gerader östlicher Richtung finden würden.

Um die „Sofia" nicht allzu lange in Tasiusarsoak aufzuhalten, beschloß ich, unsere „returning party" nur noch für diesen Tage-

---

[1] Die Höhenbestimmung geschah durch Vergleichung von drei Aneroidbarometern mit Beobachtungen, welche gleichzeitig in Egedesminde mit einem von mir dort zurückgelassenen ausgezeichneten Serbarometer gemacht wurden. Die Aneroiden wurden der Sicherheit wegen nach der Heimkehr nochmals mittels Luftpumpe untersucht. Die hier vorkommenden, auf eine sorgfältige Berechnung von Dr. Jäderin basirten Höhenzahlen sind im allgemeinen wenig höher als diejenigen, welche ich vor dem Abschluß dieser Berechnung provisorisch in meinem auf Grönland geschriebenen Rapport an Dr. Oscar Dickson angegeben habe. (Vgl. E. Jäderin, Geografiska ortsbestämningar etc. under 1883 års expedition till Grönland. Öfversigt af Kongl. Vet.-Akad. Förh. 1884, S. 49.)

marsch bei uns zu behalten und, da ein Freigehender eine Wegstrecke, zu der ein Schlittenzieher acht Stunden nothwendig hatte, ohne Schwierigkeit in einigen Stunden zurückzulegen vermochte, alle nicht der Hauptpartei Angehörenden gleich nach beendetem Tagemarsch nach unserm zweiten Lagerplatz auf dem Eise zurückkehren zu lassen. Die Zelte, Schlafsäcke und andern Zugehörigkeiten derselben wurden deßhalb gleich hier zurückgelassen, alles aber, was der eigentlichen

Zweiter Lagerplatz auf dem Inlandeise.
Nach einer Aufnahme des Photographen der Expedition am 5. Juli 1883.

Expediton angehörte, auf sechs Schlitten geladen. Ein jeder half nun, diese so schnell wie möglich weiterzubringen.

Das Eis war hier jedoch äußerst unwegsam. Nachdem wir mit den schwerbeladenen Schlitten ein kleines Stück marschirt waren, sah ich ein, daß es für die Hauptpartei, wenn ihre Begleiter sie ver= lassen, nahezu unmöglich sein würde, die ganze für 50 Tage berech= nete Ausrüstung auf einmal fortzuschaffen. Der Proviantvorrath wurde deßhalb um ein Fünftel verringert, d. h. auf einen Vorrath

für 40 Tage reducirt, ebenso alles, was nicht unumgänglich noth=
wendig war, darunter das kleine Berton=Boot, das wir bis hierher
mitgeschleppt, an einer leicht auffindbaren Stelle — falls sich sagen
läßt, daß solche auf dem Eise vorhanden sind — zurückgelassen. Darauf
wurde der Marsch fortgesetzt. Wir hatten schon hier Gelegenheit,
die Sicherheit zu bewundern, mit welcher der Lappe Lars zwischen
den Tausenden von einander vollkommen gleichen Eishügeln den Weg
wiederzufinden wußte, den er auskundschaftet hatte, und mit welcher
Sicherheit er zu beurtheilen verstand, wo für uns die geringsten
Schwierigkeiten zu überwinden waren. An Stelle eines Alpenstocks
trug er eine Bärenlanze, die zahlreiche Merkmale von den Zähnen
der damit bereits erlegten Bären aufwies. Alles in allem hatte Lars
mit Kugel und Lanze 25 Landbären getödtet, und seine Augen leuch=
teten auf bei dem Gedanken, daß er hier Gelegenheit erhalten würde,
seine Stärke an einem Eisbären zu erproben. Leider war ihm dieses
nicht vergönnt.

Am 6. Juli erreichten wir den dritten Zeltplatz auf dem Eise.
Gleich nach unserer Ankunft daselbst nahmen wir mit unsern Be=
gleitern in fröhlicher Stimmung ein Abschiedsmahl ein, worauf sie sofort
zurückkehrten. Wir waren nun auf uns selbst angewiesen und hatten
es im Anfang ziemlich schwierig.

Die Gegenstände unserer Ausrüstung waren:

1. Ein gewöhnliches Zelt aus dünnem Baumwollenzeug mit
einem Dutzend Zeltstäben aus Eisen.

2. Ein Schlafsack, eine Filzdecke und eine Kautschukmatratze für
jeden Mann, sowie Blasebälge zum Aufblasen der Matratzen.

3. Verschiedene Reservekleider, isländische Jacken, eine weite
Bluse aus Segeltuch, eine wollene Schlafmütze u. s. w. pro Mann.

4. Schuhe aus Segeltuch (16 Paar) mit Riedgras (Heu von
Carex vesicaria) und Fußlappen aus Filz. Eisspitzen zum Befestigen
an den Sohlen, theils aus Eisen theils aus Leder.

5. Teller und Kaffeetassen aus verzinntem Eisenblech, Koch=
apparate für Spiritus. Die Apparate, deren ich mich diesmal zum
Kochen bediente, waren viel zweckmäßiger als die Kochapparate für
Petroleum, Talg oder Thran, welche ich früher bei Expeditionen
angewandt habe. Zwar gibt der Spiritus theoretisch weniger Wärme
als die gering sauerstoffhaltigen Fette oder die sauerstofffreien Kohlen=

wasserstoffe, dafür aber hat man bei seiner Anwendung nicht den Wärmeverlust, den die Bildung von Ruß und übelriechenden Destillationsproducten herbeiführt. Der Spiritus ist als Brennmaterial außerdem leicht handlich und das Kochen mit demselben im Zelte ohne Gefahr zu bewerkstelligen. Ich kann für künftige Expeditionen daher den einfachen und nach sorgfältigen Versuchen in Stockholm construirten Kochapparat empfehlen, den ich auf dieser Expedition angewandt habe.

6. Eine Schrot- und eine Kugelflinte mit den nöthigen Patronen, zwei Paar Schneeschuhe und zwei lappländische Barenlanzen.

7. Ein kleiner Medicinkasten; farbige Brillen für alle.

8. Kompasse, Ferngläser, zwei Chronometer, ein Zirkel von Pistor & Martin, ein kleiner Sextant als Reserve für den Zirkel, falls dieser beschädigt werden sollte, ein Quecksilberhorizont, drei Aneroïden, Thermometer, Magnetstäbe (für die Untersuchung des Lehmschlammes auf dem Eise), ein Zeichenbret, ein photographischer Apparat, ein Löthrohrbesteck, Glasröhren, Flaschen, ein Packet graues Papier, nautische Tabellen u. s. w.

9. Alpenstöcke aus Eichenholz.

10. Sechs Handschlitten.

11. Tragseile, stark und mit größter Sorgfalt angefertigt, sodaß sie mit Sicherheit einen Mann tragen konnten, falls es nothwendig werden sollte, einen solchen aus einer Gletscherspalte heraufzuziehen.

12. Ein starkes Manilatau, besonders bestellt bei dem Lieferanten des Pariser Alpenclubs und hinsichtlich seiner Stärke in Stockholm geprüft.

13. Ein Paar Ruder, ursprünglich für das Berton-Boot bestimmt, das ich am zweiten Rastplatz zurückgelassen, jetzt aber doch mitgenommen für den Fall, daß wir uns genöthigt sehen sollten, einen Fluß auf unsern Kautschukmatratzen zu passiren.

14. Tabak und Cigarren.

15. Ein Hammer, eine Art, eine Säge, ein Bohrer, eine Feile, Nähnadeln und Zwirn.

16. Ein genügender Vorrath von Streichhölzern.

17. Proviant und Spiritus für 40 Tage.

Die für alle gemeinsame Speiseordnung war folgende:

Morgens: Kaffee, ein großes Maß pro Mann, Brot, Butter und Käse.

Mittags: 42 chem Branntwein, Brot und entweder Schinken, Corned Beef oder Sardinen.

Abends: Fleischconserven, theils von Wikström in Stockholm, theils von zwei Gesellschaften in Australien geliefert.

Dem Gewicht nach betrug die

Tagesration pro Mann:

Brot	. . . . .	1,25	schweb. Pfd.	oder	531	gr
Butter	. . . . .	0,20	„	„	83	„
Käse	. . . . .	0,10	„	„	42	„
Geräucherter Schinken	. 0,25	„	„	106	„
Fleischconserven	. . .	0,60	„	„	255	„
Kaffee	. . . . .	0,08	„	„	34	„
Zucker	. . . . .	0,06	„	„	26	„
Branntwein	. . . .	0,09	„	„	39	„

Anstatt Schinken oder Corned Beef wurden zuweilen entsprechende Quantitäten Sardinen oder Leberpastete verabreicht, doch wurde man diese bald überdrüssig. Der Kaffee wurde etliche mal durch Chocolade oder Suppe von Fleischextract und getrocknetem Gemüse ersetzt. Fünf von der Mannschaft genossen keine Spirituosen. Ich war darauf nicht vorbereitet und konnte ihnen deshalb keinen Ersatz in andern Proviantartikeln geben.

Zum Kochen der Speisen (zweimal Kaffee und einmal conservirtes Fleisch) waren täglich nicht ganz 0,5 Liter Spiritus erforderlich.

Die Proviantvertheilung erwies sich als vollkommen ausreichend, wennschon nicht als übermäßig reichlich.

Als Koch fungirte ein alter erprobter und vielerfahrener Seemann, der nach allen möglichen Abenteuern in den Häfen des Atlantischen und Stillen Meeres endlich in einen Mäßigkeitsverein eingetreten war und sich der Seehunds-, Walroß- und Bärenjagd im Eismeer gewidmet hatte. Gewöhnlich weckte ich ihn um 8 Uhr morgens zum Kaffeekochen und Aufziehen der Chronometer, und da war er immer so augenblicklich zur Hand, daß er ersichtlich auf meinen Ruf bereits gewartet haben mußte. Eine halbe Stunde später war der Kaffee mit Imbiß servirt. Darauf wurde das Kochgeschirr, die

Blechtassen und die Teller gereinigt, die Schlafsäcke und Matratzen zusammengebunden, das Zelt abgebrochen, die Schlitten beladen und geschnürt, worauf wir aufbrachen. Mittagsrast wurde gewöhnlich im Freien, aber so kurz wie möglich gehalten, damit der über das Eis wehende kalte Wind die infolge des anstrengenden Marsches schweiß= triefenden Eiswanderer nicht zu sehr abkühlte. Einige Augenblicke nachdem am Abend halt gemacht worden, ist das Zelt wieder auf=

Das Kochen auf dem Eise.
Nach einer Aufnahme des Photographen der Expedition am 23. Juli 1883.

geschlagen, sowie das Suppen= und Kaffeekochen wieder im Gange. Währenddem nehme ich, wenn das Wetter günstig ist, ein paar Sonnenhöhen, der Doctor botanisirt, d. h. er sammelt Eisalgen ein, oder er tränkelt auch Tropfen in die Augen, welche das starke Licht angegriffen hat, Kjellström photographirt oder er trägt die Marsch= linie des Tages mit dem umgebenden Terrain in seine Karte ein, und die Lappen machen einige Ausflüge, um für den kommenden Tag zu recognosciren. Die übrige Mannschaft ordnet das Zelt, bläst die Matratzen auf und breitet sie im Zelte aus, u. s. w. Einen oder andern von der Mannschaft sieht man kummervoll und sogar mit dem Vergrößerungsglase des Doctors, welches das Sehvermögen eines Matrosen oder Lappen aber kaum geschärft haben dürfte, sein Bett untersuchen, um die Löcher, welche eine Eiskante oder ein mit Eis- spitzen versehener Fuß in einer der luftdichten Abtheilungen der Matratze vielleicht gemacht hat, zu entdecken und dann durch Ein- tröpfeln geschmolzenen Kautschuks, mit Heftpflastern oder auch auf andere Weise zu verstopfen. Diese oft unmerklichen Löcher haben die unangenehme Folge, daß der entsprechende Theil der Matratze zu- sammenfällt und der Schlafende dann die Nacht mit einem Eisumschlag auf irgendeinem Theil seines Körpers zubringen muß. Glücklicherweise hatte ich die Matratzen, ähnlich den Kriegsschiffen der Gegenwart, in luftdichte, miteinander nicht in Verbindung stehende Abtheilungen eintheilen lassen. Ein Loch verursachte deshalb kein unheilbares Leck für die ganze Matratze. Nachdem die Ma- tratzen mit Luft gefüllt waren, wurden sie nebeneinander auf dem Boden des Zeltes ausgebreitet. Das Abendessen wurde mit gutem, stets durch lustige Einfälle gewürzten Appetit verzehrt. Hierauf zog man seine Segeltuchstiefeln aus und hängte sie auf die Zeltstange zum Trocknen, legte seine nassen Oberkleider ab, kroch in den Schlaf- sack, plauderte eine Weile, erst lebhaft, sodann immer matter und schläfriger, von dem eisfreien Innern Grönlands, von der Heimat und dem Vaterland, den Abenteuern und Vorkommnissen des Tages, den Aussichten für den morgenden Tag u. dgl., bis schließlich alle in den Armen des Schlafes der Eiswüste mit ihren reißenden Flüssen, dunkeln, bodenlosen Gletscherklüften und geduldprüfenden Schmelz- löchern entrückt und in wonnigere Gegenden und zu weniger beschwer- lichen Abenteuern geführt wurden.

Unsere ganze Ausrüstung wog ungefähr 20 Ctr., ein Gewicht, das wir auf einem ebenen Wege, über ein hartes Schneefeld oder eine ebene Eisfläche mit Leichtigkeit hätten ziehen können. Ueber ein so unebenes Terrain aber, wie in diesem Theil der Eiswüste, konnten wir nicht alles auf einmal fortschaffen. Der schwere Weg mußte sonach im Anfange dreimal gemacht werden, was äußerst zeit- raubend und geduldprüfend war. Unsere Tagemärsche waren des- halb auch nicht lang: nach den Angaben des Schrittzählers am 7. Juli 4, am 8. 4½, und am 9. wieder 4 km.

Außer den dicht liegenden Hügeln und gefährlichen Klüften
hatten wir jetzt auch unzählige reißende Flüsse mit steilen Ufern zu
passiren. Vielmals nöthigten uns diese zu weiten Umwegen und
wurde der Uebergang auf einer improvisirten Brücke aus drei Alpen-
stöcken aus Eschenholz bewerkstelligt. Es war ein Glück, daß ich bei
der Herstellung der drei Stöcke in Stockholm das Holz zu denselben
erst nach sorgfältiger Prüfung der Stärke der verschiedenen Holz-

Ortsbestimmung auf dem Inlandreise.
Nach einer Aufnahme des Photographen der Expedition am 16. Juli 1883.

arten wählte, welche der Tischler vorschlug. Wären die Stöcke aus
einem weniger zähen Holze gefertigt gewesen, so hätten sie sich nicht
als Brückenbalken verwenden lassen und unsere Umwege wären dann
um viele Kilometer länger geworden.

Mehrmals in diesen Tagen sahen wir auf dem Eise Renthier-
knochen. Es lag nahe, hierin ein gutes Zeichen zu sehen und sich
dem Glauben hinzugeben, daß in der Eiswüste der Weg durch Knochen
von Thieren bezeichnet wird, die auf ihrer Wanderung durch die
Sahara des Nordens umgekommen sind. Aber gute Zeichen sind nicht

immer wahre Zeichen. Dies hatten auch wir auf unserer Eiswanderung noch zu erfahren.

Auf dem Inlandeise ließen sich dort, wo wir über dasselbe hinzogen, folgende Arten von Terrain oder Landschaften unterscheiden:

a) Die unansehnliche Randmoräne, wenn man mit dem Namen
Moräne die von Steinen, Lehm und Eis gebildete unbedeutende
Einfassung bezeichnen kann, welche das Binneneis gegen das Land
abgrenzt und die beim Zurückweichen des Eises von den Gletscher-
flüssen, dem Eiswasser und dem Regen wieder bis auf einige
große Steine oder Felsblöcke fortgespült wird. Diese Steine oder
Felsblöcke vermag das Wasser nicht fortzuführen, und sie bleiben
daher, ziemlich gleichmäßig über das von der Eisdecke freigewordene
Land vertheilt, liegen. Selten scheint sie das Eis jedoch weiter als
ein paar hundert Meter, d. h. von Berghöhe zu Berghöhe, transportirt zu haben, was übrigens wahrscheinlich darin seinen Grund
hat, daß die Masse in den am tiefsten gelegenen und von Höhen
umgebenen Theilen des sich über das Binnenland ausbreitenden Eismeeres sich ebensowenig in einer nennenswerthen Bewegung befindet,
wie das Wasser am Boden eines tiefen Sees oder tiefen Meeres.

b) Ein ziemlich gleichmäßiger Eisabhang, bedeckt von einem
dünnen Lehmlager und durchschnitten von beschwerlichen aber wenig
gefährlichen Klüften. Dieses Terrain erschien unmittelbar an dem
das Land begrenzenden Rande des Inlandeises entlang, und, wie
bereits erwähnt, man suchte ein paar hundert Meter von diesem
Rande auf dem Eise vergebens nach einem Steine selbst nur von
der Größe eines Stecknadelkopfes.

c) Gipfeleis. Niedrige Höhenzüge, bis zu 20 Fuß hohe Eis-
gipfel und Kämme tragend, steil abfallend, dicht aneinander gedrängt,
oft durchschnitten von ungeheuern Klüften und mit Schlitten kaum
zu passiren.

d) Höckereis. Ebensolche Höhen, bedeckt mit ziemlich dicht-
stehenden, zwei bis sechs Fuß hohen, an der einen Seite ziemlich
reinen und abgerundeten, an der andern Seite steilern und von dem
Kryokonit grauer gefärbten Eishöckern. Da diese Höcker selten so
weit voneinander entfernt standen, daß die Schlittenkufen zwischen
ihnen Platz finden konnten, war auch dieses Terrain für die Expedition sehr beschwerlich.

e) Gleichmäßigere Senkungen, schalenförmig, oft mit einem See in ihrer Mitte. Die Oberfläche war auch hier von einem dem unter d) beschriebenen ähnlichen Höckereis eingenommen, doch lagen die Höcker hier nicht so nahe aneinander, sodaß dieses Terrain für die Schlitten leichter zu passiren war. Das Eisfeld war hier von unzähligen Flüssen durchzogen, von denen viele sehr wasserreich und reißend, sowie viel schwerer passirbar und kaum weniger gefährlich waren als die bodenlosen Klüfte.

f) Schneebreiebenen. Weiter im Innern und jenseits des 13. Rastplatzes, in einer Höhe von 1100 bis 1200 m, war das eigentliche Eis erst von einer unbedeutenden, seine Unebenheiten wenig mildernden Schneeschicht, sodann von einem tiefen Schneebreilager bedeckt, das besonders in den Senkungen schwer zu passiren war. Der Boden der Senkungen war von kreisförmigen, von Schneebreimorästen umrahmten Seen eingenommen, denen zahlreiche Flüsse bedeutende Wassermengen zuführten. Aus den Schneebreiebenen ragten hier und da ziemlich umfangreiche Hügel von hartem und ebenem, schneebreifreiem, oft nacktem oder nur mit trockenem Schnee bedeckten Eise hervor. Zuweilen waren aber auch diese Hügel von einem Schneebreilager bedeckt, kaum weniger mächtig als an den tiefergelegenen Stellen.

g) Trockene Schneewüsten. Diese begannen ungefähr 50 km östlich von unserm letzten Zeltplatz in einer Höhe von 1600 m über dem Meere und schienen vollkommen dem Terrain ähnlich zu sein, das Palander und ich auf dem Inlandeise des Nordostlandes passirt hatten. Es war der unerwartete Wassermangel, welcher den Lappen auf ihrer Schneeschuhfahrt gegen Osten die größte Schwierigkeit bereitete.

Klüfte kamen überall vor, besonders auf den Höhen, und zwar häufig so dicht, daß sie nur wenige Meter voneinander entfernt lagen. Gewöhnlich liefen sie parallel, doch kamen wir zuweilen auf ein Terrain, wo zwei Kluftsysteme sich kreuzten. Zumeist waren die Klüfte leer, mitunter aber sahen wir sie bis an den Rand mit stillstehendem Wasser gefüllt. Meistens trafen wir leere und mit Wasser gefüllte Klüfte auf ein und derselben Anhöhe dicht nebeneinander an.

Auf unserm Wege fiel es uns oft recht schwer, geeignete Zeltplätze zu finden. Entweder war das Eis so uneben, daß es sich als

nahezu unmöglich erwies, eine Ebene anzutreffen, auf der unser Zelt
Platz hatte, oder es war dermaßen voll von Schmelzlöchern, daß wir
uns gezwungen sahen, unser Zelt über hunderte von kleinern und über
ein halbes Dutzend von größern und runden, ein bis zwei Fuß tiefen
und mit Wasser angefüllten Löchern aufzuschlagen, oder wir waren
auch genöthigt, es auf einem so mit Wasser durchtränkten Schneebrei
aufzuführen, daß man im Zelt nasse Füße erhielt, sobald man nur
neben die Kautschukmatratze trat. Eine Ausnahme in dieser Hinsicht
bildete die Stelle, die wir am Abend des 9. Juli erreichten. Hier
trafen wir nämlich den besten Zeltplatz an, den wir auf der ganzen
Wanderung gehabt, ein kleines, von Gletscherbächen umgebenes,
ebenes und stellenweise von Schmelzlöchern freies Eisplateau von
mehrern Metern im Durchschnitt. In der Nähe des Zeltplatzes
lag ein See, welcher eine Menge Gletscherflüsse aufnahm und sich
nachher durch einen zwar kurzen aber sehr reißenden und wasserreichen Fluß mit starkem Getöse in einen riesigen Gletscherbrunnen
ergoß. Dieser Fluß brauste durch einen tiefen Canal mit prachtvollen steilen Eisufern nahe an unserm Zelte vorüber. Die Stelle
wurde photographirt, aber weder Lichtbild noch Worte können einen
Begriff geben von dem Eindruck, den diese in zugleich großartigen
und weich abgerundeten Formen, regelmäßig wie von Menschenhand
gleichsam in blauweißen, flecken- und fugenfreien Marmor eingesenkte
Wasserleitung auf einen jeden von uns machte. Auch der Lappe,
der Polarjäger und der Matrose standen erstaunt und bezaubert an
ihrem Ufer.

Die Art und Weise, wie wir unsere Schlitten bisher transportirt hatten, indem wir nämlich erst die eine Hälfte derselben an
den neuen Zeltplatz brachten und dann die übrigen nachholten, war
schließlich doch zu geduldprüfend und zeitraubend geworden. Ich
beschloß deshalb den Versuch zu machen, alle Schlitten auf einmal
fortzuschaffen. Dies fiel uns anfangs sehr schwer, ging aber schließlich
doch, wodurch es uns möglich wurde, jetzt täglich größere Strecken
zurücklegen zu können als vorher. Infolge dessen marschirten wir
am 10. Juli, die Umwege eingerechnet, 9½, am 11. Juli 10 und
am 12. Juli 11 km.

Der Weg war jetzt auch viel besser als früher, wennschon stellenweise noch immer beschwerlich genug. Als wir z. B. am 11. Juli

4 km über ein ziemlich gutes, obgleich von vielen breiten und tiefen Spalten durchkreuztes Terrain gegangen waren, kamen wir an einen Fluß, der nur mit größter Schwierigkeit zu passiren war. Als wir uns dann endlich auf dem andern Ufer befanden, zeigte es sich, daß es nur der Nebenfluß eines andern, noch viel größern und ganz und gar unpassirbaren Flusses war. Wir sahen uns deshalb genöthigt, wieder über ihn zurückzugehen und uns einen andern Weg nach

Fluß auf dem Inlandeise.
Nach einer Aufnahme des Photographen der Expedition am 5. Juli 1883.

unserm Ziele im Osten zu suchen. Um nicht nochmals einem solchen Mißgeschick ausgesetzt zu sein, schickte ich Lars, während ich einige Sonnenhöhen nahm, auf Recognoscirung aus. Inzwischen stieg das Wasser in dem Flusse, über den wir soeben gegangen, derartig, daß er völlig unpassirbar wurde. Ich war daher froh, bei Zeiten umgekehrt zu sein.

Lars blieb ungewöhnlich lange aus, sodaß ich anfing unruhig zu werden. Sowol die Klüfte wie auch die Gletscherbrunnen liegen

hier oben nämlich immer unter Schneeansammlungen versteckt, und
es war daher leicht möglich, daß auch einem Manne mit dem scharfen
Auge und dem sichern Fuß des Lappen ein Unglück zustoßen konnte.
Schließlich kam Lars zurück und berichtete, daß wir jenseit einer
nahen Eishöhle einen ausgezeichneten Weg nach Osten längs eines sehr
großen Flusses finden würden. Dieser Weg wurde sofort von uns
gewählt. Der Fluß war weiterhin tief in ein Bett eingesenkt, welches
das äußerst gewaltig strömende Wasser aus dem Eisfelsen ausge-
waschen hatte. Das Flußbett ähnelte mit seinen hübsch ausgebuchteten,
senkrechten, bald weißen, bald in blau und grün spielenden Wänden dem umstehend abgebildeten, war aber wilder und zerrissener.
Bedauerlicherweise fand unser Photograph nicht die Zeit, diese Stelle
aufzunehmen. Ich habe sie auf der Karte Karminthal genannt,
da das rechte Flußufer, auf dem wir hinzogen, mehrfach mit
rothem Schnee bedeckt war. Es ist die einzige Stelle auf dem Binneneise, wo wir rothen Schnee oder rothes Eis in größerer Menge
antrafen. Auch gelbbraunes Eis sahen wir an ein paar Stellen.
Dagegen war graubraunes und graugrünes Eis, theils durch den
Kryokonit, theils durch Organismen gefärbt, so allgemein, daß die
Eislandschaft von ihm oft ihren Farbenton erhielt. Von dem gefärbten Schnee füllte Dr. Berlin eine beträchtliche Menge in eigens
zu diesem Zwecke mitgeführte Flaschen. Nach dem Schmelzen des
Eises zerfielen die festen Bestandtheile in zwei Ablagerungen, einen
weißgrauen Bodensatz und eine darüberliegende karminfarbige Schicht.

An diesem Ufer zogen wir nun ziemlich schnelllaufend und in
fröhlichem Wetteifer vorwärts, nicht ohne Gefahr für die Schlitten,
in den reißenden Fluß hinabzugleiten und von seinem Wasser in den
wahrscheinlich nahen Gletscherbrunnen, in den es sich stürzte, fortgeführt zu werden.

Der gute Weg hörte ungefähr 4 km weiter östlich auf. Das
Bett des Flusses wurde immer tiefer, die Eisfelsen, welche es umgaben, immer wilder und die ebene Uferkante immer schmaler, bis
sie schließlich ganz aufhörte. Jetzt mußten wir unsere Schlitten
wieder über eine äußerst unwegsame Eishügelregion ziehen. Diese
wurde von höchst eigenthümlichen, schmutzfarbenen Rinnen oder, wie
die Mannschaft sie nannte, Wegen durchschnitten, welche ersichtlich
durch partielle Senkungen des Eises, an denen das Wasser dann ent-

4.7"

lang geflossen, entstanden waren. Häufig kamen diese Wege so dicht nebeneinander vor, daß sie für die Eislandschaft ganz charakteristisch wurden. Leider waren sie für unsere Schlitten gewöhnlich zu schmal, für unser Fortkommen also werthlos und hinderlich.

Noch am 12. Juli (zwischen dem achten und neunten Zeltplatz) sahen wir Grashalme, Blätter von Weidenarten, von der Zwergbirke, der Sumpfheidelbeere, der Pyrola und andern grönländischen Pflanzen auf der Oberfläche des Schnees. Wir glaubten anfänglich, diese Blätter seien aus dem innern Lande hierher verweht, daß dies aber nicht der Fall war, ging schon daraus hervor, daß östlich vom neunten Zeltplatz nie Blätter angetroffen wurden. Die einzigen Thiere, welche auf dem Eise bemerkt wurden, waren, mit Ausnahme der wenigen auf dem Rückwege gesehenen Vögel, ein kleiner, auf verschiedenen Arten der Eisalge lebender und somit wirklich der Fauna des Inlandeises angehörender Wurm, sowie einige durch den Sturm von dem Lande hierher verschlagene Fliegen. Ich hatte alle Mitglieder der Expedition besonders ersucht, auf alle auf der Ober= fläche des Eises vorkommenden Steine zu achten, aber nachdem wir nur eine kurze Strecke von dem Saume des Eises entfernt waren, konnten wir auf der Eisfläche auch nicht einen einzigen Stein, ja nicht einmal das geringste Sandkorn entdecken. Dagegen war die auf dem Eis angetroffene Menge staubfeinen Lehmschlammes (Kryokonit) unermeßlich groß, gewiß mehre hundert Tons pro Quadratkilometer.

Wir stiegen jetzt, wie die folgende Tabelle über die Höhe unserer Zeltplätze zeigt, ziemlich schnell aufwärts:

3.	Zeltplatz	332	m	über dem Meere	
4.	„	390	„	„	„	„
5.	„	417	„	„	„	„
6.	„	449	„	„	„	„
7.	„	533	„	„	„	„
8.	„	598	„	„	„	„
9.	„	771	„	„	„	„

Der neunte Zeltplatz war an der Westseite einer Eishöhe in der Nähe eines seichten Sees gelegen, dessen Wasser sich wie ge= wöhnlich zu einem mächtigen Fluß sammelte und dann, in geringer Entfernung vom See, in einen Gletscherbrunnen mit prachtvollen azur= farbenen Wänden hinabstürzte. Wir hatten hier eine weite Aussicht

über das Land im Westen und sahen das Meer noch an einigen
Stellen zwischen den hohen Berggipfeln der Küstenlandschaft hindurch-
schimmern; als wir aber an der östlichen Seite dieser Eishöhe anlangten, war vom Lande nichts mehr zu erblicken und der Horizont
wurde nunmehr nur von dem Eise gebildet. Infolge einer optischen,
auf der Luftspiegelung des Eishorizonts beruhenden Täuschung
kam es uns beinahe immer so vor, als ob wir in der Tiefe einer
seichten, schalenförmigen Senkung marschirten. Man konnte mit den
Augen nicht entscheiden, ob es fortwährend aufwärts oder ob es abwärts ging, und diese Frage war daher beständig ein Gegenstand
unsers Gespräches und erhielt ihre Beantwortung oft nur auf
Grund des Eindrucks, den der gute oder schlechte Weg auf den
Schlittenzieher machte. Die Lappen, welche es als zu ihrer Aufgabe
gehörig betrachteten, Sorge dafür zu tragen, daß wir uns in der
Eiswüste nicht verirrten, kamen bekümmert zu mir und erklärten, daß
sie nunmehr, wo von dem Lande nichts mehr zu sehen war, nicht
sicher sein könnten, den Weg wiederzufinden, auf dem wir in die
Eiswüste eingedrungen. Ich beruhigte sie mit der Erklärung, daß
ich den Rückweg mit Hülfe des Kompasses und der Sonnenobservationen zu finden vermöge.[1] Auf dem Hinwege bestimmte ich auch
die Lage beinahe eines jeden Zeltplatzes astronomisch, und die Distanzen, welche nach geschehener Berechnung der Ortsbestimmungen auf
der diesem Bande beigefügten Karte über die Schlittenfahrt angegeben
wurden, sind daher zuverlässig bis auf die Breite des Gravirstrichs.

Der von uns täglich zurückgelegte Weg, die unvermeidlichen
Umwege einbegriffen, wurde mit Hülfe zweier Schrittzähler berechnet. Die von denselben angegebenen Weglängen waren 50 resp.
100 Proc. höher als die wirklichen, durch Sonnenhöhen bestimmten
Distanzen, ein Umstand, der uns zeigte, zu welchen Umwegen die
verschiedenartigen, auf unserm Wege entgegentretenden Hindernisse
uns nöthigten. Die Karte, welche Herr Kjellström, der ausgezeichnete Topograph der Expedition, auf der Eiswanderung, also
noch ehe eine definitive Berechnung der Ortsbestimmungen vorlag,

---

[1] Trotz dieser Erklärung fanden die Lappen auf der Rückkehr unsern alten Weg
und die meisten alten Zeltplätze mit einer Sicherheit wieder, die wirklich bewundernswerth war. Besonders zeichnete sich Lars durch einen ausgezeichneten Ortssinn aus.

immer abends, während das am Tage passirte Terrain noch in frischem
Gedächtniß war, ausgearbeitet hat, gründet sich auf die mit Hülfe
des Schrittzählers abgeschätzten Distanzen. Obgleich schon die
in Egedesminde von mir gemachten provisorischen Berechnungen
der Ortsbestimmungen zeigten, daß die von den Schrittzählern angegebenen und nach Abschätzung reducirten Distanzen bedeutend zu
verringern seien — was auch in meinen Telegrammen und Berichten in gehöriger Weise geschehen ist — ließ ich, um den Freunden der Expedition Gelegenheit zu geben, unserer Eiswanderung
auf der Karte zu folgen, diese hübsche und für die Wissenschaft
wichtige Karte unter Angabe ihrer provisorischen Beschaffenheit auf
photolithographischem Wege reproduciren. Später ist sie in einer
Anzahl von Exemplaren meinen in Buchform gedruckten Berichten
an Dr. Dickson beigegeben und in verschiedenen Zeitschriften repro-
ducirt worden, zuweilen ohne daß ihre provisorische Beschaffenheit
gehörig hervorgehoben worden ist.

Bis zum neunten Rastplatz hatten wir stets herrliches Wetter,
meistens mit schwachem Südostwind, wolkenfreiem Himmel und einer
Temperatur, welche im Schatten, drei Fuß über dem Erdboden, von
+ 2° bis 8° und in der Sonne bis zu + 20° zählte.

Der Tag und Nacht andauernde Sonnenschein[1] mit den von allen
umgebenden Gegenständen zurückgeworfenen Strahlen fing an, unsere
Augen stark anzugreifen, besonders da wir es versäumt hatten, gleich
beim Beginn der Eiswanderung farbige Brillen aufzusetzen. Der Anfang der Schneeblindheit trat mit den gewöhnlichen starken Schmerzen
ein. Dr. Berlin hob dieses gefährliche Uebel, das in den arktischen
Ländern so manche Eisfahrt unterbrochen hat, mittels Schneebrillen
und Einträufeln einer Lösung von Zinkvitriol in die angegriffenen,
blutunterlaufenen Augen.

Der Sonnenschein in der trockenen, klaren und dünnen Luft
hatte außerdem noch eine andere, wol nicht so gefährliche aber doch
kaum weniger schmerzhafte Wirkung. Derselbe erzeugte nämlich auf

---

[1] Der Mittelpunkt der Sonne geht an diesem Breitengrad (68° 20′ bis 25′)
das erste mal am 15. Juli unter den Horizont; der obere Rand derselben, wenn
man von der Refraction absieht, erst am 21. Juli. Nach Mitte Juli wurden die
Nächte, in der Höhe von 1000 bis 2000 m, bald so kalt, daß das Thermometer
— 15 bis 18° C. zeigte.

13*

der entblößten Haut des Gesichts eine lebhafte Röthe mit heftigem
Brennen und großen Brennblasen, welche nach einiger Zeit zwar
wieder eintrockneten, wobei aber die äußere Haut in kleinen Läpp-
chen abfiel. Dies wiederholte sich mehreremal, und das Leiden wurde
noch verschlimmert durch die Einwirkung der Morgenkälte auf die
dünne Haut, welche sich unter den Blasen gebildet hatte. Eine derartige Wirkung scheint die Sonne in den Tropen niemals zu haben,
wenigstens nicht in Ländern, welche in der Nähe des Meeres liegen.
Abgesehen von diesen und einigen andern zufälligen und stets unbedeutenden Leiden, waren während der Eiswanderung alle gesund.

Am 13. Juli marschirten wir nach Angabe des Schrittzählers,
also mit Einrechnung der Umwege, 13, am 14. 10 und am 15.
14 km (vom 9. bis zum 12. Zeltplatz). Der Weg führte vom
9. Zeltplatz anfänglich eine Strecke aufwärts, sodann über eine ausgedehnte Ebene, von der ich mit Unrecht annahm, daß es der Höhen-
rücken des Inlandeises sei. Das Aneroïdbarometer zeigte jedoch, daß
wir noch immer, und zwar nicht unbedeutend, aufwärts gingen —
der genannte Zeltplatz lag nämlich 771, der 10. 952, der 11. 940
und der 12. 1014 m hoch.

Unser Weg wurde fortwährend von einer Menge großer, schwer
passirbarer und oft reißender Flüsse durchkreuzt. Das Eis wurde
ebener als bisher, aber die Kryokonitlöcher fingen an sehr beschwerlich zu werden. Die Unbehaglichkeit derselben wurde noch dadurch
gesteigert, daß es am 13. Juli nachmittags bei starkem Südostwind
zu regnen anfing. Der Regen hielt die ganze Nacht an und ging
schließlich in Schneefall und Schneenebel über. Wir wurden alle
mehr oder weniger naß, trösteten uns aber damit, daß der mit
einem Südostwinde kommende Regen ein gutes Zeichen für ein eisfreies Binnenland sein müsse. Wenn das Wetter sich manchmal aufklärte, strengten alle ihre Augen an, um soviel wie möglich zu sehen,
ob nicht irgendwelche Bergspitzen aus dem Eishorizont hervorragten,
der übrigens rund um uns herum einen ununterbrochenen, meistens
bis an den Rand des Meeres ebenen Kreis bildete. Der Wunsch,
bald das Ziel zu erreichen, war bei allen ebenso lebhaft wie bei den
Suchern nach dem Eldorado im frühern spanischen Amerika, und
ebenso war die Ueberzeugung, daß ein eisfreies Binnenland existire,
unerschütterlich, wenigstens bei den Matrosen, Fangmännern und

Lappen. Es war deshalb kein Wunder, daß ab und zu wol ein
Irrthum vorfiel. Bei der Mittagsrast, ehe wir den 12. Zeltplatz
erreichten, glaubten z. B. alle wirklich dunkle, ferne Bergspitzen nach
Osten hin zu sehen. Dieselben standen völlig still, während die
Wolken an ihnen vorüberzogen, ein, wie man glauben sollte, sicheres
Zeichen, daß wir es mit keinen Wolkenbänken zu thun hatten. Sie
wurden mit den Ferngläsern untersucht, abgezeichnet, eifrig besprochen

Dagordnung.
Nach einer Aufnahme des Photographen der Expedition vom 18. Juli 1883.

und endlich mit einem lebhaften Hurrah! begrüßt. Wir fanden aber
während der folgenden Tage, daß diese angeblichen Bergspitzen nur
den dunkeln Widerschein von kleinern, weiter östlich in der Eiswüste
gelegenen Seen ausmachten, und hieraus erklärte sich auch ihre un=
veränderte Lage zwischen den vom Winde gejagten Wolken.

Schon in der Beschreibung über die Eisfahrt des Jahres 1870
machte ich auf einen räthselhaften Lehmschlamm (Kryokonit) auf=
merksam, der sich auf der Fläche des Inlandeises in ein bis drei

Fuß tiefen runden Löchern, nicht allein nahe dem Lande sondern auch so weit im Innern hinein vorfand, wie wir kommen konnten. Mein Begleiter, Prof. Berggren, machte die Entdeckung, daß dieser Lehm das Substrat für eine eigenthümliche Eisflora bildete[1], welche aus einer Menge verschiedenartiger mikroskopischer Gewächse bestand, von denen ein Theil sich auch außerhalb des Lehmschlammes auf dem Eise selbst vorfand, und welche, so unbedeutend sie auch zu sein scheinen, doch sicher in dem Haushalt der Natur eine äußerst wichtige Rolle spielen, indem sie durch ihre dunkle Farbe die Wärmestrahlen der Sonne viel kräftiger absorbiren als das blauweiße Eis, und also dadurch zu der Zerstörung der Eisdecke und zur Verhinderung seiner weitern Ausbreitung wesentlich beitragen. Wir haben es ihnen wahrscheinlich in nicht geringem Grade zu verdanken, daß die Eishülle, welche einst die skandinavische Halbinsel bedeckte, weggeschmolzen ist. Ich untersuchte schon damals das Auftreten dieses Eisstaubes in geologischer Hinsicht und zeigte:

1. Daß derselbe nicht von den Berghöhen an den Seiten der Gletscher herabgespült sein könnte. Er kam nämlich gleichmäßig vertheilt auf einer viel bedeutendern Höhe vor, als die am Gletscherrand liegenden Berge hatten, und zwar in gleicher Menge auf den Spitzen der Eishügel, wie an ihren Seiten oder in den Thälern zwischen denselben.

2. Daß derselbe weder von Wasserströmen über die Eisfläche ausgebreitet, noch durch das Eis von den hypothetischen Grundmoränen heraufgepreßt worden war.

3. Daß dieser Lehm ein Luftsediment bilden mußte, dessen Hauptbestandtheil (?) wahrscheinlich ein terrestrischer Staub ist, der durch den Wind über die Fläche des Binneneises ausgebreitet worden ist.

4. Daß kosmische Bestandtheile in diesem Sediment liegen müssen. Dieses enthielt nämlich, außer Magnetit, ein staubfeines,

---

[1] Neuerdings von Prof. B. B. Wittrock ausführlich beschrieben in: A. E. Nordenskiöld, Studien und Forschungen, veranlaßt durch meine Reisen im hohen Norden (Leipzig 1885). In einem andern Aufsatz in demselben Werke findet sich auch eine ausführliche Abhandlung über die Bedeutung des Kryokonit oder Eisschlamms in geologischer Beziehung.

durch den Magnet ausziehbares metallisches Eisen, welches bei Behandlung mit dem Löthrohr auf Kobalt (und Nickel) reagirt. Hierdurch gewinnt dieser merkwürdige Staub, den ich Kryokonit (= Eisstaub) benannt habe, ein sehr bedeutendes Interesse in wissenschaftlicher Hinsicht, besonders da der kosmische, d. h. aus dem Weltall herrührende Bestandtheil in demselben ganz bedeutend sein dürfte.

Auch spätere Forscher, welche das Inlandeis besuchten, haben diesen Staub wahrgenommen, wenn auch an Stellen, wo das Binneneis von bedeutenden Berghöhen umgeben war, und wo also ein Herabspülen von denselben denkbar war. Sie haben deshalb, ohne Prof. Berggren's und meinen Untersuchungen von 1870 irgendwelche Beachtung zu schenken, der Frage über das Entstehen dieses Staubes keine weitere Aufmerksamkeit gewidmet, und ebenso wenig sind die Proben, welche seitdem (1880 durch Dr. N. O. Holst aus Südgrönland) von der Flora des grönländischen Inlandeises heimgeführt wurden, besonders umfassend gewesen. Jetzt hat nun Dr. Berlin von den verschiedensten Stellen Eisgewächse mitgebracht, welche jedenfalls neue wichtige Beiträge zur Kenntniß der Eis- und Schneeflora liefern werden, und auch ich habe meinerseits meine ersten Angaben über den Kryokonit oder Eisschlamm einer neuen Prüfung unterzogen; dieselbe bestätigt vollständig meine frühern Beobachtungen. Ueberall wo der Schnee des vorhergehenden Winters weggeschmolzen ist, findet sich ein feiner, grauer, gleichsam feucht grauschwarzer oder schwarzbrauner Staub über das Inlandeis ausgebreitet in einer Mächtigkeit, welche ich auf 0,1 bis 1 mm schätze, wenn derselbe über die ganze Fläche des Eises ausgebreitet wäre. Er scheint in gleich großer Menge in der Nähe des von Berghöhen umgebenen Eisrandes ebenso wie 100 km ins Binnenland hinein vorzukommen. Nur in der unmittelbaren Nähe der Berghöhen ist derselbe mit einem äußerst feinen, weißgrauen Sand vermischt, der aus der übrigen Masse ausgeschlämmt werden kann. Weiter in das Land hinein fehlt dieser Sand vollständig. Grus oder wirkliche Sandkörner habe ich niemals mit diesem Schlamm vermischt gefunden, obgleich ich besonders danach gesucht habe. Der Kryokonit enthält stets äußerst feine, durch den Magnet ausziehbare Körner, welche hauptsächlich aus Magnetit bestehen, die aber mitunter auch, wie man durch Zerreiben in einem Achatmörser und durch Untersuchungen mit dem Löthrohr beweisen kann, aus

einem kobalthaltigen, grauen, metallischen Nickeleisen bestehen. Im
ganzen ist der Eisstaub über die ganze Fläche des Eises glatt aus=
gebreitet. Man trifft denselben überall, wo der Schneeniederschlag
des vorhergegangenen Jahres weggeschmolzen ist, und nach ocularer
Schätzung zu urtheilen, scheint ein Unterschied in der Menge des an
der Küste angetroffenen und des im Innern der Eiswüste vorgefun=
denen Eisstaubs nicht vorzukommen. Dieser Staub bildet jedoch keine
zusammenhängende Decke, sondern hat sich infolge des Schmelzens
des Eises in wassergefüllten Löchern gesammelt, die man überall auf
der Eisfläche antrifft. Dies sind runde, mitunter halbmondförmige,
bis zu einem Meter tiefe Löcher, welche einen Durchmesser von
wenigen Millimetern bis zu einem Meter und darüber haben. Auf
dem Boden derselben liegt eine 1 bis 2 mm dicke Ablagerung von Eis=
staub, der oft durch Organismen oder durch den Einfluß des Windes
zu Bällen zusammengedrückt ist. Ueberall wo der Jahresschnee weg=
geschmolzen oder die ursprüngliche Eisfläche nicht durch die Frühjahrs=
flüsse zerstört worden ist, trifft man diese Schmelzgruben so dicht
beieinander, daß es schwer, ja unmöglich ist, auf dem Eise eine Stelle
von der Größe eines Hutes ohne solche Schmelzlöcher zu finden. Die
großen Löcher haben oft eine von dem dunkeln Schlamm bedeckte
konische Erhebung in ihrer Mitte, und mitunter trifft man, beson=
ders in ausgetrockneten Seen und Flußbetten hohe konische, mit
Kryolonit bedeckte Erhebungen. Die Bildung dieser Löcher und Eis=
kegel beruht darauf, daß, während einerseits ein dünnes Lager dun=
keln Staubes das Schmelzen des Eises befördert, andererseits das
Eis gegen die Einwirkung der Sonnenstrahlen durch eine derartige
Schicht geschützt wird, wenn dieselbe eine gewisse Mächtigkeit erreicht
hat. Oft sieht man auch einen schwarzgrauen Staub auf der Ober=
fläche der Wasseransammlungen in den Kryolonitlöchern schwimmen,
der möglicherweise ein Eisstaub ist, welcher von Algen in der Zeit
ihrer Entwickelung an die Oberfläche des Wassers geführt worden ist.
Schon bei einer Nachttemperatur von wenigen Graden bildet sich
neues Eis auf den Wasseransammlungen in diesen Löchern, sie frieren
aber nicht bis auf den Boden hinunter, selbst bei strengem Nachtfrost,
und die diese Löcher bedeckende Eiskruste ist selten so stark, daß sie
das Betreten aushält, besonders wenn, wie dies während der letzten
Hälfte unserer Eiswanderung der Fall war, die Wasserfläche im Loche

erft von einer dünnen Eiskrufte und dann von frifchgefallenem Schnee bedeckt ift, welcher die weitere Eisbildung hindert.

Nachdem ich 1870 die Aufmerkfamkeit der Forfcher auf diefen Staub gelenkt hatte, ift der Kryolonit der Gegenftand eines nicht geringen Schriftenwechfels und einer Polemik geworden, und die Anfichten, welche ich über fein Entftehen aufgeftellt, d. h. daß es ein Luftfediment unbekannten Urfprungs, aber einen Theil kosmifcher Beftandtheile enthaltend, fei, find Auslegungen ausgefetzt gewefen, deren Scharffinn ich nicht immer habe bewundern können. Zunächft haben einige Reifende, welche nach 1870 Grönland befucht und von dem Rande des Inlandeifes ihre Betrachtungen über das Innere der Eiswüfte angeftellt hatten, den Kryolonit identificirt mit dem Lehmfchlamm in den Endmoränen oder mit dem Kies, der von den Runataks herabgefpült war, oder fie haben erklärt, daß diefer vollftändig gleichmäßig und gleichartig über die Eisfläche ausgebreitete Staub von dem Lehmlager heraufgepreßt worden fei, das fich unter der mehrere hundert Fuß mächtigen Eisdecke befindet, und zwar mit Hülfe von in Wirklichkeit nicht vorhandenen, von dem Boden bis an die Oberfläche auffteigenden Wafferftrömen. Run ift aber doch das Inlandeis fo ftark von Spalten durchkreuzt, daß alles Waffer des fchmelzenden Schnees im Gegentheil fehr bald unter die Eisfläche verläuft. Irgendwelche andere von unten auffprudelnde, größere oder kleinere Bäche habe ich dort nicht gefehen, außer den zwei geiferähnlichen Springbrunnen, die ich während der Eiswanderung von 1870 beobachtete. Aber auch diefe, durch naheliegende Wafferfälle verurfachten Springbrunnen führten keinen Schlamm mit fich vom Boden herauf. Schließlich hat man nach einer mikroskopifchen Analyfe des Staubes gefagt, daß es von Loslöfungen der naheliegenden Kuftenfelfen herrühre; jedoch haben die Angaben der verfchiedenen Gelehrten über die nähern Beftandtheile des Staubes in eigenthümlicher Weife gewechfelt. So follte nach Lanaulr der Hauptbeftandtheil des Kryolonit aus Quarz beftehen, außer welchem man in ihm auch Glimmer (20 Proc.), Orthoklas, Granat, Epidot und Titanit fand. Lorentzen dagegen führt Quarz (15 Proc.), Glimmer, Feldfpat, Hornblende, Granat, Augit und Hyperit an, Des Cloizeaur aber Amphibol (10 Proc.), Quarz, Orthoklas und Plagioklas, und dies alles auf Grund von Unterfuchungen eines und deffelben, während der Expedition von

1883 gesammelten Materials.[1] Wie man sieht, stimmen die Angaben
der verschiedenen Forscher nicht so gut überein, wie man nach
dem jetzigen hohen Standpunkt der mikroskopischen Analyse erwarten
sollte. Beiläufig mag noch erwähnt werden, daß ein Theil
der oben aufgezählten Minerale nur in sehr geringen Quantitäten
in den Gneisbergen der Westküste vorkommen, und daß die Abwesenheit vulkanischer Theile nicht zu der Annahme berechtigt, daß der
Kryolonit mit östlichen Winden von Osten hergekommen sei. Dieselben Winde würden in diesem Falle auch Glastheilchen von den
Vulkanen Islands mit herübergeführt haben, derartige Theile fehlen
aber seltsamerweise vollständig im Kryolonit.

Daß man es hier nicht mit irgendeinem localen terrestrischen
Staub, sondern mit einem Staub zu thun hat, welcher, wenn er
terrestrischen Ursprungs ist, erst von den Winden so hoch zu
einem permanenten Staubring geführt worden sein muß, wie derjenige war, von dem nach Ehrenberg's Annahme der Passatstaub herrührt, und für dessen Möglichkeit in geophysischer Hinsicht (unter der
Voraussetzung eines rein terrestrischen Ursprungs) der große Forscher selbst verantwortlich sein muß, dies geht schon daraus hervor,
daß ungefähr gleichgroße Staubtheilchen von ungleichem specifischen
Gewicht umeinander darin vermischt sind, ohne daß der näher dem
Eisrande gefundene Staub gröber ist als derjenige, den man weiter im
Innern antrifft. Dies scheint mir auch aus der Zusammensetzung des
Staubes hervorzugehen, welche die Möglichkeit ausschließt, daß Quarz
irgendeinen überwiegenden Bestandtheil desselben ausmachen sollte.
Die Analysen zeigen außerdem, daß der Staub, möge er nun während der Expeditionen von 1870 oder 1883, nahe der Küste oder
weit im Innern gesammelt sein, eine merkwürdig constante Zusammensetzung hat, sowol so wie er in der Natur vorkommt, wie
auch, nachdem man mittels Elektromagnet die im Kryolonit befindlichen magnetischen Silicate entfernt hat.

Im Zusammenhang mit der Frage über den Ursprung des Kryo-

---

[1] Diese Analysen werden gleichzeitig mit verschiedenen Detailuntersuchungen des
Kryolonit und des erwähnten Schneestaubs aus Jemtland in einem besondern Aufsatz in den Abhandlungen der schwedischen Akademie der Wissenschaften veröffentlicht
werden.

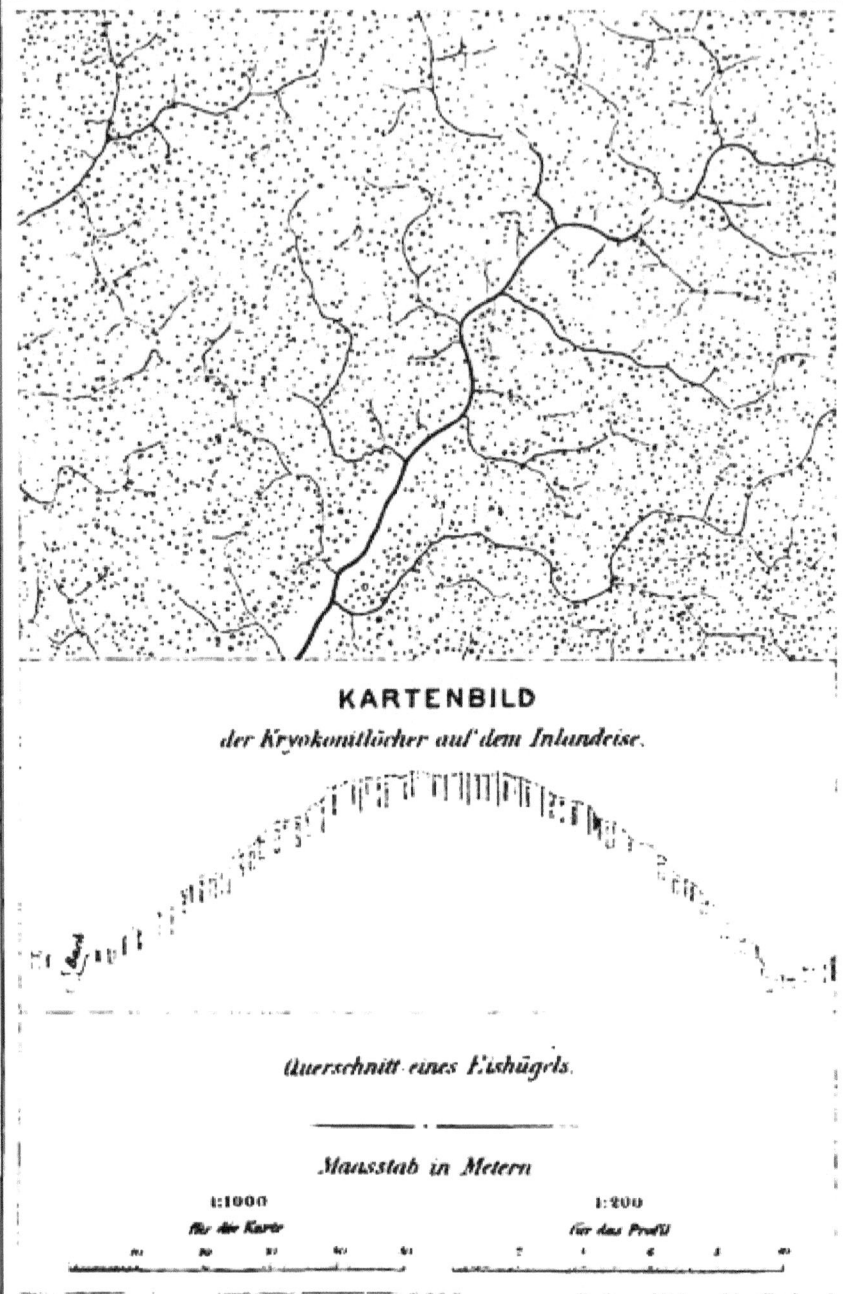

KARTENBILD

der Kryokonitlöcher auf dem Inlandeise.

Querschnitt eines Eishügels.

Maasstab in Metern

1:1000   1:200
für die Karte   *für das Profil*

tonit mag hier noch ferner angeführt werden, daß einige auf meine
Veranlassung im April 1884 infolge des rothen Scheins von
Dr. Fegräus bei Mullfjell und Aresluta in Jemtland betreffs der
festen, staubfreien, während des Winters mit dem rothen Schein im
Schneeniederschlag niedergefallenen Bestandtheile angestellte Untersuchungen zeigen, daß ein dem Kryokonit ähnlicher Staub auch in
andern Gegenden als auf dem Inlandeis Grönlands herabfällt. Bei
einer vorläufigen mikroskopischen Untersuchung des durch Schnee-
schmelzung erhaltenen Staubes seitens des Lektors Törnebohm hat es
sich nämlich gezeigt, daß derselbe außer rein vulkanischen Bestand-
theilen, welche Prof. Brögger mit dem Vulkanstaub von Krakatau
identificiren zu können glaubte, oft in überwiegender Menge einen
dem grönländischen Kryokonit vollkommen gleichen Staub enthält.
Ich führe dies an, um zu zeigen, daß die Frage, mit der ich den
Leser hier so lange aufgehalten habe, eine viel größere Bedeutung
für eine richtige Auffassung verschiedener Naturverhältnisse auf
unserm Erdball hat, als mancher anzunehmen geneigt sein dürfte.

Ein Bild der Oberfläche des Inlandeises gibt die nebenstehende
Kartenzeichnung. Sie gründet sich leider auf keine Photographie. Ich
hatte nämlich auf dem Eise kein Mittel, die photographischen Apparate so hoch aufzustellen, daß man von der darunterliegenden Fläche
ein Bild aus der Vogelperspective hätte erhalten können, und außerdem werden Lichtbilder von Gegenständen mit hauptsächlich blauem
und weißem Farbenwechsel nicht gerade besonders deutlich. Die
Zeichnungen sind aber naturgetreu und werden vielleicht die Auffassung des vorstehend Angeführten erleichtern. Sie können vielleicht
auch in einer andern Beziehung von Interesse sein. Man hat die
Ansicht aufgeworfen, daß einige Himmelskörper aus gefrorenem
Wasser bestehen sollten. Wenn dies der Fall, und wenn die atmosphä-
rischen Verhältnisse auf einem Fixstern, Planeten oder Planettraban-
ten von derselben Art wie auf unserer Erde sein würden, so könnte die
Oberfläche des Inlandeises uns ein ganz gutes Bild der Oberfläche
eines derartigen Himmelskörpers geben.

Die Kryokonitlöcher bildeten vielleicht die größte Gefahr, denen
die Expedition ausgesetzt war. Zwar passirten wir eine Menge
bodenloser Klüfte, breit genug, um einen Mann zu verschlingen,
aber theils waren dieselben offen (d. h. nicht schneebedeckt), sodaß

man sie bei einiger Aufmerksamkeit vermeiden konnte; auch wenn die Klüfte schneebedeckt waren, war größern Unglücksfällen dadurch vorzubeugen, daß man den Zug durch die Schlitten eröffnen ließ, welche von zwei Mann gezogen wurden, — wenn dann einer der- selben in die Kluft fiel, so hatte er stets einen Halt an dem Zug- riemen, dem Schlitten oder dem Alpenstock und konnte sich damit leicht wieder heraufschwingen. Da aber schneebedeckte Kryokonitlöcher von einem gerade genügend großen Durchmesser, daß der Fuß eben hineinpaßte, dichter auf unserm Wege standen, als die Baumstämme im dichtesten Walde, so ließ es sich nicht vermeiden, daß man beinahe jeden Augenblick hineintrat, und zwar häufig genug, wenn man es am wenigsten vermuthete und man gerade seine Kräfte anspannte, um einen neuen Schritt von einem anscheinend festen Stützpunkt aus zu machen; oft fiel man dann vornüber, mit dem einen Fuß in ein drei Fuß tiefes, enges Loch eingeklemmt. Der Marsch über das schlimmste Terrain in dieser Beziehung dauerte auf der Hinreise vier und auf der Rück- reise drei Tage, also im ganzen sieben Tage. Es ist nicht zu hoch berechnet, daß ein jeder von uns in dieser Zeit hundertmal in solche Löcher fiel, was für zehn Mann und sieben Tage 7000 mal aus- macht. Ich bin noch immer erstaunt darüber, daß keiner dieser 7000 Fälle einen Beinbruch zur Folge hatte, — dies würde nicht nur unsere Eiswanderung abgebrochen haben, sondern hätte auch, wenn es weit vom Ausgangspunkt eingetreten wäre, sehr bedenkliche Folgen haben können. Es wäre nämlich beinahe unmöglich gewesen, den Beschädigten über ein solches Terrain, wie das Inlandeis, zurück- zutransportiren.

Einen Vortheil hatten jedoch die Kryokonitlöcher: wo wir an- hielten brauchte man sich nur zu bücken, um das herrlichste Trink- wasser zu erhalten. Wir genossen davon in reichlichem Maße, ohne irgendwelchen Schaden davon zu leiden, obgleich das Wasser eiskalt war und wir oft sehr erhitzt davon tranken.

Am 16. Juli legten wir einschließlich der Umwege 13, am 17. 18½ und am 18. 17½ km zurück. Das Land oder vielmehr das Eis hob sich währenddessen von 104 bis zu 1261 m. Die zurück- gelegten Weglängen zeigten, daß das Eis anfing ebener und der Weg besser zu werden. Die Wanderung wurde jedoch noch immer durch die zahlreichen Schmelzgruben verbittert, wogegen die Flüsse, welche

auch hier ziemlich wasserreich waren, anfingen seichter und weniger
reißend, also auch leichter passirbar zu werden. Außerdem wurde
unser Weg an mehrern Stellen durch tiefe, schneebedeckte Spalten
durchkreuzt, welche jedoch keine Unglücksfälle verursachten.

Als wir am Abend des 18. Juli bei unserm 14. Zeltplatz
angekommen waren, fragte der Lappe Anders Rossa, ob er nicht
Erlaubniß bekommen könne, „rennen zu gehen“, d. h. auf Schnee-

Ansicht vom Binneneise.
Auf dem Strand eines Inlandsees aufgeschraubte Eisblöcke.
Nach einer Aufnahme des Photographen der Expedition vom 18. Juli 1883.

schuhen weiter vorzugehen, um den Weg für den morgenden Tag aus-
zukundschaften und zu sehen, ob man noch kein Land nach Osten bemerken könne. Nachdem er die Erlaubniß erhalten hatte, begab er
sich sofort auf den Weg ohne das Abendessen abzuwarten. Erst nach
sechs Stunden kam er zurück mit dem Bescheid, daß er 2½ Meilen
(27 km) weit gekommen wäre, daß das Eis ebener würde, sich aber
immer noch langsam höbe, und von Land keine Spur sichtbar sei.
Wenn die Angabe über die zurückgelegte Weglänge richtig war, so

war Anders, nach einem mühevollen Tagemarsch, noch ferner in
sechs Stunden auf Schneeschuhen 50 bis 60 km weit gegangen.
Seine Angabe hierüber hielt ich anfangs für übertrieben, der Zweifel
war aber unbegründet. Wir brauchten nämlich die zwei folgenden Tage,
um mit unsern Schlitten den durch Schneeschuhspuren bezeichneten
Weg zurückzulegen, auf dem Anders vorgegangen war, und doch war
hier die Bahn für Schneeschuhe nicht besonders gut. Ich erwähne
dies als Anhalt für die Beurtheilung der Schätzung der Lappen hinsichtlich der Weglänge, welche sie auf der wichtigen Schneeschuhfahrt
zurücklegten, über die ich weiterhin berichten werde.

Während dieser Tage passirten wir verschiedene Seen, von denen
einige im Winter nicht ganz auszutrocknen scheinen — wir sahen
nämlich an verschiedenen Stellen mehrere Fuß dicke Blöcke an den
Seeufern aufgeschraubt, was ich mir nicht anders erklären kann, als
daß sich hier noch eine bedeutende Wasserfläche vorgefunden haben
muß, als diese Wasseransammlungen sich mit neuem Eis bedeckten.
Die Seen sind oft ringförmig und ihre Ufer bildeten jetzt Schnee-
moräste, d. h. sie wurden von einem wassergetränkten Schneebrei
eingenommen, der mit beladenen Schlitten schwer zu passiren war.

Am 18. Juli wurden (Umwege eingerechnet) 17½, am 19. 16½,
am 20. 7 und am 21. 7½ km (vom 14. bis zum 18. Rastplatz)
zurückgelegt. Das Eis hob sich währenddessen von 1193 bis zu 1510 m.
Die zurückgelegten Weglängen bezeichnen genügend die Beschaffenheit
des Weges. Derselbe war während der ersten Tage vortrefflich,
besonders morgens, wenn der frische Schnee von einer Kruste bedeckt
war; während der letzten zwei Tage war er aber sehr schlecht, namentlich nachdem in der Nacht zwischen dem 20. und 21. ein mit
Schnee untermischter Regen mit Südostwind gefallen war. Sowol
der frischgefallene Schnee, wie die noch nicht abgeschmolzene Schneedecke des verwichenen Jahres verwandelten sich jetzt in einen wassergetränkten Schneebrei, in dem die Schlitten alle Augenblicke so fest
sitzen blieben, daß vier Mann große Mühe hatten, sie wieder herauszubringen. Alle Mann waren völlig durchnäßt und wir hatten schon
am 21. abends Mühe, auf dem Eise eine trockene Stelle für das
Zelt zu finden. Am 22. glückte auch dies nicht mehr und wir
mußten das Zelt mitten auf einem wassergetränkten Schneebreifeld
aufschlagen. Dank dem Schutz unserer Kautschukmatratzen lagen

wir zwar selbst trocken, gewissermaßen auf einem Floß von Kautschuk, aber nur einen Schritt außerhalb der Matratzen, und man war sofort bis über das Fußgelenk naß. Einige Zeit später im Jahre, wenn die Schneefläche wieder gefroren ist, oder früher, ehe das Schmelzen des Schnees begonnen, würde der Weg hier außerordentlich gut gewesen sein.

Als wir sonach am 21. Juli zeitig nachmittags gezwungen waren, unser Zelt auf einem Felde von wassergetränktem Schneebrei aufzuschlagen, aus welchem kein trockener Hügel hervorragte, und über welches es schwer war, die Schlitten auch nur einen Bruchtheil eines Kilometers fortzuziehen, sandte ich Lars Tuorda auf Schneeschuhen aus, um zu versuchen, einen trockenern Weg ausfindig zu machen. Er kam zurück mit dem Bescheid, daß das Eis weiter nach Osten hin überall eine unübersehbare wassergetränkte Schneefläche bildete, und zum ersten mal in seinem Leben gestand er, keinen Ausweg zu wissen.

Die Schlitten weiterzuziehen war jetzt vollständig unmöglich. Ich beschloß deshalb umzukehren, nachdem ich die Lappen auf eine Schneeschuhfahrt soweit wie möglich nach Osten geschickt hatte. Ich selbst glaubte jedoch anfangs, daß es nicht rathsam wäre, diese Fahrt über 24 Stunden auszudehnen. Aber Lars, welcher offenbar vor Begierde brannte, das vom Eise verborgene gelobte Land zu erforschen, erklärte, daß er und Anders während einer Abwesenheit von 24 Stunden nicht weit genug würden kommen können, um die Frage zu lösen, daß aber keine Gefahr vorhanden wäre, die Fahrt auf drei oder vier Tage auszudehnen; wenn er hierzu Erlaubniß bekäme, so glaubte er etwas ausrichten zu können, das der Mühe werth sei. Ich ertheilte die verlangte Erlaubniß nicht ohne Bedenken. Vor der Abreise gab ich den Schneeschuhläufern folgende schriftliche Befehle:

„Befehle für Lars und Anders während ihrer Schneeschuhfahrt auf dem Inlandeise.

Lars und Anders gehen auf Schneeschuhen nach Osten hin, jedoch so, daß sie, wenn sie es für rathsam erachten, ihren Kurs etwas nach Norden oder Süden hin verändern können.

Am Ende jeder dritten Meile wird der Barometerstand und der genommene Kurs verzeichnet.

Die Abwesenheit wird auf vier Tage berechnet, wir werden

aber hier bis zu sechs Tage warten. Nach dieser Zeit oder Sonnabend 28. Juli morgens müssen wir umkehren. In diesem Falle werden hier auf einem Schlitten Proviant, Spiritus, Matratzen, Schlafsäcke und Heu zurückgelassen.

Lars wird gewarnt, nicht zu kühn zu sein. Wenn Land erreicht wird, so werden in Eile von Blumen und Gras mitgenommen was zu erhalten ist, eine oder mehrere Stauden von jeder Blume oder jedem Grase.

Auf dem Inlandeise, 21. Juli 1883.

A. E. Nordenskiöld.“

Von Proviant durften sie auswählen, was sie wünschten. Sie nahmen 6 Pfund Brot, 2 Dosen Sardinen, 6 Pfd. Corned Beef, 2 Pfd. Butter, 1 Pfd. Käse, ½ Flasche Cognac, 12 Cigarren und 6 Rollen Tabak mit. Außerdem hatten sie zwei Kompasse, ein Aneroidbarometer und eine Taschenuhr bei sich.

Vor der Abreise theilte ich Lars außerdem noch mit, daß ich mich möglicherweise vor der Rückkehr der Schneeschuhläufer gezwungen sehen würde, nach dem Zeltplatz Nr. 17 zurückzukehren, weil der Schnee hier (am Zeltplatz Nr. 18) so stark wassergetränkt war, daß wir in Gefahr schwebten, bei anhaltendem Thauwetter im Schneebrei zu ertrinken.

Am 22. Juli weckte ich um 1 Uhr früh; zwischen ½2 bis ½3 wurde das Frühstück eingenommen, worauf die Lappen uns verließen.

Die übrigen Mitglieder der Expedition brachten den Tag meistens im Zelte zu. Ich ließ eine vollständige Inventirung des noch vorhandenen Proviants aufnehmen, welche ergab, daß wir noch für 22 Tage Proviant übrig hatten. Außerdem wurde eine Wäsche veranstaltet, wobei als bezeichnend für das Terrain erwähnt werden mag, daß der Wäscher unmittelbar am Rande des Zeltes ein Loch durch die Schneekruste brach, welches als Waschfaß benutzt wurde. Länger an einer solchen Stelle sich aufzuhalten war unmöglich, und ich ließ deshalb am folgenden Tage die Zurückführung unserer Ausrüstung nach dem Zeltplatz Nr. 17 beginnen.

Sowol an diesem wie an verschiedenen andern Tagen unsers Aufenthalts auf dem Eise war der Himmel von einem äußerst dünnen Wolkenschleier bedeckt, den die Sonne ganz warm, ja sogar

Abfahrt der Lappen vom 18. Zeltplatz.

Nach einer Aufnahme des Teilnehmers der Expedition vom 18. Juli 1891.

brennend beschien. Dann und wann senkte sich dieser Schleier auf die Eisfläche herab und beschattete die Aussicht über das Eisfeld; derselbe war aber nicht feucht, sondern so trocken, daß nasse Kleider schnell in demselben trockneten. Wir haben also wahrscheinlich hier oben ein Phänomen gesehen, das dem Sonnenrauch=Phänomen in Skandinavien, oder was Arago mit dem Namen „brouillard sec" bezeichnet, nahe steht. Es kam mir vor, als ob dieser Nebel, trotz seines ganz passenden französischen Namens, aus staubfeinen, in eine verhältnißmäßig trockene Luft eingemischten Wassertheilchen bestände. Das Phänomen würde also zu derselben Kategorie physikalischer Erscheinungen gehören, wie die Fähigkeit des Wassers, die fließende Aggregationsform unter gewissen Verhältnissen selbst nach Abkühlung unter Null oder nach Erhitzung über den Siedepunkt noch beizubehalten. Hier würden dann die auf der Oberfläche eines äußerst kleinen Wassertropfens thätigen Molecularkräfte seine Verdunstung selbst in trockener Luft hindern.

Am folgenden Tage, 24. Juli, wurde der Rücktransport unsers Zeltes u. s. w. nach dem 17. Zeltplatz beendigt. Trotz Lars' Versicherungen fing ich jetzt an, wegen der Lappen beunruhigt zu werden, und ich war deshalb sehr froh, als sie schon an diesem Tage (den 24.) zur Mittagszeit nach einer Abwesenheit von 57 Stunden zurückkamen. Es war Mangel an Trinkwasser und Brennmaterial zum Schneeschmelzen, was sie genöthigt hatte, so bald umzukehren. Die Schneebahn war von der besten Art gewesen, und sie schätzten die Weglänge, welche sie auf ihrer Fahrt nach Osten hin zurückgelegt hatten, auf 21 schwedische Meilen oder 230 km, eine Schätzung, welche meiner Ueberzeugung nach in der Hauptsache vollständig zuverläßig ist. Während der ganzen Hinreise wurde das Barometer jede dritte Stunde beobachtet. Dasselbe gab für den Wendepunkt eine Höhe von 1947 m an. Dieser Wendepunkt war in der Mitte des grönländischen Kontinents, auf 68° 32' nördl. Br. und 42° 51' westl. L. von Greenwich belegen. Ueber die Fahrt selbst berichtete Lars Folgendes:

Nachdem wir 5 (schwedische) Meilen weit von dem 18. Rastplatz gekommen waren, gab es kein Wasser mehr. Weiterhin ward das Eis völlig glatt und eben, mit einem Raum von 4 bis 5 Meilen zwischen den einzelnen Erhebungen. Das Thermometer zeigte dort — 5°. Eine so ebene Schneeschuhbahn hatte Lars noch niemals gesehen, und es ging sehr leicht mit den Schneeschuhen. Sie litten viel vom Durst. Am Wendepunkte machten sie Feuer mit dem Signalstabe und schmolzen Schnee in einer Konservenbüchse. Der Schnee war vollständig eben und vom Sturm festgepackt. Spuren von Land waren nicht sichtbar. Am Wendepunkte sahen sie nur ebenes Eis vor sich, das mit einem ganz feinen und ebenen Schnee bedeckt war. Zuerst zwei Ellen loser Schnee, dann körniges Eis und dann ein so großer Zwischenraum, daß man die Finger hineinstecken konnte. Der Zwischenraum war von kantigen Eisstücken (Kryftallen) umgeben. Der Durchschnitt des Inlandeises war treppenförmig, zuerst eine kleine Anhöhe, dann eine ebene Fläche, dann wieder eine kleine Anhöhe, u. s. w.

Die Lappen hatten des schlechten Wetters wegen in der zweiten Nacht vier Stunden in einer Schneegrube geruht, aber 2½ Tage nicht geschlafen.

Am ersten Tage war kein Wind; am Sonntag Abend Süd-wind, welcher auch anhielt bis sie umkehrten. 4 Meilen westlich vom Wendepunkt sprang der Wind mehr nach Westen um. Wäh-rend der Rückfahrt wurden 7 Meilen vom Zeltplatz entfernt zwei Raben sichtbar, die von Norden kamen und wieder nach Norden zurückkehrten. Die Lappen hatten die Spuren ihrer Schneeschuhe verloren, die Raben flogen gerade auf die Spuren los und kehrten dann nach Norden um.

Obgleich Lars nicht so glücklich war, im Innern der Wüfte eine eisfreie Oase zu entdecken, war er von dem Vorhandensein eines solchen eisfreien Landes doch so fest überzeugt, daß er nach der Rück-kehr von der Schneeschuhfahrt oft davon träumte. So erzählte er eines Morgens, daß er einen sehr schönen Traum gehabt habe.[1] Es sei ihm gewesen, als eile er auf seinen Schneeschuhen fortwährend gegen Often, bis er Landsleuten begegnete. „Diese sprachen mich freundlich an. Sie sagten zu mir in der Sprache der Lappen:

---

[1] Eigenthümlich ist es, daß die sonst wenig lebhafte Phantasie der Lappen wäh-rend des Schlafes in beständiger Thätigkeit zu sein scheint. Die Lappen sprachen oft von ihren Träumen, und Anders, der in wachem Zustande die Ernsthaftigkeit selber war, weckte uns im Zelte oftmals dadurch, daß er im Traume in lautes anhaltendes Lachen ausbrach.

„Vettern aus fernem Lande, weshalb ginget ihr auf dem Eisrücken und nicht unten in dem langen Waldthale in der Nachbarschaft des Zeltes? Dieses Thal dehnt sich nachher um den Eisrücken weit nach Süden aus."

Es ist nicht unmöglich, daß Lars — abgesehen vom Walde — richtig geträumt hat. Wie die Karte auf der folgenden Seite zeigt, nahm man früher auf Grund der Erzählungen der Eskimos an, daß der grönländische Continent gleich nördlich von dem Wege, auf dem wir über das Eis zogen, von einem langen und schmalen Sund quer durchschnitten sei. Den ersten dänischen Colonisten erzählten die Eskimos ferner, daß ihr Land gegen Norden nur durch einen äußerst schmalen Sund von dem Lande an der westlichen Seite getrennt sei; darauf wende sich die Nordseite Grönlands gegen Nordosten und Osten, werde niedriger, sei frei von Inlandeis und mit Grus und Sträuchern bedeckt, ganz so wie nach dem Cap Farewell hinab; die Einwohner sprächen dieselbe Sprache wie die Bevölkerung im heutigen dänischen Grönland, doch hätten nur wenige Lust, dort zu wohnen, der langen Winternächte wegen; dem Volke dort oben fehle Eisen und Holz, und sie tauschten sich solches gegen Narwal- hörner ein u. s. w.[1]

Was hier von einem Sunde gesagt wird, welcher den nörd- lichsten Theil Grönlands von dem Inselcomplex auf der amerika- nischen Seite trennt, ist, wie wir gegenwärtig wissen, vollkommen richtig, und nach Greely's Beschreibung von Grinnell-Land zu urthei- len, dürfte auch das richtig sein, was die Eskimos von der Natur- beschaffenheit der Nordküste sagten. Könnte dies nun nicht auch mit dem vermutheten, von dem Eisfjord von Jakobshavn sich abzweigen- den Sund der Fall sein? Dieser wäre dann in den letzten Jahr- hunderten durch Eismassen gesperrt worden, welche von den Gletschern an den Ufern des Sundes hervorgebrochen sind. Es kann nicht be- stritten werden, daß vieles hierfür spricht — unter anderm auch die

---

[1] Hans Egede, Det gamle Grønlands nye Perlustration etc. (Kopenhagen 1741). S. 2, Note und Karte. — Cranz, Grönland (1765), S. 27. — Anmerk- ninger til Crantz Historie (Kopenhagen 1771), S. 7 und 80. — Paul Egede, Efterretninger om Grönland (1778), S. 122. — Rink, Samlinger til Kundskab om Grønland (1890), S. 56.

Facsimile von Paul Egede's Carte von Grönland 1788.

Raben, welche von den Lappen auf ihrer Schneeschuhfahrt gesehen wurden. Diese Vögel pflegen sich in dieser Jahreszeit nämlich höchst selten weit von ihren Nistplätzen auf den Küstenbergen zu entfernen. Aber wenn es nun einen solchen Sund gegeben hat, dann hätte der Lappe nicht so falsch geträumt und meine auf theoretische Betrachtungen gegründete Vermuthung über die Naturbeschaffenheit des innern Grönland könnte doch richtig sein. Wie der hervorragende dänische Geograph Prof. E. Erslev in seinem Vortrag über die Expedition von 1883 angedeutet hat[1], ist diese Frage nur durch neue Forschungsfahrten auf dem grönländischen Inlandeis oder durch eine Expedition nach dem Scoresbyfjord an der Ostküste Grönlands endgültig zu entscheiden.

Nachdem die Lappen von ihrer langen und beschwerlichen Fahrt ausgeruht hatten, brachen wir endlich am 25. Juli auf, um den Rückweg definitiv anzutreten. Es schien die höchste Zeit dazu zu sein, denn das Wetter fing jetzt hier oben an recht schlecht zu werden. Es ist sicherlich nicht leicht, im Nebel über eine von Klüften durchschnittene, oft nahezu unpassirbare Eiswüste zu gehen, und wäre ein stärkerer Schneefall eingetreten, so würde unsere Lage, falls sich die Oberfläche des Schnees nicht bald in eine harte Kruste verwandelt hätte, sehr bedenklich geworden sein. Außerdem begann auch die Kälte, nachdem die Sonne während der Nacht unter den Horizont gegangen, hier oben sehr empfindlich zu werden. In der Nacht zum 27. Juli sank das Quecksilber in dem aufgehängten Thermometer bedeutend unter die Gradirung, und als ein anderes Thermometer aufgehängt worden, zeigte dasselbe (5 Uhr morgens) — 11°. Die Temperatur war aber bereits gestiegen, sodaß ich annahm, daß sie in der Nacht an dieser Stelle — 15 bis 18° C. gewesen ist.

Ueber den Rückweg kann ich mich übrigens kurz fassen. Die Flüsse machten uns auf demselben wenig Beschwerde, da sie größtentheils ausgetrocknet waren. Die Eishügel hatten durch Abschmelzen viel von ihrer frühern Größe verloren und standen jetzt auch weniger dicht aneinander. Dagegen waren die Gletscherspalten merklich breiter, mehr mit Schnee überdeckt und gefährlicher; auch die

---

[1] Dansk geografisk Tidskrift, Bd. 7 (Kopenhagen 1884), S. 61.

Schmelzlöcher und Gletscherbrunnen — von denen viele wahrscheinlich
ein unvergängliches Andenken in Form eines aus dem unterliegenden Felsen ausgewaschenen Riesenkessels zurücklassen werden — hatten
an Umfang und Zahl zugenommen.

Auf dem Rückwege, etwas westlich von den Zeltplätzen 16 und
14, sahen wir einige mal auch Scharen von Vögeln, vermuthlich
Sumpfvögel, welche von Norden nach Süden flogen. Am 31. Juli

Gletschersee am Rande des Inlandeises.
Nach einer Aufnahme des Photographen der Expedition vom 6. August 1883.

bekamen wir wieder Land in Sicht, das wir sodann am 3. August
nachmittags erreichten. An der Stelle, wo wir von dem Eise herab-
stiegen, ließ ich die Schlitten und den größten Theil unserer Ausrüstung zurück und setzte darauf, nur das Nothwendigste mitnehmend,
den Marsch nach dem Zeltplatz am Soña-Hafen fort. Dort trafen
wir die Eskimos, welche infolge der auf Dr. Didson's Wunsch von
den grönländischen Handelsfactoren getroffenen Anordnungen uns
an diesem Platz erwarteten und das Zelt bewachten, das wir nebst
Proviant für 14 Tage, Reservekleidern, einem großen Boot u. s. w.

dort zurückgelassen hatten, für den Fall, daß wir von dem Inlandeise entblößt von allem zurückkehren sollten.

Die Eskimos am Zeltplatze waren aufs höchste erfreut, uns
wiederzusehen; sie hatten uns bereits für verloren gehalten. Durch
das häufige Besteigen eines Felsens, um nach uns Ausschau zu
halten, hatten sie sogar, ihrer Behauptung zufolge, mehrere Paar
Schuhe zerrissen, ein in ihren Augen wirklich sehr beklagenswerther
Umstand, über den uns ein jeder mit lebhaften Geberden und unter

Der Rand des Inlandeises, von einem hohen Berg gesehen.
Nach einer Aufnahme des Photographen der Expedition vom 6. August 1883.

Vorzeigung zerrissener Schuhe berichtete. Am Sonntag, 5. August,
erhielt die Mannschaft nach der schweren und ununterbrochenen Arbeit
während des ganzen vergangenen Monats einen wohlverdienten und
erforderlichen Ruhetag.

Der 4. und 6. August wurden zum Transport der Schlitten,
Karren und aller am Eisrande zurückgelassenen Ausrüstungsgegen-
stände nach dem Sofia-Hafen benutzt. Das große Boot, welches hier
auf uns wartete, war bequem und geräumig, aber nicht groß genug,
um uns, unsere Karren und Schlitten und die ganze Ausrüstung

sowie auch die Eskimos und ihre Habe zu fassen. Ich ließ deshalb die Expedition in zwei Abtheilungen trennen; die eine, bestehend aus mir, Dr. Berlin, Kjellström, den beiden Lappen und drei Eskimos, marschirte über die niedrige aber breite Landzunge zwischen dem Tasiusarsoak-Fjord und der Südostbucht und fuhr sodann in zwei Frauen- booten über Ilamiut nach Egedesminde, während die andere in dem größern Boot über Kangaitsiak zurückkehrte. Die erste Abtheilung kam nach einer langen und beschwerlichen Fußwanderung und einer von herrlichem und ruhigem Wetter begünstigten Wasserfahrt am 9. August gegen Abend, die andere am 10. mittags in Egedes- minde an.

Eine Vorstellung von einigen Episoden von einer Wanderung unter dem Schutze von Eskimos können meine Leser erhalten durch die Abbildungen (auf Seite 218 und 219) von der Fahrt im Jahre 1870, wo ich, Prof. Berggren und Dr. Nordström von der Eis- wanderung auf genau demselben Wege, aber nur in Begleitung von Eskimos, Männern, Weibern und Kindern, zurückkehrten.

Am 16. August vormittags kam die „Sofia" am Sammelplatz an, und noch an demselben Tage, um 5 Uhr nachmittags, lichtete sie die Anker, um nach Ivigtut zu dampfen, das sie am 19. nach- mittags erreichte.

Die Abenteuer der „Sofia" während unserer Abwesenheit wer- den im folgenden Kapitel geschildert werden. Zuvor will ich noch mit einigen Worten über den Wettlauf auf Schneeschuhen berichten, der nach der Rückkehr der Expedition in der Heimat veranstaltet wurde, um die Angaben der Lappen soviel als möglich zu con- troliren.

Ich kann nämlich nicht leugnen, daß ich den Bericht über die große Strecke, welche die Lappen auf ihren Schneeschuhen auf dem Binneneise in das Innere von Grönland vorgedrungen sein wollten, nur mit einer gewissen Zaghaftigkeit veröffentlicht hätte. Nicht etwa, daß ich selbst in Bezug auf die Wahrhaftigkeit der von den Lappen gemachten Angaben und der Richtigkeit ihrer Abschätzung des zurückgelegten Weges den geringsten Zweifel gehegt hätte, sondern weil ich voraus- sah, daß man die Möglichkeit, in 57 Stunden 460 km zurückzulegen, vielfach bezweifelt haben würde, um so mehr, als ich in alten Schriften vergebens nach bestimmten Angaben suchte über die Schnelligkeit, mit welcher Schneeschuhläufer längere Strecken zu gehen vermögen. Um nun allen Zweifel in dieser Hinsicht zu heben, schlug Dr. Dickson die Abhaltung eines Wettlaufens auf Schneeschuhen auf einer längeren Strecke vor — gewiß das erste Wettlaufen dieser Art, von dem die Annalen des Sports zu berichten haben. Die näheren Anordnungen wurden unter der Oberaufsicht des Landeshauptmanns Widmark von einer Commission getroffen, welche aus dem Oberst=

Die Handelsstation Ikamiut.
Nach einer Aufnahme des Photographen der Expedition vom 9. August 1883.

lieutenant C. O. Bergman (Vorsitzender), den Pfarrern J. Læstadius und C. Læstadius, dem Jägermeister A. Hullberg und dem Inspector A. Wästfelt bestand.

Aus dem von ihnen aufgestellten Programm mag Folgendes an= geführt werden. Das Wettlaufen sollte am 3. April 1884 stattfinden. Die Bahn, welche an einer Stelle auf dem Purkijaur=See anfangen und sich von dort in der im Programm näher bestimmten Weise über den Randijaur= und Parkijaur=See nach Arnthelm im Saggat= jaur erstrecken sollte, hatte eine Länge von 10,3 schwed. Meilen oder

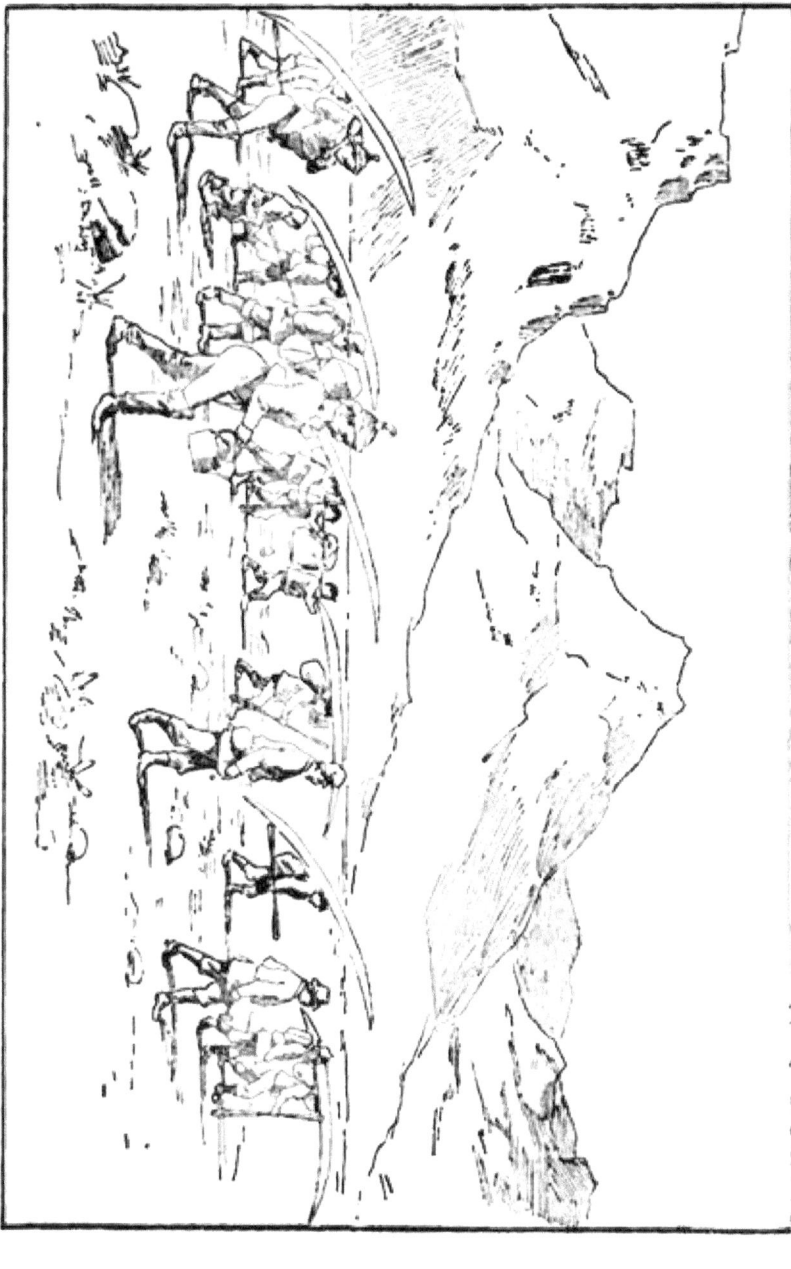

Wanderung über die Landzunge bei Zarpleriek.
Nach einer Zeichnung von Th. Kortholm 1850.

Rückehr Pearys von seiner Fahrt nach Grönland. Der amerikanische Nordpol-Forscher Lieutenant Peary ist von seiner sechsten Reise nach Grönland glücklich zurückgekehrt. Der Zweck seiner Forschungsreise war ein Mal, den großen Meteoriten bei Kap York, der so vielseitiges Interesse erregt hat, an Bord seines Schiffes zu schaffen und ferner Vorbereitungen für die im nächsten Jahre geplante Nordpolreise zu treffen. Nach beiden Richtungen war Peary vom Glück begünstigt. Er hatte Boston am 18. Juli auf dem Walfischfahrer Hope verlassen und erreichte am 10. August den Walfisch-Sund, wo er schon früher sein Hauptquartier aufgeschlagen hatte. Es befindet sich hier eine kleine Niederlassung von Eskimos, den sogen. arktischen Hochländern, wahrscheinlich das nördlichste Volk der Erde. Peary genießt unter diesen Eskimos großes Vertrauen, und so war es ihm nicht schwer, mehrere Familien zu bewegen, ihn auf seiner Expedition im nächsten Jahre zu begleiten. Es liegt bekanntlich in Pearys Absicht, an der westgrönländischen Küste entlang durch den Smith-Sund zu gehen und die Nordküste Grönlands zum Ausgangspunkt für die eigentliche Reise gegen den Nordpol zu wählen. Hier soll von den geworbenen Eskimos eine Station errichtet, der Hauptproviant aufgestapelt und dann in verschiedenen Abständen nach Norden zu weitere Niederlagen errichtet werden. Von der nördlichsten Niederlage aus will Peary dann in Begleitung der Eskimos mit Schlitten den Marsch nach dem Nordpol antreten. „Die Eskimos", sagt Peary, „gehen mit ihren Schlitten, wohin kein Europäer sich wagen würde, und man muß bedauern, daß sie Nansen fehlten". Nachdem Peary Alles zur Zufriedenheit geordnet, ging die Hope nach Kap York, wo der 70 Tonnen schwere Meteorit liegt. Er ist von allen bisher aufgefundenen Meteoriten der größte. Er wurde 1895 von Peary entdeckt. Auf seinen Vorschlag rüstete die Akademie der Wissenschaften in Philadelphia zur Einholung des Riesen eine Expedition aus. Leider hatten die mitgenommenen Verladungs-Einrichtungen nicht ausgereicht, um den gewaltigen Block von über 3 Meter Länge, fast 2 Meter Breite und 1,2 Meter Höhe auf das Schiff zu bringen. Die Hebemaschine brach und man mußte von weiteren Versuchen absehen. Die erste Kunde von diesem Block und die Nachricht, daß sich die Eskimos Stücke Metall zu Messern, Lanzen und Werkzeug davon losschlagen, brachte bereits John Roß 1818 heim. Er hat aber den Block nicht selbst aufgesucht, und Peary war der erste Europäer, der ihn als Augenzeuge beschrieben. Er liegt auf einer kleinen Insel, etwa 30 Kilometer von Kap York (Nordwestgrönland) und enthält fast 90 v. H. reines Eisen. Es gelang Peary diesmal, freilich unter großen Schwierigkeiten, die gewaltige Metallmasse an Bord zu schaffen. Der Meteorit soll im naturhistorischen Museum New-Yorks aufgestellt werden. Der nächstgrößte Meteorit befindet sich im Britischen Museum. Es wiegt aber nur

Halle der Gesetzgebung entsendet wurde, Jeder von seinem persönlichen Vertrauen und seiner eigenen Beobachtung geleitet, und daß auf diese Weise nicht nur eine wirkliche Vertretung der Bevölkerung, sondern auch eine Elite aller tüchtigen und redlichen Kräfte zu Stande kommen werde. Und wenn sie auch nicht naiv genug waren, eine völlige Harmonie der Wünsche und Anschauungen bei der Mehrheit der Wähler vorauszusetzen, so meinten sie doch, daß diese Mehrheit stets sich über die wichtigsten Punkte verständigen und, um in den Hauptsachen zur Einigung zu gelangen, sich nicht durch die Meinungsverschiedenheiten in minder erheblichen Punkten beirren lassen würden.

Das liberale Blatt muß zugestehen, daß dieses eine große Täuschung seiner „Vorfahren" gewesen ist.

Unpolitischer Tagesbericht.

* **Kaiserzusammenkunft in Wiesbaden.** Gestern Mittag 12½ Uhr trafen der Kaiser von Rußland und der Großherzog von Hessen in Wiesbaden ein und wurden am Bahnhofe von dem Kaiser, den Prinz Adolf von Schaumburg-Lippe begleitete, empfangen. Ihre Majestäten der Kaiser und Kaiser Nikolaus umarmten und küßten sich und fuhren darauf zum königlichen Schlosse. In den Straßen bildeten die Truppen Spalier. Der Kaiser trug russische Admirals-Uniform, Kaiser Nikolaus die Uniform des 2. Großherzoglich Hessischen Dragoner-Regiments (Leib-Dragoner-Regiment) Nr. 24. Im Schlosse wurde ein Frühstück eingenommen, zu dem das beiderseitige Gefolge geladen war. Der Kaiser von Rußland reiste in Begleitung des Großherzogs von Hessen Nachmittag 2½ Uhr von Wiesbaden nach Darmstadt zurück. Kaiser Nikolaus, — in der Uniform seiner hessischen Dragoner, wurde auf dem ganzen, von einem Truppen-

Grotesque Grönlandstimmung in der Nähe einer grönländischen Colonie.

Nach einer Zeichnung von Th. Nordström 1870.

110 km. Diese Strecke sollten die Wettlaufenden hin- und zurück-
laufen, sodaß sie 20,₆ schwed. Meilen oder 220 km zurückzulegen
hatten. Der größere Theil der Bahn führte über ebenes Seeeis,
doch wurden auch verschiedene Landzungen passirt. Es stand den
Wettläufern frei, nach Belieben auszuruhen, doch wurde ihnen für
die Ruhezeit kein Abzug gemacht. Der Weg war für die Schneeschuhe nicht der beste. Die Geschwindigkeit, mit welcher die angegebene Weglänge zurückgelegt wurde, ist aus der beigegebenen Tabelle
zu ersehen, nach welcher der Grönlandsfahrer Lars Tuorda den
ersten Preis erhielt. Derselbe hatte die Bahn hin und zurück in
21 Stunden und 22 Minuten durchlaufen, und alle in der Tabelle
aufgezählten Wettläufer thaten es in einer verhältnißmäßig kürzern
Zeit, als die Lappen auf dem Binneneise gebraucht hatten.

Wegen der großen Bedeutung, welche diese Frage für die
Polarforschung der Zukunft hat, veröffentliche ich hier die mir von
dem Vorsitzenden der Commission mitgetheilten

Aufzeichnungen beim Schneeschuhwettlauf in Jokkmokk am 3. und 4. April 1884.

Am Tage vor dem Wettlaufen langten die Theilnehmer aus verschiedenen Richtungen auf dem Kirchplatz von Jokkmokk an. Einige waren in
der Nacht 6 bis 9 schwed. Meilen gelaufen, nämlich von Peuraur, Altsil,
Snavva, Ultivitsch und Stora Luse Träsk. Apmut Anderson Arrhman von
Peuraur und Amma Ammason Ländta von Altsil hatten kurz vor ihrer Abreise zum Wettlaufen einen Abstecher nach Arjeploug, 16 resp. 18 schwed.
Meilen hin und zurück, gemacht, um Schneeschuhe von Fichtenholz zu leihen
für den Fall, daß während des Wettlaufens Thauwetter eintreten sollte.
Infolge der großen Menge Kienöl, welche sich in diesem Holze befindet,
bleibt der Schnee bei Thauwetter nicht an den Schneeschuhen hängen, indem
diese sich, wie die Lappen sagen, „selbst schmieren".

Dem von den Theilnehmern allerseits ausgesprochenen Wunsche gemäß
liefen alle zu gleicher Zeit ab und nahmen die im Programm angegebene
Richtung über die bezeichneten Seen. Als sie auf dem Randejaur angelangt
waren, formirten sie sich zu zwei Reihen, die Lappen in der ersten, die schwedischen Ansiedler in der zweiten. Hierdurch erhielten die letztern den Vortheil
eines gebahnten Wegs, denn da noch kein Pfad getreten war, machten die
Lappen die ersten Geleise. Der zu Schlitten folgende Controleur war nach
Parkijaur vorausgefahren. Die Wettläufer begrüßten die in Parkijaur versammelten Zuschauer mit Hurrahrufen und setzten ohne Aufenthalt ihren

Protokoll über den Schneeschuhwettlauf in Jokkmokk und Quikkjokk am 3. und 4. April 1884.

Länge der Bahn hin und zurück 220 km.

Name	Jahr der Geburt	Abgang vom Ausgangspunkt 3. April	Ankunft am Wendepunkt 4. April	Abgang vom Wendepunkt 4. April	Zurückkunft zum Ausgangspunkt 4. April	Zeit, welche zur Zurücklegung der ganzen Strecke 220 km, gebraucht wurde
Lars Enoksa, vom Luospen= kamm	25. Dec. 1847	6 Uhr nachm.	4 U. 10 "	4 " 53 "	3 " 22 "	21 St. 22 M.
Per Tsol Länta, vom Sirka= kamm	12. Febr. 1846	6 "	4 " 10 " 20 "	5 " 9 " 53 "	3 " 33 "	21 St. 22 M. 5 S.
Apmut Andersson Arthmen, vom Sirkakamm	23. Febr. 1851	6 "	4 " 10 " 40 "	5 " 1 "	3 " 50 "	21 St. 33 M. 5 S.
Nils Petter Nilsson Enoksa, vom Luospenkamm	17. Sept. 1856	6 "	4 " 41 " 45 "	5 " 9 " 53 "	3 " 56 "	21 St. 60 M.
Johan Gustafsson Westhaur, schwed. Anfieder	7. Juni 1856	6 "	4 " 10 " 5 "	1 " 57 " 20 "	4 " 8 "	21 St. 56 M. 5 S.
Andres Nilsson, vom Sirka= kamm	3. Mai 1859	6 "	4 " 13 " 30 "	5 " 7 " 30 "	5 " 38 " 5 "	22 St. 8 M.
Amma Ammasson Länta, vom Sirkakamm	7. April 1853	6 "	5 " 21 "	6 " 31 "	6 " 55 "	23 St. 38 M. 5 S.
Paulus Nils Jacobsen in Knavva, schwed. Anfieder	13. Jan. 1844	6 "	5 " 35 "	6 " 61 " 5 "	8 " 21 "	24 St. 55 M.
Nils Nibbie, vom Jofimoll= kamm	16. Oct. 1857	6 "	5 " 45 " 21 "	6 " 11 "	8 " 34 "	25 St. 21 M.
Johan Paulus Persson						26 St. 10 M.
Zornel, aus Kratier nicht angegeben		6 "				

Weg nach dem 5 schwed. Meilen vom Ausgangspunkt gelegenen Granubben fort. Obgleich der sie begleitende Controleur sich in Parkijaur,
was er zugleich mit ihnen verließ, mit einem frischen und dazu als bester
und schnellster Läufer des Platzes bekannten Pferde versehen hatte, langten
sie doch 15 Minuten vor ihm in Granubben an. Hier brannte auf dem
Eise ein großes Feuer, um welches die Bevölkerung der Umgegend beschäftigt
war, Kaffee in Kesseln und Töpfen zu kochen. Diese Anordnung begrüßten die
Wettläufer, als sie um ungefähr 10½ Uhr anlangten, mit freudigem Jubel.
Daß man sich den Kaffee wohl munden ließ, geht daraus hervor, daß die
Kessel und Töpfe wiederholt geleert und gefüllt wurden. Als alle an diesem
labenden und belebenden Getränk sich gütlich gethan, waren 30 Minuten
verflossen.

Von hier ging es nun ohne Aufenthalt nach Ovikjok, das ungefähr
5 schwed. Meilen von Granubben entfernt ist, aber die Schar der Wettlaufenden hatte sich jetzt bis auf elf vermindert. Die übrigen hatten gefunden, daß jene ihnen an Ausdauer bedeutend überlegen waren, und da sie also
nicht hoffen konnten, einen der ersten Preise erringen zu können, so nahmen
sie nicht länger am Wettlauf theil.'

In Ovikjok, dem Wendepunkt der Bahn, hatten zwei Controleure
und ein Mitglied der Commission Anstalten zum Empfang der Wettläufer
getroffen. Gleich unterhalb der Pfarrwohnung war auf dem Eise ein
Zelt aufgeschlagen und vor demselben ein tüchtiges Feuer angezündet worden.
Der erste Controleur lag ruhig auf einem Bett im Zelte, und die beiden
andern saßen vor dem Feuer und kochten Kaffee; da vernahm man in einiger
Entfernung im Schnee ein Prasseln, und einige Minuten nachher, um
4 Uhr 10 Min. morgens, langten nahezu gleichzeitig vier der Wettläufer
an dem auf dem Eise markirten Wendepunkt an. Keiner von ihnen hatte
etwas zu essen bei sich, da es aber noch sehr früh am Tage war, würde die
Abreise allzu sehr verspätet worden sein, hätte man warten wollen, bis das
ersehnte Essen — Renthierfleisch und Fleischsuppe — zubereitet war. Dieses
Gericht war nämlich für den Mittag bestimmt, zu welcher Zeit man glaubte,
daß die Wettläufer in Ovikjok eintreffen würden. Der Hunger wurde
jetzt mit Kaffee und Taback gestillt, und nachdem man eine Stunde gerastet,
wurde der Rückweg angetreten.

Die beiden in Ovikjok zuerst angekommenen Läufer, Pawa Lars Tuorda
und Per Olof Ländta, hatten verabredet, einander auf dem Rückwege Gesellschaft zu leisten, aber während Tuorda im Dorfe einen Besuch abstattete,
begab sich Ländta auf den Rückweg, wovon sein Kamerad erst nach
16 Minuten Kunde erhielt. Schnell hatte Tuorda wieder die Schneeschuhe
angezogen, und wie ein Pfeil über den Saggatjaur fliegend holte er seinen
listigen Gefährten nicht nur wieder ein, sondern fuhr auch an ihm vorüber und hielt
ihn dann auf dem übrigen Wege stets in gehöriger Entfernung hinter sich.

Wie man in Oviltjokt übereingekommen war, sollte in Riavvi, ungefähr 2 schwed. Meilen vom Wendepunkt, endlich die erste Mahlzeit auf
der Reise eingenommen werden, aber da es dort für den Augenblick kein
anderes fertiges Essen gab, als Kartoffeln und dicke Milch, welche Speise
die Lappen nach ihrem anstrengenden Lauf für höchst unangemessen betrachteten, wurde beschlossen, mit dem Essen zu warten, bis man wieder in
Purkijaur angelangt sei. In Riavvi wurde 15 Minuten gerastet, ebenso
in Granudden.

Auf dem Skallajaur erkrankte ein Läufer am Magenkrampf, den er
sich durch die bedeutende Quantität dicke Milch zugezogen hatte, die er in
Riavvi gegen den Rath der Lappen genossen. Am folgenden Tage aber
fand er sich vollkommen wiederhergestellt und mit gutem Appetit zum Fest-
essen in Jokkmokk ein.

Während der letzten zwei Meilen wurde die Schnelligkeit des Laufens
bedeutend vermehrt, und trotz aller bereits bethätigten Ausdauer ergab sich
der unbestreitbare Beweis für aufgesparte Kraft in der außerordentlichen
Geschwindigkeit, mit welcher ein jeder auf das Ziel zueilte.

Freitag 4. April um 3 Uhr 12 Min. nachmittags berichtete die
Wache, daß zwei Läufer am westlichen Ende des Purkijaur sichtbar seien,
und in zehn Minuten war der 9000 Fuß lange Weg über den See von
Pawa Lars Tuorda und Per Olof Ländta zurückgelegt, von denen der
erstere das Ziel um 3 Uhr 22 Min., der andere um 3 Uhr 22 Min. 5 Sek.
unter dem Jubel und den Glückwünschen der versammelten Menschenmenge
erreichte. Der bei dieser Gelegenheit anwesende Arzt verordnete einen
passenden Labetrunk, und sodann wurden die Helden des Tages mit Essen,
Bier, Kaffee und Tabak bewirthet. Unter heiterm Gespräch mit den nach
und nach ankommenden Läufern wurde manche Episode von der soeben been-
deten Fahrt erzählt. Müdigkeit war nirgends zu sehen, und alle drückten ihre
Zufriedenheit mit dem Wettlauf aus, der sechs Stunden weniger in Anspruch
genommen hatte, als von den Theilnehmern selbst berechnet worden war.

Ländta erkannte die Ueberlegenheit Tuorda's an und erzählte, daß er
während der letzten zwei Meilen zu wiederholten malen seine ganze Kraft
aufgeboten habe, um ihn zu überholen, Lars Tuorda aber habe die
Schnelligkeit seines Laufes ohne sichtbare Anstrengung sofort vermehrt, und
Ländta stets 10 bis 20 Fuß hinter sich gelassen. „Dieser Mann", sagte
Ländta, „hat noch viel Kraft übrig und würde im Stande sein, heute noch viele
Meilen zu laufen." Der dritte in der Reihe, Apmut Andersson Arrhman,
welcher, wie schon erwähnt worden, Schneeschuhe von Fichtenholz benutzte,
klagte, daß der rechte Schuh im Vergleich zum linken schwer gegangen sei,
und bei der hierauf vorgenommenen Besichtigung der Schneeschuhe zeigte es sich,
daß der rechte Schuh einen Fehler im Holze hatte, der die Schnelligkeit des
Laufens wesentlich beeinträchtigen mußte, nämlich ein 4 Zoll langes, 1 Zoll

breites und ¹⁄₄ Zoll tiefes Loch an der untern Seite, gerade unter dem Platze für den Fuß, in welchem Loche der Schnee sich festsetzte und einen guten Widerhalt fand. In Anbetracht dieses Hindernisses und der zwei Tage vorher ausgeführten Fahrt nach Arjeploug, ist die Kraft und die Ausdauer dieses Schneeschuhläufers, der bei seiner Ankunft am Ziele nicht im geringsten ermüdet oder überanstrengt aussah, nicht gering zu schätzen.

Der vierte Läufer, Nils Petter Nilsson Tuorda, ein jüngerer Bruder von Pawa Lars Tuorda, würde seinem Bruder vielleicht den ersten Preis streitig gemacht haben, hätte er auf dem Stalkajaur nicht einen Anfall von Schwindel gehabt, der ihn zwang, dort 40 Minuten auszuruhen. Da er bei anstrengender Arbeit im Renthierwalde oft von diesem Leiden befallen sein soll, war er vor einer Betheiligung am Wettlaufen gewarnt worden.

Als hauptsächlichster Grund für den bedeutenden Zeitunterschied zwischen der Ankunft der sechs letzten und vier ersten am Ziele mag erwähnt werden, daß die letzten, als sie erkannten, daß sie nicht mehr als die vier niedrigsten Preise gewinnen könnten, sich auf dem Rückwege gute Zeit nahmen, indem sie an mehrern Stellen zwei bis drei Stunden im ganzen ausruhten.

Die Tracht der Lappen beim Wettlauf bestand aus wollenen Unterkleidern, Hosen und Kittel oder „Kapte" aus Fries, Schnürschuhen aus eigengegerbtem Leder und anstatt wollener Strümpfe aus dem allgemein gebrauchten Lappenschuhgras (Carex vesicaria).

Die Kleidung der schwedischen Ansiedler bestand ebenfalls aus Wolle und Fries, anstatt des Kittels oder hatten sie die gewöhnliche Friesjacke. Während des Laufens wurde die Jacke ausgezogen und der Kittel, welcher um die Mitte des Leibes mit einem Riemen befestigt ist, von den Schultern gezogen.

Die Wettläufer legten sich ungefähr um 9 Uhr zur Ruhe, ohne ihre von Schweiß durchzogenen Unterkleider zu wechseln: ihre Lager bestand in der geringen Bequemlichkeit, welche der harte Küchenflur bieten kann.

Ohne irgendwelche Steifheit in den Beinen oder im übrigen Körper zu empfinden, wurde am nächsten Tage mit frischer Kraft die Reise nach Jokkmokk fortgesetzt.

Die Preise wurden in der Ortsgemeindestube vertheilt und mit großer Befriedigung von den Siegern empfangen, welche sowol ihre Dankbarkeit den edeln Anordnern des Wettlaufens für die reichlich dazu bemessenen Preise wie auch ihre Anerkennung der Gewissenhaftigkeit und Gerechtigkeit aussprachen, welche bei der Preisvertheilung beobachtet worden war.   C. L. Bergman.

Pawa Lars Tuorda und Anders Roffa.

Während ich mit meinen Begleitern die vorstehend beschriebene Wanderung auf dem Inlandeise unternahm, war die übrige Expedition mit Forschungen im Waigat und in den weiter nach Norden belegenen Theilen des Landes beschäftigt. Für die Schilderung dieses Theils unserer Fahrt überlasse ich für die nächsten zwei Kapitel das Wort an Professor A. G. Nathorst.

Sechstes Kapitel.

Als die „Sofia" am 28. Juni nachmittags von Godhavn in der Richtung nach dem Waigat abdampfte, beobachtete ich mit großer Spannung das Küstenprofil längs der Disko-Insel, wo ich bald zum ersten mal die an fossilen Gewächsen so reichen Lager schauen sollte, deren Untersuchung jetzt der Gegenstand meiner Thätigkeit werden sollte, und welche so häufig meiner Phantasie vorgeschwebt hatten. Diese Untersuchung war einer der Hauptzwecke meiner Theilnahme an der Fahrt, und obgleich der Monat, den die Reise schon gedauert hatte, beständig Gelegenheit zu interessanten naturhistorischen Untersuchungen und lehrreichen Beobachtungen geboten hatte und im übrigen auch im höchsten Grade angenehm verlaufen war, so war doch zuweilen auch der Wunsch, meine eigentlichen Arbeiten bald anfangen zu können, nicht völlig ausgeblieben. Anfangs waren nur die Basaltfelsen von Disko sichtbar, aber schon bei Pullasok ziehen sie sich etwas von der Küste zurück, welche statt dessen von kohlenführenden Sandlagern eingenommen wird. Nordenskiöld, welcher 1870 an diesen Stellen eine große Menge Pflanzenfossilien gesammelt hatte, bezeichnete mir diese Lager und würde wahrscheinlich, wenn die Zeit es gestattet hätte, nichts dagegen gehabt haben, auch in diesem Sommer ähnliche Arbeiten dort auszuführen. Er erklärte im Gegentheil mehrmals, daß er mich beinahe beneidete, meine Zeit einer so interessanten Beschäftigung widmen zu können. Der Neid, wenn man es so nennen darf, war aber gegenseitig; denn in meinen Gedanken regte sich nicht weniger stark der Wunsch an der Eiswanderung theilzunehmen, obgleich ich deshalb gewiß nicht meine Untersuchungen im Waigat hätte aufgeben mögen. Das Verhältniß ließ sich deshalb nicht ändern, und an dem kleinen Handelsplatz Ujaragiugsuk sollte ich nun mit Hamberg und zwei in Godhavn gemietheten Grönländern die „Sofia" verlassen und bis auf weiteres die Abwechselungen des Zeltlebens kennen lernen. Das Wetter war sonnig und schön, beinahe still, und wir hatten während der Fahrt genügend Beschäftigung, um die von uns mitzunehmende Ausrüstung in Ordnung zu bringen. Nordenskiöld sah selbst die Proviantliste durch und gab noch ein oder das andere von uns Vergessene an.

Daß wir bei Skandsen (der Schanze) das Boot des Hans Hendrik trafen und dabei zum ersten mal mit diesem merkwürdigen Mann Bekanntschaft machten, ist bereits von Nordenskiöld (S. 95) erwähnt worden. Da aber Hans Hendrik in dem Bericht über die Fahrt nach Cap York oft genannt werden wird, so dürfte eine Darstellung seiner wichtigsten Erlebnisse hier wohl am Platze sein. Er wird zuerst in Kane's Bericht über dessen Fahrt nach dem Smith-Sund 1853—55 erwähnt. Hans war damals 19 Jahre alt und wurde in der Colonie Fiskernäs geheuert, um als Jäger und Hundefahrer an der Expedition theilzunehmen. Er zeigte sich hierbei als außerordentlich hervorragend und trug dadurch in hohem Grade dazu bei, daß die Expedition keine größern Verluste erlitt, als es der Fall war. Als aber Hans im Jahre 1855 von Kane von dem Ueberwinterungsplatze des Fahrzeugs in Rensselaer-Harbour nach dem Eskimodorfe Etah geschickt wurde, um während der dort herrschenden Hungersnoth den Eskimos bei der Walroßjagd behülflich zu sein — was er, nebenbei gesagt, mit großer Geschicklichkeit ausführte — wurde er krank und währenddessen von der Eskimobevölkerung des Ortes sehr sorgfältig gepflegt. „Eine junge Tochter Shanghu's übernahm frei= willig die Krankenpflege, und ihre Fürsorge, sowie ihr Lächeln scheinen, wie ich fürchte, auf sein Herz einen Eindruck gemacht zu haben, von dem eine gewisse junge Dame in der Nähe von Upernivik sicherlich nur mit Betrübniß hören würde." Diese Vermuthung Kane's erwies sich als richtig. Unter dem Vorwande, Walroßleber zu Schuhsohlen besorgen zu wollen, verlangte Hans bald, nach dem Eskimodorfe Peteravik gehen zu dürfen, wo Shanghu mit seiner hübschen Tochter Merkut sein Heim hatte. Das Gerücht erzählt weiter, daß man ihn habe in einem Hundeschlitten mit einem Weibe an seiner Seite nach Süden hinfahren sehen, und daß er seinen Weg nach Uwarrowsugsuk am Murchison=Sund nahm. Kane sah ihn nie wieder.[1]

Als MacClintock im Juni 1858 Cap York auf der bekannten Fahrt passirte, während welcher er die ersten sichern Nachrichten über das Schicksal der Franklin=Expedition erhielt, kamen einige Einge= borene auf dem Eise nach dem Fahrzeuge. Diese erzählten, daß Hans verheirathet sei und am Whale=Sund wohne, sowie daß er

---

[1] Hans Hendril erzählt die Sache anders in seiner Selbstbiographie (Memoirs of Hans Hendrik, the arctic traveller. Written by himself. Translated from the Eskimo-language by Dr. Henry Rink, London 1878): „Ich bekam den hoch angesehenen Mann als Pflegevater, und nachdem ich mehrere Winter bei ihnen (den Eingeborenen) gewohnt hatte, fing ich an daran zu denken, mir eine Frau zu nehmen, obgleich sie nicht getauft waren. Erst freite ich um ein Mädchen mit guten Sitten, ich kümmerte mich aber nicht um sie, weil ihr Vater sagte: »nimm meine Schwester«. Diese letztere war eine Witwe und hatte einen schlechten Ruf. Später bekam ich eine Geliebte, welche ich nie zu verlassen, sondern als meine Frau in das Land der Christen zu führen beschloß. Sie ist seitdem getauft worden und hat am Abendmahl theilgenommen. Und ich war sehr froh, eine der Ungetauften mit mir genommen zu haben, als ich in die dänische Colonie zurückkehrte." Diese seine Frau dürfte doch wol die obengenannte Merkut gewesen sein; wenigstens gibt Bessels an, daß Hans Hendril's Frau diesen Namen hatte. Aber Bessels erzählt ferner, daß es nach der Aussage der Eingeborenen im Dorfe Etah in einem der nahegelegenen Dörfer noch eine Frau des Hans Hendril mit zwei Kindern geben sollte. Vielleicht war das die Witwe, welche er selbst erwähnt und hinsichtlich welcher es nicht ganz klar ist, ob er sie zu seiner Frau gemacht hatte oder nicht. Trennung zwischen Mann und Frau ist bei den Eingeborenen nördlich von der Melville=Bai keine ungewöhnliche Sache.

sehr lebhaft wünsche, nach dem dänischen Grönland zurückkehren zu
können. Er konnte jedoch sich nicht selbst forthelfen, da er keine
Hunde hatte und während der letzten Hungersnoth gezwungen ge=
wesen war, das Seehundsfell an seinem Kajak zur Nahrung zu ver=
wenden. Der bekannte dänische Polarfahrer Petersen, der an Kane's
Expedition theilgenommen hatte und auch MacClintock begleitete,
sandte deshalb durch die Eingeborenen den Rath an Hans, daß er sich
hier in Cap York niederlassen sollte, wo er recht gute Aussicht haben

Hans Hendrik 1853.
Nach einem Portrait in Elisha Kent Kane's Arctic Explorations (Philadelphia 1856).

dürfte, von irgendeinem Walfischfänger nach den dänischen Colonien
mit hinübergenommen zu werden. Diesen Rath scheint er befolgt
zu haben, seine Ueberfahrt aber geschah dennoch in ganz anderer
Weise. Als nämlich Hayes zwei Jahre später seine Ueberwinterungs=
fahrt nach dem Smith=Sund unternahm, steuerte er bei Cap York so
nahe wie möglich an der Küste entlang in dem Gedanken, daß Hans
hier seine Wohnung genommen haben würde, um von irgendeinem
vorübersegelnden Fahrzeug aufgenommen zu werden (Hayes scheint
MacClintock's Angabe nicht gekannt zu haben). Da die Küste zu

dieser Zeit (Ende August 1860) eisfrei war, konnte das Fahrzeug auf Büchsenschußweite an dem steilen Strande entlang segeln, und hierbei bemerkte man eine Gruppe Eingeborener, welche Zeichen machten, um die Aufmerksamkeit des Fahrzeugs auf sich zu lenken. Hayes ging ans Land, und richtig, es war Hans, der hier mit seiner Familie wohnte. Er kannte sofort sowol Hayes wie den Astronomen Sonntag wieder, welcher auch an Kane's Expedition theilgenommen hatte. Aus Hayes' Beschreibung scheint hervorzugehen, als ob es Hans nicht besonders gut ergangen wäre. „Ein sechsjähriger Aufenthalt unter den Bewohnern dieser öden Küste hatte ihn auf ihr Niveau häßlicher Unsauberkeit heruntergebracht." Sein Zelt war gerade groß genug, um ihn und seine Familie fassen zu können, welche aus seiner Frau, ihrem Erstgeborenen und dem Bruder und der Mutter seiner Frau bestand. Ich fragte Hans, ob er uns begleiten wolle. „Ja." Ob er seine Frau und sein Kind mitnehmen wolle. „Ja." Ob er ohne dieselben mitkommen wolle. „Ja." Indessen durften sowol seine Frau wie sein Kind mitkommen, wogegen die Schwiegermutter und der junge Schwager, trotz ihrer lebhaften Proteste, bei den übrigen Eingeborenen zurückgelassen werden mußten.[1] Es fand sich nämlich kein Platz auch für diese auf dem Fahrzeug. Als Hayes im Herbst 1861 zurückkehrte, begleitete ihn Hans wieder nach Upernivik in das so stark ersehnte dänische Grönland.[2] Hier verblieb er zehn Jahre in Ruhe, bis Hall auf seiner Fahrt mit dem Schiff „Polaris" im August 1871 in Upernivik ankam, wo sich Hans von neuem überreden ließ, mitzufahren und mit seiner Frau und drei

---

[1] Hans Hendrik erzählt hierüber etwas abweichend: Als sie (Hayes und Sonntag) landeten, sagten sie, daß sie wünschten, ich sollte sie allein auf ihrem Fahrzeug begleiten. Ich antwortete, daß ich wünschte, daß meine Frau mitkäme. Darauf sagten sie: „es ist besser, sie zurückzulassen, im nächsten Jahre kannst du hinreisen, um sie zu holen." Ich antwortete ihnen: „Ich mag sie nicht gern zurücklassen, es wäre schade um sie und das Kind." Darauf sagten sie: „Nun wohl, nimm sie mit." Nun sagte ich: „Ich will auch mein Zelt mitnehmen." Darauf überließ ich das andere Zelt den Verwandten meiner Frau.

[2] Als Hans Hendrik in seinem schwer verständlichen Englisch Nordenskiöld erzählte, daß er neun Jahre bei Cap York gewohnt hätte (s. oben S. 96), meinte er wahrscheinlich, daß er mit Einschluß seiner Theilnahme an den verschiedenen Expeditionen eine so lange Zeit (oder richtiger zehn Jahre) nördlich von der Melville-Bai zugebracht hätte.

Kindern an Bord genommen wurde. Seine diesmalige Reise wurde
gefährlicher als irgendeine der vorhergehenden. Die „Polaris" überwinterte bei 81° 35', wo Hall schon am 8. November 1871 starb. Am
12. August 1872 verließ das Fahrzeug seinen Winterhafen auf seiner
Fahrt nach Süden, nachdem an demselben Tage Hans Hendrik's
Frau einem Sohne das Leben gegeben hatte, welcher den Namen
Charles Polaris erhielt und wol der in neuern Zeiten in allernörd-
lichster Gegend geborene Mensch ist. Am 15. October wurde das
Fahrzeug in der Höhe von Cap Alexander im Smith-Sund vom Eise
emporgepreßt, und nachdem infolge dessen ein Vorrath von Proviant
und sonstiger Bedarfsartikel auf eine Eisscholle gebracht worden war,
brach dieselbe auseinander und wurde mit 19 Personen, unter denen
sich Hans und seine Familie befanden, von dem Fahrzeuge fortgeführt, ohne daß dieses, auf welchem ein anderer Theil der Mitglieder der Expedition seine Zuflucht genommen hatte, später wieder
erreicht werden konnte. Auf dieser Eisscholle trieben die Schiffbrüchigen den ganzen Winter hindurch von 77° 35' bis 53° 35'
nördl. Breite umher, bis sie endlich, nach einem Aufenthalt von
6½ Monaten auf dem Eise am 30. April 1773 von einem amerikanischen Dampfer „Tigreß" bemerkt wurden, welcher sie nach Neu-
fundland brachte, von wo sie später nach Washington geholt wurden.
Daß sie diese Fahrt glücklich aushalten konnten, dafür hatten sie
ganz und gar der Schußsicherheit Hans Hendrik's und des Eskimos
Joe zu danken. Denn ohne die Bären, Füchse und Seehunde, welche
es diesen gelang zu schießen, würde die Gesellschaft bald dem Hunger
erlegen sein.

Nach der Rückkehr von dieser abenteuerlichen Expedition dauerte
es indessen nicht lange, daß Hans Hendrik von neuem auf dem Wege
nach Smith-Sund und den nördlich von dort belegenen Gegenden
war. Als Nares im Jahre 1875 als Chef der englischen Polarexpedition das dänische Nordgrönland passirte, dampfte er nach der
südlich von Upernivik gelegenen Colonie Pröven, wo Hans Hendrik
damals wohnte, in der Absicht, ihn mit für die Fahrt zu en-
gagiren. Nach kurzer Ueberlegung mit seiner Frau ging er auf den
Vorschlag ein, mitzureisen, während seine Familie zu Hause blieb.
„He proved himself to be an admirable hunter and an excellent
dog-triver", sagt Kapitän Nares. Von den beiden Fahrzeugen der

Expedition überwinterte „Alert", unter Kapitän Nares, bei 82° 26'
in Floeberg Beach, während die „Discovery", unter Kapitän
Stephenson, ihr Winterquartier in Discovery-Harbour bei 81° 43'
hatte. Hans, welcher zum letztern Fahrzeug gehörte, nahm im Frühjahr 1876 an den Untersuchungen in der Lady Franklin-Bai theil und
begleitete später Dr. Coppinger, als dieser den Petermann-Fjord und
die Umgegend auf der grönländischen Seite von Hall-Bafin recognoscirte. Hierbei hatte er Gelegenheit, durch seine Geschicklichkeit
als Seehundsjäger und Hundefahrer thatkräftig zur Rettung der von
der Nordküste Grönlands heimkehrenden, vom Skorbut schwer angegriffenen Mannschaft unter Lieutenant Beaumont beizutragen. Als
die englische Polarexpedition zurückkehrte, wurde Hans Hendrik am
25. September 1876 in Godhavn ans Land gesetzt.

Rensselaer-Harbour, wo Kane überwinterte, liegt auf 78° 38',
und von hier aus hat Hans Hendrik im Hundeschlitten oder zu
Fuß die ganze Küste nach Süden bis Cap York bereist. Andererseits
begleitete er Morton auf seiner Wanderung nach Norden, als derselbe bei Cap Constitution, 80° 34', glaubte das offene Polarmeer
zu sehen, und rechnet man seine Fahrten während Hall's und Nares'
Expeditionen zusammen, so ist er beinahe längs der ganzen grönländischen Küste nördlich von der Melville-Bai zwischen Cap York
bei 76° und Repulse-Harbour bei 82° 6' nördl. Breite gewandert.
Er dürfte also über diese Gegenden eine Kenntniß haben, welche
keine andere jetzt lebende Person besitzt, da die dortigen Eskimostämme nicht so weit nach Norden wandern.

Es währte ziemlich lange, ehe die „Sofia" nach Ujaragfugfuk
kam. Wir waren am 28. um 5 Uhr nachmittags aus Godhavn ab-
gedampft, und erst am 29., ungefähr um 4 Uhr morgens, waren
wir an unserm Bestimmungsort angekommen, wobei indessen zu
erwähnen ist, daß das Zusammentreffen mit Hans Hendrik einen
nicht unbedeutenden Aufenthalt verursacht hatte.

Ujaragfugfuk ist, wie bereits erwähnt wurde, ein Handelsplatz,
d. h. ein Wohnplatz für eine kleinere Anzahl von Grönländern und
einen untergeordneten Handelsmann. Dieser gehörte der Mischrasse an und sprach ein ziemlich schlechtes Dänisch. Sein Haus
war natürlich das vornehmste, etwa an eine isländische Bauern-
hütte mit Rückendachfirst erinnernd, und dicht daneben lag ein mit

ähnlichem Dach versehener Handelsladen. Im übrigen gab es am
Platze einige gewöhnliche Grönländerhütten. Erst an einem der
letzten Tage unsers Aufenthalts am Orte fanden wir heraus, daß
sich hier auch eine Kirche befand, die sich durch ein auf dem Dache
angebrachtes Kreuz auszeichnete; auch ein Katechet wohnte hier,
dessen Dänisch freilich noch mangelhafter war als das des Handels=
manns. Das Innere der Kirche konnten wir nicht zu sehen bekommen,
weil, wenn wir die Sache richtig verstanden haben, der Inhaber des
Schlüssels zur Zeit nicht im Orte war. Die Wohnungen liegen auf
einer kleinen Landspitze, welche durch eine Menge großer, in der

Hans Hendrik 1865.
Nach einer Aufnahme des Photographen der Expedition.

Wasserfläche liegender Steinblöcke gegen die Wogen geschützt ist, und
nach der Aussage eines beim grönländischen Handel angestellten
Isländers soll der Name „eine Stelle, wo es viele Steine gibt"
bedeuten.

Als die „Sofia" vor Ujaragsugsuk ankam, lagen alle Einwohner
noch in tiefem Schlafe. Vergebens ließ der Kapitän die Dampf=
pfeife ertönen, anfänglich blieb alles still. Das Walfischboot,
welches wir mitnehmen sollten, wurde hinabgelassen, die Ausrüstungs=
stücke darin eingeladen, und nach einem herzlichen Abschied von
Nordenskiöld, sowie nach vielen gegenseitigen Glückwünschen legten
wir aus und ruderten ans Land, während die „Sofia" langsam

sich umwendete und dann nach Egedesminde hin weiterdampfte. Inzwischen war es lebendig in Ujaragsugsuk geworden, und als wir am Strande anlegten, wurden wir von dem Handelsmann, welcher uns entgegenkam, empfangen.

Unsere erste Beschäftigung war, daß wir das Zelt aufschlugen und unsere Ausrüstung ans Land brachten. Als Zeltplatz wurde ein grasbewachsener Platz auf der andern Seite des kleinen Baches ge- wählt, welcher im Nordwesten des Dorfes mündet. Unser Zelt war ein gewöhnliches Militärzelt ohne irgendwelche Querhölzer an der langen Zeltstange. Diese Art Zelte sind höchst unpraktisch in so offenen Gegenden wie hier, wo häufig heftige Windstöße kommen, und wo der Boden selten eben genug ist, um das Zelt nach allen Seiten gleichförmig ausspannen zu können; infolge dessen hatten wir auch viele Unannehmlichkeiten. Viel besser sind die Zelte, welche man Offizier-Schutzzelte nennt, und deren Querhölzer nicht nur dem Zelt- tuche eine größere Widerstandskraft gegen den Wind geben, sondern auch eine vermehrte Bequemlichkeit darin bieten, daß Kleidungsstücke u. dgl. daran aufgehängt werden können. Es war ein Zelt dieser Con- struction, welches Nordenskiöld für die Eiswanderung gebrauchte, und ich selbst habe zwei Sommer hindurch solche Zelte auf Spitzbergen benutzt und bin mit ihnen sehr zufrieden gewesen. Nachdem das Gepäck ans Land gebracht worden, war unsere größte Sorge die, dasselbe gegen die Hunde zu schützen. Ebenso wie überall in Nordgrönland beher- bergte auch Ujaragsugsuk eine Menge dieser diebischen aber feigen Thiere, welche sofort bei unserer Landung uns mit einem heftigen Gebell entgegeneilten. Sie erscheinen gefährlicher als sie in Wirklich- keit sind, denn man braucht sich nur zu stellen, als wollte man einen Stein vom Boden aufheben, so fliehen sie sofort aus Furcht vor Schlägen. Diese erhielten sie jedoch manchmal, wenn sie untereinan- der in Streit geriethen, wobei der Handelsmann mit der Hunde- peitsche in den Haufen sprang und nach allen Seiten hin kräftige Hiebe austheilte. Dem Aussehen nach erinnern diese Thiere gleich- zeitig an den Wolf und die Hyäne, und nachts scheinen sie den größten Unfug zu treiben. Um unsern Biervorrath kalt zu halten, hatten wir die Flaschen mit einigen Conservenbüchsen in eine Grube gelegt und über das Ganze größere und kleinere Eisblöcke aufgestapelt. Da dies in Ruhe liegen blieb, glaubten wir nach einigen Tagen es

wagen zu können, auch unſern Buttervorrath, der im Zelte von der
Wärme zu leiden anfing, an derſelben Stelle zu verwahren, aber
ſchon in der erſten Nacht wurde dies von den Hunden ausgewittert,
und wenn Hamberg nicht durch das Geräuſch geweckt worden wäre,
als die Thiere die Eisſtücke auf die Seite zu kratzen ſuchten, und ſo
rechtzeitig die über dieſe Unterbrechung ſehr aufgebrachten Beſtien
hätte forttreiben können, ſo würden wir unſere Butter ſicherlich zum
letztenmal geſehen haben. In der folgenden Nacht machten ſie ſich an die
Conſervenbüchſen, dieſelben waren aber für ihre Zähne zu hart, und daß
die Hunde bei dem Verſuche nicht unbeſchädigt davongekommen waren,
zeigten die Blutflecken am Platze; eine Bierflaſche hatten ſie aber doch
ein Stück mit fortgeſchleppt, ohne daß dieſelbe indeß beſchädigt war.
Dagegen glückte es ihnen auf unerklärliche Weiſe, ſich dreier geſchoſſener
Eidergänſe zu bemächtigen, welche wir unter einem ziemlich hoch
gelegten, umgekehrten Frauenboot (Umiak) verborgen hatten, deſſen
Höhe über dem Boden wir für einen genügenden Schutz gegen die
gierigen Thiere hielten. Seltſamerweiſe wagten ſie ſich niemals
während unſerer Abweſenheit Eintritt in das Zelt zu verſchaffen,
auch wenn der Eingang nur zugeknöpft war, vielleicht weil ſie
fürchteten, daß jemand darin wäre.

Wegen der Ebbe und Flut und bei dem Mangel an jeglichem
Schutz war es nothwendig, nach jeder Ausfahrt das Boot aufs
Land zu ziehen, was eine ziemlich ſchwere Arbeit war, beſonders zur
Zeit der Ebbe, wobei das Boot ein längeres Stück geſchleppt werden
mußte. Hierbei half uns gewöhnlich die Mehrzahl der Grönländer
des Orts, welche bei ſolchen Gelegenheiten zur Belohnung einen
„Schnaps", Taback u. dgl. erhielten, und daß ſie damit zufrieden
waren, iſt daraus erſichtlich, daß ſie ſehr aufmerkſam waren, wenn
wir uns hinausbegeben wollten oder wenn wir zurückkehrten.

Am erſten Tage unſers Aufenthalts bei Ujaragſiugſuk unternahmen wir keinen längern Ausflug, ſondern nur orientirende Wanderungen in den nächſten Umgebungen. Die ſedimentären Lager
hören in einer Höhe von ungefähr 300 m auf und dann fangen
die Baſaltfelſen an, von denen einige ziemlich hoch ſind. Der im
Süden gelegene Berg Jgdlorſuauiak erreicht z. B. (nach Steenſtrup
und Hammer) eine Höhe von mehr als 700 m (2364 Fuß), und im
Nordweſten gibt es ſogar Höhen von 1316 m (4432 Fuß). Von der

Höhe des Abhangs hat man bei klarem Wetter die allerherrlichste Aussicht über das Waigat und die Nugsuak-Halbinsel, sowie über das Festland im Osten mit Schimmern des Inlandeises. Wenn die See spiegelblank war und der Eisstrom des Torsukatak vor kurzem „gekalbt" hatte, so konnte es geschehen, daß das ganze Waigat mit Eisbergen bepackt war, welche in der Sonnenbeleuchtung sich unbeschreiblich prachtvoll gegen das blaue Wasser abhoben. Ueber denselben zeigten sich die Abhänge und schneebedeckten Bergspitzen der Nugsuak-Halbinsel. Nicht selten wurde das Waigat von Scharen von Walfischen durchfurcht, welche ihrerseits dazu beitrugen, dem Bilde Leben zu geben. Einige kolossale Eisberge waren nicht weit vom Orte auf den Grund gerathen und blieben während der ganzen Zeit unsers dortigen Aufenthalts liegen. Die Eskimos wurden immer sehr unruhig, ihr munteres Geschwätz verstummte und sie ruderten mit verdoppeltem Eifer, wenn ich bei den Ausfahrten den in ihren vielen Farbenwechseln prachtvollen Eisbergen allzu nahe steuerte. Aber nichts in dieser Welt ist vollkommen und der Genuß der naturschönen Aussichten wurde in gewissem Grade durch die Mücken vermindert. Schon am ersten Tage waren wir genöthigt, Mückennetze und Handschuhe zu benutzen, und bei sonnigem Wetter konnten diese kleinen Thiere auf die Länge recht beschwerlich werden. Mich genirten sie jedoch nicht weiter als durch ein Jucken beim Bisse selbst, aber Hamberg war für ihre Angriffe empfindlicher. Am beschwerlichsten waren die Mücken bei den Mahlzeiten, da man gezwungen war, das Netz theilweise abzunehmen. Gleichwol kamen sie hier nicht in so großer Menge vor wie in den innern Fjorden, und wenn ein frischer Meereswind wehte, war man im allgemeinen ganz von ihnen befreit.

Das Walfischboot war schwer zu fahren für unsere beiden in Godhavn gemietheten Grönländer, Nils und Hans, von denen der letztere ein vollständig dänisches Aussehen hatte, während des ersteren rabenschwarzer Bart und Haar das Eskimoblut genugsam kennzeichneten. Bei unsern Ausflügen von Ujaragsugsuk mietheten wir deshalb noch außerdem einige Grönländer, zwei, vier oder sechs, welche theils beim Rudern, theils beim Einsammeln von Versteinerungen Hülfe leisteten. Man macht sich im allgemeinen eine unrichtige Vorstellung von dem Vorkommen solcher Versteinerungen in den arktischen Gegenden, indem man nach der Menge der mitgebrachten Fossilien glaubt, daß man sie ohne weiteres beinahe in beliebig großer Menge vom Boden auflesen könne. Bei dem berühmten Fundorte Atanekerdluk ist dies bis zu gewissem Grade der Fall gewesen, indem die Blätterabdrücke dort in einem Thoneisenstein vorkommen, welcher durch Verwitterung des umgebenden Schiefers auf dem Abhange in größern und kleinern Stücken bloßliegt. Dieser Ort ist aber jetzt so durchsucht, daß man auch dort Nachgrabungen und Ausbrechungen anstellen muß, um umfassendere Sammlungen zu erlangen. In dem gebrannten Schiefer bei Patoot kann man auch auf der Fläche des Abhangs Pflanzenversteinerungen in sehr großer Menge einsammeln, an den übrigen Stellen aber muß man sich in die Lager hineinbrechen, um einige Fossilien zu erhalten. Der Vortheil bei solchen Einsammlungen in den arktischen Gegenden liegt darin, daß der Boden und die Profile infolge der größern Dürftigkeit der Vegetation so gut wie vollständig bloßgelegt sind, wodurch die fossilienführenden Lager sowol leichter aufzufinden wie auszubeuten sind, als es in andern Ländern im allgemeinen der Fall ist. Aber im Verhältniß zu der großen Mächtigkeit der Lager können die hiesigen sedimentären Steinarten im allgemeinen nicht als reich an Fossilien bezeichnet werden, da der lose Sandstein oder Sand, woraus die Abhänge größtentheils bestehen, zur Bewahrung von Fossilien nicht besonders geeignet ist. Es kann deshalb vorkommen, daß man ein Profil von 1000 Fuß Mächtigkeit oder mehr untersuchen muß, ohne ein pflanzenführendes Lager dabei anzutreffen. Wer jedoch einige Uebung in derartigen Untersuchungen hat, merkt bald, wo man mit Hoffnung auf Erfolg nachsuchen muß, und er braucht deshalb keine unnöthige Zeit der Durchsuchung von Profilen zu opfern, deren Beschaffenheit ihm schon von fern sagt, daß sie nichts zu bieten haben.

Unsere Ausflüge von Ujaragsugsuk erstreckten sich einerseits in südöstlicher Richtung nach Isunguak, und andererseits in nordwestlicher Richtung nach Unartoarsuk, einer zwischen dem Kohlenbruch von Ritenbenk und Narsak gelegenen Stelle. Während die tertiären Lager bei Isunguak auf einer Höhe von ungefähr 1450 Fuß über dem Meere anzutreffen sind, gibt es solche bei Ujaragsugsuk in einer Höhe von kaum 1000 Fuß, welche sich dann allmählich nach Nordwesten hin senken, sodaß sie gleich auf der andern Seite von

Karte von Disko und seinen Umgebungen.
Aus „Meddelelser om Grönland", 5. Heft.

Unartoarsuk die Meeresfläche erreichen. Sie sind leicht von den Kreidelagern zu unterscheiden und zwar infolge des zerbrechlichen dunkeln Schiefers, welcher sowol hier wie bei Naujat, Atanekerdluk und Patoot oberhalb der pflanzenführenden tertiären Sandsteinarten

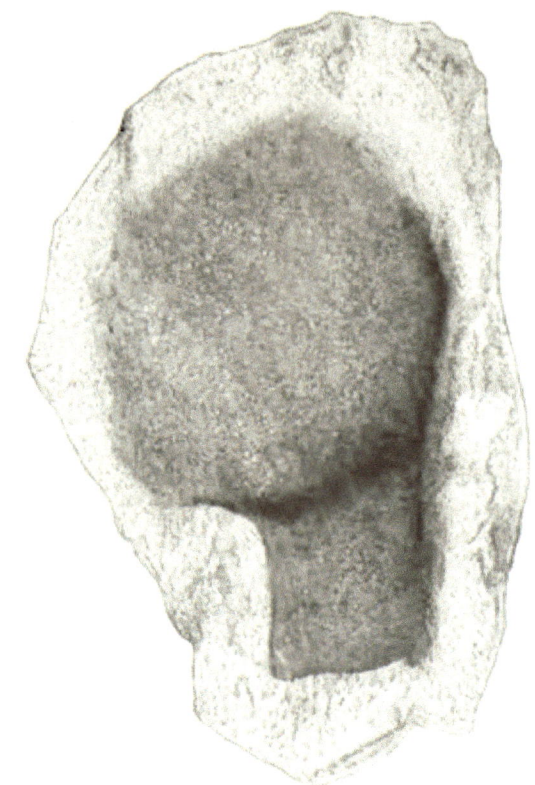

Versteinerte junge Drolfrucht von Igdlokungoak.
Nach der Natur gezeichnet. Natürliche Größe.

und Sideriten lagert. Die Bedeutung dieses vortrefflichen Leitlagers war aber als solches bisher übersehen worden, und es bleibt deshalb noch immer eine durchgeführte paläontologisch-stratigraphische Unter-suchung der kohlenführenden Formationen am Waigat für alle die Gebiete übrig, welche jetzt nicht besucht werden konnten. Die unter

den Tertiärlagern folgenden Kreidelager gaben hier die beste Ausbeute. Ein am 2. Juli südlich von Jgdlokunqual entdeckter Fundort
war besonders ergiebig. Um den Sammeleifer der Grönländer zu
reizen, wurde ein Extrapreis für die besten Stücke ausgesetzt.
Nordenskiöld hatte nämlich in Godhavn Bänder, Messer, Pfeifen
u. s. w. angekauft, um dieselben als Tauschmittel anzuwenden, und
diese kamen uns jetzt gut zu statten. Nils gewann diesmal den
ersten Preis, aber auch die übrigen Theilnehmer erhielten Extra-
belohnungen.

Von hier angetroffenen Pflanzenfossilien mag in erster Linie ein
mehr als fußlanges fiederspaltiges Blatt (S. 241 Fig. 4) erwähnt werden,
das durch seine Form an das Blatt des Brotfruchtbaums erinnert.
Da außer dem Blatte auch Früchte und männliche Blüten (S. 241
Fig. 5) gefunden worden sind, welche mit dem besagten Gewächs
übereinzustimmen scheinen, so scheint es nicht bezweifelt werden zu
können, daß ein dem jetzt hauptsächlich auf den Südsee-Inseln und
auf den ostindischen Inseln vorkommenden Brotfruchtbaum (Artocarpus incisa L.) nahe verwandtes Gewächs einst wirklich auf Grönland existirt hat. Ist dieser Fund schon an und für sich bemerkenswerth,
so ist er auch noch von Interesse dadurch, daß das vollständigste
Exemplar des erwähnten Blattes zugleich der größte Abdruck ist, den
man von einem bikotpledonischen Blatte in den arktischen Gegenden
bisher überhaupt gesammelt hat.

Außerdem fanden sich hier viele andere Pflanzenversteinerungen,
wie Blätter von Tulpenbäumen (Liriodendron), Magnolien, Lotus
(Nelumbium), Feigenbäumen u. s. w., Zapfen von Nadelbäumen,
darunter solche von Sequoien und der merkwürdigen cypressenähnlichen
Moriconia cyclotoxon (S. 241 Fig. 2), sowie schließlich Zapfen-
schuppen von der jetzt auf die ostindischen Inseln, die Südsee-Inseln
und auf Australien beschränkten Gattung Dammara u. a. m. Von
der schwedischen Expedition im Jahre 1871 wurden bei Ujaragsugiut
prächtige Stammtheile von einem baumartigen Farrn (Dicksonia
punctata, S. 241 Fig. 1) angetroffen. Wichtig für die Kenntniß
von dem Entstehen der pflanzenführenden Lager war auch die Entdeckung von unverkennbaren Wurzelbetten, d. h. von Lehmschichten,
welche von verkohlten Wurzeln und Wurzelfasern durchzogen sind
und somit beweisen, daß an den Stellen, wo die pflanzen-

Verſteinerte Treidepflanzen von Dioko.

1. Stammfragment, mit Blattnarben, von einem baumartigen Farrn (Dickſonia punctata *Stbg.* *sp.*), aus Ujaragiugiut (halbe natürliche Größe). 2. Moriconia cyclotoxon *Deb.*, aus dem Kohlen bruch Ritenbenf (natürliche Größe). 3. Zapfentragender Zweig von Sequoia ambigua *Hr. var.*, aus Ujaragiugiut (natürliche Größe). 4. Blatt (ein Drittel der natürlichen Größe). 5. Fragment von der männlichen Blütenſammlung (natürliche Größe) eines Brotfruchtbaumes (Artocarpus *n. sp.*), aus Jngiotungnat. — 1—3 nach Flora foſſilis arctica, 4 und 5 nach der Natur.

führenden Lager sich finden, wenigstens Sumpfpflanzen gelebt haben.
Dies war ein Triumph für Heer. Derselbe hatte nämlich gegen
die Annahme, daß diese Lager sich im Meere abgesetzt, die Ansicht
ausgesprochen, daß sie sich im Süßwasser gebildet haben. Die bei
Ujaragsugsuk zusammengebrachten Sammlungen füllten nicht weniger
als drei große Tonnen und eine Kiste.

Selbstverständlich wäre es möglich gewesen, eine größere Zahl
von Localen zu untersuchen, wenn wir nicht einen bestimmten Zeltplatz gehabt, sondern das Zelt stets mitgeführt und nur immer für
die Nacht aufgeschlagen hätten. Abgesehen aber davon, daß wir
dann ein größeres Boot und mehr Ruderer hätten haben müssen,
wäre eine derartige Anordnung schon darum nicht zu treffen gewesen,
weil wir den Platz bestimmen mußten, wo die „Sofia" uns mit
unsern Sammlungen wieder an Bord nehmen sollte. Unter diesen
Verhältnissen mußten wir uns schon darein finden, nach jedem Ausfluge wieder nach Ujaragsugsuk zurückzukehren, was in anderer Hinsicht auch seine Vortheile hatte. Der Kaufladen des Händlers enthielt nämlich verschiedene für uns recht nothwendige Dinge, wie
Thee, Pulver u. dgl. Aus Versehen hatten wir Schiffszwiebäcke von
einer so harten Sorte erhalten, daß unsere Zähne gegen dieselben
ganz ohnmächtig waren. Es war daher sehr angenehm, bei dem
Händler andere, genießbarere kaufen zu können. Zuweilen boten die
Grönländer Dorsch zum Verkauf an; was wir aber oft erhalten
konnten, war Angmajat, welcher Fisch jetzt gerade am Strande
laichte. In der Laichzeit geht derselbe am Strande so hoch hinauf,
daß er ohne weiteres mit einem Hamen oder Korb geschöpft wird,
worauf man ihn an der Sonne trocknet. Die Grönländer schienen
ihn nicht besonders zu schätzen und verwendeten ihn, wie der Händler
sagte, gewöhnlich als Winterfutter für die Hunde. Es gewährte
einen komischen Anblick, diese zuweilen in das Wasser springen und
nach den Fischen schnappen zu sehen, was anscheinend aber
meist erfolglos war. Frisch gebraten schmeckte dieser Fisch recht
gut. Von dem übrigen frischen Proviant mag hier die Eiderente
erwähnt werden, welche des Morgens und des Abends in großen
Scharen an der Küste entlang strich und dabei der Landspitze, auf
der man sich hinter großen Felsblöcken leicht verbergen konnte, oft
so nahe kam, daß sie schußgerecht wurde. War eine Eider geschossen

worden, so setzte Nils oder Hans sein Kajak aus und holte sie aus dem Wasser, was aber zuweilen, wenn sie nur angeschossen war, erst nach einer Jagd mit der Harpune geschehen konnte.

Das Wetter war während der ganzen Zeit unsers Aufenthalts bei Ujaragsugsuk im allgemeinen hübsch, und nur an einem Tag (5. Juli) hatten wir Nebelregen. Die Wärme war sehr drückend, und ich konnte daher des Morgens den Oberkörper mit kaltem Wasser aus dem kleinen, ziemlich klaren Bache übergießen, der am Dorfe ausmündet. Es gab hier auch eine Quelle, welche zwar nicht sehr kaltes aber reines Wasser hatte, was in diesen Tagen sonst eine große Seltenheit war. Es war nämlich jetzt die Zeit, wo der Schnee in den höhern Regionen schmilzt, und das Wasser, das von den Abhängen herabfloß, war gewöhnlich so schlammig, daß es wie Lehmbrei aussah. Es war keineswegs leicht, in der Sonnenhitze die Felsen hinanzuklettern und den Durst nicht löschen zu können, obgleich wir überall Wasser antrafen. Zumeist ließen wir zwar schließlich das relativ reinere Wasser zu Gnaden kommen und stillten die Qualen des Durstes. Eine herrliche Abwechselung bot unter solchen Umständen das krystallklare Wasser, das wir bei Unartoarsuk in dem von einer üppigen Vegetation umrahmten Bache fanden, aber diese abgelegene Stelle wurde nur ein einziges mal besucht.

Die Vegetation, welche im Monat Juni zu neuem Leben erweckt worden war, machte in diesen Tagen unglaublich rasche Fortschritte. Die graugrüne Weide (Salix glauca) ist die größte der hier vorkommenden Strauchpflanzen. Außer dieser kommen hier die Rauschbeere, der Sumpfporsch, die Silberwurz (Dryas), die Zwergbirke u. a. vor; die baumartigen Birken aber, welche sich in Südgrönland finden, fehlen hier gänzlich. Die vorgenannten Sträucher, welche hier unter dem gemeinsamen Namen „Lyng" (Heidekraut) gehen — das wirkliche Heidekraut fehlt nämlich auf Grönland — liefern das bei Bootfahrten zur Feuerung dienende Reisig. Am 3. Juli sahen wir die erste Blüte auf der schönsten Pflanze Nordgrönlands, Epilobium latifolium, welche aber erst einige Tage später, als wir in Atanekerdluk anlangten, allgemeiner blühte.

Während wir uns bei Ujaragsugsuk aufhielten, lernten wir auch den eigenthümlichen warmen Wind kennen, der vom Binneneise herabkommt. Dies war am Abend des 2. Juli, nachdem wir die reiche Ernte bei Igblokunguak gemacht hatten. Das Wetter sah anfangs gar nicht bedrohlich aus, sodaß ich das Boot, um das beschwerliche Heraufziehen desselben an das Land zu ersparen, für die Nacht zu verankern gedachte. Der Händler aber, welcher ein Unwetter befürchtete, rieth mir auf das dringendste davon ab. Es dauerte auch nicht lange, so stiegen über dem Binneneise schwarze Wolken auf und näherten sich uns mit so großer Geschwindigkeit, daß wir kaum Zeit behielten, das Boot auf das Land zu ziehen, als auch schon ein heftiger Südoststurm losbrach. Gleichzeitig stieg die Temperatur ganz merklich. Das Zelt hatte einen schweren Stand und erhielt einen nicht unbedeutenden Riß.

Um über die Temperaturverhältnisse während unsers ersten Aufenthalts am Waigat einen Begriff zu geben, theile ich hier einen Auszug aus Hamberg's Thermometerbeobachtungen bei Ujaragsugsuk und Atanekerdluk mit. Die Minimaltemperaturen sind exact, hingegen geben die höhern Maximalgrade wahrscheinlich den Wärmegrad in der Sonne an. Es war nämlich sehr schwer, eine gegen die Sonne geschützte Stelle zu finden, wo man das Thermometer aufhängen konnte, und da wir des Tags über gewöhnlich abwesend waren, so läßt sich annehmen, daß das Thermometer mitunter von der Sonne beschienen worden ist.

Maximal- und Minimal-Temperaturen (Celsius),

beobachtet in der Zeit vom 30. Juni bis zum 7. Juli 1883 bei Ujarag-sugfuk und in der Zeit vom 8. bis zum 15. Juli bei Atanekerbluk von A. Hamberg.

Tag.	Minimum der Nacht	Maximum des Tages	Bemerkungen.
Juni 30	+ 6,8	+ 31,2	Starker Sonnenschein.
Juli 1	+ 4,8	+ 20,2	„ „
„ 2	+ 5,6	+ 26,8	„ „
„ 3	+ 9*	+ 15,6**	* Das Minimum wurde am vorhergehenden Abend vom Thermometer abgenommen, kurz bevor ein frischer östlicher Wind (vom Blankenkile) sich einstellte. ** Das Minimum des Tages = + 5,2.
„ 4	+ 5	+ 17	
„ 5	+ 4,5	+ 10,7	Nebelregen. Minimum des Tages = + 4.
„ 6	+ 2,9	+ 15,3	
„ 7	+ 7,9	— *	* Ueber das Waigat gerudert.
„ 8	+ 5,3	+ 24	Starker Sonnenschein.
„ 9	+ 12	+ 29	„ „
„ 10	—	+ 29	„ „
„ 11	+ 8	+ 23	„ „
„ 12	+ 7,5	+ 29	„ „
„ 13	+ 6,7	+ 12,9	
„ 14	+ 6	+ 6,3	
„ 15	+ 5,3	+ 8	

Wie die Tabelle zeigt, hatten wir hier vollständigen Sommer, wenigstens an sonnigen Tagen. Im Zusammenhang hiermit will ich erwähnen, daß die höchste Temperatur an dem geschwärzten Thermometer in der Sonne an einer vollkommen windfreien Stelle am 29. Juni um 2 Uhr 30 Min. nachmittags beobachtet wurde und 37° betrug; die nächsthöchste wurde am 1. Juli beobachtet und zwar 35,6°.

Am 7. Juli brachen wir das Zelt ab, packten unsere Sachen ein und begaben uns über das Waigat nach Atanekerbluk. In Ujaragsugsuk wurden die eingepackten Versteinerungen und eins der

Kajaks unserer Grönländer mit einem Schreiben an den Kapitän
Nilsson zurückgelassen, worin wir ihm unsern wahrscheinlichen
Aufenthaltsort nannten und ihn ersuchten, alle diese Gegenstände
an Bord der „Sofia" zu nehmen. Um uns beim Rudern theils
über das Waigat, theils bei den bei Atanekertluk möglicherweise vorkommenden Bootfahrten beizustehen, nahmen wir von Ujaragfugfuk
zwei Grönländer mit. Unser Boot ging ziemlich tief, und da wir
außerdem drei Kajaks im Schlepptau hatten, war es ein Glück, daß
das Waigat während unserer langen Fahrt über dasselbe spiegelglatt
war. Hin und wieder steckte ein Seehund den Kopf über das Wasser

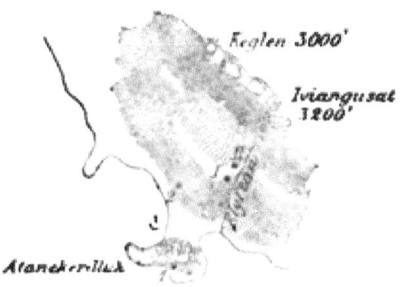

Kartenskizze über die Umgegend von Atanekerdluk.

Nach K. J. V. Steenstrup.

(Meddelelser om Grönland, 5. Heft.)

1. Fundorte für pflanzenführende Kreidelager auf der Halbinsel. 2. Nordenskiöld's Fundort für
Kreidepflanzen. I und II die wichtigsten Fundorte für tertiäre Pflanzen.

empor, doch stets in weiter Entfernung. Einige Schüsse wurden aber
dennoch abgegeben, und daß dieselben nicht ohne Wirkung gewesen,
zeigte sich am folgenden Tag, da ein Seehund mit durchschossenem
Kopfe bei Atanekerdluk an das Land trieb.

Atanekerdluk[1] ist der Name einer auf der Südseite des Nug-
juak-Landes gelegenen Halbinsel (320 Fuß hoch) aus doleritartigem
Basalt, welches durch eine tiefe Sandmark mit dem Festlande verbunden ist. Mit der Zeit ist dieser Name auch auf den nächstge-

---

[1] Nach K. J. V. Steenstrup ist dieser Name eigentlich Atanikerdluk zu schreiben,
die hier angewandte Bezeichnung hat sich in der gelehrten Welt aber bereits so ein-
gebürgert, daß eine Veränderung unmöglich durchzuführen sein dürfte.

Ansicht der Felsküste bei Nincksrabek, von der Seeseite gesehen.

Nach einer Zeichnung von W. R. J. Hammer. — (Mechsteine von Grönland, 3. Heft.)

1 und 11 Standorte für seltene Pflanzen. 2 bei Morbenlicht entdeckte Zauber von Kriechpflanzen. Die „Kluft" ist an der rechten Seite sichtbar.

legenen Theil des Festlandes übertragen worden. Die Landspitze
hat früher Händlern zum Aufenthaltsort gedient, und noch heute
gibt es hier mehrere grönländische Hütten, welche von den Einge=
borenen auf ihren Jagdfahrten vorübergehend bewohnt werden. Bei
unserm Besuche fanden wir in diesen Hütten, welche in dem von
Diebstählen beinahe gänzlich freien Lande unverschlossen waren,
Pfannen und andere Küchengeräthe. Um die Hütten herum wucherte,
wie gewöhnlich, hohes Gras, und auch an andern Stellen auf dieser
kleinen Halbinsel fanden wir geeignete Zeltplätze, wozu noch kommt,
daß es hier auch eine Quelle mit gutem Wasser gab. Alles dieses
entdeckten wir jedoch erst nach und nach, und da meine Unter=
suchungen hauptsächlich dem Festlande in der Nähe des Baches galten,
schlugen wir auch unser Zelt dort auf. Für denjenigen, welcher sich
hier längere Zeit aufhalten muß, ist jedoch die Halbinsel vorzuziehen,
auch wenn man dann genöthigt sein sollte, täglich eine längere Pro=
menade zu machen, die sich übrigens abkürzen läßt, wenn man in
einem kleinen Boote über die Bucht rudert. Andernfalls kann man
auch eine der 1000—1200 Fuß über dem Meere gelegenen grünen
Flecken zum Zeltplatz wählen.

Wir hatten unser Zelt zuerst westlich vom Bache an einer ganz
kahlen Stelle aufgeschlagen. Der Bach bot keinen besonders ange=
nehmen Anblick, denn er war jetzt ziemlich reißend und sein Wasser
sah wie verdünnter Lehmbrei aus. Wir machten den Versuch, es
durch leinene Säcke, welche wir mitgenommen hatten, um rothen
Schnee darin zu schmelzen, zu filtriren, doch wurde es auch dadurch
nicht verwendbar. Da kein anderes Wasser zu erhalten war, sahen
wir uns gezwungen, während der ganzen Zeit unsers dortigen
Aufenthalts gestrandete Eisstücke zu schmelzen, die in dieser Jahres=
zeit von Gletschern stammen und somit von atmosphärischem Nieder=
schlag herrühren und daher außerordentlich gutes Wasser geben.
Wir verloren also hierbei nichts, und das Schmelzen war an und
für sich einfach, denn bei der jetzt herrschenden Temperatur hatte
man nur die Eisstücke in ein Blechgefäß zu legen und dieses dann
eine Zeit lang stehen zu lassen. Die größte Unannehmlichkeit bestand
darin, daß das Eis nicht immer ganz in der Nähe zu erlangen war.

Wir sahen uns übrigens bald genöthigt, einen andern Zelt=
platz zu wählen. Es fing nämlich an sehr windig zu werden,

und der Wind wehte Massen von Staub in unser Zelt. Wir brachen
dasselbe daher ab und schlugen es an der Strandkante, etwas östlicher,
in einer aus vier Steinmauern bestehenden Ruine einer Eskimo=
wohnung (?) auf, aber auch hier hatte es nicht genügend Schutz,
und die Windstöße wurden gegen das Ende unsers Aufenthalts so
beschwerlich, daß wir es ringsum mit unsern Rudern stützen mußten.
In der Nacht mußten wir oft aufstehen, um herausgerissene Zelt=
pfähle wieder einzuschlagen oder um losgerissene Taue zu befestigen,
trotzdem wir die Zeltpfähle mit großen Steinen belastet hatten.

Dabei erhielten wir Gelegenheit, unsere Grönländer wieder
von einer weniger angenehmen Seite kennen zu lernen. Gutmüthig
und willig, wie sie im übrigen waren, schienen sie gleichwol die
Fähigkeit nicht zu besitzen, für sich selbst zu denken oder auf eigene
Hand selbst die allernothwendigste Arbeit zu verrichten. Wenn das
Zelt auch einzustürzen drohte, konnte es ihnen dennoch nicht einfallen
aufzustehen und das Tau zu befestigen, ich mußte ihnen erst den
Befehl dazu geben. Auf gleiche Weise war es mit allem, mit dem
Aufstehen des Morgens, dem Anzünden des Kochfeuers, dem Schmel=
zen des Eises u. s. w. Es wurde mit der Zeit ermüdend, an jede
noch so geringe Kleinigkeit zu erinnern, welche gemacht werden sollte.
Zu ihrer Entschuldigung kann vielleicht dienen, daß sie von uns keine
ein für allemal geltende Vorschrift erhalten konnten, da wir nicht
ihre Sprache und sie nicht Dänisch verstanden. Wir suchten uns
beiderseits durch Zeichen verständlich zu machen, was übrigens leichter
gelang, als wir vermuthet hätten. Im übrigen läßt sich von unsern
Estimos nur Gutes sagen: sie waren willig, stets freundlich und
absolut ehrlich.

Der Staub, von dem wir jetzt soviel zu leiden hatten, ist in
geologischer Hinsicht von nicht geringem Interesse, indem er einiger=
maßen das Entstehen der glacialen Luftsedimente — „Löß" — erklärt,
welche jetzt über so große Strecken des mittlern Europa verbreitet sind.
Bei Atanekerdluk (und natürlicherweise auch an andern Stellen in den
arktischen Gegenden, wo lose sedimentäre Gesteinsarten vor=
herrschen) sind die zur Zeit der Schneeschmelze sehr angeschwollenen
Bäche überaus reich an Schlamm und setzen ihren trüben Inhalt weit
außerhalb ihrer eigentlichen Betten ab. Wenn dann kein Schnee mehr
schmilzt und die Bäche wieder ihre normale Größe annehmen oder

austrocknen, und wenn trocknes Wetter eintritt, so wird der Wind Herr über den freien Staub und zerstreut ihn über weite Flächen. In Uebereinstimmung hiermit dürften die Lößbildungen im mittlern Europa ihr Entstehen den Sedimenten zu danken haben, welche bei den Ueberschwemmungen der Gletscherflüsse verbreitet und nach dem Aufhören derselben vom Winde fortgeführt, und an hierfür geeigneten Stellen wieder abgesetzt worden sind. Daß die Lößbildungen sich theils aus dem Wasser, theils direct aus der Luft abgelagert haben, wird auf diese Weise ganz erklärlich. Eine ähnliche Erklärung der Lößbildungen ist übrigens von einigen deutschen Geologen gegeben worden, und nach allem, was ich in den arktischen Gegenden gesehen, muß ich ihrer Ansicht unbedingt beitreten.

Ungeachtet der Boden hier kahler war als auf der Disko-Insel, gab es hier doch einige recht schöne Pflanzen, welche während der warmen Tage in vollem Flor standen. Das schon erwähnte Epilobium latifolium wuchs in großer Menge längs des Baches, und da es jetzt allgemein blühte, so sah man die Bachufer, durch seine großen und prachtvollen Blumen, welche auch in besser ausgerüsteten Ländern ihren Platz ausfüllen würden, roth gefärbt, schon in weiter Ferne leuchten. Von andern Pflanzen mögen genannt werden: Artemisia borealis, der eigenthümliche Erigeron compositus, dessen weiße Blüten, vollkommen entwickelt, an die Wucherblume erinnerten, und die gelbe Arnica alpina, welche wir in der Sonne für Sonnenblumen en miniature hätten halten können. Ebenso gab es hier die am Waigat übrigens keineswegs seltene Vesicaria arctica und die in den arktischen Ländern gewöhnliche Oxyria digyna, eine Art Ampfer. Da letztere hier ungewöhnlich üppig wuchs, machte ich den Versuch, ihre Blattstiele, gleich den Rhabarberstielen, zur Speise zu verwenden, was, wie Hamberg und ich fanden, vortrefflich glückte.

Der jetzige Pflanzenwuchs bei Atanekerdluk ist jedoch ein Nichts im Vergleich zu demjenigen, welcher ehemals hier gewesen und von dem die in den Felsenlagern eingeschlossenen Pflanzenreste Kunde geben. Atanekerdluk ist ohne Zweifel der bedeutendste Fundort für Pflanzenversteinerungen, den wir haben. Seinen Ruf erhielt er durch die von dem Händler Jens Nielsen im Anfang der fünfziger Jahre entdeckten tertiären pflanzenführenden Thoneisensteine. Dieselben kommen in einer Höhe von ungefähr 1200 Fuß (I auf Abbildung

S. 247) als kleinere linsenförmige Lager oder Nieren in loseren theils schieferartigen, theils sandigen Felsarten vor, und da diese viel schneller verwittern als der Thoneisenstein, so ist infolge dessen der Abhang in der gesammten Höhe mit zahlreichen Blöcken von dieser an Pflanzenabdrücken äußerst reichen Felsart bedeckt. Diese Pflanzenabdrücke sind im allgemeinen an der verwitterten Oberfläche des Gesteins, wo die feinere Nervirung des Blattes sehr deutlich hervortritt, am schönsten. Die Oberfläche des Gesteins hat übrigens eine dunkle, rothbraune Farbe, wogegen die frische Bruchfläche grauer erscheint. Es ist selbstverständlich, daß die Sammler an dieser Stelle in der ersten Zeit eine äußerst reiche Ernte machen mußten, denn sie brauchten nur die losen Stücke zu untersuchen, und man konnte daher, wie schon gesagt, hier wirklich von einem Fundort sprechen, wo man die Versteinerungen nur vom Boden aufzulesen hatte. Jetzt ist diese Stelle aber so durchsucht, daß man nicht mehr darauf rechnen kann, auf diese einfache Weise reiche Ernten zu machen, obwol jedes Jahr neue Stücke bloßgelegt werden dürften. Dagegen kann man durch Grabungen zu neuen Lagern gelangen, welche aber sehr zerbrechlich und auch nicht so reich an hübschen Abdrücken sind, wie das auf natürlichem Wege bloßgelegte Gestein.

Durch diese reichen Funde hat Atanekerdluk ursprünglich seine Berühmtheit erlangt. Bereits im ersten Theile seiner Flora fossilis arctica (1868) konnte Heer ungefähr 100 Arten von hier anführen. Die größere Zahl derselben war von den Dänen Rink und Olrik eingesammelt worden, doch hatten hier auch die Engländer recht bedeutende Ernten gemacht. Mehrere von den Expeditionen, welche zur Aufsuchung Franklin's ausgeschickt worden waren, liefen nämlich Godhavn an und benutzten die sich darbietende Gelegenheit, diesen schon ziemlich berühmten Fundort zu besuchen. So wurden Pflanzenfossilien von den Admirälen MacClintock und Inglefield, sowie von Lieutenant Colomb und Dr. Lyall heimgeführt. Auch O. Torell brachte von seinem Besuch auf Grönland im Jahre 1858 eine kleine Sammlung von Pflanzenfossilien von hier mit nach Hause. Im Jahre 1867 wurde die Zahl der bereits bekannten Arten durch die Expedition der Engländer E. Whymper und R. Brown, und im Jahre 1870 durch die erste

Dickſon'ſche Expedition unter Nordenſkiöld noch vermehrt. Auf eine
andere Entdeckung, welche letzterer hierbei machte, werde ich ſpäter
zurückkommen. Bei der ſchwediſchen Expedition, welche im Jahre
1871 ausgeſchickt war, um die von Nordenſkiöld bei Ovifak auf der
Disko-Inſel entdeckten großen Eiſenblöcke beimzuführen, kaufte
Dr. G. Nauckhoff von einem Grönländer in Godhavn eine kleinere
Sammlung tertiärer Pflanzenfoſſilien, welche von Atanekerdluk ſtam-
men ſollten. Dieſelben waren ſehr gut erhalten, kamen aber in einer
von dem bekannten Thoneiſenſtein ganz verſchiedenen Felsart vor
und beſtanden theilweiſe auch aus Arten, die man in dieſem Geſtein
bisher nicht angetroffen hatte. Dieſes neue tertiäre pflanzenführende
Lager iſt ſpäter von dem Aſſiſtenten K. J. V. Steenſtrup oberhalb
des bereits bekannten Lagers (ungefähr 1400 Fuß, II auf Abbildung S. 247) entdeckt worden, und von dieſem neuen ſowol
wie auch von dem alten Fundort hat dieſer um die Kenntniß der
Naturverhältniſſe Grönlands ſo verdiente Forſcher während ſeines
mehrjährigen Aufenthalts in dieſen Gegenden ein ſehr umfaſſendes
Material zuſammengebracht. Infolge deſſen konnte Heer in dem
letzten Theile der Flora foſſilis arctica 143 Arten von der alten und
78 Arten von der neuen Fundſtelle aufzählen, und da nur 34 Arten
in beiden Lagern gemeinſam vorkommen, ſo kannte man alſo jetzt
von Atanekerdluk nicht weniger als 187 Arten tertiärer Pflanzenfoſſilien. Es iſt ſelbſtverſtändlich hier nicht am Platze, eine voll-
ſtändige Ueberſicht über die Zuſammenſetzung dieſer reichen Flora zu
geben, einige der bemerkenswertheſten Pflanzen aber mögen hier angeführt werden. Am allgemeinſten finden ſich unter den Nadelbäumen
vertreten die amerikaniſche Sumpfcypreſſe und eine Sequoia (S. Langsdorfii, Fig. 1, 2 auf S. 254), dem amerikaniſchen „Redwood" ſehr
naheſtehend. Von anderen Nadelbäumen dürften zu nennen ſein:
Ginkgo adiantoides (Fig. 3, S. 254), der heute in China und Japan
lebenden Ginkgo biloba ſehr naheſtehend; ferner verſchiedene cypreſſen-
artige Bäume, ebenſo Kiefern, Wachholder u. dgl. Es iſt nicht unmöglich, daß die in dieſen Lagern angetroffenen aufrechtſtehenden
Baumſtämme von der Sumpfcypreſſe herrühren, welche oft fern vom
Ufer im Waſſer wächſt. Nordenſkiöld hat durch Grabungen die
Wurzeln eines ſolchen verkohlten Stammes bloßgelegt, und ich ſelbſt
habe einen ſolchen Stamm angetroffen, der hohl war. Von

Laubbäumen findet man Espen und Pappeln (Fig. 4, S. 254) am häufigsten im Thoneisenstein, doch fehlen sie auch in dem obern pflanzenführenden Lager nicht. Ferner sind zu nennen: Weiden, Erlen, Hainbuchen, Buchen, Kastanien, Eichen verschiedener Art, darunter einige mit immergrünen Blättern. Allgemein sind im

J. J. S. Sternstrup.
Geb. in Mou bei Aalborg 7. September 1813.

Thoneisenstein Blätter von der eigenthümlichen Gattung MacClintockia (Fig. 5, S. 254), deren feine Nervirung oft in dem geringsten Detail beobachtet werden kann. Auch Blätter von Platanen und Wallnußbäumen, und im obern Lager Blätter von Lorberbäumen kommen vor. Ebenso trifft man Blätter von Ebenholzbäumen, Eschen, vom Epheu, der Weinrebe (Fig. 6, S. 254) und von Magnolien,

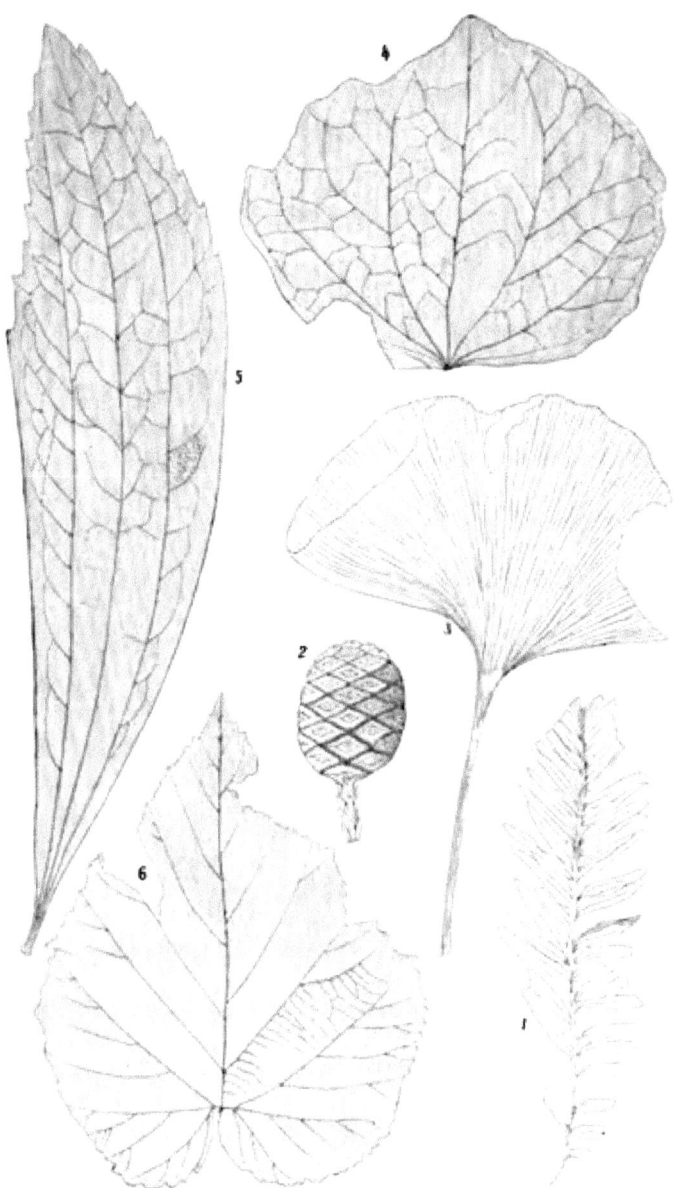

Tertiäre Pflanzenversteinerungen von Atanekerdluk.

(Nach Flora fossilis arctica.)

1. Nadeltragender Zweig und 2. Zapfen von Sequoia Langsdorfii *Brgn. sp.* (beide in natürlicher Größe). 3. Ginkgo adiantoides *Ung. sp.* (natürliche Größe). 4. Populus arctica *Hr.* (natürliche Größe). 5. MacClintockia trinervis *Hr.* (natürliche Größe). 6. Vitis Olriki *Hr.* (halbe natürliche Größe).

von welch letztern Whymper aus Disko auch prachtvolle Exemplare der zapfenähnlichen Frucht mitgebracht hat. Große lederartige Blätter hatte der nicht seltene Cocculites Kanii. Von sonstigen Pflanzen möchten anzuführen sein: Ahorn, Hagedorn, Rhamneen, Rhus u. a. m., alles in allem eine solche Mannichfaltigkeit von Baum- und Straucharten, daß Europa nirgends — wol aber Japan und das östliche Amerika — etwas Aehnliches aufzuweisen hat.

Immergrün waren die Lorberarten, Magnolia Inglefieldi, ein Prunus, Cocculites, sowie mehrere Arten der Gattung Ilex. Heer nahm auf Grund der Zusammensetzung der Flora an, daß die

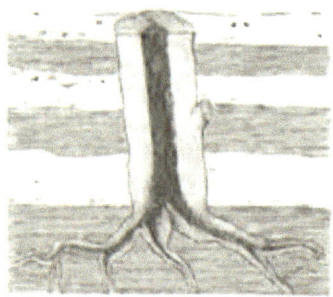

Aufrechtstehender Baumstamm aus den Lagern von Atanekerdluk.
(Nach Nordenskiöld, Redogörelse för en expedition till Grönland år 1870. S. 87.)

Mitteltemperatur in diesem Theile von Grönland in der tertiären Zeit ungefähr + 12° C. betragen hat und die Temperatur im Winter nicht niedriger gewesen sein kann als ungefähr + 5° C. Gegenwärtig ist in dieser Gegend die mittlere Jahrestemperatur ungefähr — 8° C. und diejenige des Januar ungefähr — 15° C. Diese Zahlen sind in Bezug auf die Veränderungen, welche das Klima hier seit der Tertiärzeit erlitten hat, sprechend genug, wir werden aber bald finden, daß es hier vorher noch wärmer war.

War Atanekerdluk schon durch die an Pflanzen so reichen Thoneisensteine berühmt, so wurde es dies noch mehr durch die von Nordenskiöld im Jahre 1870 daselbst entdeckte Kreideflora. Wie schon oben gesagt worden, kommen die tertiären Thoneisensteine in einer Höhe von ungefähr 1200 Fuß über dem Meere vor. Norden-

ſkiöld fand indeſſen, daß ein etwa 200 Fuß über dem Meere und
etwas nordweſtlich vom Bache gelegener ſchwarzer bituminöſer
Schiefer (bei 2 auf Abbildung S. 247) eine ſehr reiche und von
der tertiären ganz verſchiedene Flora enthält. Heer, welcher auch
dieſe Pflanzenfoſſilien beſchrieben hat, zeigte, daß ſie dem Kreideſyſtem
und wahrſcheinlich der Abtheilung deſſelben angehören, welche man in
Europa unter dem Namen Cenoman kennt. Nordenſkiöld hat von
hier 55 Arten heimgeführt, doch iſt die Zahl derſelben durch von
Steenſtrup ſpäter an dieſem Ort vorgenommene Sammlungen bis
auf 96 geſtiegen. Steenſtrup hat außerdem dieſer Flora angehörige
Pflanzen theils am Strande ſüdlich vom Bache, theils auch auf der
äußern Seite der kleinen Halbinſel gefunden. Die Anzahl der
Arten, welche von dieſen beiden letztern Stellen nach Hauſe geführt
worden ſind, iſt jedoch nicht beſonders groß.

Es kommt unbeſtreitbar nur höchſt ſelten vor, daß ſo reiche pflanzenführende Lager von verſchiedenem geologiſchen Alter ſo nahe bei
einander liegend angetroffen werden, wie bei Atanekerdluk. Die von
Nordenſkiöld vorgefundene Kreideflora hat mit der tertiären Flora,
über welche ſchon berichtet worden iſt, keine einzige Art gemeinſam,
auch iſt ihr Gepräge ein ganz anderes. Die Kreideflora bei Unter-
Atanekerdluk — oder, wie ſie nach dem Orte, wo ſie ebenfalls gefunden worden iſt, gewöhnlich genannt wird, die Ataneflora — enthält in erſter Reihe Cycadeen, welche in der tertiären Flora gänzlich
fehlen und in der heutigen Vegetation vorzugsweiſe den tropiſchen
oder ſubtropiſchen Ländern angehören. Von den bei Atanekerdluk
zuerſt gefundenen Arten iſt Cycas Dicksoni die bemerkenswertheſte,
denn die Gattung Cycas geht heute nur noch im ſüdlichen Japan bis
nördlich des Wendekreiſes. Die Farrn ſind ſehr zahlreich und treten
mit einer großen Mannichfaltigkeit von Gattungen auf, von denen
ich hier nur eine, Gleichenia, nennen will, welche beſonders deshalb bemerkenswerth iſt, weil ſie ſich gegenwärtig am häufigſten auf
der ſüdlichen Halbkugel repräſentirt findet und nördlicher als im
ſüdlichen Japan nicht mehr vorkommt. Dieſe Gattung, welche ſich
unter anderm hauptſächlich durch die gabelförmige Verzweigung
des Stengels auszeichnet (ſiehe nebenſtehende Abbildung), war
in Grönland während der Kreideperiode — inſonderheit der ältern
Zeit derſelben — ſehr allgemein, und gleichwie die obengenannte

Gattung Cycas ist sie ein merkwürdiges Beispiel von der Veränderung der Vegetation und der Wanderung der Pflanzen auf unserer
Erde. Auch die Nadelbäume der Ataneflora waren an dieser Stelle
reich repräsentirt, und die Gattung Sequoia tritt sogar mit vier
verschiedenen Arten auf, welche sich von den tertiären bedeutend
unterscheiden. Von den Laubbäumen mögen mehrere Pappelarten,

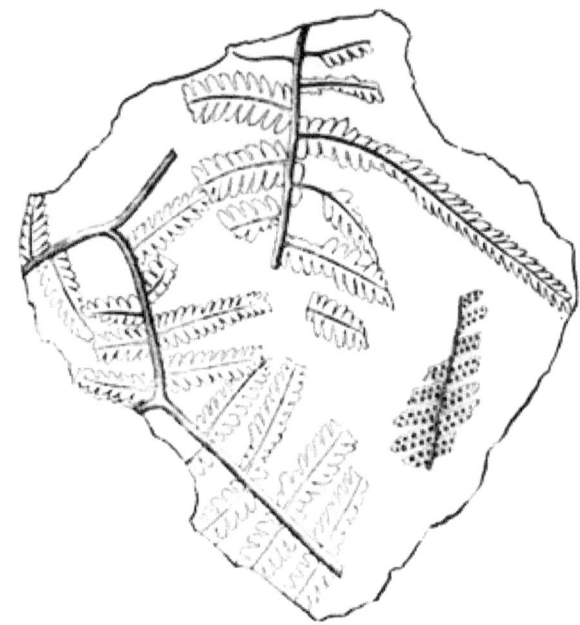

Gleichenia Zippei Cord. sp. von Patiotsk.

Zwerte Blattfragmente und Blattstückchen mit Fruchthäufchen. (Natürl. Größe.) Nach Flora
fossilis arctica

Eichen, Feigen (mit Blättern sowol wie auch mit Früchten, S. 259,
Fig. 3), sowie besonders ein Tulpenbaum, mehrere Magnolien (S. 259,
Fig. 5) und eine Menge strauch- und baumartiger Leguminosen von den
Gattungen Colutea, Cassia und Dalbergia genannt werden. Der
Tulpenbaum, dessen große tulpenähnliche Blüten dem Baume seinen
Namen gegeben haben, kommt hier mit einer Art (Liriodendron
Meckii, S. 259, Fig. 1 und 2) vor, welche bereits aus den Kreide-
lagern Nordamerikas bekannt ist. Derselbe war in dieser Zeit in

Grönland allgemein. Aus der ganzen Zusammensetzung der Atane-flora — vor der Expedition des Jahres 1883 waren von den verschiedenen Fundorten, zu denen auch Igdlokunguak zu rechnen ist, 177 Arten bekannt — schließt Heer, daß dieselbe ein subtropisches Klima mit einer mittlern Jahrestemperatur von wenigstens 20° C. gefordert hat. Der Unterschied zwischen dieser Flora und der tertiären, welche, wie schon bemerkt, eine Mitteltemperatur von 12° ergibt, ist sonach in klimatischer Hinsicht ein sehr bedeutender, und es muß deshalb von großem Interesse sein, einen Einblick in die Beschaffenheit der Floren zu erhalten, die in der Zeit zwischen diesen beiden gelebt haben. Eine solche Flora kennt man bei Patoot. Die Aufgabe, welche ich bei Atanekerdluk zu lösen für am wichtigsten erachtete, war demnach eine Antwort auf die Frage: gibt es pflanzenführende Lager zwischen der hiesigen Kreideflora, 200 Fuß über dem Meere, und den tertiären Lagern, 1200 Fuß über dem Meere, und wenn dies der Fall welche? Man könnte im voraus erwarten, daß man die Patootflora hier antreffen werde, und vielleicht auch, daß eocäne Lager sich unter den miocänen finden. Der Abhang ist indeß so mit Schutt bedeckt, daß man nur darauf rechnen kann, im Profil der Kluft, durch welche der Bach sich einen Weg gebahnt, auf bloßgelegte pflanzenführende Lager zu treffen.

Ehe ich aber mit der Untersuchung der Kluft begann, wollte ich aus rein paläontologischen Gründen erst einen flüchtigen Besuch bei den pflanzenführenden Lagern draußen auf der Halbinsel machen, wo ich besonders hoffte, ein Exemplar eines fossilen Farrn (Pteris frigida) zu erhalten, der von Steenstrup hier angetroffen worden war, und den ich nun kennen zu lernen wünschte.

Sogleich am Tage nach unserer Ankunft bei Atanekerdluk, Sonntag 8. Juli, wanderte ich auf die Halbinsel hinaus, auf deren äußerer Seite ich sehr interessante Funde machte. Es zeigte sich nämlich, daß auch hier mehr und reichere pflanzenführende Lager zu finden waren, als man bisher geglaubt hatte. Besonders bemerkenswerth sind einige neue und große platanenähnliche Blätter, welche in einem bituminösen Schiefer eingebettet lagen. Doch war eine kleinere, von dem Basalt ganz umschlossene und, soviel sich von weitem sehen ließ, pflanzenführende Schieferpartie nicht zu erreichen.

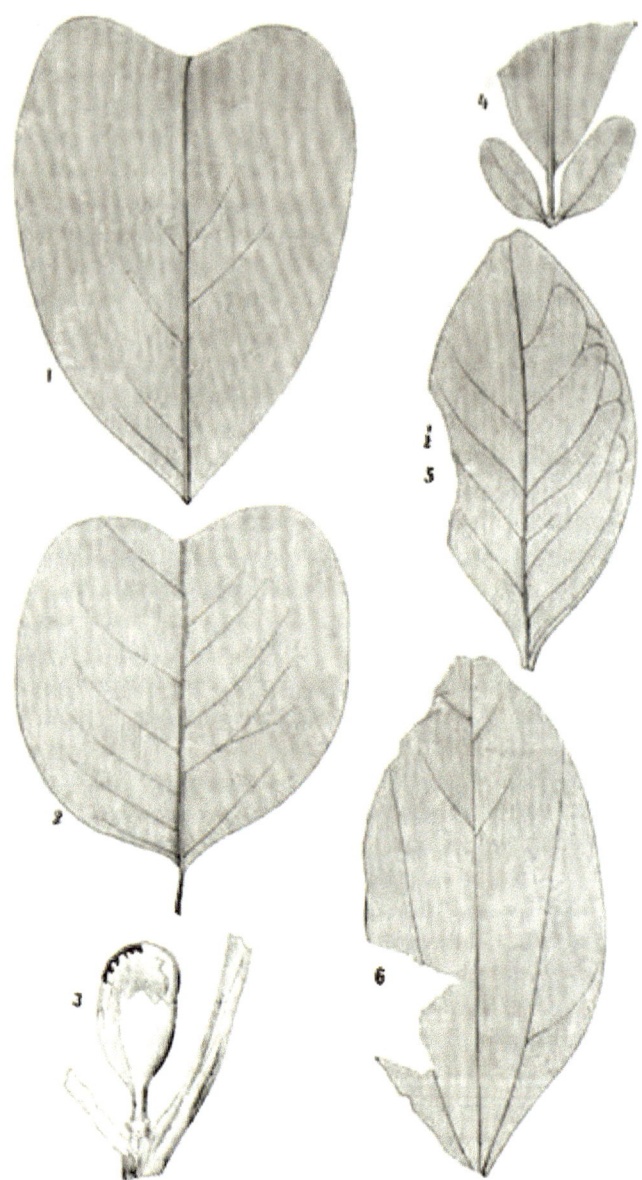

Treibpflanzen von Atanekerdluk.

1. 2. Liriodendron Meekii Hr. (natürliche Größe). 3. Frucht von Ficus atavina Hr. (natürliche
Größe). 4. Nervs, noch nicht bestimmtes Blatt (natürliche Größe). 5. Magnolia Capellini Hr.
(¹⁄₂ natürliche Größe). 6. Sassafras n. sp. (natürliche Größe). — Fig. 2 und 5 nach Flora fossilis
arctica, die andern nach der Natur.

17*

Uebrigens war an diesem Tage auch an ein wirkliches Arbeiten nicht zu denken, denn es wehte ein so starker Wind, daß wir uns gezwungen sahen, unsern Zeltplatz, wie schon erwähnt, in das Innere der Ruine eines alten Eskimohauses zu verlegen. Dieser Umzug nahm einen großen Theil des Tages in Anspruch, auch war die Mannschaft von der gestrigen langen Ruderfahrt noch sehr ermüdet. Am folgenden Tage begab ich mich zu Boot nach den Fundorten auf der Halbinsel. Die erwähnte Schieferpartie war mit dem Boot erreichbar und zeigte sich sehr reich an Pflanzenfossilien, sodaß wir eine umfassende Ernte machten. Auch sehr hübsche Exemplare von dem ersehnten Farrn erhielten wir. Sodann ließ ich bei dem alten Eskimodorfe trockenes Gras sammeln und in dieses die Versteinerungen verpacken. Auch am 10. sammelten wir an dieser Stelle Fossilien ein, ebenso an dem von Nordenskiöld früher entdeckten Fundort auf dem Festlande, welcher sich noch immer reich an Blattabdrücken erwies. Da Ruderfahrten nun nicht mehr in Aussicht standen, ließ ich jetzt die beiden in Ujaragsugsuk angenommenen Eskimos in ihren Kajaks zurückkehren. Den Rest des Tages sowie den ganzen folgenden Tag verwandte ich zur Etikettirung und Einpackung der gemachten Sammlungen, ohne daß ich gleichwol mit allem fertig geworden wäre. Der mit derartigen Untersuchungen nicht Vertraute glaubt im allgemeinen, daß das Einsammeln der Fossilien die eigentliche Arbeit ist, aber hierzu kommt die Etikettirung, welche die Stelle des Lagers genau angibt, ohne deren Kenntniß der Werth des Fossils nur ein relativ unbedeutender ist, sowie schließlich das Einpacken, das mit großer Sorgfalt ausgeführt werden muß, damit die Stücke fest liegen und die empfindlichen Blattabdrücke während des langen Transports nicht etwa durch Reibung verwischt werden. Jedes Stück muß mit trockenem Grase, Moos oder Papier umwickelt und darauf genau zwischen den andern eingepaßt werden. So beschwerlich und ermüdend eine solche Arbeit auch ist, so ist sie gleichwol unbedingt nothwendig, und nach der Heimkehr findet man sich dafür reichlich belohnt, wenn man trotz des langen Transports und der vielen Umladungen alles unbeschädigt findet. Die hier eingesammelten Versteinerungen füllten fünf Kisten.

Das Wetter war an diesen drei Tagen sonnig und warm gewesen, und Hamberg hatte sich beinahe die ganze Zeit mit Beobachtungen mittels Pouillet's Heliometer beschäftigt. Am 12., als die Untersuchung der Kluft begann, begleitete er mich und nahm, wie vorher bei Ujaragiugsut, mit großem Eifer an den geologischen Arbeiten theil. Dieser Tag war für mich in hohem Grade spannend, obschon ich die Arbeiten nicht mit besonders großen Hoffnungen begann, da ja schon so viele Forscher diese Stelle vorher besucht hatten. Aber die Ernte war unerwartet reich, und wir hatten vollauf bis abends 9 Uhr zu thun. Die erste Untersuchung der ganzen Kluft war somit bis in die Höhe der tertiären Lager beendet. Obschon wir von der Basis bis zum Rande der Kluft nicht weniger als neun neue pflanzenführende Lager entdeckt hatten, so gehörten sie doch alle der Ataneflora an. Demnach findet sich weder die Patootflora oder irgendeine eocäne Flora hier vertreten, sondern die miocänen pflanzenführenden Lager ruhen unmittelbar, und ohne Zweifel ungleichförmig, auf den Atanelagern. Aber obschon ein und derselben großen geologischen Periode angehörend, war die Flora in den neuentdeckten Lagern alles andere als einförmig. Es fanden sich nämlich nur wenige Arten, welche allen Lagern gemeinsam angehörten, während andere für die verschiedenen Betten charakteristisch waren.

Dies steht ganz gewiß in Zusammenhang mit Verschiedenheiten in physikalischer Hinsicht, sodaß hier solche Pflanzen, welche auf Sumpfboden vorkommen, dort solche, welche an trockenern Stellen wachsen u. s. w. für den Augenblick herrschend gewesen waren. So waren in einem der pflanzenführenden Lager Blätter vom Tulpenbaum (S. 259, Fig. 1, 2) besonders reich vertreten. In einem andern fanden sich zumeist Zweige und Nadeln von verschiedenen Nadelbäumen, worunter solche, die nach einer von Professor Schenk in Leipzig ausgeführten mikroskopischen Untersuchung der eigenthümlichen, gegenwärtig auf Japan beschränkten Gattung Sciadopitys angehören, zu erwähnen sein möchten; ferner Blätter von Ginkgo (S. 263, Fig. 3) und der damit verwandten Nadelholzgattung Trichopitys (S. 263, Fig. 4), welche bisher in keinen jüngern Lagern als dem mittlern Jura angetroffen worden ist. In diesem Bett kamen jedoch auch, wennschon nur spärlich, Blätter von Laubbäumen vor.

Ein anderes, etwas höher gelegenes pflanzenführendes Lager zeichnete sich aus durch einen Farrn, dessen Fruchthäuschen so außer-

ordentlich gut erhalten waren, daß man selten Gelegenheit haben
dürfte, bei fossilen Blättern etwas Aehnliches zu beobachten (S. 263,
Fig. 1, 2). Auch in andern Lagern wurden bemerkenswerthe Funde
gemacht, aber das bereits Berichtete dürfte hinreichen, um zu zeigen,
daß dieser Tag für mich unvergeßlich wurde.

Die Frage nach dem in Dunkel gehüllten Inhalt der Kluft von
Atanekerdluk war jetzt beantwortet, und ich war sehr begierig, einige
der Einzelheiten kennen zu lernen, welche noch unerforscht geblieben
waren. Ein ungewöhnlich tiefes Sinken des Barometers im Laufe
des Tages ließ aber ein bald hereinbrechendes Unwetter befürchten,
und dasselbe ließ auch nicht lange auf sich warten. Schon ungefähr
um 2 Uhr wurde ich am Morgen des 13. durch Windstöße geweckt,
welche sich mit solcher Heftigkeit gegen das Zelt warfen, daß die
Zelthaken mehrmals heraussprangen, wodurch der Morgen sich für
uns zu einem sehr unruhigen gestaltete. Massen von Staub hüllten
alles ein, und da sich deutlich zeigte, daß der Regen nicht mehr lange
ausbleiben werde, wurden Vorsichtsmaßregeln zum Schutz der Sammlungen getroffen. Kaum war dies geschehen, so brach auch das
Unwetter los, und wir sahen uns gezwungen, den ganzen Tag im
Zelt zuzubringen, wo ich mit dem Etikettiren der Ernten des vorigen
Tags allerdings vollauf zu thun hatte. „Verstopfte Zuglöcher im
Zelte und bestreute den Boden desselben mit Epilobium latifolium,
nahezu schade um die hübschen Blumen, aber nothwendig", so steht es
angemerkt im Tagebuch für diesen Tag. Am 14. war das Wetter nicht
besser: „Fortdauernd Regen und Wind mit fortwährendem Richten
und Festbinden des Zeltes. Wurde dessen überdrüssig und ging am
Vormittag für eine Weile nach der Nordenskiöld'schen Fundstelle, doch
ohne ein anderes Ergebniß, als daß ich durchnäßt zurückkam. Am
Abend hörte es auf zu regnen und ich stieg in die Kluft hinauf,
wo ich in Thoneisenstein eingebettet eine ganze Menge recht hübscher
Kreidepflanzen fand." Sonntag 15. Juli regnete es nicht viel, aber
der Wind wehte noch immer. Ich nahm einen von unsern Leuten
mit mir und ging in die Kluft, wo ich noch ein neues pflanzenführendes Lager antraf. Der beste Fund wurde jedoch in dem
obersten der Lager gemacht, welche wir schon am 12. entdeckt hatten.
Wir fanden hier prachtvolle Blatttheile von zwei neuen Cycas-Arten.
Die größte dieser Arten, von der wir des beschränkten Raumes wegen

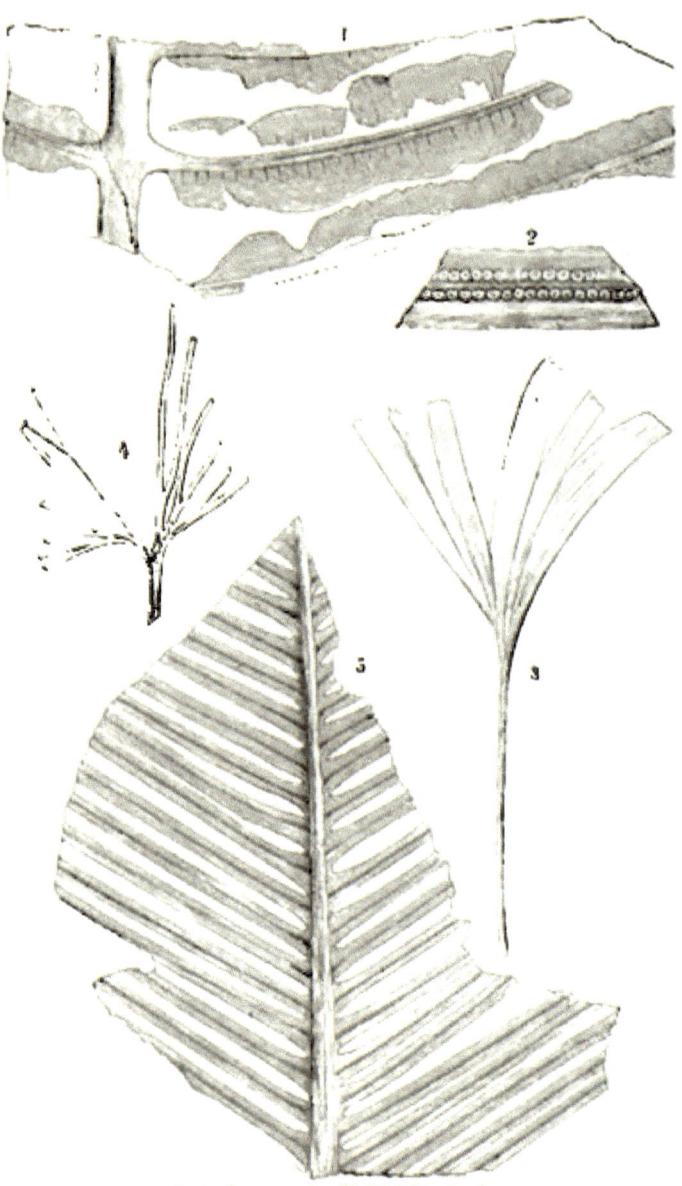

Treibpflanzen aus der Kluft bei Alaskerbluh.

1. Steriles Blatt. 2. Fragment eines Blattstückchens mit Fruchthäufchen von einem neuen Farrn (beide natürliche Größe). 3. Ginkgo n. sp. (natürliche Größe). 4. Trichopitys n. sp. (natürliche Größe). 5. Cycas n. sp. (natürliche Größe). — Nach der Natur.

hier nur ein kleineres Fragment abbilden konnten (S. 263, Fig. 5),
hat breitere Blätter als die ihr nahestehende Cycas Steenstrupi.
Leider war der Schiefer, in welchem diese Pflanzen vorkamen, dicht
an einer Schneewehe gelegen und infolge dessen so gefroren, daß es
unmöglich war, sich jetzt weiter in ihn hinein zu arbeiten. Aber es
war um so eigenthümlicher, in diesem gefrorenen Gestein und solch
öder Umgebung Pflanzen zu sammeln, deren heutige Repräsentanten
beinahe ausschließlich in den tropischen Ländern vorkommen. Die
Freude über den gemachten Fund ließ mich das alles andere als
angenehme Wetter vergessen.

In diesen Tagen hatte ich mehr als einmal befürchtet, die
„Sofia" auf dem Waigat zu erblicken. Ich wünschte nämlich, die
interessante Untersuchung der Kluft in Ruhe beendigen zu können,
und ich war daher recht froh, daß das Schiff sich noch nicht sehen
ließ. Aber als nun diese Untersuchung zu Ende gebracht war,
begann das lange Ausbleiben der „Sofia" sich in anderm Lichte
zu zeigen, und ich fing an zu fürchten, daß ihr irgendein Unglück
zugestoßen sei. Das über die berechnete Zeit hinaus verlängerte
Zeltleben hatte unsern Proviantvorrath arg mitgenommen, und wir
hatten schon daran gedacht, einen von unsern Leuten nach dem
Handelsplatz Sarfaf zu schicken, um dort verschiedene Einkäufe
machen zu lassen. Ein paarmal hatten uns Seehundsjäger von
Sarfaf besucht, von denen wir Eier von Seevögeln, besonders von
Meerschwalben, kauften. Letztere waren ein ausgezeichneter Leckerbissen, aber sie reichten nicht lange. In den letzten Tagen hatte ich
mir außerdem ein ziemlich beschwerliches Halsleiden zugezogen, und ich
wünschte bessere Arzneimittel zu erhalten, als dasjenige war, welches
mir jetzt zu Gebote stand — in Wasser aufgelöstes Aseptin-Zahn-
pulver. Hierzu kam ferner, daß die vorhandenen leeren Kisten zum
Einpacken aller eingesammelten Versteinerungen nicht ausreichten,
und obschon ich, wie bemerkt, mit dem langen Ausbleiben der „Sofia"
zuerst ganz zufrieden war, so hatte ich doch jetzt gegen ihre Ankunft nichts mehr einzuwenden. Das Tagebuch schließt für den 15.
mit folgendem Ausdruck für diese veränderte Sinnesstimmung:
„Unser Proviant ist bald zu Ende, weshalb kommt die »Sofia«
nicht?" Diese Frage sollte indessen bald ihre Beantwortung finden. Nachdem wir uns zur Ruhe begeben und eine Weile geschlafen

hatten, mußte ich aufstehen, um das Zelt festzubinden, und ich war noch nicht wieder eingeschlafen, als alle durch die Dampfpfeife der „Sofia" geweckt wurden. Das Schiff lag uns ganz nahe, aber in so hochgehender See, daß man nicht daran denken konnte, ein Boot auszusetzen. Unsere Signale, daß die „Sofia" sich in Lee vor die kleine Halbinsel legen möge, wurden misverstanden, und das Fahrzeug ging statt dessen ostwärts und legte sich vor die Landzunge Jonarsuit. Ungeduldig wie wir waren, Nachrichten über die Expedition im allgemeinen, besonders aber über die Eiswanderung zu erhalten, eilten Hamberg und ich im Eilmarsch über Bergeshöhen, steile Abhänge und Wasserschluchten dorthin, und es dauerte nicht lange, so kam Foröstrand mit dem Boot ans Land und holte uns an Bord. Wir erfuhren jetzt, warum die „Sofia" sich so lange im Aulaitsivikfjord aufgehalten hatte, sowie daß sie beim Verlassen desselben nur mit großer Noth dem Schiffbruch entgangen war. Die Nachrichten über den Beginn der Eiswanderung waren günstig, und gewissermaßen auch beruhigend, daß der Arzt sich an derselben betheiligte, falls etwa ein Beinbruch vorkommen oder ein anderes Unglück einen der Theilnehmer treffen sollte.

Eine von Nordenskiöld ausgegebene schriftliche Ordre über die Aufgaben der Expedition während seiner Abwesenheit wurde mir zugestellt; dieselbe hatte folgenden Wortlaut:

Dr. A. G. Nathorst wird hierdurch bevollmächtigt, in der Zeit, während ich auf der Wanderung über das Inlandseis, die ein Theil der Grönlandsexpedition jetzt antritt, abwesend sein werde, an meiner Stelle den Befehl über die diesjährige Expedition auf der „Sofia" nach den arktischen Gewässern zu übernehmen, und ich ersuche ihn, die im beiliegenden Programm angeführten Aufgaben der Expedition soweit als möglich auszuführen. Selbstverständlich sind die Arbeiten der Expedition allzu sehr von dem Wetter, den Eisverhältnissen und andern, nicht vorauszusehenden Umständen abhängig, als daß ich Detailbestimmungen für ihre Leitung zu geben vermöchte. Es geschieht somit auch nur, um zu zeigen, was ich in dieser Hinsicht für wünschenswerth erachte, daß ich hier folgendes Programm für die Thätigkeit der Expedition während meiner Abwesenheit mittheile:

Juli 8. Die „Sofia" geht vom Aulaitsivikfjord ab.

„ 9. Sie trifft in Godhavn ein, wo Hans Hendrik an Bord zu nehmen ist; geht von da sofort nach Ujaragsugsuk ab, nimmt Dr. Nathorst und Herrn Hamberg an Bord und bringt sie nach der andern Seite des Waigat. Hier hält Dr. Nathorst sich vom 10. bis 14. Juli auf, während welcher Zeit das Schiff theils Kohlen bei Kudliset einzunehmen, theils zu breggen und hydrographische Arbeiten im Sunde auszuführen hat.

Juli 15. Das Schiff geht nach der Haseninsel ab. Dr. Nathorst geht hier ans Land, um in den drei folgenden Tagen die hauptsächlichen, Versteinerungen führenden Lager dieser Insel zu untersuchen. Während dessen geht das Schiff nach der westlichen Seite der Davis-Straße, jedoch nicht weiter als freies Wasser angetroffen wird, um dort zu breggen und hydrographische Arbeiten auszuführen.

„ 19. Das Schiff kommt nach der Haseninsel zurück. Dr. Nathorst geht wieder an Bord und segelt sofort nach Cap York ab, läuft dabei aber, wenn das Schiff Kohlen nöthig haben sollte, Upernivik an, wo solche aller Wahrscheinlichkeit nach zu erhalten sein dürften.

„ 22. Ankunft am Cap York. Hier wird Sivalik-Hill untersucht und der kleinere der dortigen Meteoriten, wenn möglich ganz, sonst in Stücken, an Bord genommen; schlimmstenfalls sind nur Stücke davon auf das Schiff zu bringen. Ethnographische Gegenstände sind für die von mir in Egedesminde eingekausten Tauschgegenstände in möglichst großem Maßstabe zu erwerben. Besonders ist es wünschenswerth, möglichst viele mit Hülfe des Sivalikeisens hergestellte Geräthe zu erhalten. Rother Schnee wird auf den Crimson-Klippen eingesammelt, sofern die Zeit es zuläßt und ein reichlicher Vorrath an andern Stellen nicht erhalten worden ist. Die Expedition sucht durch die Eskimos Nachricht von der amerikanischen Expediton zu erhalten, welche in den letzten zwei Jahren in der Lady Franklin-Bai überwintert hat, und nimmt die Mitglieder derselben, welche vielleicht angetroffen werden, an Bord.

„ 28. Abreise von Cap York.

„ 30. Ankunft in Omenak.

„ 31. — Aug. 6. Einsammlung von Pflanzenversteinerungen in der Umgebung des Omenakfjord.

Aug. 8. — 9. Landung an Stellen des Waigat, wo eine fernere Untersuchung erforderlich sein könnte.

„ 10. Dr. Nathorst geht bei Skandsen, Puilasok oder Sinigfit ans Land, das Schiff aber fährt nach Godhavn, versieht dort die Maschine und nimmt Kohlen ein.

„ 11. Das Schiff dampft von Godhavn nach der Stelle, wo Dr. Nathorst ans Land gegangen ist, nimmt ihn wieder an Bord und segelt dann nach Egedesminde. Hier hoffe ich zu ungefähr dieser Zeit wieder mit der Expedition zusammenzutreffen. Sollte dies aber nicht der Fall sein, so wartet das Schiff auf mich bis zum 11. September,

worauf die Expedition direct nach Hause zurückkehrt, ohne die
Ostküste zu besuchen.

Sofia-Hafen am Tassiusarsoak, 3. Juli 1883.

A. E. Nordenskiöld.

Nachschrift. Für die Zeit, während welcher Dr. Nathorst den Befehl über die Expedition führt, dürfte er ein kurzgefaßtes Tagebuch über den
Verlauf derselben führen, das er mir übergibt, wenn wir uns dann wieder-
sehen. Ein Creditiv an die Stationen des Dänisch-Grönländischen Handels
liegt bei, ebenso ein Schreiben an den Vorsteher der Handelsstation in
Upernivik wegen Lieferung von Kohlen u. s. w.

Zeit und Ort wie oben.

A. E. Nordenskiöld.

Durch die Verzögerung der „Sofia“ im Aulaitsiwikfjord war
einige Zeit insofern verloren gegangen, als das Einnehmen von
Kohlen schon am 15. August beendet sein sollte, während diese Arbeit
nun noch bevorstand.

Um die bei Atanekerdluk zusammengebrachten Sammlungen einpacken zu können, hatte ich ein paar Fässer nöthig; außerdem mußten
auch die etwas gebrechlichen Kisten mit Eisenbändern beschlagen werden, damit sie den langen Transport aushalten konnten. Da außerdem in Ritenbenk Leute zum Brechen der Kohlen zu beschaffen waren,
ehe die Fahrt nach Cap York angetreten werden konnte, so beschloß
ich, mit dem Schiffe nach Ritenbenk zu gehen. Das Zelt bei Atanekerdluk blieb stehen, und Nils und Hans wurden zurückgelassen,
um dasselbe zu bewachen, sowie auch um die daselbst zusammengebrachten Sammlungen vom Abhang herabzuschaffen. Der Vorsteher
der Handelsstation in Ritenbenk, Herr Knudtsen, war mit der
„Sofia“ nach Godhavn gegangen und hatte schon von Ujaragsugsut
einige Leute nach den Kohlenbrüchen geschickt. Während des kurzen
Aufenthalts in Ritenbenk am 16. wurde gedreggt, auf dem Lande
wurden Insekten eingesammelt und Kolthoff besuchte einen nahegelegenen Alkenfelsen. In dem gastfreien Hause des Vorstehers ver-
lebten wir einen sehr angenehmen Abend. Unsere gewöhnliche
Glockenblume (Campanula rotundifolia) sah ich hier in diesem Sommer zum erstenmal blühen. Sie ist sonst nicht selten und hat etwas
größere Blumen als die schwedische. Am 17., als die für das
Kohlenbrechen angeworbenen Leute — theils Männer, theils Frauen

— am Bord waren, dampfte die „Sofia" wieder nach Atanekerdluk, wo ich zu bleiben gedachte, bis in den Brüchen bei Ritenbenk die nöthigen Kohlen gebrochen waren. Wir kamen in Atanekerdluk erst spät am Nachmittag an, da die Fahrt über das Waigat zu hydrographischen Arbeiten und zum Schaaren ausgenutzt worden war. Der hydrographische Apparat hatte bisher seinen Platz am Hintertheil des Schiffes gehabt, wo er nicht mit der Dampfwinde in Verbindung gesetzt werden konnte, weshalb diese Arbeiten sehr viel Zeit in Anspruch nahmen. Er wurde jetzt nach dem Vordertheil übergeführt, wo die erwähnte Verbindung zu Stande gebracht werden konnte, und diese Veränderung erwies sich so vortheilhaft, daß von nun an die hydrographischen Arbeiten stets vom Vordertheil des Schiffes aus bewerkstelligt wurden. Beim Lothen im Waigat zeigte es sich auch, daß das bisher angewandte Loth zu klein war, um bei stärkerer Strömung im Wasser ein verläßlicheres Resultat zu geben, und ich beschloß deshalb, in Upernivik zu versuchen, ein schwereres Loth zu erhalten. Von zwei Versuchen mit dem Schleppnetz glückte der eine; die Fauna war reich aber einförmig auf dem Thongrund. Die aus Stahldraht hergestellte Leine am Schleppnetz war von einem Hanfdraht durchzogen; vielleicht war dies die Ursache, daß die Leine im Wasser Knoten bildete und auf vielerlei Weise verwickelt wurde, was für die Arbeiten stets nachtheilig war, indem dadurch Zeit und sicherlich auch Thiere verloren gingen.

Bei Atanekerdluk ging diesmal außer mir auch Kolthoff ans Land, um entomologische Sammlungen anzulegen, worauf die „Sofia" über das Waigat nach den Kohlenbrüchen von Ritenbenk dampfte. Am 18. Juli glückten Kolthoff's Arbeiten so gut, daß er nicht weniger als acht Schmetterlingsarten erhielt, welche wir auf der Reise bisher noch nicht gesehen hatten. Ich für meinen Theil hatte beabsichtigt, an diesem Tage eine nähere Untersuchung der tertiären Lager zu beginnen, aber auf dem Wege zu ihnen fand ich ein neues pflanzenführendes Lager, der Kreideflora angehörend, das eine reiche Ernte an Blättern ergab; dieses Lager bestand aus Thoneisenstein. Die Leute waren genöthigt, die Ausbeute auf zweimal fortzutragen, und während sie damit beschäftigt waren, wanderte ich etwas mehr als 3100 Fuß (924 m) aufwärts, um ein pflanzenführendes Lager aufzusuchen, welches sich dort oben befinden sollte. Ich verfehlte dies

jedoch und das Ergebniß war daher ein negatives, obgleich die Wanderung im übrigen von großem Interesse war, sowol in botanischer
Hinsicht wie auch in Bezug auf die herrliche Aussicht über das Waigat.
Nach der Rückkehr zum Zelt am Abend war ich mit der Etikettirung
der Sammlung bis um Mitternacht beschäftigt, worauf ich Nils
weckte und ihn im Kajak nach Sarkak schickte, um vier Ruderer für
Kolthoff zu holen, welcher im Walfischboot einen Ausflug nach dem
Flusse Kugsinek zu machen wünschte. Den folgenden Tag mußte ich
hauptsächlich zum Einpacken der Sammlungen und zum Beschlagen
der Kisten mit Eisenbändern verwenden. Am Abend wurde gleichwol
noch eine Einsammlung aus einem pflanzenführenden Lager gemacht,
das ich am 15. entdeckt hatte, an welchem Tage der starke Wind
aber eine Ausbeute dieses auf einem steilen Abhang gelegenen Lagers
unmöglich machte. Auch dieses Lager enthielt hübsche Kreidepflanzen
im Thoneisenstein. Kolthoff hatte am Nachmittag sofort seine Fahrt
angetreten, aber da das Barometer zu sinken begonnen hatte,
so konnte man befürchten, daß bald ein Unwetter eintreten würde.
Dasselbe brach auch in der Nacht los, und der Wind war so stark, daß
ich am Morgen die Unmöglichkeit einsah, das Zelt länger aufgespannt
zu erhalten, weshalb ich die Sachen einpackte, das Zelt abbrach
und den Zeltboden (von Kautschuk) über alles ausbreitete. Hierdurch
war ich zu meiner Freude für immer von dem Campiren in dem
unerträglichen Militärzelt befreit, das in den arktischen Gegenden,
wie schon bemerkt, höchst unpraktisch ist. Ich wanderte hierauf
in die Kluft hinauf und setzte die geologischen Arbeiten mit gutem
Ergebniß fort, obwol der Wind auch hier anfangs sehr stark wehte
und Sand und kleine Steine mit großer Heftigkeit von den Wänden
der Kluft herabwarf. Um 10 Uhr vormittags langte die „Sofia"
an, um Schutz vor dem Winde zu suchen, der einen längern Aufenthalt an der andern Seite des Waigat unmöglich machte. Ungefähr
150 Tonnen Kohlen waren gebrochen und an Bord genommen worden,
aber der Wind hatte es verhindert, bei den Kohlenbrüchen auch, wie
beabsichtigt gewesen, Wasser einzunehmen. Während des Aufenthalts
daselbst war von Forsstrand eifrig gedreggt worden; Hamberg
und Kapitän Nilsson hatten Versteinerungen eingesammelt. Am
Abend dieses Tages (am 20.) kam Kolthoff von Sarkak zurück; er
hatte verschiedene Exemplare von Lestris pomarrhina sowie einen

Larus leucopterus u. a. erhalten, das Vogelleben aber war relativ arm, wie es in den Gegenden, wo Grönländer sich aufhalten, zu sein pflegt. Da der Wind sich jetzt gelegt hatte, konnten alle mit Versteinerungen gefüllten Kisten und Fässer an Bord gebracht werden. Ehe die Eskimos nach Sarfak heimkehrten, waren sie Forsträand beim Dreggen in der Bucht bei Atanekerdluk behülflich. Am 21. Juli morgens dampfte die „Sofia" wieder nach den Kohlenbrüchen, wo nun auch Wasser eingenommen wurde. Während dies geschah, suchte ich das feste Lager eines pflanzenführenden grauen Sandsteins aufzufinden, von dessen Versteinerungen die Eskimos Proben aus losen Blöcken gesammelt hatten. Dies war mir gerade geglückt, als ein sich schnell erhebender Sturm mich zwang, mich eiligst an Bord zu begeben, wobei ich unter anderm einen ungewöhnlich großen und prachtvollen Blattabdruck von einer Platanenart, den ich noch nicht ausgemeißelt hatte, zurücklassen mußte. Wir lichteten jetzt, um 1¹/₂ Uhr nachmittags, die Anker und gingen nach Upernivik, der nördlichsten Colonie der Dänen.

Hiermit war die erste Abtheilung der pflanzenpaläontologischen Untersuchungen am Waigat beendigt, und ich hatte gewiß alle Ursache, mit dem Ergebniß derselben zufrieden zu sein. Berühmt, wie Atanekerdluk schon vorher durch seine tertiäre Flora wie auch durch seine Kreideflora war, kann es durch die jetzt gemachten Funde — nämlich elf neue pflanzenführende Lager in der Kluft und einige auf der Halbinsel, alle eine große Menge für die Wissenschaft neue Arten enthaltend — nur noch an Ansehen gewonnen haben, und wir dürften in ihm den vielleicht bedeutendsten Fundort für fossile Pflanzen sehen. Besonders freute ich mich darauf, alles dieses Heer mittheilen zu können, von dem ich wußte, daß er mit großem Interesse dem Ergebnisse der diesbezüglichen Untersuchungen der Expedition entgegensah, und der mich noch vor der Abreise eifrig ermahnt hatte, wenn irgendmöglich, den Inhalt der Kluft von Atanekerdluk zu erforschen. Aber wenig ahnte ich damals, daß Heer von dem Verlauf der Expedition nichts mehr erfahren sollte.

Wenige Ausländer dürften den schwedischen Expeditionen von Anfang an mit so großem Interesse gefolgt sein wie gerade Heer. Wenn immer ein einseitiger Geograph, welcher die Bedeutung dieser Expeditionen für die Wissenschaft nicht zu fassen vermochte, den

Werth derselben zu verringern suchte, weil die eine oder andere im Programm enthaltene geographische Frage nicht gelöst worden war, zauderte Heer nicht, öffentlich zu erklären, daß die Wissenschaft von den gewonnenen Resultaten einen größern Nutzen habe, als wenn irgendein kühner Forscher bis an den Nordpol vorgedrungen wäre

Oswald Heer.
Geb. 31. August 1809, gest. 27. September 1883.

und dort seine Fahne aufgepflanzt hätte. Aber nicht genug damit: Heer hat sich auch mit unermüdlichem Fleiße der Bearbeitung der von englischen, dänischen und vorzugsweise schwedischen Expeditionen heimgeführten pflanzenpaläontologischen Sammlungen gewidmet und hierdurch ein unerwartetes Licht über das frühere Wachstum dieser jetzt eisbedeckten Gegenden des hohen Nordens verbreitet. Einige

Worte über das Leben dieses merkwürdigen Mannes dürften daher
hier am Platze sein.

Oswald Heer wurde am 31. August 1809 in Nieder-Utzwyl
im Kanton St. Gallen in der Schweiz geboren, wo sein Vater
Prediger war. Dieser zog 1811 nach Glarus und 1817 als Pastor
nach dem Dorfe Matt im Sernfthale, wo der Sohn seine Jugendzeit zubrachte. Der Jüngling zeigte frühzeitig seine Vorliebe für
das Studium der Natur und zog schon in jungen Jahren die besondere Aufmerksamkeit älterer Forscher auf sich. 1828 wurde er
nach der Universität Halle geschickt, um Theologie zu studiren, setzte
aber nebenbei seine naturwissenschaftlichen Studien unter der
Leitung von Curt Sprengel, Kaulfuß, Germar, Ritsch, Kämpf u. A.
fort. Seine intimsten Umgangsfreunde an der Universität waren
nicht Theologen sondern Naturforscher, wie unter anderm der
Entomologe Professor Germar, Junghuhn, später Naturforscher auf
Java, sowie Burmeister, nachmals Vorsteher des naturhistorischen
Museums in Buenos-Ayres. Indessen versäumte er auch seine theo-
logischen Studien nicht und wurde 1831 in St. Gallen zum Prediger
erwählt. Das nächste Jahr war für die ganze Zukunft Oswald
Heer's entscheidend. Gleichzeitig mit seiner Berufung als Prediger
in Schwanden wurde ihm nämlich von Escher-Zollikofer in Zürich
ein mehrjähriger Aufenthalt in dem Hause desselben angeboten, um
dessen große Insektensammlungen zu ordnen. Der Vater rieth ihm
eifrig, die Predigerstelle anzunehmen, der junge Mann aber hatte sich
zu sehr an das Studium der Natur geschlossen, um in Zweifel sein zu
können; er nahm Escher's Vorschlag an und wurde dadurch für den
Rest seines Lebens an Zürich gefesselt. Er wurde nämlich 1834
Docent, bald darauf außerordentlicher und 1852 ordentlicher Professor der Botanik an der dortigen Universität und 1855 auch noch
am Eidgenössischen Polytechnikum. Mit der erstern Stellung war
auch das Vorsteheramt des Botanischen Gartens verbunden, und alle
diese Remter legte er erst 1882 nieder, aber durchaus nicht um sich
zur Ruhe zu setzen, sondern um im Stande zu sein, um so mehr
Zeit den Untersuchungen der frühern Pflanzenwelt Grönlands widmen zu können. Reich an äußern Begebenheiten war sein Leben
nicht; das bedeutendste Vorkommniß war wol, daß er infolge einer
Brustkrankheit — nachdem er vergebens Heilung durch einen längern

Aufenthalt bei seinem Freunde Charpentier in Bex gesucht hatte — auf Anrathen seiner vielen bekümmerten Freunde, besonders L. von Buch's, den Winter 1850/51 mit seiner Frau auf Madeira zubrachte. Der Aufenthalt währte acht Monate und er kehrte mit kräftigerer Gesundheit als vor seiner Krankheit von dort zurück. 1856 unternahm er in Gemeinschaft mit seinen Freunden A. Escher von der Linth und P. Merian eine Reise nach Oberitalien und Oesterreich und 1861 in derselben Gesellschaft eine Reise nach England. Infolge eines durch Erkältung zugezogenen neuen Brustleidens mußte er den Winter 1871/72 in Pisa zubringen. Dieser Winter war jedoch äußerst ungünstig, und der Mangel an ordentlichen Heizvorrichtungen in den italienischen Wohnungen wurde Ursache, daß sein Zustand nicht nur nicht besser wurde, sondern daß er sich außerdem noch eine Krankheit am Fuße zuzog, welche sich so steigerte, daß er über ein Jahr im Bett zubringen mußte. Während dieser Zeit war er jedoch keineswegs beschäftigungslos, sondern arbeitete im Gegentheil sehr eifrig an den Massen von Pflanzenfossilien (13 große Kisten), welche Nordenskiöld 1870 auf Grönland und im Herbst 1872 auf Spitzbergen gesammelt hatte. „Umgeben von rings aufgethürmten Büchern und Fossilien", sagt Dr. Schröter, aus dessen Biographie Heer's diese Angaben geschöpft sind, „saß er auf seinem Lager vergleichend, nachlesend, schreibend, sodaß seine treuen Angehörigen vollauf zu thun hatten, ihm alles zuzutragen. Und keinen Augenblick verließ ihn die heitere Ruhe seines Geistes, sein guter Humor: bei der Arbeit pflegte er oft zu singen oder zu pfeifen."

Völlig wiederhergestellt wurde er indessen nicht und er sah selbst ein, daß er nicht mehr besonders lange zu leben habe. Als er im Frühjahr 1883 die von den Dänen gesammelten Pflanzenfossilien aus Grönland zurückgesandt hatte, war er froh und glücklich, daß er die Beschreibung derselben noch hatte vollenden können, und er beschloß, nicht mehr so umfassende Arbeiten zu übernehmen. Statt dessen legte er Hand an eine Untersuchung der Flora der Schneeregion in der Schweiz. Im August brach indessen sein Brustleiden von neuem aus und am 27. September des Morgens früh — am selben Tage, als die „Sofia" in Gotenburg ankam — schloß sein so wirkensreiches Leben zu Lausanne.

Obgleich Heer's Ruf hauptsächlich auf seinen Werken über fossile Pflanzen begründet ist, war es doch verhältnißmäßig spät, daß er als Verfasser auf diesem Gebiete auftrat. Außer der lebenden Flora der Schweiz — hauptsächlich vom pflanzengeographischen Gesichtspunkte — widmete er anfangs seine Kräfte dem Studium sowol der gegenwärtigen wie auch der fossilen Insekten, und in seinem ersten Werke über die letzteren beschrieb er nicht weniger als 464 verschiedene tertiäre Arten, theils von dem am Bodensee belegenen Oeningen, theils von Radoboj in Kroatien. Diesen Werken folgten später mehrere andere. Nach Vorausgang einiger kleiner Abhandlungen, deren älteste von 1846 datirt, erschien endlich während der Jahre 1854—56 seine Flora über die fossilen Tertiärgewächse der Schweiz (Flora tertiaria Helvetiae), in welcher nicht weniger als 920 Arten beschrieben sind. Heer's Scharfsinn und Gelehrsamkeit treten hier in klarem Lichte hervor, und innerhalb der wissenschaftlichen Welt wurde er sofort als der beste Kenner der Tertiärgewächse in Europa anerkannt. Später befestigte sich dieser Ruf noch mehr durch eine Menge anderer Werke in derselben Richtung, unter welchen das bedeutendste und von ihm selbst mit dem größten Interesse ausgeführte seine fossile Flora der Polarländer (Flora fossilis arctica) ist. Dasselbe wurde von 1868—83 in sieben starken Bänden mit 398 Tafeln herausgegeben und behandelt fossile Pflanzen von Spitzbergen, der Bäreninsel, Andö, Island, Grönland, Grinnell-Land, Melville-Land, dem Mandziefluß, Alaska, Sachalin und Sibirien. Die für die Kenntniß der Entwickelungsgeschichte unserer Erde so äußerst wichtige Frage des frühern Klimas der Polarländer ist in der Flora fossilis arctica ausführlich beantwortet, und ein neuer Fortschritt für die Pflanzengeographie wurde durch das zuerst von Heer dargelegte Verhältniß gewonnen, daß die arktische Zone während der frühern geologischen Perioden ein Bildungsherd für eine Menge Gattungen gewesen ist, welche sich von hier aus in strahlenförmiger Richtung über verschiedene Gegenden der Erde ausgebreitet haben. Ein ausführlicher Bericht über die Flora fossilis arctica würde ein eigenes Buch erfordern, und ich muß mich deshalb hier auf den Hinweis beschränken, daß dieses Werk nicht minder als die Flora tertiaria Helvetiae die ungetheilte Anerkennung und Bewunderung der wissenschaftlichen Welt hervorrief.

Noch eine Arbeit Heer's mag jedoch erwähnt werden, nämlich das in populärer Form gehaltene Werk „Die Urwelt der Schweiz", wovon zwei Auflagen erschienen sind und welches außerdem ins Französische und Englische übersetzt worden ist. In diesem Werke erhält man den vollsten Einblick in Heer's ungewöhnliche Vielseitigkeit; hier schildert er nicht nur die vergangene Pflanzen- und Thierwelt seines Vaterlandes, sondern auch die Veränderungen in physikalischer Beziehung, denen es, nach den Lehren der Geologie, unterworfen gewesen ist, sowie die neuesten Ansichten über die Bildung der Alpen u. s. w. Und gleichzeitig gibt er eine ausführliche Darstellung seiner Ansichten über die Entstehung der Arten. In Uebereinstimmung mit der neuern Naturforschung nahm er eine Entwickelung von niedrigern zu höhern Formen an, er bekämpfte aber eifrig Darwin's und Lyell's Anschauung, daß dies ganz allmählich geschehen sein solle. Statt dessen meinte er, daß die Veränderung in verhältnißmäßig kurzen Zeiträumen vor sich gegangen sei, zwischen welchen die Arten vollständig constant gewesen seien.

Heer gehörte übrigens zu der Gruppe von Gelehrten, welche sich nicht blos für ihre Wissenschaft interessiren. Er suchte vielmehr seinem Vaterlande soviel wie möglich auch in praktischer Beziehung nützlich zu sein, und daß man auch auf diesem Gebiete verstand, ihn zu schätzen, geht daraus hervor, daß er längere Zeit Mitglied des Großen Raths des Cantons Zürich war. Als Privatmann war er ein allgemein beliebter und geachteter Mann, und bei seinem Hinscheiden trauerten um ihn nicht nur seine Frau und Tochter, sondern auch eine zahlreiche Schar von Freunden sowol innerhalb wie außerhalb seines Vaterlandes. Es lag etwas so Liebenswürdiges und Gutes in diesem großen Manne, daß derjenige, der ihn kannte, nicht umhin konnte daran zu denken, was man in dieser Beziehung über Linné erzählt.

Siebentes Kapitel.

Am 22. Juli 1 Uhr nachmittags kam die „Sofia" nach ungefähr eintägiger Fahrt vom Waigat in Upernivik an, und Hans Hendrik, welcher schon in Godhavn an Bord genommen worden war, mußte auf der Fahrt seinen Dienst als Lootse antreten. In Upernivik wurden wir von dem Colonievorsteher sehr entgegenkommend aufgenommen und erhielten das Versprechen, nach unserer Rückkehr von Cap York Kohlen in Empfang nehmen zu können. Es schien uns, daß die Grönländer in Upernivik reinere Züge als die weiter nach Süden Wohnenden hätten; besonders unter den Frauen gab es mehrere mit wirklich hübschen Gesichtern. Da es Sonntag war, waren sie auch in ihre reinen, bunten Sonntagskleider gekleidet. Die grönländische Handelsbrigg „Lucinde", welche hier unter Ladung lag, sollte in einigen Tagen direct nach Kopenhagen abgehen. Da ich annahm, daß dieses Fahrzeug vor allen andern ankommen würde, benutzte ich die Gelegenheit, einen kurzen Bericht über die ganze

Fahrt seit unserer Abreise von Island an Dr. Dickion zu senden. Daß wir uns auch unserer Familien erinnerten ist selbstverständlich, und an die Frau Baronin von Nordenskiöld wurde Nachricht über den glücklichen Anfang der Eiswanderung gesandt. Die paläontologischen Sammlungen wurden der „Lucinde" übergeben, um über Kopenhagen nach Stockholm weiterbefördert zu werden. Von Upernivik gingen wir unter dem Salut der Kanonen der Colonie eine Stunde vor Mitter= nacht ab, nachdem wir einen grönländischen „Lootsen" an Bord ge= nommen hatten, welcher uns nach Tasiusak, dem nördlichsten der dänischen Handelsplätze, führen sollte. Die Absicht unsers Besuchs dort war, einen andern „Lootsen" zu erhalten, welcher mit den süd= lichen und östlichen Theilen der Melville=Bai bekannt war und der gleichzeitig die durch den Abgang der Eiswanderungspartie ziemlich geschwächte Mannschaft der „Sofia" verstärken könnte.

Die Fahrt nach Tasiusak zwischen hohen und steilen Klippen war schön und imposant. Es machte uns jedoch einige Schwierig= keiten, ehe wir dahin gelangten, da der Weg an einzelnen Stellen so stark von Eisbergen gesperrt war, daß unser „Lootse" von Uper= nivik vollständig den Kopf verlor. Nach verschiedenen Umwegen kamen wir indessen am 23. morgens ½7 Uhr bei dem Handelsplatze an. Während einiger Stunden, die wir auf den „Lootsen" warten mußten, benutzten wir die Zeit zu naturhistorischen Untersuchungen in den nächsten Umgebungen des Hafenplatzes. Forsstrand war mit dem Resultat der vorgenommenen Dreggungen besonders zufrieden, da er mehrere kleinere Fische, seltene Ophiuren und Chaetopoden u. s. w. erhielt. Gegen Mittag brachen wir nach der Melville=Bai auf. Anfangs fuhren wir zwischen hohen Klippen, welche von einer braungelben Farbe waren und wahrscheinlich aus Granat= und Graphitgneis bestanden. Das Fahrwasser war reich an großen Eis= bergen und mitunter hatten wir einen Blick auf das Inlandeis. Dies war aber das letzte, was wir vom Festlande sahen, denn bald hüllte sich alles in Nebel und während unserer ganzen Fahrt blieb nichts mehr sichtbar. Zwischen 7 und 8 Uhr abends passirten wir östlich eine der Duck=Islands. Diese sollen, wie ihr Name andeutet, der Brüteplatz einer Menge von Seevögeln sein, und der Lootse von Tasiusak behauptete, daß sein Vater einmal 40 Liespfund(?) Daunen dort eingesammelt hätte. Jetzt war jedoch kein einziger

Vogel bei der Insel zu sehen, welche für uns das letzte sichtbare Land bis zur Ankunft bei Cap York bildete. Die Küste soll sonst hier recht hübsch sein, mit steilen und imponirenden Felsen, von denen besonders der obeliskartige Devil's Thumb oder Teufelsdaumen in mehrern Reisebeschreibungen über diese Gegenden mit Bewunderung erwähnt wird. Infolge des Nebels mußten wir mit halbem Dampf vorwärts gehen.

Die Melville-Bai war in frühern Zeiten der Jagdplatz für eine Menge von Walfischfahrern und wird auch jetzt noch von solchen besucht, obgleich man nicht mehr von Flotillen reden kann. Es ist ein Glaubensartikel der Walfischfänger, daß man auf der Fahrt nach Cap York der Küste um die Bai herum längs des Randes des festen Eises (des „Landeises") folgen müsse, welches sich während eines großen Theils des Jahres vom Lande in östlicher Richtung in die Bucht hinausstreckt. Dieses Eis hat oft einen so glatten und festen Rand, daß man in frühern Zeiten, als man noch Segelschiffe brauchte, dieselben bei Windstille längs des Eisrandes mit Seilen fortziehen konnte. Und wenn westliche und südliche Winde das Packeis in die Bucht treiben, so pflegt man sich dadurch zu schützen, daß man ein „Dock" in das feste Eis sägt, in welches das Fahrzeug hineingeholt wird, solange der Eisandrang anhält. Das feste Eis ist nämlich so stark, daß es dem Drucke des Packeises widerstehen kann. Das letztere wird von den Walfischfängern sehr gefürchtet, und wenn auch jetzt, wo die Dampfkraft eingeführt ist, eine große Uebertreibung in Dr. Sutherland's Aeußerung [1] liegt, daß eine glückliche Fahrt quer durch das Packeis „is not a lot of one ship out of two hundred", so war doch dieses Urtheil früher ganz zutreffend, und es gibt zahlreiche Beispiele, daß manches stattliche Schiff bei einem solchen Versuch zerdrückt wurde und gesunken ist. Das schlimmste Jahr in der Geschichte des Walfischfanges in diesen Gegenden war das Jahr 1830, in welchem nicht weniger als 19 Fahrzeuge total zerstört und 12 andere arg beschädigt wurden. [2] Die

[1] Diese Aeußerung bezieht sich übrigens wahrscheinlich nur auf die Jahreszeit, während welcher die Walfischfänger die Bai zu besuchen pflegen, d. h. während der Monate Mai und Juni.

[2] R. Goodsir, An arctic voyage to Baffin Bai and Lancaster Sound (London 1850), S. 42 fg. Man vergleiche auch A. H. Markham, A whaling cruize to Baffin Bai (London 1874).

Schiffbrüchigen, welche ihre Zuflucht auf das Eis nahmen, beliefen sich auf nahe an tausend Mann, und die Verluste, welche der Eis= andrang damals verursachte, kamen auf mehr als $2\frac{1}{2}$ Millionen Mark zu stehen. Die Beschaffenheit des Packeises beruht jedoch hier wie überall auf der Jahreszeit, und im August und September, nachdem dasselbe der Einwirkung der Sommersonne ausgesetzt ge= wesen ist, dürfte eine Fahrt durch dasselbe als am wenigsten beschwer= lich gelten können. Das Packeis rührt zum Theil von dem Winter= eise der Baffins=Bai und zum Theil von dem Eise her, welches mit dem nördlichen Strom vom Smith=Sund sowie von der amerikanischen Seite durch Jones=Sund und durch Lancaster=Sund kommt. Längs der Westseite der Baffins=Bai geht ein kalter Strom nach Süden, und wahrscheinlich läuft längs der Ostküste ein anderer, viel unbe=

Landesparthie an der Melville=Bai mit Devil's Thumb.
(Nach Sutherland.)

deutenderer und wärmerer Strom außerhalb der Küste nach Norden und Nordwesten. Aber infolge der Biegung der Küste nach Westen, nördlich von der Melville=Bai, liegt der größere Theil der letztern nicht innerhalb des Gebietes irgendeines stärkern Meeresstroms, und dies ist gerade der Grund, warum das Eis, welches vom Winde oder von Abzweigungen der Meeresströme hierhergetrieben wird, hier liegen bleibt wie „a sort of slowmoving whirlpool" (Hayes). Aus demselben Grunde ist es auch klar, daß die losen Eismassen hier sehr von den Winden abhängen. Die östlichen Winde sind die günstigsten, weil sie das Packeis von der Küste entfernen, während die südwest= lichen Winde sehr gefürchtet sind.

Für die Fahrt der „Sofia" nach Cap York war es indessen nothwendig, sich einen Weg ziemlich quer durch die Bucht zu suchen. Die Fahrt rings um dieselbe herum erfordert im allgemeinen, infolge

des mitunter gesperrten Weges, weit mehr Zeit, als unser Kohlenvorrath uns zu verwenden gestattete, und außerdem war die Jahreszeit jetzt zu weit vorgeschritten, als daß dieser Weg uns hätte irgendwelche wesentlichen Vortheile gewähren können. Die Walfischfänger
unternehmen nämlich, wie bereits erwähnt worden, ihre Fahrten
in den Monaten Mai und Juni, und diejenigen Expeditionen, welche
die Melville-Bai in der spätern Jahreszeit passiren — wie dies bei
den Expeditionen von Kane, Hayes, Hall und Nares der Fall war —
ziehen gewöhnlich vor, sich ihren Weg quer durch das Eis zu
bahnen.

Der Raum gestattet mir leider nicht, hier einen wenn auch
kurzen Bericht über die frühern Forschungsreisen zu geben, welche
ihren Weg über den nördlichen Theil der Baffins-Bai genommen
haben. Jedoch dürfte die interessante Schilderung, welche Sir John
Roß über sein Zusammentreffen mit den Eingeborenen bei Cap York
gibt, nicht zu übergehen sein.

Seitdem Bileth und Baffin im Jahre 1616 auf dem kleinen,
von der englischen Regierung ausgesandten Fahrzeuge „Discovery"
glücklich die Melville-Bai passirt und darauf Whale-Sund, Wolstenholme-Sund und Smith-Sund, sowie auf ihrer Rückreise längs der
Westseite der Baffins-Bai auch Jones-Sund und Lancaster-Sund
entdeckt hatten, währte es volle 200 Jahre, ehe die Eismassen der
Melville-Bai von neuem von einem Fahrzeug durchbrochen wurden.
Wie dies oft der Fall ist, waren es auch hier die Walfischfänger,
welche an der Spitze gingen, indem es im Jahre 1817 den Schiffen
„Larkins" aus Leith und „Elisabeth" aus Aberdeen glückte, durch
das Mitteleis nach dem verhältnißmäßig offenen Fahrwasser, dem
von den Walfischfängern sogenannten nördlichen Gewässer, „the north
water", durchzudringen.

Der Zweck von Bileth's und Baffin's Fahrt war die Aufsuchung
der Nordwestpassage gewesen und sie hatten Befehl erhalten, nach
Norden bis 80° vorzudringen zu suchen, worauf sie nach Südwesten
bis 60° steuern und den Weg nach Japan nehmen sollten. Die im
Jahre 1818 von der englischen Regierung ausgesandte Expedition
unter dem damaligen Commodore John Roß hatte auch zur Aufgabe, die Möglichkeit einer nordwestlichen Durchfahrt zu untersuchen. Die Expedition segelte auf zwei Fahrzeugen, „Isabella" und

„Alexander", ab, das erstere von Roß geführt, während das letztere unter dem Befehle des später so berühmt gewordenen Polarfahrers Lieutenant Parry stand. Als Dolmetscher begleitete sie ein Eskimo, welchen Roß Sacheuse (Zachäus?) nannte.

Die Fahrt von Harôn (Haseninsel) nach Cap York erforderte eine ansehnliche Zeit unter beständigem Kampfe mit dem Eise, nämlich vom 20. Juni bis zum 8. August, zu welcher Zeit man sich etwas westlich von Bushnan-Island befand. Am 9. zeigten sich Menschen auf dem Eise, welche man anfänglich für die Mannschaft eines gescheiterten Schiffes hielt; man fand aber bald, daß es Eingeborene waren, welche auf ihren Hundeschlitten mit großer Schnelligkeit hin- und herfuhren. Alle Versuche, sie zum Herankommen zu veranlassen, misglückten indeß an diesem Tage vollständig. Am 10. August wurde jedoch nähere Bekanntschaft mit den Eingeborenen gemacht, und da dies das erste mal war, daß sie von Europäern gesehen wurden, will ich die Schilderung dieses Zusammentreffens in einer Uebersetzung von Roß' eigenen Worten geben.

An diesem Tage (10. August) ungefähr um 10 Uhr bekamen wir zu unserer Befriedigung acht Schlitten zu sehen, welche von Eingeborenen gefahren wurden, und welche sich der Stelle, wo wir lagen, auf einem Umwege näherten; sie hielten in einer Entfernung von ungefähr einer (engl.) Meile an, worauf sie ausstiegen und auf einen kleinen Eisberg kletterten, gleichsam um zu recognosciren. Nachdem sie sich etwa eine halbe Stunde berathen hatten, gingen vier von ihnen in der Richtung der Flaggenstange[1], bis zu welcher sie jedoch nicht heranzugehen wagten. Inzwischen wurde auf jedem Fahrzeuge eine weiße Flagge am Besanmast gehißt, und John Sacheuse, eine kleinere weiße Fahne und Geschenke tragend, wurde ausgesandt, um womöglich ein Gespräch mit ihnen herbeizuführen. Zu diesem Auftrage hatte er sich selbst sehr eifrig erboten und zugleich verlangt, allein und unbewaffnet zu gehen, ein Verlangen, dem nichts hindernd entgegenstand, da der Begegnungsplatz innerhalb einer halben (engl.) Meile von der „Isabella" lag. Dieser Platz war auch für die Eingeborenen vortheilhaft, da ein Riß im Eise, der ohne Bret nicht passirt werden konnte, beide Parteien trennte; derselbe beugte auch jeder Möglichkeit eines Angriffs seitens der Eingeborenen, außer mit Wurfgeschossen, vor.

---

[1] Eine solche war am vorhergehenden Tage auf dem Eise aufgestellt worden.

Nach einer Schilderung der Art und Weise, wie Sacheuse seinen
diplomatischen Auftrag zur vollen Zufriedenheit seines Chefs ausführte, fährt Roß fort:

Während des ganzen Gesprächs hatte ich mit einem guten Fernglase
ihre Bewegungen beobachtet und gesehen, wie der erste Eingeborene sich mit
allen Zeichen der Furcht und des Mistrauens näherte, indem er sich oft
nach den beiden andern umsah und ihnen zuwinkte, wie um ihm zur Hülfe
nachzukommen. Sie zogen sich mitunter zurück und näherten sich dann wieder
mit vorsichtigen Schritten, aufhorchend und die eine Hand am Knie haltend,
bereit, das Messer zu ziehen, das seinen Platz in ihrer Fußbekleidung hatte;
in der andern Hand hielten sie die Hundepeitsche mit aufgewickelter Schnur;
die Schlitten blieben in einiger Entfernung zurück, und der vierte Eingeborene war wahrscheinlich dort aufgestellt worden, um dieselben für den Fall
einer Flucht bereitzuhalten. Manchmal schlugen sie die Kopfbedeckung (Ka-
puze) zurück, gleichsam um auch die fernsten Laute vernehmen zu können,
wobei ich ihre Züge unterscheiden konnte, welche den äußersten Schrecken und
großes Erstaunen ausdrückten, während alle Glieder zu zittern schienen, wenn
sie sich bewegten. Sacheuse erhielt den Befehl, zu versuchen, sie nach dem
Fahrzeuge zu locken, und zwei Mann wurden nun mit einem Bret dahin-
geschickt, welches über den Riß gelegt wurde. Sie schienen noch immer sehr
unruhig zu sein und baten, daß Sacheuse allein hinüberkommen möchte, und
als er dies that, beschworen sie ihn auf das eifrigste, sie nicht anzurühren,
da sie dann sicher sterben würden. Nachdem er verschiedene Gründe angeführt hatte, um sie zu überzeugen, daß er auch von Fleisch und Blut wäre,
erdreistete sich der Eingeborene, welcher sich am muthigsten gezeigt hatte, seine
Hand zu berühren, worauf er sich die Nase rieb und einen Schrei ausließ,
in den Sacheuse und die drei übrigen einstimmten. Die aus zwei oder
drei Kleidungsstücken und einigen Perlenbändern bestehenden Gaben wurden
nun überliefert und Sacheuse tauschte sein Messer gegen eins der ihrigen aus.

In der Hoffnung, eine wichtige Nachricht erhalten zu können, sowie aus
natürlichem Interesse für die armen Wesen, wünschte ich sehr, mich mit
ihnen selbst unterhalten zu können, weshalb ich Lieutenant Parry ersuchte,
mich zum Begegnungsplatze zu begleiten, besonders da es mir schien, als sei
dem Sacheuse der Versuch, sie nach dem Fahrzeuge zu bringen, mißlungen.
Wir versahen uns folglich mit weiteren Geschenken, aus Spiegeln, Messern
und einigen Mützen und Hemden bestehend, und näherten uns dem Platze,
wo die Unterhaltung mit erhöhtem Eifer fortgesetzt wurde. Als wir die
Stelle erreichten, waren alle Eingeborenen angekommen, da diejenigen, welche
vorher mit ihren Schlitten in einiger Entfernung geblieben waren, inzwischen
auch herangefahren waren, um sich mit ihren Kameraden zu vereinigen. Die
Gesellschaft bestand jetzt also aus acht Eingeborenen mit ihren Schlitten und

etwa 50 Hunden, sowie zwei Matrosen, Sacheuse, Lieutenant Parry und
mir selbst, eine ganz eigenthümliche Gruppe, deren Eigenthümlichkeit nicht
wenig noch erhöht wurde durch die Beschaffenheit des Orts: ein Eisfeld fern
vom Lande. Man kann sich den Lärm vorstellen, der hier herrschte, indem
alle redeten und schrien, die Hunde heulten und die Eingeborenen dieselben
mit ihren langen Peitschen schlugen, um die Ordnung aufrecht zu erhalten.

Unsere Ankunft verursachte eine besondere Unruhe und sie thaten einige
Schritte nach den Schlitten zu, weshalb Sacheuse uns aufforderte, unsere
Nasen zu reiben, da er bemerkt hatte, daß dies bei den Eingeborenen das
Zeichen eines freundlichen Grußes war. Wir führten also diese Ceremonie
aus, deren Bedeutung wir vorher nicht verstanden hatten, und während die
Eingeborenen sich zurückzogen, wiederholten sie dieselben Zeichen. Wir ahm-
ten ebenfalls so gut wir es vermochten ihren gewöhnlichen Ausruf heigh,
yaw! nach, was, wie wir später herausfanden, ein Ausdruck der Verwunderung und Freude war. Hierauf gingen wir zu ihnen heran, während
sie stillstanden, und gaben dem nächsten einen Spiegel und ein Messer
und ebenso den übrigen ähnliche Gaben, je nachdem sie zu uns herankamen.
Als sie ihre Gesichter in dem Spiegel sahen, waren sie im höchsten Grade
erstaunt und stierten einen Augenblick schweigend sich und uns an, worauf
sie ein allgemeines Geschrei ausstießen, dem ein lautes Gelächter als
Zeichen ihres äußersten Entzückens und ihrer Verwunderung folgte, in welches
Gelächter wir einstimmten, theils weil wir uns besser nicht enthalten konnten
und theils weil wir zeigen wollten, daß wir mit unsern neuen Bekannt-
schaften zufrieden waren.

Roß erzählt ferner, daß „diese lächerliche Zusammenkunft" einen
so tiefen Eindruck auf den Eskimo Sacheuse machte, daß dieser
einige Zeit nachher zur großen Ueberraschung des erstern eine
Zeichnung präsentirte, welche auch wir auf nächster Seite in Abbildung wiedergeben. (Nach derselben zu urtheilen, waren die Eskimos
unleugbar zweckmäßiger gekleidet als die englischen Offiziere!) Roß
fährt hierauf fort:

Nachdem sie (die Eingeborenen) schließlich Vertrauen zu uns gefaßt
hatten, boten sie uns im Austausch gegen unsere Messer, Spiegel und Perlen
ihre Messer, Narwal- und Walroßzähne an, welche wir auch annahmen.
Sacheuse belehrte sie, daß sie als Zeichen ihrer Freundschaft und Achtung
für uns ihre Kopfbedeckungen abnehmen sollten, und mit dieser Ceremonie,
welche sie sofort ausführten und deren Bedeutung sie auch zu fassen schienen,
wurde die Freundschaft vollständig bekräftigt.

Einer derselben fragte nun, wozu die rothe Mütze, die ich ihm gegeben
hatte, gebraucht werden sollte, worauf Sacheuse sie ihm auf den Kopf setzte zur

großen Belustigung der andern, welche dann alle der Reihe nach sie ebenfalls ausprobirten. Hierauf gab unsere Hautfarbe Veranlassung zu großer
Munterkeit und ebenso die Verzierungen an den Spiegelrahmen. Der älteste,
welcher die ganze Zeit als Führer aufgetreten war, wandte sich nun zu mir
und hielt eine lange Rede, und als sie zu Ende war, schien er eine Antwort
zu erwarten. Ich gab ihm durch Zeichen zu erkennen, daß ich ihn nicht
verstand, und rief Sacheuse, um mir als Dolmetscher zu dienen. Der Eingeborene merkte jetzt, daß wir ungleiche Sprachen redeten, worüber er äußerst
verwundert schien und seinem Erstaunen durch ein lautes heigh, yaw! Luft
machte. Da auch Sacheuse den Sinn der Rede nicht zu fassen schien und wir
wünschten, sie sobald wie möglich auf das Fahrzeug zu bekommen, so ließ
ich ihnen sagen, daß sie uns folgen sollten, wozu sie sich auch bereit erklärten.

Zusammentreffen der Eingeborenen mit Sir John Roß auf dem Eise vor Cap York, 10. Aug. 1818.
(Nach John Roß.)

Die Hunde wurden von den Schlitten abgespannt und liefen auf dem Eise
umher, während zwei Schlitten auf dem Brete über den Riß gezogen wurden. Drei der Eingeborenen blieben bei den Hunden und den übrigen
Schlitten, und fünf begleiteten uns, herzlich darüber lachend, daß unsere Matrosen
den Lieutenant Parry und mich auf den Schlitten nach dem Fahrzeuge zogen.
Einer von ihnen, der dicht hinter mir folgte, war den andern voraus, und
wir gingen zusammen vorwärts, bis wir ungefähr 200 Schritt vom Fahrzeuge
waren, wo er stehen blieb. Ich suchte vergebens ihn zum Weitergehen zu
veranlassen; seine augenscheinliche Furcht hielt ihn davon ab, auch nur einen
einzigen Schritt weiterzugehen, bis seine Begleiter herangekommen waren.
Es war klar, daß er das Fahrzeug noch immer für ein lebendes Wesen
ansah; denn er blieb stehen, um es zu betrachten, indem er die Masten
hinaufsah und es mit allen Zeichen der höchsten Verwunderung und Furcht
grüßte. Darauf redete er es an und rief ganz laut folgende, dem Sacheuse voll-

kommen verständliche Fragen aus: „Wer bist du? Was bist du? Woher kommst du? Ist es von der Sonne oder vom Monde?" wobei er zwischen jeder Frage anhielt und seine Nase sehr feierlich rieb. Die andern kamen nun auch heran und zeigten eine ähnliche Verwunderung mit denselben und von den gleichen seltsamen Geberden begleiteten Ausrufen. Sacheuse versuchte jetzt ihnen klar zu machen, daß das Fahrzeug nur ein Holzgebäude war, indem er ihnen das Boot zeigte, welches auf das Eis gezogen worden war, um ausgebessert zu werden, und indem er ihnen sagte, daß dies ein kleineres Gebäude derselben Art wäre. Dies erregte sofort ihre Aufmerksamkeit, sie gingen an das Boot und untersuchten es sehr genau, ebenso wie die Werkzeuge des Zimmermanns und die Ruder, wobei jeder Gegenstand zu den lächerlichsten Ausdrücken der Verwunderung Anlaß gab. Wir befahlen darauf, das Boot mit einem Mann zum Manövriren ins Wasser zu setzen, und nun hatte ihr Geschrei keine Grenzen. Der Eisanker, ein schweres Eisenstück, wie ein S geformt, ebenso wie das Tau erregten großes Interesse; sie versuchten vergebens, den erstern vom Platze zu bewegen, und fragten sehr eifrig, aus welcher Art von Haut das letztere verfertigt sei.

Inzwischen hatten die Offiziere beider Fahrzeuge sie umringt, und im Vordersteven der „Isabella", welche ganz nahe am Eise lag, war die Mannschaft versammelt. Sicher ist nie ein gleichzeitig so lächerlicher aber doch interessanter Auftritt gesehen worden, als der, welcher bei Besichtigung des Fahrzeugs stattfand. Es ist unmöglich, sich von der wilden Verwunderung, Freude und Furcht eine Vorstellung zu machen, welche sich nacheinander auf ihren Gesichtern abmalten und welche die Geberden dieser Wesen leiteten, die ihren Gefühlen vollen Ausdruck gaben. Und ich bin fest überzeugt, daß dieser Auftritt niemals von denen vergessen werden kann, welche ihn mit angesehen haben. In ihre Ausrufe, ihr Geschrei und Gelächter stimmten alle herzlich ein, und dies war auch der Fall mit der Ceremonie des Rasens, was die Munterkeit noch bedeutend steigerte. Was ihre Verwunderung am meisten erregte, war, als ein Matrose in die Takelage kletterte, und sie folgten ihm mit den Augen, bis er die Mastspitze erreichte. Die Segel sahen sie für Häute an. Ihre Aufmerksamkeit richtete sich hierauf wieder auf das Boot, und da des Zimmermanns Hammer und Nägel noch dalagen, zeigten wir ihnen deren Anwendung. Kaum hatten sie sich diese angesehen, als sie auch schon wünschten, sie zu erhalten, worauf sie einige Nägel zum Geschenk bekamen. Sie folgten uns nun an die Seite des Fahrzeugs, von dem eine Fallreepstreppe ausgehängt war, und wir zeigten ihnen, wie man hinaufklettern konnte; es dauerte aber einige Zeit, ehe wir sie bewegen konnten, einen Versuch zu machen. Endlich ging der Aelteste, welcher die ganze Zeit über ihr Führer gewesen war, die Treppe hinauf und die übrigen folgten ihm. Die neuen Wunder, welche sie hier auf allen Seiten umgaben, lieferten erneuten Anlaß zu wiederholtem Staunen, das sich stets nach einigem Zögern in einem lauten und herzlichen Lachen Luft machte.

Der gewöhnliche Ausruf der Verwunderung war Heigh, haw! und wenn irgendein in ihren Augen besonders merkwürdiges Ding denselben hervorrief, so wurde der erste Theil des Rufes viele male mit besonderer Schnelligkeit und mit Nachdruck wiederholt, wobei sie ihre Arme ausstreckten und sich mit weitoffenem Munde, gleichsam wie in athemloser Bestürzung, einander ansahen.

Ihre Kenntniß von Holz schien auf einen Busch von zwergartigem Wuchse[1] beschränkt zu sein, dessen Stamm nicht dicker als ein Finger war, und sie wußten also nicht, was sie aus dem Zimmerholz an Bord machen sollten. Ohne Verständniß seines Gewichts versuchten zwei oder drei von ihnen zu verschiedenen malen die Reserve-Marsstange zu heben, wahrscheinlich in der Absicht, dieselbe mitzunehmen (?), und sobald sie mit der Mannschaft näher bekannt geworden waren, gaben sie den Wunsch zu erkennen, in den Besitz von allem zu kommen, was sie sahen, wie dies gewöhnlich bei Wilden der Fall ist. Das einzige, was sie mit Verachtung zu betrachten schienen, war ein kleiner Dachshund, den sie ohne Zweifel als zu klein ansahen, um einen Schlitten ziehen zu können; dagegen fuhren sie entsetzt zurück, als sie ein Schwein, von der Shetlandrasse, mit spitzen Ohren und von wildem Aussehen[2], zu sehen bekamen. Als dieses Thier grunzte, erschrak einer von ihnen so sehr, daß ihm übel wurde und daß er sich nicht eher beruhigte, bis er vom Fahrzeug herunter war.

Roß beschreibt hierauf verschiedene Aeußerungen ihrer Unkenntniß des Eigenthums der Culturmenschen, welche im ganzen denen ähnlich sind, welche wilde Völkerschaften gewöhnlich bei ihrem ersten Zusammentreffen mit Europäern an den Tag legen, obgleich die Versuche der Eskimos, das Gesehene zu erklären, sich natürlich nach den Vorstellungen richteten, an die sie gewöhnt waren. So sahen sie z. B. Glas für eine Art Eis, und alle Arten Zeuge für Häute an, u. s. w. Da ihre Messer aus Faßbändern und ausgeschlagenen Nägeln angefertigt zu sein schienen, wurden sie gefragt, ob irgendeine Planke oder ein Wrack ans Land getrieben worden sei, worauf sie ant-

---

[1] Salix arctica Pallas.

[2] Ein ähnlicher Vorfall ereignete sich während des Aufenthalts der „Sofia" bei Friedrichsthal in Südgrönland. Es waren eine so große Menge Eskimos an Bord gekommen, daß sie alle Arbeiten auf Deck hinderten, weshalb Kapitän Nilson es versuchte, unser einziges noch lebendes Schwein loszulassen. Dasselbe erregte großen Schrecken, und innerhalb weniger Augenblicke war das Deck wie reingefegt.

worteten, daß ein Stück Holz mit einigen Nägeln darin am Strande gefunden worden sei, und Roß nahm deshalb anfänglich an, daß die Messer, welche er erhalten hatte, aus diesem Eisen angefertigt wären. Nachdem sie eine Menge Geschenke erhalten hatten, verließen sie das Fahrzeug an diesem Tage.

Am 11. August kamen die Fahrzeuge infolge eines südlichen Windes in eine sehr kritische Lage, und es zeigten sich keine Eingeborenen. An diesem Tage aber erzählte Sacheuse unter anderm, daß er von den Eingeborenen benachrichtigt worden wäre, daß das Eisen zu ihren Messern von einem Berge in der Nähe des Strandes erlangt würde. Sie hatten ihm gesagt, daß es dort einen oder mehrere Felsen davon gäbe, und daß sie von diesen mittels eines scharfen Steines die Stücken abschnitten, aus denen ihre Messerklingen gemacht wären. Roß bedauerte infolge dessen, daß die Abtheilung, welche Bushnan-Island besuchte, ihre Fahrt nicht bis zum Lande jenseit der Insel fortgesetzt hatte, weil dies der Ort war, wo sich das Eisen finden sollte. Am 12. August waren die Fahrzeuge noch immer vom Eise eingeschlossen, und am 13. kam man nur wenig weiter nach Westen, worauf man von neuem in einer Bucht des Inlandeises Schutz suchen mußte, wo die Fahrzeuge wieder eingeschlossen wurden. Walfische und Narwale waren hier häufig. An diesem Tage kam eine andere Abtheilung Eingeborener, da diese aber von den andern schon über das erste Zusammentreffen unterrichtet waren, und daß man es mit wirklichen, jenseit des Eises wohnenden Menschen zu thun hätte, so zeigten sie keine Furcht. Der älteste, Namens Meigack, erzählte, daß sie eigentlich bei Petowack wohnten, jedoch während des Sommers hierher kämen, um Seehunde und Narwale zu fangen, „und um sich mit Eisen zu versehen". Er wurde nun über das Eisen befragt, aus dem seine Messerklinge verfertigt war, worauf er erzählte, daß dasselbe in dem vorerwähnten Berge gefunden worden wäre; daß es in mehrern großen Massen vorkäme, von denen besonders die eine, welche härter wäre als die andere, einen Theil des Berges selbst bildete, daß die übrigen, welche nicht so hart wären, in großen Stücken auf dem Boden lägen, daß sie mit einem harten Stein Stücken in der Größe wie ein englisches Sechspence, wenn auch von ovaler Form,

davon ab= und glattschlügen. Die Stelle, wo dieses Eisen
vorkam, wurde Sowallick genannt; da dieselbe wenigstens 25 engl.
Meilen entfernt und das Wetter unzuverlässig war, so wagte Roß
nicht, eine Abtheilung dahin abzuschicken, aber statt dessen bot er
dem Meigack eine große Belohnung, wenn er ihm ein Stück ver=
schaffen wollte, was dieser auch versprach. Indessen kam er am 14.
nachmittags wieder zum Fahrzeuge, ohne Sowallick besucht zu haben,
und da Roß noch eine weitere Belohnung versprach, gab er von
neuem das Versprechen, dahin zu reisen, setzte aber hinzu, daß es
ziemlich viel Zeit kosten würde, da man zweimal schlafen müßte, ehe
man wieder zurück sein könnte. Am 15. nachmittags kamen wieder
Eingeborene, aber ohne Eisen; sie entschuldigten sich damit, daß sie
nach Norden hin ausgewesen wären und Steine besorgt hätten, mit
denen das Eisen abgehauen werden sollte, und sie übergaben Roß
ein Probe von dieser Steinart.[1] Da sie ihr Versprechen, Eisen zu
schaffen, nicht gehalten hatten, erhielten sie an diesem Tag nicht die Er=
laubniß, an Bord zu kommen. Am 16. öffnete sich das Eis, welches
bisher die Fahrzeuge eingeschlossen gehalten hatte, und Roß wagte nicht,
sich noch länger hier aufzuhalten, sondern steuerte nach Nordwesten.
Weitere Nachrichten über das Eisen hat man später nicht erhalten,
außer was Hans Hendrik Nordenskiöld mitgetheilt hat (s. S. 245)
und was die Mittheilungen der Eingeborenen bei unserm Besuch
in Ivsugigsok ergaben (s. S. 308). Es mag hier bemerkt werden,
daß Roß eine Probe der erhaltenen Messerklingen an Dr. Wollaston
gab, welcher auf Grund des Nickelgehalts des Eisens, den er auf
3 bis 4 Procent berechnete, der Meinung war, daß das Eisen
meteorischen Ursprungs wäre.

　　Am 16. und 17. setzten die Fahrzeuge ihre Reise nach Nord=
westen fort. Hierbei wurde eine andere merkwürdige Entdeckung

---

[1] Diese Probe wurde bei der Rückkehr nach England von Dr. M'Culloch als
„porphyrartiger Grünstein" bestimmt, jedoch ohne nähere Angabe seiner Zusammen=
setzung. Bei Ivsugigsok traf ich einen ungewöhnlich harten Grünstein, welcher als
Einbettung in dem dortigen Gneis vorkam und welcher mitunter porphyrartig war.
Es ist sehr wohl möglich, ja sogar wahrscheinlich, daß es eine gleichartige Steinart
war wie die von den Eingeborenen gebrauchte. Dr. A. E. Törnebohm, welcher die
von mir heimgebrachte Probe mikroskopisch untersucht hat, hat seine Zusammensetzung
sehr eigenthümlich gefunden, worüber er an anderer Stelle näher berichten wird

gemacht, indem die Schneewehen auf dem Felsen nordwestlich von
Cap York eine schöne karmoisinrothe Farbe zeigten, weshalb sie von
Roß Crimson Cliffs benannt wurden. Reichliche Proben dieses
rothen Schnees, welcher jetzt zum ersten mal von den arktischen
Gegenden erwähnt wird, wurden mit nach Hause genommen und
unter die Naturforscher vertheilt, welche dem Phänomen ihre ernste
Aufmerksamkeit zuwandten.[1] Roß gibt in seinem Werke eine farbige
Abbildung dieser Crimson-Klippen, die Colorirung ist aber zweifellos
zu stark, und als Sutherland im Jahre 1850 die Stelle besuchte, bemerkt er etwas spitzig, daß „die Farbe der Klippen seit der denkwürdigen Reise des Jahres 1818 fortwährend verblichen sei". Gegen
Sutherland läßt sich aber andererseits bemerken, daß die Farbe des
Schnees, wie gegenwärtig wohlbekannt ist, in verschiedenen Jahren
je nach den für die Entwickelung der Schneealgen mehr oder weniger
günstigen Witterungsverhältnissen variirt. Kane, welcher in seinem Bericht über die Grinnell-Expedition des Jahres 1850 ebenfalls bemerkt,
daß Roß die rothe Farbe des Schnees etwas übertrieben habe, fand
in dieser Beziehung ein ganz anderes Verhältniß bei seinem zweiten
Besuch 1853, denn damals war der rothe Schnee bis auf 10 engl.
Meilen vom Lande sichtbar und Kane sand sich dadurch zu dem
Ausspruch veranlaßt: „I had no difficulty now in justifying the
somewhat poetical nomenclature which Sir John Ross applied
to this locality".

Roß, als Schotte, benannte das Land bei Cap York „The
Arctic Highlands" und die Eskimos „The Arctic Highlanders".[2]
Derselbe segelte an der Küste entlang bei Wolstenholme-Sund
vorbei und westlich um die Cary-Inseln herum bis 77° nördl.
Br. Von den Mastspitzen beider Fahrzeuge glaubte man mit Sicher-
heit zu sehen, daß Smith-Sund nur eine Bucht und daß also die
Baffins-Bai nach Norden hin ganz und gar durch Festland begrenzt

---

[1] Man vergleiche hierüber ferner Professor Wittrock's Aufsatz: „Ueber die Schnee-
und Eisflora" in Nordenskiöld's „Studien und Forschungen" (Leipzig 1885).

[2] „Probably", sagt Sutherland „because with a true Highland spirit, he
thought them as much superior to their relations in a more southern latitude, as the Highlanders are to the Lowlanders everywhere except in
Scotland."

sei, und da auch die Eisverhältnisse schwierig zu sein schienen, so wandte man sich nach Süden. Hier machte man ähnliche falsche Schluß- folgerungen über Jones-Sund und Lancaster-Sund, und steuerte schließlich heimwärts, ohne eine Durchfahrt nach Nordwesten gefun- den zu haben. Daß man sich bei der Frage über die wirkliche Natur der genannten Sunde täuschte, beruhte zweifelsohne auf der wunder- baren Durchsichtigkeit der arktischen Luft, sowie auf Luftspiegelungen, welche veranlaßten, daß die Beobachter ein Stück in den Sund hinein Land zu sehen glaubten, während es in Wirklichkeit weit hinter den- selben lag. Die Fahrt von Roß ward übrigens auch wichtig infolge der Untersuchungen mit dem Senkblei, welche beständig gemacht wurden, und durch das Heraufholen von Seebodenproben, wobei man unter anderm vor dem Lancaster-Sund einige Würmer und einen Seestern aus einer Tiefe von 1000 Klaftern auffischte.

Wir kehren jetzt zur „Sofia" und ihrer Fahrt auf dem Wege nach Cap York zurück. Als die Duck-Jslands am 23. Juli zwischen 7 und 8 Uhr abends passirt wurden, hatten wir noch kein anderes Eis als zerstreute Eisberge angetroffen, aber am 24. um 5 Uhr mor- gens stießen wir auf morsches Buchteneis in großen Schollen, und die Schlafenden wurden durch das knatternde Geräusch geweckt, das sich hören ließ, als das Fahrzeug dasselbe durchschnitt. Dieses Eis war eben und ungebrochen, also wahrscheinlich noch keinem Druck ausgesetzt gewesen, und übrigens auch nicht besonders dick. Ohne Zweifel war es das Eis des vorigen Winters aus der Melville-Bai, das wir jetzt vor uns hatten, und welches durch die Sommerwärme stark ange- fressen war. Das Fahrzeug durchschnitt anfangs das Eis mit Leichtig- keit, mitunter aber war ein etwas stärkerer Stoß fühlbar. Der Nebel nahm unterdessen zu, und da das Eis auch dichter wurde, mußten wir schließlich beilegen, weil wir nicht genügend weit sehen konnten, um den passendsten Weg zwischen den Schollen zu wählen. Hamberg führte während der Zeit mit dem neuen in Upernivik ver- fertigten Senkblei eine Untersuchung in einer Tiefe von 820 m aus, welche ausgezeichnet glückte und dadurch von Interesse war, daß es das Vorhandensein einer relativ wärmern Wasserschicht ($+ 0{,}4°$ C.) zwischen zwei kältern Schichten bestätigte. Wir konnten an diesem Tage nur während einiger Stunden vorwärts gehen, da das Eis immer dichter wurde, und der Nebel, welcher eine Zeit lang

weniger stark gewesen war, von neuem zunahm. Das Eis, welches
in den spitzbergenschen Fahrwässern von einem so reichen und ab-
wechselnden Thierleben begleitet zu sein pflegt, war hier beinahe
öde; außer einigen Sturmvögeln (Procellaria), sowie einigen Krabbentauchern waren keine Vögel, nicht einmal eine Möve sichtbar. Auch von
Seehunden war hier nur wenig zu sehen und aus unserm so sehr ersehnten Zusammentreffen mit einem Bären schien auch nichts werden
zu wollen. Kurz vor Mitternacht verzog sich der Nebel endlich und
die Sonne brach hervor, sodaß wir eine Ortsbestimmung machen
konnten. Dieselbe ergab 75° 21', und wir befanden uns also wahrscheinlich nicht weit von den Sabine-Inseln, obgleich wir dieselben
nicht sehen konnten. Wir setzten die Reise nach Nordnordwest fort,
trafen aber auf fest zusammengepacktes, undurchdringliches Eis, welches
uns an Ostgrönland erinnerte. Der Curs nach Westen führte uns
an ein großes Eisfeld ohne Oeffnung, und im Laufe der Nacht
mußte der Curs allmählich nach Süden, Südosten, Westen, Nordwesten und am Morgen wieder nach Westen, je nach den Oeffnungen
im Eise verändert werden. Am Vormittag entdeckte Hans Hendrik
offenes Wasser nördlich von dem Eisfeld, an dessen südlicher Kante entlang
wir nach Westen steuerten, und darauf versuchten wir, uns einen Weg
durch das Eis zu bahnen, um dieses Wasser zu erreichen, was uns
auch glückte. Zur Mittagszeit am 25. erhielten wir eine Ortsbestimmung, welche 74° 41' Breite und 61° 12' Länge ergab, und
wir befanden uns also infolge der vielen Umwege zwischen den Eisfeldern südlicher als am vorhergehenden Abend. Anfangs konnten
wir guten Curs nach Nordwesten halten, und etwas Seegang von
Westen her ließ uns annehmen, daß das schwierigste Eis jetzt passirt
wäre. Am Nachmittag aber trafen wir wieder auf große Eisschollen,
zwischen denen wir vorwärts gingen, indem wir dann und wann
ein kleineres Hinderniß forcirten und das Eis fortstießen, bis wir
gegen 7 Uhr alle Rinnen geschlossen fanden und auf demselben Wege,
den wir gekommen waren, wieder umkehren mußten. Der beständige
Nebel, der am Nachmittag wieder eingetreten war, machte von vornherein jeden Versuch des Vordringens problematisch. Wir setzten
nun die Fahrt in Windungen längs der Eiskante nach Westen fort.
Das Thierleben war reicher, dann und wann ein Seehund auf
den Eisschollen zu sehen und Alkenkönige erschienen häufig. Andere

Vögel aber gab es nur wenige: am Vormittag war eine Eismöve sichtbar, und außer einigen Sturmvögeln wurden nur zwei dreizehige Möven (Larus tridactylus) und eine Lestris bemerkt.

Hans Hendrik behauptete, nie vorher soviel Eis in der Melville-Bai gesehen zu haben, und glaubte deshalb nicht, daß es uns glücken würde, Cap York zu erreichen. Mir kam indessen keinen Augenblick der Gedanke, daß wir wieder umkehren müßten; infolge des beständigen Nebels bekam ich nämlich, wie es sich später zeigte, nie eine richtige Vorstellung über die Menge des Eises und unterschätzte dieselbe deshalb bedeutend. Außerdem ist es klar, daß ein stellvertretender Chef in derartigen Fällen in einer viel schwierigern Stellung ist als der eigentliche Befehlshaber, da ein Rückzug seitens des erstern, außer im äußersten Nothfall, leicht Anlaß zu der Bemerkung geben würde, daß, wenn der eigentliche Chef zugegen gewesen, der Ausgang ein anderer geworden sein würde. Andererseits aber darf natürlich die Furcht vor einem solchen Urtheil es nicht soweit treiben, deshalb das Fahrzeug und das Leben der Menschen aufs Spiel zu setzen. Wäre ich damals mit den früheren Fahrten über die Melville-Bai ebenso bekannt gewesen, wie ich es jetzt bin, so würde ich mich vielleicht bedacht haben, weiter vorzudringen; aber die Reisebeschreibungen, welche ich damals kannte, sprachen im allgemeinen von schnellen Fahrten über die Melville-Bai, denn dieses Fahrwasser ist beinahe von allen Expeditionen ohne Hinderniß passirt worden, welche sich nach Smith-Sund begeben haben, nämlich von Inglefield's, Kane's, Hayes', Hall's, Nares' und Greely's Expeditionen. Auch Nordenskiöld hielt es für wahrscheinlich, wie aus seiner Ordre hervorgeht, daß die Fahrt nach Cap York keinen Schwierigkeiten begegnen würde.

Am Morgen des 26. waren wir, nach dem Besteck, was jedoch bei einer derartigen Navigation nicht ganz zuverlässig sein konnte, bei 75° 36′ Br. und 64° 42′ L. Das Wasser, welches vorher dunkel gewesen, war jetzt grünlich, der Curs konnte im ganzen ziemlich gut zwischen den Eisschollen gehalten werden, und um die Mittagszeit gab das Besteck 75° 42′ Br. und 66° 18′ L., oder ungefähr 15 Minuten (28 km) fast direct südlich von Cap York an. Bei dem nebeligen Wetter war indessen kein Land sichtbar, ein sicheres Zeichen seiner Nähe wurde aber von den Alkenkönigen gegeben, welche von 2 Uhr nachmittags an in großen Scharen in einer bestimmten Richtung nach Nordnordost fliegend sichtbar waren. Wir konnten jedoch nur nach Nordwest vorwärts kommen. Einige Minuten vor 5 Uhr verzog sich endlich der Nebel etwas und das ersehnte Land lag vor uns: eine hohe, öde Küste mit schnee= bedeckten Felsen und zwischen diesen nach unten sich senkende Gletscher. Dieser schon an sich winterliche Eindruck wurde noch durch das eis= bedeckte Meer und durch die nebelige Luft gesteigert. Wir versuchten nach dem Lande zu dampfen, mußten aber unsere Fahrt in nordwest= licher Richtung fortsetzen, und bald wurde Conical Rock, der Konische Felsen, sichtbar.

Hans Hendrik, der anfangs zweifelhaft gewesen war, wo wir uns befänden, fühlte sich nun zu Hause. Nach Cap York hin, d. h. nach Norden oder Nordosten, gab es keine Möglichkeit des Vordrin= gens; das einzige offene Fahrwasser erstreckte sich parallel mit dem Lande nach Nordwesten, und damit unsere Reise nicht völlig resultat= los werden sollte, hielt ich es für das angemessenste, nach dieser Richtung hinzusteuern, in der Hoffnung, einen passenden Ankerplatz zu finden, wo wir die Eisverhältnisse abwarten konnten und wo sich Gelegen= heit zu naturhistorischen Beobachtungen bieten könnte. Hans Hen= drik schlug vor, nach der North Star=Bai im Wolstenholme=Sund zu gehen, es war aber keineswegs sicher, ob diese Bucht noch eisfrei wäre. Diese Stelle war außerdem so weit von Cap York entfernt, daß eine Fahrt dorthin gleichbedeutend mit dem völligen Aufgeben des eigentlichen Zwecks unserer Reise, nämlich der Aufsuchung des Eisenblocks gewesen wäre. Hätten wir eine unbegrenzte Zeit zu unserer Verfügung gehabt, so wäre das Verhältniß ein anderes ge= wesen, denn wenn wir einen passenden Ankerplatz gefunden hätten, wo das Fahrzeug genügend gegen das Eis geschützt war, so hätte man mit dem Walfischboote eine Fahrt durch das Eis nach Cap York machen können. Nun mußte ich jedoch nicht nur auf unsere eigene Expedition Rücksicht nehmen, sondern gleichzeitig auch stets im Auge haben, daß wir zur bestimmten Zeit wieder in Egedesminde sein mußten; denn wenn Nordenskiöld dann nicht von der Eiswanderung zurückgekehrt war, mußten wir natürlich dort sein, um ihm zu Hülfe zu kommen. Was unter diesen Umständen vor allem vermieden werden mußte, war eine Einschließung durch Eis, selbst für kürzere

Zeit, damit wir nicht zu spät nach Egedesminde kämen. Gleichzeitig
aber durfte unsere eigentliche Aufgabe nicht außer Acht gelassen werden.
Als wir die kegelförmige Insel, welche Conical Rock genannt wird,
passirt hatten, schien eine eisfreie Bucht sich nach Osten auszudehnen,
und da ein paar Gletscher in ihrem Innern auszulaufen schienen,
nahm ich an, daß der Boden aus Lehm bestehen und also einen
guten Ankergrund darbieten würde, und ich gab deshalb Ordre, in
die Bucht einzulaufen. Schon ½9 Uhr abends, ehe der Anker aus-
geworfen wurde, sah ich Leute am Lande und es zeigte sich bald,
daß es Eingeborene waren. Hans Hendrik erinnerte sich auch, daß
eine Eskimowohnstelle hier vorhanden sein sollte. Unsere Ankunft
schien anfangs einige Unruhe zu verursachen und mehrere von den Eingeborenen sah man den Bergabhang hinaufklettern. Bald aber
sammelten sich die meisten in der Nähe der alten Hütte, wo sie ihren
Zeltplatz hatten. Wir ruderten sofort ans Land und wurden bei
der Landung von einem alten, in Bärenhaut gekleideten Greis empfangen, dessen Name, wie wir später erfuhren, Koludat war, und
welcher, um seine freundliche Gesinnung zu zeigen, uns mit einem
lauten Lachen begrüßte, das von Hans Hendrik erwidert wurde.
Auch einige der übrigen Eingeborenen näherten sich jetzt, und wir
gingen nach dem Zeltplatze, wo sich auch der Rest allmählich ver-
sammelte. Sie entsprachen vollkommen der von Roß gegebenen Beschreibung und schienen keine Fortschritte in der Civilisation gemacht
zu haben. Es waren braune, ganz kräftige Gestalten mit langem,
herabhängendem Haar und einige hatten auch lange, dünnstehende
Barthaare. Die Tracht war gleich dem Regenkostüm der grönländischen Eskimos, d. h. die Jacke setzte sich nach oben in eine Regen-
kappe fort; sie war aus Bären- oder Hundefell gemacht oder sogar aus
einer Vogelhaut mit den Federn nach innen. Das Rückenstück lief
nach unten in einen schwanzartigen Anhang aus, aber das Hemd,
womit in dem dänischen Grönland so stark kokettirt wird, fehlte vollständig. Als die Frauen auf den Zeltplatz kamen, waren einige am
Munde blutig, da sie eben Alkenkönige roh verzehrt hatten. Dieser
Vogel nistet in Millionen in den Steinhaufen rundumher und wird
von den Eskimos einfach mit Fischhamen gefangen, wenn er in dichten
Schwärmen vorüberfliegt. Er wird durch eine schnelle und geschickte
Bewegung mit der Hand getödtet, die Haut wird von dem hintern

Theil des Körpers abgezogen, und so fängt das Essen an, während die Federn noch an dem Vordertheil des Körpers festsitzen. Das Gehirn auszusaugen scheint auch sehr gebräuchlich zu sein. Hayes

Der Eskimo Kalutal.
Nach einer Photographie von C. Hamberg.

gibt eine sehr lebendige Beschreibung des Fanges von Alkenkönigen, welchem er beiwohnte und der von dem alten Eskimogreise Kalutunah in der Nähe des Joulke-Fjord am Smith-Sund ausgeführt wurde:

Kalutunah trug einen kleinen Fischhamen, dessen Netz sinnreich aus zusammengebundenen Strängen von Seehundsfell verfertigt war. Der Schaft war ungefähr zehn Fuß lang. Nachdem wir über die kantigen scharfen Steine geklettert waren, kamen wir schließlich halbwegs hinauf an den Fuß der steilen Klippen, und Kalutunah kauerte sich hinter einem Felsblock nieder und forderte mich auf dasselbe zu thun. Die Vögel waren beinahe alle auf dem Flug aus und die meisten waren Hähne. Die Länge des Abhangs, wo sie sich sammelten, betrug ungefähr eine (engl.) Meile, und ein beständiger Schwarm von Vögeln strich über denselben nur wenige Fuß über den Steinen dahin. Nachdem sie den Hügel passirt hatten, kehrten sie höher in die Luft zurück und machten unaufhörlich einen und denselben Kreislauf. Dann und wann mochten einige Hundert oder Tausende sich auf die Steine niederlassen, gleichsam als ob sie einem Führer gefolgt wären, und dann wurde plötzlich eine große Fläche des Abhangs vollständig von ihnen bedeckt und zugleich hübsch gefleckt durch ihre schwarzen Rücken und ihre reinen, weißen Brüste. Während ich mit großem Interesse auf die Vögel Acht gab, dachte mein Begleiter nur an den Fang und ermahnte mich, mich noch tiefer hinzulegen, da sie mich noch sähen und noch zu hoch flögen. Nachdem ich schließlich so tief hinunter gekrochen war, daß mein Begleiter zufrieden zu sein schien, begann der Fang. Die Vögel setzten ihren Flug fort, kamen aber unsern Köpfen näher, ja so nahe, daß ich glaubte sie mit meiner Mütze fangen zu können. Nun merkte ich, daß mein Begleiter sich in Bereitschaft stellte, gerade als ein ungewöhnlich dichter Schwarm sich näherte; augenblicklich warf er den Fischhamen in die Höhe, ein halbes Dutzend Vögel flogen direct in denselben hinein und, betäubt vom Stoße, hatten sie nicht Zeit herauszuflattern, ehe Kalutunah den Schaft durch seine Hände hatte gleiten lassen und das Netz ergriffen hatte. Mit seiner linken Hand hielt er die Vögel niedergedrückt, während er mit der rechten Hand einen nach dem andern herauszog, worauf er in Ermangelung einer dritten Hand ihre Köpfe zwischen den Zähnen zermalmte. Die Flügel wurden darauf zusammengereiht, damit die Vögel nicht fortflattern konnten, und mit einem triumphirenden Blick wandte sich darauf der alte Wilde zu mir, spuckte das Blut und die Federn aus und setzte die Jagd fort, indem er den Hamen auswarf und einzog, bis er ungefähr 100 Vögel gefangen hatte. Meine Neugierde war jetzt vollkommen befriedigt und wir kehrten nach dem Zeltplatz zurück, wo wir uns eine reichliche Mahlzeit aus dem Wildpret bereiteten, das wir auf diese neue und wenig sportmäßige Weise in unsere Jagdtasche bekommen hatten. Während der Braten zubereitet wurde, vergnügte sich Kalutunah damit, einigen Vögeln die Haut abzuziehen und dieselben roh zu verzehren, als sie noch ihre Körperwärme besaßen.

Die Zelte der Eingeborenen waren klein und niedrig und aus Seehundsfell zusammengenäht. Um die Zeltplätze herum waren die Hunde festgebunden, welche zu Schlittenreisen und, wenn Hungersnoth herrscht, auch als letzter Ausweg zur Nahrung gebraucht werden. In dem Küchenkehricht bei der alten Eskimowohnung fanden sich noch Ueberreste von Hundeschädeln, welche unzweifelhaft von zu solchem Zweck getödteten Thieren herrührten. Die Schlitten stimmten ganz mit der schon von Roß gegebenen Beschreibung und Abbildung überein. Früher bestanden sie aus Walroß- und Walfischknochen, jetzt aber gewöhnlich aus Holz, und die verschiedenen Theile sind mit einer unzähligen Menge von Sehnen zusammengebunden; als Beschlag unter den Schlittenkufen werden Rippen von Walroßzähnen gebraucht. Diese Eskimos haben keine Kajals oder irgendeine andere Art von Booten, ein Umstand, der in den dänischen Colonien die größte Verwunderung erregt hat, da man sich dort einen Eskimo nicht ohne Kajak denken kann. Auch die Fanggeräthe sind ganz armselig: einige Harpunen aus Fischknochen, einige Hamen zum Alkenfang, ein Messer, das ist alles. Und damit erlegen sie sowol den Narwal wie den Seehund und den Bären, und im Winter sogar das Walroß. Es ist beinahe demüthigend für uns civilisirte Menschen, zu sehen, wie dieses Volk fast ohne alle Hülfsmittel zwischen Schnee und Eis nicht nur das Leben aufrecht erhalten, sondern sogar in wünschenswerthem Wohlbefinden gedeihen kann. Die runden, sonnenverbrannten Backen, die starken, untersetzten Gestalten legten hinreichendes Zeugniß ab von Stärke, Gesundheit und Ueberfluß an Lebenskraft. Renthiere gibt es auch in diesen Gegenden, da aber die Eskimos nicht einmal Bogen haben, so können diese Thiere nur ausnahmsweise von ihnen getödtet werden, und man erzählte uns als eine große Merkwürdigkeit, daß dies im vorigen Jahre einmal vorgekommen wäre.

Hayes schätzte die Zahl der Eskimos, welche nördlich von der Melville-Bai in Grönland wohnen, auf kaum 100, während Bessels ihre Anzahl 1872 etwas höher angibt[1]; man befürchtet, daß sie schließlich aussterben werden — und dies befürchten sie auch selbst. Es ist davon die Rede gewesen, sie alle nach den dänischen Colonien

---

[1] Bessels selbst sah 102, und nach Aussage der Eingeborenen gab es außerdem höchstens noch 8 bis 10.

hinüberzuführen, doch ist es wol zweifelhaft, ob sie dort gedeihen würden. Epidemien scheinen mitunter verheerend zu herrschen. Im Jahre 1830 wurden einige Eskimozelte nördlich von Cap York von Mannschaften einiger Walfischfängerboote besucht, und man war sehr erstaunt über die dort herrschende Stille; nicht einmal Hunde kamen den Besuchenden entgegen. Der Schnee vor den Zelten zeigte keine Trittspur, und als man eintrat, lagen die Einwohner todt und erstarrt. Drei oder vier Hütten zeigten dasselbe Schauspiel, in jeder lagen vier oder fünf todte, theils ältere, theils jüngere Eingeborene. Kein Lebender war übrig und die Beschaffenheit der Leichen zeigte deutlich, daß sie schon lange todt waren. Hungersnoth konnte nicht die Ursache gewesen sein, da Nahrungsmittel in Menge vorhanden waren.

Nachdem wir uns eine Weile bei dem Zeltplatz dieses merk= würdigen Volkes aufgehalten hatten, eilten wir an unsere Arbeit nach verschiedenen Richtungen: der Geologe zur Untersuchung der Berge und um zu botanisiren, die Zoologen je nach ihrer Specialität zum Fangen von Thieren, der Hydrograph, in Ermangelung anderer Beschäftigung, zum Sammeln von rothem Schnee, während der Kapitän, der einzige, welcher Hans Hendrik's eigenthümliches Englisch verstehen konnte, sich Kenntniß der verschiedenen Geräthschaften der Eskimos zu verschaffen und Nachrichten allerlei Art zu erlangen suchte. Und da jeder an seiner Stelle mit gutem Erfolge gearbeitet zu haben glaubte, herrschte allgemeine Befriedigung, als wir nach Mitter= nacht wieder an Bord zusammentrafen. Die Eskimos hatten unter anderm erzählt, daß das Eis erst am vorhergehenden Tage aus dem Fjord, dessen Name Ivsugigsok war (d. h. die Stelle, wo viel Torf ist), gewichen sei. Dies war also für uns gerade passend. Da= gegen sagten sie, daß bei Cap York das Eis noch festläge. Wenn man andern, uns gleichfalls mitgetheilten, etwas schwer begreiflichen Angaben Glauben schenken kann, sollte der Befehlshaber eines nach Norden hin überwinternden amerikanischen Fahrzeuges von seiner Besatzung ermordet worden sein. Sie sprachen seinen Namen wie „Rasleigh" oder dem ähnlich aus, wahrscheinlich aber war es die alte Sage über Hall's Tod, die hier wieder umlief. Andere Nach= richten erhielten wir hier nicht, wol aber in Godhavn, worüber ich später Näheres berichten werde. Im ganzen waren unsere Unter= haltungen nicht allzu leicht, da Hans Hendrik, unser Dolmetscher, nicht Dänisch, sondern nur ein schwer verständliches, ziemlich schlechtes Englisch sprach.

Am 27. morgens wurden zwei Kajaks ausgeschickt, um das Eis nach dem Cap York hin zu recognosciren; sie kamen mit dem Bescheid zurück, daß es noch fest am Lande wäre. Inzwischen trieb ein Eisband gegen den Eingang des Fjord und sperrte denselben. Wir nahmen an, daß es sich bald zerstreuen würde, und waren mit den naturwissenschaftlichen Arbeiten des Tages sehr zufrieden, welche mit dem größten Eifer betrieben worden waren, damit der Besuch an dieser Küste doch irgendeinen Nutzen in wissenschaftlicher Hinsicht haben sollte. Die Resultate unserer Arbeiten waren auch in der That gut. Forstrand hatte ausgezeichnete Sachen beim Dreggen erhalten, Kolthoff hatte ein großes Renthier geschossen, Hamberg hatte verschiedene Photographien von Eskimos, den Umgebungen u. s. w. genommen, und Kapitän Nilsson hatte gegen unsere Tauschartikel einen Narwalzahn, eine vollständige Kleidung, einige Gefäße von Topfstein, aus Walroßzähnen geschnitzte Thiere u. s. w. oder beinahe alles erhalten, was die Eskimos, die hier nur auf Sommerbesuch waren, bei sich hatten. Sie hatten sich anfangs vor dem Fahrzeuge gefürchtet, jetzt aber machten sie uns Besuche an Bord und erhielten verschiedene, für sie gewiß äußerst werthvolle Werkzeuge, wie Sägen, Aexte, Messer u. dgl. Der alte Kolubat sagte auch, daß er seiner Zeit viel gesehen hätte, daß er aber nie hätte glauben können, daß er und seine Familie je in den Besitz so großer Reichthümer kommen könnten, und sicherlich wird der Besuch der „Sofia" noch lange in der dankbaren Erinnerung dieses Volkes fortleben. Wir wollten ihnen auch ein Kajak in Tausch gegen einen ihrer Schlitten geben und wir waren deshalb mit einem unserer grönländischen Matrosen übereingekommen, uns sein Fahrzeug zu verkaufen, er bereute dies aber später, weshalb aus diesem Plane nichts wurde. Kolubat's Tochter erhielt Gelegenheit, ihr Gesicht mit Seife zu waschen, was ihr so zu gefallen schien, daß sie am nächsten Tage zur Erneuerung der Procedur wiederkam. Die Eskimos erzählten unter anderm, daß sie diesen Fjord nur im Sommer besuchen; im Winter wohnen sie auf einer Insel im Wolstenholme-Sund, und ernähren sich vom Walroßfang. Dort sollten sich auch zwei russische Eskimos befinden, die einzigen Ueberlebenden von sehr vielen, welche vor einer Reihe von Jahren dorthin gekommen wären. Es kommt darauf an, welchen Glauben man dieser Angabe schenken kann, ob es wirklich Eskimos von der Berings-Straße, oder ob es einfach einige Eingeborene von dem arktischen Archipel Amerikas waren. Bei Lifeboat-Cove, wo die Mannschaft des verunglückten Schiffes „Polaris" überwinterte, kam nämlich eines Tages (25. October 1872) eine Eskimofamilie an, in welcher die Ehefrau sofort als von der amerikanischen Seite herstammend erkannt wurde infolge ihrer Tätowirung, die unter den Eskimos Nordgrönlands nicht gebräuchlich ist.

Dr. Bessels erzählt, daß der Mann, Itokirsuk, in der Nähe von Cap Searle (67° 12' n. Br.) auf Cumberland geboren war, sowie daß er sich als Jüngling mit seinem Vater nach Norden begeben hatte, bis sie nach vielen Irrfahrten Cap Isabella auf der Westseite von Smith-Sund erreichten, wo ein Eskimostamm seinen Wohnsitz hatte, von dessen Vorhandensein sie keine Kenntniß gehabt hatten. Hier verheirathete sich Itokirsuk mit der tätowirten Eskimoschönheit Ivalu und reiste 1867 in Gesellschaft mit mehrern Mitgliedern des Stammes in einem Umiak und vier Kajaks über den Smith-Sund nach Littleton-Island, wo sie das von Hayes zurückgelassene Rettungsboot entdeckten und zerstörten. Darauf besuchten sie Hayes' Observatorium bei Port Foulke, in welchem eine Menge Vorräthe zurückgelassen waren. Als sie aber hier ein Feuer anmachten, um Vögel zu kochen, fing unglücklicherweise ein ebenfalls zurückgelassenes Faß Pulver Feuer, das Observatorium flog in die Luft und mehrere Personen wurden verwundet oder getödtet, worunter sich auch Itokirsuk's Schwiegervater befand, der, wie der Schwiegersohn lachend erzählte, hoch in die Luft geschleudert wurde. Die Ueberlebenden, mit Ausnahme von Itokirsuk und seiner Frau, kehrten in demselben Sommer nach der Westseite des Sundes zurück. Das junge Paar hatte zwei Kinder, einen Knaben und ein Mädchen; sie hatten den Gebrauch eines sehr primitiven Bogens mit Pfeilen eingeführt, was früher unter den Eingeborenen Grönlands nördlich von der Melville-Bai nicht bekannt war, obgleich sie Namen für diese Geräthe in ihrer Sprache haben.

Das Flachland, welches nach Osten hin eine Fortsetzung von Ivsugigsok bildet, wird bald von zwei Gletschern begrenzt, zwischen benen sich ein Berg ziemlich hoch emporhebt. Der südliche dieser Gletscher wird allmählich nach der Ebene hin schmäler, und unmittelbar vor seinem Rande und theilweise unter demselben befindet sich ein Torfmoor. Ein anderes Torfmoor befindet sich in der Nähe der Eskimoruine, und die Stelle führt deshalb ihren Namen mit Recht. Der nördliche Gletscher schließt dagegen mit einem steilern Absatz ab, aber der Fluß, welcher unter demselben hervorkommt, war so wenig durch Schlamm verunreinigt, daß wir den Wasservorrath der „Sofia" daraus vervollständigen konnten. Wider Vermuthen bestand also der Boden des Fjord nicht aus Lehm, sondern aus Kies. Ich hatte an diesem Tage den ungefähr 1400 Fuß hohen

Der südliche Strand von Insugissok.
Nach einer Photographie von A. Hamberg.

Berg zwischen den beiden Gletschern bestiegen in der Hoffnung, von dort eine Aussicht nach Osten zu bekommen, ein heftiger östlicher Sturm mit Schnee machte aber die Wanderung zu einer vergeblichen. Dagegen war ich mit den botanischen Funden sehr zufrieden. Der Boden sah zwar, außer unter den Vogelfelsen, wo die Vegetation jedoch einförmig war, äußerst steril aus, aber ein mit der arktischen Flora vertrauter Botaniker läßt sich dadurch nicht täuschen, und es glückte mir, nicht weniger als 58 Arten zu erhalten, d. i. mehr als irgendeine andere Stelle in Grönland nördlich von der Melville-Bai bisher geliefert hat. Ich will nicht unterlassen, unter den hier gefundenen Pflanzen das hübsche Gras Pleuropogon Sabinei hervorzuheben, nicht nur deshalb, weil man es vorher auf Grönland noch nicht gefunden hatte, sondern weil der Fund auch in einer andern Hinsicht bemerkenswerth ist. Ich hatte nämlich unterwegs, wenn das Gespräch auf die botanischen Funde kam, welche wir zu machen gedachten, ein paar mal im Scherz zu Dr. Berlin gesagt: „wenn wir nach Cap York kommen, werden wir Pleuropogon finden", und es war unter solchen Verhältnissen kein Wunder, daß ich etwas überrascht wurde, als ich schon am Abend des 26. in einem kleinen ausgetrockneten Wasserbassin diese Pflanze antraf. Im übrigen war das allgemeine Gepräge der hiesigen Vegetation das in den arktischen Gegenden gewöhnliche. Am häufigsten kamen vor von den eigentlichen Blumenpflanzen Saxifraga, Silberwurz (Dryas), der Felienmohn (Papaver nudicaule), welcher hier oft ganz weiße Blumen hatte, und Potentilla, ferner Stellarien, Ranunkeln, Draben, unsere gewöhnliche Hundeblume, eine Form der Sumpfheidelbeere, Katzenpfötchen (Antennaria alpina), Pedicularis, die einblütige blaue Glockenblume u. a. m. Das größte Strauchgewächs war eine Weide (Salix arctica) mit am Boden liegendem fingerdicken Stamm. Es kann daher nicht wundernehmen, daß es den Eskimos hier schwer fällt, sich eine Vorstellung zu machen von dem Ursprung des Holzes, aus dem die Schiffe gebaut sind.

Kane besuchte 1850 einen kleinen hufeisenförmigen Einschnitt in die Küste südlich von Jvsugigfok (nach Angabe ungefähr halbwegs zwischen dem Cap York und dem Cap Dudley-Diggs). Vor Winden geschützt und von der Sonne beschienen, zeigte sich die Vegetation hier wie ein kleiner arktischer Garten en miniature. Da die Angaben, welche Kane über die beobachteten Arten gemacht hat[1], bisher von mir und auch von allen andern Autoren, die sich mit der Vegetation auf Grönland befaßt haben, übersehen worden sind, mag seine Schilderung hier folgen.

Es mag eigenthümlich erscheinen, aber gerade an der unmittelbaren Grenze zwischen dem Schnee und dem Eise hatte die beständige Feuchtigkeit

---

[1] E. K. Kane, The U. S. Grinnell Expedition in search of Sir John Franklin (London 1854).

im Verein mit der Sonnenwärme den Boden in eine kleines arktisches Gartenfeld umgeschaffen. Die Oberfläche des Mooses war, wahrscheinlich infolge des häufigen Wechsels zwischen Wärme und Kälte, in regelmäßige sechs- oder vieleckige Figuren gesondert, und auf diesen hatte sich zwischen den Höckern oder, zu kleinen Gruppen vereinigt, an der Südseite derselben eine kleine anspruchslose Sammlung von arktischen Blumen eingenistet. Die geringe Größe der Individuen gestattete den geizigen Arten nicht, den Nachbar zu unterdrücken, und es waren hier daher viele Familien wie in einem reichen Blumenbeet untereinander gemischt. Auf einer Fläche, nicht größer, als daß ich sie mit meiner Jacke hätte überdecken können, zeigten sich die netzartigen Blätter der Pyrole zwischen Stellarien und Saxifragen, Sauerklee (Oxyria) und Ranunkeln. Ich fand sogar eine Gentiana, klein und unansehnlich zwar, aber, wie alle umgebenden Pflanzen, vollkommen in ihren verkleinerten Proportionen.

In dem Umkreis dieses moorigen Fleckens sahen wir Blüten von Riedgras und gewöhnlichem Gras, untermischt mit heidekrautartigen Gewächsen und Birken, und noch näher dem Abhange, wo die Verwitterungskegel bis an die Moosdecke reichten, war alles mit einem Kranz von arktischen Sträuchern und Bäumen umgürtet.

Sträucher und Bäume — man könnte lächeln ob dieser Benennungen, denn die betreffenden Pflanzen waren nur Miniaturen von dem, was man in andern Zonen unter diesen Namen versteht. Diese Schwächlinge hier standen nicht einmal aufrecht; sie hatten es gelernt, den Elementen zu widerstehen, indem sie an der Erde hinkrochen. Wenige von ihnen waren so hoch wie meine Schuhe, und nicht eine einzige dieser Pflanzen reichte mir bis über die Fußknöchel, aber die Bäume in schattigen Lustgärten oder himmelhohen Alleen können die Zweckmäßigkeit der Schöpfung nicht besser bezeugen als sie. Hier sah ich die Sumpfheidelbeere (Vaccinium uliginosum) mit Blüten und Früchten — ich hätte die ganze Pflanze mit einem Weinglas überdecken können — die pennsylvanische wilde Azalee (Azalea procumbens) — ich konnte das ganze Gewächs ins Knopfloch stecken — und auch Andromeda tetragona, einer grünen Marabufeder nicht unähnlich.

Am eigenthümlichsten unter diesen Zwergen waren die Weiden. Eine von ihnen, Salix herbacea, war nicht höher als der Klee, S. glauca so groß wie eine junge Stockrose, welche sich eben erst aus dem Samenkorn entwickelt hat. Eine dritte, S. lanata, sah aus wie eine unglückliche Schlange, hier und da von klauenartigen Wurzeln festgehalten, welche nicht in den ungastlichen Boden einzudringen vermochten und sich daher an seiner Oberfläche ausgebreitet hatten.

Unter den Pflanzen, welche Kane hier anführt, finden sich mehrere Gewächse, welche auf Grönland mit Sicherheit nicht weiter nördlich als an der Melville-Bai beobachtet worden sind. Dies gilt von der Pyrola (Pyrola grandiflora), der Azalea, der Zwergbirke (Betula nana) und, wenn hier nicht eine in der Schnelligkeit begangene Verwechselung mit der einblütigen blauen Glockenblume vorliegt, von der Gentiana. Die Weide, welche Kane Salix glauca benennt, ist wahrscheinlich Salix arctica, und die wirkliche Salix glauca dürfte unter seiner Salix lanata gemeint sein. Es mag hier bemerkt werden, daß man auf Buhnan-Island, östlich vom Cap York, die Preiselbeere angetroffen hat, und es ist deshalb nicht unwahrscheinlich, daß sich auf dieser Küstenstrecke noch andere, daselbst noch nicht beobachtete Pflanzen finden.[1]

---

[1] Nachstehendes Verzeichniß enthält alle von mir bei Jvsuglgsok angetroffene Phanerogamen. Einen ausführlichen Bericht findet der sich dafür Interessirende bei A. G. Nathorst, Botaniska anteckningar från nordvestra Grönland. (Ofversigt af Kongl. Vet.-Akad. Förhandlingar 1884.)

Antennaria alpina (L.) Gaerta.
Taraxacum officinale Web.
Campanula uniflora L.
Pedicularis hirsuta L.
Cassiope tetragona (L.) Don.
Vaccinium uliginosum L. var.
    * microphylla Lange.
Potentilla pulchella R. Br.
    » nivea L. (mit Varietäten).
    » fragiformix Willd. f. parviflora Traute. (= emarginata Persh.).
    » Vahliana Lehm.
Dryas octopetala L.
    » » f. intermedia Nath.
    » integrifolia M. Vahl.
Saxifraga nivalis L.
    » stellaris L. f. comosa Pair.
    » oppositifolia L.
    » cernua L.
    » rivularis L.
    » tricuspidata Rottb.
Cardamine bellidifolia L.
Draba alpina L. var. glacialis Adams.
    » nivalis Liljebl.
    » Wahlenbergii Hartm. f. glabrata Lindbl.

Draba Wahlenbergii Hartm. f. homotricha Lindbl.
    » » f. brachycarpa Lindbl.
    » arctica J. Vahl.
Cochlearia fenestrata R. Br.
Papaver nudicaule L.
    » » f. albiflora.
Ranunculus pygmaeus Wg.
    » nivalis L.
    » sulphureus Sol.
Silene acaulis L.
Wahlbergella affinis (J. Vahl) Fr.
    » triflora (R. Br.) Fr.
Cerastium alpinum L.
Stellaria longipes Goldie f. humilis Fenzl.
    » humifusa Rottb.
Alsine rubella Wg.
Polygonum viviparum L.
Oxyria digyna L. (Hill).
Salix herbacea L.
    » arctica Pall.
Festuca ovina L. f. violacea Gaud.
Poa flexuosa Wg.
    » glauca M. Vahl.
Glyceria angustata (R. Br.) Fr.
    » vilfoidea (Ande.) Th. Fr.

Am Nachmittag des 27. nahm ich von dem nördlich von
der Bucht gelegenen Plateau eine Kartenskizze auf und von hier
aus hatte ich eine ziemlich weite Aussicht gegen Norden, wo der
Petowick=Gletscher sich wie ein kolossales blendendweißes Band wol
ein paar Meilen über die verhältnißmäßig schneefreie Umgebung
heraushob. Auf dem Plateau fanden sich verschiedene sehr eigen=
thümliche Spuren von dem Aufenthalt der Eskimos daselbst, so z. B.
einzelne, in Abständen von ein paar Fuß aufgerichtete, gerade Linien

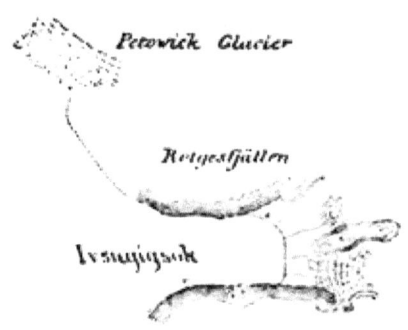

Kartenskizze von Issugigfok.
Von K. W. Karborst.

bildende Steinplatten (vielleicht mit Fuchsfallen in Zusammenhang
stehend?), wahrzeichenähnliche Steinhaufen (Gräber?) u. dgl., doch
konnte ich sie nicht näher untersuchen, denn das Eisband, das den
ganzen Tag über die Mündung des Fjord gesperrt hatte, schien

Catabrosa algida (Sol.) Fr.
Pleuropogon Sabinei R. Br.
Calpodium latifolium R. Br.
Aira caespitosa L. f. brevifolia R. Br.
Alopecurus alpinus Sm.
Hierochloa alpina (Liljebl.) R. et S.
Eriophorum angustifolium Roth.

Eriophorum Scheuchzeri Hoppe.
Carex rigida Good.
  • misandra R. Br.
  • nardina Fr.
Luzula arcuata (Hg.)Sw. f.confusa Lindeb.
  • spicata (L.)Ds.(?)f.Kjellmani Nath.
Juncus biglumis L.

Nordenstiöld, Grönland. 20

jetzt nicht mehr so dicht zu sein, weshalb ich nach dem Strande
zurückeilte, um den Befehl zur Abfahrt zu geben. Es währte jedoch
ziemlich lange, ehe ich auf das Schiff gelangte, und als wir nun
versuchten auszulaufen, hatte das Eis sich wieder so dicht gepackt,
daß wir nicht hindurchkommen konnten, sondern umkehren und in
dem nordöstlichen Theile des Fjord vor Anker gehen mußten. Das
Eis war nämlich jetzt auf dem Wege in den Fjord herein, und
Kapitän Nilssen nahm an, daß eine Zusammenpressung in diesem
Theile des Fjord weniger zu befürchten sei. In der Nacht zum 28.
trieb das Eis immer mehr in die Bucht herein, und am Morgen
dieses Tages war dieselbe bis auf einen unbedeutenden Streifen am
nördlichen Strande ganz mit Eis angefüllt. Ich schickte Hans Hendrik und den Lootsen von Tasiusak ans Land, um von dem Abhang
aus das Eis zu beobachten, und sie kamen mit dem Bescheide zurück,
daß es unmöglich sei, aus dem Fjord hinauszukommen. Da ich dieser
Angabe aber nicht volles Vertrauen schenkte, ruderte ich mit ihnen
nach der Einfahrt zum Fjord, um von der Felsenspitze am nördlichen Strande einen sichern Ueberblick über die Eisverhältnisse zu
gewinnen; mit dem Kapitän hatte ich zuvor verabredet, daß er die
Anker lichten und die „Sofia" am nördlichen Strande entlang
aus dem Fjord hinaussteuern sollte, sobald ich das Signal dazu
geben würde. Wir konnten jedoch infolge des Eises nicht an den
vereinbarten Punkt gelangen, und ich bestieg daher mit Hans Hendrik
einen andern Felsen, von dessen Spitze wir zu unserer großen
Befriedigung sahen, daß es noch möglich war, längs des nördlichen
Ufers aus dem Fjord zu entkommen. Ich gab daher das verab-
redete Signal, aber das Schiff rührte sich nicht; offenbar sah man mich
nicht, und die Aufmerksamkeit war allerdings, wie ich später erfuhr,
nur auf die vorher von uns vereinbarte Stelle gerichtet gewesen. Eile that
jedoch noth, denn der Fjord füllte sich mehr und mehr mit Eis; Hans
Hendrik stieß ein durchdringendes Geheul aus, doch wurde auch dieses
selbstverständlich nicht gehört, denn wir waren wol über eine Viertelmeile von dem Schiffe entfernt. Da warf ich als letzten Ausweg
Rock und Weste ab, zog das Hemd aus und schwenkte dieses wie eine
Fahne, doch vergebens. Gleich nachher war es zu spät, das Eis hatte
die Bucht gefüllt, und als wir uns nun nach dem Schiffe zurückbegaben, mußten wir unser kleines Boot schon über das Eis ziehen.

Dieses schloß jetzt die „Sofia" von allen Seiten ein, glücklicherweise
verblieb es aber hierbei und das Schiff wurde nicht zusammengepreßt,
in welchem Falle es uns schlecht ergangen sein würde. Sobald das
Eis nur einen Augenblick Raum gab, näherten wir uns dem Lande,
soweit dies nur möglich war, denn wir wollten uns lieber auf
den Grund setzen lassen, als zwischen Eisstücken festgeklemmt werden.
Natürlicherweise wurde jetzt fleißig die Frage erörtert, wie wir uns zu
benehmen hätten, wenn uns das Eis gegen alles Vermuthen nicht

Die „Sofia" im Sofuigsiok vom Eis eingeschlossen.
Nach einer Mitternachtsphotographie von A. Hamberg.

wieder hinauslassen sollte. Unsere Lage war in solchem Falle verhältnißmäßig günstig: das Schiff konnte nicht allzu sehr beschädigt
werden, Torf gab es im Ueberfluß, sodaß wir an Feuerung nicht
Mangel leiden konnten, Gelegenheit zur Jagd fehlte uns auch
nicht, und durch die Eskimos ließ sich unser Aufenthalt hierselbst
bald in dem ganzen bewohnten Theil von Grönland nördlich von
der Melville-Bai bekannt machen; dazu hatten wir noch das Fangboot, um schlimmstenfalls mit demselben Nachricht nach den dänischen
Niederlassungen zu schicken. Inzwischen zerstreute sich das Eis etwas,

22*

als die Strömung die Richtung nach außen nahm, und als ich mit
dem Kapitän dann am Abend von dem hohen Abhang an der Seite
des Fjord das Eis recognoscirte, schien dies ganz günstig zu werden.
An diesem Tage war ein Eskimo von Cap York auf einem Hundeschlitten über das Inlandeis zu uns gekommen, wo er eines heftigen
Schneesturmes wegen 24 Stunden liegen bleiben mußte. Derselbe
war ein noch ganz junger Bursche und führte als Speise Fleisch von
Krabbentauchern in einem Beutel mit sich. Dieser Eskimo hatte von
den Eisenblöcken bei Sowallick sprechen hören, er selbst aber hatte sie
nicht gesehen. Der Greis Melodat, welcher vorher keine Aufschlüsse
darüber hatte geben können, sagte jetzt, daß auch er von ihnen gehört habe. Dieselben sollten an einem Fjord ungefähr zehn englische
Meilen von der äußern Küste liegen, wie weit sie aber von dem
Wasser abliegen, war nicht aus ihm herauszubringen. Selbstverständlich
war es für mich äußerst verlockend, auf einem Hundeschlitten dorthin
zu fahren, doch war die Lage des Fahrzeugs viel zu kritisch, als daß
wir hätten wagen können, es jetzt zu verlassen.

Am 29. Juli morgens 7½ Uhr war das Eis endlich so zerstreut, daß wir den Versuch machen konnten, aus dem Fjord hinauszukommen, was uns auch ohne allzu viele Stöße gelang. Es war
ein sonniger und heiterer Tag, und wir erhielten daher, als wir
ein Stück aus dem Fjord hinaus und an Conical Rock vorüber
waren, eine richtigere Vorstellung von den hier angesammelten Eismassen, als wir vorher gehabt hatten. Gegen das Cap York hin
undurchdringliches Eis, gegen Norden große Eisfelder, ebenso gegen
Süden, doch gab es hier offene Rinnen, und hier war auch der
einzige Weg, den wir wählen konnten, obschon er uns gerade in
das gefährliche „Mitteneis" hinausführte. Der Kapitän leitete das
Schiff während des größten Theils des Tages vom Mastkorbe aus;
wir kamen an Feldern von ungebrochenem Eis vorüber und waren
mitunter genöthigt, uns mit Gewalt einen Weg zu bahnen; die
hohen, durch eine Flechte (Xanthoria elegans) brandgelb gefärbten
Felsen vom Cap York schwanden immer mehr aus den Augen, und
gegen 7 Uhr nachmittags steuerten wir auf offenes Wasser hinaus, wo
wir unter 75° 26′ nördl. Br. und 67° 27′ westl. Länge wegen unserer
hydrographischen und zoologischen Arbeiten (bei einer Tiefe von
500 m) liegen blieben. Wir glaubten jetzt ganz frei vom Eise zu sein,

allein in der Nacht sahen wir wieder ein ziemlich großes Eisfeld, doch hatten wir am Morgen des 30. auch dieses hinter uns. Um 9 Uhr vormittags bemerkte der Steuermann einen schwimmenden Eisbären, und die Nachricht hiervon brachte natürlicherweise Leben an Bord. Auf der ebenen, von der Sonne beschienenen Wasserfläche sah man den Kopf des Bären eine Furche ziehen, deren Wogen seinen Weg

Ein erlegter Eisbär auf dem Deck der „Sofia".
Nach einer photographischen Aufnahme von A. Hamberg.

verriethen. Wir steuerten auf ihn zu, und er richtete sich erzürnt im Wasser auf und brummte uns entgegen. Ich jagte ihm eine Kugel durch den Hals; ein solcher Aderlaß schien ihn aber nicht besonders zu geniren, und da ich eigentlich auch nicht viel Jagdartiges darin fand, ihn auf diese Weise vom Deck aus zu erlegen, ließ ich das Fangboot ansetzen und verfolgte ihn mit diesem, während ich die „Sofia" von uns abhalten ließ. Aber auch dies glich nicht sonderlich einer Jagd; dem Bären auf 30—40 Fuß nahe ge

kommen, schoß ich ihm eine Kugel durch den Kopf, und ohne daß
er eine Bewegung machte, hauchte er sein Leben aus. Im Wasser
sah das Thier nicht so groß aus, als wir es aber auf das Deck gebracht hatten, fanden wir, daß es ein ungewöhnlich großes Männchen
war. Dieser Tag wurde größtentheils für hydrographische und
zoologische Arbeiten (bei einer Tiefe von 1450 m) in Anspruch
genommen. Kolthoff schoß hier eine Eismöve, das einzige Exem-
plar, welches wir während dieser Expedition erlegten; wol sahen wir an diesem Tage mehrere, bekamen sie jedoch nicht in
Schußweite. Wir befanden uns jetzt 74° 30' nördl. Br. und 64° 30'
westl. Länge und richteten daher unsern Curs gegen Osten. Hier
stießen wir aber bald auf festgepacktes, undurchdringliches Eis, ähnlich demjenigen an der Ostküste Grönlands, und wir sahen uns
deshalb genöthigt, wieder südlich zu steuern, hoffend, daß das Eis in
dieser Richtung aufhören werde. In dieser Hoffnung sahen wir uns
aber getäuscht, und am folgenden Tage konnten wir in keiner Richtung mehr vorwärts kommen; überall, gegen Osten, Südosten, Südwesten und Westen sahen wir undurchdringliche Packeisfelder vor
uns, und es zeigte sich schließlich deutlich, daß die Baffins-Bai durch
das Eis hier ganz und gar gesperrt war. Wir mußten daher wieder nach Norden steuern, in der Erwartung, daß wir hier eine
Rinne im Eise entdecken würden, in der wir uns einen Weg gegen
Osten bahnen konnten, denn unser Kohlenvorrath fing an zu Ende
zu gehen. Unsere Verlegenheit hätte hier ziemlich kritisch werden
können, denn wären wir durch fruchtlose Versuche zum Vorwärts-
kommen nur noch ein paar Tage aufgehalten worden, so wäre unser
Kohlenvorrath ausgegangen, und die „Sofia" würde dann wenig
Aussicht gehabt haben, den Kampf mit dem Eise siegreich zu bestehen.
Gegen 4 Uhr nachmittags langten wir wieder an der Stelle an, wo
wir am vorhergehenden Tage nach Süden abgebogen waren, und
fanden jetzt das Eis hier bei weitem nicht mehr so dicht gepackt.
Wir konnten daher den Versuch wagen, ostwärts vorzudringen, was
uns auch so gut gelang, daß wir schon nach einer Stunde an dem
schlimmsten Eis vorüber waren und uns nur noch durch mürbes, nicht
besonders gefährliches Buchteneis hindurchzuarbeiten hatten. Inzwischen
verdickte sich die Luft und wir waren gezwungen, uns um $^1/_2$8 Uhr
abends still zu legen. Als es sich dann wieder aufklärte, erblickten wir zu

beiden Seiten des Schiffes je einen Bären. Wahrscheinlich waren dieselben schon lange dort gewesen, sodaß sie Zeit gehabt hatten, sich an den
Anblick des Schiffes zu gewöhnen und die Furcht vor ihm zu überwinden. Der größte von ihnen wurde für Kollhoff bestimmt, und
dieser suchte sich in dem kleinen Boot der Stelle an der Eiskante zu
nähern, wo der Bär stand. Der Bär wurde unruhig, hob die Nase
in die Höhe und witterte, setzte sich auf die Hinterbeine und suchte
schließlich längs der Eiskante zu entkommen. Kollhoff war ihm aber
schon auf Schußweite nahe gekommen und jagte ihm eine Kugel
nach. Obschon ein starker Blutstrom aus der Seite des Thieres hervor-
quoll, versuchte dieses dennoch weiterzukommen, und selbst nachdem es
noch einen Schuß auf ganz dieselbe Weise erhalten hatte wie vorher, lief es noch eine kleine Strecke, ehe es zusammenbrach. Das
Gewehr war mit Explosionsgeschossen geladen gewesen, und diese
hatten, wie sich nachher zeigte, die Lunge zerrissen; es war deshalb eigenthümlich, daß das Thier, ein Männchen, noch so weit zu
laufen vermocht hatte. Während der Zeit steuerte die „Sofia" auf den
andern Bären zu. Forsstrand sollte den ersten Schuß haben, und
wenn dieser nicht tödtete, ich von neuem mein Glück versuchen. Als
die „Sofia" sich dem Bären näherte, wurde dieser, ein Weibchen, unruhig und suchte sich langsam zu entfernen, weshalb Forsstrand,
welcher befürchtete, daß er entkommen könnte, auf ziemlich große
Entfernung schoß. Die Kugel traf den einen Schenkel und ging dann,
wie wir später fanden, schräg durch die Eingeweide, doch konnte
man aus dem Benehmen des Bären nicht ersehen, daß er so bedeutend beschädigt war: derselbe trollte nämlich ruhig weiter; als er
sich aber einmal einen Augenblick umwandte, traf ihn meine Kugel,
worauf er sich ein paarmal heftig im Kreise herumdrehte, einige
Schritte machte und dann todt hinfiel. Die Kugel war in die Brust
eingedrungen, hatte die Lunge durchbohrt, war dann durch den ganzen Körper gegangen und schließlich in dem andern Schenkel sitzen
geblieben. Die beiden Bären, welche wir beinahe ebenso schnell ab-
fertigten, als diese Begebenheit sich hier erzählen läßt, wurden jetzt
an Bord gehißt. Gleich darauf zeigte sich noch ein dritter Bär, doch
wartete dieser nicht ab, bis wir ihm auf Schußweite nahe gekommen
waren, sondern er machte sich sofort wieder aus dem Staube. Wir
waren sehr darüber erfreut, daß es uns geglückt war, Bären auch

auf dem Eise zu sehen, denn bei dem schwimmenden Exemplar bekam man von dem Ansehen des Thieres im freien Zustande selbstverständlich keine vollständige Vorstellung. Das Fleisch der Bären
war wohlschmeckend und erinnerte etwas an Rindfleisch, war aber
gröber. Bald nachher zerstreute sich das Eis immer mehr, und am
1. August 1 Uhr morgens zeigte ein gewaltiger Wellengang an, daß
wir jetzt vollständig frei waren. Hiermit konnte die Reise nach Cap
York als beendet betrachtet werden, und war es uns auch nicht gelungen, die Stelle zu erreichen, wohin wir wollten, so hatten wir
auf dieser Fahrt doch Gelegenheit zu so vielen wichtigen naturhistorischen Beobachtungen gehabt, daß wir im Grunde genommen volle
Ursache hatten zufrieden zu sein. Hätten wir eine längere Zeit zur
Verfügung gehabt, so dürfte der Zweck unserer Fahrt zu erreichen
gewesen sein, und ich würde nichts dagegen haben, unter in dieser Hinsicht günstigern Verhältnissen eine solche Reise noch einmal zu machen.

Nach einem kürzern Aufenthalt bei einer der Inseln vor dem Tasiusak erreichten wir Upernivik abends 8 Uhr. Hier nahmen wir Kohlen
ein und gingen sodann am 2. August nach Pröven, wo wir den
Kohlenvorrath vervollständigten und von wo wir am 3. August
abends wieder abfuhren.

Es war meine Absicht gewesen, jetzt auf der Haseninsel ans Land
zu gehen und die „Sofia" während dieser Zeit eine zoologisch-hydro-
graphische Fahrt über die Baffins-Bai machen zu lassen; aber gerade
als wir von Pröven abgehen wollten, meldete der Maschinist, daß der
Dampfkessel schadhaft sei und daher reparirt werden müsse. Da sich
bei Pröven keine Gelegenheit zu paläontologischen Arbeiten fand,
und da ich es für nothwendig erachtete, daß wenigstens die Haseninsel und Patoot am Waigat von mir besucht wurden, beschloß ich,
die „Sofia" nach Ritenbenk gehen zu lassen, um ihren Schaden in
dem dortigen sichern Hafen zu repariren. Auf dem Wege dahin
konnte Kolthoff und ich an einem der genannten zwei Punkte ans
Land gesetzt werden und sonach die Zeit ausnutzen, welche die Reparatur in Anspruch nahm. Die Arbeiten im Omenak-Fjord mußten
der vorgeschrittenen Zeit wegen ganz aufgegeben werden, und so
verlockend die Untersuchung der ältesten dort vorkommenden Kreidelager für mich persönlich auch gewesen wäre, so war sie doch von
verhältnißmäßig geringer Bedeutung, da Nordenskiöld schon bei einem

Besuche dieser Stelle im Jahre 1870 aus diesen Lagern sehr umfassende und prachtvolle Sammlungen von Pflanzenfossilien beim-
geführt hatte, die der heutigen Kenntniß von der ältern Kreideflora
Grönlands vorzugsweise zu Grunde liegen. Als wir am 4. August morgens an der Haseninsel anlangten, ging die See so hoch, daß eine
Landung an der offenen Küste dieser Insel nicht denkbar war; ich ließ
die „Sofia" daher nach Patoot an der nördlichen Seite des Waigat
steuern, wo wir um 4 Uhr nachmittags ankamen. Gewarnt durch
die gemachten Erfahrungen nahmen wir jetzt ein Offizierszelt und
ein kleines Zelt für unsere Eskimos mit uns ans Land. Dadurch
entgingen wir dem unangenehmen Geruch, den die Ausdünstung der
Grönländer im Zelte verbreitet. Die „Sofia" setzte die Fahrt nach
Ritenbenk fort und kam am folgenden Morgen dort an. Unterwegs
war sie dem Boot des Director Hörring begegnet und hatte diesen
an Bord genommen.

Patoot ist in geologischer und paläontologischer Hinsicht äußerst
interessant. Steenstrup hat hier eine Kreideflora entdeckt, die —
derjenigen der sogenannten senonen Kreideablagerungen in Europa
entsprechend — jünger ist als die zur Atane-Serie gehörende. Von
dieser Flora besaß das Reichsmuseum in Stockholm kein Material,
und ich betrachtete es daher als von der größten Bedeutung, hier
Sammlungen anzulegen. Neben den fossilen Pflanzen kommen hier
auch Thierversteinerungen, wie Abdrücke von See-Igeln, Muscheln
u. dgl. vor. Dies beweist, daß ein Theil dieser Lager im Meere
abgesetzt worden ist; andere Lagerungen an dieser Stelle dürften sich
dagegen unbestreitbar im Süßwasser gebildet haben. Aber es sind
nicht blos die hier vorkommenden Fossilien, welche diese Stelle
interessant machen; die Aufmerksamkeit des Forschers wird auch durch
einen andern höchst merkwürdigen Umstand in Anspruch genommen.
Hier muß nämlich in frühern Zeiten ein großartiger Erdbrand stattgefunden haben; die hier befindliche Gesteinsart, ursprünglich ein
bituminöser Schiefer, ist nämlich bis zur Höhe von 1500 Fuß
ganz und gar verbrannt und ebenso buntfarbig wie die Aschenschlacken
von unreiner Steinkohle. Die größere Zahl der Stücke ist ziegelroth,
sodaß der Abhang von weitem roth aussieht; manche zeigen eine
andere rothe Farbe, wieder andere sind chocoladefarbig, noch andere
weißgelb oder weiß. Diese Schieferstücke liegen nun untereinander

gemischt auf den Abhängen, und hier und da sieht man zwischen ihnen große Stüde von einer Schlacke, die bald blasig ist wie bei einem Hochofen, bald aus zusammengesinterten Schieferstückchen besteht. In dem verbrannten Schiefer trifft man Abdrücke von

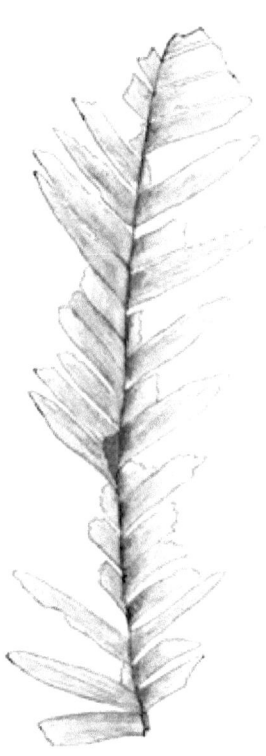

Blattfragment von einer Cycade (Zamites n. sp.) aus dem verbrannten Schiefer bei Patoot. (Natürliche Größe.)

Blättern wie auch Reste von Thieren an, und der Brand hat das Gute mit sich gehabt, daß diese vorher spröde und zerbrechliche Gesteinsart sich jetzt sehr hart und fest zeigt, selbst wenn sie sehr dünn ist. Dieselbe hält also jede Art von Transport aus. Der hier erwähnte Brand hat sich gewöhnlich nicht tief in die Felsen hinein erstreckt, denn da, wo die Lager von Bächen durchschnitten sind, findet man bald, daß das Feuer der Hauptsache nach nur längs der Oberfläche des Abhangs gewirkt hat. Tiefer hinein hat der Schiefer sein gewöhnliches dunkles Aussehen. Wie der Brand entstehen konnte, weiß man nicht; derselbe scheint nichts mit den Basaltausbrüchen zu schaffen gehabt zu haben, denn an einer Stelle, wo die Lager von einem Basaltgang durchzogen sind, war dieser ebenso roth gebrannt wie der Schiefer selbst, was darthut, daß der Brand stattgefunden haben muß, nachdem der Basalt bereits erstarrt war. Wenn das Waigat von präglacialem Alter wäre, könnte man eher vermuthen, daß das Feuer dadurch entstanden ist, daß ein vor der Eiszeit auf dem Abhange wachsender größerer Wald in Brand gerathen ist und daß das Feuer dann die Kohlenlager und die an der Oberfläche gelegenen bituminösen Schiefer erfaßt hat. Aber wie gesagt, einen bestimmten Beweis für die Art oder das Entstehen des Brandes kennt man gegenwärtig noch nicht. Derselbe hat sich von Patoot

ziemlich weit gegen Nordwesten wie auch gegen Südosten erstreckt.

Wir blieben hier vier Tage, vom 5.- 8. August. Das Wetter
war aber nicht immer das beste, denn wir hatten oft dichten Nebel,
und die Nachtkälte fing an im Zelte fühlbar zu werden. Gute Funde
wurden aber stets gemacht, und ich füllte hier ein paar Tonnen mit
Pflanzenfossilien, sodaß nun auch diese Flora in unsern Sammlungen
reich repräsentirt ist. Verschiedene neue Arten wurden ebenfalls angetroffen, und unter diesen dürfte eine Cycade Zamites n. sp. hervorzuheben sein, da eine solche Pflanze vorher noch nicht in dieser
Serie gefunden worden war. Auch Thierfossilien
wurden erlangt, und unter diesen ist die große
und hübsche Flügeldecke eines Käfers, eines in
den jüngern Kreideablagerungen Nordgrönlands
bisher noch nicht angetroffenen Thieres, besonders zu erwähnen. Die Patoot-Serie decken tertiäre
Felsarten, und ich fand hier auch das ausgezeichnete
Leitlager, das ich auf Disko und bei Atanekerdluk
angetroffen hatte.

Käferflügel
aus dem verbrannten
Schiefer bei Patoot.
(Natürliche Größe.)

Koltboff war mit der entomologischen Ausbeute
anfangs nicht recht zufrieden, denn die wenigen
Schmetterlinge, welche er auf den Abhängen erlangte,
waren vom Winde sehr beschädigt. Ich war daher überrascht, als
ich auf einer 2500—3000 Fuß hohen Felsenterrasse, wohin mich am
7. August meine geologischen Arbeiten geführt hatten, eine große
Zahl Schmetterlinge antraf. Aber die Vegetation stand hier oben auch
in voller Blüte, während sie unten auf den Abhängen bereits ausgeblüht
hatte. Am nächsten Tage stieg nun auch Koltboff auf die Terrasse
hinauf und kehrte am Abend mit einer sehr reichen Ernte zurück;
alle mitgenommenen Flaschen und Büchsen waren gefüllt. Unter den
Tagfaltern mögen genannt werden: Colias Heela und Argynnis
chariclea, unter den Nachtfaltern noch nicht bestimmte Arten der
Gattung Anarta und eine Plusia. Am 9. gedachte er wieder auf
die Terrasse zu gehen, aber als wir am Morgen beim Frühstück
saßen, hörten wir plötzlich die Dampfpfeife der „Sofia". Wie gewöhnlich herrschte dichter Nebel, sodaß man vom Schiffe aus das Land
nicht sehen konnte, und einige Signalschüsse, welche wir abfeuerten,

wurden nicht gehört. Hans wurde daher in seinem Kajak ausgeschickt, aber das Pfeifen des Schiffes wurde immer schwächer und
zeigte, daß die „Sofia" wieder in die See zurückging. Plötzlich
zertheilte sich der Nebel, die „Sofia" stellte richtigen Curs, und bald
darauf waren wir wieder an Bord. Schon am vorhergehenden Tage
nachmittags 3 Uhr hatte das Schiff seine Fahrt hierher angetreten, des
Nebels wegen aber bei Atanekerdluk vor Anker gehen müssen. Während des Aufenthalts bei Ritenbenk hatte sich Forestrand wie gewöhnlich mit zoologischen Arbeiten beschäftigt und dabei viel gedreggt und mit Scharre und Schleppnetz gearbeitet.

Wir richteten jetzt den Curs auf Augnak (oder Rourfoak), wo
wir Mannschaft für die Fahrt über die Baffins-Bai wie auch Wegweiser für die Haseninsel erhalten sollten. Nebel hinderte uns jedoch,
schon am Abend in Augnak einzulaufen und wir kamen dort erst
am Morgen des 10. an. Der Vorsteher dieser Handelsstation war
verreist, sodaß wir die Kohlen, welche man uns in Ritenbenk versprochen hatte, nicht erhalten konnten, doch bekamen wir fünf Eskimos, von denen einer nach der Haseninsel mitfolgen, die andern
auf dem Schiff bei Lothungen u. dgl. Dienste thun sollten. Gegen
10 Uhr vormittags wurden Kolthoff und ich nebst Nils und einem
Augnak-Eskimo auf der Insel aus Land gesetzt, worauf die
„Sofia" westwärts weiter ging. Die Haseninsel ist eine vor dem
Waigat gelegene, ungefähr 19 km lange Insel, welche zum größten
Theil aus Basaltbetten besteht. Eine Bergspitze auf dem südlichen
Theile der Insel ist 1640 Fuß hoch, aber der bei weitem größte
Theil ist ein viel niedrigeres, vermuthlich 5–600 Fuß über dem
Meere gelegenes Plateau. Auf der nordöstlichen Seite der Insel,
bei Aumarutigiat, finden sich zwischen den Basaltbetten Lager von
Kohle, Thon und Thoneisenstein u. s. w., aus denen Steenstrup eine
werthvolle Sammlung von Blattabdrücken heimgeführt hat. In der
braunkohlenähnlichen Kohle kommt auch ein fossiles Harz (Retinit)
in großen Mengen vor. Der Fundort ist deshalb von großer Bedeutung, weil die pflanzenführenden Schichten abgelagert wurden
während die Basaltbildung noch stattfand; ein Theil der Blätter liegt
sogar in einem von vulkanischer Asche gebildeten Tuffstein. Man
kann also aus den Pflanzenfossilien ersehen, daß die
Basaltausbrüche hier, gleichwie nahezu überall sowol in

Europa wie auch in Amerika, in der Tertiärzeit stattgefunden haben.

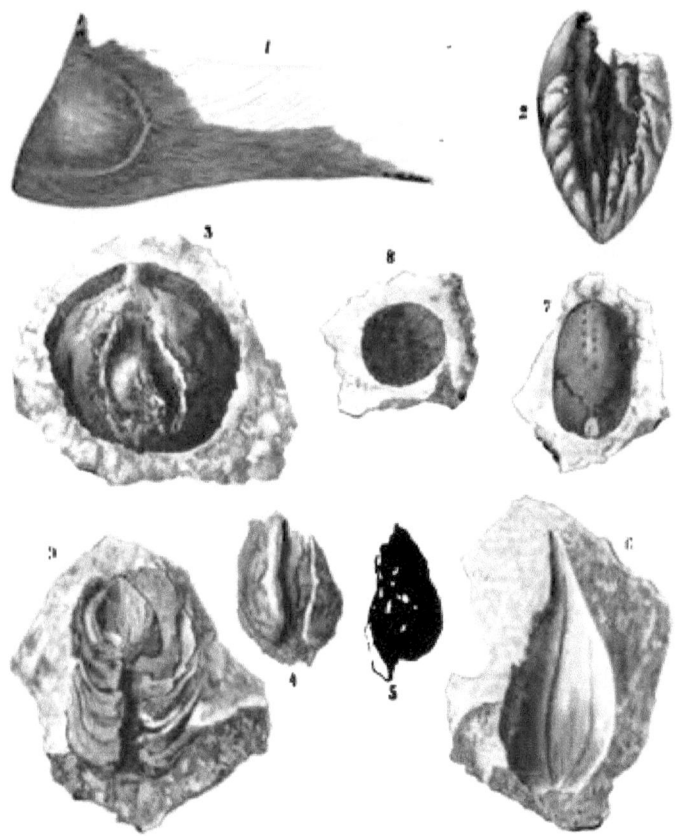

Tertiäre Früchte und ein Zapfen von der Haseninsel.
(Nach der Natur, alle in natürlicher Größe.)

1. Flügelfrucht (Fragment) des Ahorn. 2, 3. Früchte von zwei verschiedenen Wallnußarten.
4, 5. Kern einer Wallnußfrucht, von verschiedenen Seiten gesehen. 6. Frucht von Carva.
7, 8. Noch nicht bestimmte Frucht. 9. Tannenzapfen (Pinus M'Clurei Hr.).

Wir schlugen unser Zelt 2 bis 3 km nördlich von Aumarutigiat
neben einer alten Eskimoruine auf dem einzigen geeigneten Platze
auf, der zu entdecken war, in allen Hinsichten aber sich als vorzüglich

erwies, indem er nicht nur vor dem Winde geschützt lag, sondern auch klares, für den Lehmbrei in den Bächen des Waigat einen angenehmen Ersatz bietendes Wasser hatte. Ohne allen Verzug begannen wir unsere Arbeiten. Als ich mich nach den Kohlenbrüchen begab, traf ich ein neues pflanzenführendes Lager, das reich an Blattabdrücken aber arm an Arten war, und in welchem ein großblätteriger Ahorn vorherrschte. Kolthoff hatte eine reiche Ernte an Insekten gemacht. Am 11. wehte ein starker Wind, sodaß Kolthoff mir den ganzen Tag beim Einsammeln von Pflanzenfossilien half. Wir trafen dabei unter anderm einige merkwürdige, sehr gut erhaltene Früchte (Fig. 2, 3, S. 317) von verschiedenen Wallnußarten (selbst der Kern, Fig. 4, 5, ausgezeichnet petrificirt), ferner verkieselte Stämme und eine große Menge Blätter an, sodaß wir alle Ursache hatten, mit diesem Tage zufrieden zu sein. Wir waren aber etwas besorgt um die „Sofia", welche mit den heftigen Winden zu kämpfen hatte und welche wir am Abend an der Insel vorüber in das Waigat dampfen sahen. Eine Landung war jetzt bei dem hohen Seegang unmöglich. Am 12. ließ ich die Eskimos zwei leere Fässer, welche ich mitgebracht, an den Fundort von den Pflanzenfossilien tragen und packte diese ein, damit alles fertig sei, falls die „Sofia" eintreffen sollte. Diese Arbeit nahm beinahe den ganzen Tag in Anspruch, und als ich mich nach dem Zelt zurückbegab, sah ich die „Sofia" in weiter Ferne aus dem Waigat kommen. Dies war gewissermaßen eine verfehlte Rechnung, denn ich hatte gehofft, wenigstens einen Tag während der Grönlandsreise Gelegenheit zu haben, mit der Flinte über der Schulter umherstreifen zu können, bisher hatte aber die Zeit dies nicht zugelassen. In Ruginak hatten wir gehört, daß man kürzlich zwei Renthiere auf der Insel gesehen hatte, und diese wollten wir jetzt jagen. Außerdem hatte ich auf dem kurzen Wege vom Zeltplatz nach den Kohlenbrüchen so viele seltene Pflanzen, darunter die für Grönland neue Glyceria Kjellmani, gesehen, daß eine Wanderung um die Insel auch in botanischer Hinsicht ein sehr gutes Ergebniß haben mußte. Da wir jedoch Nordenskiöld nun bald entgegengehen mußten, so konnte jetzt, nachdem die „Sofia" einmal angelangt war, ein längerer Aufenthalt hierselbst nicht in Frage kommen, und nachdem unser Gepäck und die beiden mit Versteinerungen gefüllten Fässer an Bord geschafft und der Eskimo von Ruginak etwas weiter

nach Norden gebracht worden war, wo er mit seinem Kajak zurückgelassen wurde, richteten wir unsern Curs nach Ujaragsugsut, um
dort Kohlen einzunehmen. Wir langten am 13. vormittags gegen
9 Uhr daselbst an.

Forsstrand und Hamberg hatten mit der „Sofia" am 10. die
geplante Fahrt über die Baffins-Bai angetreten und diese Fahrt zu
Anfang auch vielversprechend gefunden. Eine Lothung und sehr
günstiges Treggen waren an diesem Tage gegen 1 Uhr ausgeführt
und die Fahrt dann gegen Westen fortgesetzt worden. Der Wind
ward aber immer stärker, bis er schließlich einem völligen Sturme
glich und die „Sofia" zwang, schon um 6 Uhr nachmittags zu wenden, um in dem schlechten Hafen von Rugsuak Schutz zu suchen, wo
sie aber erst am Morgen des 11. anlangte. Hier gerieth das Fahrzeug
infolge starken Seegangs und der in den Hafen hineintreibenden Eisberge in eine sehr kritische Lage, verlor den Anker nebst Kette und
mußte schließlich, nachdem noch ein Ankertau gerissen war, in dem
stürmischen Wetter den Hafen wieder verlassen. Die Arbeiten an
Bord, für die wenig zahlreiche Besatzung (die Eskimos wurden bei
hohem Seegang krank und zur Arbeit untauglich) schon an und für
sich schwer, waren um so schwerer, da der Steuermann durch
eine Verletzung am Fuße dienstuntauglich geworden war. Nachdem Kapitän Nilsson an mehrern Stellen vergeblich Schutz für das
Fahrzeug gesucht hatte, ging er mit demselben nach Atanekerdluk, in
dessen Hafen spät am Morgen des 12. der Anker fiel. Nachdem hier
eine erforderliche Rast gehalten worden, ging die „Sofia" um 1 Uhr
nachmittags nach der Haseninsel ab, wo sie, wie bereits erwähnt,
Moltboff und mich abholte.

Bei der Ankunft in Ujaragsugsut am 13. nahmen wir die
Kohlenbrecher an Bord und gingen mit ihnen sofort nach Unartoarsuk ab, wo der getroffenen Verabredung gemäß alles zum Brechen
bereit war. Wir nahmen hier 100 Tonnen Kohlen ein, und der
dadurch verursachte Aufenthalt wurde, wie gewöhnlich, zu naturhistorischen Beobachtungen verwandt. Das Kohlenbrechen nahm den
ganzen Tag sowie die Nacht bis 1 Uhr in Anspruch, worauf wir
nach Godhavn abgingen, wo wir gegen 10 Uhr vormittags eintrafen
und sofort weitere 200 Tonnen Kohlen einnahmen. Die Nachrichten, welche wir hier über Nordenskiöld's Landreise erhielten, beun-

rubigten uns anfangs, denn man versicherte, daß die Theilnehmer vor fünf Tagen noch nicht am Eisrande angelangt waren. Ich überlegte deshalb mit Director Hörring die Maßnahmen, welche für einen eventuellen Entsatz zu treffen wären, und erhielt von ihm Briefe an die Vorsteher der Handelsstationen in Egedesminde und Kristians-haab, worin dieselben aufgefordert wurden, mir auf alle Weise behülflich zu sein. Es war nämlich meine Absicht, sofern Nordenskiöld noch nicht zurückgekehrt sein sollte, Observationspartien an den Rand des Inlandeises in alle nahegelegenen Fjorde zu entsenden, selbst aber eine Wanderung auf dem Eise ein Stück längs des Weges der Expedition anzutreten. Aber man konnte mit allem Grund befürchten, daß, wenn die Eiswanderungspartie von einem Unglück betroffen worden war, es beinahe gar keine Aussicht für ihren Entsatz gab, und es war daher gut, daß ein solcher nicht in Frage zu kommen brauchte. An diesem Tage erfuhren wir, daß die Eskimos, welche uns nach Cap York gefolgt waren, hier erzählt hatten, daß die amerikanische Ueberwinterungsexpedition auf Schlitten nach Littleton-Island gekommen sei, und als wir Hans Hendrik darüber befragten, bestätigte er dies. Derselbe blieb auch dabei, als ihn Nordenskiöld in Egedesminde verhörte, und er fügte sogar hinzu, daß „Commandeur" Greely todt sei. Es ist schwer zu sagen, was man von dem Entstehen dieses Gerüchtes glauben soll. Als die Eingeborenen am Cap York erzählten, daß „Rasleigh" todt sei, wurde von all diesem nichts erwähnt, ungeachtet wir eifrig nach weitern Nachrichten fragten. Wir glaubten anfangs, daß unsere Eskimos uns dies mit Absicht verschwiegen hätten, aus Furcht, wir könnten einen Entsatzversuch gegen Norden machen, denn sie waren während der ganzen Zeit, wo das Eis uns am Cap York eingeschlossen hielt, äußerst furchtsam und ängstlich gewesen. Wie man jetzt aber weiß, ist diese Erzählung ganz und gar unwahr. Entweder war das Ganze ein Mißverständniß der Eskimos von Godhavn, oder es war alles von ihnen erfunden worden, denn die biedern Einwohner am Cap York sagten gewiß nicht mehr aus als was sie wußten. Doch hat man seit der Zeit, wo die Nachforschungen nach Franklin begannen, Beispiele gehabt, daß es auch unter den Einwohnern am Cap York Individuen gibt, welche die Dichtung mehr lieben als die Wahrheit. Am 15. erhielten wir einen andern Beweis von der Eigenthümlichkeit der Grönländer.

Wir erfuhren nämlich, daß am vorhergegangenen Tage von Egedesminde ein Kajakmann angekommen war und den hiesigen Eskimos
erzählt hatte, daß Nordenskiöld schon vor einigen Tagen in Ikamiut
angelangt sei. Dieser Kajakmann hatte aber zurückreisen können,
ohne daß die hier wohnenden Dänen etwas von ihm gehört hatten,
und obschon in der Colonie alle Eskimos wußten, was er über
Nordenskiöld berichtet hatte, war es doch niemand eingefallen, diese
freudige Nachricht uns oder den Behörden in Godhavn sofort mitzutheilen. Wir waren demnach am vorhergehenden Tage unnöthig
besorgt gewesen und gingen nun nach beendeter Kohleneinnahme um
7 Uhr nachmittags mit viel leichterm Herzen von Godhavn ab. In
der Nacht wurden wir durch Nebelregen aufgehalten, und so langten
wir erst am folgenden Morgen gegen 10 Uhr in Egedesminde an.
Hier kam Nordenskiöld uns im Boot entgegen, und nach gegenseitigen
herzlichen Begrüßungen waren alle Mann der „Sofia" bald wieder
an Bord beisammen.

Achtes Kapitel.

Die „Sofia" in der Tasiusarsoak Bucht eingeschlossen. — Gefahr bei der Abfahrt von dort. — Die beiden Abtheilungen der Expedition treffen in Egedesminde zusammen. — Fahrt nach Ivigtut und Julianehaab. — Die Brigg „Walfisch". — Ausflug nach dem Igaliko-Fjord. — Die Standinavier-Ruinen in Grönland. — Aeltere archäologische Untersuchungen daselbst. — Verbreitung und Beschaffenheit der Ruinen. — Ist bei Igaliko früher Viehzucht betrieben worden? — Der Mangel an Alterthums gegenständen. — „Glockenmetall." — Das angebliche Brattahlid. — Gegenwärtiger Ackerbau und Viehzucht bei Igaliko. — Insekten und Landmollusken daselbst. — Eigenthümliche Lichtphänomene am Igaliko-Fjord. — Fund von Sodalit Syenit. — Ankunft in Friedrichsthal.

Bevor ich jetzt zur Schilderung unserer übrigen Arbeiten und Fahrten während der Expedition von 1883 zurückgehe, habe ich erst über ein gefährliches und über die Verhältnisse in den Eisfjorden Grönlands Aufschluß gebendes Abenteuer zu berichten, das die „Sofia" bei der Ausfahrt aus dem scheinbar so sichern Hafen am Saume des Inlandeises zu bestehen gehabt hat. Ich selbst war bei dieser Gelegenheit abwesend, und ich muß dieses Vorkommniß daher nach den Aufzeichnungen in dem von Kapitän Nilsson geführten Schiffstagebuch schildern.

Wie der Leser sich erinnern wird, nahm Kapitän Nilsson nebst dem größten Theil von der Besatzung der „Sofia", sowie den Gelehrten und zufälligen Passagieren derselben während der ersten Tage an der Eiswanderung theil, verließ aber mit seinen vielen Begleitern die Hauptpartie wieder am 6. Juli beim 3. Rastplatz auf dem Eise. Der Kapitän hatte den Befehl erhalten, nach seiner Rückkunft zum Schiffe den Aulaitsivik jobald wie möglich zu verlassen,

nach Godhavn zu gehen, Hans Hendrik an Bord zu nehmen und
dann nach der Stelle im Waigat zu dampfen, wo Dr. Nathorst und
Herr Hamberg mit ihren Begleitern gelandet worden waren. Hier
sollte sich die „Sofia" Dr. Nathorst bis zum 14. Juli für Forschungsfahrten im Waigat und für den (bereits beschriebenen) Ausflug nach
Cap York zur Verfügung stellen.

Auf dem Rückwege nach dem Hafen kam nichts Bemerkenswerthes vor. Alle erreichten am 7. Juli das Schiff wohlbehalten,
wenngleich etwas ermüdet. Bei ihrer Rückkunft war an Bord alles
in bester Ordnung und das Schiff zur Abreise fertig.

Ueber die Begebenheiten der folgenden Tage sagt das Schiffstagebuch Folgendes:

„Sonntag, 8. Juli. Der von Baron Nordenskiöld erhaltenen
Ordre gemäß habe ich heute Proviant für zehn Mann für 14 Tage
abgewogen und denselben nebst Reservekleidern für die Eisexpedition
ans Land geschafft. Außerdem lasse ich hier für Rechnung dieser
Expedition ein Zelt, ein Walfängerboot und einige Eskimos zurück,
welche die Rückkunft derselben hier erwarten sollen. Nachdem wir
hier alles in Ordnung gebracht und den Hafen sorgfältig ausgelothet
hatten, lichteten wir abends 10 Uhr den Anker, aber jetzt war die
ganze Tasiusarsoak-Bucht voll Eis. Ich versuchte mich durch dasselbe
hindurchzuarbeiten, blieb aber gegen Mitternacht zwischen festen Grund-
eisstücken hängen, zwischen denen sich Schneebrei bis zu einer un-
glaublichen Dicke und Dichtigkeit angehäuft hatte. Um 1 Uhr morgens gelang es mir aber nach großen Anstrengungen freizukommen.
Da ich die Unmöglichkeit einsah, mich hier hindurchzuarbeiten, hielt
ich es für das räthlichste, wieder nach dem Sofia-Hafen zurückzukehren und dort Veränderungen in der Lage des Eises abzuwarten.
Hier erfuhr ich, daß der hier in das Meer hinausschießende Theil
des Inlandeises in meiner Abwesenheit verschiedene male „gekalbt"[1]
hatte. Dasselbe geschah auch heute (am 8.) gegen Mittag, wo eine

---

[1] Ein in das Meer oder einen Binnensee sich ausdehnender Gletscher „kalbt",
wenn Eisberge oder größere Eisblöcke von dem Saume des Gletschers herabfallen
oder dadurch von ihm abgebrochen werden, daß das Wasser diese Stücke von dem
äußersten in dasselbe hinaustreibenden Theil des Eises in die Höhe hebt. Namentlich auf letztere Weise entstehen die größern Eisberge. In beiden Fällen ist das
Kalben von einem großen Getöse und Gekrache begleitet.

größere Flutwelle sich in den Hafen hereinstürzte und das Wasser infolge dessen plötzlich ungefähr zwei Fuß stieg. Die Eismassen, welche sich vom Inlandeise abgetrennt haben, hatten uns jetzt total eingeschlossen. Die Wirkung dieses Phänomens war mir ganz unbekannt und vermuthlich zum Theil auch dem Professor, denn sonst, glaube ich, hätte er die „Sofia" wol nicht hierherführen wollen.

Montag, 9. Juli. Vor Anker im Sofia-Hafen. Frische Brise aus Südost bei klarer Luft.

Dienstag, 10. Juli. Frische Brise aus Südost bei klarer Luft. Das Eis fängt an sich etwas zu zerstreuen, und in der am weitesten nach innen gelegenen Bucht des Tasiusarsoak hat sich eine offene Stelle gebildet. Wir hoffen bald aus unserer Gefangenschaft freizukommen.

Mittwoch, 11. Juli. Heute Nacht hat das Inlandeis wieder gekalbt, und infolge dessen ist das Wasser im Hafen 6 bis 8 Fuß gestiegen und hat den Eskimos das Walfängerboot fortgerissen, was diese für Rechnung der Expedition hierhergebracht hatten. Dasselbe wurde jedoch, mit Wasser gefüllt und vom Eise zerdrückt, draußen an der Eiskante wiedergefunden. Mast, Segel, Ruder und Steuer fehlten. Wir bugsirten das Boot in den Hafen zurück, zogen es hoch aufs Land hinauf, reparirten es, so gut es sich in der Eile thun ließ, und ersetzten die verloren gegangenen Ruder durch neue.[1]

Das Eis im Tasiusarsoak ist infolge des heftigen Kalbens jetzt mehr zusammengepreßt als vorher. Von dem Inlandeise hört man oft ein sehr starkes, langandauerndes, donnerähnliches Getöse und heftige laute Knalle. Die in das Meer hinaus sich ausdehnende Eismasse scheint in der Mitte geborsten zu sein und hat sich zu einem furcht-

---

[1] Dieses Ereigniß wurde mir in gebrochenem Dänisch und mit sehr lebhaften Worten und Gebärden auch von Pinie Brandt geschildert, dem Vormann der Eskimos, welche hier die Rückkunft der Eispartie erwarten sollten. Nach Brandt's Schilderung zu schließen, war die durch das Kalben des Eises entstandene Woge bis in das auf dem Strande aufgeschlagene Zelt der Eskimos gedrungen und hatte beinahe alle seine Bewohner ertränkt, welche hier, gesund und wohl, der nicht nur von den Völkern des Südens hochgeschätzten Beschäftigung des dolce far niente oblagen.

Der mit Eis angefüllte Tasinsarsoak, von einer Anhöhe bei Lohahafen gesehen.
Nach einer Zeichnung von K. Weber.

S. 356.

bar hohen Rücken emporgehoben.[1] Es ist wenig Aussicht vorhanden, aus dieser Klemme zu entkommen.

Donnerstag, 12. Juli. Schwacher Südostwind bei klarer Luft. Das Eis scheint keine weitern Veränderungen zu erleiden, und da ein großer Theil der Arbeiten, welche die Expedition zu verrichten hat, aufgeschoben werden muß, wenn wir noch länger hier liegen bleiben, so habe ich beschlossen, einen neuen Versuch zu machen das Eis zu forciren, um die Reise fortsetzen zu können.

Der Tasiusarsoak ist mit dem eigentlichen Aulaitsivik-Fjord durch einen sehr schmalen Sund verbunden, den man beim Ein- und Auslaufen zu passiren genöthigt ist. Durch diesen Sund laufen unglaublich gewaltsame, durch das Flutwasser verursachte und nur zur Zeit des Stromwechsels passirbare Wirbelströme. Berechnend, den Sund gerade zu dieser Zeit zu erreichen, lichtete ich, nachdem an Bord alles seeklar gemacht worden, um 7 Uhr nachmittags den Anker. Bald darauf befanden wir uns zwischen dem Eise, und es gelang mir, mit geringer Dampfkraft durch das zusammengepackte und dicht zusammengepreßt zwischen den Eisbergen liegende Kleineis zu kommen, bis nach ein paar Stunden das Eis so dicht wurde, daß eine größere Dampfkraft angewendet werden mußte. Jetzt sah man nicht die geringste Spur einer Oeffnung zwischen dem Eise. Ich setzte die Fahrt fort, in der Hoffnung, näher am Sunde weniger dichtes Eis anzutreffen, und es gelang mir wirklich, noch ein Stück weiter zu kommen, bis die „Sofia" schließlich ganz und gar festsaß. Ich war jetzt dem Sunde so nahe, daß ich dann, wenn das Flutwasser wieder seine größte Geschwindigkeit erreicht hatte, eine allzu starke Pressung befürchtete. Es war deshalb nothwendig, daß wir uns durch den Sund hindurch zu zwängen suchten, was uns auch schließlich dadurch gelang, daß wir abwechselnd vor- und rückwärts gingen und die Eisstücke

---

[1] Kapitän Nilsson hat hier Gelegenheit gehabt zu sehen, wie Eisberge durch Emporhebung der in das Meer hinaustreibenden Eismasse entstehen, ein Vorgang, der, soviel man weiß, vorher nur einmal von einem Europäer in der Nähe beobachtet worden ist, nämlich von Amund Helland (Om de isfyldte Fjorde og de glaciale Dannelser i Nord-Grönland, im: Archiv for Mathematik og Naturvidenskab, I. Christiania 1876. Vergl. auch: Meddelelser om Grönland, 6. Heft, S. 21 und 97). Das Kalben durch Herabfallen von Eismassen vom Saume der Gletscher hab ich selbst mehrmals beobachtet.

mit Hebebäumen zur Seite schoben. Hier fing nun der Eisbrei zwar an dünner zu werden, aber infolge des Aufenthalts auf dem Wege hierher kamen wir zu spät, um den Stromwechsel benutzen zu können. Das Wasser strömte bereits mit unglaublicher Geschwindigkeit aus dem Fjord heraus und führte große Eisberge und Eisfelder zu uns herab. Anfangs gelang es mir auszuweichen, aber das Eis wurde immer dichter und fing an nach allen Richtungen umherzuwirbeln. Ein größeres Eisfeld kam uns in den Weg. Ich vermochte nicht hindurchzukommen, trotzdem ich mit vollem Dampf vorwärts ging. Mit diesem Eisfeld vor dem Steven wurde die „Sofia" gegen das Land zurückgedrängt. Ich backte mit vollerm Dampf, um auf diese Weise freizukommen, aber gleich darauf hatte ich einen Eisberg vor der Schraube, sodaß das Rückwärtsgehen zur Unmöglichkeit wurde. Wieder ging es mit vollem Dampf vorwärts, um die „Sofia" solange wie möglich vom Lande abzuhalten. Ich hoffte, daß ein glücklicher Zufall unsere verzweifelte Lage bessern würde. Lange dauerte es auch nicht, als ein großer Eisberg gegen das Eisfeld herabgewirbelt kam, welches sich an uns festgesetzt hatte. Dieses wurde nun sofort von uns losgerissen und nebst dem Eisberg vom Strome fortgeführt. Wieder war die „Sofia" befreit, und sie hielt sich jetzt mit Leichtigkeit zwischen den noch immer heranstürmenden Eismassen. Dieselben nahmen jedoch jetzt mehr und mehr ab. Um 1 Uhr war beinahe alles Eis passirt und die Strömung war jetzt gleichmäßiger. Mit großer Freude sahen wir jetzt die Tasiusarsoak-Bucht verschwinden und das Fahrzeug in fast eisfreiem Wasser dahindampfen."

Ein ferneres Abenteuer hatte Kapitän Nilsson auf der Fahrt nach dem Waigat nicht. Am 13. langte er in Kangaitsiak an, wo der jetzige erste Vorsteher Grönlands, der Director Hörring, nebst seinem in Leder gekleideten Gefolge die Expedition verließ. Hier wurde die „Sofia" genau untersucht und unbeschädigt befunden; nur etliche leichte Beulen am Rumpfe und einige Schrammen an einem der Schraubenflügel erinnerten an ihren schweren Kampf mit dem Eise. Lange aber wird ihre Fahrt durch die gefährliche Einfahrt zum Tasiusarsoak in der Erinnerung der Passagiere und der Besatzung fortleben, vornehmlich aber werden sich ihrer die Eskimos erinnern, die sich hier an Bord der „Sofia" befanden. Ja, ich glaube wol, daß die Schilderung von der Fahrt der „Sofia" bei den

Bewohnern dieser Gegend von Mund zu Mund geben, vielleicht
sogar durch einen Artikel im „Atuagagliutit" sich über immer
weitere Kreise verbreiten wird, bis sie in der reichen Sagenwelt der
Eskimos schließlich ein Seitenstück zu der Erzählung von dem Umiak
bildet, der mit Männern, Hunden, Weibern und Kindern seinen
Untergang zwischen den Wirbeln gefunden hat, zwischen denen die
„Sofia" sich sogar mit Hülfe des Dampfes nur mit Schwierigkeit
zu halten vermochte.

In Godhavn, wo die „Sofia" anlegte, um Hans Hendrik an
Bord zu nehmen, traf sie die amerikanische Expedition unter dem
Befehle des Lieutenant Garlington, welche ausgeschickt war, um
Greely Hülfe zu bringen. Diese Expedition, die sich jetzt an Bord
des Walfischjängerschiffs „Proteus", Kapitän Reclide Pike, befand,
welches von der Corvette „Yantic", Commandant Frank Wildes,
escortirt wurde, erreichte ihr Ziel bekanntlich nicht, indem der
Dampfer „Proteus" am 23. Juli im Smith-Sund vom Eise zerschnitten wurde.

Am 15. Juli ankerte die „Sofia" bei Atanekerdluk, wo Dr. Nathorst
an Bord ging und den Befehl über die Expedition für die Zeit
meiner Abwesenheit übernahm. Ueber seine interessanten und für
die Wissenschaft wichtigen Fahrten ist in den vorhergehenden Kapiteln
berichtet worden.

Als die „Sofia" jetzt wieder bei Egedesminde vor Anker ging,
waren alle Mann gesund, das Schiff mit reichen naturwissenschaftlichen Schätzen beladen aus den Ländern und Meeren, welche Nathorst
und seine Begleiter besucht hatten, und an Bord alles in gutem
Zustande, ausgenommen, daß die „Sofia" in der Campagne auf der
Fahrt gegen Norden einen Anker und 40 Faden Kette verloren und
noch einige weitere Beulen in seine zähen Platten bekommen hatte.
War Dr. Nathorst auch durch unvorhergesehene Schwierigkeiten verhindert worden, bis zu den räthselhaften und für mich höchst
interessanten Eisensteinen bei Sovalik zu gelangen, so wurde dies
doch in reichem Maße durch die Sammlungen aufgewogen, welche er
von den Gestaden des Waigat heimgeführt hat.

Ich war in großer Sorge um die „Sofia" gewesen, denn schon
bei der Rückkehr von Egedesminde konnte ich aus den Berichten über
die Eisaussichten für dieses Jahr schließen, daß die Eisverhältnisse
in der Baffins-Bai ungünstiger gewesen waren als ich berechnet hatte,
als ich eine Reise der „Sofia" nach Cap York in den Arbeitsplan
für die Expedition aufnahm — eine Reise, die in gewöhnlichen
Jahren nicht mit allzu großen Schwierigkeiten verbunden sein dürfte.
In diesem Jahre aber ist außer der „Sofia" wol nur ein einziges
Schiff so weit nördlich wie bis zum Cap York vorgedrungen, und
dieses Fahrzeug, der vorerwähnte starkgebaute Dampfer „Proteus",
wurde dort oben unter so ungünstigen Verhältnissen zermalmt, daß
seine Besatzung sich nur mit Mühe retten konnte. Daß man dagegen auf der „Sofia" wiederum sehr um die Eiswanderer besorgt
gewesen ist, ist selbstverständlich. Kein Wunder daher, daß die
wenigen Stunden, welche die „Sofia" sich diesmal in Egedesminde
aufhielt, um die Eisausrüstung an Bord zu nehmen und den Anker,
den sie im Hafen von Rugsuak zurücklassen mußte, durch einen neuen zu
ersetzen, zu einem pflichtschuldigen Abschiedsfest für unsere freundlichen
Wirthe in der Colonie, sowie zu einem Begrüßungsfest zwischen der
„Partei York" und der „Partei Inlandeis" benutzt wurden. Die
„Sofia" war bei ihrer Rückkunft nach Egedesminde vollkommen
segelfertig, und schon am Tage ihrer Ankunft, um 5 Uhr nachmittags,
wurde der Anker wieder gelichtet. Unser nächstes Ziel war jetzt
Jvigtut, wo, wie der Leser sich erinnern dürfte, ein Kohlen- und
Proviantdepot für die Expedition errichtet war, und wo die letzten
Vorbereitungen zur Fahrt längs der Ostküste Grönlands getroffen
werden sollten.

Infolge von Eisbergen, Treibeis und Rebel ging die Ueberfahrt
diesmal ziemlich langsam von statten, sodaß der Anker erst am
19. August, nach einer Fahrt von 70 Stunden, im Hafen von Jvigtut
wieder herabgelassen werden konnte. Drei Schiffe lagen gegenwärtig
in diesem Hafen vor Anker, nämlich der von M'Clintock's Polarexpedition von 1857—59 berühmte Dampfer „Fox" und zwei für den
Transport von Kryolith bestimmte dänische Segelschiffe. Das eine
dieser beiden Schiffe hatte auf seiner Herreise im letzten Frühjahr
im Treibeis schwere Havarie erlitten und lag jetzt in Reparatur. Der
„Fox" hat seit 1860, unter dem Befehl von Allen Young, bei den

hydrographischen Untersuchungen Dienst gethan, welche im nördlichen
Theil des Atlantischen Oceans angestellt worden sind, um die Möglich=
keit zu erforschen, ein Telegraphenkabel über die Färöer, Island und
Grönland zu legen.[1] Das Schiff ist gegenwärtig im Besitz der
Kryolith=Gesellschaft und hat die Verbindung zwischen Dänemark
und Ivigtut zu unterhalten.

Ich hielt mich in Ivigtut nur solange auf, als unumgänglich
nöthig war, um verschiedenen hierher geschickten Proviant sowie von

Die Kirche in Egedesminde.
Nach einer Aufnahme des Photographen der Expedition.

dem durch die Kryolith=Gesellschaft für Rechnung der Expedition hier
angelegten Kohlenvorrath soviel an Bord zu nehmen, als die „Sofia“
zu laden vermochte. Um mehr Raum hierfür zu gewinnen,
schickte ich mit den Schiffen der Gesellschaft einen Theil der jetzt
nicht länger erforderlichen Ausrüstung und das meiste von den
noch an Bord befindlichen Resten der von uns in diesem Sommer
angelegten Sammlungen nach Hause, wozu noch einige Prachtstücke

<hr />

[1] Diese Reise ist in populärer Weise geschildert in Th. Zeilau, Fox-Ex=
peditionen i Aaret 1860 (Kopenhagen 1861).

von den hauptsächlichsten Steinarten des Kryolithbruches kamen, welche die Expedition von dem gegen die schwedischen Grönlands= fahrer besonders zuvorkommenden und gastfreien Director Haureberg zum Geschenk erhalten hatte.

Als die „Sofia" Ivigtut verließ, war sie mit Kohlen für vollen Gang auf elf Tage versehen, was einer bei gutem Wetter zurück= zulegenden Wegstrecke von über 2000 Seemeilen entsprach, und ihre Besatzung hatte reichlich Proviant für 12 Monate. Unser Aufenthalt an dieser Stelle wurde übrigens zu hydrographischen Arbeiten und zum Dreggen im Fjord, sowie zu geologischen, zoologischen und bota= nischen Ausflügen benutzt, unter anderm auch nach einem nahegelegenen Thal, welches vermuthlich wegen seiner reichen Vegetation den Namen Grönnedal (Grünthal) erhalten hat, sowie nach der Stelle, wo das Inlandeis in den Arsuk=Fjord hinaustreibt. Von dem Aus= fluge nach der erstern Stelle brachte Herr Kolthoff verschiedene seltene Schmetterlinge und andere Insekten heim. Von der botanischen Aus= beute verdienen hübsche blühende Exemplare von der uns Schweden so lieben Linnaea borealis genannt zu werden, welche in den dichten Weidengebüschen in der Nähe der Colonie in reicher Zahl vorkam. Dieselbe war vorher von Grönland nicht bekannt, ist aber später von der dänischen Expedition mit der „Fylla" noch unter 67° nördl. Br. angetroffen worden. Außerdem studirten die Botaniker hier eine große Zahl weniger hübscher, dafür aber nicht weniger interessanter Unkrautarten, welche mit Culturpflanzen, Ballast u. dgl. von Europa hier eingeführt sind und sich in dem neuen Boden sehr bald verbreitet haben. Ueber dieselben hat Dr. Berlin nachstehendes Verzeichniß angefertigt, welches ich hier mittheile, indem ich annehme, daß dasselbe für die Kenntniß von der Verbreitungsweise der Pflanzen in neuen Gebieten von Interesse sein dürfte.

Unkraut und Ballastpflanzen bei Ivigtut:

Chelidonium majus *L.*	Cochlearia officinalis *L.*
Brassica Napus *L.*	Thlaspi arvense *L.*
Sinapis arvensis *L.*	Capsella bursa pastoris (*L.*) *Med.*
Spergula arvensis *L.*	Centaurea Jacea *L.*
Erodium cicutarium (*L.*) *L'Her.*	Sonchus oleraceus *L.*
Medicago lupulina *L.*	Lycopsis arvensis *L.*
Trifolium repens *L.*	Verbascum Thapsus *L.*

Ervum hirsutum *L.*	Laminum purpureum *L.*
Rubus idaeus *L.*	„ amplexicaule *L.*
Galium Aparine *L.*	Plantago major *L.*
Senecio vulgaris *L.*	Chenopodium album *L.*
Anthemis arvensis *L.*	Rumex domesticus *Hn.*
Matricaria inodora *L.*	Polygonum Convolvulus *L.*
Artemisia vulgaris *L.*	„ lapathifolium *Ait.*
Lappa tomentosa *(Mill.) Lam.*	Urtica urens *L.*
Cirsium arvense *(L.) Scop.*	Cannabis sativa *L.*[1]

Am 23. August frühmorgens wurde der Anker wieder ge=
lichtet. Der Weg wurde innerhalb der Scheeren nach Julianehaab
genommen, wo wir an demselben Tage spät am Abend ankamen.
Unterwegs begegneten wir der Brigg „Hvalfisken" (Walfisch), welche
dem Grönländischen Handel angehört und mir seit meiner Reise
nach Grönland im Jahre 1870 wohlbekannt ist. Ich gebrauchte da=
mals zur Ueberfahrt von Kopenhagen nach Godhavn mit diesem
Fahrzeug beinahe acht Wochen. Jetzt war dasselbe, wie man sagte,
von Dänemark nach Julianehaab nahezu vier Monate unterwegs
gewesen. Es ist also nicht gerade ein Schnellsegler, aber dieser
„Walfisch" ist auch fast 100 Jahre alt. Derselbe war im Dienste des
Grönländischen Handels zu Nelson's Zeit Kapereien ausgesetzt, und
er war damals schon nicht mehr jung. Daß ein Segelschiff während
einer so langen Zeit zu Fahrten nach dem eisreichen Fahrwasser Grön=
lands verwendet werden konnte, spricht nicht nur für die Tüchtig=
keit der Führung und der Besatzung, sondern es dürfte auch darthun,
daß dieses Fahrwasser eigentlich doch nicht so gefährlich ist, wie viele
sich vorstellen.

Ich lief Julianehaab an, weil der Colonialvorsteher Carl Lützen
bei meinem Besuch auf der Hinreise versprochen hatte, der Ex=
pedition ein paar Schlachtochsen zu liefern und mir einen Eskimo=
dolmetscher zu besorgen, welcher willig wäre, uns an die Ostküste zu
begleiten.

Der Katechet, der hierzu ausersehen war, bekam jedoch uner=
wartete Verhinderung. Schon ehe der Anker gefallen war, erhielt

---

[1] Von diesen 32 Arten sind vorher in Grönland nur 3, Capsella, Rumex und
Urtica, angetroffen worden.

ich Nachricht hiervon durch Lützen selbst, welcher dem Fahrzeuge in einem Boote entgegenkam, um es in der Dunkelheit in den Hafen zu lootsen. Er stellte auch der Expedition alles zur Verfügung, was an Proviant, Kohlen u. s. w. entbehrt werden konnte. Hiervon machte ich Gebrauch, nicht allein um die Kohlen zu ersetzen, welche auf der Reise von Iwigtut nach Julianehaab verbraucht worden waren, sondern auch um ohne Verringerung unsers eigenen Kohlenvorraths mit der „Sofia" einen Ausflug nach dem Innern des Igaliko-Fjord zu machen, wo nach der Meinung vieler Gelehrten Erik des Rothen Hof Brattahlid gelegen haben soll.

Am 24. August dampften wir also frühmorgens, von einigen Herren und „Lootsen" begleitet, von der Colonie ab in das Innere des Fjord, wo wir nach einer mehrstündigen Fahrt beim herrlichsten Wetter an der Stelle, Igaliko, Anker warfen, nach welcher der Fjord seinen Namen hat.

Die Bucht selbst war hier im Innern von grünenden Grasflächen umgeben, welche nach grönländischen Ansprüchen sehr ausgedehnt waren. Auf diesen trifft man steinerne Grundmauern von einer Menge alter Häuser.

Der Name Igaliko deutet auch hierauf hin; derselbe bedeutet nämlich „Essenkochen" oder „Kochplatz".[1] Obgleich die hier befindlichen Alterthumsüberreste die ausgedehntesten sind, welche auf Grönland angetroffen worden sind, waren sie doch unbedeutender als ich erwartet hatte. Die Grundmauern des Hofes selbst, welcher als Erik dem Rothen gehörig angesehen wird — obgleich, wie später gezeigt werden wird, dies nur schwach begründet ist — deuten auf ein Haus, das kleiner ist als die gewöhnlichen Bauernhütten in Schweden. Ich werde jedoch den Leser nicht mit einer genauen Beschreibung der Ruinen dieser Stelle aufhalten, sondern will nur für diejenigen, welche sich aus einem oder dem andern Grunde hierfür interessiren, auf früher angeführte Aufsätze in: Grönlands historiske Mindesmærker.

---

[1] Nach Rink. Cranz nennt die Stelle Igalak (= Tarmienster), Thorhallesen dagegen Iggalik. Es ist möglich, daß im Laufe der Zeit eine Umgestaltung der Namen stattgefunden hat. Der Name Igalak könnte darauf hindeuten, daß hier eine schmale und niedrige, von hohen Bergen umgebene Uebergangsstelle nach dem Tunugdliarfik-Fjord ist.

III, 810, und Meddelelser om Grönland. IV, 111, sowie auf die beigefügten Abbildungen verweisen (S. 334, 335). Dagegen kann ich diese interessante Frage nicht verlassen, ohne eine kurze Uebersicht der wichtigsten auf diesem Gebiete gemachten Untersuchungen und eine Kritik über die nicht immer berechtigten Dogmen zu geben, welche auf Grund dieser Untersuchungen proclamirt worden sind.

Hans Egede war der erste[1], welcher die Aufmerksamkeit auf die Ueberreste altnordischer Wohnplätze lenkte, welche an vielen Stellen auf der Westküste Grönlands gefunden werden, besonders im Innern der großen Fjorde, die tief in den südwestlichen Theil des Landes einschneiden. In seinem Tagebuch sagt er unterm 20. October 1722 darüber Folgendes[2]:

Bißhero hatten wir noch nicht gehöret, noch auf einige Art vernommen, daß allda in der Nähe einige Rudera oder Vestigia von den alten Nordischen Leuten ihren Wohnungen, so allda ehedem im Lande gewohnet, annoch sollten anzutreffen seyn. Als aber 3 junge Grönländer von unsern Nachbahren, den 24. zu uns kamen, und schlechten Wetters halber des Nachts bei uns bleiben mußten, erzehleten sie unter andern, daß ohngefehr 3 Tage-Reise von uns nach Osten zu, in dem so genannten Baals-Revier, ein großes Stein-gemauertes Haus zu sehen wäre, so vor langer Zeit, nach Bericht ihrer Väter, von den Kablunaten soll erbauet seyn, (also nennen sie uns und alle andere Nationen.) Die aber so es erbauet, wären vorlängst gestorben, so daß nur hier und dar noch die Plätze zu sehen seyn, darauf sie gewohnet, nebst einigen zerfallenen Hütten. Die Wahrheit nun deßfalls zu erfahren, war wegen der jetzigen Jahres-Zeit keine Gelegenheit darzu, wurde aber nachgehends von mir in allem so befunden.

Egede selbst sah derartige Ruinen zum ersten mal am 18. April 1723 in dem Ameralik-Fjord und später auf seinen vielen Reisen an einer Menge anderer Stellen. Die Grönländer sagten immer, daß es Kablunat-Wohnungen wären, welche weder während ihrer noch

---

[1] Schon in: „Christian Lunds Indberetning til Kong Friderich den 3ilje af 28 Martii 1664", über David Danell's Reisen nach Grönland 1652 und 1653, wird beiläufig von Ruinen altnordischer Wohnungen gesprochen. Man vergleiche John Erichsen's „Udtog af Lunds Indberetning" etc. (Kopenhagen 1787), S. 46.

[2] Ausführliche und wahrhafte Nachricht vom Anfange und Fortgange der Grönländischen Mißion u. s. w. von Hans Egede (Hamburg 1740), S. 50—51.

ihrer Väter Zeit bewohnt gewesen wären. Außerdem machten die
Eskimos auf den reichen Graswuchs in der Nähe solcher Hütten auf=
merksam, welchen Egede als Beweis dafür ansah, daß der Wohnplatz

Ruine am Igaliko-Fjord.
Nach einer Aufnahme des Photographen der Expedition.

so bequem wie möglich für den Betrieb von Ackerbau und Viehzucht
angelegt worden war. Daß der Graswuchs in der unmittelbaren
Nachbarschaft dieser Alterthumsreste auf der Fruchtbarkeit beruht
haben könnte, welche der Abfall von Jagd und Fischfang der

Erde gibt, scheint er in seiner vorgefaßten Meinung, daß die Be-
wohner dieser Gegenden von der Viehzucht gelebt hätten, nicht in
Betracht gezogen zu haben. Hierbei mag bemerkt werden, daß die
Benennung Kablunak von den Grönländern ursprünglich als all-
gemeine Bezeichnung für Leute gebraucht wurde, welche nicht ihrer
Rasse angehörten, und daß sie also den „Barbaren" der Griechen

Ruine auf einer Insel im Igaliko-Fjord.
Nach einer Aufnahme des Photographen der Expedition.

und Römer, den „Franken" der Morgenländer, den „Fan-kwei" der
Chinesen entspricht, und wenn der Ausdruck „Kablunak" der Grönländer in irgendeinem etymologischen Zusammenhang mit dem
Worte „kablunarpok" steht, so ist er in der That nicht schmeichel-
haft für die Fremdlinge.

Nach Egede's Zeit sind Untersuchungen alter Bauplätze nicht nur
oft für Rechnung des dänischen Staats und dänischer gelehrten Gesell-

schaften angestellt worden, sondern sind auch eine beliebte Beschäf=
tigung für viele Beamte des dänischen Handels und beinahe für alle
das Land besuchenden Reisenden gewesen. Mehr oder weniger um=
fassende Beschreibungen der hierbei gemachten Beobachtungen sind
veröffentlicht worden von Peder Olsen Walløe, welcher 1751—53
den District von Julianehaab erforschte[1], von C. Thorhallesen und
A. Olsen, welche die Gegend von Godthaab und die Nachbar=
schaft von Julianehaab untersuchten und beschrieben[2], von
A. Arctander und A. Bruhn, welche 1777—79 die „denkwürdigsten‟
der Fjorde Südwestgrönlands besuchten[3], und von Dr. C. Pingel,
welcher während der Jahre 1828—29 im Auftrage der dänischen
Regierung antiquarische Untersuchungen in Südwestgrönland an=
stellte.[4] Eine ausführliche Uebersicht der Resultate aller dieser Unter=
suchungen wird mitgetheilt in zwei Aufsätzen, die im dritten
Theil von „Grönlands historiske Mindesmærker‟ veröffentlicht sind,
nämlich: „Antiquarisk Chorographie af Grönland, en kortfattet
Udsigt over de der hidtil forefundne Mindesmærker om de
gamle Islændere og Nordmænd‟ (von J. J. Worsaae), und „Udsigt
over Grönlands gamle Geographie‟ (von C. C. Rafn).[5]

---

[1] Samleren, Bd. 1 (Kopenhagen 1787), Nr. 7 fg. (nach Grönlands Hist.
Mindesm.).

[2] Der Originalaufsatz „Efterretning om Rudera og Levninger af de gamle
Nordmænds og Islænderes Byggninger paa Grönlands Vester-Side‟ wurde be=
sonders gedruckt in Kopenhagen 1776 und wieder abgedruckt in „Samlinger til Kundskab om Grønland ved Niels Christian Öst (Kopenhagen 1830).

[3] Ein Auszug aus Arctander's Tagebuch ist von v. Eggers im „Samleren‟,
VI, 1105—1242, mitgetheilt. Arctander wurde eigentlich nach Grönland geschickt,
um dort solche Gegenden aufzusuchen, welche sich für Viehzucht und Ackerbau eignen
könnten. Er glaubte seine Aufgabe am sichersten lösen zu können, indem er die
frühern Wohnungen der Normannen aufsuchte.

[4] Nordisk Tidsskrift for Oldkyndighed, I (1832), S. 94—108. In meh=
rern der folgenden Theile der genannten Zeitschrift und in „Annaler for nordisk
Oldkyndighed‟ hat Dr. Pingel außerdem „Antiquariske Efterretninger fra
Grönland‟ veröffentlicht, welche eine Art Jahresberichte über die Resultate der Unter=
suchungen bilden, welche von 1830—41 meistens von Missionaren und Handelsbeam=
ten und auf Veranstaltung der Nordiske Oldskrift-selskabet angestellt worden.

[5] Die Namen der Verfasser sind bei den einzelnen Aufsätzen nicht angegeben,
ergeben sich aber aus der Vorrede zum 3. Theil des genannten Werkes.

Während der allerletzten Jahre sind die Ruinen des südwestlichen Grönlands wieder Gegenstand einer genauen, auf Kosten des Staates ausgeführten topographisch-archäologischen Untersuchung gewesen durch Premierlieutenant G. F. Holm, Architekt Th. Groth und Candidat C. Petersen[1], und schließlich machte der Missionar Pastor J. Brobbeck im Jahre 1881 die gewissermaßen unerwartete Entdeckung von nordischen Ruinen auch auf der Ostküste Grönlands.[2]

Die grönländischen „Ruinen", welche selten die Größe der Grundmauern eines jetzigen kleinern Bauernhofs haben, sind also wahrscheinlich Gegenstand einer sorgfältigern Untersuchung gewesen, als viele der berühmten Tempelhallen des Alterthums, und man muß in der That den Fleiß und die Ausdauer bewundern, welche die dänischen Forscher hierbei an den Tag gelegt haben. Mitunter scheinen mir jedoch die Untersuchungen selbst etwas einseitig und die von den Gelehrten im Heimatlande daraus gezogenen Resultate etwas übereilt gewesen zu sein. Folgendes sind die Gründe für dieses mein Urtheil, das vielleicht etwas gewagt erscheinen mag, wenn es solche Forscher wie Eggers, Rafn, Worsaae, Rink u. A. betrifft.

Man findet Alterthumsreste in den meisten Fjorden des südwestlichen Grönland, am reichlichsten aber im Baals-Fjord und Ameralik-Fjord im Godthaab-District, sowie in den Ilersoak-, Sermilik-, Tunugdliarfik- und Igaliko-Fjorden in der Nachbarschaft der Colonie Julianehaab. Selten liegen sie außen am Meeresrande, am häufigsten an den Ufern der innersten Fjordarme, manchmal sogar tief ins Land hinein. Die Ruinen, welche nicht gar zu übel zugerichtet sind, können leicht von den Ueberresten der jetzigen Eskimowohnungen unterschieden werden, wenn auch die Baukunst der grönländischen Eskimos wahrscheinlich von der Bauart beeinflußt war, welche bei der skandinavischen Bevölkerung Grönlands in Anwendung war. Dies scheint mir hervorzugehen aus einer Vergleichung zwischen den Winterwohnstätten in Grönland sowie bei den die Gegend der Berings-Straße und den Franklin-Archipel bewohnenden Eskimos.

---

[1] Beskrivelse af Ruiner i Julianehaabs Distrikt, der ere undersögte i Aaret 1880 af G. F. Holm. (Meddelelser om Grönland, 6. Heft, 57—147.)

[2] „Nach Osten" von J. Brobbeck (Riesby 1882).

Die Alterthumsreste, welche man bisher gefunden und untersucht hat, sind hauptsächlich folgender Art:

A) Niedrige, oft in dem Grasteppich verborgene Grundmauern
viereckiger Gebäude, gewöhnlich 4—6 m breit, in ihrer Länge aber
verschieden je nach der Zahl der Wohnräume oder der mit einer
gemeinsamen Mauer aufgeführten Gebäude. Einen genauern Begriff

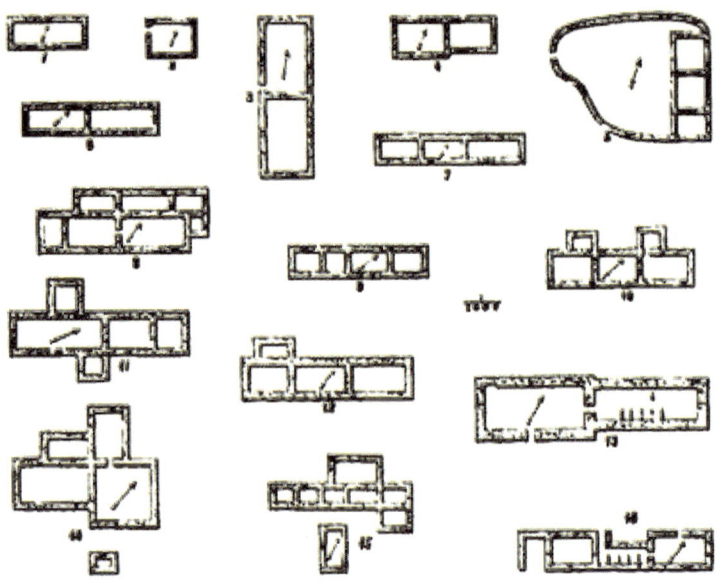

Grundmauern altgrönländischer Ruinen.

Aus „Meddelelser om Grönland", 6. Heft.

1—6 bei Raghariut (Tunugdliarfit); 7—8 bei Korbiortot (Tunugdliarfit); 9—11 zwischen Korbiortot
und Tasiusat in Sermilit; 12—13 von Narof bei Tasiusat; 14 und 16 bei Tingimiut; 15 am See
innerhalb Amitsuarsuk.

der Einrichtung dieser Gebäude erhält man aus vorstehenden
Abbildungen. Schon Thorhallesen behauptete, daß die Einrich-
tungen an die Bauart erinnerten, welche an einigen Stellen in
Island im Gebrauch ist.[1] Die Mauern haben eine Dicke von 1 m

---

[1] Diese äußerst wichtige Frage scheint jedoch noch nicht völlig entschieden zu sein.
K. Steenstrup (Compte rendu du Congrès international des Américanistes,

und darüber. Sie sind ohne Hülfe von Mörtel zusammengefügt. Die Thüröffnung ist klein und von Fenstern findet sich keine Spur. Mitunter sind die Steine in diesen Mauern so ungeheuer groß, daß es sich schwer begreifen läßt, wie es möglich war, dieselben ohne Winde und passende Hebegeräthe genau in ihren Platz einzupassen. Der Flur besteht aus Lehm und Schutt, auf dem man oft Holzkohlenstücke und mitunter sogar Ueberreste von Bretern mit Bruchstücken von Nägeln antrifft. Auch Schlackenstücke und Metalltropfen

Kirchenruine von Kakortok.
Aus „Meddelelser om Grönland", 6. Heft, Taf. 8.

findet man in dem Schutt, welcher den Fußboden bedeckt. Daß alle Häuser, wo Kohlen gefunden wurden, durch Feuer zerstört worden

Copenhagen 1883, S. 108 sagt in Bezug hierauf und zwar in einem Aufsatz zur Vertheidigung der Lehre von der Lage der „Österbygd" (Ostbau) auf der Südwestküste, daß eine Gleichheit zwischen der jetzigen Bauart auf Island und der frühern grönländischen Bauart nicht stattfinde. Statt dessen begnügt er sich mit einer nicht weiter motivirten Erklärung Dr. Kaalund's, daß die Ruinen sehr alter isländischer Häuser den grönländischen gleichen sollten. Es ist jedoch nur eine äußerst geringe Zahl alter Hausplätze auf Island angetroffen worden, und irgendwelche den grönländischen ähnliche Cyklopenbauten gibt es dort nicht. Eigenthümlich ist es, daß, während man in Schweden und Norwegen nicht eine einzige „Ruine" eines Hofes aus dem Ende der Heidenzeit, dagegen aber Tausende von prachtvollen Alterthümern kennt, man von Grönland Hunderte alter Hausplätze, aber mit Ausnahme einiger

22*

seien, ist wenig wahrscheinlich; eher bilden wol die Holzkohlen Ueber-reste der Feuerplätze oder der Schmelzoperationen, durch welche das weiterhin erwähnte „Glockenmetall" hergestellt oder umgeschmolzen wurde.

B) Ueberreste von Kirchen, von denen die umstehend abgebildete Ruine von Kakortok am Igaliko-Fjord die am besten erhaltene ist. Dieses Gebäude wird als aus einer spätern, jedenfalls aber prä-columbischen Zeit stammend angesehen und ist vielleicht nie vollendet gewesen. Es ist das einzige Gebäude, bei dessen Aufführung Mörtel verwendet worden ist.

C) Ringförmige Mauern, fast immer nur von unbedeutendem Durchmesser. Diese haben nach der Ansicht der dänischen Forscher Wachtthürme, Baptisterien oder Glockenthürme gebildet.

D) Ringförmige Steinpflasterungen von wechselndem Umfang. Ein Theil derselben wird für Grundmauern zu runden Häusern und Zelten, andere für Spielplätze, Richtplätze oder Einfriedigungen von Viehplätzen angesehen.

E) Einfriedigungen, Steinwahrzeichen und verschiedene andere zufällige Baulichkeiten verschiedener Art.

F) Begräbnißplätze in der Nähe früherer Kirchen. Die Leichen sind manchmal noch von Resten von Wollstoffen umgeben und liegen oft in Holzkisten, die mit Holznägeln, mitunter auch mit eisernen Nägeln zusammengefügt sind. Oft fehlt sowol Sarg wie Leichenkleid, was wol darauf beruhen dürfte, daß die Todten in Leichenkleidern

Grabfunde nicht eine einzige Antiquität von unbestreitbarem altnordischem Ursprung findet. Uebrigens dürften, a priori beurtheilt, die Häuser der alten Scandinavier auf Grönland den Erdhütten im nördlichsten Norwegen geglichen haben. In diesem Falle war der Unterschied zwischen diesen Häusern und den jetzigen Winterwohnungen der Eingeborenen äußerst gering und, nachdem die Häuser zu Ruinen verfallen, nur für den scharfsinnigen Forscher bemerkbar. Aber bei den bisher angestellten Unter-suchungen in Grönland sind die Ruinen, welche man als nicht nordischen Ursprungs angesehen hatte, vollständig übergangen worden. Wenn nun die eigentlichen nordischen Ruinen in Grönland, ebenso wie im Heimatlande, aus ganz unbe-deutenden, von den Forschern bisher übersehenen Steinhaufen bestehen und die viel besprochenen Hausüberreste an der Südwestküste einen ganz andern Ursprung haben sollten! Um diese Frage mit Sicherheit erledigen zu können, bedarf es eines Ver-gleichungsmaterials, welches nur durch umfassende, in gleicher Richtung angestellte Untersuchungen in Island und den nördlichen Theilen der skandinavischen Halbinsel beschafft werden kann.

aus Zellen begraben waren, von denen jetzt keine Ueberreste mehr
vorhanden sind. [1]

Die Ruinen liegen, wie bereits erwähnt wurde, größtentheils
in den innern, jetzt meistens unbebauten Fjordthälern, wo sich bedeutendere Weideplätze finden, und wo früher sicherlich Gelegenheit
zu reicher Renthierjagd vorhanden war. Das Areal, das man mit
Wiesenland bezeichnen könnte, ist jedoch in Westgrönland so unbedeutend, daß es bei dem in diesen Gegenden herrschenden Klima
ganz bestimmt nicht ausreichendes Grasfutter liefern konnte, um durch
Viehzucht als Hauptnahrungszweig eine Anzahl Familien zu unterhalten, welche, nach den Ruinen zu urtheilen, früher diese Gegenden

---

[1] Möglicherweise rühren diese mit Eisennägeln zusammengefügten Kisten von
älteren Entdeckungsreisen oder holländischen Walfischjägern her. Wenigstens habe
ich eine große Menge ähnlicher Walfischjägergräber auf Spitzbergen gesehen. Wie
angelegen es sich die Walfischjänger sein ließen, am Lande begraben und nicht ins
Meer versenkt zu werden, geht z. B. aus einem Tagebuch über eine Walfischjänger-
fahrt von 1667 hervor, welche in Oeft's „Samlinger til Kundskab om Grönland"
veröffentlicht ist. O. Scoresby's Angabe (Arctic Regions, II, 64), daß der Walfischfang in der Davis-Straße erst 1719 angefangen habe, gilt wol eigentlich für den
mehr systematischen Fang, wenigstens wird in einem 1578 von Anthonie Parkhurst an
Richard Hakluyt geschriebenen Brief, „containing a report of the true state
and commodities of Newfoundland", gesagt, daß zu jener Zeit von Spanien
100 Fahrzeuge ausgesandt wurden, um den Kabeljaufang bei Neufundland oder
Terra Nova zu betreiben, worin die 20 Fahrzeuge nicht eingerechnet waren, welche
zum Walfischfang von Biscaya kamen. Die Zahl der portugiesischen Schiffe betrug
damals 50, der französischen und der englischen je 150. Die Spanier waren nächst
den Engländern am besten für den Fang ausgerüstet. Daß die Walfischjänger von
Biscaya bald weiter nördlich an die Küsten Grönlands zogen, ist für denjenigen,
welcher einige Erfahrung in der Denkweise und den Gewohnheiten der Walfischjänger
hat, eine selbstverständliche Sache, wenn auch diese Reisen niemals einen Platz in
den Annalen der Geographie erhalten haben. Ebenso wenig dürfte irgendjemand, der
mit der Segelschiffahrt bekannt ist, daran zweifeln, daß gar manches der beinahe
nach Tausenden zählenden Fischerfahrzeuge bei Neufundland durch Sturm an die
Westküste von Grönland (Hakluyt, 1. Aufl., S. 671) verschlagen worden ist. Bei
Beurtheilung von Walfischjängerfahrten muß man in Betracht ziehen, daß die mit dem
Namen Grönland nicht nur Spitzbergen, sondern auch die Eisbarrière zwischen diesem
Lande und Jan Mayen bezeichnet wurde. Wenn z. B. der Premierlieutenant Oetting
in einem kleinen, 1834 in Arendal gedruckten Werke seinen „Schiffbruch in der
Nordsee" sowie seine „merkwürdige Rettung sammt Grönlandsreise" beschreibt, so be-
rührt die Reisebeschreibung, welche, nebenbei gesagt, eine vortreffliche Schilderung des
Walfischfanges in der Mitte dieses Jahrhunderts enthält, durchaus nicht Grönland
sondern die eben erwähnte Eisbarrière.

bewohnt haben. Der Hauptnahrungszweig der Bevölkerung durfte
deshalb, wie bei den jetzigen Eskimos, in Jagd und Fischfang
bestanden haben, und nicht, wie gewöhnlich angegeben wird, in Viehzucht; wenn Viehzucht in größerm Maßstabe auf den grönländischen
Wohnsitzen, deren Ruinen bisher Gegenstand der Untersuchung der
Alterthumsforscher gewesen sind, jemals eingeführt gewesen ist, so
muß dieselbe schon nach wenigen Jahren wieder aufgegeben worden
sein. Der Beweis hierfür liegt in Folgendem.

In dem sehr ausführlichen Verzeichniß, welches Lieutenant Holm
über die Funde gibt, die er 1880 bei seinen sorgfältigen Untersuchungen der Alterthumsreste in dem Julianehaab-District gemacht
hat, finden sich nur dreimal Ueberreste von Rindvieh angeführt,
nämlich einmal „ein Stück Sprungbein (Astragalus) einer kleinen
Kuh", ferner „eine Zehe einer kleinen Kuh", sowie etwas Schaf-
wolle oder Haar von Pferd oder Rindvieh.[1] Selbst wenn diese
Bestimmungen vollständig richtig sind und man nicht „das Sprungbein, die Zehe, die Wolle und das Pferdehaar" — anstatt von „einer
kleinen Kuh", einem Schaf oder einem Pferd herzurühren — von einem
Moschusochsen (Ovibos), einem zwischen dem Ochsen und Schaf
stehenden Thier herzuleiten hat, welches noch in Nordgrönland lebt,
und das früher gewiß viel weiter nach Süden hin verbreitet war,
so können diese einzelnen Funde bei Alterthumsresten, welche später
anderthalb Jahrhunderte lang häufig von Europäern besucht worden
sind, für welche Rindfleisch ein Hauptnahrungsmittel bildet und

---

[1] Soweit ich habe finden können, werden an einer andern Stelle in den
vielen Aufsätzen, welche ich über Nachgrabungen an den alten nordischen Hausplätzen gelesen habe, Ueberreste von Rindvieh ausdrücklich erwähnt. Zwar sagt
Pingel an einer Stelle (Ann. for Oldkyndighet, I, 128), daß man bei Igaliko,
wo man auch grabe, „eine erstaunliche Menge Knochen von großem und kleinem
Hornvieh finde". Hier muß indessen ein Irrthum vorliegen, oder Pingel muß mit
„Hornvieh" wilde Jagdthiere gemeint haben, sonst hätte er wol diese wichtige Frage
nicht so kurz abgefertigt. Massen von Knochen werden bekanntlich bei allen alten
grönländischen Hausplätzen angetroffen, bisher sind sie aber nur einmal Gegenstand
einer genauern Untersuchung gewesen, und dies waren die Knochen, welche von der
schwedischen Expedition von 1870 von Kaja, im Innern des Eisfjord von Jakobshavn,
heimgebracht wurden. Betreffs des in gewissen Beziehungen recht interessanten
Resultats dieser Untersuchung muß ich verweisen auf „Redogörelse för en expedition till Grönland 1870", S. 1024.

welche zum Theil selbst Rindvieh hier halten, kaum als Beweise dafür angesehen werden, daß die frühern Einwohner von Viehzucht gelebt hätten. Der Umstand, daß so äußerst wenig (oder keine) Ueberreste von Rindvieh angetroffen worden sind[1], muß für den Forscher, der nicht durch vorgefaßte Meinungen irregeleitet ist, als vollgültiger Beweis dafür gelten, daß Rindviehzucht höchstens aus nahmsweise und vielleicht nur kurze Zeit von den frühern Bewohnern der Gegend getrieben worden ist. Etwas Besonderes liegt hierin

Steinkreis bei Kakortok.
Nach einer Zeichnung von Th. Groth (Meddelelser om Grönland, 4. Heft, S. 98).

nicht, denn eine derartige Rückkehr zum Eskimoleben würde gewiß innerhalb höchstens zweier Generationen eintreten, wenn das jetzige Grönland mit seinen theilweise europäischen Bewohnern vollständig

[1] Vergleichshalber möge hier auf die Menge Knochen hingewiesen werden, welche in den Ueberresten der schweizerischen Pfahlbauten angetroffen werden, und daß es sogar in Frage gekommen ist, die Knochenreste von den zahmen Thieren in der „schwarzen Erde" bei dem berühmten alten Handelsplatz Birka bei Stockholm, welcher kurz nach der Entdeckung Grönlands durch die Norweger verlassen wurde, als Phosphatmaterial zu benutzen.

von Europa abgeschlossen würde. Daß ein Theil der Ruinen als Viehhofsgebäude angesehen worden sind, beruht natürlich ganz auf der vorgefaßten Meinung, daß solche Gebäude vorhanden sein müßten. Die Grönländer haben ja selbst oft ihre Häuser in Stallställdern ähnlichen Abtheilungen eingetheilt[1], und zwar gerade in der Art, wie man dies als Unterscheidungszeichen der vermeintlichen Viehhöfe angesehen hat.

Ruine bei Sakortok.

Nach einer Zeichnung von Ib. Groth (Meddelelser om Grönland, 6. Heft, S. 99).

Wenn ich einige Stücke von Töpfen und Senksteinen aus grönländischem Weich= oder Topfstein, einige Eisenklumpen (vielleicht nickel= haltig und grönländischen Ursprungs?), einige Nietnägel und eiserne Nagelköpfe, welche sehr wohl von einem Schiffbruch herrühren könnten, sowie schließlich das sogenannte Glockenmetall und einige Schlacken= stücke ausnehme — worüber Näheres weiter unten folgen wird — so sind die Hausgeräthsgegenstände, welche an den alten Wohnplätzen gefunden worden sind, so äußerst gering an Zahl und unbedeutend, daß man

---

[1] Dies erhellt z. B. aus den Abbildungen in Rink, Danish Greenland (Lon-don 1877), S. 176.

unwillkürlich den Schluß ziehen muß, daß das Volk, welches diese
Gegenden früher bewohnt hat, während des größern Theils seiner
Existenz mit europäischer Cultur in keiner Beziehung gestanden hat.
Nicht ein Grabhügel, nicht ein Schnallenzierath, nicht ein Silber-
schmuck ist an dem Fjord gefunden worden, wo Erik der Rothe,
Leif der Glückliche und viele andere der großen Männer der Sage,

Steinkreis bei Markal.
Nach einer Zeichnung von Th. Groth (Meddelelser om Grönland, 6. Heft, S. 100).

nach der officiellen altgrönländischen Chorographie, gewohnt haben sollen; nicht eine Silbermünze ist unter den Ueberresten von Gardar's vermeintlichem Bischofssitz gefunden worden, von
welchem so vielmals reichbeladene Fahrzeuge in die Heimat entsandt
worden sind. [1]

[1] Wenn man von Holm's Verzeichniß über seine Einsammlungen während
fleißiger Nachgrabungen im Sommer 1880 die oben angeführten „Alterthümer"
ausnimmt, bleiben nur noch folgende übrig: einige Senksteine von nicht angegebener
Steinart, drei Handmühlsteine, Stücke von Holzkohle, einige Stücke Marienglas (vermuthlich Glimmer), ein Bruchstück eines „Glättsteines" von stark glasirtem gebrann-

Ebenso arm an Alterthumsgegenständen nordischen Gepräges sind
auch alle andern Wohnplätze gewesen, welche bisher in Südwestgrönland untersucht worden sind, wie deutlich aus der gewissenhaften Aufzählung der Funde hervorgeht, die in der schon früher erwähnten
Abhandlung von Worsaae (Grönl. hist. Mindesmærker, III, 795)
gegeben ist. Unter anderm wird hier nicht ein einziger Fund von
Hörnern oder Knochen von Rindvieh angeführt, und doch sollte das
Volk von Viehzucht gelebt haben! Diese Armuth an „Antiquitäten"
hat selbst den gelehrten Verfasser in Erstaunen gesetzt. Er hat versucht, dieselbe durch die sicher gegen die Gewohnheiten der Grönländer streitende Annahme zu erklären, daß diese schon vor Egede's
Zeit die Ruinen durchsucht und mit der Begeisterung eines Ethnographen nicht nur die Eisenstücke, sondern auch alles in denselben
angetroffene Gerümpel gesammelt und auch fortgeführt haben sollten.[1]
Viel wahrscheinlicher scheint es mir zu sein, daß die Norweger,
welche einst diese von den Hauptcolonien in dem Ostbau (d. h.
an der Ostküste) weit entlegenen Gegenden bewohnten, in kurzer Zeit
die Lebensweise der Wilden angenommen und ihre Geräthschaften
benutzt hatten, und daß man bei den nach nordischen Hausgeräthen

---

ten Thon, einige mehr oder weniger bearbeitete Stücke Fischbein und ein offenbar als Hammer gebrauchter Rollstein! Hierzu kommen einige Glasperlen
und ein Glasknopf, ein Stück von einem bleiernen Becher, ein hölzernes Kreuz.
Stücke von einem Sarge und Stücke von einem groben Wollenzeug, am Strande
von Iligait gefunden, wo ein alter, theilweise von den Wellen fortgespülter Kirchhof
gelegen ist. Ein Theil der letztgenannten Sachen rührte wol von der Walfischfang-
periode her. Bei demselben Kirchhof hat man früher etliche Grabsteine mit Fragmenten von Inschriften in lateinischer Schrift gefunden, welche in „Grönlands
historiske Mindesmærker", III, Taf. IX und X abgebildet sind. Außerdem hat
man bei Igalito einen wirklichen Runenstein angetroffen. Wie es sich dagegen mit
dem einige Zoll langen Runenstein verhält, der auf der Insel Kingigtorsoak, unter
72° 55' nördl. Br. gefunden worden ist, dürfte wol noch eine kritische Untersuchung
erfordern. Die ganze Summe der wirklichen europäischen Alterthumsfunde bildet
also: ein Runenstein, drei Mühleusteinstücke, einige Grabsteinfragmente und eine
Menge Stücke sogenaunten Glockenmetalls.

[1] In dem oben erwähnten Bericht Christian Lund's an König Frederik III. über
Danell's Expeditionen 1652—54 wird jedoch ausdrücklich gesagt, daß die Eskimos
in den verlassenen altnordischen Wohnstätten nach Hufnägeln und Eisen gruben.
Die Erfahrung von Gothland, Björkö und andern Stellen in Skandinavien spricht
jedoch dagegen, daß man durch derartige unsystematische Nachgrabungen den ganzen
Vorrath hätte erschöpfen können.

angestellten Nachgrabungen versäumt hat, die Eskimogerathschaften aufzuzählen, welche nahe bei oder in den Ruinen gefunden worden sind.

Eine einzige merkwürdige „Antiquität" findet sich, und zwar in ganz reichlicher Menge nicht allein in den nordischen Ruinen, sondern auch in Gegenden, wo keine Ueberreste der alten nordischen Wohnplätze vorhanden sind. Dies sind die Metallstücke, welche mit dem Namen Glockenmetall bezeichnet werden, und welche man für Stücke alter Kirchenglocken angesehen hat. Hier sind aber die Herren Alterthumsforscher auf ein „geflügeltes Wort" gerathen, das sie bedenklich irregeführt hat.

Unter „Glockenmetall" bezeichnet man in Grönland Stücke einer sehr spröden messinggelben bis bleigrauen Metalllegirung, welche in ziemlich reicher Menge sowol bei den alten nordischen Wohnplätzen wie unter den Ueberresten der alten Eskimohütten in Südwestgrönland vorkommt. Sie erregten bereits im Jahre 1726 Egede's und seiner Begleiter Aufmerksamkeit, werden aber in Druckschriften, soviel ich weiß, zuerst 1765 von Cranz (Grönland, S. 77) in einer Weise erwähnt, welche deutlich zu erkennen gibt, daß man es schon zu jener Zeit für ausgemacht hielt, daß diese Metallklumpen Fragmente von Glocken aus altnordischen Kirchen wären, die durch Wilde zerstört worden seien. Diese Ansicht scheint später, wahrscheinlich ohne weitere kritische Prüfung von sämmtlichen Schriftstellern über grönländische Archäologie angenommen worden zu sein und zwar trotzdem die ausgezeichneten Forscher, welche sich mit diesem Gegenstand beschäftigt haben, hätten wissen sollen, daß Kirchenglocken aus gegossenem Metall während der Zeit des Wohlstands Grönlands in den skandinavischen Ländern noch so selten waren, daß wenig Wahrscheinlichkeit vorhanden ist, daß sie in das entlegene arme Nebenland, am allerwenigsten in so großer Zahl eingeführt sein sollten, wie die Menge der bei den alten Wohnplätzen Südwestgrönlands eingesammelten Stücke „Glockenmetall" andeuten würden. In dem reichen Gothland sollen z. B. nach der Chronica Guthilandorum Kirchenglocken erst im Jahre 1289 eingeführt worden sein, eine Angabe, für welche ich jedoch vergebens eine andere zuverlässigere Bestätigung gesucht habe.

In Bezug auf die meisten der gefundenen Metallstücke kann überhaupt nicht die Rede davon sein, daß sie directe Fragmente

alter Kirchenglocken bilden. Die Form der meisten Metallstücke und
der Umstand, daß man vielfach neben denselben Schladenstücke
mit eingeschlossenen Metalltropfen angetroffen hat, zeigen nämlich
deutlich, daß man hier eine Metallmischung vor sich sieht, die in der
Gegend von der Fundstelle dargestellt oder doch wenigstens dort um=
geschmolzen worden ist. Offenbare Fragmente von alten Glocken
habe ich unter der Menge von grönländischen Alterthümern, welche
ich untersucht, übrigens niemals gefunden. Ebenso wenig finden sich
solche in „Grönlands historiske Mindesmærker" oder in „Meddelelser om Gröuland" oder in Rink's Arbeiten abgebildet. Die
grönländischen Glockenmetallstücke bestehen, wie die Figuren auf
S. 350 zeigen, theils aus kleinern, offenbar in einer Form
gegossenen Metallklumpen, theils aus Fragmenten von größern
Metallscheiben, theils auch aus unregelmäßigen, wahrscheinlich von
einem unvollständigen Schmelzen oder einem verunglückten Guß
herrührenden Metallstücken. Nur ein einziges mal habe ich ein
Stück gesehen, welches anscheinend ein Fragment eines Bronze=
geräths bildete und wahrscheinlich den Henkel einer Schale dar=
stellte, die zu dünn war, um als Glocke angewendet worden zu sein.
Auch Dr. Pingel sagt in einem seiner Berichte über die Alterthums=
funde auf Grönland (Ann. for Nord. Oldkyndighed, II, 250),
daß man bei Igalito Fragmente von einem gegossenen Metallgefäß
gefunden habe, das als Taufbecken gedient zu haben schien, ebenso
von einem wahrscheinlich als Weihwassergefäß benutzten Metallkessel.
Der vermeintliche Weihwasserkessel ist aber nicht bei einer Kirchenruine
oder einem andern nordischen Alterthum, sondern bei einem grön=
ländischen Zeltplatz auf dem Strande der Insel Ovingasak in der
Nähe der Colonie Frederikshaab gefunden worden — und wenn wir
den christlichen Weihwasserkessel zu einem heidnischen Fleischtopf
umtaufen, so ist die Gefahr, daß der neue Name nicht den Nagel
auf den Kopf trifft, nicht zu groß.

Nicht allein in der Form, sondern auch in Farbe und Bruch
variiren die Bronzestücke dermaßen, daß beinahe jedes Stück
von einer andern Schmelzung herzurühren scheint. Dies
bestätigen auch folgende von Dr. Carl Zetterberg auf meinen Wunsch
ausgeführte Analysen:

Analysen von grönländischer Bronze oder sogenanntem Glockenmetall, von Dr. C. Setterberg.

Zinn 24,83	10,04	24,38	22,84	23,58	23,06	24,36
Antimon 1,42	0,68	0,29	0,74	0,50	0,35	0,46
Blei 1,34	3,14	1,33	0,75	0,97	1,09	1,08
Kupfer 72,50	85,40	73,73	74,53	71,72	74,88	73,99
Metalle der Eisengruppe und Verlust 0,51	0,72	0,37	1,04	0,88	0,62	0,83
100%[1]	100%[2]	100%[3]	100%[4]	100%[5]	100%[6]	100%[7]

Zur Vergleichung mag hier ferner angeführt werden, daß das Metall, welches zum Glockenguß verwendet wird, aus 2 bis 3 Theilen Kupfer und einem Theil Zinn besteht, daß die nordischen Bronzen aus dem Bronzealter, nach Analysen von Berzelius, unge= rechnet einige geringere Verunreinigungen, Legirungen von Kupfer mit 2,8 bis 12,6 Procent Zinn bilden, und daß ältere Bronzen von dem europäischen Festlande, nach Klaproth, Kupfer und 2,8 bis 15 Procent Zinn enthalten. Skandinavische Bronzen aus dem Eisenalter dagegen bilden theils Legirungen von Kupfer und Zinn, theils Legirungen von Kupfer, Zinn und Zink in wechselnder Mannichfaltigkeit.[8]

---

[1] Unregelmäßiges, unvollständig zusammengeschmolzenes Stück von einer grön= ländischen Hausstelle am Tassiusangual östlich von Kangamiut (Suttertoppens Distr.).

[2] Messinggelbes, nicht sprödes Gußstück (S. 350, Fig. 2).

[3] Unregelmäßiges Schmelzstück (von Metall, welches beim Gießen übergelaufen ist?); krystallinischer Bruch (Fig. 3).

[4] Unregelmäßiges Stück (Fig. 4).

[5] Stück von einem größern Schmelzklumpen von sprödem Metall (Fig. 5).

[6] Plattes, unregelmäßiges Schmelzstück (Fig. 6).

[7] Stück von einer Scheibe von sprödem Metall, im Bruche krystallinisch mit zahlreichen kleinen Blasenlöchern; an der Oberfläche bedeckt von einer 5 mm dicken oxydirten Schicht (von Tasiusiat an der Mündung des Sennel=Fjord, Sutter= toppens Distr.). Zwei nicht analysirte Stücke sind von Igblufangtigsset an der Mündung des Kangerdluarsuk Fjord (Suttertoppens Distr.), und von Umanarsuk westlich von Südpröven (Julianehaabs Distr.). — Alle Metallegirungen, Nr. 2 ausgenommen, haben im frischen Bruch eine weißgraue, wenig ins Gelbe spielende Farbe; auf der polirten Fläche, und nachdem diese angelaufen, ist dagegen die Farbe beinahe ganz messinggelb.

[8] Vergl. die Abhandlungen von Berzelius in „Ann. for Nordisk Oldkyndighed", I, 104; von C. Rygh in „Forhandl. i Videns=kabs=Selskabet i Christiania" 1873, S. 471, und von N. J. Berlin in „Ann. for Nordisk Oldkyndighed", 1852, S. 249 und 254.

Stücke grönländischen Glockenmetalls.

1. Henkel eines Metallgefäßes (?) von Inertuasliame, gegenüber von Kaharsluk im Igaliko-Fjord.
2. Gußstück von Igdlersiut auf der Sermersiot Insel (Julianehaabs Distr.). 3. Schmelzstück (der
Fundort nicht angegeben). 4. Schmelzstück von einer kleinen Insel bei Avtarmiut (Julianehaabs
Distr.). 5. Schmelzklumpen von Tasui, 1/2 Meile südlich von Nunganiut (Sukkertoppens Distr.).
6. Schmelzstück von Kiatungunot (Sukkertoppens Distr.).

Zur Beleuchtung dieser Frage mag noch hinzugefügt werden, daß im nordwestlichen Grönland kein „Glockenmetall" angetroffen werden zu sein scheint, welcher Umstand es zu wenig wahrscheinlich macht, daß vom Westen her gekommene Eskimostämme die Bronze aus Asien eingeführt haben, und was ich hier anführe, weil ich einen der grönländischen Bronze sehr ähnlichen Metallklumpen von einem Kurgangrabe in Sibirien gesehen habe; ferner daß Erze (Kupferkies, Zinnerz, Bleiglanz), welche zur Darstellung einer Metalllegirung wie der hier fraglichen erforderlich sind, wirklich in Südwestgrönland vorkommen, wenn auch, was das Zinn betrifft, so viel wir gegenwärtig wissen, nur in geringer Menge.

Die Form der in Südgrönland gefundenen Bronzestücke scheint mir darzuthun, daß sie keine directen, ihre wechselnde Zusammensetzung dagegen, daß sie keine umgeschmolzenen Fragmente von nordischen Kirchenglocken bilden, sondern daß sie eher Fragmente von Metallmischungen darstellen, welche mit Schiffstrümmern ans Land getrieben sind. Vielleicht bilden sie Reste einer hier stattgefundenen Bronzefabrikation oder stammen von einer der Expeditionen her, die im 16. oder 17. Jahrhundert wie Frobisher und Hall durch Goldfunde auf Grönland Reichthümer zu gewinnen suchten. Wahrscheinlich ist auch nach diesem Theile der Neuen Welt mehr als eine solche Expedition abgegangen, von der auf den Blättern der Geschichte nichts verzeichnet steht — und in der Annahme, daß unwissende Freibeuter diese oft hübsch goldfarbigen Bronzestücke mit wirklichem Golde verwechselt haben, liegt nichts Unwahrscheinliches. Was schließlich die Sagen der Eskimos von den Glocken der Kablunaks betrifft, welche Glocken so ungeheuer weit gehört wurden, so nehme ich als sicher an, daß diese Erzählung nicht auf das Glockenläuten, sondern auf das Abfeuern von Kanonenschüssen Bezug hat, womit die ersten Entdeckungsreisenden wilden Völkern gegenüber nicht geizten.

Als Anleitung für die Bestimmung des Ursprungs der grönländischen Bronze mag ferner daran erinnert werden, daß man im Ethnographischen Museum zu Kopenhagen unter den grönländischen Alterthümern einen sogenannten Vierbrüderthaler von Messing (Bronze) mit der Jahreszahl 1624, Lanzenspitzen von Bronze und einen „Zuhauerstein von Glockenerz" verwahrt. Falls man annehmen darf, daß die Nachbildung der Münze europäischen, die Lanzenspitzen u. s. w.

aber grönländischen Ursprungs seien, so würden die letztgenannten
Funde sowie die zahlreichen Funde von Schlackenstücken mit eingeschlossenen Metallkügelchen uns sagen, daß eskimoisirte Skandinavier
durch Vorräthe von Erzen, welche sich zur Bereitung von Bronze
eignen, und durch den Mangel an Eisen veranlaßt worden sind,
zur Anwendung von Bronzegeräthen zurückzukehren. Die Archäologen
würden in diesem Falle hier möglicherweise einen Hüttendistrict für
Bronzebereitung entdeckt haben.

Noch einen Einwurf muß ich gegen die rechtgläubige grönländische Chorographie machen. Dieselbe beruht bekanntlich auf der Identificirung des Erik-Fjord mit dem Igaliko-Fjord, und als Stütze für
diese Identificirung führt man an, daß man Brattahlid, die Stelle
angetroffen habe, wo Erik der Rothe sich niedergelassen, wo Leif,
der eigentliche Entdecker des Weinlandes und somit auch Amerikas,
gewohnt und von wo nachher so manche der Entdeckungsfahrten
ausgegangen ist, von denen die Sagen erzählen. Auf einem von
der Ebene Igaliko sich erhebenden, 45 Fuß hohen und aus einem
Felsen bestehenden Hügel mit einem steilen, 2—2¹₂ m hohen
Absatz auf seiner nordöstlichen Seite fand man die Grundmauern
eines an seiner äußern Seite 16,₃ m langen und 6,₄ m breiten
Gebäudes. Die Mauern haben ein Dicke von 1,₄ m. Die eine
Wand dieses Hauses wird von dem senkrechten Felsenabsatz gebildet,
die andern sind aus kolossalen Sandsteinblöcken aufgeführt. Auf
Grund der Lage des Hauses an dem steilen, 2¹₂ m hohen Felsen
ist man auf den Gedanken gekommen, diese Stelle mit Brattahlid
zu identificiren, indem dieser aus bratt und hlid gebildete Name
„eine brat Li oder Felsenwand" bedeuten soll (Rafn, Grönland
hist. Mindesm., III, 858). Diese passende Deutung des Wortes ist
sodann mit offenbarer Vorliebe von sämmtlichen Schriftstellern über
Grönland, den Originalautoren sowol wie den Copisten, acceptirt
worden. In Wirklichkeit verhält es sich jedoch so, daß das Wort
hlid, oder wie es jetzt geschrieben wird li oder lid, nicht eine
steile Felsenwand, sondern einen mit Erde bedeckten, mit Gras oder
Sträuchern bewachsenen Felsenabhang bedeutet.[1] Mit dem Namen

---

[1] In Johnson, Oldnordisk Ordbog (Kopenhagen 1863), steht: „Hlið — skov-
bevoxet el. græsbevoxet Fjeldskrauning el. Bjergside"; Ivar Aasen erklärt in

Das vermeintliche Festtahlib, von Nordosten geschen.
Nach einer Aufnahme des Photographen der Expedition.

Brattahlid irgendeinen Theil des hier fraglichen, nur wenig über die Strandebene am Igalifo sich erhebenden Hügels zu bezeichnen, kann niemals einem Skandinavier oder Isländer eingefallen sein, und damit schwindet alle Veranlassung zu der vielbesprochenen Locali‑ sirung, ebenso ein oft angeführter Beweis für die Verlegung der Österbygd (Ostbau) auf die Westküste Grönlands.

Es sind jedoch nicht nur die alten Wohnplätze, welche den Igalifo zu einem der interessantesten Fjorde Grönlands machen. Diese Stelle hat noch eine andere Merkwürdigkeit aufzuweisen, welche, wenigstens in den Augen der Eingeborenen, alle alten Ueberreste der Kablunak‑ Wohnstätten aufwiegt. Es wird hier nämlich Viehzucht und etwas Aderbau getrieben, d. h. Gewerbe, welche den eigentlichen Eskimo‑ völkern ebenso fremd sind, wie einem ehrenwerthen schwedischen Bauer die Walfischjagd.

Schon Hans Egede machte mehrere Versuche, die Viehzucht in Grönland einzuführen, zu welchem Zwecke er besondere europäische Colonien im Innern der südgrönländischen Fjorde, wo es fette Weiden und einen reichen Graswuchs gab, anlegen wollte. Diese Versuche hatten aber keinen andern Erfolg, als daß, besonders was die südlichen Colonien des Landes betrifft, hier und da eine Milchkuh gehalten und in der Umgebung von dem Wohnhause des Colonialvorstehers kleine Gartenfelder angelegt wurden. Vorwärts ging es mit der Viehzucht nicht.

Noch 1780 sagte Fabricius in seiner bekannten „Fauna Groen‑ landica", daß er nicht mit Sicherheit wisse, ob sich einige Exemplare von Bos Taurus im Lande befänden. Als aber dann der erste Kauf‑ mann in Julianehaab, Anders Olsen, 1782 den Dienst des „Handels" verließ, widmete er sich der Viehzucht, und zwar zuerst in der Nähe der Colonie, später aber in dem alten Normannenbau im Innern des Igalifo-Fjord. Es sind seine beinahe vollständig eskimoisirten Nachkommen, welche diesen Platz bewohnen und hier etwas Vieh‑ zucht treiben, die aber nicht gerade besonders musterhaft ist. Im Sommer geht die Sache zwar so ziemlich, trotz der vielen Mücken‑ schwärme, im Winter aber sind die Schwierigkeiten oft sehr groß.

seinem Wörterbuch lib mit: „Bjergside, Skraaning, heeldende Strækning paa Siden af et Fjeld, især om jevne Fjeldsider med Skov eller Græsgange."

Etwas für die Zukunft aufzubewahren verträgt sich nicht mit der
Lebensauffassung der Eskimos, zumal wenn es gilt, dies nicht für
sich oder seinesgleichen, sondern für unvernünftige Thiere zu thun.
Uebrigens soll, nach Angaben des Herrn Lützen, die Thierrasse sich
verschlechtert haben, indem sie keine Gelegenheit zur Kreuzung findet.
Einen Begriff von einer richtigen Behandlung der Producte der
Viehzucht scheinen die Eskimohirten ebenfalls nicht zu haben.

Außerdem werden hier Wurzelfrüchte angebaut, und zwar vornehmlich Kartoffeln und Rüben, beide aber, wie es scheint, auf zu fettem
oder doch wenigstens unzweckmäßig gedüngtem Boden, was zur Folge
hat, daß die Rüben, obschon ziemlich groß und wohlschmeckend,
schwammig, und die Kartoffeln, von denen einige Metzen für Rechnung der Expedition eingekauft wurden, zwar groß aber weich und
wässerig sind. Ich hatte von diesen Kartoffeln einige mit nach Hause
genommen, um zu prüfen, wie sie gedeihen, wenn man sie wieder
in einem wärmern Klima anpflanzt. Im Winter 1884 hatten sie
sehr große Keime getrieben und sie wurden nun ausgelegt. Die
Ernte war reich und lieferte große und feste Knollen, die sich den
Winter über frisch erhielten, während die Kartoffeln von einer
südlichern Aussaat in diesem Jahre (1884—85) zum größten Theil
bald schadhaft wurden.

Auch aus der Gegend am Igaliko führten unsere Botaniker einige
neue Beiträge zur Flora Grönlands heim. Trotz eifrigen Suchens trafen
die Zoologen nur drei Arten von Landmollusken, eine Physa, eine Vi-
trina und eine Helix an, welche außerdem noch sehr spärlich vertreten
waren. Die Insektenernte bestand aus wenigen Käferarten, einigen
Schmetterlingen und Insekten von andern Ordnungen. Bemerkenswerth ist es, daß mit dem Vieh keine der Käferarten hier eingeführt
wurde, von denen die Entomologen sagen „habitat in stercore bo-
vino". Im nördlichen Norwegen, dessen Klima demjenigen Grönlands sehr ähnlich sein dürfte, finden sich Landmollusken und Käfer
in viel größerer Menge, und zwar sowol hinsichtlich der Anzahl der
Arten als auch der Individuen. Man kann hieraus schließen, daß,
was auch übrigens selbstverständlich ist, die Küsten des südlichen
Grönlands eine viel kürzere Zeit von der Eisdecke der Glacialperiode
frei sind als die Küsten Norwegens, und man kann dadurch eine Vorstellung davon erhalten, welch lange Zeit vergeht, ehe eine Art der

mehr sedentären Thierformen sich über neue Gebiete zu verbreiten vermag.

Als die eintretende Dunkelheit uns wieder am Bord der „Sofia" versammelt hatte, dampften wir aus dem Fjord hinaus und nach der ungefähr 30 Seemeilen entfernten Colonie zurück. Es wurde bald nahezu stockfinster, das Fahrwasser war wenig bekannt und die Eskimopiloten nicht daran gewöhnt, Fahrzeuge zu lootsen. Die „Sofia" konnte deshalb nur mit halbem Dampf gehen, und es war daher bereits Morgen, als wir wieder in dem Hafen von Juliane-haab Anker warfen.

Als wir bei gutem Wetter und ruhiger See in der finstern Nacht über den schmalen Fjord dahindampften, sahen wir plötzlich hinter uns auf der Meeresfläche einen scharf begrenzten Lichtbogen. Derselbe leuchtete mit einem gleichmäßigen, etwas gelblichen Schein, ähnlich dem Lichte einer Menge phosphorescirender Stoffe. Unge-achtet wir mit einer Schnelligkeit von 4 bis 6 Knoten in der Stunde fuhren, kam derselbe immer näher. Als derselbe das Schiff erreichte, sah es aus, als schwämmen wir in einem Meer von Feuer oder geschmolzenem Metall. In kurzer Zeit hatte das Licht das Schiff hinter sich zurückgelassen, und verschwand schließlich vor uns am Horizont. Ich hatte leider nicht Zeit, es mit dem Spectroskop zu untersuchen, ebenso wenig kam ich dazu, rechtzeitig eine Wasserprobe zu nehmen. Die Erscheinung war offenbar anderer Natur als das gewöhnliche Meerleuchten, das sich gleichzeitig sehr deutlich im Kiel-wasser des Schiffes zeigte. Da der Lichtschein ein vollkommen gleich-mäßiger war, konnte er ebenso wenig von der Phosphorescenz eines am Schiffe vorbeischwimmenden Fischzugs herrühren. Ein solcher Zug würde sich auch durch die Bewegung der bei dieser Gelegenheit ganz spiegelglatten Wasserfläche zu erkennen gegeben haben, und die von den Fischen ausgehende Phosphorescenz hätte wahrscheinlich ein bläuliches und nicht ein schwach gelbliches Licht gehabt. Die Eskimos berichteten, daß ein hier in der Nähe ausmündender Gletscherstrom eine dünne Schicht Lehmwasser an der Oberfläche des Fjord aus-breite, und sie glaubten, daß diese mit dem großartigen, von ihnen vorher noch nie gesehenen Naturphänomen im Zusammenhang stehen dürfte. Ein Nordlicht war bei dieser Gelegenheit am Himmel, der sich dicht bewölkt zeigte, nicht zu entdecken.

23*

„Dieses merkwürdige Naturphänomen können unsere Gelehrten nicht erklären", so steht für die Nacht zum 25. August im Schiffstagebuche der „Sofia", und in diese für uns Gelehrten wenig schmeichelhafte Bemerkung meines vortrefflichen Kapitäns sehe ich mich genöthigt einzustimmen, mit dem entschuldigenden Zusatz jedoch, daß es mir auch nicht möglich gewesen ist, ein vollkommen gleichartiges meteorologisches Phänomen in den Annalen der Wissenschaft registrirt zu finden, vorausgesetzt, daß das Igaliko-Phänomen nicht von derselben Art ist wie dasjenige, das in den Tropen so oft gesehen wird und von den Seeleuten „Milchmeer" oder „Wintermeer" benannt worden ist (vergl. G. von Boguslawski, Handbuch der Ozeanographie, I, 178). Vielleicht ist es etwas Aehnliches gewesen, was im März 1885 bei Aalborg beobachtet worden ist, wo man, nach einer Mittheilung an die norwegische Zeitschrift „Naturen" (1885, Nr. 4), Feuerflammen von den an den Strand schlagenden Wogen ausgehen sah. Möglicherweise ist es auch ein Feuerphänomen dieser Art gewesen, das dem in der Geschichte des Alten Grönland bekannten König Harald Sigurdsson von Lig Lodin erstatteten Bericht zu Grunde liegt, den Björn Johnsen in seinem Auszug aus verschiedenen, gegenwärtig zum großen Theil verloren gegangenen grönländischen Sagen mittheilt und der folgendermaßen lautet:

Dieser grönländische Mann, Lig Lodin, war klug und vielwissend. Er segelte eines Sommers mit seinem Schiffe von Grönland ab und begegnete dem König Harald Sigurdsson, der mit Toste Trösspiut, dem Sohne Godvin's, nach den Südinseln reiste. Der König fragte nach Neuigkeiten und Lodin erzählte ihm viele. Doch schien es dem König, daß diese drei Wunder die merkwürdigsten seien. Das erste war, daß das Meer vor Lodin in hellen Flammen stand, die bis an den Himmel hinanreichten, aber Lodin segelte da, wo die Flammen am niedrigsten waren, über das Feuer hinweg; er hatte guten Wind. Lodin konnte dem König als Zeichen der Wahrheit seines Berichtes zeigen, daß die beiden Schooten eines Segels verbrannt waren. . . .

Einen bemerkenswerthen Fund habe ich noch zu erwähnen. Unter andern Curiositäten aus der Umgebung der Colonie zeigte mir der Colonialvorsteher Lützen ein Stück Sodalit-Syenit, das demjenigen von Kangerdluarsuk vollkommen glich. Dasselbe stammte von einem Berge im Süden des ziemlich bedeutenden Binnensees Tasersuak, der

in der Nähe der Colonie liegt. Ich bat Nathorst, die Stelle zu be=
suchen, und er fand dort in einem alten Moränenlehm wirklich Blöcke
von Sodalit=Syenit mit eingesprengtem Eudialyt. Es ist zwar nicht
unmöglich, daß diese Blöcke durch das Eis von Kangerdluarjuk hier=
hergeführt sind, aber da auf dem Bergabhang mehrere solcher Blöcke
beisammen lagen, halte ich es für wahrscheinlich, daß dieselben von
einer nähergelegenen Stelle stammen. Außerdem erhielt ich hier

Eisblock im Hafen von Friedrichsthal.
Nach einer Aufnahme des Photographen der Expedition vom 7. August 1883.

ein ungefähr 1½ m langes Stück von einem für Grönland unge=
wöhnlich großen Wachholderstamm. Dieser Wachholder war im
Innern des Fjordthales gewachsen; er hatte einen Durchmesser von
21 cm und zeigte 354 Jahresringe.

Am 26. August frühmorgens ging die „Sofia" von Julianehaab
ab. Da ich daselbst keinen Eskimodolmetscher hatte erhalten können,
beschloß ich, ehe die Fahrt längs der Ostküste angetreten wurde, noch
einen Versuch zu machen, mir einen solchen zu beschaffen und zwar

einen der in Südgrönland ansässigen Missionare der Herrnhuter Brüdergemeinde zu bereden, uns auf der „Sofia" zu folgen. Zu diesem
Behufe war es nothwendig, die nahe an der Südspitze Grönlands gelegene Missionsstation Friedrichsthal anzulaufen. Das Wetter war
herrlich. Ungefähr um 10 Uhr vormittags kamen wir an einer hohen
Felsenspitze vorbei, welche von verschiedenen Grönlandsforschern mit
dem in den isländischen Sagen viel erwähnten Hvarf identificirt wird.
Dies beruht sicherlich auf einem Irrthum, doch blieb ich bei dieser Spitze
liegen, um die prächtigen Felsen photographiren und Dreggungen
und hydrographische Messungen anstellen zu lassen. Schon auf dem
Wege dahin waren wir vielen Eisbergen begegnet, und später trafen
wir an diesem Tage nicht nur Eisberge und Kalbeis, sondern auch
eine sehr bedeutende Menge Meereis — ein für die Fahrt längs
der Ostküste gerade nicht viel Gutes versprechender Vorbote. Ein
nennenswerthes Hinderniß für unser Fortkommen bildeten aber weder
die Eisberge noch das Treibeis in den Fahrwassern, in denen wir
uns jetzt befanden, sodaß wir schon um ¾4 Uhr nachmittags in dem
Hafen bei Friedrichsthal Anker werfen konnten. Auch in diesem
Hafen sollen nach Aussage der Missionare europäische Schiffe
vorher nie vor Anker gelegen haben — ein für die Beurtheilung
der Eisverhältnisse an der Südspitze Grönlands um so bezeichnenderer
Umstand, als der Hafen bei Friedrichsthal ganz gut verwendbar ist,
dem Cap Farewell naheliegt und sich in einem Fahrwasser befindet, vor
dessen heftigen und plötzlichen Stürmen wol jeder Grönlandsfahrer
bei dem Passiren des Vorgebirges in einem nahegelegenen Nothhafen
Schutz suchen möchte.

Die Colonie Feiebrichsthal.

Nach einer Aufnahme des Steingrabers der Expedition vom 27. August 1883.

Neuntes Kapitel.

In der Miſſionsſtation Friedrichsthal wurden wir ſehr freundlich empfangen von dem Vorſteher derſelben, dem durch ſeine im Sommer 1881 ausgeführte Bootsfahrt nach dem unter 60° 30' nördl. Br. an der Oſtküſte von Grönland gelegenen Fjord Kangerblugejuaitſial bekannten Paſtor Brobbeď. Auf dieſer Fahrt hatte derſelbe am nördlichen Strande des Fjord bei einer von den Eingeborenen Narsſal (= Flachland) benannten Stelle eine Normannenruine, die erſte in Oſtgrönland, entdeckt. Auch eine Menge intereſſanter Angaben in Bezug auf die gegenwärtigen Bevölkerungsverhältniſſe, das Klima, die Vegetation u. ſ. w. auf der Oſtküſte Grönlands hatte er geſammelt von Bewohnern des Oſtlandes, welche zum Einkauf europäiſcher Waaren Handelsreiſen nach den Colonien in

Südgrönland von einem stark bevölkerten Fjord aus unternahmen, der dem nördlichen Island gerade gegenüberliegen soll.

Ich gab Pastor Brobbeck sofort meinen Wunsch zu erkennen, bei der Expedition einen der grönländischen Sprache kundigen Europäer als Dolmetscher anzustellen. Er erklärte, daß er selbst große Lust habe, uns zu begleiten, daß er mir aber keine bestimmte Antwort geben

Pastor Jacob Brobbeck.
Gest. 1. April 1884.

könne, bis er die Erlaubniß seiner in Lichtenfels, einer einige Meilen nordwärts gelegenen Missionsstation, wohnenden Vorgesetzten eingeholt habe. Zu diesem Zwecke wurde sofort ein Kajakexpreß dorthin abgesandt. Die hierdurch verursachte Verzögerung, sowie mein Wunsch, vor dem Antritt der schweren und für sehr gefährlich gehaltenen Fahrt nach der Ostküste den Dampfkessel der „Sofia" gut reinigen und ihre Maschine nachsehen zu lassen, veranlaßte mich, bis zum 29. August bei Friedrichsthal zu bleiben[1], wo auch der Kajakerpreß zurückkam mit der verlangten Erlaubniß für Pastor Brobbeck, die Expedition nach der Ostküste und, wenn die Umstände es so fügten, auch nach Europa begleiten zu können. Für die Fahrt während der nächsten Tage nahm ich außerdem noch zwei Eskimos an Bord, welche dem Fahrzeuge den Weg nach der Ostseite des Landes durch einen der nördlich von Cap Farewell gelegenen Sunde zeigen sollten.

Einer dieser „Lootsen" hatte einen großen Theil seines Lebens am Sunde Ikek, nördlich von der Südspitze Grönlands, zugebracht und war dort viel mit Einwohnern von der Ostseite in Berührung gekommen. Er war ein gesprächiger Mann, der mir mit Hülfe des Pastor Brobbeck viele Aufklärungen über diesen für die Geschichte der Geographie so außerordentlich interessanten Theil Grönlands gab. Das Wichtigste hiervon wird in Folgendem mitgetheilt.

Nach verschiedenen Erzählungen über die jetzigen Bevölkerungsverhältnisse und Wohnplätze auf der Ostküste, welche vollständig mit den gleichartigen Nachrichten übereinstimmten, die von dem dänischen Premierlieutenant G. Holm[2] während seiner Reise nach Südgrönland 1880 eingesammelt wurden, erwähnte der Lootse Timotheus Anjanangitfok, daß Ueberreste von nicht durch Eskimos aufgeführten Gebäuden beinahe an jedem großen Fjord an der Ostküste

---

[1] Zum Reinigen des Dampfkessels wurden gewöhnlich Eskimojungen verwendet, welchen es durchaus keine Schwierigkeit machte, diese nicht gerade angenehme Arbeit zu übernehmen, die damit begann, daß sie durch das enge Fahrloch in den dunkeln, noch ganz warmen Kessel steigen mußten. (Gewöhnlich brachten sie die ganze Arbeitszeit, selbst die Ruhestunden im Kessel zu, und für die Mahlzeiten wurde ihnen Essen hinabgelassen. Einmal war für diese Arbeit ein Junge gemiethet worden, welcher eine echt grönländische Körperfülle hatte, d. h. der außerordentlich dick und rund war. Spottreden hagelten auf ihn herab von den umstehenden Kameraden, als er sich mit Mühe durch das Fahrloch hineinpreßte. Er ertrug dies geduldig und als er unten war arbeitete er fleißig; aber er weigerte sich auf das bestimmteste, irgendwelche Nahrung im Kessel zu nehmen, aus Furcht zu dick zu werden, um wieder herauskommen zu können.

[2] Meddelelser om Grönland, 6. Heft (1880), S. 65. Holm's Berichterstatter, Jauk, behauptet dagegen, nie etwas von europäischen Ruinen auf der Ostküste gehört oder gesehen zu haben. Dagegen sollten nach seiner Aussage an vielen hervorragenden Punkten Steinwahrzeichen und an einigen Stellen auch alte Zeltplätze vorkommen, welche nicht eskimoischen Ursprungs wären.

Grönlands, besonders in dem großen Umanak-Fjord[1], sowie in den Fjorden Ekallumiut und Jgdluluarsuit vorhanden seien. Vollständig dastehende Hauswände finden sich jedoch nicht. Die Mauern sind immer niedrig, aber die Ausdehnung der Ruine ist manchmal sehr groß; die größte soll bei Jgdluluarsuit sein. Ein vorzüglicher Topfstein wird in einem Berge oder auf einer Insel direct südlich von Umanak gefunden. Die größten hieraus verfertigten Töpfe haben einen Durchmesser von 2—3 Fuß. Das Vorkommen dieses Minerals, das auch in Kapitän Graah's Reisebericht erwähnt wird, ist für die Geographie des Alten Grönland von Bedeutung, weil Jvar Baardsön in seiner bekannten Beschreibung von Grönland angibt, daß sich der beste Topfstein auf Renö vor dem Einar-Fjord finde, und daß man aus demselben Gefäße machen könne, welche 10—12 Tonnen fassen. Sollte nicht Renö und der südlich von Umanak gelegene Fundort von Topfstein ein und dieselbe Stelle sein?[2] Wenn dies bewiesen werden könnte, was bei genauer Untersuchung des Topfsteins nicht schwer wäre, so hätte man hier einen festern Ausgangspunkt für die Erörterung der Lage der altgrönländischen Wohnsitze als den in so irreleitender Weise gedeuteten Namen Brattahlid.

---

[1] Für denjenigen, welcher mit der Art der Eskimos, ihre Ortsnamen zu wählen, nicht bekannt ist, muß ich hier erwähnen, daß derselbe Name oft an einer Menge verschiedener Stellen der Küste vorkommt. Dieses Umanak an der Ostküste Grönlands, unter 63° nördl. Br., darf deshalb nicht mit den vielen in andern Theilen Grönlands gelegenen Vorgebirgen, Inseln oder Eilanden verwechselt werden, welche mit diesem Namen benannt sind und welche für die Phantasie der Grönländer ein „herzartiges" Aussehen haben.

[2] Topfstein kommt an vielen Stellen auf der Westküste Grönlands, besonders im Distrikt von Godthaab vor. Daß sich aber der beste Topfstein an der Ostküste Grönlands findet, dafür spricht der Umstand, daß Topfsteingeräthe zu den Tauschwaaren gerechnet werden, welche die Bewohner des Ostens auf ihren Handelsreisen sogar bis nach Tiessa hin anboten. In „Norrigis Bescrifuelse", zu Anfang des 17. Jahrhunderts von Peder Claußön Friis verfaßt, wird erzählt, daß man zum Bau der Domkirche in Drontheim Steine von Irland und Grönland gebraucht habe. Es dürfte nicht schwer zu entscheiden sein, ob wirklich ein Theil der prachtvollen Topfsteinornamente dieser Kirche grönländischen Ursprungs sind. Ich vermuthe nämlich, daß man durch genaue mineralogische und mikroskopische Untersuchungen leicht wird entscheiden können, ob ein Stück Topfstein von einem norwegischen oder grönländischen Fundort herrührt.

Pastor Brobbeck gab mir über denselben Gegenstand nach unserer Heimkehr in Europa folgendes interessante Gutachten, das ich gleich hier mittheile, weil es eine Zusammenfassung seiner mündlichen Erzählungen während unsers angenehmen Zusammenseins in seinem gastfreien Heim und auf der „Sofia" während der Reise längs der Ostküste bildet:[1]

Die Bewohner der Ostküste Grönlands begeben sich von Zeit zu Zeit nach den südlichen Theilen der Westküste, um sich dort europäische Waaren einzutauschen. Dieser Tauschhandel findet gewöhnlich an der südlichsten Handelsstation Pamiagbluk statt, aber die Ostländer kommen auch nach der weiter nordwärts gelegenen Missionsstation Friedrichsthal, und wenn dies nicht der Fall ist, so werden sie gewöhnlich in Pamiagbluk von Personen der genannten Station besucht. Es kommt auch häufig vor, daß die Ostländer an der Westküste bleiben, um sich taufen zu lassen, und von diesen sowie von nur zufälligen Besuchern hat man verschiedene Aufklärungen über die Ostküste einsammeln können. Was ich in dieser und anderer Weise erfahren habe, will ich in Folgendem mittheilen.

Kapitän Graah schätzt die Zahl der Bewohner der Ostküste, d. h. des von ihm besuchten Theils derselben, auf 480 Personen. Die Ostküste ist jedoch nach dem einstimmigen Zeugniß sowol der Ost- wie der Westbewohner viel weiter nordwärts bewohnt, als bis zu dem von Graah erreichten Punkt. Besonders wird Angmagsalik, bei ungefähr 66½° nördl. Br., als ein stark bevölkerter Platz erwähnt. Ein Mann von dort erzählte 1883, daß es daselbst 20—30 Häuser geben solle, und auch ein Halbgrönländer, Jakob Lund aus Sydpröven, gab vor mehr als zehn Jahren an, daß der Platz ungefähr 150 Einwohner hätte. Auch nördlich von Angmagsalik soll es noch Wohnplätze geben und diese sollen sich sogar bis zum 70. Breitengrade erstrecken, scheinen aber nicht so stark bevölkert zu sein, wie die genannte Stelle.

Während des Sommers 1883 kamen drei heidnische Bootsbesatzungen von dem nördlichen Theil der Ostküste, nämlich von Sermilik und Orknak — Plätze, deren Namen jetzt zum ersten mal gehört wurden — nach der

---

[1] Aehnliche besonders wichtige, aber wenig beachtete Aufklärungen über die Bevölkerungsverhältnisse u. f. w. an der Ostküste Grönlands werden schon in Crantz' „Historie von Grönland", S. 354, mitgetheilt. Der Raum gestattet mir jedoch nicht, diese Berichte hier aufzuführen. Nur möge als Probe davon, was die Grönländer eine Volksmenge nennen, hier erwähnt werden, daß Gäste von der Ostküste Grönlands angeben, weiter nordwärts in ihrer Heimat wohnen so viele Menschen, daß ein großer Walfisch kaum hinreichen dürfte, dieselben zu sättigen.

Westküste, um zu handeln. Diese beiden Orte liegen etwas weiter südlich von Angmagsalik, und an jedem sollen sich etwa zehn Häuser befinden. Nur ein Bewohner von Angmagsalik kam mit diesen Leuten nach der Westküste.

Die Bevölkerung der Strecke, welche Graah bereiste, beläuft sich jetzt bei weitem nicht auf 180 Personen, da ihre Zahl durch eine große Sterblichkeit bedeutend abgenommen haben soll. Die Bewohner im Norden werden dagegen als sehr zahlreich angegeben. Das Volk nördlich vom 65. oder 66. Breitengrade gehört nach den einstimmigen Angaben von Europäern und Grönländern, die sie gesehen haben, einer andern Menschenrasse an, als die südlich von ihnen Wohnenden oder die Bewohner der Westküste. Dies gilt zwar nicht für alle, aber doch für viele von ihnen. Es gibt dort Leute mit schmalen Gesichtern und hervorstehender, wirklich gebogener Nase. Alle diese Kennzeichen fand ich besonders ausgeprägt bei einem Mann, den ich im Sommer 1883 traf, und der auch deshalb den Namen Pitjauniak, „der Schöne", trug. Ein Grönländer aus Friedrichsthal, Isak, der mich nach Pamiagdluk zu diesen Heiden führte, sagte von ihnen: „es sind andere Menschen als wir".

Die Sprache auf der ganzen Ostküste ist wesentlich dieselbe wie die auf der Westküste. Sie weicht zwar etwas von derselben ab, aber doch nicht so stark, daß sie einen theilweise verschiedenen Sprachbau zeigt, sondern nur insofern, daß die auf dem nördlichen Theil der Ostküste gebräuchliche Sprache einen zum Theil verschiedenen Wortvorrath hat, und zwar sowol gegenüber der Sprache weiter südwärts auf der Ostküste, als auch gegenüber der Sprache, welche wir von der Westküste her kennen, ebenso wie sich derartige Unterschiede zwischen den südlichen und nördlichen Theilen der Westküste sowie zwischen Grönland im ganzen und Labrador nachweisen lassen. Wenn sich an der Ostküste wirklich noch der letzte gemischte Rest der alten Normannen findet, so darf man sich nicht wundern, daß diese ihre ursprüngliche Sprache verloren haben, denn auch jetzt ziehen die Kinder europäischer Aeltern auf der Westküste vor, Grönländisch zu sprechen, und wenn die Verbindung mit Europa einmal ganz aufhören sollte, so würde, nachdem die ältern Europäer ausgestorben wären, bald nicht ein einziges europäisches Wort mehr auf Grönland gehört werden, und die ganze Bevölkerung würde in Denk- und Lebensweise grönländisch werden.

Die Frage über das Vorhandensein nordischer Ruinen an der Ostküste schien durch Graah's Reise schließlich entschieden zu sein, da er von derartigen Ruinen dort weder etwas sah noch hörte. Auch wir Europäer an der Westküste theilten vollständig Graah's Ansicht. Ich hatte sogar gänzlich vergessen, daß ich schon 1878 von einer nordischen Ruine im Kangerdlugsuatsiak-Fjord und von einer andern größern im Prinz Christians-Sund hatte reden hören, bis ich zufällig im Jahre 1881 wieder davon erzählen hörte. Eigenthümlicherweise erhielt man diese Nachricht beide male nicht von Ostländern, sondern von Westländern; ja es kam sogar vor, daß Ostländer, die bei Narssak am Kangerdlugssuatsiak-Fjord überwintert hatten, nichts von den dortigen Ruinen wußten. Man kann daraus zweifellos schließen, daß die Ostländer ohne besondere Aufklärungen diese Ruinen nicht erkennen, obgleich sie dieselben beständig sehen. So war z. B. auch ein Begleiter Graah's, Mathiesen (vgl. Graah's Reise, S. 71), in Narssak, hörte aber nichts von der dort befindlichen Ruine, welche gleichwol jedem in die Augen fallen muß, da sie von den dortigen grönländischen Hausplätzen nur wenig entfernt liegt. Nachdem man nun die Ruine bei Kangerdlugssuatsiak gefunden, hat man die Sache den Ostländern, welche dieselbe gesehen haben, näher erklären können, und hat infolge dessen verschiedene früher nicht zugängliche Aufklärungen erhalten. So hörte ich von einem Ostländer, Okalurtak, daß er und Andere derartige Steingebäude, welche nicht von den Eskimos herstammen könnten, an dem großen Fjord bei Umanak (63° nördl. Br.) gesehen hätte, und daß in der Nähe derselben bei Tingmiarmiut die Fundorte des auf der Ostküste vorkommenden Topfsteins wären, von dem ich selbst ein Stück erhielt. Ein Mann aus Pamiagdluk auf der Westküste, Elisa oder früher Okumiat, der als Erwachsener von der Ostküste gekommen war, sagte, daß er auch von einer nordischen Ruine weit nördlich von Umanak hätte reden hören. Ein Mann, Daniel, früher Kangusik genannt, der jetzt bei Igdlukasik auf der Westküste wohnt und erst 1881 von der Ostküste gekommen war, erzählte, daß nordische Ruinen in Menge auf dieser Küste wären, und Timotheus (Kujanangitsok) von Friedrichsthal sagte, daß sich in jedem größern Fjord derartige Ruinen fänden.

Aehnliche Mittheilungen hatte man übrigens schon mehrmals erhalten, obgleich man, wie aus dem nachstehenden Auszug aus der „Antiqvarisk Chorographie af Grönland" (Grönlands histor. Mindesmærker, III. 795) hervorgeht, denselben keinen Glauben schenkte oder das Gewicht darauf legte, das sie zu verdienen scheinen. In der genannten Abhandlung (S. 798) wird gesagt:

Wol gibt es einzelne Berichte von eingeborenen Ostländern darüber, daß Ruinen bei Tingmiarmiut (in der Gegend von Puisortok), Iterdlamiut, Ilmanak, Najarmiut und Igloluarsoit vorhanden sein sollen, ja es wird sogar erzählt, daß sich in einem Steinwahrzeichen auf einer Insel Namens Idloarfut, in der Gegend von Tingmiarmiut, bei ungefähr 63° nördl. Br. ein Stein mit einer Inschrift finden sollte. Andere Ostländer aber sagen, daß sie niemals altnordische Ruinen auf der Ostküste gefunden hätten, und ebenso wenig entdeckte Graah ein einziges Denkmal aus der Zeit der nordischen Bewohner, obgleich er die Küste bis ungefähr zum 61. Breitengrad besuchte und einige Meilen weit in verschiedene Fjorde unter 63° und 64° nördl. Br. hineinreiste. Wenn also auch die genannten Ruinen und der Inschriftstein wirklich vorhanden sein sollten, was noch höchst zweifelhaft und wenig wahrscheinlich ist, so dürften sie doch nur als einzelnstehende Ausnahmen zu betrachten sein, welche keinen genügenden Grund für die Behauptung abzugeben vermöchten, daß die nach alten Urkunden ziemlich stark bevölkerte Osterbygd Grönlands dasselbe sein sollte wie die öde Küste dieses Landes, besonders da der südwestliche, viel bessere Theil des Landes, der jetzige District von Julianehaab, gerade eine solche Menge von Denkmalen aus der Zeit des Aufenthalts der nordischen Bewohner daselbst aufzuweisen hat, daß seine Identität mit der Osterbygd der Alten kaum bezweifelt werden kann.

Mir scheint es, daß diese und andere ähnliche Angaben, welche den in Grönland wohnenden Europäern wiederholt von Ostländern, mit denen sie in Berührung gekommen, gemacht worden sind, sowie die ausgeprägt nordischen Gesichtszüge eines Theils der Ostländer, wie schon Egede bemerkt hat, einen kräftigen Widerspruch gegen die meiner Ansicht nach unnatürliche Auslegung bilden, welche verschiedene Gelehrte den alten isländischen Sagas gegeben haben, indem sie die frühere Osterbygd (den Ostbau) nicht auf die Ostküste Grönlands, sondern auf die Südwestküste verlegt haben, eine Auslegung, deren so günstige Aufnahme wol in nicht geringem Maße auf dem Mißglücken der vielen Expeditionen beruht haben mag, welche Dänemark nach seiner alten, und wie man sich vorgestellt hatte sehr werthvollen Besitzung in der Neuen Welt ausgesandt hatte. Ich werde vielleicht weiterhin auf diese Frage zurückkommen. Wie aber auch die schließliche Lösung ausfallen möge, sicher ist, daß die Erzählungen Brobbed's wie des Eskimos von uns mit dem gespann-testen Interesse verfolgt und zunächst als nahezu vollgültige Beweise für die Lage der alten Osterbygd auf der schwer zugänglichen Küste aufgenommen wurden, die wir jetzt zu besuchen beabsichtigten.

Daß die Ostküste Grönlands südlich von Island vom Meere aus für Fahrzeuge vollständig unzugänglich wäre, war noch beim Abgang dieser Expedition im letzten Frühjahr ein Glaubensartikel für Nordpolfahrer und Geographen. So erhielt ich vor meiner Abreise von einem der hervorragendsten Kenner hierauf bezüglicher Fragen einen Brief mit der Mahnung, mich nicht auf ein Unternehmen einzulassen, das mit so außerordentlich großen Ge-

fahren und mit so geringer Aussicht auf Erfolg verbunden wäre.
Eine ähnliche, in derselben Weise motivirte Mahnung ging uns, wie
ich bereits erwähnt habe, von zwei der erfahrensten und bedeutendsten Nordpolfahrer Englands zu, welche beide versucht hatten,
an der Ostküste Grönlands zu landen und welche nahe daran
gewesen waren dabei umzukommen. Schließlich möge noch erwähnt werden, daß der Befehlshaber des dänischen Kriegsschoners
„Ingolf", Kapitän A. Mourier, am Schlusse seines Berichts über
sein bemerkenswerthes Kreuzen im Dänemark-Sund zu beweisen
sucht, daß keine Aussicht für ein Fahrzeug vorhanden ist, vom
Meere aus die Eisschranke zu durchbrechen, welche südlich von
Island die Ostküste Grönlands absperrt. Kapitän Mourier sagt nämlich in dem Aufsatz über „Ingolfs Expedition i Danmarks-Strædet
1879", welcher in der Zeitschrift der Königl. Dänischen Geographischen Gesellschaft, 1880, S. 47—60), enthalten ist, Folgendes:

Fragt man schließlich, wie weit es für möglich angesehen werden kann,
daß man von Osten her auf diesem Theil der Ostküste Grönlands, der von
Egede als „einer der häßlichsten Anblicke, die er je gesehen habe" bezeichnet
wird, überhaupt ans Land kommen könne, so kann ich, obgleich ich allerdings
keine besonders große Erfahrung über die Eisverhältnisse habe, nicht unterlassen
hervorzuheben, daß ich es für unmöglich halte, von außen her östlich vom
Eise ans Land zu kommen. Dies ist genügend an den Tag gelegt durch
die Erfahrung, welche vorhergegangene Expeditionen Gelegenheit gehabt haben
sich zu erwerben. Dies liegt auch in der Natur der Sache: denn das
Polareis ist längs dieser Küstenstrecke beständig in starkem Treiben begriffen,
und kein Fahrzeug kann es ungestraft wagen, sich in diese Gefahr zu begeben, um in die fürchterlichen, aufeinander pressenden Eismassen einzudringen. [1]

Zwar nahm ich an, daß von dem gegen meine beabsichtigte Fahrt
Angeführten vieles auf zufälligen Misgeschicken und Vorurtheilen

---

[1] Ich verstehe nicht, wie mein hochverehrter Freund, der berühmte Grönland-
forscher H. Rink, nach dieser Auslassung des Kapitän Mourier selbst, in einer in den
„Proceedings of the American Philosophical Society", 1885, S. 296, abgedruckten
Uebersicht der Resultate der dänischen Forschungsarbeiten in Grönland, sagen kann:
„He (Mourier) stated that about the latitude of 65° the coast in many cases
could be reached and a landing effected".

beruhte, welche aus der Erfahrung hervorgegangen waren, die man
während der Versuche der frühern Jahrhunderte, diese Küste mit
Segelschiffen zu erreichen, gewonnen hatte. Ich wollte aber auf
alle Fälle das Ziel auf einem neuen, von einer mehr oder weniger
berechtigten Erfahrung noch nicht verworfenen Wege zu erreichen
suchen, nämlich dem Wege in der offenen Wasserrinne, welche sich in
dem Fahrwasser nächst der Küste befinden sollte, das wahrscheinlich nicht allein für die großen Eisberge, sondern auch für größere
Meereisblöcke zu seicht, für unser flachgehendes Fahrzeug aber tief
genug sein würde. Diese Rinne wollte ich durch einen der langen
und schmalen Sunde zu erreichen suchen, welche nördlich von Car
Farewell verschiedene größere Inseln von dem Festlande Grönlands
trennen. Ich hatte hierzu ursprünglich den nördlichsten und längsten,
den Prinz Christian-Sund, in Aussicht genommen. Da aber die
Aufklärungen, welche ich in den südgrönländischen Colonien erhielt,
an die Hand gaben, daß dieser lange Sund öfter als die südlichen
Sunde durch Eis gesperrt ist, und daß dort schwierige, mit Ebbe
und Flut wechselnde Strömungen herrschen, so beschloß ich stattdessen
zu versuchen, die vermuthete eisfreie Strandrinne längs der Ostküste
durch die südlichern, kürzern aber breitern Pamiagbluk- und Itel
Sunde zu erreichen.

Ehe ich die Schilderung der Fahrt der „Sofia" durch diese gefährlichen Sunde beginne, will ich auf Grund einer Polemik in den
dänischen Zeitungen erwähnen, daß ich beim Entwerfen des Reiseplans für die Expedition des Jahres 1883 noch keine Kenntniß hatte
von Kapitän C. F. Wandel's vortrefflichem Aufsatz: „En Fremstilling
af vort Kjendskab til Grönlands Östkyst, samt de med Skonnerten
Ingolf i 1879 foretagne Undersögelser i Danmarksstrædet", im
6. Heft der „Meddelelser om Grönland" (Kopenhagen 1883) abgedruckt, aber datirt vom December 1879. Ich weiß nicht einmal, ob
dieser Aufsatz bei meiner Abreise schon erschienen war. Mein von
Herrn Wandel's Vorschlag vollständig abweichender Reiseplan war: 1) im Frühjahr nach Ivar Baardsön's, schon früher (S. 44)
mitgetheilter Cursvorschrift vorzugeben, und zwar nicht, weil ich
etwa glaubte, nach derselben schon in dieser Jahreszeit an der Ostküste landen zu können, sondern weil ich wünschte, an der Stelle zu
dreggen und Tiefenmessungen vorzunehmen, wohin die alten Sagen

die Gunbjörn-Scheere verlegen, und 2) im Herbst in der offenen Wasserrinne vorzugehen, die ich meinem Vermuthen nach zwischen dem Eisbande und der Küste treffen würde. Als es mir nicht gelang, diese
Rinne zu erreichen, dampfte ich längs der Außenkante des Eisbandes
dem Lande so nahe wie möglich vorwärts mit dem Vorsatz, keine
Gelegenheit zu verpassen, mir einen Weg durch das Hinderniß zu
bahnen. Dies glückte mir schließlich und zwar gerade an der Stelle,
wo Kapitän Wandel und Kapitän Bruun vorgeschlagen hatten,
einen Versuch zu machen. Kapitän Wandel's Worte sind:

— — Fragt man nach der Möglichkeit, diese Küste (die Ostküste) von
der See aus erreichen zu können, so sind zwar die Aussichten nicht groß,
aber die neueren Untersuchungen und Aufklärungen haben dennoch, wie es
mir scheint, gleichsam die Andeutung der Stelle gegeben, wo ein eventueller
Versuch gemacht werden könnte, nämlich zwischen 65 und 66° nördl. Br.

Nachdem die Antwort angekommen war, daß Pastor Brodbeck
die „Sofia" nach der Ostküste begleiten durfte, und nachdem unsere
Reisegefährten von ihrem Ausflug nach dem in der Nähe der Colonie
gelegenen Fjord Amitsok zurückgekehrt waren, lichtete die „Sofia"
am 29. August um Mittag die Anker. Bei herrlichem, stillem Wetter
auf einem vollkommen glatten, mit zerstreuten Eisstücken bedeckten
Wasser dampften wir nun, anfangs ohne nennenswerthe Eishinder-
nisse, an dem südlichsten dänischen Handelsplatz Pamiagdluk vorbei
und in dem von hier nach Nordost gehenden Sunde nach der Stelle,
Mungmiut, wo die Ikek- und Ilaresak-Sunde einander kreuzen.

Die Natur war hier außerordentlich großartig. Die schmalen
Sunde waren von hohen Bergen umgeben, welche in unzählige
zackige, jetzt nahezu schneefreie und oft ruinen- und festungsartige
Bergspitzen verwittert waren, hinter denen hier und da die blau-
weiße Krone eines weiter im Lande liegenden Gletschers hervor-
leuchtete. Zwischen den Bergen und auf deren Seitenabhängen sah
man einzelne grünende Matten, und am Fuß der Berge dehnte sich
die enge, bisher von keinem Schiffskiel durchpflügte spiegelblanke

Karte der Südspitze von Grönland.

Nach „Meddelelser om Grönland", 6. Heft.

- - - - - - Fahrt der „Foee."

Wasserfläche des Sundes aus, die mit größern und kleinern weißen, azurblauen oder meergrünen Eisstücken bestreut war. Unter diesen sah man hier und da einen riesengroßen Eisberg, der durch die Strömungen in der Tiefe des Meeres in einer ganz andern Richtung als das gewöhnliche Treibeis fortgetrieben wurde. Dieser zermalmte und schob alles kleinere in seinem Wege liegende Eis auf die Seite, und ließ so ein eisfreies Kielwasser hinter sich, das sich jedoch da, wo das Eis dichter war, bald aufs neue schloß. Weiter-

Strandpartie am Jork-Sund.
Nach einer Aufnahme des Photographen der Expedition vom 20. August 1883.

hin, nachdem wir etwas über die Mitte des Kanals gekommen waren, der uns nach der Ostküste führen sollte, wurde das Eis immer dichter und dichter. Es bestand hauptsächlich aus ziemlich grobem Meereis, zwischen dem auch hier und da ein großer Eisberg seinen eigenen Weg ging. Um die Wahrscheinlichkeit zu verringern, in dem unbekannten, aber vermuthlich sehr tiefen Fahrwasser auf eine von dem Ausguck nicht rechtzeitig bemerkte Unterwasserklippe zu stoßen, ließ ich die „Sofia" anfangs in der Mitte des Sundes entlang dampfen, doch wurde hier das Eis bald undurchdringlich. Ich suchte hierauf

24*

offeneres Wasser am nördlichen Strand, wo ich die Absicht hatte, für
den Fall, daß ich nicht weiterkommen könnte, einen einigermaßen
sichern Ankerplatz zu gewinnen, um dort eine Aenderung in der Lage
des Eises abzuwarten. Dies glückte nicht. Die Sunde bei Cap
Farewell sind nämlich von einem wilden, in spitzige Bergkegel zersplitterten Bergland umgeben, das bei unserm Besuch schneefrei war,
mit Ausnahme von einigen größern, in den tiefern Thälern zwischen
den Bergspitzen noch liegenden Schnee- und Eisfeldern. In das Meer
sich absenkende Gletscher sahen wir hier nicht, und ebenso wenig irgend-
welches Inlandeis, das übrigens nach Premierlieutenant Holm in
Südgrönland, wenigstens bis zur Höhe von Julianehaab, fehlt.[1] Die
Ufer der Sunde scheinen übrigens für das Ankern zu jählings in die
Tiefe zu gehen, und das Ankern wird außerdem noch dadurch unmöglich, daß mit den starken Ebbe- und Flutströmungen hier beständig große
Eisstücke hin und her, selbst dicht an den Strandklippen vorbei treiben.
Da ich also in der eingeschlagenen Richtung weder nach der Ostseite
des Landes gelangen, noch auch einen sichern Ankerplatz finden konnte,
um eine Besserung der Lage des Eises abzuwarten, suchte ich durch
den nach Süden gehenden Sund Ikaresak herauszukommen. Aber
auch hier trafen wir auf Eis, und es fing schon an dunkel zu werden,
sodaß es nothwendig wurde, Schutz für die Nacht zu suchen. Hierzu
wählte ich in Ermangelung eines bessern Platzes die am Nordost-

---

[1] Nach Untersuchungen von Holm, Steenstrup u. A. bildet ganz Südgrönland,
wenigstens bis zum Tunugdliarfik-Fjord bei 61° nördl. Br. ein wildes, von
Gletschern angefülltes, aber nicht eisbedecktes Alpenland. Daß dies in dem nördlichsten Theil des Landes der Fall ist, zeigen die oben angeführten Erzählungen
der Eingeborenen, welche die Untersuchung von Grinnell-Land seitens der Greely-
Expedition bestätigt hat, und daß auch in dem mittlern Theil des Landes ein
nicht von einem zusammenhängenden Eislager bedeckter Gürtel vorhanden sein
sollte, wird durch folgende Mittheilung des Colonievorstehers Lütken angedeutet:
„Nach der Angabe eines ehemaligen Beamten im Dienst des Handels war man früher
(vor 30 Jahren?) von dem Ende des Södra Strömfjord auf die Renthierjagd gegangen. Man passirte dann erst zwei kleinere Eisfelder und kam danach auf eine
Strecke, wo ein Nunatak sich an den andern reihte, und wo man mehrere Tage
auf schneefreiem Boden ostwärts wandern konnte. Die Erzählung des Handels-
bediensteten wurde durch einen alten Grönländer, Japhet, einen sehr zuverlässigen
Mann bestätigt, welcher in frühern Jahren auf der hier berührten Landstrecke gejagt
hatte. Es gab damals Massen von Renthieren, der Weg dahin war aber zu weit,
als daß die Jagd sich lohnen konnte."

ende des Jlaresak gelegene Bucht Kangerdlutsiak, welche einer unserer
Lootsen, der mehrere Jahre in der Gegend gewohnt hatte, genau
kannte. Auch in dieser Bucht fallen die Ufer so steil ab, daß
wir nur mit Schwierigkeit eine Stelle dicht am Lande fanden,
wo wir in 20—30 Klafter Wasser Anker werfen konnten, und kaum
hatten wir dies gethan, als wir auch schon durch große am Strande
entlang treibende Eisstücke gezwungen wurden, den Platz wieder
zu verlassen. Dies wiederholte sich mehrmals in der jetzt völlig
dunkeln Nacht, während welcher wir jeden Augenblick theils Stößen
des vorbeitreibenden Eises, theils der Gefahr ausgesetzt waren, bei
dem Hin- und Herdampfen zwischen den völlig unbekannten Gneis-
klippen des Fahrwassers auf den Grund zu stoßen. Ich war deshalb froh, bei Tagesanbruch die Fahrt unbeschädigt fortsetzen zu
konnen.

Anfangs nahm ich den Weg südwärts, um durch den Jlaresak-
Sund an Cap Farewell vorbeizukommen. Wir stießen jedoch bald
auf undurchdringliche Eismassen, sodaß ich umkehren mußte. Hierauf
wurde ein neuer Versuch gemacht, auf demselben Wege vorzudringen,
wo uns das Eis am vorhergehenden Tage hinderlich gewesen war;
jetzt aber war das Eis hier noch dichter als früher. Es blieb uns
also nichts weiter übrig als zu wenden und durch den Sund bei
Pamiagdluk hinauszudampfen, um dann womöglich längs des Strandes weiter vorzudringen. Auch auf dem Rückwege fanden wir es
anfangs recht schwierig vorwärts zu kommen infolge der Eismassen,
welche seit gestern hineingetrieben waren, und die uns beinahe in
dem vorher fast eisfreien Pamiagdluk-Sunde eingeschlossen hätten;
und als wir endlich hinausgekommen waren, zeigte es sich, daß das
Eis in dem tiefen Fahrwasser bei Cap Farewell vollständig dicht
gepackt lag. Auch hier war nicht vorwärts zu kommen, und ich sah
mich daher genöthigt, von dem Plane abzustehen, zum Vordringen
längs der Ostküste die vermuthete offene Strandrinne zu benutzen.
Es war sogar nothwendig, um das bei Cap Farewell den größten
Theil des Jahres hindurch angehäufte Eis herumzugehen und den
Weg gegen Norden dann an dem Eisrande entlang, aber dem Sunde
so nahe zu nehmen, daß man eine etwaige Oeffnung im Eisgürtel
entdecken konnte.

Dieser Umweg war ein ganz bedeutender und führte uns wieder

auf die Höhe von Friedrichsthal. Hier entließ ich meine Eskimo-lootsen, welche ich pro Mann mit sechs Kronen, etwas Tabad, Zucker, Kaffee, Brot u. s. w. bezahlte. Obschon wir uns jetzt auf offenem Meere befanden und vom Lande weit entfernt waren, begaben dieselben sich in ihren kleinen Fahrzeugen aus Thierfellen sofort auf den Weg, sichtlicherweise sehr zufrieden mit der erhaltenen Bezahlung und ihrem Aufenthalt an Bord. Ich glaube sogar, daß keine besonders große Ueberredungskunst erforderlich gewesen wäre, um sie zu bestimmen, uns an die Ostküste zu begleiten.

Ich hatte das Cap Farewell[1] früher schon dreimal passirt, stets aber bei Sturm und Nebel. Ueberhaupt steht die Landspitze, an welcher warme und kalte Meeres- und Luftströmungen das ganze Jahr hindurch miteinander um die Herrschaft ringen, bei den Grönlandsfahrern in schlechtem Rufe. Hier war es, wo Frobisher auf seiner ersten Reise im Jahre 1576 eines seiner drei Schiffe verlor und auf dem Commandoschiff die Masten abgebrochen wurden, wo ferner Davis mit „Meremayde", „Sunneshine" und „Moonelight" 1586 mit heftigen Stürmen zu kämpfen hatte, ebenso Baffin 1615, Hans Egede 1721 u. a. m. So manches Unglück ist hier geschehen, und mancher ist jahrelang hier vorbeigesegelt, ohne daß der Nebel es ihm jemals vergönnt hätte, die Spitze zu sehen, welche die Davis-Straße vom Atlantischen Ocean scheidet. Jetzt dagegen war hier die Luft klar und das Meer so still, daß es Kjellström möglich ward, vom Schiffe aus eine hübsche, bereits (S. 55) mitgetheilte Photographie von der Südspitze des Landes zu erhalten. Wie schwer zugänglich dieser Theil von Grönland ist, geht übrigens auch daraus hervor, daß dänische Forscher erst 1881 im Stande gewesen sind, mit voller Genauigkeit die Lage der südlichsten Spitze Grönlands zu bestimmen, von welcher damals gleichzeitig auch eine ziemlich gut getroffene Zeichnung angefertigt wurde, die sich in Meddelelser om Grönland, 4. Heft, S. 149, wiedergegeben findet. Und doch liegt

<hr>

[1] Der Name rührt von John Davis her und deutet an, daß derselbe im Jahre 1585 vor Eis dem Lande nicht näher kommen konnte als bis auf 6—7 Meilen. Vgl. John Gatonbe's Schilderung von James Hall's Reise 1612 (Churchill's Collection, VI, 1732, S. 246). Auf einer Karte bei Purchas (III, 1625) ist diese Spitze mit dem vielleicht bezeichnendern Namen Cap Fearewell aufgeführt.

Cap Farewell unter 59° 45′ nördl. Br., also in ungefähr derselben Polhöhe wie Christiania, Stockholm, Helsingfors und St.-Petersburg.

Der am Cap Farewell und längs der grönländischen Ostküste, an der Grenze zwischen dem Golf- und dem Polarstrome, vorkommende und, wie ich annehme, scharf ausgeprägte, wenn auch vielleicht locale Sturmgürtel scheint mir, infolge Mangels an umfassenden meteoro-logischen Beobachtungen in diesem Theile des Polarmeeres, in John P. Finby's interessantem und umfassendem Werke: Charts of relative storm frequency (Professional Papers of the Signal Service, Nr. XIV, Washington 1884) nicht gebührend hervorgehoben zu sein. Ich glaube, daß auf den meisten der für das ganze Jahr und jeden besondern Monat angefertigten Karten eine schmale dunkel-blaue Linie vom 65. Breitengrade an der Ostküste von Grönland entlang bis über das Cap Farewell hinaus, vielleicht bis hinab an Neu-Fundland, gezogen werden sollte.

Das Thierleben in dem Fahrwasser, in welchem wir die beiden letzten Tage dahingedampft, war sehr arm. An diesen beiden Tagen hatten wir nur einen Walfisch, einige Seehunde und eine geringe Anzahl Vögel gesehen. Das belebende Element in den Naturscenerien an den Küsten von Spitzbergen und Nowaja-Semlja fehlte hier also in bedeutendem Grade. Die Ursache hiervon dürfte in der bis an das Land hinanreichenden großen Tiefe des Meeres zu suchen sein, welche es Vögeln und Seehunden unmöglich macht, ihre Nahrung von dem Meeresgrunde heraufzuholen. Vielleicht hat auch der jahrhunderte-lange Ausrottungskrieg der Eingeborenen gegen alle ihnen in den Weg kommenden Thiere hierzu beigetragen. Auf den vor Cap Fare-well gelegenen Klippen sollen jedoch Alken und Lummen in großen Schaaren nisten. Dem Bericht der Eskimojäger gemäß erzählen alte Leute, daß es hier früher auch den merkwürdigen, jetzt ausge-storbenen Riesenalk (Alca impennis, auf Grönländisch: Isarulitsok = Kleinflügler) gegeben habe. Derselbe muß aber, wie J. Steenstrup durch umfassende Untersuchungen über die Naturgeschichte und die ehemalige Verbreitung dieses Vogels dargethan hat, auch zu Anfang des vorigen Jahrhunderts schon sehr selten gewesen sein. Egede, der erste Europäer, welcher diese Gegenden bereist hat, thut seiner nicht Erwähnung. Fabricius, der sich in Grönland von 1768—74 aufge-halten, hat nur ein, mit Recht oder Unrecht für einen solchen Riesenalk gehaltenes, erst kurz zuvor ausgebrütetes Junges gesehen und sagt in seiner Fauna von diesem Vogel: „Habitat in alto mari, raro ad insulas extremas visa, et quidem tempore brumali. Veteres rarissimi." Cranz erwähnt diesen Vogel, den er See-Emmer nennt, nach Hörensagen und mit folgendem sonderbaren Zusatz: „Die Nor= weger halten für, daß er niemals auf dem Lande gesehen werde, außer die Woche vor Weyhnachten, die sie daher die Emmer=Woche nennen; und daß er seine zwey Eyer (denn mehr soll er nicht legen) auch nicht am Lande, sondern zwischen seinen Flügeln und dem Rumpf ausbrüte". Keiner der vielen grönländischen Colonisten, mit denen ich über diesen Vogel gesprochen, oder die Eskimos, welche ich durch den Dolmetscher über ihn befragt, konnten mir einen Isarukitsok verschaffen oder hatten einen solchen gesehen. Ebenso wenig ist es mir gelungen, in den grönländischen Kjöllenmöddings= oder an den an Knochen von Jagdthieren äußerst reichen grönlän= dischen Hausplätzen, welche ich habe untersuchen lassen, Knochenreste von diesem Vogel zu entdecken. [1]

Die Versuche, in den mit Eis angefüllten Sunden vorzudringen, sowie das Hin= und Herdampfen zwischen den ausgedehnten Eis= feldern am Cap Farewell nahmen beinahe den ganzen Tag in An= spruch. Erst spät am Nachmittag trafen wir ein einigermaßen offenes Wasser an. Kurz darauf mußten wir aber, der nächtlichen Finster= niß wegen, schon wieder still liegen oder auch nur mit halbem Dampfe fahren.

Außerdem hatten wir hier eine starke Gegenströmung, und um an den Eisfeldern herumzukommen waren wir gezwungen, einen großen Umweg nach Süden und Osten zu machen, wozu beinahe der ganze folgende Tag erforderlich war. Am Morgen des 1. Sep=

---

[1] Ich habe mich auf meinen beiden Reisen nach Grönland sehr für diese Frage interessirt, indem die Beantwortung derselben auch in Bezug auf das Vorkommen dieses Vogels an der Ostküste geradeüber von Island einen nicht geringen Werth für die Geschichte der Geographie haben würde. Wenn z. B. dieser Vogel, wie J. Steenstrup gewiß mit vollem Recht annimmt, in den letzten drei oder vierhundert Jahren niemals in großen Schaaren auf Grönland genistet hat, so hat Björn Johnson in seinen Grönländischen Annalen die Reise von Lotra Clemens unrichtigerweise mit der Gunbjörn-Scheere in Verbindung gebracht, anstatt mit Neu=Fundland (vgl. Grön= lands histor. Mindesmærker, I, 126), und wenigstens einer der Berichte über die räthselhafte Scheere hat eine einfache Erklärung gefunden.

tember waren wir infolge hiervon noch nicht bis zum 62° nördl. Br.
gekommen. Das Wetter war hübsch, klar und still. Nördlich von
uns spiegelte sich in der Luft ein dichtes Treibeisfeld, das sich von
dem Gletscher bei Puisortok, der von den im Umiak (Frauenboot)
an der Küste hin- und herfahrenden Eskimos sehr gefürchtet ist, weit
in das Meer hinaus erstreckte. Südlich von dieser Eisspitze aber
schien das Meer gegen das Land hin ganz vom Eise frei zu sein.
Nicht einmal von der Mastspitze aus war hier eine Spur von Eis
zu entdecken. Es sah wirklich aus, als wäre der bisher ziemlich
breite Eisgürtel an dieser Stelle durchbrochen, und ich gab daher
sofort den Befehl, den Curs nach dem Lande zu richten. Erst nachdem
wir in dieser Richtung ein paar Stunden vorwärts gegangen waren,
konnten wir gegen den dunkeln Uferabhang sehen, daß die Küste
auch hier von einem vielreihigen Perlengürtel von blauweißen Eis-
blöcken umgeben war, welcher eine Breite von nur 6 Minuten zu
haben schien. Dieser Eisgürtel war jedoch ziemlich dicht, sodaß ein
wirkliches Durchbrechen nothwendig gewesen wäre, um an das
Land zu gelangen.

Wahrscheinlich hätten einem Durchbruch hier keine unüber-
windlichen Schwierigkeiten entgegengestanden; aber da nach Mittheilungen, welche die Ostländer dem Pastor Brodbeck gemacht, die
Küste hier unbewohnt ist, war ich wenig geneigt, an dieser Stelle
die Expedition der Gefahr auszusetzen, welche mit einem solchen Eis-
durchbruch stets verknüpft sein muß. Nachdem die Küstenberge
photographirt worden, dampfte ich daher weiter, um das Land ungefähr am 63.° nördl. Br. aufzusuchen, wo es nach Angabe des
vorerwähnten Timotheus Kujanangitsok an den großen Fjorden bei
Umanak und Ekallumiut eine Menge Grundmauern oder Kablunak-
häuser geben soll. Die Treibeisspitze bei Puisortok, welche sich 25′
bis 30′ weit in das Meer hinauserstreckte, wurde umsegelt und sodann der Curs längs des Eisrandes gegen Norden genommen. Es
ging jedoch sehr langsam vorwärts, theils wegen der vielen Umwege,
zu denen wir auf unserm Wege am Eisrande entlang genöthigt
waren, theils infolge der in dem Kaltwassergebiet längs der Küste
herrschenden starken nördlichen Strömung. Aber man brauchte sich nur
eine geringe Strecke vom Lande zu entfernen, so befand man sich
plötzlich in einem aus dem Süden kommenden (bis zu + 6°) warmen

Strom. Der Eisgürtel wurde oberhalb 62° nördl. Br. wieder so breit, daß ich beinahe die Hoffnung verlor, an das Land gelangen zu können, aber schon gegen Mittag schnitt eine Bucht so weit an das Land hinan, daß es wieder aussah, als wäre hier im Eisgürtel eine vollständige Unterbrechung vorhanden. Wieder dampften wir dem Lande zu, abermals wurden wir jedoch durch ein schmales Eisband an der Erreichung unsers Ziels gehindert. Die Küste besteht hier noch immer aus einem wilden Alpenland, welches, soviel man vom Meere aus sehen kounte, von hohen schwarzen schneefreien Berggipfeln gebildet wird. Die Thalfurchen zwischen den Bergen sind häufig von größern oder kleinern Schnee- und Eisansammlungen ausgefüllt, die aber nur an wenigen Stellen wirkliche, bis zum Meer hinabreichende Eisströme zu bilden scheinen. Nirgends sahen wir hier vom Meere aus, wie mehrfach an der Westküste, den wage-rechten Eiswall des Inlandeises.

Das Treibeis, welches hier den die Küste umschließenden Eis-gürtel bildete, bestand an seinem äußern Rande aus Knattereis, wie die Polarjäger es nennen, d. h. aus kleinen Eisstücken, den letzten Resten größerer, durch die Einwirkung der Sonnenwärme und des Golfstromes zerfallener Eismassen. Weiter einwärts trafen wir auf Stücke von größerer Ausdehnung, die aber selten aufeinander ge-schraubt, oft aber durch breitere oder schmälere Wasserrinnen getrennt waren. Zwischen dem Treibeis sahen wir hier und da auch manchmal einen Eisberg, doch hat es den Anschein, als ob Eis-berge an der Ostküste in viel geringerer Zahl vorkommen als an der Westküste.

Ich bestimmte die Höhe einiger Eisberge, indem ich zuerst den Winkel zwischen ihrem Gipfel und dem Horizont maß, worauf ich, gerade auf sie zudampfend, mit der Logleine eine Basis schuf und dann die Winkelhöhe maß. Für einen mittelgroßen Eisberg, welcher eine gleichmäßig hohe, steil abfallende Scheibe mit einem horizontalen Durchschnitt von ungefähr 100 m bildete, erhielt ich die Höhe über dem Wasserspiegel zu 35 m. Bei der Form, welche dieser Eisberg hatte, ist es wahrscheinlich, daß er wenigstens sechs bis siebenmal so weit unter wie über den Wasserspiegel reichte. Sein verticaler Durchschnitt würde somit 250 m gewesen sein.

Ein Eisberg macht stets einen großartigen, überwältigenden

Eindruck, mag man ihm nun auf offenem Meere begegnen, wo Woge
auf Woge sich mit unglaublicher Heftigkeit gegen seine azurblauen
oder vom Reif weißüberzogenen Seiten wirft, um, in Schaum verwandelt und in Hunderte für einige Augenblicke wasserreiche Cas-
caden zertheilt, machtlos wieder zurückzufallen, oder mag man ihn
zwischen Treibeisfeldern erblicken, wo die Wellenbewegung zwar gemildert ist, der Eisfelsen aber, gleichsam um sich unter den ihn umgebenden Kleinen nicht zu verlieren, seinen durch Trümmer bezeichneten Weg zwischen größern und kleinern Eisschollen nimmt, welche
dieser Gewaltige unter beständigem Getöse vor sich herschiebt und
zermalmt, oder mag man ihn am Tage sehen, wenn seine Seiten
mit der Pracht Hunderttausender von Juwelen in der Sonne glitzern
oder die Fata-Morgana sich seiner bedient, um Zauberschlösser zu
formen, oder in der Nacht, wenn Dunkelheit, Nebel und eisige Luft
seine gigantischen Formen vervielfachen und ihm die unbestimmten
Umrisse einer schreckeinjagenden Spukgestalt verleihen. Gewöhnlich
dürfte man sich jedoch eine unrichtige Vorstellung von seiner Größe
oder doch wenigstens der Höhe seines über das Wasser emporragenden
Theils machen. Ich führe deshalb hier einige factische Messungen an.

Im Jahre 1822 maß William Scoresby einige Eisberge an
der Ostküste von Grönland, ungefähr 71° nördl. Br. Der Gipfel
eines Eisbergs, welcher an der einen Seite in einer Spitze auslief,
hatte eine Höhe über der Meeresfläche von 46 m; ein anderer Berg,
eben und mit senkrechten Seiten, hatte eine Höhe von ungefähr
30 m. Später, zwischen 69 und 70° nördl. Br. wurden wieder
unzählige Eisberge angetroffen, von denen die größern eine zu
60 m abgeschätzte Höhe hatten. Das Gewicht wurde zu 45 Millionen
Tons berechnet (Scoresby, Ostgrönland, S. 207 und 252). Im
allgemeinen hatten die Eisberge, welche Lieutenant Hammer in der
Gegend von Jakobshavn maß, eine Höhe von 30—60 m (100—
200 Fuß) über dem Wasserspiegel, doch waren einige bis zu 90 m
hoch. Der größte Eisberg, welchen er gesehen, war in der Fjord-
mündung gestrandet und hatte eine Höhe von 108 m. Sechs andere Eisfelsen, welche außen vor dem Eisfjord von Jakobshavn auf dem Grunde
standen, waren von verschiedener Höhe zwischen 14 und 61 m. Der
größte derselben bedeckte ein Areal von ungefähr 63000 qm und hatte
einen Kubikinhalt von 20 Millionen cbm (Meddelelser om Grön-

land, 4. Heft, S. 20). Am 3. September 1820 traf Parry in der Baffins-
Bai einen der größten Eisberge, welchen er je gesehen hat; derselbe
hatte eine Höhe von 45—60 m über der Wasserfläche. Im Juli
1824 bestimmte Parry bei Godhavn die Höhe großer Eisberge zu
30—60 m. Bei Spitzbergen und Nowaja-Semlja, wie auch wahrscheinlich bei Franz Josephs-Land, erheben sich die von den Gletschern
herabgefallenen oder von ihnen hinausgerutschten Eisstücke selten
10 m über dem Wasserspiegel. An der Nordküste von Sibirien
wiederum fehlen wirkliche Eisberge, wenigstens in unmittelbarer
Nähe der Küste, ganz und gar, und wahrscheinlich ist dies auch
der Fall in den zwischen der Berings-Straße und der Baffins-Bai
gelegenen Theilen des amerikanischen Polarmeeres.

Die einzigen Herde, welche es gegenwärtig in der nördlichen
Hemisphäre für Bildung wirklicher Eisberge gibt, sind also die sogenannten Eisfjorde an den Küsten von Grönland. Es ist anzunehmen,
daß die Eisberge, welche wir an der Ostküste Amerikas treffen und deren
Verbreitungsgebiet auf der S. 110 mitgetheilten Kartenskizze näher
angegeben ist, von hier herrühren. Oft haben sie hier, auf dem meist
befahrenen Seeweg der Welt, Unglücksfälle verursacht, und oft sind
sie der Gegenstand für romantische Schilderungen gewesen. Wenn
die Eisberge so weit gegen Süden herabgetrieben sind, hat ihre Höhe
aber wahrscheinlich schon bedeutend abgenommen. Ohne directe
Messungen anführen zu können nehme ich daher an, daß an den
Küsten von Neu-Fundland und Canada die Höhe der Eisberge über
der Wasserfläche selten 30—40 m übersteigt.

Im südlichen Polarmeer dürften die Eisberge etwas größer sein
als im nördlichen, doch sind von dort nur wenig wirkliche Messungen bekannt. Cook gibt den Eisbergen des Südmeeres den ganz bezeich-
nenden Namen Ice-Islands (Eisinseln) und schätzt die Höhe derselben
auf 15—90 m. Viele hatten einen Umkreis von 2—3 englischen
Meilen. Rares traf am antarktischen Polarkreis Eisberge von einer
Höhe bis zu 75,6 m und einem berechneten Totaldurchschnitt von
350 m.

Aus Vorstehendem ist ersichtlich, daß die Höhe, welche die Eisberge
erreichen, derjenigen hoher Scheerenklippen an der skandinavischen
Küste oder hoher Kirchthürme gleichkommt. „Wolkenhoch" sind sie nicht,
doch fühlt man sich versucht, sie so zu nennen, wenn man ihnen bei

Grönlands Ostküste (südlich vom König Oscar-Hafen.

Momentaufnahme des Photographen der Expedition vom 6. September 1892.

S. 361.

Sturm und eisiger Luft begegnet und vielleicht nur mit genauer Noth der Gefahr entrinnt, an ihren Seiten zerschmettert zu werden.

Da ich hoffte, bald bei Umanak oder Ekallumiut landen zu können, an welchen Stellen Kablunak=Ruinen vorkommen sollen, wollte ich mich hier nicht allzu lange mit Versuchen aufhalten, den Eisgürtel zu forciren, was übrigens kaum mit besonders großen Schwierigkeiten verbunden gewesen sein dürfte. Ich dampfte daher weiter, aber jetzt schlug das bisher schöne Wetter um. Die ganze Küste und die umgebenden Eisfelder wurden in eine dicke Schneeluft eingehüllt. Theils um in dieser dicken Luft nicht zwischen dem Treib= eis eingeschlossen zu werden, theils um nicht plötzlich gegen eine zu spät bemerkte Eisklippe zu stoßen, sowie schließlich um bei der Fahrt gegen den Strom unsern Kohlenvorrath nicht allzu sehr anzugreifen, ließ ich die „Sofia" weiter auf das Meer hinaussteuern, aus dem kalten, von Norden kommenden, in den warmen, nach Norden gehenden Strom.

Am Abend des 3. September legte sich der Wind wieder und das Wetter klärte sich auf. Die südliche Strömung hatte die „Sofia" aber schon an der Stelle vorbeigeführt, an der ich zu landen gedachte. Die Jahreszeit und unser Kohlenvorrath gestatteten es nicht, daß wir jetzt umkehrten. Ich gab daher, wenn auch höchst ungern, meinen Landungsplan auf und beschloß den Versuch zu machen, irgendwo südlich von Cap Dan zu landen, der Landspitze, welche, wenn der Ejnar=Fjord bei Umanak oder Ekallumiut läge, wahr= scheinlich dem Herjolfsnäs der alten Grönländer entsprechen dürfte.

Am Morgen des 4. September bekamen wir Cap Dan in Sicht. Das Meer schien in der Richtung nach dieser Landspitze völlig eisfrei zu sein. Ich dampfte wieder dem Lande zu, fest entschlossen, dies= mal einen ernstlichen Versuch zu machen, den Eisgürtel, den ich auch hier schließlich zu finden erwartete, und den wir auch wirklich unge= fähr 20 Seemeilen vom Lande antrafen, zu forciren. Das Treib= eis erwies sich hier, nachdem wir uns durch den dichtgepackten Außen= rand desselben gearbeitet, als ziemlich passirbar. Dasselbe bestand aus ebenen, nicht auseinander geschraubten Schollen, die sich nur wenige Fuß über dem Wasserspiegel erhoben und selten mehr als 30 oder 40 Fuß im Durchschnitt hatten. Hier und da schwammen große Eisberge. An seiner Innenseite schloß der Eisgürtel wieder

mit einem dichtgepackten Rande ab, worauf eine so gut wie eisfreie,
3—4 Seemeilen breite Küstenrinne begann. Das Wasser war in
dieser Rinne still wie in einem Teiche, sodaß man mit dem Boot
am Strande überall anlegen konnte. Die Küstenberge fielen an den
meisten Stellen steil in das Meer ab, ohne einen grasbewachsenen
Ufersaum zu bilden.

Felsen an der Ostküste Grönlands, den König Oscar-Hafen umrahmend,
aus einer Höhe von 3000 Fuß gesehen.

Nach einer Aufnahme des Photographen der Expedition vom 4. September 1883.

Geradeüber von der Stelle, an welcher wir den Durchbruch bewerkstelligt, sahen wir eine offene und flache Bucht. Ich wollte
anfangs dort vor Anker gehen, um daselbst, ehe es für diesen Tag
zu spät wurde, durch einige Sonnenhöhen die geographische Lage zu
bestimmen; als wir aber in der Bucht anlangten, zeigte es sich, daß
sie dem Schiffe keinerlei Schutz gewähren und infolge ihrer Tiefe
und der Beschaffenheit ihres Bodens nicht einmal einen brauchbaren
Ankerplatz darbieten konnte. Auf alle Fälle ging ich hier mit den

Gelehrten der Expedition für einige Stunden ans Land und schickte
auch einige Mann aus, um von den umliegenden Berghöhen die nahegelegenen Küsten zu recognosciren und Umschau zu halten, ob sich in
der Nachbarschaft nicht ein wirklicher Hafen finden ließ. Währenddem
wurde das mit Flaggen geschmückte Schiff in der kleinen Bucht, in
welcher wir zu ankern versucht, im gleichmäßigen Gang erhalten.
Um 4 Uhr nachmittags waren alle wieder an Bord versammelt:
die Gelehrten mit einer über alles Erwarten reichen Ernte von den
zwar steilen aber stellenweise mit einer üppigen Vegetation bedeckten
Bergabhängen; die Recognoscirenden mit der willkommenen Botschaft,
daß sich ein anscheinend guter, vor Wind und Treibeis geschützter
Hafen ganz in der Nähe befände. Ich ging sogleich dorthin ab und
warf daselbst am 4. September um 6 Uhr nachmittags den Anker.

Es war ein schöner, in mehrere Arme getheilter Fjord, welcher
nur durch eine schmale Mündung mit dem Meere in Verbindung
stand und in seinem Innern an vielen Stellen ausgezeichnete und
gut geschützte Ankerplätze hatte. Auch an den skandinavischen Küsten,
die an guten Häfen so reich sind, würde dieser Hafen zu den allerbesten
gehören. Seine Majestät König Oscar von Schweden hat huldreichst
gestattet, daß er seinen Namen erhält. Es ist der erste Hafen an der
grönländischen Ostküste südlich vom Polarkreise[1], in welchem in den letzten

---

[1] Um Mißverständnissen vorzubeugen, will ich erwähnen, daß die Ostküste Grönlands nördlich vom Polarkreise weniger durch Eis gesperrt ist. Hier ist im Jahre
1822 W. Scoresby gelandet, hat naturhistorische Untersuchungen angestellt und die
Küste zwischen 70 und 75° nördl. Br. kartirt. Hier ankerten Sabine und
Clavering im Jahre 1827, kartirten die Gegend am 75.° nördl. Br. und machten
umfassende magnetische Bestimmungen. Hier überwinterte 1869/70 auch die deutsche
Expedition unter Payer und Koldewey, erforschte den Franz Joseph-Fjord näher und
kartirte das Land von dort bis zu 78° nördl. Br. Einen sichern Beweis, daß
Fahrzeuge vor der „Sofia" an der grönländischen Ostküste südlich vom Polarkreis
gelandet oder aus Land getrieben sind, hat man dagegen nicht. Besonders will ich
darauf hinweisen, daß von den vielen Walfischfängerschiffen, welche 1777 vom Eis
eingeschlossen und, nachdem sie mit der Meeresströmung an der Ostküste Grönlands
entlang getrieben waren, schließlich zermalmt wurden, keines das eigentliche Land
erreicht hat, und daß die isländische Erzählung von einigen Fischerfahrzeugen, die im
Jahre 1756 auf der Ostküste Grönlands nördlich der Westfjorde auf Island vor
Anker gegangen sein sollen, welche Erzählung sogleich nach der Rückkehr der „Sofia"
aus Grönland in der Zeitschrift der Dänischen Geographischen Gesellschaft (7. Band,
S. 117) veröffentlicht wurde, nach Aufschlüssen, die nachher in derselben Zeitschrift
(S. 176) erschienen, vollständig apokryphisch sind.

Jahrhunderten ein Fahrzeug vor Anker gelegen hat. Sollten wir am Cap Dan das alte Herjolfsnäs sehen können, so würde der König Oscar-Hafen vielleicht der bei Herjolfsnäs gelegene Hafen Sand sein, den Ivar Baardsön als „allgemein benutzt von Normannen und Kaufleuten" erwähnt. Daß die Normannen hier gehaust haben, deuten zwei auf Berghöhen aufgeführte Landmarken an, welche vermuthlich dazu gedient haben, in diesem Wirrwar von Klippen den Eingang in den sichern Hafen anzuzeigen. Außerdem wurde hier die Ruine eines kleinern steinernen Gebäudes angetroffen, welche mit den auf der Westküste aufgefundenen Resten von sogenannten Normannenhäusern übereinstimmte. Zwar sind diese Alterthümsiunde nicht bedeutend genug, um aus ihnen den Schluß ziehen zu können, daß man hier eine der Ansiedelungen des frühern Grönland vor sich habe, sie verdienen aber auf alle Fälle Beachtung als Fingerzeige für künftige Untersuchungen an der Ostküste von Grönland.

Gleich nachdem der Anker gefallen war, gingen wir ans Land und zerstreuten uns zum Zwecke von Untersuchungen nach verschiedenen Richtungen. In der Umgebung des Hafens trafen wir mehrere freundliche Thäler mit gleichmäßig dichten Grasteppichen und üppigen Gebüschen an. Der Pflanzenwuchs schien mir hier üppiger und die Grasteppiche weniger mit Moos durchmischt zu sein als an den unter gleichem Breitengrad gelegenen und ebenfalls von granitischen Felsarten umgebenen Fjorden an der Westküste. In einem der Thäler schlängelte sich ein Fluß dahin, dessen Uferabhänge an mehrern Stellen aus losen, durch keinen Grasteppich gebundenen Sandlagern bestanden. Hier sahen wir Fußspuren von Menschen. Ein Theil dieser Spuren war einige Tage alt, ein anderer erst vor so kurzer Zeit getreten worden, daß der vom Fuße bloßgelegte feuchte Sand, der vorher unter der Oberfläche gelegen hatte, noch nicht hatte trocknen können. Wahrscheinlich waren die Eingeborenen geflohen, als sie zum ersten mal von einem Schiffe die Eismauer durchbrechen sahen, welche ihrer Küste bisher ein so sicherer Schutz gegen den Besuch Ungehöriger gewesen war.

Rathorst folgte diesen Spuren weit in das Innere des Landes und bis zum Anbruch der Dunkelheit. Er war dabei allein und unbewaffnet, was uns bei seinem unerwartet langen Ausbleiben in Unruhe versetzte, da man ja nicht vollkommen sicher sein konnte, daß die Eingeborenen, falls man solche anträfe, sich friedlich verhalten würden. Aber, wie gesagt, Eingeborene wurden leider nicht vorgefunden.

Mehrfach am Ufer fanden sich ziemlich gut erhaltene Ueberreste von Eskimohäusern, aus Stein und Rasen aufgeführt, ferner von Steinringen alter Sommerzeltplätze, von Eskimogräbern, von labyrinthischen, für Spielplätze bestimmten Steineinfassungen, von Feuerherden, Speckgruben, Fuchsfallen u. s. w. Die letztgenannten waren

Ein Theil des nördlichen Strandes am König Oscar-Hafen.
Nach einer Aufnahme des Photographen der Expedition.

offenbar erst kürzlich im Gebrauch gewesen und auf eine ganz sinnreiche Weise aus Steinfliesen und Rollsteinen ohne Benutzung von Holz oder Knochen hergestellt worden. In einem Kindergrabe, unter einem Steinhaufen am Fuße einer vorspringenden Felsenwand, wurden recht hübsch ausgeführte Fanggeräthe en miniature und verschiedene Knochen, darunter ein Hundeschädel, angetroffen. Die heidnischen Eskimos pflegen dem Kinde, das sie begraben, einen Hundekopf mit ins Grab zu geben. Der Hund, welcher stets seinen Weg findet, soll dem unerfahrenen Kinde im Reiche der Todten als Führer dienen. (P. Egede, Nachrichten rc. 1790, S. 137.)

Die Berge am König Oscar-Hafen sind gegen 1000 m hoch und bestehen aus krystallinischem Gestein, hauptsächlich Granit-Gneis und Diorit. Zwischen den Bergen breiteten sich Binnenseen und Thäler aus, welche mit einem ziemlich dichten Grasteppich und 1—2 Fuß hohem Weidengebüsch bedeckt waren. Bäume gab es hier nicht, und die Zwergbirke kroch, wie auf Spitzbergen, am Boden hin.

Einen Begriff von der höhern Vegetation dieser Stelle erhält man übrigens durch das nachfolgende Verzeichniß Dr. Berlin's über die 1883 am König Oscar-Hafen eingesammelten Phanerogamen.

Thalictrum alpinum *L.*
Ranunculus glacialis *L.*
   "   acer *L.*
   "   " * Nathorsti *A. Berlin.*
   "   hyperboreus *Rottb.*
Arabis alpina *L.*
Draba hirta *L.* v. hebecarpa *Lindbl.*
  " corymbosa *R. Br.*
Subularia aquatica *L.*
Viola palustris *L.*
Viscaria alpina *(L.) Don.*
Silene acaulis *L.*
Cerastium alpinum *L.*
    "   " v. lanatum *Lindbl.*
   " trigynum *Vill.*
Stellaria borealis *Big.*
  " humifusa *Rottb.*
Halianthus peploides *(L.) Fr.* v. diffusus *Horn.*
Alsine biflora *(L.) Wng.*
Sagina nivalis *(Lindbl.) Fr.*
  " Linnaei *Presl.*
Comarum palustre *L.*
Potentilla anserina *L.* v. groenlandica *Ser.*

Potentilla maculata *Pourr.*
    " v. hirta *Lge.*
Sibbaldia procumbens *L.*
Alchemilla vulgaris *L.*
  " alpina *L.*
Chamaenerium augustifolium *(L.) Scop.*
  " latifolium *(L.) Sp.*
Epilobium alpinum *L.*
Hippuris vulgaris *L.* v. maritima *(Hell.)*
Callitriche verna *Kütz.* v. minima *Hoppe.*
Sedum annuum *L.*
Rhodiola rosea *L.*
Saxifraga Aizoon *Jacq.*
  " oppositifolia *L.*
  " caespitosa *L.*
  " cernua *L.*
  " rivularis *L.*
  " nivalis *L.*
  " stellaris *L.*
Gnaphalium norvegicum *Gunn.*
  " supinum *L.*
  " " v. fuscum *Somm.*
Antennaria alpina *(L.) R. Br.*
Erigeron alpinum *L.*

Taraxacum officinale *Web.*

Hieracium alpinum *L.*

» nigrescens *Willd.*

* hyparcticum *S. Almqu.*

Campanula rotundifolia *L.* v. arctica *Lge.*

» groenlandica *A. Berlin.*

Vaccinium uliginosum *L.*

» » v. microphyllum *(Lge).*

Andromeda hypnoides *L.*

Phyllodoce coerulea *(L.) Bab.*

Azalea procumbens *L.*

Rhododendron lapponicum *(L.)* *Wng.* v. viride *A. Berlin.*

Pyrola minor *L.*

Gentiana nivalis *L.*

Diapensia lapponica *L.*

Veronica alpina *L.*

Bartsia alpina *L.*

Euphrasia officinalis *L.*

Pedicularis flammea *L.*

» hirsuta *L.*

Thymus Serpyllum *L.* v. prostratus *Horn.*

Pinguicula vulgaris *L.*

Plantago maritima *L.*

Oxyria digyna *(L.) Hill.*

Polygonum viviparum *L.*

Koenigia islandica *L.*

Empetrum nigrum *L.*

Salix glauca *L.*

» herbacea *L.*

Betula nana *L.*

Juniperus communis *L.* v. nana *(Willd.)*

Triglochin palustre *L.*

Tofieldia borealis *Wng.*

Juncus biglumis *L.*

Juncus trifidus *L.*

Luzula confusa *Lindeb.*

» spicata *(L.) DC.*

Eriophorum Scheuchzeri *Hopp.*

Carex capillaris *L.*

» rariflora *Sm.*

» subspathacea *Wormskj.* v.

» curvata *Drej.*

» rigida *Good.*

» festiva *Dew.*

» lagopina *Wng.*

» glareosa *Wng.*

» nardina *Fr.*

» scirpoidea *Michx.*

Phleum alpinum *L.*

Alopecurus fulvus *Sm.*

Calamagrostis hyperborea *Lge.*

Agrostis rubra *L.*

Aira alpina *L.*

Trisetum subspicatum *(L.) Beauv.*

Festuca rubra *L.* f. pascua *Auds.*

» » f. alpina *Purt.*

» ovina *L.*

» » v. vivipara *L.*

Glyceria maritima *(Huds.) Wng.* v. arenaria *Fr.*

» vilfoidea *(Auds.) Th. Fr.*

Catabrosa algida *(Sol.) Fr.*

Poa pratensis *L.*

» nemoralis *L.* v. glaucantha *Bl.*

» alpina *L.*

» flexuosa *Wng.*

» laxiuscula *(Bl.) Lge.*

Asplenium viride *Huds.*

Aspidium Lonchitis *(L.) Sw.*

Cystopteris fragilis *(L.) Bernh.*

Botrychium Lunaria *(L.) Sw.*

Lycopodium alpinum *L.*

» Selago *L.* f. alpestris *A. Berlin.*

An mehrern Stellen des Strandes befanden sich kleine, ausge-
trocknete Wasserpfützen, deren Boden mit Steinfliesen bedeckt war,
zwischen denen ein dichter Teppich von Subularia aquatica hervor-
keimte. Unter den Steinen fand sich ein kleiner Käfer (Hydro-
porus sp.) in so großer Menge, daß bis an zehn Stück unter einer
Steinfliese von der Größe einer Hand angetroffen wurden. Ich
führe diesen Umstand deshalb an, weil es das einzige mal ist, daß
wir auf meinen Expeditionen nach Grönland, Spitzbergen, Nowaja-
Semlja und der Nordküste Sibiriens einen Käfer in unbegrenzter
Menge, wie es Sammler bezeichnen würden, angetroffen haben.

Renthierspuren glaubte einer unserer Jäger erkannt zu haben,
von Moschusochsen aber fand sich nichts vor. Ebenso wenig sah
man hier zwischen dem Treibeis irgendwelche Bären oder Walrosse
und auch nur wenige Seehunde. Die ganze Jagdbeute bestand in
zwei Schneehühnern.

Daß die Eingeborenen sich fern hielten, war sehr zu beklagen.
Ich hätte nämlich sonst gewiß von ihnen wichtige Aufklärungen über
Land und Leute in diesem Theil Grönlands erhalten können, wodurch vielleicht manche streitige Frage betreffs der Lage der alten
nordischen Colonien sich hätte definitiv lösen lassen.

Es wurde noch ein Versuch gemacht, Eingeborene aufzufinden,
indem ein Ruderboot mit Dr. Nathorst, Pastor Brodbeck und Kapitän
Nilsson am 5. frühmorgens auf Nachforschungen im Innern des
kleinen Fjord ausgesandt wurde. Eskimos wurden nicht angetroffen,
wol aber alte Wohnplätze, Steinringe für Sommerzelte, Gräber,
zerbrochene Fischgeräthe u. s. w.

Da ich weder an dieser Stelle irgendwelche Eingeborene treffen,
noch von hier weiter in das Innere des Landes vordringen konnte,
so lichtete ich schon am folgenden Tage die Anker, um weiter zu
dampfen und womöglich den großen, stark bevölkerten Fjord zu erreichen, welcher nach den Berichten, die Premierlieutenant Holm
und Pastor Brodbeck von den Ostländern erhalten hatten, etwas
nördlich von Cap Dan angetroffen werden mußte. Vor der Abreise
hatte ich zwei Fangmänner zum Zwecke einer Recognoscirung auf die
Berge gesandt. Sie kamen mit dem Bescheid zurück, daß das Eisband
vor der Küste dünner wäre, als bei unserm Einlaufen hier. Als
wir hinausdampften, fanden wir dies auch anfangs bestätigt, auf die

Länge aber wurde es unmöglich, von dem niedrigen Ausguck unsers Fahrzeugs den Weg zu finden, der von der Höhe des Berges aus gewählt worden war, und bald kamen wir an Stellen, wo die „Sofia" durch dicht gepacktes Treibeis sich Bahn brechen mußte. Am schlimmsten war es, als wir an die Außengrenze des Eisbandes gekommen waren. Hier war das Treibeis nicht allein sehr dicht, sondern es wurde auch von einem starken Wellenschlag mit Krachen und Getöse auf- und niedergehoben. Es schien bedenklich, sich mit unserm gebrechlichen Fahrzeug in dieses Mahl- und Stampfwerk hineinzuwagen, wo die mächtigsten Eisblöcke allmählich zermalmt und zerstört wurden, doch blieb uns schließlich keine Wahl, wenn ich nicht etwa umkehren und uns der Gefahr einer Ueberwinterung oder einer Durchbrechung des Eises unter weit schwierigern Verhältnissen als den vorliegenden aussetzen wollte. Glücklicherweise war das Band, wo dieses Rollen des Eises stattfand, ganz schmal. Das Durchbrechen desselben ging, so schwierig es auch erschienen war, glücklich und ohne andern Schaden für die „Sofia" von statten, als daß sie mit ihrer rothen Mennigfarbe die Stellen bezeichnete, wo sie das blau-weiße Eisband durchbrochen hatte, und daß der Oberbau des Decks an der Backbordseite brach.

Nachdem wir herausgekommen waren, dampften wir anfangs längs der Eiskante rings um eine von Cap Dan aus nach Süden sich ausdehnende Eisspitze. Dies nahm den größten Theil des Tages in Anspruch, und während der Nacht waren wir gezwungen, der Dunkelheit wegen mit so langsamer Fahrt vorwärts zu gehen, daß wir uns am Morgen des 6. noch bei 65° nördl. Br. befanden. Merkwürdig war die zwischen diesen Treibeisfeldern herrschende Armuth an Thieren. Wir sahen nur wenige Seehunde und einen Walfisch, aber keinen Eisbären und kein Walroß. Die sonst zwischen dem Polareis so gewöhnlichen Vogelscharen fehlten hier, und selbst einzelne Vögel kamen nur spärlich vor, was vielleicht darauf beruhen mochte, daß die Jahreszeit schon weit vorgerückt war. Mehrmals sahen wir große Steine auf den von uns passirten Eisfeldern liegen — eine Beobachtung, die für die Geologie der quartären Erdschichten bei uns ein gewisses Interesse hat.

Etwas nördlich von Cap Dan schien das Meer bis ans Land vollständig eisfrei zu sein. Ich hatte jedoch längst gelernt, einem

derartigen Schein nicht zu trauen. Während ein zwei Fuß aus
dem Wasser hervorragendes Eisband vom Bord der „Soña" aus
nur auf eine Entfernung von 11—12 km gesehen werden konnte,
sind die hohen Küstenberge Ostgrönlands bereits 100 km vom
Lande sichtbar. Hierzu kommt, da weder Häuser, Wälder oder andere
Gegenstände von bekannter Größe vom Meere aus auf den oben
Felsen Grönlands gesehen werden können, daß es keinen Ver-
gleichungspunkt für die Beurtheilung der Entfernung vom Meere aus
gibt. Bei klarem Wetter erscheint es, besonders an gewissen Tagen,
als ob das Land ganz nahe wäre. Man kann dann, wie ich bereits
erwähnt habe [1], stundenlang auf die scheinbar nahe gelegenen Berghöhen zusteuern, ohne sie zu erreichen und ohne das Eisband zu
sehen, welches die Küste absperrt. Irgendein besonders überzeugen-
der Grund, meinen Plan, weiter nach Norden zu dampfen, infolge der vielversprechenden Aussichten hinsichtlich des Eises zu ändern,
lag deshalb nicht vor. Aber der lange Umweg nach Süden um die
Eismassen herum, welche sich bei Cap Dan angehäuft, hatte doch
meinen schon früher sehr mitgenommenen Kohlenvorrath bedeutend
verringert. Eine Untersuchung des noch vorhandenen Vorraths ergab, daß derselbe jetzt nur noch für drei Tage volle Fahrt genügend
sein würde, d. h. sie zeigte ein Quantum, die für den Fall, daß
es nothwendig werden sollte, wegen etwaigen Sturms einige Tage beizulegen, kaum noch für die Rückfahrt nach Reykjavik ausreichen würde.

---

[1] Vgl. oben S. 50—52. — Indem ich, in Uebereinstimmung mit andern
Schriftstellern infolge der Darstellung L'ylchander's und La Peyrère's, Mogens Heinesen
die so oft lächerlich gemachte Erzählung zugeschrieben habe, daß die Fahrzeuge in
diesen Fahrwassern von einem Magnetstein in der Tiefe des Meeres gehindert werden sollten, die Küste zu erreichen, habe ich gegen diesen kühnen Seefahrer ein
Unrecht begangen. Schon auf der Karte von Ruysch, aus dem Jahre 1507 oder 1508,
wovon ich (S. 46—47) ein Facsimile gegeben habe, steht nämlich bei der Ostküste
Grönlands: „Hic incipit mare sugenum, hic conpassus navium non tenet, nec
naves quae ferrum tenent revertere valent" (hier fängt das Meer Sugenum
an, hier wird der Kompaß unbrauchbar, und Fahrzeuge, welche Eisen enthalten,
können nicht umkehren). Ruysch hatte, nach Kunstmann (Die Entdeckung Amerikas,
S. 137), an Seefahrten von England nach dem Norden theilgenommen. Die Inschrift auf seiner Karte deutet an, daß Fahrzeuge schon vor 1507 diese Gegenden
besucht hatten, und bildet also einen weitern Beweis dafür, daß die Schiffahrt nach
Grönland zur Zeit der Entdeckung Amerikas noch nicht vollständig aufgehört hatte.

Uebrigens war es keineswegs sicher, an welcher Stelle der Küste man den nach der Behauptung der Ostländer sehr fruchtbaren und von einer zahlreichen Bevölkerung bewohnten Fjord suchen sollte, wo ich zu landen beabsichtigt hatte. Seine Mündung konnte sehr wohl gleich südlich vom Ingolfsberge gelegen sein, wo ein tiefer Fjord zwischen die Küstenberge einzudringen schien. Unter Aenderung meines frühern Planes beschloß ich deshalb, an dieser Stelle eine Landung zu versuchen.

Die Küste am Ingolfsberge.
Nach einer Aufnahme des Photographen der Expedition vom 6. September 1883.

Lange hatte es den Anschein, als ob keine schwerern Eishinder-nisse uns entgegenstehen würden, aber ungefähr 10 Seemeilen vom Lande stießen wir auf ein ganz dichtes Eisband, das sich bis an die Küste auszudehnen schien. Dasselbe an dieser Stelle mit der „Sofia" zu durchbrechen, wäre vielleicht nicht besonders schwierig ge-wesen, wenn nicht der weiter hinaus herrschende Seegang am Rande des dichten Eises noch stark fühlbar gewesen wäre und die Eisfelder in ein heftiges Wogen versetzt hätte, was leicht für ein Fahrzeug gefährlich werden konnte, das den Versuch gewagt hätte, sich hier einen Weg zu bahnen.

So bedauerlich es auch war, schon in dieser Jahreszeit unsere Untersuchungen an der Ostküste Grönlands abbrechen zu müssen, gab ich aus obigen Gründen den Befehl, den Curs nach Reykjavik zu stellen, wo wir am 9. September ankamen. Ehe ich umkehrte, blieb ich noch eine Weile am Eisrande, um Treggungen und hydrographische Untersuchungen anzustellen, sowie um eine Photographie des vor uns liegenden, vom herrlichsten Lichte beschienenen Ingolfsberges zu erhalten.

In Reykjavik trafen wir unsere Begleiter auf der Herreise, Graf Strömfelt und Herrn Flink, welche sich während des Sommers mit naturhistorischen Untersuchungen beschäftigt und dabei bedeutende Sammlungen zusammengebracht hatten, und zwar Graf Strömfelt von Algen und Herr Flink von den merkwürdigen Steinarten Islands und von den dort vorkommenden, noch so unvollständig untersuchten Pflanzenversteinerungen. Am Tage nachdem wir Anker geworfen hatten, brach ein so heftiger Sturm aus, daß die „Sofia“, welche mit ausgeblasenem Dampfkessel dalag, beinahe im Hafen selbst auf den Grund gerathen wäre. Wenn uns ein derartiger Sturm zwischen dem Treibeis überfallen hätte, so wäre die ganze Sofiaexpedition wahrscheinlich spurlos verschwunden.

Am 16. September reiste ich von Reykjavik ab. Ich hielt mich in Thurso vom 20. bis 22. September, bei Mandal in der Nacht zum 26. auf und kam am 27. September — nach einer Abwesenheit von 146 Tagen — in Gothenburg an.

———— — — ——

Vielleicht dürfte es hier am Platze sein, einen kurzen Rückblick auf das zu geben, was die Expedition während dieser Zeit ausgeführt hat. In erster Linie muß ich hierbei wol die Reise auf dem Inlandeise und die Landung an der Ostküste Grönlands erwähnen. Ueber diese habe ich im Vorhergehenden ausführlich berichtet. Ich will hier nur noch in Erinnerung bringen, daß während dieser Reise zum ersten mal Menschen bis in die Mitte des grönländischen Continents vorgedrungen sind, und daß man durch diese Fahrt zum ersten mal eine Kenntniß über das Innere eines

Landes bekommen hat, dessen gegenwärtige Naturverhältnisse uns wahrscheinlich ein auf wirklicher Erfahrung begründetes Bild von der Glacialzeit Skandinaviens geben, und deren Studium deshalb für die Geologie unsers eigenen Landes von so außerordentlichem Interesse ist. Während der Fahrt längs der Ostküste Grönlands sind wichtige Aufklärungen über die Beschaffenheit des Eislandes gewonnen worden, das so lange den Weg von Osten nach dem südlichen Theil des grönländischen Continents gesperrt hat. Durch die Fahrt der „Sofia" hat man Gelegenheit, in vielen Punkten die Vorstellung zu berichtigen, die man sich gewöhnlich von der Beschaffenheit der Ostküste Grönlands macht, und schließlich ist ein seit Jahrhunderten erstrebtes Ziel durch das Antern der „Sofia" im König Oscar-Hafen erreicht worden.

Dies geht aus folgendem Verzeichniß der wichtigsten Seeexpeditionen hervor, welche vergeblich versucht haben, die vermuthete Osterbygd der alten Normannen zu erreichen.[1]

1579. Eine dänische Expedition mit zwei Fahrzeugen unter Jakob Allday. Bekam Grönlands Küste in Sicht am 27. August, wurde aber durch Treibeis am Landen gehindert; gerieth in einen schweren Sturm, welcher die Expedition zur Umkehr zwang.

1581. Reise von Mogens Heinesen von Bergen mit zwei Fahrzeugen. Bekam den Island gegenüberliegenden Theil der Ostküste in Sicht, wurde aber durch Eis an der Landung gehindert.

1605. Eine dänische Expedition mit drei Fahrzeugen unter John Cunningham, Godske Lindenov, James Hall und John Knight. Sah die Südostküste Grönlands, konnte aber des Eises wegen nicht

---

[1] In dieser Uebersicht habe ich nur die Expeditionen in Betracht gezogen, deren Aufgabe es gewesen ist, von der Seeseite den Theil der Ostküste Grönlands, welcher gerade über oder südlich von Island liegt, d. h. die Küstenstrecke zu erreichen, die mit Recht oder Unrecht als der Osterbygd der nordischen Colonisten angesehen worden ist. Ich habe deshalb weder die wichtige Bootsexpedition des Kapitänlieutenant W. A. Graah längs des größern Theils dieser Küstenstrecke in den Jahren 1828—31, noch die erfolgreichen Expeditionen nach Nordost-Grönland unter W. Scoresby (1822), Sabine und Clavering (1823), sowie Payer und Koldewey (1869—70) angeführt. Hudien bekam die grönländische Ostküste im Jahre 1607 zwischen 70 und 73° nördl. Br. in Sicht, landete aber nicht. Frobisher's drei Reisen 1576—78 hatten die Nordwestpassage und Goldsucherei, aber nicht die Erreichung der Ostküste Grönlands zum Ziel.

landen, that dies aber an der Südwestküste, bemächtigte sich dort einiger Eingeborener und führte sie nach Dänemark.

1607.[1] Eine aus zwei Fahrzeugen bestehende dänische Expedition unter Carsten Richardsen und Hall. Man bekam Grönland in Sicht bei Cap Farewell und segelte von dort längs der Ostküste bis 63° nördl. Breite, ohne des Eises wegen landen zu können. Darauf versuchte man mit Gewalt durch das Eis zu bringen, doch glückte dies nicht und man entkam nur mit knapper Noth. Die Expedition hatte Isländer und Norweger mit, welche beim Zusammentreffen mit den Nachkommen der alten Colonisten als Dolmetscher dienen sollten.

1652. Zwei Fahrzeuge wurden von einem dänischen Privatmann, Henrik Möller, unter Befehl von David Danell nach der Ostküste Grönlands geschickt. Sie bekamen die Ostküste in der Höhe des Vorgebirges in Sicht, das jetzt Cap Dan genannt wird. Man folgte der Küste bis an die Südspitze Grönlands, konnte aber des Eises wegen nirgends landen. Danell suchte auch ein Boot über das Eisband zu ziehen, was aber nicht glückte. Er landete nachher an der Westküste.

1653. Eine neue Expedition unter Danell's Befehl, ebenfalls von Möller ausgerüstet. Man segelte diesmal mit einem Fahrzeug von Cap Dan längs der Ostküste nach Süden, ohne jedoch des Eises wegen landen zu können. Man ankerte an der Westküste und trieb Handel mit den Eingeborenen.

1654. Danell's dritte von Möller ausgerüstete Reise. Dieselbe hatte einen ähnlichen Verlauf wie die Reisen von 1652 und 1653. Vor Baalsrevier an der Westküste sahen sie „eine Meerfrau mit aufgelöstem Haar und sehr schön".

1670. Otto Arelsen wurde von Dänemark ausgeschickt, um das alte Grönland aufzusuchen. Man kennt nichts weiter von dieser Reise, als daß Arelsen im selben Jahre zurückkam, wahrscheinlich ohne sein Ziel erreicht zu haben.

1671. Derselbe Seefahrer wurde aufs neue ausgesandt, kam aber mit der ganzen Mannschaft um.

---

[1] Die Expedition, welche 1605 unter Lindenov und Hall nach Grönland ausgesandt und für welche in Dänemark und Norwegen eine eigene Steuer ausgeschrieben wurde, hatte die Aufgabe Silbererz zu brechen, nicht aber die Ostküste Grönlands zu erreichen.

1786. Dänische Expedition mit zwei Fahrzeugen unter Kapitän=
lieutenant Paul Löwenörn. Man bekam die Ostküste in Sicht zwischen
65° und 66° nördl. Br., wurde aber durch Eis am Landen gehindert;
man kehrte daher nach Island zurück, machte aber in demselben
Sommer einen neuen Versuch die Ostküste zu erreichen, doch nur mit
gleichem Erfolge wie vorher. In demselben Sommer wurde auch noch
ein weiterer Versuch mit dem einen von Löwenörn's Fahrzeugen gemacht,
diesmal unter Befehl von Lieutenant Christian Egede, Enkel des Hans
Egede und Sohn von Paul Egede. Er bekam das Land bei 65° 24'
nördl. Br. in Sicht und segelte längs der Eiskante nach Süden, kam dem
Lande vielmals nahe, konnte aber vor Eis nirgends landen. Schließ=
lich gerieth er vier Wochen lang in äußerst heftige Stürme, während
deren er nur mit knapper Noth und mit schwer beschädigtem Fahrzeug
sich nach Island rettete.

1787. Expedition unter Christian Egede und C. A. Rothe.
Mit einer nicht genug zu lobenden Ausdauer machten diese lecken
und kühnen Seeleute, welche schon im vorhergehenden Sommer an
Löwenörn's Expeditionen theilgenommen hatten, im Laufe des Som=
mers vier Versuche, von Island aus die Ostküste Grönlands zu er=
reichen, aber stets vergebens.

1833. Der französische Marineoffizier Blosseville, an Bord der
Brigg „La Lilloise", bekam während hydrographischer Untersuchungen
im Fahrwasser zwischen Island und Grönland die Ostküste des letzt=
genannten Landes in Sicht, wurde aber durch Eis verhindert, das
Land zu erreichen, und sodann durch Havarie gezwungen, einen
Hafen auf Island aufzusuchen. Er machte später einen neuen Versuch,
nach der Ostküste zu gelangen, von wo aber weder Fahrzeug noch
irgendein Mann von der Besatzung wieder zurückkehrte.

1859. Der amerikanische Oberst Schaffner segelte, mit Frau
und Kind, in dem Barkschiffe „Woman" ohne besondere Ausrüstung
und, wie man behauptet, ohne Seekarten nach Grönland, um zu
untersuchen, ob nicht ein Telegraphenkabel dort ans Land gebracht
werden könnte. Er glaubte den südlichsten Theil der Küste bis nach
dem Lindenov=Fjord (der Kangerdlugsiuaittsiaf der Eskimos bei
60° 25' nördl. Br.) eisfrei zu finden, landete aber nicht. Daß die
Küste eisfrei zu sein schien, beruhte wahrscheinlich auf einer ähnlichen
Illusion, wie sie uns so oft während der Fahrt der „Sofia" irreführte.

1860. Während seiner an wichtigen Resultaten so reichen Expedition mit dem Schiffe „Bulldog" kam McClintock an die Ostküste Grönlands bei Cap Valöe (60° 35' nördl. Br.), konnte aber vor Eis nicht landen. Später im Jahre näherte er sich der Ostküste wieder, gerieth aber in einen äußerst heftigen Sturm, während dessen eines der Boote des Fahrzeugs, das Bugspriet und ein Theil des Dalbord verloren gingen.

1860. Expedition von Allen Young mit dem Schiffe „Fox". Man folgte der Ostküste nach Süden vom 62. Breitengrade an, fand sie durch Eis gesperrt und hatte äußerst schwere Stürme auszuhalten, ehe man einen Hafen an der Südwestküste Grönlands erreichte.

1863. Eine Expedition unter dem Befehl von Taylor mit dem eisernen Dampfer „Hambro" wurde ausgesandt, um für ein englisches Handelshaus eine Colonie an der Ostküste Grönlands anzulegen. Er fand die Küste unzugänglich.

1865. Neuer Versuch Taylor's mit dem Walfischdampfer „Erik". Man versuchte zweimal bei 63° nördl. Br. das Land zu erreichen, beide male aber vergebens.

1879. Der dänische Marinekapitän Mourier unternahm mit dem Dampfschooner „Ingolf" hydrographische Untersuchungen im Danmark-Sund (dem Sunde zwischen Island und Grönland). Man kreuzte bei klarem Wetter in Sicht von Grönland, wurde aber durch dichte Eismassen am Landen gehindert.

Ueber die wissenschaftlichen Arbeiten der Expedition mag noch Folgendes angeführt werden:

Während der Fahrten der „Sofia" längs der Küsten Grönlands von Cap Dan, bei Cap Farewell vorbei bis nach Cap York rund um Cap Farewell herum nach dem Ingolfsberge, wurden, wenn die Zeit und der Seegang es gestatteten, hydrographische Arbeiten und Dreggungen vorgenommen. Diese Arbeiten wurden von den Herren Hamberg und Dr. Jorstrand geleitet. Außer daß Herr Hamberg eine Menge Analysen machte und Analysenproben von Wasser und den im Meereswasser befindlichen Gasen aus verschiedenen Tiefen nahm, hat er umfassende Serien von Temperaturbestimmungen mitgebracht, welche zeigen, daß der kalte Strom, welcher die Ostküste bespült, sowol in Bezug auf Breite wie auf Tiefe ganz unbedeutend ist und auch in der Nähe des Landes auf einem Bette warmen, vom Golfstrom herrührenden Wassers ruht.[1] Die Davis-Straße und Baffins-Bai sind dagegen bis auf den Boden hinunter von kaltem oder nur äußerst unbedeutend erwärmtem Wasser angefüllt. Im Gegensatz zu dem was man sich gewöhnlich vorstellt und was auf hydrographischen Karten über das Atlantische Meer angegeben ist, wird also die Westküste Grönlands von kaltem Wasser bespült, während ein von Süden kommender stark erwärmter Wasserstrom in einer Entfernung von nur 40 bis 50′ vom Lande an der Ostküste entlang bis nach Island hinaufgeht. Dieser Strom muß unwillkürlich einen starken Einfluß auf das Klima der Ostküste haben, welches deshalb feuchter, aber keineswegs kälter als das der Westküste sein dürfte. Das Treggen lieferte Dr. Forsstrand eine reiche Ernte von Seethieren, worunter als Beispiel riesengroße Spongien aus bedeutenden Tiefen im Danmark-Sund angeführt werden mögen. Von den Thierformen, welche auf dem Lande oder im Süßwasser leben, brachte Herr Kolthoff einige interessante Beiträge zu der Fauna Grönlands mit.

Um nicht den bei einer arktischen Expedition immer stark gebrauchten Raum des Fahrzeugs zu sehr in Anspruch zu nehmen, nahm ich keinen Gelehrten nach Grönland mit, der die besondere Aufgabe hatte, die Flora des Landes zu untersuchen, was übrigens um so weniger nothwendig erschien, als die Pflanzenwelt Grönlands

---

[1] Diese Untersuchungen bestätigen also die Ansichten, welche Kapitän Hoffmeyer auf Grund ziemlich unvollständiger Beobachtungen schon im Jahre 1880 bezüglich des kalten Stromes aussprach, welcher im Danmark-Sund entlanggeht. Irgendwelche hydrographische Untersuchungen, die den Forderungen der jetzigen Wissenschaft entsprechen, d. h. welche nicht nur sichere Temperaturbestimmungen in verschiedenen Tiefen, sondern auch Wasser- und Gasanalysen umfassen, sind dagegen früher niemals in der Davis-Straße und Baffins-Bai oder an der Ostküste Grönlands südlich vom Danmark-Sund gemacht worden. Einen ausführlichen Bericht über die hydrographischen Arbeiten während der Grönlands-Expedition von 1883 hat Herr Hamberg in zwei von ihm verfaßten Abhandlungen gegeben, die zuerst im 9. und 10. Band der Beilage zu den „Vetenskaps-Akademiens handlingar" gedruckt und später mehr oder weniger ausführlich in verschiedenen ausländischen Zeitschriften wiedergegeben worden sind.

besonders durch die Arbeiten der dänischen und schwedischen Specialisten schon genügend bekannt war. Auch auf diesem Felde sind
jedoch neue Beiträge gewonnen worden durch den Eifer, womit die
Herren Dr. Nathorst und Dr. Berlin den darauf bezüglichen Forschungen alle Zeit gewidmet haben, die ihnen von andern Arbeiten übrig

Dr. Alfred Nathorst.

blieb. Vor allem dürften von großem Werthe sein die Sammlungen
von Cap York und König Oscar-Hafen, ebenso wie die Sammlungen, welche Dr. Berlin auf dem Inlandeise an mikroskopischen
Pflanzenformen gemacht hat, deren richtiger Boden aus Schnee und
Eis besteht. Die letztern sind für uns von um so größerm Interesse, als dieselben ein beinahe neues Kapitel innerhalb der Wissen-

 schaft berühren, dessen erste Blätter von schwedischen Forschern geschrieben worden sind.[1]

Die für die Wissenschaft wahrscheinlich bedeutendsten Sammlungen
sind jedoch von Dr. Nathorst zusammengebracht worden aus der sogenannten Basaltformation des nordwestlichen Grönland, das durch den

Dr. August Berlin.

in seinen Lehm-, Sand- und Tuffsteinlagern enthaltenen Reichthum
an Pflanzenversteinerungen merkwürdig ist.   Zwar sind schon früher

[1] Einen ausführlichen Bericht über diese Untersuchungen bis zum Jahre 1883
gibt B. B. Wittrock in seiner Abhandlung „Ueber die Schnee- und Eisflora" (vgl.
Nordenskiöld, Studien und Forschungen veranlaßt durch meine Reisen im hohen
Norden, Leipzig 1885, S. 65 fg.).   Die Beiträge zu dieser interessanten Flora aus
dem Jahre 1883 sind bisjetzt noch nicht bearbeitet worden.

iehr umfassende paläontologische Sammlungen aus diesen Gegenden
heimgeführt worden, besonders durch die schwedische Expedition
vom Jahre 1870 und durch eine Reihe dänischer Expeditionen
unter dem Assistenten R. J. V. Steenstrup; aber dies war das
erste mal, daß ein Gelehrter, der die Pflanzenpaläontologie zu seinem
Hauptstudium gemacht hat, diese Gegenden besuchte, und die von
Dr. Rathorst herrührenden, mit seinem unübertrefflichen Scharfblick
zusammengebrachten Sammlungen werden sicherlich, wenn sie einmal
wissenschaftlich bearbeitet worden sind, uns viele neue Aufklärungen
zur Kenntniß der üppigen Pflanzenwelt geben, welche in frühern
Zeiten die jetzt so völlig in Eis gehüllten Länder der Polargegenden bedeckte. Hierzu kommen die Sammlungen des Herrn Flink von tertiären
Pflanzenversteinerungen aus Island, die an Reichthum alles bisher
in dieser Beziehung von dieser Insel Heimgebrachte übertreffen. Die
Bearbeitung dieser Sammlungen Rathorst's und Flink's ist jedoch
noch nicht soweit vorgeschritten, daß eine ausführlichere Uebersicht
über die durch dieselben für die Geschichte der Pflanzenwelt und
Klimatologie gewonnenen neuen Beiträge gegeben werden kann, als
diejenige, welche oben im sechsten und siebenten Kapitel dieser Reisebeschreibung enthalten ist.

Schließlich brachte die Expedition besonders von den bekannten
Mineralfundorten bei Kangerdluarsul und Jvigtut sehr schöne Serien,
theilweise in wirklichen Prachtstufen, der dort vorkommenden merkwürdigen Mineralien heim. Während der Wanderung über das Inlandeis wurden zahlreiche Proben des auf der Oberfläche des Eises
vorkommenden Staubes eingesammelt, den ich Kryokonit benannt
habe. Ich hoffe, daß ich späterhin, nach näherer Untersuchung dieser
Proben, neue Beweise dafür werde geben können, daß dieser Staub
wenigstens zum Theil kosmischen Ursprungs ist, und daß ich dadurch
neue Beiträge zur Lösung einer Frage von äußerster Wichtigkeit für
die Lehre über die Entstehung unser Erdkugel werde liefern können.
Dagegen wurde Dr. Rathorst durch Eis gehindert, die Stelle der
Eisenblöcke bei Cap York zu erreichen, über deren Vorkommen in
dem Programm für unsere Expedition näher berichtet ist. Die von
Eingeborenen jener Gegend erhaltenen Nachrichten setzen jedoch das
Vorhandensein dieser Blöcke außer allen Zweifel.

Bei Cap York tauschte sich die Expedition eine Menge

interessanter ethnographischer Gegenstände ein, und hier erhielten
wir auch von den Eingeborenen die für die Frage der Wanderungen
der Polarvölker sicherlich wichtige Nachricht, daß zwei „russische
Eskimos" bei Wolstenholme-Sund angekommen wären. Sie waren,
wenn wir die etwas unklaren Berichte der Eskimos richtig aufgefaßt
haben, die einzigen Ueberlebenden eines ganzen Stammes, die behufs
Aufsuchung neuer Wohnplätze ihre alte Heimat an der Berings-Straße
(oder an der Nordküste Asiens?) verlassen hatten und schließlich bis
nach Smith-Sund vorgedrungen waren.

Zehntes Kapitel.

Die Eskimos.

— · —

Für jeden gebildeten oder ungebildeten Reisenden, welcher Grönland besucht hat, bildet das Zusammentreffen mit den Eingeborenen ein bedeutendes, oft angenehmes Moment der Reiseerinnerungen. Erzählungen über Sitten und Lebensweise der jetzigen Grönländer sind deshalb ein mit Vorliebe behandeltes Kapitel fast in jeder Reisebeschreibung aus diesem Lande. So umfassend aber die Literatur über die Eingeborenen auch ist, so sind doch die einzelnen Werke in den meisten Fällen wenig erschöpfend. Sie enthalten nämlich zumeist nur eine Schilderung solcher einzelnen Züge des Volkscharakters, die auf den Verfasser besondern Eindruck gemacht haben, und außerdem gewöhnlich einige warme und offenbar aufrichtige Zuneigungserklärungen für das mit Seehundsfellen bekleidete und von Thran stinkende Volk im hohen Norden. Es ist nämlich einmal eine Thatsache, daß der wilde Volksstamm, dessen Name so oft zur Bezeichnung des denkbar höchsten Grades von Schmutz, Roheit, Abgestumpftheit und Gleichgültigkeit für alles Höhere im Leben gebraucht worden ist, in kurzer Zeit von allen, die mit demselben in Berührung gekommen sind — von den Forschungsreisenden verschiedener Nationen, von stolzen englischen Marineoffizieren, von den im Qualm der Bureaux ergrauten Beamten des dänischen Handels, von Missionaren, Walfischfängern, einfachen Matrosen und Handwerkern — mit einer größern Vorliebe umfaßt worden ist, als irgendeiner andern wilden

Nation, selbst die liebenswürdige und schöne Raffe der Südsee-Inseln kaum ausgenommen, zutheil geworden ist. Aber außer dieser, immerhin ganz lehrreichen Dilettantenliteratur hat man auch eine große Anzahl umfassender Werke von Hans und Paul Egede, Dalager, Cranz, Glahn, Parry, Lyon, Simpson, Rink, Hall u. A. über dieses Volk, die auf einer reichen Erfahrung und auf ernsten Studien begründet sind, sobaß neue Beiträge zu einem so oft und gründlich bearbeiteten Gegenstande kaum noch veröffentlicht zu werden verdienten, besonders von jemand, der sich nur einige Monate im Lande aufgehalten hat und kaum im Stande gewesen ist, ein einziges Wort ihrer für Erwachsene äußerst schweren Sprache zu erlernen.

Ich würde deshalb das Kapitel über die Eskimos oder Innuit-bevölkerung ganz und gar von dieser meiner Reiseschilderung aus-geschlossen haben, wenn ich nicht geglaubt hätte, daß eine historische Darlegung der Auffassung der Europäer über diese interessante Volks-raffe und eine Darstellung ihres Charakters und ihrer Denkweise mit besonderer Berücksichtigung ihres Verhältnisses zu den Völkern des nordöstlichen Asiens, soweit der Raum dies gestattet, sowol eine Lücke in der einschlagenden Literatur ausfüllen wie auch für den Leser von Interesse sein könnte. Hierbei muß ich jedoch erwähnen, daß die nachfolgende Schilderung nur die Polar-Eskimos in Grön-land und an der Nordküste von Amerika berührt, und also weder auf die Eskimos des Stillen Oceans an der Nordwestküste von Amerika, südlich von der Berings-Straße — welche unter günstigern klimatischen Verhältnissen in vielen Punkten von den Sitten ihrer weiter nach Norden hin wohnenden Stammverwandten[1] abweichende Lebensge-wohnheiten angenommen haben — noch auf die Bewohner der Aleuten und

[1] Ehe diese Eskimos des Stillen Oceans, deren jetzige Zahl auf 18000 ge-schätzt wird, mit russischen Polarjägern und amerikanischen Walfischfängern in Berührung gekommen waren, scheinen ihre gesellschaftlichen Verhältnisse und ihre Lebensweise im wesentlichen mit denen der heidnischen Grönländer übereinstimmend gewesen zu sein. Wichtige Beiträge zu ihrer Ethnographie sind in neuerer Zeit von William H. Dall (Contributions to North American Ethnology, Bd. I. Washington 1877) und von Iwan Petroff (Report on the population, industries and resources of Alaska, Washington 1884) geliefert worden. Eine interessante Schilderung des auf der Insel Kodjak wohnenden Volksstammes gibt der Finländer H. J. Holmberg in Acta Societatis Scientiarum Fenniae, Bd. IV (Helsingfors 1855). Die Aleuten wiederum sind Gegenstand umfassender und genauer Untersuchungen seitens

die Tschuktschen Bezug haben, welche von einem Theil der Ethnologen ebenfalls zu derselben Volksrasse wie die Eskimos gerechnet werden. Dies dürfte möglicherweise in Bezug auf die Bewohner der Aleuten seine Richtigkeit haben, wie Dall und Petroff angenommen haben; was aber die Tschuktschen betrifft, so gehören dieselben meiner Meinung nach zu einem ganz andern Volksstamm, wenn sie auch verschiedene, früher an der Nordküste Asiens wohnhafte Eskimovölker mit sich assimilirt und theilweise deren Lebensgewohnheiten angenommen haben.

Gegenwärtig bewohnen die Eskimos den äußersten nach Norden belegenen Theil von Polar-Amerika, mit Ausnahme eines kleinen Gebietes nördlich von der Berings-Straße, welches nach Angabe von Eskimos bei Port-Clarence von Tschuktschen bewohnt sein sollte. Außerdem gibt es einige kleine Eskimocolonien auf der nord-östlichsten Küste Asiens. Früher erstreckte sich ihr Gebiet viel weiter, sowol nach Süden wie nach Westen, aber noch immer bildet das ihnen gehörige Areal einen der größten Theile auf dem weiten Erdenrund. Dasselbe dürfte mit Einrechnung der Eiswüsten 2—3 Millionen qkm betragen. Aber dieses ungeheuere Gebiet ent- hält kaum mehr als 20—30000 Einwohner (ungerechnet die Eskimos an der Küste des Stillen Oceans), von denen 10000 die Westküste Grönlands bewohnen und ebenso wie ein Theil der Eskimos von Labrador Christen sind und eine gewisse Civilisation haben. Die übrigen streifen als Jäger auf der Ostküste Grönlands, auf der Nordküste Amerikas, auf den Inseln in dem Polararchipel und in den Umgebungen der Berings-Straße umher. An der Nord- westküste Amerikas und der Nordostküste Asiens dürften einige von denationalisirten, zwischen den Eskimos und Indianern oder Eskimos und Tschuktschen stehenden Mischrassen bewohnte Dörfer vorkommen. Ueberall auf diesem ungeheuern Gebiet sprechen die Eskimos dieselbe Sprache, ein äußerst merkwürdiger Umstand, wodurch sie sich ganz und gar von den Indianern sowol Nord- wie Südamerikas unter- scheiden, welche, wie schon Vespucci bemerkt hat, in unzählige kleine Stämme zerfallen, die völlig ungleiche Sprache haben oder wenigstens

---

des ausgezeichneten russischen Missionars und spätern Metropoliten Weniaminoff gewesen, der von 1824—1838 in dem damaligen Russischen Amerika lebte. Außerdem ist noch eine sehr bedeutende hierauf bezügliche Literatur anderer Reisender und Forscher vorhanden.

so verschiedene Dialekte sprechen, daß der eine Stamm selten den das Nachbardorf bewohnenden Stamm versteht.[1]

Ein Beispiel des geringen Unterschiedes in der Sprache weit voneinander entfernter Eskimostämme liefert das von Lieutenant Nordquist während der Vegareise auf der St.-Lawrence-Insel gesammelte Wörterverzeichniß, aus welchem ungeachtet der Schwierigkeit, viele der Laute der Eskimosprache mit lateinischen Buchstaben wiederzugeben, und troß Nordquist's vollständiger Unkenntniß dieser Sprache, die meisten Wörter mit Wörtern aus dem Grönländischen identificirt werden können. Die St.-Lawrence-Insel liegt aber südlich von der Berings-Straße zwischen 63° und 64° nördl. Br., in einer Entfernung von der Südwestküste Grönlands von ungefähr 5000 km, d. h. in größerer Entfernung, als der Abstand von Lissabon nach Kasan oder von Peking nach dem Aralsee beträgt. Wo anders auf dem weiten Erdenrund trifft man eine Sprache, welche, ohne durch die Cultur der Neuzeit verbreitet zu sein, eine so große Ausbreitung und eine so geringe Veränderung wie die hier in Frage stehende aufweisen kann?

Die ersten Proben der Eskimosprache gab Frobisher 1576 und Davis 1586.[2] Frobisher's Verzeichniß möge als Curiosum nach Hakluyt, The principael Navigations etc., 1589, S. 622[3], hier mitgetheilt werden.

---

[1] Ueber die Eingeborenen, welche die spanischen Eroberer in dem jetzigen Westindien und dem nördlichen Theil von Südamerika antrafen, sagt Amerigo Vespucci in seinem ersten Brief, datirt Lisboa 4. Sept. 1504: „Molto sono le diversità delle lingue, che di cento, in cento lège trovammo mutamento di lingua che non s'intendono l'una con l'altra." Wenn in Bezug auf die Entwickelung der Sprachen ein ähnliches Verhältniß stattfinden sollte, wie in Bezug auf die Arten im Thierreiche, indem die neugebildeten Formen ins Unendliche wechseln, während die alten constant sind, so müßten die Eskimos einer sehr alten, schon in bestimmten Formen erstarrten Volksrasse angehören.

[2] Frobisher's Sprachproben wurden auf „Meta Incognita" gesammelt — ein Name, der sich auf neuern Karten selten wiederfindet, obgleich er von der Königin Elisabeth selbst gewählt war. Es liegt auf der Westseite der Davis-Straße unter 62° nördl. Br. Davis' Verzeichniß ist in Hakluyt, I. Aufl. S. 783, mitgetheilt. Dasselbe findet sich auch mit einer Worterklärung von Rink aufgenommen in Cl. Markham, The Voyages and Works of John Davis (London 1880), S. 21.

[3] Die Erklärung des modernen Grönländischen ist mir von H. Rink freundlichst mitgetheilt worden. Man muß bei Beurtheilung dieser Sprachproben in Betracht

Frobisher's Verzeichniß:	Modernes Grönlandisch:
Argotteyt — Hand.	Arkatait — euere Handschuhe.
Caugnawe — Nase.	Kingnino — auf seiner Nase.
Arered — Auge.	?
Keiotot — Zahn.	Kigutit — Zähne.
Mutchatet — Kopf.	Nutsatit — Dein Kopfhaar (der Frager hatte auf sein Haar gezeigt).
Chewat — Ohr.	Siut — Ohr.
Comagaye — Bein.	Kangmáka — meine Stiefel.
Atoniagay — Fuß.	Atungaka — meine Stiefelsohlen.
Callagay — Hosen.	Karillika — meine Hosen.
Attegay — Rock.	Atiga — ihr Pelz.
Polleuetagay — Messer.	Pilaiutiga — das was ich zum Aufschneiden brauche (von pilaivok, aufschneiden, nämlich Seehunde).
Accaskay — Fahrzeug.	?
Coblone — Daum.	Kuvdlungne — an deinem Daum.
Teckkero — Zeigefinger.	Tikera — sein oder mein Zeigefinger.
Ketterkle — Mittelfinger.	Kiterdlek — Mittelfinger.
Mekellacane — Ringfinger.	Mikilerkaugne — an deinem Ringfinger.
Yackettoue — kleiner Finger.	Ekerkungne — an deinem kleinen Finger.

Ebenso wie die Innuitvölker überall dieselbe Sprache reden, haben sie auch überall dieselben Erwerbs- und Lebensgewohnheiten, wenn man diejenigen Gegenden ausnimmt, wo sie seit langer Zeit mit Europäern in Berührung gestanden und wo eifrige Missionare und Handelsleute sie zum Christenthum bekehrt und sie veranlaßt haben, ihre eigenen Auguren und Gewohnheiten zu verachten und wo man ihnen das Lesen, Schreiben, Kaffeetrinken, Tabakrauchen, Bretessen u. s. w. gelehrt hat.

Die Grönländer ebenso wie die Einwohner in dem Frautlin-Archipel nennen sich selbst Innuit (Menschen). Sie bezeichnen sich auch mit dem Namen Karalit, wogegen der Europäer Kabluuak genannt wird. Von den Europäern erhielt das Volk in Labrador frühzeitig den Namen Eskimo (Esquimaux), nach dem französischen

---

ziehen, theils daß die Fragen der Europäer, wahrscheinlich in der Zeichensprache gestellt, von den Eingeborenen oft mißverstanden, theils daß die eskimoischen, mit europäischen Buchstaben stets schwer wiederzugebenden Laute durch die englische Orthographie unkenntlich gemacht worden sind.

Jesuitenmissionar Lafitau eigentlich eskimautsik, was in der Sprache der „abenaquischen" Indianer „rohes Fleisch essen"[1] bedeutet.

Anfangs wurde dieser Name jedoch ausschließlich auf die von den Indianern tödlich gehaßten und gefürchteten Wilden angewandt, welche den allernördlichsten Theil Amerikas bewohnten. Nachdem aber Ellis 1748 nach seiner Rückkehr von seiner denkwürdigen Seereise nach der Hudsons-Bai die Kleidertracht, Werkzeuge und Hausgeräthe der Eskimos in der Nachbarschaft der Wager-Bai und auf Resolution-Island[2] genau und richtig beschrieben, und nachdem ein holländischer Steuermann, Erhard[3], 1752 bemerkt hatte, daß die Wilden auf Labrador

---

[1] Mœurs des Sauvages Amériquains, comparées aux mœurs des premiers tems, par J. F. Lafitau (Paris 1724). Charlevoix, der oft bei der Frage über die Herleitung des Namens angeführt wird, copirt nur den vorgenannten Verfasser. Hind (The Labrador Peninsula, London 1863, II, 162) leitet den Namen ab von den Wörtern der Cree-Indianer: Ashki — roh, und mow — essen. Nourse (Second Arctic Voyage by Ch. Hall, Washington 1879, S. 62) leitet das Wort Eskimo her von „a root indicating, in the language of the northern tribes (von Indianern ?), a sorcerer".

[2] A voyage to Hudson's bay in the years 1746 and 1747 for discovering a North-West passage, by Henry Ellis (London 1748). Ellis behandelte die Eskimos, welche er traf, mit großem Wohlwollen und ist einer der ersten, welcher dem Charakter und den Naturanlagen dieses verkannten Volkes Gerechtigkeit widerfahren ließ. So sagt er S. 231: „Whatever therefore the French writers, or even some of our own may say, in prejudice to the character of these poor people, it is but bare justice in us to own, that they treated us not only with Humanity, but with great Kindness and Friendship. I must confess, that I could not help admiring very much not only the industry, but the ingenuity of these people."

[3] Derselbe hatte Walfischfänger nach Grönland begleitet und hatte dort die Sprache der Eingeborenen erlernt. Im Jahre 1752 war er Supercargo auf einem Fahrzeug, welches vier Herrnhuter Missionare nach Labrador führte. Nachdem die Missionare an einer Stelle gelandet waren, die nach dem Rheder des Schiffes Nisbeth-Hafen benannt wurde, segelte das Fahrzeug zum Betrieb von Tauschhandel mit den Eingeborenen weiter nach Norden. Hierbei kam Erhard's Kenntniß der grönländischen Sprache gut zu statten. Schließlich beging er die Unvorsichtigkeit, mit fünf Matrosen, alle unbewaffnet, in dem einzigen Boote des Fahrzeuges zwischen die Inseln an der Küste hineinzusegeln. Von dieser Fahrt kam er nicht zurück. Es wird angenommen, daß er und seine Begleiter von den Eingeborenen ermordet worden sind. Infolge dessen wurde das ganze Missionsunternehmen für diesmal aufgegeben, aber die heimkehrenden Missionare brachten die überraschende Nachricht mit nach Europa, daß die Eingeborenen in Labrador und auf Grönland die gleiche Sprache reden. (David Cranz, Alte und Neue Brüder-Historie rc., Barby 1772, S. 555. Historie von Grönland, III, 289.)

verschiedene Wörter der Sprache verstanden, welche die Eingeborenen
in Grönland sprachen, fing man an zu glauben, daß diese beiden
Völker derselben Rasse angehörten. Dies wurde vollständig bestätigt
durch einen der Missionare der Herrnhuter Brüdergemeinde, den in
der grönländischen Sprache wohlbewanderten Jens Haven, welcher
1764, speciell zur Lösung dieser wichtigen Frage eine Reise nach
Labrador unternahm. Alles Zusammentreffen mit den dortigen Eingeborenen wurde damals für äußerst gefährlich angesehen. Haven
gelang es aber durch seine grönländische Tracht und seine grönländische
Sprache sich bald das volle Vertrauen der früher so mistrauischen
Wilden zu gewinnen.

Die Europäer kamen mit dem Polarvolk Nordamerikas, welche
damals „Skrälingar“, d. h. Zwerge, genannt wurden, zum ersten
mal zur Zeit der „Normannen“ in Berührung, und wahrscheinlich
geschah dies kurz nach der Entdeckung des Landes durch Erik den
Rothen. In der Erzählung des isländischen Predigers Are Thorgils-
son Frode[1] über die Entdeckung Grönlands heißt es nämlich:

Das Land, welches Grönland genannt wird, wurde von Island aus
entdeckt und bebaut. Erik der Rothe hieß der Mann aus Brederfjord, welcher
von hier (d. h. Island) dahinzog und die Landstrecke in Besitz nahm, die
später Erikssjord genannt wurde. Er gab dem Lande einen Namen und nannte
es Grönland (Grünland), indem er meinte, daß es die Leute verlocken würde,
dahin zu ziehen, wenn das Land einen guten Namen hätte. Sie fanden
dort sowol im Osten wie im Westen des Landes Wohnstätten sowie Stücke
von Booten und „Steinschmiedesachen“, woraus man sehen kann, daß dieselben
Leute, welche in Weinland wohnen und welche die Grönländer[2] Skrälingar
nennen, dort herumgezogen sind. Er fing an das Land zu bebauen, ungefähr
vierzehn oder funfzehn Winter ehe das Christenthum in Island eingeführt

---

[1] Are Frode war 1068 geboren. Die Erzählung, welche einen Auszug aus
seinen Schedae bildet, ist also wenig über ein Jahrhundert nach der ersten Entdeckung
Grönlands verfaßt und wurde, angeblich nach einer Original Pergamenthandschrift,
zum ersten mal in Skalholt auf Island im Jahre 1688 gedruckt. Der Urtext ist is-
ländisch. Dem hier mitgetheilten Text habe ich in diesem Fall, wie auch später,
wenn Auszüge aus isländischen Sagas angeführt sind, den Text in „Grönlands
historiske Mindesmærker“ zu Grunde gelegt.

[2] D. h. die skandinavischen Colonisten in Grönland.

wurde, nach dem was Thorkel Gellersen auf Grönland von einem Manne erzählt wurde, welcher selbst Erik den Rothen dahin begleitet hatte.[1]

Wenn diese Erzählung buchstäblich gedeutet werden kann, so fand Erik der Rothe, ebenso wie auch noch Scoresby im Jahre 1822 und die Expedition der „Sofia" 1883, öde Eskimohütten an den Stellen, wo er landete, und aus den Hausgeräthen, die bei diesen Wohnungen umhergestreut lagen, zog er einige Jahre später den ethnographisch richtigen Schluß, daß das Volk, welches dieselben aufgeführt hatte, nahe verwandt war mit den Eingeborenen, die man damals in Weinland (dem Küstenlande von Canada und den Vereinigten Staaten) antraf. Die Bekanntschaft mit den Einwohnern selbst machte er erst später, und zwar zuerst an der Küste des südlich von Grönland belegenen Festlandes.

Das Festland Amerikas wurde zuerst von Bjarne, dem Sohne des „Landnamsmannes" (eines Mannes, der früher herrenloses Land in Besitz genommen hat) Herjulf, während einer Reise von Island nach Grönland gesehen, wobei er vom Sturme nach Süden verschlagen wurde. Als der Wind günstig wurde, kehrte er jedoch nach Grönland zurück, ohne gelandet zu sein. Die Entdeckung erregte großes Aufsehen unter den Männern, die sich dort niedergelassen hatten. Man machte Bjarne einen Vorwurf daraus, daß er so wenig wißbegierig gewesen und keinen Landungsversuch gemacht hätte, und während des Winters sprach man in Brattahlid viel von neuen Entdeckungsreisen. Endlich beschloß Erik des Rothen christlicher Sohn Leif Hinn Heppni (Leif der Glückliche), mit 35 Mann nach dem Lande zu segeln, das Bjarne gesehen hatte. Dies geschah im Jahre 1000. Er kam glücklich nach einem waldbewachsenen Lande, wo das mitgenommene Vieh den ganzen Winter hindurch auf die Weide gehen konnte, und wo die Weintrauben wild wuchsen, weshalb das Land Weinland genannt wurde. Nachdem er einen Winter im Lande zugebracht hatte, kehrte er nach dem Eriksfjord auf Grönland zurück, ohne Eingeborene angetroffen zu haben. Der Bruder Thorvald machte nun seinerseits dem Leif Vorwürfe, daß er das Land nicht genügend erforscht hätte. Dieser Vorwurf hatte zur Folge, daß Leif sein Fahrzeug an Thorvald zu einer neuen Reise nach dem

---

[1] Grönlands historiske Mindesmærker, I, 169.

Weinlande überließ. Auf dieser Reise machte man zum ersten mal
Bekanntschaft mit Eingeborenen und diese waren der Beschreibung
nach offenbar Eskimos und nicht Indianer. Einige Auszüge aus
den Sagenerzählungen über die Berührung der alten Norweger mit
diesem Volk dürfen deshalb in einer Schilderung der Eskimos
nicht fehlen.

Die Sage erzählt, daß Thorvald bei einem Ausflug von Leif's
Winterquartier, den „Leifbuden", auf einer Landzunge drei erhöhte
Gegenstände entdeckte, welche sich bei näherer Untersuchung als drei
Boote aus Thierfellen erwiesen. Unter jedem Boot lagen drei Ein-
geborene verborgen. Von diesen wurden acht getödtet, während der
neunte entkam. Von der Landzunge aus sahen die Norweger im
Innern des Fjord noch außerdem eine Menge Erhöhungen, welche
Wohnhäuser zu sein schienen. Von hier kamen eine unzählige Menge
Fellboote und fielen die Friedensstörer an. Die Eingeborenen wur-
den jedoch bald in die Flucht geschlagen, während des Kampfes
aber wurde Thorvald durch einen Pfeil tödlich unter dem Arm
verwundet. Dies war die erste Gewaltthat der Europäer in der
Neuen Welt, und Thorvald war der erste Europäer, der dort fiel.
Dies geschah im Jahre 1004. Thorvald's Begleiter kehrten im
Sommer darauf zurück nach den Leifbuden und von dort mit einer
Ladung Weintrauben und Holz nach dem Eriksfjord, „…ok kunnu Leifi
at segja mikil tíðindi" (und hatten nun dem Leif große Sachen zu
erzählen).

Schon im folgenden Jahre wollte Thorstein Erikson nach
Weinland fahren, um die Leiche seines Bruders Thorvald zu holen, er
wurde aber durch Sturm nach der Westerbygd Grönlands verschlagen
und starb dort. Seine Witwe, Gudrid, welche ihn auf der unglücklichen Fahrt begleitet hatte, kehrte nach dem Eriksfjord zurück und
verheirathete sich mit Thorfinn Karlsefne, einem sehr reichen Manne,
der zufällig den Winter bei Erik des Rothen Sohn Leif zubrachte.
Dort wurde noch wie früher von den Reisen nach Weinland gesprochen und sowol Gudrid wie auch Andere munterten Thorfinn
dazu auf. Dieser unternahm auch im Jahre 1007 eine Reise dahin
mit sechzig Mann und fünf Frauen, sowie einer reichlichen Ausrüstung, worunter auch Vieh war. Alle kamen glücklich nach dem
Weinlande und brachten den Winter dort zu. Eines Tages während

des folgenden Sommers kam eine große Schar Skrälingar oder Zwerge
aus dem Walde hervor. Sie wurden durch das Brüllen der Stiere
äußerst erschreckt und sprangen mit ihren Bündeln, in denen sich „Grau-
werk", „Zobel" und allerhand Pelzwaaren befanden, nach Thorfinn's
Gehöft davon. Dieser aber hinderte sie hereinzukommen. Keiner
verstand die Sprache des Andern. Ein Tauschhandel fing nun an,
wobei die Skrälingar, nachdem Thorfinn verboten hatte, ihnen Waffen
zu verkaufen, ihre Pelzwaaren gegen Milch austauschten. Der
Handel der Skrälingar fiel, wie der Sagenerzähler berichtet, so aus,
daß sie die gekauften Waaren im Magen forttrugen, während die
Skandinavier ihre Bündel, Pelzwaaren u. s. w. behielten, wie dies
oft noch heute bei dem Handel in Grönland zu gehen pflegt. Nach ab-
geschlossenem Handel zogen die Zwerge in allem Frieden wieder von
dannen. Der Sicherheit wegen ließ Thorfinn nun eine Einzäunung
rund um seine Wohnung herum machen. Gegen den Winter kamen
die Zwerge zahlreicher als vorher zurück. Anfangs ging es auch
diesmal friedlich beim Tauschhandel zu, bis ein Skräling von einem
der Hausleute Thorfinn's getödtet wurde, was wieder zu einem
Kampf Anlaß gab, in welchem viele der Skrälingar erschlagen wurden.[1]

Ungefähr zu derselben Zeit, als die Skandinavier mit diesen
Zwergen in Weinland zusammentrafen und kämpften, kamen sie auch
auf Grönland mit ihnen in Berührung. Schon im Jahre 998
wollte nämlich einer der vornehmen Isländer, Thorgils Orrabeins-
fostri, auf die Einladung Erik des Rothen nach Grönland übersiedeln.[2]
Er wurde durch Sturm und Gegenwinde an der Ostküste Grönlands
weit hinaufgetrieben, wo er überwintern mußte und von wo er unter
großen Gefahren und Leiden, sowie mit Verlust des größten Theils
seiner Mannschaft sich längs der Küste nach Eriksfjord begab, wo
er erst im Jahre 1002 ankam. Während dieser Zeit sah er mehrere
male Skrälingar oder „Zauberer", und gewöhnlich war das Zusammen-

---

[1] Diese Begebenheit habe ich nach Erik des Rothen und Thorfinn Karlsefne's
Sagen erzählt, die größtentheils während des zwölften Jahrhunderts auf Island
und Grönland niedergeschrieben und durch isländische Handschriften vom Untergang
gerettet worden sind.

[2] Thorgils' Reise bildet eine Episode in der Lebensbeschreibung des Mannes,
welche in „Floamannasaga" wiedergegeben ist, die vor 1245 verfaßt ist (Grönlands
historiske Mindesmærker, II, 1—221).

treffen durchaus nicht friedlich. Sie wurden überall getödtet, wo man sie traf, und die Norweger hatten Macht und Muth dazu. Die Wahrheit fordert nämlich die Anerkennung, daß die Skandinavier auf Grönland und Island, wenigstens wenn man nach den Erzählungen der isländisch-grönländischen Sagen urtheilt, sich oft mehr durch Uebermuth als durch wirklichen Heldenmuth auszeichneten. Die kecken Wikinger zeigten sich manchmal sogar merkwürdig basenherzig, z. B. als die Skrälingar die Leute Thorfinn Karlsefne's durch das Gerassel mit ihren an Stangen befestigten Harpunenblasen beinahe bis zur Besinnungslosigkeit erschreckt hatten. Thorgils' erstes Zusammentreffen mit den Skrälingarn geschah eines Morgens, als er bei einem großen Seethier, das in eine Wake aufgetrieben war, zwei „Hexen" sah, welche große Lasten vom Fleische des Thieres zusammenbanden. Thorgils lief mit dem Schwert in der Hand dahin, und schlug auf das eine alte Weib, als sie ihre Last aufhob, so zu, daß sie die Hand verlor. Die Last fiel auf den Boden, sie selbst aber entkam. Dies geschah im Jahre 1000 und war das erste bekannte Zusammentreffen von Skandinaviern und Eskimos in Grönland. Uebrigens scheint Thorgils auch vielfach anderweitig während seiner Reise längs der Nordostküste Grönlands Eskimos begegnet zu sein, wenigstens spricht die Sage davon, daß zwei Weiber ihm das einzige Boot der Schiffbrüchigen zurückbrachten, das ihnen fortgetrieben war — ein Unglück, bei dem Thorgils' Muth, welcher so viele harte Proben bestanden hatte, ihn beinahe verlassen hätte.

Etwas Weiteres von Bedeutung über die Skrälingar auf Grönland enthalten die alten Sagen nicht, aber in den im Mittelalter verfaßten Isländischen Annalen wird beim Jahre 1379 angeführt, daß dieselben einen feindlichen Anfall auf die Grönländer machten, 18 Mann tödteten und zwei Knaben gefangen nahmen, die sie zu Sklaven machten.

Ferner wird in den Fragmenten, welche noch von der Beschreibung der Reisen des Isländers Björn Einarson übrig sind, erwähnt, daß er im Jahre 1385 auf der Rückkehr von seiner dritten Reise, während welcher er auch das Heilige Land besucht hatte, mit Frau und Kindern durch Sturm nach Grönland verschlagen wurde. Er litt Mangel an Nahrung. Als er aus diesem Grunde an dem Meeresstrand auf- und abging, um nach einem Fang auszuschauen, wurde

er Zeuge eines Zweikampfes zwischen einem Eisbären und einem Wal=
roß, „welche stets bis zum Aeußersten kämpfen, wenn sie sich begegnen".
Er fing sie beide. Die Grönländer überließen Björn die Herrschaft
über das Eriksfjord=Gebiet, während er sich dort aufhielt. Im Früh=
jahr erhielt er 130 Schaf= (oder Renthier=?) Brüste „mit Zubehör"
als eine freiwillige Abgabe. Ferner hatte er das Glück, einen
der größten Walfische mit einem Olof Isfirding auf Island gehörigen
Harpunenzeichen zu finden. Schließlich bekam er gute Hülfe dadurch,
daß er zwei junge Zaubergeschwister von einer durch die Flut
überschwemmten Scheere rettete. Die geretteten Skrälingar leisteten ihm
das Versprechen der Treue, und von dieser Zeit an fehlte es ihm
nie mehr an Lebensmitteln, da sie tüchtig waren im Fangen von
allem was er wünschte oder brauchte. Das Mädchen sah es für die
größte Gunst an, wenn sie Erlaubniß erhielt, das Kind zu tragen
und mit ihm zu schwatzen, das Björn's Frau kurz vorher geboren
hatte. Sie wollte auch eine Kopfbekleidung wie die ihrer Herrin tragen
und verfertigte sich eine solche aus Walfischdärmen. Diese Geschwister
tödteten sich selbst, indem sie sich von dem Felsen in die See stürzten,
als sie nicht die Erlaubniß erhielten, ihren geliebten Herrn Björn
Bonde nach Island zu begleiten. Vieles in der kurzen Erzählung
über das kinderfreundliche Mädchen zeigt so deutliche Züge des
Charakters der Eskimos, daß kein Zweifel darüber aufkommen kann,
daß der Erzählung Wahrheit zu Grunde liegt. Diese scheint übrigens
anzudeuten, daß es für die Isländer und Skrälingar ein Mittel gab,
sich miteinander zu verständigen, d. h. daß es Bewohner in Eriks=
fjord gab, welche die schwere Sprache der Eskimos verstanden, woraus
ich den Schluß ziehe, daß wenigstens mitunter ein freundschaftlicher
Umgang zwischen den beiden Völkern stattfand.

Im der handschriftlichen Fortsetzung einer Art isländischer Bischofs=
chronik von Jon Egilson, der „Hungurvaka", wird des Schiffbruchs
von Björn Thorleifson und seiner Frau, Olöf Loptsdotter, bei Grön=
land in der Mitte des funfzehnten Jahrhunderts in folgender Weise
Erwähnung gethan:

Nun will ich etwas von ihnen sagen. Sie segelten oft und so geschah
es einmal, daß sie bei Grönland Schiffbruch litten, da sie auf dem Meere
ihren Weg verfehlt hatten. Hierbei ertranken alle Mann außer diesen zweien.
Dahin kamen dann ein Zauberer und ein Zauberweib. Olöf band drei

Ellen Leinwand um den Kopf des Weibes und zwei Ellen Tuch um den des Mannes. Sie hatten große Körbe auf den Schultern und setzten die Schiffbrüchigen hinein; er setzte Björn in seinen Korb und sie Clöf in den ihrigen und so trugen sie sie so lange, bis sie zu einer Hofeinzäunung kamen. Da waren sie nach Gardar gekommen, wo früher Grönlands Bischofssitz war. Hier blieben sie den Winter über und im nächsten Jahr kamen sie nach Island.[1]

Die Erzählung muß wol so ausgelegt werden, daß die beiden vornehmen schiffbrüchigen Isländer von Eskimos gerettet und nach Gardar gebracht wurden.

Ich habe hier alles Wesentliche angeführt, was die isländischen Sagen über das Verhältniß der Skandinavier zu den Eskimos (Zauberer, Skrälingar) in Grönland enthalten. Hieraus folgt, daß gewaltsame Zusammenstöße mitunter zwischen ihnen stattgefunden haben; wie man aber hieraus die Sage eines Ausrottungskrieges zwischen beiden Völkern hat zusammenspinnen können, begreife ich nicht. Zwar sagt Ivar Baardsön in seiner bekannten Beschreibung von Grönland, daß er ausgesandt worden sei, um die Skrälingar von der damals fast ganz und gar in ihrem Besitz befindlichen Westerbygd, dem Westbau, zu vertreiben. Als er aber dahin kam, fand er keinen Menschen dort, weder Christen noch Heiden, statt dessen aber verwilderte Rinder und Schafe. Bei einiger Kenntniß der Gemüthsart der Grönländer kann man wol bezweifeln, daß sie die Skandinavier angefallen und ausgerottet hätten (was auch Ivar Baardsön nicht behauptet), dagegen aber kann man völlig sicher sein, daß sie in diesem Falle nicht ein einziges zahmes Thier hätten leben lassen. Gerade diese im Westbau herumirrenden verwilderten Thiere, wenn nicht dieser Theil von Baardsön's Erzählung, wie es wahrscheinlich ist, auf einem vollständigen Irrthum beruht, scheinen mir ein Beweis dafür zu sein, daß die skandinavischen Einwanderer dort an einer Krankheit gestorben, oder vielleicht zu irgendeiner Zeit auf eine Reise nach dem Weinlande ausgezogen waren, von der sie nicht zurückkehrten, oder was noch wahrscheinlicher ist, daß sie mit Frauen und Kindern, wie die Grönländer noch heutzutage zu thun pflegen, ihre Winterwohnungen verlassen hatten, um Sommerjagd und Fischfang in dem

Innern der Fjorde zu betreiben. Es konnte dann leicht geschehen, daß die bei den Winterwohnungen zurückgelassenen Hunde, die man nur von fern sah, für Schafe und andere Thiere gehalten wurden.

Was die Österbygd betrifft, so gibt es nicht den geringsten Beweis dafür, daß, wie man gewöhnlich annimmt, die skandinavische Bevölkerung von den Skrälingarn sollte ausgerottet worden sein. Die Erfahrung, die man jetzt von der geringen Widerstandskraft gewonnen hat, welche die europäische Cultur bei der Berührung mit einem so liebenswürdigen, naiven und kindlichen Jägervolk, wie die Eskimos, besitzt und welche bewirkt, daß ein unter den Eskimos lebendes europäisches Geschlecht innerhalb einiger Generationen die Sprache und Lebensgewohnheiten der Eskimos vollständig annimmt, ebenso wie die oft rein skandinavischen Gesichtszüge der Ostländer sprechen im Gegentheil unbedingt dafür, daß die Norweger, kurz nachdem die Verbindung mit dem Heimatlande aufgehört hatte, vollständig eskimoisirt worden sind. Dies scheint auch direct bestätigt zu werden durch folgenden, von Finn Magnusen mitgetheilten Auszug aus einer lateinischen Handschrift, welche in der ersten Hälfte des 17. Jahrhunderts von Bischof Gisle Oddsön in Skalholt auf Island unter Benutzung der dortigen, im Jahre 1630 leider durch Feuer zerstörten Archiv- und Büchersammlung verfaßt worden ist:

Im Jahre 1342 fielen Grönlands Bewohner freiwillig von dem wahren Glauben und Christenthum ab und gingen, alle Ehrbarkeit und Tugend vergessend, zu den amerikanischen Völkern über. Man hält nämlich dafür, daß Grönland den Westländern ganz nahe liegt. Hierdurch ist es gekommen, daß die Christen sich der Schiffahrt nach Grönland enthalten haben.[1]

Auch die vorstehend angeführten, wie man sieht äußerst dürftigen Erzählungen über die Polarvölker, welche den nordöstlichsten Theil der Neuen Welt bewohnten, blieben bis zum 17. Jahrhundert den Gelehrten Europas beinahe unbekannt. Doch findet man einige darauf bezügliche Notizen selbst in Büchern aus dem 15. und 16. Jahrhundert. Auf der Karte mit zugehöriger Kartenbeschreibung von

---

[1] Grönlands historiske Mindesmerker, III, 459.

Grönland, welche Nicolaus Donis in seiner bekannten, 1482 und 1486 gedruckten Bearbeitung des Ptolomäus veröffentlichte, wird nichts von den Bewohnern des Landes gesagt. Dagegen trifft man in Ziegler's 1532 gedruckter „Schondia" nicht nur eine Karte, welche Grönland umfaßt[1], sondern auch eine Andeutung darüber, daß die grönländischen Kajaks dem Verfasser bekannt waren.

Ausführlicher werden dieselben von Claus Magnus in seinem bekannten Werk „De Gentibus septentrionalibus" (1. Aufl. gedruckt in Rom 1555) beschrieben. Das neunte Kapitel des zweiten Buches berichtet darüber folgendermaßen:

Von den Fahrzeugen aus Fellen oder Leder in Grönland (Gruntlandia).

In dem vorhergehenden dritten Kapitel dieses Buches findet man das Wesentliche über die Naturverhältnisse auf Island und über die Spukereien der vor kurzem beim Fischen Umgekommenen angeführt.[2] Hier will ich erwähnen, daß der Weg (nach Grönland) von dem Hafen Bestrebro auf Island über eine hohe, Hvitsärk (weißes Hemd) genannte Meeresklippe geht, die in der Mitte des Seeweges nach Grönland liegt. Dort gibt es eine Art Seeräuber, welche Fahrzeuge aus Thierhäuten und eine eigenthümliche Kampfesweise gebrauchen, indem sie hinterlistig die Fahrzeuge der Kaufleute nicht oben, sondern unten und von außen durchbohren. Ich habe im Jahre 1505 zwei solche Lederfahrzeuge gesehen, welche zum allgemeinen Anschauen inwendig über dem westlichen Eingang zu der, dem seligen Halvard geweihten Kathedralkirche zu Oslo an der Mauer befestigt waren. Der König dieses Reiches,

---

[1] Donis' und Ziegler's Karten finden sich in der „Umsegelung Asiens und Europas auf der Vega" in Facsimile wiedergegeben. In demselben Werk, I, S. 46 und 48, finden sich die Titel der fraglichen Arbeiten ausführlich angeführt. Verschiedene Angaben über Grönland und sein Volk trifft man bereits in dem seltenen Werke von Claus Magnus „Opera breve" etc., gedruckt in Venedig 1539 (vgl. auch meine „Studien und Forschungen", S. 80 fg.).

[2] Diese vermeintlichen Spukereien beruhen auf den eigenthümlichen Lauten, welche man im hohen Norden im Winter von dem an der Küste angehäuften Treibeise hört, und welche dadurch entstehen, daß die Eisstücke leise aneinander treiben. Diese Laute sind, wie wir während unserer schweren Ueberwinterung in der Mossel-Bai 1872/73 oft zu erfahren bekamen, den Nothrufen von Menschen so täuschend ähnlich, daß selbst derjenige, welcher ihren Ursprung kennt, sich kaum enthalten kann, hinaus zu gehen um Hülfe zu leisten.

Håkon[1], soll, als er mit einer Kriegsflotte nach den Küsten Grönlands segelte, sich dieser Boote bemächtigt haben, die vielleicht die Aufgabe hatten, seine Flotte zu versenken. Die Einwohner in diesen Gegenden sollen sich nämlich nicht unbedeutende Beute durch diese und ähnliche hinterlistige Künste erwerben, welche, wie gesagt, darin bestehen, daß sie dem Wasser Eingang verschaffen und das Fahrzeug augenblicklich zum Sinken bringen, indem sie wie Diebe in aller Stille seinen Rumpf von unten durchbohren.

Es unterliegt keinem Zweifel, daß die von Olaus Magnus ge= sehenen Fahrzeuge grönländische Kajaks waren, aber man dürfte wol bezweifeln können, daß dieselben jemals eine den Widderschiffen unserer Zeiten ähnliche Bestimmung gehabt haben.

Schließlich findet sich auch in der vielbesprochenen Reisebeschreibung der Zenier (zum ersten mal in Venedig 1558 gedruckt) eine nicht üble Beschreibung der grönländischen Kajaks. Dieselbe stützt sich nicht auf Olaus Magnus oder auf irgendeine andere ältere ähnliche Erzählung, und scheint also zu beweisen, daß die venetianischen See= fahrer oder ihre Gewährsmänner gegen Ende des vierzehnten Jahr= hunderts mit den Eskimos in Berührung waren.

———

Kurz nach der Entdeckung Amerikas durch Columbus begannen die Versuche, nördlich von diesem Welttheil einen Weg nach Indien zu finden, und ebenso das Bestreben Dänemarks, das alte Grönland wieder aufzufinden. Viele der Expeditionen, welche aus diesem Anlaß ausgesandt wurden, kamen mit Eskimos in Berührung. Bedauerlicher= weise endigen die Begegnungen meistens mit irgendeiner mehr oder weniger erregenden Gewaltthat, mit Mord und Plünderung und mit der Gefangennahme einiger armseliger Wilden, welche dann nach Europa gebracht wurden, um dort neben andern Sehenswürdigkeiten aus dem neuen Lande vorgezeigt zu werden.

Die ersten Eskimos wurden von Sebastian Cabot 1498 nach Europa gebracht. Ueber dieselben theilt Hakluyt (The principael

———

[1] König Håkon starb im Jahre 1340.

Navigations etc., 1. Aufl., S. 515) aus einer ungedruckten Chronik von Robert Fabian folgendes mit:

> In diesem Jahre brachte man auch dem Könige (Heinrich VII.) drei in Neufundland gefangen genommene Männer. Sie waren in Thierfelle gekleidet, aßen rohes Fleisch und redeten eine solche Sprache, daß niemand sie verstehen konnte. In ihrem Wesen waren sie wie wilde Thiere. Von diesen sah ich drei Jahre später zwei im Westminster-Palast wie Engländer gekleidet, und ich konnte sie nicht von Engländern unterscheiden, bis ich erfuhr, wer sie waren. Ich hörte von keinem ein Wort äußern.

Drei Jahre später (1501) brachte Corte Real von seiner zweiten Reise nicht weniger als 57 Wilde von dem nordöstlichen Amerika nach Lissabon, welche, nach dem von dem venetianischen Gesandten Pietro Pasqualigo an seine Brüder in Venedig geschriebenen Briefe zu urtheilen, wahrscheinlich Eskimos waren. Er sagt nämlich von ihnen:

> Sie haben alle dieselbe Farbe, dieselben Gesichtszüge, denselben Wuchs und dasselbe Aussehen, sie sind Zigeunern sehr ähnlich und in Felle verschiedener Thiere, besonders Ottern, gekleidet, bei denen sie im Sommer das Haar nach außen und im Winter nach innen wenden. Diese Felle sind nicht zusammengenäht, noch gegerbt, sondern so wie sie den Thieren abgezogen worden sind, ziehen sie dieselben über die Achseln und Arme. Sie sind sehr furchtsam und sanftmüthig. Ihre Arme, Beine und Schultern sind besonders wohlgeformt. Ihre Gesichter sind bemalt, wie bei den Indianern, einige mit sechs Zeichen, andere mit acht oder mehr Zeichen. Sie sprechen, aber niemand versteht sie, obgleich man sie, wie ich glaube, auf alle möglichen Sprachen angeredet hat. In ihrem Lande gibt es kein Eisen, aber sie verfertigen Messer und Pfeilspitzen aus einer Art Stein.

Corte Real's zweite Reise und die von derselben mitgebrachten Wilden werden ferner in einem Briefe von Alberto Cantino an den Herzog von Ferrara, Hercules d'Este, beschrieben, worin es unter anderm heißt, daß diese Wilden Häuser und Boote von Fellen gebraucht hätten, daß sie sich wegen ihres starken Körperbaues besonders zu Sklaven eigneten, sowie daß sie, besonders die Frauen, weiße Gesichtsfarbe hätten, heiter wären und viel lachten.[1]

---

[1] Henry Harrisse, Les Corte-Real et leurs voyages au nouveau-monde. (Paris 1883), S. 51 und 56.

Zerstreute Nachrichten über das Eskimovolk sind ferner zu finden in den meisten Berichten über die Fahrten nach Nordwesten während des 16. und zu Anfang des 17. Jahrhunderts, diese Reisen aber haben doch kaum irgendeinen wesentlichen Einfluß auf die Auffassung der Europäer über die Natur und Lebensweise des hier in Frage kommenden Volksstammes ausgeübt. Dagegen dürfte die noch jetzt herrschende populäre Vorstellung von den Eingeborenen in Polaramerika in nicht geringem Grade beeinflußt worden sein von einem umfassenden Werk, welches 1647 anonym in Paris erschien unter dem Titel: Relation du Groenland. Dieses Werk bildet nicht allein die erste Monographie über Grönland, sondern enthält auch ziemlich umfassende und für die damalige Zeit verdienstvolle Angaben über seine Bewohner. Der Verfasser, ein Franzose, der Abbé La Peyrère, war jedoch nicht selbst in Grönland gewesen, sondern hatte sich nur lange Zeit in Kopenhagen aufgehalten, wo er von den dortigen Gelehrten und Regierungsbeamten die Angaben bekommen hat, welche er in seinem Buche in der Form von Briefen an De La Mothe Le Bayer mittheilt. Vielleicht ist die Bearbeitung und der Druck der „Relation du Groenland" durch La Peyrère's Streben veranlaßt worden, aus diesem entfernten Lande Beweise für verschiedene Ketzereien über das Auftreten des Menschen vor Adam zu erhalten, welche er, gestützt auf den Römerbrief Kapitel 5, Vers 12—14 in einem 1545 veröffentlichten Werk auszusprechen gewagt hat. La Peyrère charakterisirt die Einwohner Grönlands in folgender Weise:

Sie sind falsch und wild. Man kann ihre Zuneigung weder durch Freundlichkeit noch durch Geschenke gewinnen. Sie sind wohlbeleibt, hübsch gebaut und haben eine braune Haut. Es wird gesagt, daß man unter ihnen Leute trifft, die schwarz sind wie Aethiopier. Sie sind in Seehundsfelle gekleidet, die sie mit Sehnen zusammengenäht haben. Ihre Frauen tragen das Haar ungeflochten hinter die Ohren gestrichen und zeigen Gesichtszüge, die mit blau und gelb bemalt sind. Sie tragen keine langen Röcke, wie die Frauen bei uns, sondern mehrere Paar aus Seehundsfell gefertigte Beinkleider, das eine Paar über dem andern. In jedem Beinkleid haben sie Taschen, in welche sie ihre Messer, Zwirnknäule, Nadeln, kleine Spiegel und andere Kleinigkeiten stecken, welche ihnen die Fremdlinge zuführen oder das Meer mit den Schiffstrümmern ans Land wirft. Die Hemden der Männer und Frauen sind aus Fischdärmen gefertigt und mit feinen Sehnen zusammengenäht. Sowol die Kleider der Männer wie die der Frauen sind weit und mit Riemen aus Seehundshaut zusammengebunden. Diese Wilden sind stinkend, schmutzig und häßlich. Ihre Zunge dient ihnen als Handtuch und auch als Schnupftuch; sie schämen sich nicht vor dem, wovor andere sich schämen. Derjenige unter ihnen wird als reich betrachtet, welcher eine Menge Bogen, Schleudern, kleine Fahrzeuge und Ruder besitzt. Ihre Bogen sind kurz und sie führen dünne Pfeile, die an der Spitze mit einem scharfen Knochen- oder Hornstückchen versehen sind. Sie sind geübt im Schießen mit dem Bogen, im Werfen mit der Schleuder und im Harpunieren der See- hunde im Wasser mit ihren Wurfspießen. Ihre kleinen Boote sind mit Seehundsfellen überkleidet und tragen nur einen Mann. Ihre größeren Fahrzeuge bestehen aus einem Holzgerippe, zusammengefügt mit hölzernen Nägeln und überzogen mit einer mit groben Sehnen zusammengenähten Walfischhaut. Ihre Segel sind aus demselben Stoffe wie ihre Hemden, also aus Fischdärmen gefertigt, die mit feinen Sehnen zusammengenäht sind. Ungeachtet in diesen Fahrzeugen kein Eisen angewendet ist, so sind sie doch mit einer solchen Geschicklichkeit und Festigkeit zusammengefügt, daß sie sich in ihnen auf das offene Meer hinauswagen und keine Stürme fürchten. Sie haben sehr große Hunde, und benutzen sie so, wie man anderwärts die Pferde benutzt.

Ferner erwähnt La Peyrère das Schicksal von neun Eskimos, welche bei verschiedenen Gelegenheiten von dänischen Polarexpeditionen nach Kopenhagen gebracht worden sind. Dieselben wurden in Kopen- hagen unter besonderer Aufsicht auf Kosten des Königs unterhalten. Sie erhielten Milch, Butter und Käse, rohes Fleisch und rohe Fische zur Nahrung, denn sie konnten sich nicht an Brot und gekochtes Fleisch, noch weniger an Wein gewöhnen. Kein Getränk tranken sie mit gleichem Genuß wie Oel oder Walfischthran.[1] Sie blickten oft seufzend gegen Norden, und einmal versuchten einige in ihren Fahr- zeugen zu fliehen, wurden aber vom Sturme an die Küste von Schonen geworfen und dort von den Bauern festgenommen und nach Kopen- hagen zurückgeführt. Sie wurden aus diesem Anlaß strenger bewacht, starben aber bald am Heimweh. Fünf waren noch am Leben und gesund, als ein Gesandter Spaniens nach Dänemark kam. Es

---

[1] Diese grundfalsche Angabe, daß die Grönländer Thran trinken, hat, obschon oft widerlegt, in der Volksvorstellung als einer der meist charakteristischen Züge aller Polarvölker Platz gewonnen.

fand eine Vorzeigung statt, wobei der Gesandte über die Geschicklichkeit sehr entzückt war, welche die Eskimos in der Führung ihrer
kleinen spulförmigen Fahrzeuge entwickelten. Ein Wettrudern wurde
ebenfalls veranstaltet, wobei es sich zeigte, daß eine mit sechzehn guten
Ruderern bemannte Schaluppe den Kajaks kaum zu folgen vermochte.
Der Gesandte beschenkte jeden Wilden mit einer Geldsumme, welche

Pok und Kepruch.
Grönländer Mann und Frau.
Nach einem im J. 1724 in Grönland ausgeführten Gemälde von B. Grodtschilling,
jetzt im Ethnographischen Museum zu Kopenhagen.

diese zum Ankauf dänischer Kleider verwendeten. Sie kauften sich
mit Federn geschmückte Hüte und Stiefeln mit Sporen und erboten
sich, dem König von Dänemark zu Pferd zu dienen. Die Freude hielt
jedoch nicht lange an. Sie wurden bald wieder traurig und krank
am Heimweh; zwei versuchten nochmals in ihren Kajaks zu fliehen.
Sie wurden verfolgt; der eine wurde eingeholt, der andere aber entkam,

natürlich um seinen Tod in den Wogen zu finden. Die Ueberlebenden wurden jetzt noch strenger bewacht, starben jedoch bald bis auf zwei, welche nach dem Tode ihrer Kameraden noch zehn bis zwölf Jahre lebten und sehr freundlich behandelt wurden. Sie konnten niemals dänisch lernen. Der eine starb in Kolding infolge einer Erkältung, welche er sich im Winter beim Perlenfischen zugezogen hatte. Er soll ein ausgezeichneter Taucher gewesen sein.[1] Der Letztüberlebende machte wieder einen Fluchtversuch in seinem Kajak. Er wurde verfolgt und 30—40 Meilen auf dem Meere draußen eingeholt. Er starb kurz nachher aus Gram.

Uebrigens waren die Franzosen schon lange vor dem Erscheinen von La Peyrère's Werk nördlich von der französischen Colonie in Canada selbst mit Wilden in Berührung gekommen, welche von ihnen mit dem Indianernamen esquimaux oder Eskimenzen bezeichnet wurden. Verschiedenes über die Lebensweise, den Charakter und das Aussehen dieses Volkes wird auch von mehrern ältern französischen Autoren, insbesondere von den Jesuitenmissionaren Lantau und Charlevoix[2] mitgetheilt. Die Schilderung ist weder zu deren Vortheil, noch ist sie richtig. Aus Anlaß der 1659 erfolgten Bekehrung einiger von den Indianern gefangen genommenen Eskimos zum Christenthum sagt z. B. Charlevoix: „Die Knechtschaft und die Trennung von der Heimat hatten die Sitten dieser Barbaren etwas gemildert. Sie sind sonst wild wie die Wölfe und Bären, welche ihre Einöden füllen. Aller Gesetze entbehrend, ohne einen höhern Begriff und ohne jede staatliche Einrichtung unterscheiden sie sich von den Thieren nur durch ihre menschliche Gestalt."

La Peyrère's Buch über Grönland erhielt durch zahlreiche Uebersetzungen und Bearbeitungen eine weite Verbreitung, und noch heute macht sich seine Schilderung der Grönländer in der populären Vorstellung von dieser Volksrasse geltend. Aber erst durch die von Hans Egede gegründete grönländische Mission und den im Zu-

---

[1] Relation du Groenland. S. 169—185. — Die Angabe, daß der Eskimo ein Taucher gewesen, kann schwerlich richtig sein. Die Polarvölker sind nicht schwimmkundig, und zum Sammeln von Perlenmuscheln im Flusse bei Kolding ist sicherlich ein Taucher nicht nöthig.

[2] J. F. Lastau, Mœurs des Sauvages Amériquains (Paris 1724). — Charlevoix, Histoire et Description générale de la Nouvelle France (Paris 1744)

sammenhang damit entstandenen dänisch-grönländischen Handel, sowie durch die Polarexpeditionen, welche in diesem Jahrhundert von Eskimos bewohnte Länder besucht haben, ist unsere Kenntniß von der Leibesbeschaffenheit, dem Charakter, den Sitten und Lebens-gewohnheiten, der Sprache u. s. w. der grönländischen Eskimos eine so vollständige geworden, daß dieses Polarvolk gegenwärtig zu den bestgekannten aller der Völker gehört, deren Seelenleben sich nicht in einer reichen, durch die Buchdruckerkunst vor der Vergäng-lichkeit geschützten Literatur ausgeprägt hat.

O. Fabricius gibt in seiner „Fauna Groenlandica" folgende Charakteristik der Eingeborenen von Grönland.

Homo Groenlandicus. Homo sapiens, diurnus, sordide rufus, pilis nigris, rectis, crassis, mento subimberbi. — — Est naribus patulis, oculis minutis, labiis et buccis magnis, fronte valida, humeris latis, pedibus brevibus, cholerico-phlegmaticus, debilis, agilis, pertinax, liber, contentus, timidus, superstitiosus, minus fertilis.

Diese wenigen, in Linné's bekanntem Stil abgefaßten Zeilen bilden eine vortreffliche Charakteristik des größten Theils der Eskimos, welche noch nicht mit Europäern in Berührung gekommen sind. Aber sie paßt nicht auf alle. Lañtau sagt von den Eskimos in Labrador: „Sie sind groß, wohlgestaltet und heller als die andern Wilden (die Indianer). Sie lassen den Bart wachsen (welcher nach Charlevoir sehr dicht ist). Sie haben krauses Haar, das oft schwarz, zuweilen blond, ja sogar roth ist, ganz wie bei den nördlichen Völkern in Europa", und daß diese Schilderung nicht ganz und gar aus der Luft gegriffen ist, geht daraus hervor, daß sie von späteren Schrift-stellern wiederholt wird. Der Missionar Kirlby spricht sich folgender-maßen aus über die Eskimos an der Mündung des Mackenzie-Flusses: „Die Männer sind von riesigem Wuchs, lebhaft und auffallend wohl-beleibt. Viele von ihnen haben an Kinn und Wangen einen dichten Bart. Die Frauen sind klein von Wuchs, von ziemlich heller Farbe und haben regelmäßige, keineswegs häßliche Gesichtszüge. Sie haben die eigenthümliche Gewohnheit, zeitweise das Haar von den Scheiteln ihrer Männer abzuschneiden und es dann in Bündeln zu beiden Seiten des Gesichts oder auf dem eigenen Scheitel zu tragen. Der reiche Bartwuchs und die helle Haut der Männer setzte meine Indianer sehr in Erstaunen, welche infolge dessen von ihnen sagten: «Manooli Conde» (sie ähneln dem weißen Volke)." Back bildet in dem Werk: „Narrative of the Arctic Land Expedition" (London 1836), S. 384, einen mit mäßigem Bartwuchs gezierten Eskimo ab und sagt, daß ein Theil von ihnen sehr dichten Vollbart habe und daß bei einzelnen der Schnurrbart sehr lang werde. Eingeborene, denen John Rae in der Repulse-Bai begegnete, hatten „formidable beard and whiskers". Parry und Lyon sahen bei der Winter-Insel und Igloolik Eskimos mit hohen gebogenen „römischen" Nasen. Egede, Cranz, Fabricius u. A. erwähnen eine hochgewachsene Varietät mit heller Hautfarbe[1], und sie vermuthen, daß diese von den alten Normannen abstammen. Dieser nordische Typus scheint insbesondere den Eingeborenen auf der Ost-küste Grönlands und in gewissen Theilen von Polaramerika eigen zu sein. Alle, welche mit den Ostländern in Berührung gekommen, sind einig hierüber. So sagt Graah von den Grönländern am Ovarlet-Fjord auf der Ostküste Grönlands: „Sie waren alle recht hübsch und hatten in ihrem Aussehen wenig Aehnlichkeit mit dem Eskimo-stamm, was besonders von zwei jungen Frauen gilt, deren schlanker Wuchs, regelmäßige Gesichtszüge, reine frische Hautfarbe und langes braunes Haar sie dazu berechtigte, zu den Schönheiten gezählt zu werden. Braunes Haar war bei der Jugend ziemlich allgemein. Die Farbe des Haares spielte sogar etwas ins Röthliche. Die Männer waren gewöhnlich schlank und gut gewachsen, selbst mager. Sie hatten hübsche, ausdrucksvolle Gesichtszüge mit dichten, gebogenen schwarzen Augenbrauen; einige hatten auch einen starken Bartwuchs." Dasselbe sagten auch Holm, Garde, Brodbeck, Lützen u. A. Es liegt hier die

---

[1] Einige ältere Schriftsteller zählen unter den Volksstämmen, welche das polare Amerika bewohnen, ein schwarzes Volk auf. Diese Berichte gehören jedoch in das Sagenreich der Geographie. Möglicherweise sind sie ursprünglich dadurch entstanden, daß man in Grönland Eingeborene mit ausgeprägten Eskimozügen, aber mit einer dunkeln, rein braunen, auch nach dem Waschen zurückbleibenden Mulattenfarbe trifft. Eine nähere Untersuchung dieser Varietät wäre höchst interessant. Sind, wie ich es als wahrscheinlich betrachte, die Eskimos die Reste eines Polarvolks, das den höch-sten Norden schon vor der Glacialzeit bewohnt hat, so würden diese, wenn ich sie so nennen darf, Eskimomulatten andeuten, daß es auch eine dunkle Polarrasse gegeben hat. Nach Saabye sind die Eskimokinder bei der Geburt ebenso weiß wie die der Europäer, haben an den Lenden einen bläulichen Fleck, welcher sich allmählich über den ganzen Körper ausbreitet und sonach die dunkle Hautfarbe veranlaßt.

Erklärung nahe, daß ein Theil der Oſtländer eskimoiſirte Skandinavier ſind. Aber gerade auf Grund deſſen haben verſchiedene
Anhänger der gewöhnlichen Auffaſſung von der Chorographie des
Alten Grönland glaubhaft machen wollen, daß dieſe Grönländer
mit europäiſchen Zügen Nachkommen der Walfiſchfänger ſeien, welche
im Jahre 1777 in ſo großer Anzahl an der Oſtküſte Grönlands
Schiffbruch litten. Zunächſt iſt jedoch nicht erwieſen, daß von
dieſen ſich auch nur ein einziger zwiſchen den Eskimos auf der Oſt-

Grönländer von der Mischraſſe.
Nach von K. J. V. Steenſtrup mitgetheilten Photographien.

Inſte niedergelaſſen hat; ferner dürften einige wenige Fremdlinge in
einem Zeitraume von 50—100 Jahren kaum das Gepräge ihres Aus-
ſehens einer ſo großen Anzahl von Menſchen haben aufdrücken können,
und ſchließlich wurden die ſkandinaviſchen Züge der Oſt-
grönländer ſchon lange vor dem holländiſchen Schiffbruch
bemerkt.

Gegenwärtig hat ſich im däniſchen Grönland zwiſchen den Innuit-
Frauen und den däniſchen Coloniſten, Walfiſchfängermatroſen u. ſ. w.
eine neue Miſchraſſe gebildet, welche, da die Eingeborenen den

europäischen Typus hübscher finden als den ihrigen, durch die Ge-
schlechtswahl so überhand genommen hat, daß das, was wir reine
Eskimozüge nennen, anfängt selten zu werden, wenigstens in der
Nachbarschaft der Colonien. Andererseits nehmen die Kinder aus gemischten Ehen, sofern nicht besondere Anstrengungen gemacht werden,
um ihnen europäische Sitten und Sprache zu lehren, gewöhnlich schon

Grönländisches Mädchen von der Mischrasse.
Nach einer von K. J. V. Steenstrup mitgetheilten Photographie.

in der ersten oder zweiten Generation vollständig Sprache, Lebensweise und Kleidertracht der Eskimos an, behalten aber ihre europäischen Züge unverändert oder nur auf solche Weise modificirt, daß
der nordische Typus durch die Vermischung mit den dunkeln Eingeborenen ein mehr südländisches Gepräge erhalten hat. Es
entsteht also somit eine neue eingeborene Rasse, welche, solange das

Grönländer.

Nach einer von K. J. E. Steenstrup aufgenommenen Photographie.

S. 467.

Aussehen nicht durch die harte Lebensweise gelitten hat, oft recht
hübsch ist. Zuweilen trifft man unter den Kindern und der Jugend
dieser Mischrasse sogar vollendete Schönheiten. Auch auf der Küste
von Labrador ist eine Mischrasse entstanden, und zwar hauptsächlich
durch die Verheirathung englischer Matrosen mit Eskimo-Frauen.
Dieselbe ist in vielen Hinsichten reich begabt, ist, wenngleich Lehrer
und Schulen fehlen, des Lesens und Schreibens kundig, gewandt,
frommherzig, aber nicht so muthig wie die Eingeborenen (Hind, II,
S. 162).

Die Eingeborenen in Westgrönland, welche mir am unvermisch-
testen und am meisten typisch erschienen, möchte ich auf folgende Weise
charakterisiren: Sie sind klein, untersetzt, oft corpulent, breitschulterig,
aber wohlgestaltet und haben kleine Hände und Füße. Die Haut
ist bei den älteren Personen runzelig, bei den jüngeren aber glatt.
Die Hautfarbe ist olivenbraun. Die Augen sind dunkelbraun, klein,
ein wenig schief, die Nase ist klein und tief zwischen den Backen
stehend, sodaß sie im Profil des Gesichtes wenig zu sehen ist, der
Mund ist groß, die Lippen sind dick, die Zähne gewöhnlich gleichmäßig, bei den Männern lange gut erhalten und weiß, bei den
Frauen mit der Zeit abgenutzt durch das Kauen der Häute beim
Gerben. Das Haar ist schwarz und struppig.

Die Männer tragen das Haar gewöhnlich ziemlich lang, zu-
sammengenetzt und ungeordnet. Niemals habe ich in Grönland eine
solche Tonsur gesehen, wie sie die Tschuktschen tragen, d. h. das Haar
bis auf einen Kranz rund um den Scheitel und ein Büschel mitten
auf demselben kurz geschnitten, doch scheint, nach Parry, ein Theil der
jungen Männer auf der Küste der Welcome-Insel das Haar auf diese
Weise getragen zu haben. Dasselbe thaten, nach Kirkby, auch die
Eskimos an der Mündung des Mackenzie und die meisten der Eskimos, welche wir bei Port-Clarence und auf der St.-Lawrence-Insel
gesehen hatten. Die Frauen pflegen ihr Haar sorgfältig mit Hülfe des
Uringefäßes.[1] Sie theilen das Haar ab und binden es mit bunten

---

[1] Vgl. hierüber Egede, Description du Groenlande (Kopenhagen 1763),
S. 9*. Er sagt, daß sie den von diesem unappetitlichen Toilettedetail herrührenden
Geruch angenehm finden, und von einem Mädchen, das auf diese Weise seine Toilette
gemacht hat, sagen sie: Niviarsiarsuarnerks — sie duftet wie eine Jungfrau.

Bändern über dem Scheitel zu einem festumwickelten Knäuel zusammen, dessen Aussehen unsere Abbildung S. 425 zeigt. Infolge des straffen Anziehens des zusammengebundenen Haares fällt bei den Frauen das Haar an den Seiten des Kopfes schon sehr früh aus. Aber diese Mode beginnt jetzt in Grönland der europäischen Haartracht zu weichen. Nach Parry wird auf der Winter-Insel und Igloolik der Knäuel nicht getragen, ebenso wenig haben wir diese Haartracht auf der St.-Lawrence-Insel, bei Port-Clarence oder bei den Tschuktschen gesehen. Die Männer der Innuits tätowiren das Gesicht nicht, weder in Grönland noch in Polaramerika; dagegen tragen sie in der Gegend an der Berings-Straße Knöpfe von Knochen, Stein oder Glas in großen Löchern unterhalb der Mundwinkel. Die Frauen wiederum sind überall, wo sie nicht mit den Europäern in dauernder Berührung gestanden, tätowirt, nach Mustern, wie sie bei den Tschuktschen üblich.[1] Man legte früher auch in Grönland großes Gewicht auf die Tätowirung und glaubte, oder richtiger redete den jungen Mädchen, welche sich gegen diese schmerzhafte Operation sträubten, ein, daß der Kopf der Frau, die sich nicht auf diese Weise schmücken lasse, in der andern Welt in ein Thrangefäß verwandelt werde, das man unter die Lampe stellt, um aufzusammeln, was aus derselben verschüttet wird. Das Tätowiren geschieht in der Weise, daß man mit Hülfe einer Nadel einen in Lampenruß und Thran getauchten Faden unter die Haut zieht, und zwar nach einem vorher auf dieselbe gezeichneten Muster, wobei man mit dem Finger auf die durchnähte Stelle drückt, um die Schwärze zurückzuhalten. Das Tätowiren geschieht auch durch Punktirung, d. h. dadurch, daß man die Schwärze in Löcher reibt, die man mit einer Nadel in die Haut gestochen hat. Auch der Graphit wird als

---

[1] Vgl. den Holzschnitt in „Die Umsegelung Asiens und Europas auf der Vega". I, 35 (Abbildung von Eskimos nach einem alten Gemälde im Ethnographischen Museum zu Kopenhagen) mit der tschuktschischen Tätowirung in demselben Werke, II, 98. Ein etwas abweichendes Tätowirungsmuster findet sich in Bad's bereits angeführtem Werke (S. 384) abgebildet. Die Frauen haben oft auch den Körper tätowirt. Beschreibungen von Tätowirungsmustern findet man bei Parry, Lyon, Roe u. A. — Die Mundknöpfe sind abgebildet in „Die Umsegelung Asiens und Europas auf der Vega", II, 231. Vgl. Beechey, Voyage to the Pacific and Beering's Strait (London 1831), I, 250 und 303.

Tätowirungsschwärze angewendet, weshalb auch dieses Mineral ein
Handelsartikel der Eskimos ist.

Ehe die Eskimos mit Europäern in Berührung kamen, bestand ihre
Kleidung ausschließlich aus Fellen und Vogelbälgen, welche mit großem Geschick zu weichem und prächtigem Pelzwerk hergerichtet, die Felle
auch zu verschiedenen, für mancherlei Zwecke bestimmten Lederforten
gegerbt werden. Auch die Därme finden zu Kleidern Verwendung;
kann es aber geschehen, so tauschen die Eskimos von den Europäern
gern allerlei Gewebe ein, welche sie zu Kleidern, die sie direct am
Körper tragen, wie Hembe, Strümpfe u. s. w., theils zu Schmuckge-
wändern, die sie über das eigentliche Ledercostüm ziehen, verwenden.
Das Ledercostüm bildet aber in der Hauptsache noch überall in Grönland die eigentliche Kleidung. Bei der Wahl der Felle richtet man sich
nach dem was zu erhalten ist. Im dänischen Grönland gebraucht man
heute, wo die Rentbierjagd nur noch wenig ergiebig ist, dazu vorzugsweise die Felle von Seehunden und Hunden. Im östlichen
Grönland und am Smith-Sund wird oft das Fell des Eisbären,
auf der Winter-Insel und Igloolik beinahe ausschließlich das Fell des
Renthiers verwendet, und auf der St.-Lawrence-Insel war man oft
genöthigt, sich mit Pelzen aus Vogelbälgen zu begnügen. Mützen
gehören nicht zur eigentlichen Kleidung der Eskimos, sondern der
Kopf wird, wenn Regen, Schnee oder Kälte es zur Nothwendigkeit
machen, mit einem am Oberpelz befestigten Capuchon bedeckt. Regen-
mäntel aus Därmen kommen hauptsächlich bei den Westeskimos am
Berings-Sund vor und sind aller Wahrscheinlichkeit nach ursprünglich
kein eskimoisches, sondern ein aleutisches Kleidungsstück. Dagegen
tragen die Kajakruderer, wenn sie auf Fang oder weiten Reisen
sich befinden, eine eigenthümliche Kleidung aus der auf besondere Weise
bereiteten Haut des Seehundes, von der die Haare abgeschabt sind.
Diese Kleidung umschließt den obern Theil des Körpers, mit Ausnahme des Gesichts, dicht und ist unten an dem Ringe festgebunden,
welcher die Oeffnung im Deck des Kajaks umgibt.

Im Winter trägt man im Freien zwei Kleidungen übereinander,
die innere mit der Haarseite nach innen, die äußere mit der Haarseite nach außen. Die Außenseite des Oberkleides ist hübsch mit
Streifen von verschiedenfarbigen Stoffen und Pelzen besetzt und,
namentlich bei den Frauen, mit geschmackvollen Stickereien ver-

ziert. Die Frauen gehen beinahe ganz so wie die Männer in Hosen [1]
und in eine Pelzjacke gekleidet, welche im polaren Amerika, wie früher
in Grönland, vorn und hinten mit einem bis an die Knie hinab=
reichenden Schoße versehen ist. Im modernen Grönland, wo heute alle
wohlhabenden Eingeborenen europäische Kleider tragen, hat das Be=
streben, mit dem weißen Hemd zu coquettiren, allmählich die Länge
dieses Schoßes vermindert, bis er nun schließlich ganz verschwunden
ist, sodaß man jetzt das weiße Hemd zwischen dem Hosengurt und
der kurzen, glatt abgeschnittenen Jacke hervortreten sieht. Im Winter
gehen sowol die Männer wie die Frauen in den aus Stein und
Rasen aufgeführten Häusern, in denen die Hitze oft äußerst drückend
ist, vollständig nackend bis auf ein Paar kurze enge Unterhosen,
welche bei den Frauen von den Hüften nur bis an den obern Theil
der Schenkel hinabreichen und oft geschmackvoll mit allerlei Stickereien
verziert sind. Die Pelze der Männer gleichen in ihrer Form eng=
anliegenden Wolljacken mit einem Capuchon hinten am Rücken. Die
Jacken der Frauen sind über dem Rücken sehr weit, sodaß zwischen
der Jacke und dem Rücken ein Kind Platz finden kann, wo dasselbe
selbst bei der strengsten Kälte sehr warm und gut aufgehoben ist. Auf
Labrador sollen die Frauen ihre kleinen Kinder in die Stiefelschäfte
stecken, welche deshalb unproportionirlich weit sind. Nach Parry
findet sich diese Form der Stiefelschäfte auch bei Eskimostämmen,
bei denen die Sitte, die Kinder in die Stiefelschäfte zu stecken, längst
wieder verschwunden ist. Die Fußbekleidung besteht aus Strümpfen
aus Seehund=, Renthier= oder Hundefell (mit dem Haar nach innen),
sowie aus Stiefeln aus Seehund= oder Bärenfell mit Sohlen aus
gegerbtem Leder und ist so zweckmäßig und dem Klima so gut an=
gepaßt, daß sie gegenwärtig auch mit Vorliebe von den in Grönland
wohnenden Europäern getragen wird. Während der „Saison" ver=
wenden die jungen Mädchen große Sorgfalt auf ihre Toilette. Sie

---

[1] In Gesellschaften von Europäern und Eskimos ist oft die Rede von den
Sitten in Europa. Besonders interessirt sich das schöne Geschlecht für die Lebens=
weise und die Kleider seinesgleichen in fremden Ländern. Bei einem derartigen
Gespräch wagte ein englischer Polarfahrer die Behauptung, daß die Frauen bei uns
ohne Beinkleider gehen, worauf sämmtliche Eskimofrauen ausriefen: arme Mädchen,
wie die frieren müssen!

coquettiren mit ihrer Fußbekleidung, wozu ihre kleinen Füße und
wohlgeformten, in keine Röcke versteckten Beine sich sehr gut eignen,
tragen mit Stickereien buntverzierte Stiefeln mit Schäften, die wie
bei unsern großen Reitstiefeln weit über das Knie hinaufreichen.
Junge Mädchen schmücken sich gern mit einer Jacke aus buntem
europäischem Zeug, winden ein buntes Tuch um den Kopf und bedecken Hals und Schultern mit einem breiten, geschmackvoll genähten
Perlenkragen u. dgl.

Hinsichtlich weiterer Details in Betreff der grönländischen
Kleidertracht muß ich auf Egede, Cranz, Parry, Simpson, Rink u. A.
verweisen, ebenso auf die Abbildungen in vorliegendem Werk (S. 74,
421, 425, 426).

Die Eskimos leben ausschließlich vom Fischfang und der Jagd.
Sie treiben weder Ackerbau noch Viehzucht, ebenso wenig haben sie
es gelernt, das Renthier, das Hausthier der Polarvölker der Alten
Welt, zu verwenden, obwol es in dem Gebiet, in welchem sie
umherstreifen, ausgedehnte Renthierweiden gibt.[1]

Während die Grönländer jedes genießbare Thier für eßbar ansehen[2], zeigt es ihrer Ansicht nach von großer Unreinlichkeit, Pflanzen
zu essen, welche auf gedüngtem Boden, z. B. auf den Abfallhaufen
in der Nähe der Wohnplätze, gewachsen sind. Auch gegen Schweine-
fleisch hatten sie Ekel, weil sie gesehen, daß die Schweine allerlei
Unreinlichkeiten fressen.[3] Dagegen essen sie mit großer Begierde
die Eingeweide der Schneehühner und den Wanst der Renthiere in
gehöriger Weise mit Thran, Felsenstrauchbeeren u. dgl. zugerichtet.[4]

---

[1] Es ist mir nichts darüber bekannt, daß man den Versuch gemacht hat, das
zahme Renthier Lapplands in Grönland einzuführen, doch fing man einmal auf
Godthaab ein Renthierkalb, das ohne Schwierigkeit vollständig zahm wurde. Es
ist nicht unmöglich, daß die Erzählung, ein dänischer König habe von Norwegen
zahme Renthiere nach Spitzbergen bringen lassen, auf einen Versuch zurückzuführen
ist, der Renthierzucht in Grönland Eingang zu verschaffen.

[2] Nach Simpson essen die Eskimos kein Rabenfleisch.

[3] Balloe, Grönland (Hadersleben 1861), S. 29. — Cranz, I, 191.

[4] Dieses Gericht im Verein mit der Sitte der Eskimofrauen, die Zunge als
Schüsseltuch zu gebrauchen, scheint bei den ersten Colonisten großen Ekel erregt und
das Gerücht von der grenzenlosen Unreinlichkeit der Eskimos im Essen verursacht zu
haben, doch dürfte dazu auch die Behandlung des Kochgeschirrs beigetragen haben,
ebenso wie die Sitte der Eskimowirthin, wenn es recht gut sein soll, erst die Fleisch-

Ich bin mit Europäern zusammengetroffen, welche sagten, daß dieses Gericht gar nicht so schlecht schmecke, und im Grunde genommen dürfte es auch nicht unnatürlicher sein als verschiedene von den Er= findungen der Gourmandise bei uns.

In den Gegenden, wo die Eskimos lange mit Europäern in Verkehr gestanden, können sie verschiedene europäische Nahrungsmittel kaum mehr entbehren; unter diesen dürften Kaffee und Zucker den ersten Platz einnehmen, wenigstens nächst dem Brote. Von den aus= ländischen Delicatessen, welche durch die Handelsschiffe eingeführt werden, dürften besonders Südfrüchte, wie Feigen und Rosinen, zu nennen sein, von denen jährlich ein paar Tonnen an jede Colonie geschickt zu werden pflegen. Dieselben haben einen reißenden Absatz.

Auch die wilden Eskimos, welche mit den Europäern in keiner Handelsverbindung stehen, verwenden einen Theil der in ihrem Lande wachsenden Pflanzen als Nahrungsmittel, doch sammeln sie sich aus dem Pflanzenreich keinen Wintervorrath, wie die Tschuktschen es thun; wenigstens erwähnen weder Egede, Cranz oder Parry etwas davon. Es ist jedoch möglich, daß diese es zufällig außer Acht gelassen haben, denn Graah führt das Einsammeln von Engelwurz und Felsenstrauch= beeren für den Winter als einen der Anlässe zu dem lustigen Sommerfest bei Elallumiut an, das er in seiner Reise (S. 110) beschrieben hat.

Im dänischen Grönland, ebenso wie an der Berings=Straße ge= brauchen die Eskimos heute gern Tabak, und zwar sowol zum Rauchen wie zum Schnupfen und Kauen, doch war der Gebrauch des Tabaks bei dem grönländischen Volke noch unbekannt, als die Dänen das Land zu colonisiren begannen; derselbe war auch bis zu Parry's Besuch (1821—23) bei den Eskimos bei Igloolik und der Winter=Insel un=

<hr />

stücken, welche sie dem Gaste reicht, abzulecken und zu kauen. Von Fabricius wird die Art und Weise der Eskimos, die Nahrung zu sich zu nehmen, wie folgt charakterisirt: „Edunt omnis generis viva, pura et impura, cocta, siccata, subputrida, raro fumigata, pauca cruda, etiam plantas quasdam." Den Europäern wird es jedoch viel leichter, sich an Nahrung und Lebensweise der Eskimos zu gewöhnen, als man glauben sollte. Paul Egede erzählt beispielsweise, daß ein paar dänische Matrosen, welche infolge Mangels an Brennmaterial im Winter 1783 genöthigt waren zu den Eskimos zu ziehen, bald die Speisen derselben mit gutem Geschmack verzehrten, selbst auch verfaultes Fleisch; und daß das Samojedenleben Reiz auch für schwedische und norwegische Polarjäger haben kann, davon ist in der „Umsegelung Asiens und Europas auf der Vega", I, 279, ein Beispiel angeführt.

bekannt; dagegen scheint das Tabackrauchen bei den Eingeborenen auf
der St. Lawrence-Insel schon eingeführt gewesen zu sein, als Kotzebue
1816—1817 daselbst an das Land ging. Derselbe stopfte ihnen
nämlich, um unangenehme Liebkosungen zu verhindern, buchstäblich
den Mund durch Austheilung von Tabacksblättern.[1] Zur Zeit
Dalager's, in der Mitte des 18. Jahrhunderts, gebrauchten die
Grönländer noch hauptsächlich Schnupftaback, den sie oft mit zer-
stoßenem Kryolith untermischten, um seine Stärke zu vermehren.
Dalager klagt darüber, daß sie sich in kurzer Zeit dem Schnupfen
dermaßen ergeben hatten, daß sie für den Erwerb des Schnupftabacks
sich die Kleider vom Leibe zogen, sowie daß sie, wenn sie ihn besuchten, seine Schnupftacksdose so oft in Anspruch nahmen, daß er
jährlich 50 Pfd. Schnupftaback verbrauchte. Gegenwärtig sind Rauch-
taback und Kaffee die vornehmlichsten Genußmittel der Grönländer.
Auch sind dieselben, wie alle wilden Völker, dem Branntwein sehr
ergeben. Glücklicherweise haben die dänischen Behörden allen Handel
mit Branntwein untersagt; Europäer haben aber die Erlaubniß,
den Eingeborenen bisweilen, z. B. auf Bootreisen, einen Schnaps

---

[1] Dies hat ein gewisses Interesse für die Frage, ob der Gebrauch des Rauch-
tabacks aus dem Heimatlande des Tabackrauchens, Amerika, zu den Tschuktschen und
nach dem östlichen und mittlern Asien u. s. w. über Europa oder die Berings-
Straße gekommen ist. Das letztere wäre um so eher möglich, als ein lebhafter
Handelsverkehr wahrscheinlich schon vor Columbus' Zeit zwischen den Polarvölkern
Amerikas und Asiens bestanden hat und das Tabackrauchen bei den Eingeborenen,
wenigstens in Californien, schon vor ihrer Berührung mit Europäern allgemein war.
Die Wanderlust, welche den Polarvölkern im allgemeinen eigen ist, charakterisirt auch
die wilden Eskimos. Noch Mitte des vorigen Jahrhunderts kamen Eingeborene
aus dem südlichen und östlichen Grönland nach Disko mit neuen Kajaks und Umiaks
nebst dazu gehörigen Werkzeugen, um dafür Walroß- und Narwalzähne, Walfischbarten und andere Erzeugnisse des nordwestlichen Grönland einzutauschen (Cranz, I,
227). Die Haupthandelswaaren waren jedoch Lampen und Töpfe von Topfstein,
und das Hauptmotiv für diese oft Jahre in Anspruch nehmenden Fahrten dürfte
wahrscheinlich Klatschsucht gewesen sein. Es hat den Anschein, als ob der in
einem kleinen Winkel der Erde eingeschlossene Wilde zuweilen plötzlich von demselben
unwiderstehlichen Drange hinauszukommen und andere Luft zu schöpfen ergriffen wird,
wie der Gefangene, welcher allem Trotz bietet, nur um seine Zelle für einige Tage
gegen ein Freibeuterleben zu vertauschen. — Ueber ähnliche weite Wanderungen
macht Franz Boas interessante Mittheilungen in seinem Aufsatz: Die Wohnsitze und
Wanderungen der Baffinland-Eskimos (Deutsche geogr. Blätter, Bd. VIII, Bremen
1885, S. 31).

zu verabreichen, welche Berechtigung diese aber bald genug als ein ihnen unbedingt zustehendes Recht betrachten dürften. Ein Misbrauch des Feuerwassers kommt aber nur höchst selten vor, und man kann durchaus nicht sagen, daß dasselbe einen schädlichen Einfluß auf die Bevölkerung ausgeübt hat. Ich möchte der Beurtheilung Sach- kundiger sogar zu entscheiden anheimstellen, ob dessen Gebrauch die außerordentlich große Empfänglichkeit des wilden Stammes für die von den gebildeten Nationen kommenden Ansteckungsstoffe nicht viel- leicht gar vermindert habe.

Das Fleisch wird von den Grönländern nur im Nothfall roh gegessen; gewöhnlich kocht man es erst oder trocknet es doch wenig- stens an der Sonne oder läßt es zuweilen auch in Fäulniß über- gehen. Als eine Probe von dem grönländischen Geschmack kann folgende von Delager mitgetheilte Speiseordnung bei einem grön- ländischen Gastmahl dienen, wobei ich aber besonders bemerken will, daß dieselbe einer für das dänische Grönland längst entschwundenen Zeit angehört. Jetzt ist bei einem Gastmahl in dem Zelte oder dem Winterhause des Grönländers und in der Hütte des Lappen der Kaffee ebenso unvermeidlich wie bei einem europäischen Festmahl.

Speiseordnung bei einem grönländischen Gastmahl.

1. Getrockneter „Kleinhäring“, welcher stets das erste Gericht bildet. 2. Getrocknetes Seehundfleisch. 3. Gekochtes Seehundfleisch. 4. Fauliges Seehundfleisch. 5. Gekochte Alken. 6. Ein Stück von einem Walfischschwanz (das Gastmahl war eigentlich wegen dieses besondern Leckerbissens veranstaltet worden). 7. Getrockneter Lachs. 8. Getrocknetes Renthierfleisch. 9. und 10. Nachgerichte aus schwar- zen Rauschbeeren (Empetrum nigrum), die mit Thran und Renthier- taldaunen eingelegt worden.

Zum Anzünden des Feuers verwenden heute die Eskimos im dänischen Grönland und auch bei Port-Clarence Streichhölzchen, und es läßt sich vermuthen, daß diese praktischeste Erfindung der moder- nen Zeit den Weg auch zu den meisten Stämmen in den zwischen- liegenden Ländern gefunden hat. Früher benutzte man hierzu den Feuerbohrer, sowie auch Stahl und Stein oder zwei Stücke Pyrit, die man zusammenschlug, um Funken zu erhalten. Als Zunder

diente sorgfältig getrocknetes und zwischen den Händen geriebenes
Moos, zwischen welches man den weißen Flaum von Weidesamen=
läpchen, wahrscheinlich auch das Wollenhaar einiger Säugethiere
gemischt hatte. Zur Feuerung außer dem Hause wurden Reiser,
Treibholz, mit Thran getränkte Knochen, überhaupt alles ver=
wendet, was brennbar war, im Hause dagegen beinahe aus=
schließlich Thran. Dieser wird in Lampen gebrannt, welche, wie die
untenstehenden Figuren zeigen, zuweilen genau dieselbe Form haben
wie bei den Tschuktschen, gewöhnlich aber nur aus einem größern
oder kleinern ovalen und seichten, an der einen Seite mit einer um=

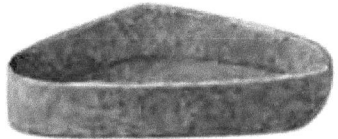

Lampe aus Topsstein.

Topf und Lampe aus Topsstein, durch Cederriemen zusammengehalten.
Nach Originalen im Nordischen Museum zu Stockholm (Dr. Blaß's Sammlung).

gebogenen Kante versehenen Gefäß bestehen. Die Lampen sind fast
stets aus Topsstein gefertigt, den man, wenn er in der Gegend,
in welcher der Eskimostamm sich aufhält, nicht zu haben ist, aus
weit entfernten Gegenden eintauscht. Ist keine Lampe vorhanden, so
bringt man das thrangetränkte Moos, dessen Thrangehalt durch ein
neben den Moosdocht gelegtes Stückchen Speck unterhalten wird, auf
eine aus einem flachen Stein bestehende Unterlage. Die Kochgefäße
der Eskimos waren ursprünglich ebenfalls aus Topsstein; aber diese
wenig wärmesparenden Topssteingefäße dürften heute allgemein durch
Kupfer= oder Eisengefäße ersetzt sein, welche man direct oder durch

28*

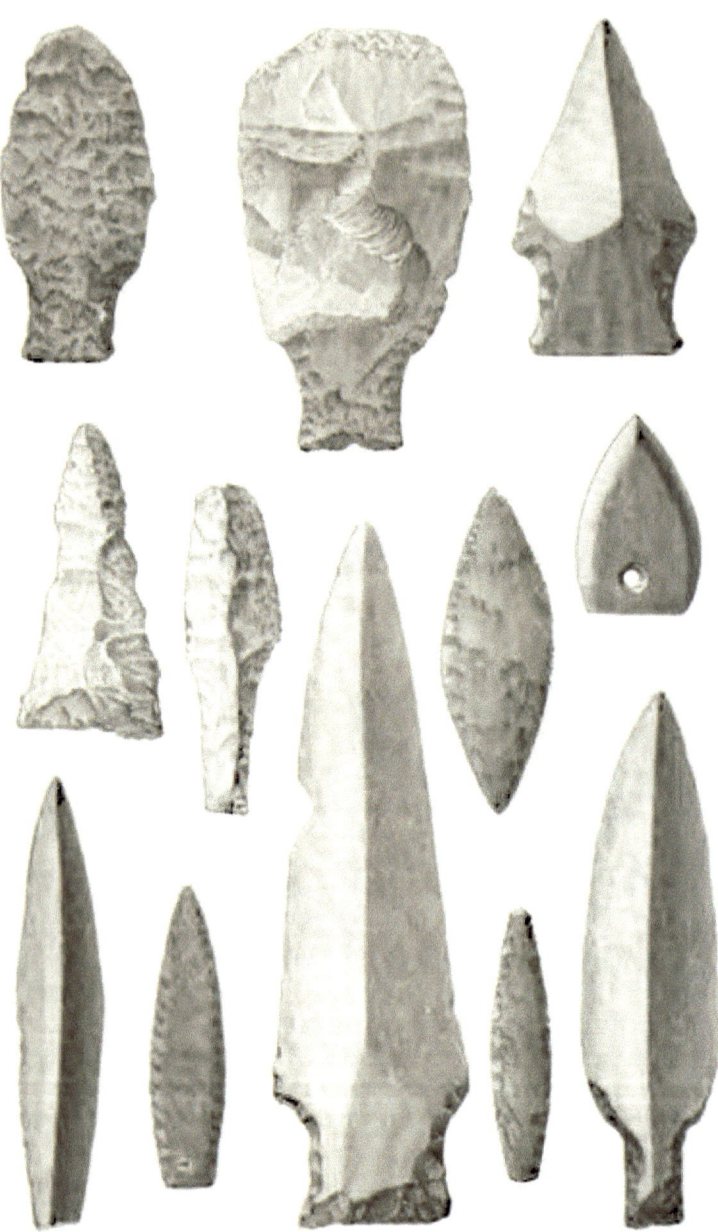

Grönländische Steingeräthe.

Pfeil- und Harpunenspitzen, Lederschaber. Gesammelt von der Expedition des Jahres 1870 in Nordwest-Grönland.

Grönländische Steingeräthe.

Lederschaber, Messer, Pfeilmen, Lanzette. Gesammelt von der Expedition des Jahres 1870 in Nordwest Grönland.

Zwischenhändler von den Europäern erhält. Einen Topfsteintopf, ähnlich dem auf S. 435 abgebildeten, tauschte sich Dr. Rathorst von einem Grönländer am Cap York ein, und einen andern erhielt ich bei Friedrichsthal von einem Eskimo von der Ostküste. Lyon sah, daß Eskimos bei Igloolik infolge Mangels an Topfstein Lampen und Töpfe anwendeten, die aus Schieferstücken verfertigt und mit einer Mischung von Seehundsblut, Lehm und Hundehaaren zusammencementirt waren. Glücklicherweise findet sich ausgezeichneter Topfstein mehrfach im Lande des Eskimovolkes, z. B. bei Umanak auf der Ostküste Grönlands, am Godthaabsjord auf der Westküste, auf der Halbinsel zwischen Boothia Felix und Wager River, nördlich von der Hudsons-Bai (nach Hall), im Lande westlich von Navy Board Inlet (MacClintock). Daß grönländische Topfsteingefäße in den alten Sagen erwähnt werden, habe ich bereits angeführt. Schon Plinius beschreibt übrigens den Topfstein und seine Verwendung zu Töpsen (Hist. Nat., lib. XXXVI, cap. 22), und es ist anzunehmen, daß diese Steinart vor der Entdeckung der Metalle eine Hauptrolle im Tauschhandel der wilden Völker gespielt hat, welcher Handel eine größere Ausdehnung gehabt haben dürfte, als man sich gewöhnlich vorstellt.

Unter der Lampe hat man ein Gefäß, in welchem sich der Thran sammelt, den man verschüttet oder der über die niedrige Lampenkante tropft. Zum Lampendocht wird trockenes Moos verwendet. Splitter von Stein oder Holz, in Thran getaucht, werden als Fackeln benutzt. Das Brennmaterial besteht in den Winterhäusern ausschließlich aus Thran; im Sommer kocht man auch bei Treibholz und Reisern. Schon vor der Zeit der europäischen Colonisation feuerten, nach Glahn, viele Grönländer, um den Thran zu sparen, mit Reisern, zu welchem Zwecke sie in den Eingängen zu den Häusern einen Feuerherd mit Schornstein eingerichtet hatten. Die Thranlampen und die vielen Bewohner eines grönländischen Hauses verbreiten in demselben selbst bei der strengsten Winterkälte eine für den Ungewohnten beinahe unerträgliche Wärme.

Außer der Lampe bestehen die wichtigsten Hausgeräthschaften der Eskimos aus Jagd- und Fischgeräthen sowie aus Geräthen zur Zubereitung der Jagdbeute. Die harten Theile dieser Geräthe, von denen die wichtigsten auf den nachstehenden Seiten abgebildet sind, wurden früher ausschließlich aus Stein, Knochen und Holzstücken gefertigt und erforderlichenfalls mit Sehnen, Hautstreifen oder den Fibern der Walfischbarten mit großem Geschick zusammengefugt. Wenn man es so haben konnte, wurde zur Fassung der Pfeile, Messer, Gerberschabegeräthe u. dgl. anstatt Stein das gediegene Eisen angewendet, welches in den Basaltlagern Grönlands angetroffen wird, ebenso vermuthlich Eisen, das man von den ans Land getriebenen Schiffstrümmern erhielt.

Geräthe von Stein werden noch überall verwendet, wo die Eskimos noch in keine lebhafte Berührung mit Europäern gekommen sind. Aber wo sie von den letztern gegen einige Stücken Speck oder ein paar Seehundsfelle all das Eisen haben erhalten können, dessen sie für eine längere Zeit benöthigt sind, ist der Stein durch das Metall verdrängt worden, anfänglich aber nur in der Weise, daß die alte, durch das Steinmaterial bedingte Form des Geräths sich erhalten hat.

Die grönländischen Steingeräthe sind im Vergleich zu den standinavischen sehr klein, aber sie sind dafür oft auf eine besonders künstliche Weise in Handhaben von Zahn, Horn oder Knochen eingefügt. Die Ursache zu dieser Verschiedenheit ist offenbar die, daß das den Grönländern zugängliche zur Verfertigung geschlagener Steingeräthe geeignete Rohmaterial beinahe niemals in Klumpen von der Größe der skandinavischen Feuersteinbälle vorkommt. Die grönländischen Steingeräthe sind gewöhnlich geschlagen, selten geschliffen.

Das Material zu einer Pfeilspitze von Stein, welche ausgeschlagen werden soll, muß sehr hart und frei von Blätterdurchgängen sein und einen muscheligen Bruch haben. Von den Mineralien, welche auf Grönland vorkommen, werden diese Bedingungen fast nur von den verschiedenen Chalcedon- und Jaspisvariationen aus der Basaltregion, vor allem aber von einem blaugrünen, undurchsichtigen Jaspis erfüllt, den die Grönländer Angmat nennen. Zu den Messern, Gerberschabegeräthen und Pfeilspitzen, die man in großer Menge in den alten grönländischen Gräbern und Kjökkenmöddings gefunden hat, sind auch beinahe ausschließlich diese Steinarten verwendet worden. Geräthschaften aus Nephrit habe ich von Grönland nicht gesehen; dagegen trifft man hier zuweilen kleine Messer oder Pfeilspitzen u. s. w. aus klarem oder dunkelfarbigem Bergkrystall oder aus Pyrit

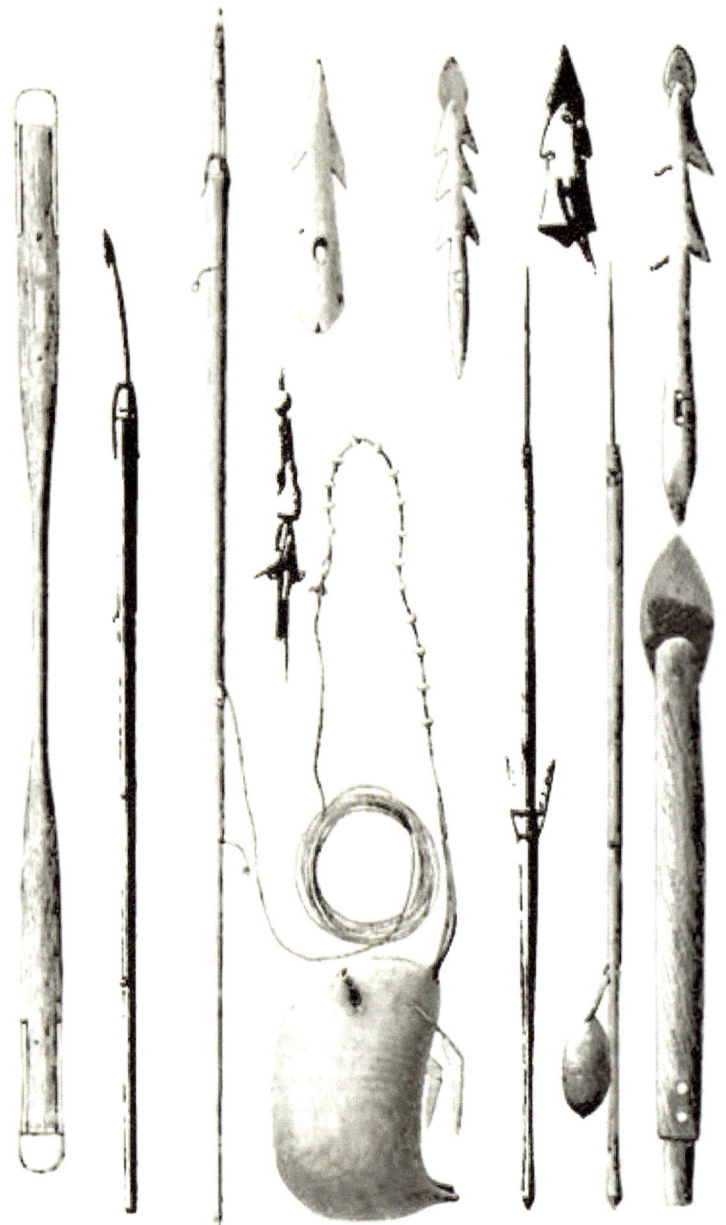

Grönländische Fanggeräthschaften.

Kajaksabre, Harpunenspitzen, Harpunen mit Riemen und Blase u. s. w.
Nach Originalen im Nordischen Museum zu Stockholm.

Grönländische Fanggerätschaften.

Wurfspeer mit Knochenschnitzereien (Erprb. von 1850); Bogen von Walrossbarte, Pfeile mit Spitzen
von Knochen und Eisen. Nach Originalen im Nordischen Museum zu Stockholm.

(gewöhnlichem kubischen Schwefelkies), welch beide Mineralien ebenfalls die für geschlagene Steingeräthe erforderlichen Bedingungen
erfüllen, d. h. frei von Blätterdurchgängen und hart sind und einen
muscheligen Bruch haben.

Ein Vergleich der hier mitgetheilten Abbildungen mit den in
„Die Umsegelung Asiens und Europas auf der Vega"[1] enthaltenen
Darstellungen tschuktschischer Steingeräthschaften zeigt deutlich eine
auffällige Uebereinstimmung, doch so, daß die tschuktschischen Geräthe
weniger vollendet sind als die grönländischen, ein Umstand, der
vermuthlich darauf beruht, daß die Tschuktschen erst in einer verhältnißmäßig neuen Zeit aus dem Süden an die Eismeerküste verdrängt und dort gezwungen worden sind, die Lebensgewohnheiten
und die Ernährungsweise des daselbst wohnhaften alten und erfahrenen Polarvolkes anzunehmen.

Die vortrefflichen, aus Thierhäuten gefertigten Boote der Eskimos, die Kajaks und Umiaks, habe ich bereits besprochen. Ich will
hier nur noch hinzufügen, daß, wie Glahn berichtet, ein Mann in
seinem Kajak in 24 Stunden über 160 Seemeilen oder ungefähr
300 km zurückgelegt hat. Kommt hierzu die Sicherheit, mit welcher
ein geübter Kajakruderer in seinem kleinen Boot Sturm und hohem
Seegang Trotz bietet, ferner die elegante Form, die Zweckmäßigkeit
des Bootes für die Jagd sogar der größten Wasserthiere, seine
Leichtigkeit, welche es dem Kajakmann ermöglicht, sein Fahrzeug, wie
die Abbildung auf S. 218 zeigt, auf dem Kopfe weite Strecken über das
Land zu tragen, so muß man wirklich zugestehen, daß das Kajak als
Ruderboot für einen Mann unübertroffen ist.

Ueberhaupt sind alle, welche die grönländischen Jagd- und
Hausgeräthschaften näher studirt haben, einig darin, daß dieselben
schon vor der Ankunft der Europäer in Grönland eine solche
Vollendung erreicht hatten, daß die letztern keine Verbesserungen an
ihnen vornehmen konnten. Dies gilt nicht nur von den größern
Gegenständen, wie dem Umiak und dem Kajak, der Harpune mit ihrer

---

[1] Es ist zu bemerken, daß die in dem Werke über die Vegafahrt, I, 404 und
II, 223—235, abgebildeten Geräthschaften u. s. w. von Eskimos herrühren, welche
an der Berings-Straße oder westlicher auf der Nordküste Asiens wohnen oder
gewohnt haben.

Leine und Blase, der Lanze u. s. w., sondern auch von dem kleinsten, zu einem Knopf oder einer Schnalle verarbeiteten Holzstückchen. Alles zeichnet sich außerdem aus durch augenfällige Eleganz und reine, geschmackvolle Formen. Gleichwie bei einem Volksgedicht hat man auch hier offenbar das Produkt der Arbeit und der Auswahl von Generationen während Jahrhunderten vor sich. Etwas Aehnliches treffen wir nicht in gleich hohem Grade bei andern Polarvölkern, was mir ein wichtiger Grund für die Ansicht zu sein scheint, daß die Eskimos das älteste aller gegenwärtig die eisbedeckten Länder der Polargegenden bewohnenden Völker sind.

Der Typus, nach welchem die Hausgeräthschaften der Eskimos verfertigt sind, variirt wenig, ebenso das sehr eigenthümliche Sommer= zelt [1], insofern nicht europäisches Zelttuch und europäische Zeltstangen dessen Bau erleichtert haben. Die Winterwohnungen der Westeskimos dagegen sind sehr verschieden von denjenigen der Grönländer — damit meine ich hier die Grönländer wie sie waren, ehe der dänische Handel angefangen, sie mit europäischen Waaren zu ver= sehen. Ein grönländisches Haus wird von Cranz [2] auf folgende Weise beschrieben:

Die Häuser sind zwei Klaftern breit, und nachdem viele oder wenige drinnen wohnen, vier bis zwölf Klaftern lang, und so hoch, daß man eben aufrecht stehen kann. Sie sind nicht, wie man gemeiniglich denkt, in die Erde gebaut, sondern an einem erhabenen Ort und am liebsten auf einem steilen Felsen, damit das geschmolzene Schneewasser besser ablaufe. Sie legen große Steine aufeinander eine Klaster breit, und dazwischen Erde und Rasen. Auf diese Mauer legen sie nach der Länge des Hauses einen Balken, und wenn derselbe nicht zulangt, binden sie zween, drey, auch wohl vier mit Riemen zusammen, und stützen ihn mit Pfosten. Darüber legen sie Quer= balken und dazwischen kleines Holz, bedecken dieses mit Heidekraut, dann mit Rasen und schütten oben darauf feine Erde. So lange es friert hält das

---

[1] Auf der St.=Lawrence=Insel sah ich Sommerzelte, welche ungefähr dieselbe Form hatten wie das in Graah's Reise (Taf. VI) abgebildete Zelt von der gronlän= dischen Ostküste und das bei Cranz (Taf. III) abgebildete Zelt von der Westküste. Die in der „Umsegelung Asiens und Europas auf der Vega" mehrfach abgebildeten Zelte der Tschuktschen haben dagegen eine ganz andere Form.

[2] Historie von Grönland (Barby 1765), I, 185. Ich theile hier diese Be= schreibung von Cranz mit, weil die Häuser, welche ich gesehen, alle das Gepräge europäischer Beeinflussung gezeigt haben.

Grönländische Geräthschaften.

Angelhaken, Riemen und Scharren von Knochen, mit einer Schneide von Eisen, Knöpfe und
Schnallen von Knochen. Nach Originalen im Nordischen Museum zu Stockholm.

Dach; im Sommer aber fällt es durch den Regen meistens ein, und muß nebst der Mauer im Herbst reparirt werden. Sie bauen nie weit vom Wasser, weil sie von der See leben müssen, und der Eingang ist gegen die Seeseite. Das Haus hat weder Schornstein noch Thüre. Beyder Stelle vertritt in der Mitte des Hauses ein von Stein und Erde zwey bis drey Klaftern lang gewölbter, aber so niedriger Gang, daß man, besonders vorn und hinten, wo man von oben hinein steigt, mehr auf Händen und Füßen

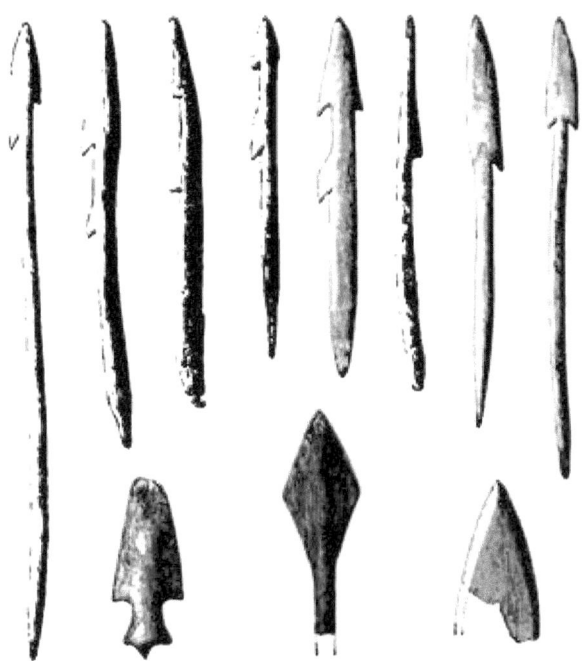

Harpun- und Pfeilspitzen von Knochen, Holz und Stein.
Gesammelt von der schwedischen Expedition des Jahres 1870 in Südwest-Grönland.

kriechen, als gebückt durchgehen muß. Dieser lange Gang hält Wind und Kälte trefflich ab; und durch denselben zieht auch die dicke Luft (denn Rauch ist nicht im Hause) heraus. Die Wände sind inwendig mit abgewehten Zelt- und Boot-Fellen behangen, und mit Nägeln von den Rippen der Seehunde befestigt, um die Feuchtigkeit abzuhalten, und damit ist auch von außen das Dach bedeckt.

Von der Mitte des Hauses bis an die Wand ist nach der Länge eine halbe Elle hoch über dem Boden eine Pritsche von Brettern und mit Fellen bedeckt. Dieselbe ist mit den Pfosten, die das Dach stützen, und mit Fellen, die bis an die Wand gespannt sind abgetheilt, wie etwa die Abtheilungen eines Pferde-Stalls. Eine jede Familie, derer von vier bis zu zehn in einem Hause wohnen, besitzt so einen Stall. Auf der Pritsche schlafen sie auf Pelzwerk, und sitzen auch den Tag über darauf, der Mann mit herunter-hängenden, die Frau aber gemeiniglich hinter ihm mit untergeschlagenen Beinen, auf türkisch. Die Frau kocht und näht dabey, und der Mann schnitzt an seinem Werkzeug. An der andern Länge des Hauses, wo der Eingang ist, sind etliche viereckige Fenster, eine gute Elle groß, von Seehund-Därmen und Heelflynder-Magen so sauber und dicht genäht, daß kein Wind und

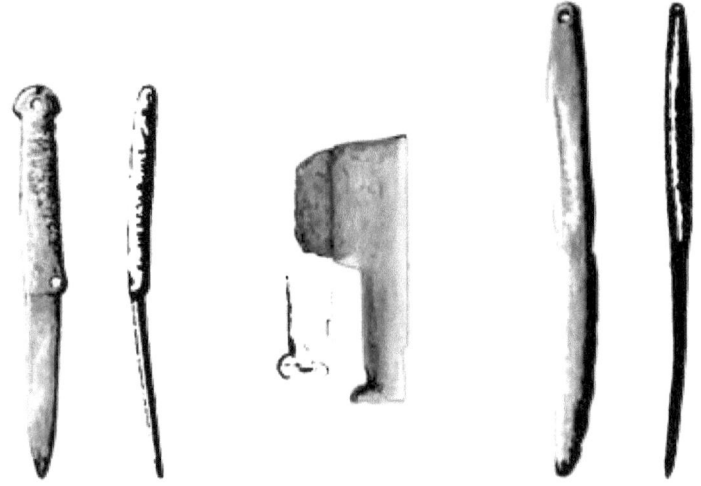

Messer von Knochen mit eingelegter Schnelde von Eisen.
Gesammelt von der schwedischen Expedition des Jahres 1870 in Nordwest Grönland.

Schnee, hingegen das Tages-Licht ziemlich gut durchbringen kann. Unter den Fenstern steht, so lang das Haus ist, inwendig eine Bank, darauf die Fremden sitzen und schlafen.

An jedem Pfosten ist eine Feuer-Stelle. Sie legen einen Klotz von Holz auf den Boden, der mit flachen Steinen belegt ist. Auf demselben steht ein niedriger dreyfüßiger Schemel, und darauf die von Weichstein einen Schuh lang ausgehauene und fast wie ein halber Mond gestaltete Lampe, darunter aber ein ovales hölzernes Geschirr, um den überlaufenden Thran aufzufangen. In diese mit Seehund-Speck oder Thran gefüllte Lampe legen sie an die gerade Seite etwas klein gerathenes Moos statt des Dochtes,

welches ſo hell brennt, daß von ſo vielen Lampen das Haus nicht nur ge-
nugſam erleuchtet, ſondern auch erwärmt wird. Ja was noch mehr, über
einer ſolchen Lampe hängt mit vier Schnüren am Dach ein aus Weichſtein
gehauener Keſſel, der eine halbe Elle lang und halb ſo breit wie eine längliche Schachtel geſtaltet iſt. Darinnen kochen ſie alle ihre Speiſen, und über
demſelben haben ſie einen von hölzernen Stäben gemachten Roſt befeſtigt,
auf welchen ſie ihre naſſen Kleider und Stiefeln zum Trocknen legen.

Da ſo viele Feuer-Stellen als Familien in einem Hauſe ſind, und auf
einer jeden oft mehr als eine Lampe Tag und Nacht brennt, ſo ſind ihre
Häuſer mehr und anhaltender warm, und doch nie ſo heiß als unſre Stuben.

Grönländiſches Winterhaus bei Godhavn.
Nach einer Photographie von C. J. C. Kjellström vom 27. Juni 1883.

Dabey iſt kein merklicher Dampf, noch weniger Rauch zu ſpüren. Und vor
Feuersnoth ſind ſie völlig ſicher. Zwar iſt der Geruch von ſo vielen Thranlampen, über welchen noch dazu ſo vieles halb verfaultes Fleiſch gekocht
wird, und ſonderlich von denen im Hauſe ſtehenden Urin-Gefäßen, darin ſie
die Felle zum Gerben tunken, einer ungewohnten Naſe ſehr unangenehm;
man kann es aber doch bei ihnen ausſtehen, und weiß oft nicht, ob man
ihre ins Enge gefaßte recht wohl ausgeſonnene Haushaltung oder ihre Ge-
nügſamkeit bey der Armuth (dabei ſie glauben reicher als wir zu ſeyn) oder
ihre in einem ſo engen Bezirk wahrgenommene Ordnung und Stille am
meiſten bewundern ſoll.

Die Angabe von Cranz, daß es in den Hütten der Grönländer nie
so heiß werde als in unsern Wohnungen, ist jedoch nicht ganz richtig.
Wenn alle Lampen brennen und eine Menge Menschen in einem
grönländischen Winterhaus versammelt sind, so ist die Hitze daselbst
unleidlich und nöthigt nicht nur Frauen und Kinder beinahe nackend
zu gehen, sondern auch Grönländer und Europäer, sich in das Freie
zu begeben, um daselbst frische Luft zu schöpfen. Die Europäer
werden dazu außerdem auch durch den Gestank des Schmutzes am
Fußboden und des Uringeschirrs gezwungen. Wie groß die Macht
der Gewohnheit ist, geht daraus hervor, daß die Eingeborenen diesen
Geruch ganz gut ertragen, wogegen sie europäische Parfüme anfangs
ekelhaft finden. Eine alte Frau, welcher Lyon Lavendelwasser zum
Riechen gegeben, nieste, als hätte sie sich eine tüchtige Priese genommen,
und erklärte den Geruch für „mamaitpok!" (d. i. sehr unangenehm).

Die Häuser, welche die Westeskimos bauen, haben nach Dr. Simpson
das Aussehen des nebenstehend abgebildeten, dürften aber, wenn das
zum Bauen erforderliche Holz fehlt, durch runde, zeltförmige Häuser
von Stein und Rasen oder, wie auf der St. Lawrence-Insel der Fall
gewesen zu sein scheint, durch solche aus dicken Häuten ersetzt werden.
Die Eskimos bei der Winter-Insel und Igloolik bauen ihre Häuser
dagegen von Schneeziegeln mit Fenstern von Eis. Parry, Hall u. A.
beschreiben die Bauart dieser Häuser aufs ausführlichste. Die Form
derselben zeigt das Bild auf S. 450. Das Hausgeräth besteht hier
aus einer an der Wand des Hauses sich hinziehenden Schneebank,
welche, bevor man sie benutzt, mit Schutt und Reisern, Rudern,
Stangen vom Sommerzelt, Walfischknochen u. dgl. und dann mit
einer dicken Schicht Renthierfell überdeckt wird. Solche Häuser werden
überall, wo es genug dichtgepackten Schnee gibt, in kurzer Zeit und
mit so geringer Mühe aufgeführt, daß MacClintock an einem Rastplatz auf seinen Schlittenfahrten im polaren Amerika für jedes nach
den Regeln der Kunst aufgeführtes Schneehaus eine Nähnadel bezahlte. Hall's Winterhaus, mit einem Durchschnitt von zehn Fuß,
wurde von drei Personen in zwei Stunden und dabei wirklich mit
großer Sorgfalt aufgebaut.[1]

---

[1] J. E. Nourse, Narrative of the Second Arctic Expedition by Charles
F. Hall (Washington 1879). In diesem Werke finden sich an mehrern Stellen gute

Man sollte glauben, daß der Aufenthalt in einem aus Schnee und Eis aufgeführten Hause sehr unangenehm sein und man dort durch Kälte zu leiden haben müsse. Dies ist jedoch keineswegs der Fall; der Mensch gewöhnt sich sehr bald daran, in einer Temperatur von 0° zu leben, und die Europäer, welche in solchen Häusern gewohnt haben, unterlassen es selten, die darin herrschende Ordnung und Bequemlichkeit zu preisen. Die größten Unannehmlichkeiten, von denen man in einem derartigen Hause zu leiden hat und welche

Winterhaus bei den Westeskimos (nach Simpson).

A. Pfosten, welche das Dach tragen. B. Eingang durch den Fußboden. C. Oeffnung im Fußboden für die Feuerstätte. D. Unterirdischer Gang. F. Schlafplätze. G. Unterlage für die Kopfkissen. H. Erdemwände. I. Erdaufschüttung. K. Oeffnung im Dach. L. Oberfläche der überbedeckten Erde.

seine Bewohner bei herannahendem Sommer möglichst zeitig in die Sommerzelte treiben, sind eine zu große Wärme und das durch dieselbe verursachte Tropfen von der Decke.

Bei den Eskimos existiren also drei verschiedene Bauweisen, welche Quadrat-, Kuppel- und Zeltstil genannt werden könnten.

Zeichnungen und Grundrisse von Schneehäusern; desgleichen in H. W. Klutschak's „Als Eskimo unter den Eskimos" (Wien 1881), und ebenso in andern Beschreibungen von Reisen in den mittlern Theilen des polaren Amerika. Während einer seiner Ueberwinterungen hatte Hall ein besonderes Bibliotheksgebäude aus Schneeziegeln errichtet.

Von diesen dürfte der Kuppelstil der einzige wirklich einheimische Stil sein. Der Quadratstil hat sich möglicherweise nach Urbildern entwickelt, zu deren Aufführung man Holz und nicht Steine verwendet hat, und welche vielleicht nordischen Ursprungs sein dürften. Es erscheint mir ebenso unwahrscheinlich, daß man ursprünglich quadratische oder parallelepipedische Steinhütten, wie daß man runde

Winterhütten von Schoit.

Nach Parry, Journal of a second voyage for the discovery of a North-West passage (Lond. 1824).

Holzhäuser aufgeführt hat.[1] Für die Winterhäuser der Westeskimos haben offenbar die Häuser der Kamtschadalen, Jukon-Indianer und

---

[1] In Betreff der alten grönländischen Häuser möge es mir noch gestattet sein, hier auf einen Umstand aufmerksam zu machen, wofür es mir schwer fällt eine Erklärung zu finden, die sich mit der Annahme vereinen läßt, daß die Ruinen auf der Westküste aus den ersten Jahrhunderten dieses Jahrtausends herrühren. Wirft man einen Blick auf die Seite 338 nach Zeichnungen von dänischen Gelehrten mit-

Aleuten als Vorbilder gedient; doch hatten die Häuser der Kamtschadalen den Eingang durch ein Loch im Dache.[1]

Wenn man die wenigen Ziegen, Schafe, Schweine, Rinder und
Hühner ausnimmt, welche von den Europäern nach Südgrönland
geführt worden sind, so haben die Eingeborenen keine andern Haus-
thiere als Hunde. Von diesen halten in den nördlichen Colonien
Eingeborene und Europäer eine große Menge, welche im Winter zu
Jagdfahrten u. dgl. verwendet werden, im Sommer aber frei in der
Nachbarschaft der Häuser ihrer Herren umherstreifen, oft ohne andere
Nahrung als diejenige, welche sie unter den Abfällen von der
Beute des Fischfangs oder der Jagd finden oder sich auf andere
Weise verschaffen können. Oftmals bringt sie ihr Herr im Frühjahr
nach einer unbewohnten Insel, wo sie ohne weitere Wartung leben
und sich ernähren können so gut es ihnen möglich ist. Im Winter
erhalten sie dagegen, wenn nicht gerade Hungersnoth herrscht, eine
reichliche Nahrung.

Der grönländische Hund ist oft von einer eigenthümlichen Rasse,
welche offenbar mit der in Kamtschatka und längs der Nordküste
Asiens einheimischen identisch und mit dem wennschon etwas

---

getheilten Grundrisse von alten grönländischen Häusern, so wird man finden, daß 14
von 16 so gestellt sind, daß die Längsseite beinahe ganz gegen den magnetischen
Süden gerichtet ist. Dasselbe ist auch der Fall mit der überwiegenden Anzahl der
übrigen im 6. Heft der „Meddelelser om Grönland" abgebildeten Hauspläne.
Der Kompaß scheint also bei der Bestimmung der Lage der Häuser angewendet worden
zu sein, und zwar von Männern, denen die Mißweisung unbekannt war, ein Umstand,
der ein beachtenswerthes Seitenstück hat in der Art und Weise,
wie die Landcontouren in Tonis' und Zeno's Karten eingetragen
zu sein scheinen (vgl. A. E. Nordenskiöld, Studien und Forschungen veranlaßt durch meine Reisen im hohen Norden, S. 44 fg.). Soviel man weiß, ist der
Kompaß im südlichen Europa nicht vor Mitte des 13. Jahrhunderts bekannt gewesen,
und im Norden wahrscheinlich erst viel später. Die alten grönländischen Ruinen
würden demnach nicht aus der ersten Zeit der Colonisation stammen können, sondern
aus den letzten Jahrzehnten des 13., aus dem 14. oder 15. Jahrhundert. Eine
Möglichkeit würde es auch hier geben, in Zukunft direct das Alter durch eine Vergleichung der mittlern Mißweisung der Hausfaçaden mit der direct berechneten zu
bestimmen. Hierzu ist aber unsere Kenntniß der säcularen Variationen der erdmagne-
tischen Kräfte gegenwärtig noch zu unvollständig. Vielleicht läßt sich für den bemerkten Umstand auch eine andere Erklärung finden.

[1] Vgl. die Abbildung eines Kamtschatkahauses in: Krascheninnikof, Beschreibung
des Landes Kamtschatka (Lemgo 1766), S. 218.

größern Lappenhunde nahe verwandt ist. Gewöhnlich sind die grönländischen Hunde nur mittelgroß, in der Farbe weiß, schwarz oder
schwarz mit weißen Flecken, zuweilen auch weißgelb oder bräunlich.
Sie haben stehende Ohren, einen sehr dicken Pelz und buschigen
Schwanz. Sie sind ausschließlich dazu ausgebildet, im Winter auf
Reisen längs der Küste den Schlitten zu ziehen, den Jäger nach dem
oft weit von seinem Heim gelegenen Jagdplatz und dann wieder von
dort zurückzuführen, die Jagdbeute nach Hause zu schleppen u. s. w.
Dagegen werden sie nicht zur Jagd im europäischen Sinne (wenn
man das Hetzen von Bären ausnimmt) oder zur Bewachung des
Hauses verwendet[1], und ebenso wenig wie die Zughunde der
Tschuktschen und Samojeden können die grönländischen Hunde bellen.[2]
Die Sprache der Polarhunde besteht aus einem für nicht daran ge-
wöhnte Ohren äußerst unangenehmen Geheul.

Sechs bis acht Hunde werden nebeneinander (nicht wie bei den
Tschuktschen und Kamtschadalen zwei und zwei voreinander) vor
einen kurzen, vermittelst Lederriemen oder Walfischbarten aus Treibholz zusammengefügten Schlitten gespannt, dessen Kufen bei denjenigen
Eingeborenen, die sich nicht haben europäisches Eisen verschaffen
können, oft mit einem Beschlag von Knochen versehen sind. Wenn
die Kälte es zuläßt, werden die Kufen durch Uebergießen mit Wasser
noch mit einem Beschlag von Eis versehen, wodurch die Reibung
gegen den Schnee in hohem Grade vermindert wird. Parry sagt,
daß er einen Schlitten gesehen habe, dessen eine Kufe aus zusammen-
gerollten und gefrorenen Seehundshäuten bestand, die mit einer
Schicht von Eis umgeben waren, und MacClintock erwähnt, daß
am Cap Victoria alle Schlittenkufen bis auf eine einzige Ausnahme
aus diesem Material hergestellt waren. Hall benutzte selbst einen
solchen Schlitten, der von seinen hungerigen Zughunden aber beinahe

---

[1] Die Angabe in dem Bericht über Frobisher's zweite Reise, daß die Grönländer die Hunde mästen, um sie als Speise zu verwenden, ist offenbar ein vielleicht
durch die den jungen Hunden von den Frauen zutheil gewordene sorgfältige Pflege
entstandener Irrthum.

[2] Ein von den Samojeden bei Chabarowa gekaufter junger Hund, welcher nach
Stockholm gebracht worden war, fing, nachdem er daselbst aufgewachsen, etwas an zu
bellen. Vollständig erlernte er die Sprache des civilisirten Hundes aber niemals,
denn das Gebell ging stets in ein klägliches Geheul über.

aufgefreffen wurde. Mit ihren Hundegespannen machen die Estimos im Winter weite Reisen von dem einen Lagerplatz zum andern und von ihrer Heimat über das Eis nach den Winterfangplätzen. Auch viele in Grönland ansässige Dänen betreiben den Hundeschlittensport mit einer wirklichen Leidenschaft.

Estimohund.
Nach Noutr, Narrative of the second arctic expedition by Ch. F. Hall (Washington 1879).

Es ist bekannt, daß Schlittenfahrten mit Hunden verschiedenen arktischen Expeditionen bedeutende Dienste geleistet haben. Bei dem Versuch, den ich 1872 zu machen gedachte, von Spitzbergen über das Eis an den Pol vorzudringen, waren Hunde als Zugthiere in Frage gestellt, und die hauptsächlichste Veranlassung zu meiner Reise nach Grönland 1870 war gerade die Beschaffung von Aufschlüssen, ob dieses Transportmittel für den fraglichen Zweck geeignet sei. Die Antwort war aus Gründen, welche ich in dem Bericht über die Expedition des Jahres 1870 angeführt habe, negativ. Hunde sind für längere Schlittenfahrten, wo man unterwegs kein Futter für sie anschaffen kann und daher die nöthigste Nahrung für sie sowol wie für die Menschen mit sich führen muß, nicht verwendbar. Dagegen sind Hunde nicht genug zu schätzen selbst für längere Reisen zwischen bewohnten Orten. Im Sommer benutzen die Eskimos nördlich von der Hudsons-Bai Hunde zum Transport von Lasten. Ein Hund kann seinem Herrn mit einer Last von 10—12 kg nachfolgen.

Parry hebt die vollständige Aehnlichkeit des Eskimohundes mit dem amerikanischen Polarwolf, sowol in Betreff des äußern Aus-

Grönländischer Hundeschlitten.
Nach einem Original im Ethnographischen Museum zu Kopenhagen.

sehens wie des Skelets, hervor. Besonders macht er auf die gleiche Anzahl von Wirbelknochen aufmerksam, und er scheint der Ansicht zu sein, daß diese Hunderaffe von gezähmten Wölfen abstammt. In Grönland ist jetzt ein Theil der Zughunde gleichwol von einer ziemlich gemischten Rasse.

Unter den Hindernissen, welche sich dem Betrieb der Renthierzucht in Grönland entgegenstellen, wird oft angeführt, daß die Renthiere sofort von den Hunden zerrissen werden würden. Diese Befürchtung scheint mir aber, trotz der wilden und gefräßigen Natur des Eskimohundes, unberechtigt zu sein. Bei den Tschuktschen halten Renthierführer oft bei den Zeltplätzen der Küstenbewohner an, wo eine Menge Zughunde frei umherstreifen, und sie haben von den

Hunden kaum soviel Beschwerden, als sie bei uns ein Pferdefuhrwerk
auf der Landstraße von den Haushunden hat.

Wenn der Schnee hart gefroren und scharf ist, werden die Füße
der Eskimohunde durch Socken oder Schuhe geschützt von ungefähr
demselben Schnitt wie die Hundeschuhe der Tschuktschen (abgebildet
in „Die Umsegelung Asiens und Europas auf der Vega", II, 94).
Oft wird die Schnauze des Eskimohundes mit Riemen fest zusammen=
gebunden, um ihn daran zu hindern, bei Mangel an anderer Nah=
rung das Lederzeug zu zerkauen, womit er angeschirrt ist[1]; ebenso
wird der eine Vorderfuß heraufgebunden oder am Halsbande be=
festigt, um das Ausreißen oder die Beißereien unter den Hunden

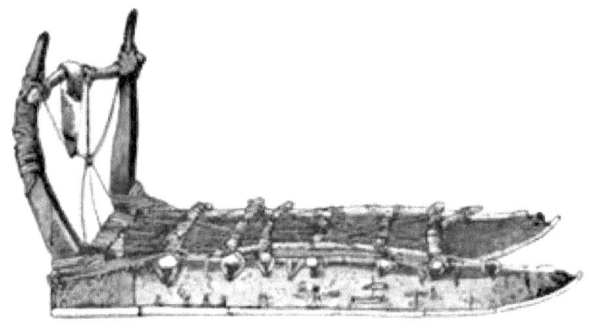

Grönländischer Hundeschlitten, verfertigt aus kleinern, mit Riemen zusammengebundenen
Holz- und Knochenstücken.
Nach Nourse, The second arctic expedition by Ch. F. Hall (Washington 1879).

zu verhindern. Bei allen Hundefuhren wird eine Peitsche mit kurzem
Stiel und einer ungeheuer langen Schmitze benutzt, welche in

---

[1] In Jens Munk's Navigatio Septentrionalis wird unter dem 11. Novem=
ber 1619 erwähnt, daß ein Hund, welcher um das Winterquartier der dänischen Ex=
pedition herumstrich und für einen schwarzen Fuchs angesehen, geschossen wurde, die
Schnauze mit schmalen Riemen umbunden gehabt hatte, wodurch die Haare abgerieben
waren. Munk nahm an, daß der Hund zur Jagd dressirt gewesen und beklagte, daß
er nicht eingefangen worden sei, in welchem Falle er einen Hausstier aus ihm ge=
macht haben würde, den er dann mit Kramwaaren hätte nach Hause gehen lassen.
Eingeborene traf Munk in der Umgebung seines an der Westküste der Hudsons=Bai
ungefähr unter 59° nördl. Br. gelegenen Winterhafens aber nicht. Vermuthlich
bildete diese Gegend damals einen öden oder nur zufällig von Jägern besuchten
Grenzdistrict zwischen den Eskimos und den Indianern.

der Hand eines geschickten Kutschers ein fürchterliches Strafinstrument bildet, mit dem er vom Schlitten jeden beliebigen Theil des zu be- strafenden Hundes treffen kann. In jeder gut dressirten Hunde- koppel ist außerdem einer der Hunde, der sogenannte „Aufseher", der anerkannte Leiter der andern, welcher von selbst die Säumigen straft und Ordnung unter den Unbändigen hält. Ueber das Ver- hältniß des Aufsehers zu seinen Untergebenen, die Unterwürfigkeit, welche diese gegen ihn an den Tag legen, und die Kämpfe, welche in der Koppel um den Vorzugsplatz ausgefochten werden, erzählen die dänischen Hundeliebhaber in Grönland viele merkwürdige Züge, in Betreff deren ich jedoch auf „Grönland" von P. Valöe (Hadersleben 1861) verweisen muß.

In dem ersten seiner berühmten Briefe schildert Amerigo Ves- pucci den socialen Zustand und die Gemüthsart der Einwohner auf dem amerikanischen Festland, mit denen er in Berührung kam, in folgender Weise: „Sie haben weder einen König noch eine Obrigkeit. Sie gehorchen keinem, sondern leben in völliger Unabhängigkeit . . . . . Sie haben keine Gerichtspflege und bestrafen den Verbrecher nicht. Weder der Vater noch die Mutter straft die Kinder, und merkwürdig genug, hörten wir sie doch niemals miteinander zanken. Sie sind schlimmer als die Heiden, denn wir sahen sie niemals opfern, auch haben sie kein Haus für die Gottesverehrung."

Derartig scheinen die socialen Verhältnisse bei allen Polarvölkern, bei Tschuktschen und Eskimos, gewesen zu sein, ehe sie mit den Euro- päern in lebhaftere Berührung kamen. Ohne einen Gott, ohne Ge- setze und ohne eine Obrigkeit lebten sie rechtlich und glücklich, genossen die Freuden des Augenblicks oder ertrugen geduldig seine Sorgen, ohne sich um den Tag zu kümmern, der vergangen oder der da kom- men sollte. Hiergegen widerstreitet zwar ein Theil der Berichte der ältesten Polarfahrer, welche die Eskimos als wild, diebisch, falsch und blutdürstig schildern. Aber liest man die Berichte über die Be- gegnungen der europäischen Abenteurer mit den Eingeborenen, so wird man ohne Schwierigkeit herausfinden, daß der erste Anlaß zu Gewaltthätigkeiten, von der Zeit Leif's des Glücklichen und Thorfinn

Karlsefne's an, stets von den Bannerträgern der Civilisation und des
Fortschritts gegeben worden ist. Es gereicht Hans Egede zu unver-
gänglicher Ehre, in Bezug auf das Verhalten der Eroberer gegenüber
den Eingeborenen eine neue Bahn eingeschlagen und Recht und
Billigkeit, soweit sie mit seinem Bekehrungseifer und seiner Auffassung von den Forderungen der Kirchenzucht gegenüber demjenigen,
was er Bosheit und List der Angekok nannte, vereinbar waren,
von Anfang an zur Richtschnur für alle Verhandlungen mit den

Eskimokinder auf einer Lustfahrt.

Nach Parry, Journal of a second voyage for the discovery of a North-West-passage. Lond. 1824.

Eingeborenen genommen zu haben, und man muß es mit Dankbarkeit
anerkennen, daß die Dänische Handelsgesellschaft und alle ihre Beamten
bis auf einige wenige Ausnahmen seitdem Hans Egede's Beispiel
gefolgt sind.

Schon im ersten Winter seines Aufenthalts auf Grönland ließ
Egede einen Dänen in einem ungefähr 20 km vom Winterquartier
der Europäer entfernten Eskimodorfe zurück. Der Name des Dänen
war Aron Augustinisen, und einer der Eskimos hatte Gefallen an
ihm gefunden, weil er fand, daß der Name Aron seinem eigenen

Namen Arot ähnlich sei. Die Grönländer behandelten Aron sehr
gut, wurden aber ihres Gastes bald überdrüssig, sodaß dieser, um
bei ihnen bleiben zu dürfen, vorgeben mußte, er sei mit seinen Lands=
leuten in Streit gerathen. Aron ist der erste Europäer, von dem
wir wissen, daß er unter den Eskimos und auf Eskimoweise gelebt
hat. Er konnte die Eintracht und das gute Einvernehmen zwischen
den Eskimos nicht genug preisen. Auch der Umgang zwischen den
Männern und Frauen war sittig und anständig und Leichtfertigkeit
weder bei den Alten noch bei den Jungen zu merken. Ebenso an=
genehm wie der Aufenthalt bei ihnen in dieser Hinsicht war, so un=
angenehm war er anfangs wegen ihrer Unsauberkeit und des in
ihren Hütten herrschenden Gestankes. Einmal hatte Aron jedoch
ein unangenehmes Abenteuer. Die Grönländer belustigten sich näm=
lich oft damit, ihn zu äffen und zu veriren, ein Vergnügen, das sie
sich noch heute gern gegeneinander oder auch gegen Fremde erlauben.
Diese erhalten z. B. bei ihrer Ankunft in Grönland einen Bei= oder
Spottnamen, den sie das ganze Leben hindurch zu tragen haben.
Bei einer solchen Gelegenheit verlor nun Aron die Geduld und
argumentirte auf europäische Weise, indem er den Spöttern den
Mund klopfte. Dies hatte jedoch zur Folge, daß er tüchtig durch=
geprügelt wurde; nur mit Mühe konnte er sich freimachen und in
ein anderes Haus entfliehen, wohin man ihn nicht verfolgte. Als
Egede einige Zeit darauf zu Aron's Wirthen kam, waren diese sehr
eifrig bemüht, ihm den mit Aron gehabten Streit zu verheimlichen,
und sie versprachen diesem ein Geschenk, wenn er dem großen Angekok
der Weißen sagen wollte, daß die blaue Farbe seines Auges von
einem Unglücksfall auf der Hasenjagd herrühre.

Die Eskimos werden von den ersten Europäern, welche mit
ihnen in Berührung gekommen, als äußerst diebisch geschildert, und
diese Beschuldigung wird von mehrern der Nordwestfahrer dieses
Jahrhunderts wiederholt, während andere wiederum ihre Ehrlichkeit
preisen. Die wahre Sachlage ist, daß die Eskimos, bis auf
äußerst wenige Ausnahmen, nie die geringste Kleinigkeit von=
einander oder von den Europäern stehlen, mit welchen sie längere
Zeit im Verkehr gestanden und welche von ihnen als „Cives Groen-
landici" anerkannt werden. Sie haben keine Schlösser und keine
Schlüssel und lassen doch alles, was sie beim Sommerausflug von

ihren Hausgeräthen entbehren können, im Winterhause unbewacht
zurück, vollkommen sicher, daß sie bei ihrer Heimkehr alles unberührt
wiederfinden. Sogar die Schätze der englischen Polarfahrer konnten
die Eskimos an der Mündung des Mackenzieflusses nicht verleiten,
Sir J. Richardson die Fische ihrer abwesenden Kameraden zu verkaufen. Die Hunde sind für ihren Winterfang oft von unschätzbarem
Werthe; dessenungeachtet kann eine grönländische Familie ihre Hunde
für den Sommer nach einer unbewohnten Insel bringen, an welcher
eine Menge Personen in großen Umiaks vorbeikommen, ohne daß
sie befürchten müßten, daß die Hunde gestohlen würden. Findet
jemand in Grönland ein Stück Treibholz, das er nicht mit sich
nehmen kann, so braucht er es nur auf den Strand über das höchste
Wasserniveau zu ziehen, um sicher zu sein, daß er es noch nach Jahren
an demselben Platze wiederfinden kann.

Ehrlichkeit gegen die Europäer gehört dagegen offenbar nicht
zu den Moralgeboten derjenigen Eskimos, welche zum ersten mal
diesen bleichen, unhöflichen, zanksüchtigen und unmoralischen Leuten
mit ihren riesengroßen Umiaks begegnen, die sie mit Schätzen beladen
haben, die in den Augen der Eskimos größer sind als alle diejenigen,
welche durch Aladdin's Wunderlampe hervorgezaubert worden sind. Deren
Reichthümer etwas zu brandschatzen, dies thun die Innuits (d. i. Menschen) mit ebenso gutem Gewissen, wie wir den mühevoll gesammelten
Wintervorrath eines Bienenvolks plündern. Aber wo der Eskimo
längere Zeit mit ehrlichen, gewissenhaften, in den Augen des Innuit-
mannes der Naturalisirung würdigen Europäern verkehrt hat, dort
ist er es nicht mehr, welcher zuerst gegen das siebente Gebot sündigt.

Im dänischen Grönland kommen deshalb Diebereien äußerst
selten vor. Im Jahre 1870 reiste ich während des größten Theils
des Sommers an den Küsten des nordwestlichen Grönlands umher,
zumeist in Umiaks, die mit eingeborenen Männern und Frauen bemannt waren, welche oft wechselten. Alle meine verschiedenen
Vorräthe wurden oft vom Boot nach dem Zelte, oder auch umgekehrt vom Zelt nach dem Boote getragen und befanden sich niemals
unter Verschluß oder besonderer Aufsicht. Sie wurden niemals
inventirt, wenn eine Besatzung des Bootes mich verließ und eine
neue gemiethet wurde. Dennoch ist mir auch nicht eine Kleinigkeit
weggekommen.

Schon wenige Jahre nach der Ankunft Egede's auf Grönland stahlen sie nur äußerst selten etwas von den Dänen, während sie offen davon sprachen, daß sie dieses oder jenes von den holländischen Walfischfängern gestohlen hatten oder zu stehlen gedachten. Sie glaubten dazu das Recht zu haben, da die Holländer nicht ihre Sprache redeten. Kane wurde in der ersten Zeit seines Aufenthalts bei Rensselaer-Harbour (1853—55) an der Westküste Grönlands unter 78° 37' nördl. Br. oft von den Eskimos bestohlen, welche aus dem nahegelegenen Dorf Etah[1] zu ihm auf Besuch kamen. Einmal, als Kane drei Mann gastfrei aufnahm, sie gut bewirthete und ihnen dann ein Bett im Zwischendeck anwies, flohen sie in der Nacht mit der Lampe, mit Kochgeschirren, verschiedenen Kleidern u. s. w., nachdem sie sich an der Bewirthung gütlich gethan. Jetzt riß Kane die Geduld und er schickte zwei Mann ab, um das Gestohlene zurückzufordern. Die Sachen wurden bei einem nahegelegenen Zeltplatz nebst vielem andern angetroffen, was in der letzten Zeit verschwunden war. Es wurde alles zurückgenommen, auf die Schultern zweier dort vorgefundener Frauen, Sievu und Aninga, gepackt und nach dem Schiffe geschafft, wo die Frauen dann einige Tage gefangen gehalten wurden. Dieselben verbrachten die Zeit, indem sie abwechselnd laut klagten oder mit gleich großer Energie von den ihnen gereichten Leckerbissen aßen. Nach fünf Tagen kam Sievu's Mann und ein anderer Eskimo mit einer ganzen Schlittenladung von im Laufe der Zeit gestohlenen Messern, Zinntassen, altem Eisen u. s. w. freiwillig an Bord. Eine diplomatische Unterhandlung begann jetzt, welche schließlich einen „ewigen Frieden“ zwischen den contrahirenden Parteien zur Folge hatte. Die Europäer verpflichteten sich, die schönen Gefangenen loszugeben, niemals die Eskimos mit Tod oder Zauberei zu bedrohen, nicht auf Jagdfahrten auf sie zu schießen, sie gastfrei auf dem Schiffe zu empfangen, ihnen Nähnadeln, Stecknadeln, etwas Zwirn, zweierlei Sorten von Messern, einige Stücke hartes Holz u. s. w.

---

[1] Etah, der nördlichste bewohnte Platz auf der Erde, liegt unter 78° 18' nördl. Br. Noch bei Offley-Island (81° 17' nördl. Br.) fand die Polareis-Expedition Ueberreste von Winterhäusern, und Feilden traf während Nares' Expedition Steinringe von Sommerzelten auf der Ostküste von Grinnell-Land, wenig südlich von 82° nördl. Br.

zu geben. Die Eskimos ihrerseits verpflichteten sich, nicht zu stehlen, den Europäern frisches Fleisch zu bringen, ihnen Hunde zu verkaufen oder zu leihen, sowie ihnen die Stellen zu zeigen, wo Jagdbeute zu erhalten war u. s. w. Hierauf hörten die Diebstähle vollständig auf, wenigstens von seiten der Eskimos. Die Polarfahrer brachen dagegen einmal den Vertrag. Eine Gesellschaft, welche vergebens versucht hatte, auf Hundeschlitten gegen Süden vorzubringen, bemächtigte sich nämlich auf dem Rückwege nach dem Schiffe, um weiter zu kommen, eines Hundegespanns von Eingeborenen, die nach einer tüchtigen Schmauserei in den Armen des Schlafes ruhten. Hierüber wurde auf dem Schiffe geklagt; nachdem aber Kane sophistisch erklärt hatte, daß seine Gefährten nicht gestohlen, sondern „in wirklicher Noth" sich nur verschafft hatten, was sie nothwendig brauchten, gaben sich die gutmüthigen Männer mit der Zurückgabe des unrechtmäßig erworbenen Gutes und einem Schadenersatz von fünf Nähnadeln, einer Feile und einem Stück Holz für jeden bestohlenen Mann sowie einigen Messern u. s. w. für die zwei Meistgeschädigten zufrieden.

Die Eskimos, welche Parry geschildert hat, scheinen dagegen während seines Aufenthalts bei ihnen niemals die Neigung, europäische Kleinigkeiten, welche ihnen in den Weg kamen, sich anzueignen völlig aufgegeben zu haben.[1] Wurden sie ertappt, so erfanden sie alle möglichen kindlichen Ausreden und verklatschten und beschuldigten

---

[1] So überaus schlimm scheint es mit diesen Diebstählen jedoch nicht gewesen zu sein, denn Kapitän Lyon, welcher ebenfalls erwähnt: „trifling appropriation, made without our consent", scheint anzunehmen, „that there does not exist a more honest set of people than the tribe with whom we had so long an acquaintance". Parry ließ einmal einem Eingeborenen, welcher gestohlen hatte, ein Dutzend Schläge mit einer „neunschwänzigen Katze" geben. Es ist komisch, mit Parry's offiziellem Bericht über diese vielleicht unbedachte Bestrafung das zu vergleichen, was die Eingeborenen 40 Jahre später Hall über dieselbe Begebenheit erzählten. Nach der Innuit-Tradition hatten die englischen Polarfahrer den Mann im Zwischendeck gebunden und versucht ihn zu erschießen und ihm Kopf und Hände mit langen Messern abzuschneiden. Sie hatten ihn gepeitscht, in einen finstern Raum eingeschlossen und hungern lassen, aber dank seiner Angekot-Künste kam er von allem ohne Schaden zu nehmen davon. Schließlich beschloß der Gepeinigte mit seinen Zauberkünsten das ganze Schiff zu vernichten. Dasselbe fing nun in allen Fugen an zu krachen, was die Kablunats so erschreckte, daß sie ihren Gefangenen freigaben. Dieser ist durch Parry's Strafe nachher von der Sage mit der Glorie des Märtyrers und Zauberers geschmückt worden.

sich gegenseitig, um der Strafe zu entgehen. Parry, welcher für die
Eingeborenen in dem polaren Amerika stets ein besonderes Wohlwollen
gehegt zu haben scheint, entschuldigt sie damit, daß die Versuchung,
deren ein Eskimo ausgesetzt ist, wenn er auf einem europäischen
Schiffe umhergeht, derjenigen gleichkommen würde, die ein den
ärmern Klassen angehörender Europäer fühlen würde, wenn derselbe
zwischen Haufen von Gold und Silber frei umherstreifen dürfte.
Vielleicht gibt jedoch die Annahme, daß die Grönländer sich gegen
die Europäer gerade ebenso verhalten, wie diese sich gegen sie, eine
richtigere Erklärung des Gegensatzes zwischen der absoluten Ehrlich=
keit der Grönländer gegeneinander und ihrer Unehrlichkeit gegen
einen Theil der Fremden.

Die Gegensätze, auf welche man in dieser Hinsicht trifft, werden
übrigens zum nicht geringen Theil durch den eigenthümlichen Commu=
nismus bedingt, der zwischen den Eskimos herrschend ist.[1] Es ist
gerade nicht besonders viel, was jede Person für sich allein besitzt: bei
den Männern sind es Kleider, Boote und Jagdgeräthe, bei den Frauen
Kleider, Koch= und Nähgeräthe. Diese Sachen werden nicht verliehen,
außer wenn man sie doppelt hat, in welchem Falle das Ueber=
flüssige beinahe als gemeinsames Eigenthum betrachtet wird. Das
Umiak, das Sommerzelt und der Sommerfang, sowie die kleinen
während des Sommers gesammelten Vorräthe von Lebensmitteln ge=
hören der Familie, welche aus dem Manne, der Frau, den Kindern
und verschiedenen Adoptivmitgliedern besteht. Das Haus gehört den
Familien, welche es bewohnen, der größte Theil des Winterfangs
der ganzen Dorfschaft. Jeder an einem Winterplatz gefangene See=
hund wird also zwischen allen Bewohnern desselben getheilt, ohne daß
dem Jäger dabei ein bedeutenderes Vorzugsrecht eingeräumt wird,
es sei denn, daß die Berechtigung, in erster Reihe bei dem Gastmahl
gepriesen zu werden, mit welchem eine glückliche Jagd stets gefeiert
wird, als ein solches gelten kann. Das Beisammenleben der vielen
Familien in dem gemeinsamen Winterhause ist durch eine Eintracht

---

[1] Ausführlich wird hierüber berichtet in der bereits angeführten Schrift von
Dalager und in mehrern Werken Rink's, z. B. in dem interessanten Anhang zu:
„Om Eskimoerne“, womit das Supplement zu „Eskimoiske Eventyr og Sagn“
(Kopenhagen 1871) abschließt.

gekennzeichnet, welche ihren Ausdruck in dem bemerkenswerthen Um=
stand findet, daß Schimpfwörter in der Sprache des Innuitvolks
ganz oder doch beinahe ganz fehlen. Dasselbe kann auch von der
Eintracht in den Dorfschaften gesagt werden: dieselbe dürfte bei
wenigen „civilisirten" Völkern ihr Seitenstück finden, und doch fehlen
hier Polizei und Ordnungsmacht.

Außer der Gesundheit, tüchtigen Kindern und der Geschicklichkeit
in allen Arten von Fang ist nicht viel erforderlich, um bei den
Innuits als ein reicher Mann zu gelten. Dies geht aus folgendem,
von Rink mitgetheilten Inventarium über die Vermögensstücke eines
der reichsten Männer des Landes hervor. Dieser besaß: ein kleines
aber gutes Haus, 50 Quadratellen umfassend und bewohnt von dem
Besitzer mit seiner Frau und vier Kindern, seinem Bruder und seiner
Schwägerin, einer Schwester und der Frau und fünf Kindern eines
verstorbenen Bruders, also von zusammen 15 Personen; ein Umiak,
und ein Sommerzelt, einen eisernen Feuerherd, zwei Flinten, einen
größern Kupferkessel, einige eiserne Töpfe, 12 verschiedene Fayence=
und Steingefäße, vier Lederpritschen, ein Kajak mit den dazugehörigen
Kleidern und Geräthen, davon Blase und Fangriemen doppelt, einen
Werkzeugkasten, Art, Säge, Feile und Hobel, einen Rennthierpelz
und einen andern aus Vogelhäuten, sowie verschiedene andere Kleider.
Der sechzehnjährige Sohn und der Bruder hatten gleichfalls jeder ein
Kajak. Die übrigen Mitglieder der Familie waren mit Kleidern
versehen, hatten aber keine besondern Hausgeräthe. Um dem Leser
einen Begriff von dem Reichthum dieses Mannes zu geben, bitte ich
obiges Inventarium mit dem in der „Umsegelung Asiens und Euro=
pas auf der Vega" (II, 91, 92) mitgetheilten Verzeichniß der Besitzstücke
eines neuverheiratheten tschuktschischen Paares zu vergleichen.

Was das sechste Gebot anbetrifft, so beachten die wilden Eskimos
die Vorschriften desselben wenig, doch sind alle, welche einige Zeit
unter ihnen gelebt, bereit, ihre anständige Aufführung zu Hause so=
wol wie bei den gewöhnlichen Tanzfesten zu bezeugen. Kein un=
sittliche Tänze werden gleichwol von Hans Egede, Hall, Klutschak
u. A. erwähnt. Als einmal einige christliche Grönländer an einer
„Assemblée" dieser Art theilnahmen, fuhr Egede hin, hielt ihnen ihre
Unsittlichkeit vor und ließ schließlich, um seinen Worten mehr Nach=
druck zu geben, die Delinquenten durch einen seiner Begleiter auf den

bloßen Körper peitschen, was sie geduldig ertrugen und worauf sie
gelobten, nicht mehr zu sündigen. Aber noch heutigentags scheint
ein Begriff von Sünden dieser Art nicht in das Rechtsbewußtsein
dieser Naturmenschen überzugeben, wennschon sie es vermeiden, sich
gegen das eigentliche Gebot zu vergeben, „weil die Priester und die
Missionare so viel Wesens davon machen". Ueberall wo wilde
Eskimos mit Europäern in Berührung gekommen sind, ist übrigens
ohne Mitwirkung des Priesters schon früh eine Mischrasse entstanden.

Hat der sorglose Wilde der Polarländer Essen und Holz in genügender Menge und bietet sich ihm keine Gelegenheit zur Zerstreuung
durch die Jagd, so lebt er ganz den Freuden der Tafel und der
Gesellschaft. Man besucht einander und schmaust, man plaudert und
klatscht, pfropft den Magen übervoll mit Leckereien und beschäftigt
sich mit Tanz und Leibesübungen. Dabei werden die mit dem letzten
Feste begangenen Fehler und Verbrechen mit Worten gegeißelt:
Zwistigkeiten werden geschlichtet, indem die Gegner im Kreise ihrer
Landsleute Anklage-, Vertheidigungs- und Spottlieder gegeneinander
singen; die Angelegenheiten des Landes werden besprochen und entschieden u. s. w. Aber überall, wohin die Missionare ihre Wirksamkeit ausgedehnt haben, sind diese unschuldigen Vergnügungen, diese
Tanz- und Gerichtsfeste leider verschwunden. Noch gibt es bei den
Westeskimos auf der kahlen, kalten und eisumschlossenen Küste des
Eismeeres hier und da besondere Tanzstuben, in denen man sich
zu verschiedenen Zeiten des Jahres von nah und fern versammelt,
um Waaren auszutauschen, sich vergnügt zu machen und über die
wichtigsten Begebenheiten des Jahres zu plaudern. Bei solchen Gelegenheiten vergnügen sich die Eskimos mit solcher Energie, daß sie
mitunter 8—10 Tage lang kaum an Schlaf denken. Egede berichtet
über ein Fest auf der Westküste, das er im November 1723 besuchte,
Folgendes:

Mittlerzeit daß ich Nordwerts bey den Wilden war, welche sich in
großer Menge beysammen befanden, sah ich mit Verwunderung auf ihr
Thun und Wesen; denn da sie reichlich mit Lebens-Mitteln versehen waren,
lebten sie nach ihrer Art alle Tage herrlich und in Freuden. Sie thaten
nichts als daß sie einander besuchten, und wenn sie brav gefressen hatten,
stunden sie auf und spieleten. Ihr Spiel bestunde darinnen, daß sie sungen
und mit einer kleinen Trommel drein spieleten, possierliche Geberden machten,

schüttelten mit dem Kopf, beugeten und schmiegeten den Rücken, und die an dem Gliede hin und her. Dieses Spiel ging rund herum, so daß wenn einer aufhörete, der andere wieder anfing, und dieses währete bis an den Morgen. Ihre Lieder und Gesänge zielen meist auf ihre Nahrung und Handthierung, worinnen ein jeder prätendiret gutes Lob und Succeß vor dem andern zu haben.

Auf der Ostküste nahm Graah (1829) in dem herrlichen Königin Maria-Thal (Ekallumiut) an einem ähnlichen Tanzfest theil. Er berichtet darüber:[1]

In dieser sehr schönen Gegend versammeln sich im Hochsommer die Umwohnenden auf einige Tage, und sie fahren dann nicht auf die See auf Fang aus, sondern leben von Lachs, den es hier in großer Menge gibt und der sehr groß ist, sowie von der schwarzen Rauschbeere und Engelwurz. Sie sammeln diese Pflanzen für den Winter ein, und im übrigen leben sie nur der Freude und den Lustbarkeiten. Abends versammeln sich alle — 200 bis 250 Personen — auf einem ebenen Platz und tanzen beim Fackelschein ihren „Trommeltanz". Ein Fieberanfall hinderte mich, diese Lustbarkeit zu besuchen, obschon man mich in der Nacht zehnmal weckte und zur Theilnahme am Vergnügen einlud. Als ich am folgenden Morgen (31. August) erwachte, hörte ich die Trommel immer noch. Ich eilte zur Gesellschaft, welche gerade im Begriff war aufzubrechen, meinetwegen aber noch eine Weile blieb. Um sich von diesem „Tanz", wie das Spiel eigentlich genannt wird, eine richtige Vorstellung machen zu können, muß man ihn sehen, denn er läßt sich nicht beschreiben. Die Trommel besteht aus einem mit Handgriff versehenen dünnen hölzernen Reifen, über den ein Stück gut mit Thran getränktes Umiakleder gespannt ist. Diese Trommel nimmt ein Grönländer in die linke Hand, stellt sich mitten in den Kreis, wirft den Pelz ab und beginnt, nach einem kurzen Präludium auf der Trommel, welche er mit einem kleinen Holzstock schlägt, seinen Gesang über den Seehundsfang oder die eine oder andere merkwürdige Begebenheit. Nach jedem Vers stimmen die Zuhörer im Chor ein: Eia-eia-a, Eia-eia-a. Während des Gesanges hält der Singende sich in einer vornübergebeugten Stellung und wendet und verdreht Kopf und Augen auf die lächerlichste Weise. Aber nichts ist lächerlicher als seine Bewegungen mit dem mittlern Theil des Körpers, mit welchem er unaufhörlich richtige Kreise, ja nahezu einer 8 ähnliche Figuren beschreibt.

---

[1] Graah, Undersøgelses-Reise til Østkysten af Grønland (Kopenhagen 1832), S. 109. Der Leser möge beachten, daß die „paradiesische Wiese", welche von Graah mit so lebhaften Farben geschildert wird, auf der Ostküste Grönlands gelegen ist.

Der Trommeltanz hat für die Grönländer etwas ungemein Anziehendes; sie legen ihre besten Kleider an, und die Frauen bemühen sich ebenso sehr, ihn mit Grazie auszuführen, wie unsere jungen Damen einen Cotillon oder Bolero mit Anmuth tanzen. Dieser Tanz dient ihnen indessen nicht nur zur Belustigung, er ist zugleich auch das Forum, vor welchem der Uebertreter allgemeiner Gebräuche bestraft und Beleidigungen gerügt werden. Wenn ein Grönländer sich beleidigt fühlt, verfaßt er nämlich einen satyrischen Gesang, den alle seine Freunde auswendig lernen, worauf er den Bewohnern seiner Gegend anzeigt, daß er gegen seinen Gegner singen werde. Man trifft sich, die Parteien treten in den Kreis und der Kläger singt, nach der Trom-

Grönländischer Trommeltanz in Graah's Winterwohnung.
Nach Graah, Reise til Östkysten af Grönland (Kopenhagen 1832).

mel tanzend, eine Menge höhnischer Wahrheiten über seinen Widersacher, jedoch ohne Heftigkeit oder Grobheit, worauf dieser dann, ebenfalls singend und tanzend, antwortet, und so wechseln sie ab, bis sie gegeneinander nichts mehr zu sagen haben. Hierauf entscheiden die Zuhörer, welcher von ihnen recht hat, worauf beide wieder die besten Freunde sind. Auf diese Weise wird der Schuldner an seine Schuld erinnert, Unsittlichkeit und Unrecht bestraft, und es kann für den Grönländer sicherlich keine zweckmäßigere Strafe geben, weil auf ihn nichts so sehr einwirkt, als öffentlich von seinen Landsleuten eines Vergehens geziehen zu werden. Die Furcht davor hält gewiß manchen vom Verbrechen zurück, und es ist daher wirklich zu beklagen, daß die Missionare diesen für Geist und Körper so nützlichen Tanz auf der Westküste abgeschafft haben.

Aehnliche Feste werden von Hall von der Melville-Halbinsel (Nourse, Hall's second Expedition, S. 80, 90, 95, 101, 218, 369, 424) und von Simpson von der Nordwestküste von Amerika beschrieben. Die Leidenschaft für diese Feste ist offenbar ein wirklicher Zug des Volkscharakters, und man muß es daher aufs höchste beklagen, daß dieselben durch einen unverständigen Missionseifer aus der christlichen Innuitgesellschaft verbannt worden sind.

Besondere Ceremonien für die Verheirathung haben die Eskimos nicht, sofern man als solche nicht etwa die Sitte zählen will, daß die Braut mit List oder scheinbarer Gewalt von dem Bräutigam, einem guten Freunde desselben oder ein paar älteren, sich für die Heirat interessirenden Frauen entführt wird. Gewöhnlich ist diese Verbindung schon vorher von den Aeltern verabredet worden, oder die jungen Leute sind auch schon von Kindheit an füreinander bestimmt gewesen, doch ist dies nicht immer der Fall. So wollte ein Nimrod von der grönländischen Südwestküste bei einer Gelegenheit, wo alle europäischen Männer von der Colonie abwesend waren, mit Gewalt die Jungfrau Anna Stach, die Tochter des grönländischen ersten Brudermissionars, als Frau entführen. Nur mit größter Schwierigkeit, und dank ihrer Entschlossenheit und Kühnheit gelang es dieser Schönen, zu verhindern, daß sie der Anlaß zu einem trojanischen Kriege zwischen den Eisfeldern Grönlands wurde. Egede's entschlossene Söhne Paul und Nils erhielten von in Leder gekleideten Jugendfreunden oft den Auftrag, die Freier-Räuberei auszuführen, wobei es ihnen vielmals schwer fiel zu entscheiden, ob der Widerstand der Schönen ernst gemeint war oder nicht. Zerrissene Kleider und ein paar Schrammen mußte die Braut haben, und der Anstand gebot ihr, dem Manne wenn möglich ein paarmal zu entfliehen und eine Zeit lang traurig und bekümmert auszusehen, sich ohne alle Lebenslust zu zeigen und das Haar aufgelöst zu tragen. Um die Fluchtversuche der Schönen, wenn sie allzu oft wiederholt wurden, zu verhindern, oder vielleicht auch, um ihr einen Vorwand zu geben, um damit aufhören zu können, konnte es früher geschehen, daß der Mann ein paar Messerschnitte quer über die Fußsohlen der Widerspenstigen machte, und er konnte dann im allgemeinen sicher sein, daß ihr die Lust zur Flucht vergangen war, noch ehe die Wunden wieder geheilt waren. Die Braut erhält keine andere Ausstattung als vielleicht einen neuen Anzug, ein Messer und eine Lampe. Der Mann bietet ihr eine Schlafstelle, schafft einen Kessel und eine Wassertonne an, und damit ist das Hauptsächlichste der häuslichen Einrichtung besorgt. Zuweilen wird die Ehe ein halbes oder auch ein ganzes Jahr nach der Verheirathung wieder gelöst. In solchem Falle entfernt sich der Mann abends von der Frau ohne ihr ein Wort zu sagen, worauf diese sich am folgenden Morgen dem Anscheine nach heiter und bei guter Laune wieder zu ihren Aeltern zurückbegibt. Kommt der Mann nachher nach ihrem Wohnort, so zeigt sie sich gern einige Augenblicke in voller Festkleidung. Auch die neuverheirathete Frau verläßt ihren Mann bisweilen allen Ernstes, besonders wenn sie gegen eine der Frauen seiner Umgebung einen Haß gefaßt hat. Aber nachdem ein Kind geboren worden, zumal wenn es ein Knabe ist, findet eine Trennung nicht mehr statt. Im allgemeinen herrscht zwischen Mann und Frau eine lebenswerthe Eintracht. Der Mann faßt nie einen wichtigen Beschluß, ohne daß er die Frau um Rath gefragt hat, und beinahe niemals kommen zwischen ihnen Streitigkeiten vor — „je länger die Eheleute zusammenleben, desto größere Liebe vereint sie, und wenn sie dann alt geworden sind, verkehren sie miteinander schließlich wie unschuldige Kinder" (Dalager, S. 9).

Gewöhnlich haben die Eskimos nur eine Frau, selten zwei, drei oder vier. Dalager kannte einen Mann, welcher elf Frauen hatte. Es gilt als ein Zeichen von Tüchtigkeit und Rührigkeit, mehrere Frauen mit vielen Kindern ernähren zu können. Hans Egede sagt, daß Eifersucht zwischen den Frauen vor Ankunft der Missionare sich nie gezeigt habe, daß eins ihrer ersten Gebote aber, welche bei den Frauen Anklang fanden, das war, daß der Mann nur eine Frau haben soll. Sie baten Egede noch ganz besonders darum, beim Religionsunterricht diesen wichtigen Punkt den Männern vorzuhalten. Es war den Missionaren schwer zu entscheiden, wie sie die ehelichen Verhältnisse zu ordnen hatten, wenn Eskimos, die mit mehrern Frauen verheirathet waren, zum Christenthum übertraten. Diese Angelegenheit wird ausführlich erörtert in Dalager's Bericht, jedoch ohne daß man dort andere Aufschlüsse erhält, als daß die Frage: ob es gegen Gottes Gebot sei, mehrere Frauen zu haben, von Dalager selbst als „ein Problem" angesehen wurde (Grönlandske Relationer. S. 10).

Die Frauen der Eskimos sind nicht sehr fruchtbar, doch sind die Schilderungen von der schnellen Abnahme dieses Volkes, welche man bisweilen liest, übertrieben. So sagt H. Feilden[1], daß der interessante Eskimostamm, den John Roß im Jahre 1818 im nördlichsten Theil von Grönland zwischen Cap York und den Humboldt-Gletschern entdeckte, und dem er den nicht ganz passenden Namen „Arctic Highlanders" gab, sich seit seiner ersten Berührung mit Europäern während der Polarexpeditionen von Kane, Hayes und Hall in der Zahl nicht vermindert habe.

Während Parry's Aufenthalt bei Igloolik war dagegen bei den Eingeborenen die Zahl der Todesfälle bedeutend größer als die der Geburten. Dieses ungünstige Verhältniß war jedoch wahrscheinlich nur eine Zufälligkeit und hatte seinen Grund vielleicht in dem Umgange der Eingeborenen mit Europäern. Die Eskimos, welche mit Europäern zum ersten mal in Berührung kommen, werden nämlich nicht nur von den Pocken sondern auch von andern schweren Seuchen beimgesucht.[2] So ist es bei den Besuchen der Ostländer in den südlichsten dänischen Colonien mehrfach vorgekommen, daß die Bootbesatzungen kurz nach ihrer Ankunft in der Colonie einer plötzlich ausgebrochenen Seuche zum Opfer gefallen sind. Vier Familien von der Ostküste besuchten z. B. im Juli 1872 Friedrichsthal, um daselbst Tauschhandel zu treiben. Nach zwei Tagen fuhren sie bereits wieder zurück, fühlten sich aber schon bei Paniagdluk von „Stichen" überfallen und sie starben alle bis auf eine Frau und vier kleine Kinder. Scharen von Möven und Raben umkreisten die Leichen und zeigten dadurch vorbeifahrenden Kajakmännern die Stelle, wo auf der öden Küste die vorher so muntere und lebensfrohe Schar den irdischen Lebenslauf für immer beschlossen hatte. Die Leichen lagen wie auf einem Schlachtfelde auf dem Strande umhergestreut (Brobbed, Nach Osten, S. 9 und 39).[3] Im

[1] Sir G. S. Nares, Narrative of a voyage to the Polar Sea during 1875—76 (London 1878), II, 188.

[2] Merkwürdig ist es, daß die Syphilis auf Grönland, von einem kleinen Gebiet in der Nähe von Joigtut abgesehen, keine Verheerungen angerichtet hat. Krankheitsstoff hierzu dürfte doch von Walfischfängern und den Besatzungen der dänischen Handelsschiffe oft dorthin geführt worden sein.

[3] Diese Ostländer hatten während ihres kurzen Aufenthalts in der Colonie ihre

dänischen Grönland scheint die Einwohnerzahl, wenigstens im letzten
Jahrhundert, wenig oder gar keine Veränderungen erlitten zu
haben.[1]

Die Grönländer sind große Kinderfreunde. Die Freiheit ihrer
Kinder ist so unbegrenzt wie nur irgend möglich. Dieselben werden
niemals gezüchtigt, ja nicht einmal mit harten Worten angelassen.
Die alte europäische Erziehungsmethode betrachten sie als äußerst
barbarisch, und in dieser Ansicht stimmen sie mit den Indianern in
Canada überein, welche den Missionaren, als diese ihnen wegen der
grausamen Tortur, der bei ihnen die Kriegsgefangenen unterworfen
wurden, Vorwürfe machten, zur Antwort gaben: wir martern wenig=
stens nicht, wie ihr, die eigenen Kinder. Trotz dieser unpädagogischen
Erziehungsweise kann man den Eskimokindern das Zeugniß geben,
daß sie, wenn sie ein Alter von acht bis neun Jahren erreicht haben,
möglichst gut erzogen sind, selbstverständlich von einigen dem Wilden
unbekannten Finessen der europäischen Cultur abgesehen, nach denen
z. B. die Benutzung der Finger anstatt der Gabel oder des Messers
anstatt des Löffels als bodenloser Mangel von Erziehung und guter
Lebensart angesehen wird.

Eine der Ursachen, welche zu dem Vertrauen, das Hans Egede
so bald bei den Eingeborenen gewann, beitrug, war die, daß er

---

frühern Lebensgewohnheiten beibehalten und ihre volle Freiheit gehabt, ebenso waren
sie nicht einer Spur von Mishandlung ausgesetzt gewesen. Aus diesem und andern
Beispielen von der erstmaligen Berührung Wilder und Europäer müßte man auch den
Schluß ziehen, daß die Behauptung, die Ureinwohner in Westindien und andern
Theilen von Amerika seien infolge von Mishandlung seitens der Spanier aus=
gestorben, falsch oder wenigstens bedeutend übertrieben ist.

[1] Cranz führt eine Berechnung an, vermuthlich von Dalager, nach welcher die
Zahl der Einwohner in Grönland zu seiner Zeit (1760) 7000, höchstens 10 000 ge=
wesen ist, und er sagt, daß derselbe Kaufmann die Zahl der Einwohner im Jahre
1730 auf 30 000, und 1716 auf 20 000 berechnet habe. Ueber die Richtigkeit dieser
Berechnung ein Urtheil zu fällen, dürfte gegenwärtig schwer sein. Für October 1870
gibt Rink die Zahl der Einwohner auf 9588 Eingeborene und 237 Europäer an,
vertheilt auf 176 Winterwohnplätze. Seit 1760 ist die Einwohnerzahl eher gestiegen
als abwärtsgegangen. Daß in der ersten Zeit der Herrschaft des Dänischen Handels
über Grönland unter den Eingeborenen eine große Sterblichkeit geherrscht hat, ist
jedoch auf Grund des oben Angeführten wahrscheinlich. Als 1733 durch einen von
Dänemark zurückkehrenden Eskimoknaben zum ersten mal die Pocken in Grönland
eingeführt wurden, sah es sogar aus, als ob die ganze Nation aussterben würde.

schon bei seinem ersten Besuch im Lande von Frau und Kindern begleitet war. Diese letztern wurden bald die besondern Günstlinge
der Eingeborenen. Paul Egede, eins dieser Kinder, hat uns in
den „Nachrichten von Grönland" (Kopenhagen 1790) interessante
Züge aus dieser Periode seines Lebens mitgetheilt. Man kann
daraus sehen, daß die Spiele und der Zeitvertreib der Jugend bei
dem wilden Volke ohne Lehrer und ABC-Buch einigermaßen dieselben
sind wie bei uns in Schweden auf dem Lande. Man vergnügte sich
mit verschiedenen Spielen, ähnlich den Kinderspielen bei uns, und
prüfte seine Fertigkeit im Ringen und im Fingereinhaken. Man
warf nach dem Ziel mit Steinen und Wurfspießen, schoß mit dem
Bogen, schlug Ball, sprang über die Leine, lief bergauf und bergab,
plünderte die Vogelnester, tödtete Thiere u. s. w. Alles geschah in
der größten Eintracht, und die fremden Knaben Paul und Nils (von
den Grönländern Pavia und Nese genannt) waren bald die Anführer
der Kinderschar, deren Spiele — davon kann man überzeugt sein —
dadurch gerade nichts an Wildheit verloren. Wenn sie nach einer
Innuitwohnung kamen, wurden sie von den Frauen und Kindern
mit dem Freudenruf: „Pavia, Nese!" empfangen. Ihre Kameraden
im Freien erwarteten mit Ungeduld den Schluß der Schulstunde für
die europäischen Kinder und machten ihnen dann Vorwürfe wegen
ihres langen Verweilens bei dem langweiligen Unterricht oder bei
dem schließlich einförmigen Psalmensingen im Kirchensaal. Sie hatten
aber manches von der Lust der Grönländer zur Satire zu leiden.
Die Spielkameraden variirten z. B. in Unendlichkeit das Thema von
Pavia's nach Eskimomaßstab unverhältnißmäßig langer Nase. Als
der Vater, um die Conjugation der grönländischen Verben kennen zu
lernen, dem Sohne den Auftrag gab, mit seinen Spielkameraden
„neglipok", das amo der grönländischen Grammatik, zu conjugiren,
so machte dies ihnen anfangs Vergnügen, bald aber hatten sie von
Pavia's grammatikalischer Wißbegierde genug, und jetzt wurde er eine
Zeit lang mit „neglipok" in allen möglichen Tonarten, Tempora und
Modi begrüßt.

Der vornehmlichste Zeitvertreib der Kinder ist natürlicherweise
Uebung in dem Gebrauch der Geräthschaften, welche ihnen einmal
ihre Nahrung schaffen sollen. Die Knaben werden zu diesem Zweck
von den Aeltern schon frühzeitig mit Wurfspießen, Pfeilen und Kajake.

die Mädchen mit den zum Nähen und Gerben erforderlichen Dingen,
alles der Größe der Kinder angepaßt, versehen. Der Knabe wird schon
in früher Jugend von den Aeltern in der Anfertigung und dem Gebrauch
der Jagdgeräthe, vor allem in dem wichtigen, schweren und für den
Ungeübten gefährlichen Kajakrudern unterrichtet. Seine Fortschritte
werden mit lebhaftem Interesse verfolgt, und wenn er als Jagdbeute

Eskimoknabe.

Nach einer Photographie von C. Kirchröm vom 11. August 1878.

zum ersten mal einen getödteten Seehund heimbringt, wird ein allgemeines Fest gefeiert, dessen Held der junge Jäger ist. Das Fleisch
seines Seehundes wird als besonders lecker gepriesen, seine Geistesgegenwart und Geschicklichkeit beim Fang hervorgehoben u. s. w. Aus
dem Knaben wird nun nach und nach ein Mann, der einen eigenen
Hausstand gründet und sich eine Frau nimmt, der auf die Jagd
geht und seinen und seiner Familie Unterhalt verdient, selten im

Schweiße seines Angesichts wol aber oft im Kampfe mit Frost und
Kälte, der für den Tag lebt, unbekümmert um die Mühen und
Sorgen des kommenden, praßt, wenn die Jagd ihm einen Ueberfluß gibt, und geduldig hungert, wenn die Lebensmittel knapp sind,
der krumm wird und zusammenschrumpft, stirbt und schließlich —
wenn des Meeres salzige Woge ihn nicht in ein weicheres Grab ge-

Eskimoknabe.
Nach einer von K. J. V. Steenstrup mitgetheilten Photographie.

bettet hat — unter einem Steinhaufen auf der Küste des Landes ver-
scharrt wird, das von ihm als das Paradies der Erde betrachtet
worden ist. Die Mädchen dürfen bis zum Backfischalter müßig gehen,
wie Dalager sagt, ohne daß sie in etwas anderm geübt werden als
im Tanzen, im Singen von Liedern und im Plaudern. Aber von
dieser Zeit fangen sie an, sich an den häuslichen Arbeiten der Mutter
zu betheiligen und die grönländischen Frauenarbeiten zu lernen,

den Fang herzurichten, das Essen zu kochen, zu gerben und zu nähen.
Im Nähen erwerben sie sich bald Geschmack und Geschicklichkeit,
welche sie in erster Linie für sich selbst anwenden, um sich die zier-
lichen Anzüge zu verfertigen, mit denen auch das schöne Geschlecht
in Grönland sich gern schmückt. Eine festlich gekleidete grönländische Schöne mit ihrer braunen gesunden Gesichtsfarbe und ihren
glatten vollen Wangen, sieht in dem aus ausgewählten Seehundsfellen
gefertigten, dicht ansitzenden Anzuge und den kleinen eleganten, mit
hohen Stulpen versehenen Stiefeln und den bunten Perlenbändern
um Hals und Haar nicht übel aus. Ihr Aeußeres gewinnt noch
durch eine stetige Heiterkeit und ein Benehmen, in dem sich eine größere
Portion Koketterie geltend macht, als man bei einer Schönheit der mit
Unrecht verschrienen Eskimorasse erwarten möchte. Ein entschlossener
Seehundjäger führt das hübsche Mädchen mit milder Gewalt nach
seinem Zelte. Mit Gewalt wollen sie genommen sein und deshalb
werden sie auch mit Gewalt genommen. Sie wird seine Frau,
bringt Kinder zur Welt und vernachlässigt ihr Aeußeres. Die vorher
so gerade Haltung des Körpers wird gebeugt, infolge der Gewohnheit, ein Kind auf dem Rücken zu tragen, die Rundung des Körpers
verschwindet, derselbe wird welk und der Gang wackelig, das Haar
fällt an den Schläfen aus, die Zähne werden durch das Kauen
der Häute beim Gerben bis auf die Wurzel abgenutzt und die Sauber-
haltung und Wartung des Körpers und der Kleider versäumt. Die
in ihrer Jugend recht behaglichen Eskimomädchen werden daher nach
ihrer Verheirathung abscheulich häßlich und schmutzig. Kein Wunder
daher, daß die Begleiter des Ritters Martin Frobisher auf seiner
Reise nach der Meta incognita es für nothwendig erachteten, sich
durch eine Untersuchung zu überzeugen, ob sich in den Pelzstiefeln
eines gefangen genommenen alten Eskimoweibes nicht der famose
Pferdefuß verbarg und man somit vielleicht die Mutter des Teufels
erwischt hatte.

Die Eskimos in Grönland werden in ihren besten Kleidern begraben. Neben die Leiche legt man in das Grab der Männer
Wurfspieß, Lanze, Bogen und Pfeile, in das Grab der Frauen Näh-
gegenstände, Gerberschabegeräthe, Wasserbolzen u. dgl., in das Grab
der Kinder Spielsachen und den Kopf eines Hundes, der den Unverständigen in der andern Welt den Weg zeigen soll. Gräber

werden in der Umgebung nahezu aller alten Wohnplätze angetroffen. Oft bestehen sie aus einem aus mittelgroßen Steinen errichteten Steinhaufen, in dessen Mitte sich eine längliche Vertiefung von ungefähr der Länge eines Menschen findet, die, mit einem oder ein paar großen flachen Steinen bedeckt, das eigentliche Grabgewölbe bildet. Zuweilen trifft man hier Skelettheile von mehrern Personen, in welchem Falle das Grab eine Art Familiengrab gebildet, oder vielleicht außer seinem ursprünglichen Inhaber den einen oder andern in dasselbe niedergelegten Gast erhalten haben dürfte.

Eigenthümliche kleine Kammern zur Seite des eigentlichen Grabes bilden Aufbewahrungsräume für die Ausrüstung des Todten für die andere Welt. Man findet hier Pfeilspitzen, Gerberschabegeräthe und Messer von Knochen, Stein und Eisen, Wasserschöpfgeltel, Bruchstücke von Topfsteintöpfen und Lampen, Flintensteinstückchen, Bogen, Kajakmodelle, längliche, rußige Klappersteinstücke und verbrannte Holzstücke, die, in Thran getaucht, als Fackeln verwendet worden sind u. dgl. In einer solchen Grabkammer bei Fortune=Bai fand ich 1870 eine große Menge Perlen von Knochen, Feuersteingeräthe und einige verrostete Nägel, wahrscheinlich das Kostbarste der Kostbarkeiten, welche der im Grabe ruhende Potentat mit in die andere Welt nahm. In einem andern Grabe lagen ein paar Schneebrillen[1] von Holz; vermuthlich hatte der hier Begrabene an schwachen Augen gelitten und den blendenden Lichtschein von den Schneefeldern im Lande der Seligen gefürchtet.[2] In einem Grabe bei Ekaluit am Umanak=Fjord fand Steenstrup 1879 neun Basaltstücke mit runden und unregelmäßigen Partien von gebiegenem Eisen, Steingeräthe und Messer von Knochen mit Metalleinfassungen sowie Rohmaterial für die Her=

---

[1] Die Schneebrillen der Eskimos, bestehend aus einem um den Kopf festgebundenen, über Nase und Augen gut passenden Querstück aus dünnem Holz mit zwei schmalen horizontalen Oeffnungen für die Augen, wurden schon von Ellis (Voyage etc., London 1748, S. 132) abgebildet.

[2] Die Gräber der Eskimos nebst ihren Grabkammern für Hausgeräthe sind schon genau und richtig von Baffin in dem Bericht beschrieben, den er selbst über James Hall's vierte Reise nach Grönland 1612 (Purchas, III, 836) geliefert hat. Auf denselben Gegenstand kommt er in seinem Bericht über die fünfte Reise 1616 (Purchas, III, 845) zurück mit dem Zusatz: „So likewise I have seen their dogs buried in the same manner".

stellung von Steingeräthen, bestehend aus Quarz, Chalcedon und Kieselschiefer (Meddelelser om Grönland, IV, 121).

Im Innern des Eisfjord von Jakobshavn traf ich 1870 auch Gräber von einer andern Art. Eine Menge Personen waren hier am Fuße einer steil abfallenden Felswand in den Hohlräumen begraben worden, welche sich zwischen der Wand und großen, von derselben herabgefallenen Felsstücken befanden. Ein Kindergrab auf der Ostküste Grönlands am König Oscar-Hafen war aus einigen über die am Fuße eines Felsens liegende Leiche geworfenen Steinen gebildet worden; ein anderes dort befindliches Grab bestand aus einem am Strandabhang aufgeworfenem Steinhaufen.

Die Beerdigungsweise bei den Eskimos auf der Melville-Insel scheint der grönländischen ähnlich zu sein. Ein Kindergrab wird z. B. von Lieutenant Palmer („Hecla" 1821—23) in folgender Weise beschrieben:

Die Leiche war, mit dem Kopf gegen Nordwesten, in ein gewöhnliches, seichtes Grab gelegt worden. Sie war in eine gute Jacke aus Renthierfell gekleidet und sorgfältig in ein breites Seehundsfell eingehüllt. Das Ganze war nachher mit leichten Kalksteinplatten überdeckt. In der Nähe des Grabes fanden sich vier fußhohe Steinhaufen. In einem derselben lag ein Stück rothes Tuch und ein schwarzes Seidentuch, in einem andern fanden sich ein Paar Kinderschuhe und Kinderstrümpfe, und in jedem der beiden letzten Gefäße aus Walfischknochen.

Wie das aus der „Umsegelung Asiens und Europas auf der Vega" entliehene Bild auf der nächsten Seite zeigt, weichen die Eskimogräber bei Port-Clarence vollständig ab von denjenigen in Grönland. Die Leichen liegen hier auf der Erde ohne andern Schutz als den einer Umzäunung, bestehend aus einer Menge kreuzweise in die Erde geschlagener Zeltstangen. Neben einer der Leichen lag ein Kajak mit Rudern, eine geladene Doppelflinte mit halbgespanntem Hahn und aufgesetztem Zündhütchen, verschiedene andere Waffen, Kleider, Feuerbohrer, Schneeschuhe, Trinkgefäße, zwei blutige Larven und ungeheuerliche Thierbilder.

Nach dem Ableben eines Freundes oder Verwandten halten die Eskimos eine Klageceremonie, an welcher hauptsächlich die Frauen sich lebhaft betheiligen. Sie weinen und heulen eine halbe Stunde mit zur Erde gewendetem Angesicht jämmerlich, sitzen dann eine Weile ruhig, betrübt und sorgenvoll still, worauf sie wieder zu lachen und zu plaudern anfangen. Dies Weinen wird wiederholt, so oft von den Freunden oder Verwandten des Todten jemand zur Witwe kommt und von dem Todesfall in Kenntniß gesetzt wird. Der eine oder andere hebt außerdem in einer Klagerede seinen eigenen Schmerz und die Verdienste des Todten hervor. Den Condolirenden wird alles vorgesetzt, was das Haus zu bieten vermag, woraus hervorgeht, daß die Eskimos von einem „würdigen Begräbniß" dieselbe Auffassung haben, welche früher bei uns herrschte.

Derjenige, welcher keine andern Eskimos kennen gelernt hat als diejenigen, welche das dänische Grönland bewohnen und sich 1½ Jahrhundert unter dem väterlichen Schutz des „Dänischen Handels" be-

Eskimograb bei Port-Clarence.
Nach einer Zeichnung von A. Rothwell.

funden haben, ist ganz gewiß der Ansicht, daß dieses Volk eins der friedlichsten und furchtsamsten auf der ganzen Erde ist. Dieses Urtheil ist jedoch, wie so oft der Fall, vollkommen falsch, sofern es nicht nur auf die Zeit und das Gebiet für die directe Beobachtung beschränkt, sondern auf alle Zeiten und alle Eskimostämme auf der Nordküste Amerikas ausgedehnt wird. In dem Bericht über seine Reisen spricht Frobisher wiederholt von der Wildheit, dem Muth und der Todesverachtung der Eskimos. Als er sich z. B. auf seiner zweiten Reise hinterlistig zweier Eskimos bemächtigen wollte, mit denen man ein friedliches Zusammentreffen verabredet hatte, rissen diese sich los und griffen dann den „General" und seine Begleiter mit solcher Heftigkeit an, daß diese sich auf ihre Boote retten mußten.

Bei dem Bericht über diesen Kampf steht bei Hakluyt (1. Aufl., S. 624) am Rande: „Fierce and bold people".

Die Indianer im nördlichen Theil der Vereinigten Staaten und in Canada sind als ein sehr tapferes und muthiges Volk bekannt. Zwar beruht dieser Ruf zum größten Theil auf den romantischen Erzählungen von der ersten Niederlassung der Europäer auf dem Festland von Nordamerika, welche wir in unserer Jugendzeit alle mit so großer Bewunderung gelesen haben, doch dürfte wol etwas Wahres daran sein. Unbestreitbar ist auf alle Fälle, daß die nicht gerade wegen kriegerischer Tugenden berühmten Eskimos in den Grenz- districten den Indianern überall an Muth und Kriegstauglichkeit überlegen sind. So erzählt Sir John Richardson, daß die Hasen- indianer vom Chepewyan-Stamme in beständiger Furcht vor ihren Nachbarn, den Eskimos, leben und es nicht einmal wagen, ihnen mit Schußwaffen im offenen Kampfe gegenüberzutreten[1], und an einer andern Stelle sagt derselbe Polarfahrer, daß die Eskimos die einzigen Eingeborenen auf dem Festlande von Nordamerika sind, welche es wagen, ihren Feinden Angesicht zu Angesicht im offenen Kampfe entgegenzutreten. „Anstatt wie die Indianer im Norden zu fliehen, wenn sie einen Fremdling sahen, zauderten sie nicht, zu zweien oder dreien nach unserm Boot zu kommen und zu handeln, und niemals zeigten sie sich geneigt, aus Furcht etwas von ihren Habseligkeiten herzugeben." Hind (Labrador Peninsula, II, 130) erwähnt z. B. die Ruinen von einer Innuitfestung auf Eskimo- Island in der St.-Pauls-Bai. In der Umgegend dieser Festung finden sich eine Menge Skelettheile von Menschen, welche in einem Kampfe der Eingeborenen gegen eine Anzahl Franzosen und In- dianer gefallen sind. Auch Back[2] spricht von ringförmigen Stein- wällen, welche die Eskimos an der Mündung des Great-Fish-River aufgeführt hatten, um im Kampfe hinter ihnen Schutz zu finden.

Man ersieht hieraus, daß die Eskimos ursprünglich oder doch eine Zeit hindurch ein muthiges und kriegerisches Volk gewesen sind,

---

[1] Arctic searching expedition (London 1851), I, 12.
[2] Narrative of the arctic land expedition (London 1836), S. 381. Möglicher- weise geben diese Steinwälle eine Erklärung für den Ursprung der ringförmigen „Ruinen" an der Südwestküste von Grönland.

daß sie die kriegerischen Tugenden aber während der letzten Genera=
tionen, welche unter Verhältnissen gelebt, wo der kriegerische Muth
nicht auf die Probe gestellt werden konnte, verloren haben. Es ist
ihnen ergangen wie den Tschuktschen und manchen andern Völkern,
welche die Blätter der Geschichte mit ihren kriegerischen Thaten ge=
füllt haben. Auch innerhalb der Familie und dem von mehrern
Familien bewohnten, mit Männern, Frauen und Kindern vollge=
pfropften Hause und innerhalb der Dorfschaft herrschen ein Friede
und eine Eintracht, welche oft die Be= und Verwunderung der Euro=
päer erregt haben. „Niemandes Herr, niemandes Knecht" fände hier
in vollstem Maß seine Anwendung. Zwar übt der Hausvater in der
Familie eine milde Herrschaft aus, Dienstverhältnisse in europäischem
Sinne aber gibt es hier nicht, und europäische Diener sind daher bei
den Eingeborenen, wo diese nicht von den europäischen socialen Ver=
hältnissen angesteckt sind, wenig geachtet.

Die Eskimos sind gegeneinander und auch gegen Fremdlinge,
mit denen sie, wie man es nennen könnte, Gastfreundschaft geschlossen
haben, sehr freundlich, hülfreich und gastfrei. Gegen Thiere sind sie
dagegen über alle Maßen grausam, indem sie nicht nur solche Thiere
fangen und tödten, welche sie zu ihrem Unterhalt nothwendig haben,
sondern zu ihrem Vergnügen, um ihre Treffsicherheit zu prüfen
u. s. w., alle welche ihnen in den Weg kommen. Ebenso sind sie
vielleicht hart gegen Alte und Schwache. Diese läßt man oft ohne
Hülfe und Pflege, und zuweilen gibt man ihnen kaum was sie an
Nahrung und Kleidung nöthig haben. Aus der Heidenzeit Grönlands
werden sogar einige Fälle erzählt, wo alte unvermögende Personen
von ihren Angehörigen lebendig begraben oder auf andere Weise
getödtet worden sind. Oft genug scheint dies auf Verlangen der Ge=
tödteten selbst geschehen zu sein, welche, nachdem Jugend, Gesundheit
und Kräfte sie verlassen, ein schnelles Ende der Mühseligkeiten des
Lebens wünschten.[1] Der mit dem Leben der Innuits sehr vertraute
Verfasser der „Anmærkninger til D. Cranz Historie om Grönland",

---

[1] Cranz, S. 515 und 641. Egede, Dritte Continuation, S. 50. Wenn die
Mutter eines zarten Kindes starb und es in der Nähe keine andere Frau gab, welche
ihm die Brust hätte reichen können, so wurde das Kind mit der Mutter begraben.
Aber dies geschah aus Mitleid, indem das Kind auf alle Fälle vor Hunger gestorben
wäre. (Vgl. Saabue, S. 62; Cranz, S. 807.)

der Missionar Glahn, nimmt sie auch in dieser Hinsicht in Schutz und behauptet, daß Alte und Kraftlose von ihren Verwandten gepflegt werden, nur müssen sie so glücklich sein, nicht in den Verdacht der Zauberei zu gerathen, denn dann verschwindet alles Mitleid mit ihnen. So wenig die Eskimos auch zum Aberglauben geneigt sind, so suchen sie die Ursachen zu dem Unglück und Mißgeschick, von dem sie betroffen werden, doch sehr oft in der Zauberei, und wie vor noch nicht gar langer Zeit in Europa, so beschuldigte man früher auch in Grönland hierfür vorzugsweise ältere Frauen. Viele Morde sind infolge dessen an diesen Unglücklichen verübt worden, und das Merkwürdigste dabei ist, daß diese selbst, auch in Grönland, an ihre Kunst zu glauben schienen. „Viele von ihnen", sagt Dalager, „befleißigen sich der Hexenkunst so nachdrücklich, daß die größten Angekoks darüber oft aus der Rolle fielen...... Viele von ihnen dürften ihre Tage auch bei einem entsetzlichen Massacre beschließen. Ich habe einmal zwei gerettet, über welche ein harter Tod beschlossen war, die eine von ihnen wurde jedoch später ergriffen und getödtet."[1] In der Zauberei bewanderte Männer und Frauen wurden mit dem gemeinsamen Namen Iliseetsot benannt.

Viele von den Gewohnheiten der Eskimos, vor allem die Art und Weise, auf welche sie ihre Todten begraben, deuten an, daß sie einen unbestimmten Begriff von einem Leben nach dem Tode hatten, das sich für den geschickten Polarjäger auf ungefähr dieselbe Weise gestaltet wie das Leben hier auf der Erde, nur daß er dort nicht so viele Mühseligkeiten zu bestehen und reichen Zugang an Seehundsfleisch und andern grönländischen Leckerbissen hat. Eine bestimmte Religion hatten sie dagegen nicht, wenn auch der große Geist Tornarsuk, den die Missionare pflichtschuldigst mit dem Teufel identificirten, unter verschiedenen Formen und Gestalten oft in ihren Sagen spukt und ihre Phantasie die Luft, die Tiefe des Meeres und das Innere der Erde mit zahlreichen Wesen von geringerer Macht bevölkerte. Ueber diese berichtet Rink ausführlich im letzten Theil von „Eskimoiske Eventyr og Sagn" (Supplement, Kopenhagen 1871). Aber alle diese Phantasiegebilde scheinen mir eher Lieblingspersönlichkeiten in der grönländischen Sage als Mitglieder eines wirklichen

---

[1] Dalager. S. 11.

Innuit-Clumps zu sein. Was der eine von Tornarsuk und übernatürlichen Dingen glaubte, darüber lachte der andere und umgekehrt, doch zeigte man auf beiden Seiten die größte Toleranz. Als
Beispiel von der vollständigen Gleichgültigkeit der Heiden in Grönland
gegen andere von den ihrigen abweichende Ansichten in geistigen Dingen
kann angeführt werden, daß, als Nils Egede die Erzählung einiger
Eskimos von der Südostbucht, welche auf Disko einen weißen Bären
geschossen haben wollten, der so alt war, daß er Eis auf dem Rücken
hatte das nie schmolz, mit Hohn zurückwies, dieselben sagten: „Wir
haben ja deine Erzählungen geglaubt und nun bezweifelst du unsere!"
(Dritte Continuation, S. 115.) Dies war ihrer Ansicht nach offenbar nicht fair play.

Tempel, Opferstellen oder Götzenbilder trifft man bei ihnen nicht;
ebenso wenig haben sie einen Priesterstand, obschon ein solcher wahrscheinlich aus der Angekokzunft entstanden sein würde, wenn diese
sich ungestört hätte weiterentwickeln können. Und ebenso würden
wahrscheinlich ihre ursprünglich als Spielsachen, zum Gebrauch oder
zur Zierde angewendeten Amulete mit der Zeit den Rang von
Fetischen oder Heiligenbildern haben einnehmen und ein Theil der
für die Jagd und das Leben im Hause festgestellten Gebräuche zu
Religionsceremonien sich haben ausbilden können. Das Material
hierzu war jedoch beim Beginn der dänischen Mission ziemlich gering,
wie man aus folgender Uebersicht ersehen kann, welche Dalager,
nachdem er erklärt hat, daß die Eskimos in Bezug auf die Religion
in ihren Principien in keiner Weise übereinstimmen, über die Dinge
gibt, hinsichtlich deren sie einig waren.[1]

Wenn sie sich auf den Walfischfang begeben, so kleiden sie sich
gern in ihre schönsten Kleider, unter dem Vorgeben, daß der Walfisch Ehrfurcht fordere und den Schmutz verabscheue. Auch die zu
Hause bleibenden Frauen müssen sich waschen, die Lampen auslöschen
und sich still verhalten. Am Boot des Harpunierers ist vorn am
Steven ein Amulet befestigt, ebenso eins (die Klaue eines Schnee-
huhns oder der Schnabel eines Adlers) am Schaft der Harpune.
Wenn ein Grönländer ein Fell oder ein Stück Speck verkauft, so
schneidet er von der Waare erst ein Stückchen ab. Ein Seehund

---

1 Dalager, S. 76.

wird nur jehr ungern an dem Tage verkauft, an dem er gefangen worden ist; felbst dann, wenn der Jäger diefen Handel wünscht, macht er hunderterlei Einwendungen. Findet sich ein altes Weib in der Nähe, so fragt er diefes erst, ob unangenehme Folgen zu befürchten seien, und hat man dann ein paar Nähnadeln, so kann man sich von dem Orakel eine günstige Antwort verschaffen. Wird ein Seehund verkauft, so wollen die Eskimos gern den Kopf behalten, und wenn dies nicht angeht, so schneiden sie sich wenigstens einen Riemen aus der Haut oder einige Haare von der Schnauze desselben. Auf der Renthierjagd werden den Raben, welche den Jägern oft folgen, Fleischstückchen geopfert.

Außer diesen gemeinjamen Gebräuchen, welche theilweis — z. B. die Sitte, von dem Thiere, das verkauft wird, ein Haarbüschel abzuschneiden, und der Widerwille, den Kopf zu verkaufen — auch bei den Tschuktschen beobachtet werden, gibt es bei ihnen eine Menge anderer abergläubischer Gebräuche, welche der eine beobachtet, der andere verlacht. Davon dürfte der Gebrauch von Amuleten erwähnenswerth sein, als welche Haare, Federn, Bimstein, Fischschuppen, Vogelaugen, Fuchszähne, Adlerklauen, nordische Alterthümer und anderer alter Plunder dienen, worunter z. B. Stückchen von einer alten Kiste, welche H. Egede mit sich ge-führt und mit deren Alter er unvorsichtigerweise gegenüber seinen in Leder gekleideten Gästen geprahlt hatte. Diefes Prahlen hatte zur Folge, daß die ganze Kiste allmählich in kostbare Reliquien ver-wandelt wurde. Von anderweiten abergläubischen Gebräuchen mag noch erwähnt werden, daß die Eskimos in Grönland ebensolche „Gesundheitsbänder" tragen, wie wir bei den Tschuktschen antrafen. Man trägt diese Bänder, nach Dalager, um beurtheilen zu können, ob man dicker und hübscher oder magerer wird.

In einem Bericht über John Davis'[1] erste Entdeckungsreise nach dem Nordwesten (1585), geschrieben von dem Handlungsdiener

---

[1] Hallupt, 1. Aufl. S. 776. Zur Ehre diefes berühmten Seefahrers mag er-wähnt werden, daß er auf alle Weise bemüht war, mit den Eingeborenen auf freund-schaftlichem Fuß zu leben. Seine Bemühungen scheiterten jedoch schließlich an der unverbesserlichen Lust der Eskimos, von den Europäern zu stehlen, was sie nur be-kommen konnten, sowie an den durch den Zeitgeist bedingten Gewaltthätigkeiten der letzteren, doch suchte Davis diese möglichst zu verhindern.

John Janes, „servant to the worshipfull M. William Sanderson", wird erwähnt, daß Davis, um mit den Eingeborenen in Berührung und in Gespräch zu kommen, seine Schiffsspielleute auf einer in der Nähe des ersten Ankerplatzes im Godthaab-Fjord gelegenen Insel den Matrosen zum Tanz auffspielen ließ. Die Wilden konnten jetzt den Lockungen der Neugierde und den Tönen der Musik nicht widerstehen; sie kamen herbei um zuzusehen und am Vergnügen theilzunehmen. Am folgenden Morgen erwiderten sie diese Artigkeit, indem sie nun ihrerseits ein Tanzvergnügen auf der Insel bei den Tönen ihres einzigen musikalischen Instruments, der für alle Polarvölker, die Lappen, Samojeden, Tungusen und Tschuktschen sowol wie für die Eskimos charakteristischen Trommel anstellten. Es ist dies, soviel ich weiß, das erste mal, wo dieses Instrument, welches als ein Symbol für die religiösen Vorstellungen der Polarvölker betrachtet werden kann, in der Literatur erwähnt ist. Die Eskimotrommel, oder richtiger das Tamburin, besteht bei dem Innuitvolke wie auch bei den andern Polarvölkern aus einem schmalen, mit einem Fell überspannten Reifen von Holz oder Walfischbarte. Der Ton wird durch einen Schlag auf das Fell mit einem Schlägel von Holz, Walfischbarte oder Knochen hervorgerufen.[1] Die Trommel wurde unter anderm, und vielleicht vorzugsweise, bei den Beschwörungsceremonien der grönländischen Angekols[2] angewendet. Diese werden meines Wissens zuerst von Hans Egede in seinen wiederholt angeführten Relationen besprochen und sind später ein Lieblingsthema der ältern grönländischen Missionare geworden, welche in den Angekols theils Götzenpriester theils Zauberer sahen und daher mit großer Salbung beschrieben, wie die Spitzfindigkeiten der grönländischen Kollegen zu Schanden wurden. Sicher ist, daß die Angekols, welche bei Beginn der dänischen Colonisation die klügsten, schlauesten und im Erwerb geschicktesten und daher angesehensten unter den Eskimos waren, selbst glaubten,

---

[1] In Betreff der Abbildung der Trommel muß ich auf Nourse verweisen. Die tschuktschische Trommel findet sich in „Die Umsegelung Asiens und Europas auf der Bega", II, 26, abgebildet.

[2] In Fabricius' grönländischem Lexikon ist das Wort Angekok übersetzt mit Herrenmeister, Wahrsager (ein kluger Mann unter den Grönländern, den sie stets wie ein Orakel um Rath fragen). Auch Frauen können bisweilen Angekols sein (Anm. zu Cranz, S. 245).

daß sie mit Hülfe ihrer Trommel und verschiedenen Künsten auf übernatürliche Weise in den Gang der Begebenheiten eingreifen, d. h. zaubern konnten. Ihre Zunft bildete, wie Rink gewiß mit Recht sagt, die einzige sociale Institution des Alten Grönland, deren Vernichtung durch die Missionare und Verfolgung mit Spott und Hohn und, wenn die Worte nicht halfen — denn die Angekoks scheinen ihren christlichen Gegnern im Wortgefecht überlegen gewesen zu sein — mit Hieben und Schlägen keineswegs wohlbedacht, wenn auch vom Standpunkt der Missionare betrachtet leicht erklärlich war.

Dalager, welcher die Wirksamkeit der Angekoks vorurtheilsfrei, wenn auch mit seiner gewöhnlichen Originalität schildert, erklärt, daß die richtigen Angekoks die Moralisten und Naturkundigen des Volks bildeten, welche einen in jeder Hinsicht exemplarischen Lebenswandel führten und allen niemals zum Schaden, recht oft aber zum Nutzen waren. Es ist kein Zweifel, daß sie selbst zumeist an ihre Kunst glaubten. Ein alter Angekok z. B., welcher ein guter Freund von Dalager war, und von dem dieser seine wichtigsten Aufschlüsse über die Sitten der Eingeborenen erhalten hat, sprach gern über „geistliche Dinge". Er hielt jedoch fest an seinen eigenen „Principien", welche theils auf Traditionen, theils auf Offenbarungen beruhen sollten. Er gab zu, daß er früher, als er noch im „Amte" war, dazu geholfen habe, dem einfältigen Volke Dummheiten vorzumachen, blieb aber fortwährend dabei, daß ein Angekok Wunder wirken könne, zu denen er auch verschiedene auf eine gute Beobachtungsgabe gegründete Wetterprophezeiungen rechnete. Merkwürdig ist es, daß die Künste der Angekoks in vielem denjenigen unserer Spiritisten gleichen. Gleichwie diese führten sie ihren Hokuspokus im Finstern aus, ließen sich binden und machten sich ohne Hülfe wieder frei, streiften (im Finstern) in den Dachregionen der grönländischen Häuser umher, sprachen mit Geistern und machten mit ihnen weite Fahrten in den Himmel, in die Tiefe des Meeres und das Innere der Erde u. dgl. In einer der ersten Nächte, welche Hans Egede in der Hütte eines Grönländers schlief, wurde er durch einen wunderlichen Gesang mit Schreien und Brausen geweckt. „Es war", so berichtet er, „greßlich anzuhören wie einer von ihren Angekoken oder Herenmeistern auf der Erden saß, und spielete auf einer Trommel, schrie und hatte eine abscheuliche Stimme, bald grob, bald fein,

bald pfiffe er, bald plapperte er, dann zitterte er, wie einer der furcht=
sam oder erfroren ist, und kaum reden kann. Wenn er aufhielte,
redeten alle Weibs=Leute so da im Hause waren, und zwar mit einem
sachten und furchtsamen Thon; dann fingen sie gleich wieder an zu
singen, und dieses konnte ein paar Stunden nach einander dauren,
daß ich halb in Bangigkeit drüber gerieth, weil ich nicht wußte, was
es zu bedeuten hatte. Keiner von meinen Leuten war bey mir,
sondern waren in einem anderen Hause. Von dar weg zu geben,
durffte ich nicht wagen, weil es finster war, dahero blieb ich stille
liegen, und that als wenn ichs nicht hörete was sie vor hatten.
Lange Zeit hernach, bekam ich zu wissen, was dieses Affenspiel zu
bedeuten hatte, da ich erstlich etwas von ihrer Sprache gelehret, und
in gute Bekanntschaft mit einigen gerathen, so dazumahl gegenwärtig
waren; nemlich: Dieweil sich die Grönländer vor uns gefürchtet, und
nicht begreifen konnten, aus was Ursache wir allda ans Land ge=
kommen, so mußten die so genannten Angekoken, welche ihre Weisen
und Propheten seyn, von ihren Tongarsuk, i. e. Spiritus Fami-
liaris, vernehmen, was wir mit ihnen im Sinne hätten.“[1] Ein
anderes mal, berichtet Egede, setzte sich der Angekok, nachdem das
Licht ausgelöscht worden, auf den Fußboden und begann mit den
anwesenden Männern und Frauen zu singen. Danach schlug er auf
seine Trommel, schrie und polterte mit einigen ausgespannten See=
hundsfellen, welche einen wunderlichen Ton gaben. Außerdem hatte
er, wie Egede vermuthet, einen Helfer außen vor das Haus bestellt,
welcher als Tornarsuk die Fragen zu beantworten hatte, die man
innen im Hause stellte.

Paul Egede schreibt in seinem Tagebuch für das Jahr 1722[2]:
„Einen Abend kam ein Angekok zu uns, der, nachdem er gegessen
hatte, sich Hände und Füße, mit dem Kopfe zwischen den Beinen,
binden und eine Trommel mit dem Stock, (sie brauchen nur einen
Trommelstock) neben sich legen ließ. Darauf wurden alle Lampen
ausgelöscht, außer einer kleinen, die unter die Bank gesetzt und mit
einem Felle bedeckt wurde. Gleich war der gebundene Mann los,

---

[1] Hans Egede, Ausführliche und wahrhafte Nachricht vom Anfange und Fortgange der Grönländischen Mission, S. 32 u. 33.
[2] Paul Egede, Nachrichten von Grönland, S. 22 u. 23.

schlug auf seine Trommel und sang. Einige der Frauen setzten sich um mich und meinen Bruder, stimmten mit ihm ein, und fragten uns oft, ob wir bange wären. Eine von ihnen redete zu diesem Angekok mit einer sanften und klagenden Stimme, worüber er wieder den Tornarsuk befragen sollte, der mit einer groben und zitternden Stimme antwortete. Sie fragten wieder, ob wir bange wären? obgleich wir es aber wirklich waren, antworteten wir doch allezeit Nein! Nach Verlauf von einer Stunde kam mein Vater in dieses häßliche dunkle Haus herein, rief uns und fragte, was man hier vorhabe und ob wir bange seyen. Als er sich setzte, hielten sie ihn, daß er nicht dahin käme, wo wir sagten, daß der Angekok säße, und da sie mit Singen und Trommeln fortfuhren, ging er weg, sagend: empfehlt euch Gott, meine Kinder! könt ihr schlafen, so schlafet nur und seyd nicht bange. In dem Gange fühlte er denjenigen, der wie er vermuthete, den Tornarsuk, das Orakel des Herenmeisters vorstellete. Diese Zauberey währte wohl bis um 2 Uhr in der Nacht. Am Morgen fragten sie wieder, ob wir uns gefürchtet hätten? Der Angekok hatte ihnen eingebildet, er sey im Himmel gewesen."

Einmal brachte ein Eskimo Paul Egede „einen Brief" von einem Angekok. Derselbe bestand aus einem Stock, auf den ein /, gezeichnet war. Vorsichtigerweise hatte der Absender des Briefes hinzugefügt: „falls der Angekok[1] Pavia nicht versteht, was ich meine, wie er doch gewiß thun wird, so sage ihm: es bedeutet ein Paar Hosen, die ich von dem Kaufmann haben will; aber er versteht es schon." Ein andermal erklärte ein Angekok Paul Egede, daß ihm eine Himmelfahrt nicht habe glücken wollen: nur die Hälfte von ihm, nämlich die Seele, sei in den Himmel gekommen, die andere Hälfte, der Körper, aber auf der Erde zurückgeblieben.

Zwei Angekoks, welche sich in der Disko-Bai begegneten, starrten einander an und schienen sich dann zu erinnern, daß sie sich im Jahr vorher unter der Erde gesehen hatten, worauf sie dann eine Weile von allerlei merkwürdigen Dingen sprachen, die sie dort gesehen. Ein Frau, welche zwei Männer hatte und gleich diesen Angekok war, erzählte dem Nils Egede, daß sie und ihre Männer nichts mit

---

[1] Die Grönländer betrachteten Egede und die vornehmern dänischen Colonisten als Angekots.

dem Teufel zu thun hätten, daß sie aber mit den Seelen der Todten sprechen könnten; sie wäre neulich bei dem höchsten Wesen (der Mutter der Erde) gewesen, das von Eisbären bewacht werde, und habe dort Helgeflunder gegessen.

Eine Menge anderer solcher Geschichten können aus der ersten Zeit der dänischen Colonisation angeführt werden, doch beschränkten die Angekots ihre Wirksamkeit nicht auf derartige Betrügereien oder vielmehr Erzählungen von Sagen, denn es scheint mir aus Hans Egede's und seines Sohnes Schriften kaum hervorzugehen, daß die Angekots oder die Anhörer derselben an ihre Fahrten unter die Erde oder an ihre Gespräche mit Tornarsuk glaubten. Sie waren außerdem Aerzte und schließlich auch weise und tüchtige Männer, denen man unter schwierigen Verhältnissen gern Gehör schenkte und welche in den Wortkämpfen um geistliche Dinge, die der Eifer der Missionare veranlaßte, eine leitende Rolle spielten. Bei diesen Kämpfen wurden oft scharfe und überraschende Einwände gegen viele von den Dogmen der Priester erhoben. Ein in Fell gekleideter Opponent fragte z. B. Paul Egede, warum der Herr die Eskimos nicht schon früher im Christenthum habe unterrichten lassen, dann wären auch ihre Vorfahren in den Himmel gekommen. Ein Mädchen wollte wissen, ob Gott nicht die Macht gehabt, den Sündenfall zu verhindern, und warum er es dann nicht gethan habe? Adam's Nachkommen wären in solchem Falle nicht dem Verderben preisgegeben gewesen und Gottes Sohn hätte nicht am Kreuze zu sterben gebraucht. Sie wollte eine Antwort haben, die sie selbst zufriedenstellen und gegen diejenigen verwendet werden könnte, welche gegen die Lehren der Missionare waren. Auf die Erklärung eines Missionars, daß Christus die Ungläubigen und Bösen zum Teufel in das unverlöschliche Feuer hinabstoßen werde, sagte einer der Heiden, daß er, wenn Gottes Sohn so schrecklich wäre, nicht in den Himmel zu kommen wünsche; und als der Missionar ihn mit noch fernern Fragen und Bekehrungsversuchen plagte, sagte er, daß er sich gehen müsse — seine Frau habe keine Vorräthe und er keine Ohren, um solche unbegreifliche Dinge zu fassen. Die Erbsünde wollten die Eingeborenen gern als eine Institution für die Kablunaks erkennen, meinten aber, daß die meisten Innuits als gute Menschen ohne weitere Beschwerden in den Himmel eingehen müßten. Sie verwunderten sich darüber, daß Adam und

Eva so einfältig gewesen sein konnten, sich im Paradiese von einer
Schlange verleiten zu lassen, und sie wollten wissen, warum Gott sie
nicht vor derselben gewarnt habe u. s. w.

Die Wahrheit fordert das Zugeständniß, daß die europäischen
Colonisten in ihrem Verhalten zu den Angekoks vielmals von dem
Grundsatz der Verträglichkeit abwichen, welcher für ihre Handlungen
sonst die Richtschnur bildete, und daß sie die Angekoks mit einem unge-
bührlichen, wenn auch leicht erklärlichen Uebermuth behandelten, oft
sogar, wenn alle Waffen aus der Rüstkammer der Gelehrsamkeit und
der Jronie verbraucht waren, ihre im Wortkampf unbesiegten Gegner
mit Schlägen zum Schweigen brachten. Alle älteren Berichte aus
Grönland enthalten zahlreiche, von den Verfassern mit Vorliebe her-
vorgehobenen Mittheilungen hierüber. Diese mitunter von hand-
greiflichen Argumenten begleiteten Wortkämpfe waren jedoch im
großen und ganzen nur ein der Eitelkeit der Missionare gebrachter
Tribut von wenig schädlichen Folgen. Gefährlicher waren dagegen
Hans Egede's Pläne, vermittelst Zucht und Disciplin sowie
gewaltsamer administrativer Maßregeln — z. B. durch Anlage zahlreicher Colonien, zwischen denen die Grönländer internirt werden
sollten, durch Anweisung der Stellen, wo sie sich im Winter und im
Sommer aufzuhalten hatten u. s. w. — dieses arme Heidenvolk auf die
Annahme der Religion des Friedens und der Versöhnung vorzube-
reiten und ihm seinen lächerlichen Aberglauben, sowie die eingebil-
deten Künste seiner Angekoks mit den daraus entstehenden Folgen
zu nehmen.[1] Glücklicherweise fehlte das Geld und die Macht, ein
Bekehrungswerk nach Egede's zwar wohlgemeinten aber unverständigen und unrechtmäßigen Plänen zu Stande zu bringen. Dies
würde bald den Untergang des Volks herbeigeführt haben, das man
erlösen wollte.

Wie aus dem hier Angeführten hervorgeht, hat die Gemüthsart
der Eskimos etwas Kindliches; sie sind Kinderfreunde, gutmüthig
und selbst genügsam, geneigt zu Scherz und Geschwätz, zur Satire
und zur Possenreißerei und genießen die Freuden des Augenblicks,
ohne nach dem Tag zu fragen, der da kommen soll. Deshalb haben sie

---

[1] H. M. Jenger, Bidrag til Hans Egedes og den grønlandske Missions-
Historie 1721—60 (Kopenhagen 1879), S. 83.

oft schwere Zeiten durchzumachen, welche sie mit Geduld ertragen und
über einer reichen Jagdbeute mit der damit verknüpften Schmauserei,
Tanz- und Gesangsfreude bald wieder vergessen. Sie sind gewandt in
Handarbeit und intelligent und für die europäische Civilisation empfäng-
licher als die meisten der wilden Stämme der Neuen Welt[1], was unter
anderm daraus hervorgeht, daß gegenwärtig beinahe alle Eskimos des
dänischen Grönland des Lesens und Schreibens kundig sind, und zwar
ohne daß sie durch das Gesetz zum Schulbesuch angehalten worden
wären. Sie haben z. B. eine Literatur, die nicht nur aus von Europäern herausgegebenen religiösen Büchern und Lehrschriften besteht,
sondern auch aus kleinern Erzählungen, welche von eingeborenen Verfassern geschrieben sind. Sie haben eine Zeitschrift in der Innuit-
Sprache, welche 1861 auf Veranlassung von H. Rink in Godthaab
unter dem Titel „Atuagagdliutit, nalinginarnik tusaruminasassunik
univkat" („Zum Lesen, Erzählungen über allerlei unterhaltende Gegenstände") gegründet wurde. Sie sind musikalisch, haben oft gute
Singstimmen und lernen europäische Melodien, zu denen sie gewöhnlich selbst den Text, oft Satiren über irgendeine Tagesbegeben-
heit, verfassen. Als Heiden leben sie ohne eigentliche Religion und
ohne Regierung, sind gegeneinander aber absolut ehrlich und gegen
die Gesetze gehorsam ohne Gesetzbuch und Gesetzeswächter.

Aber die Eskimos haben auch eine hohe Meinung von sich, und
zwar gilt dies sowol von den Vollbluteskimos wie auch von den zum
Eskimoleben übergegangenen Mischlingen. Einer von den letztern,
ein vollständig eskimoisirter Nachkomme eines schwedischen Kochs und
einer Grönländerin, der wegen der hohen Meinung, die er von sich
hegte, bekannt war, beantwortete die Frage, ob der dänische Inspector
(Gouverneur) wol vornehmer sei als er, mit folgenden Worten:
„das ist schwer zu entscheiden; zwar hat der Inspector größern Besitz
als ich und hier auch mehr zu befehlen, doch gibt es in Kopenhagen

---

[1] Beechey sagt von den Eskimos am Berings-Sund (Narrative of a Voyage
to the Pacific and Beerings Strait, I, 298): „On showing these people the
plates of natural history in Rec's Cyclopædia, they were far more intelligent
than might have been expected ... the Esquimaux are very superior in this
respect to the South Sea Islanders." Richardson (Arctic Searching Expedition,
London 1851, I, 243) sagt von den Eskimos auf der Nordküste von Amerika: „they
are more industrious, handy and intelligent than the Indians."

Herren, denen er gehorchen muß. Ueber mich befiehlt niemand."
Jeder tuchtige Jäger denkt für sich wahrscheinlich ebenso, und wenn
er einen guten Fang hat und die Schmauserei nach einer glücklichen
Jagd in voller Lust vor sich geht, so fühlt er sich gewiß vollkommen glücklich und mit seinem Lebenslos zufrieden. Unzweifelhaft betrachten die
meisten der nicht allzu weitgereisten Eskimos ihr Land als das beste
der Welt und ihren Volksstamm als den ordentlichsten, kenntnißreichsten,
geschicktesten, der nicht nur den in den Augen des Innuitvolks „rohen,
grausamen und feigen" Indianern im Süden, sondern auch dem
gewinn- und zanksüchtigen und unsittlichen Volke, das in seinen
riesengroßen, mit allen Schätzen der Welt beladenen Umiaks uber
das Meer zu ihnen gekommen ist und dessen klügste Männer in Bezug
auf das Wesentliche im praktischen Leben kaum mit einem Kinde in
Grönland wetteifern können, bedeutend überlegen ist. Geleugnet
kann nicht werden, daß eine ähnliche Auffassung noch heutigentags
sogar im dänischen Grönland bis zu einem gewissen Grade herrschend
ist, wenn auch einerseits die Bekanntschaft mit Europäern und die
Berichte von weitgereisten Eskimos über das Land derselben eine
Einsicht in die Ueberlegenheit dieser Fremdlinge in Künsten und
Erfindungen gegeben haben, und andererseits der ungünstige Eindruck,
welchen gewaltthätige Walfängermatrosen und aus dem Zuchthause
entlassene Verbrecher und Verbrecherinnen anfangs auf die friedfertige
Bevölkerung Grönlands gemacht haben, durch die Bekanntschaft mit
selbstaufopferungsvollen Missionaren und gewissenhaften, fügsamen
und menschenfreundlichen Beamten und Gehulfen des Dänischen Handels abgeschwächt worden ist.

Nichts spiegelt die Gemüthsart und den Charakter eines Volks
mit so scharfen und wahren Zügen ab als eine gedruckte oder unge-
druckte Volksliteratur. Eine solche, wenn auch von geringem Umfang
und neuern Datums, gibt es auch in Grönland. Dieselbe besteht
theils aus ziemlich lieblichen und unzusammenhängenden Erzählungen
von Zaubergeistern und Ungeheuern, von mächtigen Angekols, Riesen,
Proben einer übernatürlichen Stärke, wo der Held ein erlittenes
Unrecht dadurch rächt, daß er die Bevölkerung einer ganzen Ortschaft
tödtet u. s. w., theils aus ausführlichen Schilderungen von Jagd- und
Fischfangfahrten, Erzählungen von Unglücksfällen und andern merkwürdigen Vorkommnissen in verschiedenen Theilen des Landes. Auch

Gedichte in gebundenem Stil kommen vor. Nach den Uebersetzungen zu urtheilen, welche Rink mitgetheilt hat, ist der einfache, prunklose, gerade auf die Sache losgehende Stil wie auch der Inhalt selbst sowol für die Verfasser wie auch die Gemüthsart der Rasse kenn=zeichnend, welcher die Verfasser angehören. Diese Schilderungen haben deshalb in all ihrer Einfachheit ein wirklich nationales Ge=präge, und ich bedaure es, daß der Raum mir nicht gestattet, hier eine Auswahl daraus mittheilen zu können. Ich muß in dieser Hinsicht auf Rink's vortreffliche Arbeiten verweisen. Dafür werde ich die Schilderung, welche ich von dem Innuitvolke zu geben ver=

Umiak oder Frauenboot.
Nach einem Original im Ethnographischen Museum zu Kopenhagen.

sucht, mit einem kurzen Bericht über das Land der Kablunaks ab=schließen, den der bereits auf S. 115 erwähnte Pok aufgesetzt hat, der einer der ersten Innuits war, welche freiwillig die gefährliche Entdeckungsreise über den unermeßlichen Ocean unternommen haben, der von den Grönländern so lange als die Grenze der bewohnten Welt betrachtet worden ist.

Pok reiste zum ersten mal nach Europa im Jahre 1724. Kurz nach seiner Rückkehr (1725) trug er Paul Egede auf, die Frau, welche er für sich ausersehen, im guten oder bösen in die Arme ihres zu=künftigen Gemahls zu führen. „Will sie nicht, so nimm sie mit Gewalt", hieß es ausdrücklich in der Instruction. Während Pavia den ihm gewordenen Auftrag ausführte, wartete Pok in dänischer Kleidung und mit einem Degen an der Seite und einer Flinte in der Hand am Strande auf den Erfolg der Gesandtschaft, hatte aber, als er nach Pavia's Rückkunft der Schönen[1] seine Schußfertigkeit zeigen wollte, das Mißgeschick, nur Fehlschüsse zu thun. Nach Heulen und Wehklagen und mehrern des Anstands wegen vorgenommenen Fluchtversuchen wurde die geraubte Braut eine glückliche Frau, welche nebst zwei Kindern 1728 ihren Mann auf einer zweiten Reise nach Europa begleitete.

Pok's Reisebericht wurde erst 1857 bei Godthaab auf Grönländisch gedruckt unter dem Titel: Pok, kalalek avalangnek, nunalikame nunakatiminut okalugtuartok etc. Der hier mitgetheilte Text wurde während meines Aufenthalts in Egedesminde von dem Redacteur des Atuagagdliutit, L. Möller, für mich ins Dänische übersetzt. Pok's Reisebericht lautet wie folgt:

Als Pok von einer Reise nach dem Lande der Europäer zurückkam, berichtete er seinen Landsleuten Folgendes.

Pok sagte: Nun habe ich gesehen, was ich zu sehen wünschte.

Simik antwortete: Du bist über das große Wasser gefahren, hast du dich nicht gefürchtet?

Pok sagte: Das große Wasser war ungeheuer groß. Wir segelten über dasselbe zwei Monate ohne Land zu sehen.

Kujaut fragte ihn: Nun, du hast das Land der Europäer gesehen. Wo ist dein Begleiter?

Pok sagte: Er ist gestorben im Lande der Großbärte (Norwegen).

Kujaut fiel ein: Du hast viel zu erzählen.

Pok antwortete: Ja, ich habe so viel zu erzählen, daß ich mich beinahe nicht an alles erinnern kann.

Kujaut fragte: Bist du in dem Lande des großen Königs gewesen?

Pok antwortete: Als wir von Norwegen drei Tage gesegelt waren, erreichten wir das Land des Königs. Das erste, was wir sahen, war eine große Menge Häuser und große Schiffe, und dann erst sahen wir das Land, denn dort gibt es keine Berge oder Felsenhöhen.

Kujaut fiel ein: Ach! das muß doch fürchterlich sein!

---

[1] Nach der in Anderson's „Nachrichten von Island, Grönland u. s. w.", S. 310, vorkommenden Note hatte das Mädchen, welches Pok zu seiner Frau auserlesen hatte, seiner ausländischen Reise und seiner ausländischen Sitten wegen anfangs nichts von ihm wissen wollen.

Pol sagte: Das Haus des Königs und die Kirchen sind so hoch, daß man nicht mit dem Bogen über sie schießen kann.

Persol fiel ein: Bist du dort gewesen, hast du das Haus des Königs gesehen?

Pol antwortete: Natürlicherweise. Als wir vor den vielen Häusern den Anker geworfen hatten, wurde ich mit meinem verstorbenen Begleiter von einem hübschen Boot mit 14 Rudern ans Land gebracht. Falls wir aber mehr Lust hatten, in unsern Kajaks neben dem Boot zu rudern, so hatten wir die Erlaubniß dazu. Als wir dem Strande nahekamen, waren dort so viele Menschen wie Mücken in einem Mückenschwarm.

Persol fragte: Warst du gar nicht furchtsam?

Pol antwortete: Nein. Als wir ans Land gestiegen waren, trafen wir sofort einen Wagen, der so groß war wie ein Haus und Fenster hatte, und der uns zum König bringen sollte.

Persol sagte: Wie sieht das Haus des Königs aus?

Pol antwortete: Dasselbe gleicht einem großen Eisberg. Das Dach ist von Messing. Im Hausflur können 20 grönländische Zelte aufgeführt werden, und zu beiden Seiten des langen Eingangs standen viele Männer mit Waffen.

Persol sagte: Waren diese gerüstet, um Renthiere und Seehunde zu fangen?

Pol sagte: Nein. Weil der König so groß ist, muß er von den vielen bewaffneten Männern bewacht werden. Ich werde euch nachher schon mehr erzählen.

Persol sagte: Erzähle nur, deine Erzählung ist unterhaltend.

Pol sagte: Im Hause waren viele Leute in metallglänzenden Kleidern.

Persol unterbrach ihn: Unsere einfachen Häuser gleichen jenen Zimmern wol nicht.

Pol fuhr fort: Als wir in den langen Gang eintraten, folgten uns viele bewaffnete Männer und stellten sich dann um uns herum auf. Ihre Waffen waren schrecklich.

Persol entgegnete: Jetzt fürchtetest du dich doch wol?

Pol antwortete: Ich fürchtete mich nicht, denn ich konnte sehen, daß sie uns nichts Böses thun würden.

Persol sagte: Erzähle mehr.

Pol antwortete: Endlich kamen wir in ein sehr großes Zimmer, das ganz voll war von hohen Herren. Diese wurden aber sehr klein, als der allerhöchste zur Thür hereintrat. Sie verneigten sich alle bis zur Erde und ich mit. Nun fing ich an zu zittern und wußte nicht, welcher der Vornehmste war. Der König fragte mich: verstehst du etwas Dänisch? „Donolimik", so nennen sie nämlich ihre Sprache. Ich antwortete ihm „Nein", das einzige dänische Wort, das ich konnte. Ich bat Jafe, dem König dafür zu danken, daß er uns so sehr liebt, und uns kleine Kinder etwas von Gott lernen läßt. Der König sagte: Ich werde mich näher darüber erkundigen, ob ihr euch wirklich göttliche Dinge lernen lassen wollt. Danach sprach er mit einem alten hohen Herrn und ging in ein anderes Zimmer, zur Königin — so nennen sie des Königs Frau —, und dort setzte er sich nieder und speiste mit der Königin und all den hohen Herren. Die Speisen waren — als ob sie nur zum Anschauen dagewesen wären — hübsch und in vielen verschiedenen Figuren angerichtet. Einer von den hohen Herren gab mir große Kästen, welche mit vielen und verschiedenen Sachen gefüllt waren. Solche große Kästen bekam ich fünf. Alle Herren waren artig und höflich.

Simik sagte: Wir irren uns. Wir glauben, daß wir die einzigen höflichen Menschen sind.

Pok sagte: Wir sind unbestreitbar etwas gebildet und uns fehlt nichts, aber die Europäer können wir nicht übertreffen, weder im Guten noch im Bösen.

Simik sagte: Ja, so ist es. Erzähle weiter.

Pok sagte: Die Häuser sind unzählige — einige 2, andere 3, 4 und 5 Stock hoch. Sie bedecken eine große Fläche. Außen vor den Häusern fand sich ein großer Kanal und Brücken, sodaß Menschen passiren konnten. Die Brücken waren beweglich, sodaß man sie fortnehmen konnte. Dort gab es auch große Wälle, und auf diesen große Amulete (Kanonen), welche für den Krieg bereit lagen.

Simik fragte: Was für Krieg?

Pok sagte: In frühern Tagen kamen andere Europäer, um sie zu bekriegen; heutzutage aber wird kein Krieg erwartet. Dessenungeachtet hat man aber jederzeit Leute in den Festungen, welche man für den Fall hat, daß es Krieg werden sollte. Zwischen den Häusern gibt es stets Wachtleute. Wenn Feuer ausbricht wird dort mit Hörnern geblasen und Alarm geschlagen. Ihre Löschgeräthschaften sind großartig.

Simik fragte: Von woher erhalten alle diese Menschen zu essen? 20 Walfische dürften sicherlich nicht einen einzigen Tag für sie alle ausreichend sein.

Pok antwortete: Sie leben vorzüglich von den Producten der Erde. Die Männer graben im Frühling den Boden um und säen Samen in die Erde. Wenn die Saat sich dann entwickelt, so wird die Aussaat vervielfältigt. Dadurch erhalten sie Mehl und Grütze. Davon erhält man viele Gerichte. Die Bäume haben ebenfalls Früchte, welche wohlschmeckend sind. Viele Früchte sind so groß wie die Köpfe der Menschen, und sonach leben diese Menschen von den Erzeugnissen der Erde und der Luft.

Simik sagte: Warum ist unser Land nicht so?

Pok sagte: Weil unser Land im Winter zu kalt ist. Als ich dort war, ſagten ſie, daß ſie einen ſtrengen Winter hätten, und doch glich dieſer dem Frühling bei uns.

Iulugal ſagte: Es müßte ſchön ſein, dort zu wohnen.

Pol ſagte: In ihrem Lande könnten wir nicht leben, denn dort gibt es weder Seehunde noch Walfiſche. Dort gibt es vielerlei Arten von Fiſch, im Salzſee ſowol wie im Süßwaſſer, aber die Leute leben dort nicht ſo wie hier im Lande. Sie dürfen nicht thun was ſie wollen. Die Hausthiere und Fiſche haben alle ihre Beſitzer. Die Thiere gehören vielen Menſchen. Die Erde iſt ſehr theuer. Ein Stück Erde ſo groß wie der Sitz in einem Kajak wird mit Zeug zu drei oder vier Aneraks (Jacken) bezahlt.

Iulugal ſagte: Hier oben bei uns könnten ſie Erde für nichts erhalten. Ebenſo können ſie für einen Anerak eine ganze Bergſtrecke bekommen.

Pol ſagte: Sie würden nicht zu uns kommen, wenn wir nicht Speck hätten.

Iugulak ſagte: Was machen ſie mit dem Speck?

Pol antwortete: Sie brennen ihn zur Beleuchtung der Straßen.

Iugulak ſagte: Das iſt klug ausgedacht.

Pol antwortete: Ja. Ihre Herrſcher ſind ſehr wohlthätig. Ein großes Haus iſt alten Frauen geöffnet worden, welche ſich nicht länger ernähren können, ein anderes älternloſen Kindern, eins Geiſteskranken, eins allzu luſtigen Mädchen, und drei denen, welche ſehr arm ſind. Sie leben nicht ſo wie wir zu leben pflegen. Die Menſchen, welche zuſammen ein Haus bewohnen, eſſen nicht zuſammen. Einige von ihnen können ſehr reich ſein und beſitzen Häuſer um ſie zu bewohnen. Aber viele von ihnen haben weder Häuſer noch Kleider, ſondern leben vom Betteln.

Iulugal ſagte: Solche Arme haben wir nicht. Weshalb ſind ſie ſo arm?

Pol ſagte: Viele von ihnen taugen nicht viel und wollen nicht arbeiten. Viele verthun das, was ſie beſitzen, mit Branntweintrinken.

Iulugal fragte weiter: Iſt dies das Getränk, welches die Arbeitsleute trinken?

Pol ſagte: Ja. Einige der Häuſer werden ausſchließlich zum Verkauf des Branntweins benutzt. An ſolchen Stellen trinken ſie, und wenn ſie dann von dort fortgehen, ſo prügeln ſie einander.

Iulugal ſagte: Ich glaube du ſagteſt, daß es nur ein Haus für Verrückte gibt.

Pol ſagte: Die Europäer haben ebenfalls Fehler. Unſere Landsleute leben am liebſten vom Fang und wiſſen vom Branntwein und andern Laſtern nur wenig. Bei den Europäern finden ſich dagegen oft Gelegenheiten, daß die Menſchen ganz wild werden können, ſodaß man ſie binden und feſſeln muß, und auf dieſe Weiſe bringen ſie oft ihr ganzes Leben zu. Aber es gibt auch viele, die ſehr gelehrt ſind und mit Sicherheit den Weg über die Weltmeere durch die Höhe der Sonne nur dadurch finden, daß sie auf die bewegliche Nadel sehen, welche gegen Norden zeigt (Kompaß). Sie bauen Schiffe auf dem Lande. Wenn diese fertig sind, so fahren sie von selbst auf das Wasser hinaus. Sie verfertigen auch viele merkwürdige Sachen, und sie können ein Schiff in die Höhe heben und sehr große Steine. Sie wissen auch, wenn die Sonnenfinsternisse eintreten und wie vollständig dieselben werden. Als ich all dies Wunderbare gesehen, fand ich, wie unsere Vorväter sagen, daß die Ebbe und Flut das einzige ist, was die Europäer nicht hervorzubringen im Stande sind.

Register.

Nordenskiöld, Grönland.

32